ARDIS DA ARTE

USP UNIVERSIDADE DE SÃO PAULO

Reitor Carlos Gilberto Carlotti Junior
Vice-reitora Maria Arminda do Nascimento Arruda

edusp EDITORA DA UNIVERSIDADE DE SÃO PAULO

Diretor-presidente Sergio Miceli Pessôa de Barros

COMISSÃO EDITORIAL
Presidente Rubens Ricupero
Vice-presidente Maria Angela Faggin Pereira Leite
Clodoaldo Grotta Ragazzo
Laura Janina Hosiasson
Merari de Fátima Ramires Ferrari
Miguel Soares Palmeira
Rubens Luis Ribeiro Machado Júnior
Suplentes Marta Maria Geraldes Teixeira
Primavera Borelli Garcia
Sandra Reimão

Editora-assistente Carla Fernanda Fontana
Chefe Div. Editorial Cristiane Silvestrin

ARDIS DA ARTE

Imagem, Agência e Ritual na Amazônia

CARLOS FAUSTO

edusp

Copyright © 2023 by Carlos Fausto

Dados Internacionais de Catalogação na Publicação (CIP)
(Câmara Brasileira do Livro, SP, Brasil)

Fausto, Carlos
  Ardis da Arte: Imagem, Agência e Ritual na Amazônia / Carlos Fausto. – São Paulo: Editora da Universidade de São Paulo, 2023.

  Bibliografia.
  ISBN 978-65-5785-123-4

  1. Amazônia – Aspectos sociais 2. Arte indígena – América do Sul – Brasil 3. Povos indígenas – Brasil – Cultura 4. Rituais indígenas I. Título.

23-150554   CDD-704.03

Índices para catálogo sistemático:
1. Cultura: Arte indígena: Povos indígenas: História 704.03

Tábata Alves da Silva – Bibliotecária – CRB-8/9253

Direitos em língua portuguesa reservados à

Edusp – Editora da Universidade de São Paulo
Rua da Praça do Relógio, 109-A, Cidade Universitária
05508-050 – São Paulo – SP – Brasil
Divisão Comercial: tel. (11) 3091-4008 / 3091-4150
www.edusp.com.br – e-mail: edusp@usp.br

Printed in Brazil 2023

Foi feito o depósito legal

Para meu filho Antonio

Pois agora está evidente que a animação da imagem não é de modo algum uma questão de encontrar o "centro sagrado". O que importa é apenas a reduplicação das peles para fora em direção ao macrocosmo e para dentro em direção ao microcosmo, bem como o fato de todas essas peles serem estruturalmente homólogas; não há "superfície" definitiva, não há "interior" definitivo, há apenas uma passagem incessante para dentro e para fora, e é aqui, neste tráfego de ida e volta, que o mistério da animação se resolve.
  ALFRED GELL

Há muitos tipos diferentes de homens em diversas terras; quem viaja longe descobrirá ser esse o caso e o verá diante de seus olhos [...] Mesmo que tenhamos sucesso, nós só chegamos a nos aproximar disso um pouco de longe. Pois nós mesmos temos diferenças de percepção, e os vulgos que seguem apenas o próprio gosto geralmente erram. Portanto, não aconselharei ninguém a me seguir, pois só faço o que posso, e isso não é suficiente nem mesmo para satisfazer a mim mesmo.
  ALBRECHT DÜRER

SUMÁRIO

AGRADECIMENTOS 13

CONVENÇÕES ORTOGRÁFICAS 17

INTRODUÇÃO 19
Vinheta Etnográfica 22 | Pessoas e Coisas 24 | As Palavras e o Mundo 26 | A Virada Pictórica 28 | A Agência dos Artefatos 29 | Sobre o Animismo 32 | O Sorriso do Professor 35 | O Ritual e Seus Colchetes 38 | Para Além do Iconismo 40 | Dos Limites da Comparação 42 | Do Livro e da Pesquisa 44

1 O CORPO-ARTEFATO 49
Um Mundo de Duplos 54 | Jaguares Intrincados 56 Dançando o Inimigo 59 | Canto Torto 63 | Variações Coreográficas 65 | O Canto e a Fumaça 69 | Crianças Futuras 70 | Perdendo a Cabeça 72 | O Suplemento 79 Bebo um Recém-nascido 82 | Um, Nenhum e Cem Mil 85 Duplicações Rituais 89 | A Lógica da Substituição 91

2 SELVAGENS MISTÉRIOS 95
Sagrado Segredo 98 | Principais Características do Complexo 99 | As Áreas do Complexo 102 | Aerofones e Estrutura Social 111 | Instrumentos Musicais Kuikuro 114

Aerofones entre Mito e História 117 | Quinteto de Clarinetes 118
Flautas Duplas 121 | Trio de Flautas Sagradas 122 | Pescando
Flautas 125 | A Produção da Presença 132 | Garrafas de Klein
Acústicas 133 | Transformações Andróginas 136 | Arquimboldos
Sonoros 140 | O Universo em Pequenos Intervalos 143

3 REDEMOINHOS DE IMAGENS 147

Uma Viagem ao Norte 150 | O Humano no Interior 151 | Cristas
e Caixas 157 | Andanças pela Floresta Tropical 167 | A Máscara
do Inimigo 168 | Nos Formadores do Rio Xingu 174 | Máscaras
Kuikuro 176 | O Redemoinho de Ipi 185 | Espírito por um Instante 192
A Pele e Suas Muitas Almas 194

4 A EFÍGIE PRONOMINAL 199

Rito, Mito, História 203 | Um Conto de Três Histórias 205 |
Os Personagens Rituais 211 | Duelos Verbais 221 | Pronome em
Pé 228 | A Reduplicação do Locutor-receptor 232 | O Duelo de Dardos 234
O Morto de Volta à Cena 236 | Fechando o Círculo 240

5 OS DOIS CORPOS DO CHEFE 247

O Primeiro Quarup 250 | A Condição-chefe 254 | Quando Morre
um Chefe 259 | Destripando o Jaguar 261 | A Sepultura-
-ampulheta 264 | Talhado para Ser Chefe 266 | A Fabricação das
Efígies 267 | De Animal a Vegetal 273 | O Jaguar e o Umiri 274
Nomes Memoráveis 277 | A Mimese Alto-xinguana 279 | Tornando-se
Gente 282 | Cópias Copiosas 284 | O Original e Suas Cópias 286
Replicar, Multiplicar 290

CONCLUSÃO 293

O Mestre Solar do Engano 296 | Mentir, Verbo Estativo 299 | A Primeira
Similitude 303 | As Faces Monstruosas de Deus 307 | Três em Um 309
A Máscara do Diabo 319 | Humanos não Comem Carne Crua 325
Os Demônios da Invasão 328 | A Longa Duração na Amazônia 330

BIBLIOGRAFIA 341

ÍNDICE 373

AGRADECIMENTOS

Agradeço às instituições que financiaram diretamente a pesquisa da qual resultou este livro: Fundação Carlos Chagas Filho de Amparo à Pesquisa do Estado do Rio de Janeiro (Faperj), Conselho Nacional de Desenvolvimento Científico e Tecnológico (CNPq) e Volkswagen Stiftung (Projeto DOBES – Max Planck Institute for Psycholinguistics). Entre 2004 e 2012, coordenei diversos projetos junto à Associação Indígena Kuikuro do Alto Xingu (Aikax), recebendo financiamentos de Petrobras Cultural, Programa Demonstrativo para Povos Indígenas (Ministério do Meio Ambiente) e Instituto do Patrimônio Histórico e Artístico Nacional (Iphan), do Ministério da Cultura. Agradeço também à Fundação Coordenação de Aperfeiçoamento de Pessoal de Nível Superior (Capes), que apoiou dois convênios bilaterais Brasil-França sob coordenação minha e de Carlo Severi (Acordo Capes-Cofecub 2007-2010 e Programa Saint-Hilaire 2011-2012). Expresso meu reconhecimento ao Musée de Quai Branly, à École des Hautes Études en Sciences Sociales (EHESS), ao Collège de France, ao Instituto de Filosofia e Ciências Sociais da Universidade Federal do Rio de Janeiro (UFRJ) e ao Museu do Índio pelo apoio que deram às atividades. Por fim, agradeço ao Programa de Pós-graduação em Antropologia Social do Museu Nacional, da UFRJ, onde desenvolvo minhas atividades de pesquisa e ensino.

Todo livro resulta de muitas conversas com as mais diversas pessoas. Este não poderia ser diferente. Se há, porém, uma pessoa em especial a quem devo agradecer o diálogo franco e amigo, este alguém é Carlo Severi. Muito do que aqui desenvolvi nasceu de nossas conversas em seminários e conferências, em nossa viagem mineira para ver as esculturas de Aleijadinho, ou ainda nos divertidos jantares que pontuaram nossos encontros. Vários capítulos foram inicialmente apresentados no seminário Antropologia da Memória, animado por Severi na EHESS, onde tive ainda o prazer de expor uma versão quase completa do manuscrito em 2018, como professor visitante. Em todas essas ocasiões, as questões desafiadoras dos estudantes me obrigaram a corrigir e aprimorar meus argumentos. Sou também grato a toda a equipe do projeto Capes-Cofecub: Julien Bonhomme, Pierre Déléage, Philippe Descola, Bruna Franchetto, Marco Antonio Gonçalves, Els Lagrou, Anne-Christine Taylor e Aparecida Vilaça.

Manifesto também minha gratidão às seguintes instituições, onde pude apresentar partes deste livro: departamento de história da University of British Columbia, departamento de antropologia social da University of Cambridge, departamento de história da arte e arqueologia da Columbia University e programa de estudos pré-colombianos de Dumbarton Oaks. Pelos convites, meu muito obrigado a Neil Safier, James Laidlaw, Zoë Strother e Steven Kosiba. Aproveito para agradecer aos membros do Laboratório de Antropologia da Arte, Ritual e Memória (LARMe), que acompanharam minha pesquisa (e realizaram as suas) ao longo desses anos.

Alguns dos capítulos deste livro desenvolvem argumentos e dados previamente apresentados na forma de artigos. Assim, o terceiro capítulo retoma e expande a discussão que aparece em "Le masque de l'animiste: chimères et poupées russes en Amérique indigène"[1]; o quarto capítulo desenvolve a análise levada a cabo em "L'effigie, le cousin et le mort: un essai sur le rituel du Javari (Haut-Xingu, Brésil)"[2], enquanto o quinto capítulo faz uso de dados publicados em "Chiefly Jaguar, Chiefly Tree: Mastery and Authority in the Upper Xingu (Amazonia)"[3]. A versão em inglês do livro, traduzida por David Rodgers, foi publicada com o título *Art Effects: Image, Agency and Ritual in Amazonia* pela Nebraska University Press, a quem agradeço. É com alegria que agora vejo a versão original vir à luz, trazendo de volta a sonoridade de minha própria escrita. Fico particularmente feliz em voltar à casa editora que me acolheu e publicou minha primeira monografia. Encontrei, duas décadas depois, o mesmo compromisso com a qualidade e a beleza do artefato livro. Agradeço a toda a equipe editorial e, em especial, a Carla Fernanda Fontana.

Por vezes, só nos damos conta de que pertencemos a uma comunidade quando recorremos aos amigos para suprir nossa ignorância. Gostaria de agradecer imensamente às pessoas que tiveram a generosidade de ler partes do manuscrito, oferecendo seus comentários, corrigindo erros, compartilhando dados etnográficos e imagens inéditos: Messias Basques, Jean-Pierre Chaumeil, Luiz Costa, Ana G. Coutinho, Stephen Hugh-Jones, Vanessa Lea, Maria Luísa Lucas, Edson T. Matarezio Filho, Eduardo G. Neves, Suzanne Oakdale, Thiago L. da Costa Oliveira, Kleyton Rattes, Ana Paula Ratto de Lima Rodgers, Anne-Christine Taylor,

---

[1] Carlos Fausto, "Le masque de l'animiste", 2011a.
[2] Carlos Fausto e Isabel Penoni, "L'effigie, le cousin et le mort", 2014.
[3] Carlos Fausto, "Chiefly Jaguar, Chiefly Tree", 2020.

Luiz Fabiano Tavares, Márnio Teixeira-Pinto, Aparecida Vilaça e Diego Villar. Devo um reconhecimento especial a Isabel Penoni, que é coautora do artigo que deu origem ao capítulo 4 deste livro. Sem sua colaboração, o texto jamais teria a densidade que, penso, ter alcançado. Agradeço ainda a Leslie Searle por me apresentar, mais de uma década atrás, o vaso moche com que termino este livro. Aproveito para expressar meu obrigado a todos os museus e indivíduos que me deram a permissão para publicar as imagens dos artefatos de suas coleções.

Em minha pesquisa entre os Kuikuro, tive o privilégio de contar com colaboradores excepcionais. Na frente linguística, contei com o apoio inestimável de Bruna Franchetto, Mutuá Mehinako, Mara Santos e Sergio Meira; no *front* arqueológico, Michael J. Heckenberger e Morgan Schmidt; no *front* musical, Tommaso Montagnani e Didier Demolin; no *front* botânico, Robert Miller e Maira Smith; no *front* audiovisual, Vincent Carelli, Takumã Kuikuro e Leonardo Sette.

De todas as conversas, as mais decisivas foram aquelas que tive com meus amigos e interlocutores parakanã e kuikuro, no campo e na cidade. Já tive a ocasião de agradecer aos Parakanã que me acolheram em minha primeira pesquisa de campo, mas não custa lembrar o nome de meus saudosos professores de então: Iatora, Koria, Ajowy'a, Karája, Pi'awa, Akaria, Namikwarawa e Arakytá. Nas pessoas dos caciques Afukaká e Jakalu, agradeço a todos os Kuikuro por me receberem na aldeia de Ipatse. Agradeço ainda a meus principais interlocutores: Tagukagé, Haitsehü, Kamankgagü, Tagó, Ipi, Ájahi, Jauapá, Sagiguá e Kalusi, bem como Takumã, Mutuá e Jamaluí, grandes parceiros de pesquisa. Sou grato a Bruna Franchetto por ter-me aberto as portas do Xingu, um lugar que virou minha segunda casa e à qual não canso de retornar.

No decorrer deste experimento intelectual, vi meus pais partirem e meu filho virar adulto – estas foram as experiências fundamentais por que passei nesses anos. Entre tristezas e alegrias, aprendi a ver meu trabalho sob outro prisma, não menos precioso para mim, mas melhor integrado ao mundo de presenças ausentes e ausências presentes que hoje habito. Agradeço a meus pais que me deram régua e compasso e a meu filho a quem ainda tento entregá-los.

A Aparecida, por fim, tenho tudo a agradecer – o amor, a amizade, a parceria – e, não menos importante, a exortação diária para que eu deixasse de tentar abraçar o mundo e me concentrasse em terminar este livro.

CONVENÇÕES ORTOGRÁFICAS

Ao longo deste livro, utilizo termos em várias línguas indígenas. Sempre que estiver citando a literatura, mantenho a ortografia do autor. No caso de minhas línguas de campo, as quais contêm sons que não possuem equivalente exato em português, adoto as seguintes convenções:

/kw/ (em parakanã, equivalente a /ku/ em kuikuro): soa como /qu/ em "qualidade";
/ng/ consoante nasal velar (parakanã e kuikuro): soa como /ng/ em "*song*";
/g/ tape uvular (kuikuro): não tem som equivalente em outra língua;
/nkg/ oclusiva velar pré-nasalizada (kuikuro): soa como /ng/ em "manga";
/ ' / oclusão glotal: som consonantal surdo produzido pelo fechamento e relaxamento da glote.

Há ainda uma vogal que soa aproximadamente como /i/ na palavra inglesa *bit* (embora um pouco mais posterior), que é grafada diferentemente em kuikuro e parakanã:

/ü/ vogal central-posterior alta não arredondada (kuikuro);
/y/ vogal central-posterior alta não arredondada (parakanã).

Em parakanã, uma leve ênfase recai geralmente sobre a penúltima sílaba da palavra. Em kuikuro, o acento é um assunto complicado, pois ele muda dependendo da frase. Por essa razão, na maioria das vezes, evitei o uso de diacríticos. Não raras vezes, utilizei o nome de um povo que eles mesmos não consideram uma autodenominação. Peço desculpas antecipadas por esse fato. Contudo, como me refiro a inúmeros povos em diferentes momentos de sua história, utilizando diversas fontes, seria difícil seguir o argumento se mudasse as designações consolidadas na literatura.

Todas as citações em outros idiomas que não o português foram traduzidas por mim. No caso de originais em alemão, contei com a ajuda, muito apreciada, de Andrea Scholz.

INTRODUÇÃO

Houve um tempo em que sabíamos. Costumávamos acreditar que quando o texto dizia: "Sobre a mesa havia um copo de água", havia de fato uma mesa, e um copo de água sobre ela, e só tínhamos que olhar na palavra-espelho do texto para vê-los. Mas tudo isso acabou. A palavra-espelho está quebrada, irreparavelmente, parece.
 J. M. COETZEE
 Elizabeth Costello

O objeto milagroso tem uma eficácia que procede como se o corpo original estivesse presente; mas a dificuldade está em apreender cognitivamente esse "como se".
 DAVID FREEDBERG
 The Power of Images

A ORIGEM DESTE LIVRO É UM CHOQUE CULTURAL QUE TIVE AO iniciar uma nova pesquisa de campo no final dos anos 1990. Eu havia então concluído meu doutorado sobre os Parakanã, um povo tupi-guarani, habitante da floresta densa do interflúvio Xingu-Tocantins, no estado do Pará, no Brasil. Extremamente igualitários e móveis, os Parakanã viviam em aldeias quase acampamentos, algo improvisadas e sem forma regular. Sua alimentação baseava-se no consumo de grandes mamíferos terrestres, caçados durante longas expedições na floresta, complementada por uma horticultura incipiente. Os raros artefatos utilizados eram feitos de improviso e tinham uma existência temporal limitada – os únicos itens de cultura material mais duradouros e que exigiam mais tempo e esmero na fabricação eram arcos e flechas. Eu havia vivido com os Parakanã por cerca de um ano e meio e seu mundo se tornara a minha Amazônia – uma Amazônia que eu, em maior ou menor medida, reencontrava na literatura da época e nas conversas com meus colegas de Museu Nacional, no Rio de Janeiro.

Em 1998, visitei pela primeira vez os Kuikuro do Alto Xingu. Ao chegar, deparei-me com uma aldeia circular com as casas dispostas em torno de uma imensa praça, no centro da qual se erguia uma construção cuja entrada é interdita às mulheres. Tudo ali contrastava com minha experiência anterior: a vermelhidão do solo, a linha anil do horizonte, a dieta exclusiva de peixes, a profusão de artefatos, a frequência dos eventos rituais. Não havia dia sem atividades cerimoniais: ofertava-se comida aos espíritos na praça, quintetos de flautas percorriam o anel de casas, jovens treinavam luta no calor da tarde, mulheres com pesados colares de miçanga dançavam ao final do dia, o chefe recebia mensageiros estrangeiros com um discurso formulaico. Naquele mundo havia tantos artefatos quanto se queira imaginar: vários tipos de máscaras, de estatuária, de instrumentos musicais, de cestaria, de cerâmica, de adornos corporais; e, claro, tudo isso associado a histórias, mitos, ritos, cantos e modos de fazer. Ao defrontar-me com essa nova paisagem, inventei (no sentido wagneriano) a cultura kuikuro em contraste não com a minha, mas com a parakanã. A minha Amazônia, aquela que eu acreditava conhecer, fragmentava-se, mostrando-se mais diversa do que eu então imaginava.

Sem muito me perguntar, aceitara a imagem então dominante da Amazônia como uniformemente pobre em artefatos e com baixa objetivação das relações sociais – característica regional a justificar etnograficamente o idealismo de que os africanistas nos acusavam[1]. Essa imagem, porém, não me servia para falar do Alto Xingu. Não demorei a perceber que não tinha conhecimento nem instrumentos para descrever o que se passava diante de meus olhos. Pus-me então a estudar antropologia da arte e do ritual, e os passos que percorri nesse caminho foram determinantes para a escrita, algo tardia, deste livro. *Ardis da Arte* nasceu, assim, do reconhecimento de minha ignorância e dos esforços para superá-la.

VINHETA ETNOGRÁFICA

Em minha mais recente viagem aos Kuikuro, em junho de 2017, assisti pela primeira vez a festa da mandioca – um rito agrícola associado a Suhu, o mestre dessa raiz que é a base da alimentação cotidiana. Como os demais espíritos ligados aos rituais, Suhu tem o mau costume de capturar o duplo dos humanos, fazendo-nos adoecer. Foi o que aconteceu a Haitsehü, que, ao se recuperar graças à intervenção dos pajés, tornou-se o dono da festa de seu agressor, devendo patrociná-la por anos a fio. Isso se deu há algumas décadas. Em junho de 2017, já em idade avançada, Haitsehü delegou a função a seu filho Kagitu, que promoveu uma das etapas do ritual, na qual a comunidade confecciona versões aumentadas do pau de cavouco, instrumento com que, no passado, a mandioca era plantada e colhida.

A vinheta etnográfica que quero lhes narrar passa-se no dia 22 de junho daquele mesmo ano, ainda pela manhã, quando o sol começava a aquecer nossos corpos enrijecidos pela friagem noturna, típica do início da estação seca. Os homens reunidos na praça confeccionavam paus de cavouco agigantados que serviriam como bastão durante as danças. Esculpiam sua ponta superior e pintavam-nos com motivos diversos. Eu fotografava e fazia perguntas. Observando meu interesse, o irmão do pajé Tago disse-me: "Eles já se transformaram em espírito, já ficaram espíritos [*sitseketipügü leha, itseke leha atühügü*]"[2]. Respondi

---

1 Anne-Christine Taylor, "L'americanisme tropicale", 1984.
2 *Itseke* é um termo que aparece repetidas vezes neste livro. Ele designa o que nós costumamos denominar "espírito", embora os Kuikuro prefiram vertê-lo por "bicho". Em alguns momentos, utilizo o binômio "bicho-espírito" para fazer jus, por excesso, a ambas as traduções. De maneira geral, o termo indica uma condição ontológica excepcional que todos os seres compartilhavam no tempo mítico, referido como "quando ainda éramos todos espíritos" (*itseke gele kukatamini*), em oposição a um tempo, digamos, histórico em que "já éramos gente" (*kuge leha atai*). A distinção entre *kuge* ("gente") e *itseke* ("espírito") é mais complicada do que se vislumbra aqui, pois, como veremos, há processos de transformação em ambas as direções.

"É mesmo?", enquanto tentava desajeitadamente anotar em minha caderneta o que ouvira. "Sim, veja Kagitu já trouxe a comida", e explicou-me que o espírito (*itseke*) come o duplo da comida antes de todos nós: "Vá lá e pergunte ao nosso irmão mais velho", completou. Rumei logo para a casa de Tago, que me explicou em detalhes a transformação dos objetos em espírito, a relação daqueles bastões com o pau de cavouco e outras coisas mais. Em seguida, voltei para a praça onde encontrei um dos professores da Escola Kuikuro, filho do falecido cantor Tagukagé, manufaturando seu bastão. Testei o que aprendera com Tago e perguntei-lhe de pronto: "Isto já virou espírito?". Ele riu, olhou para mim com um sorriso maroto e respondeu complacente: "Ainda não, só depois".

A festa rolou animadamente durante toda a tarde, com a participação de umas 150 pessoas, homens e mulheres movendo-se em uníssono ao ritmo das batidas dos bastões e dos vigorosos cantos da mandioca. Ao final, Kagitu levou novamente comida ao centro e retornou para casa com dezenas de bastões rituais. No dia seguinte, ainda com as pernas e os joelhos doloridos da festa, fui visitá-lo e encontrei os artefatos cuidadosamente guardados em um cesto, depositado sobre uma plataforma. Comentei o fato de estarem bem organizados. Kagitu e sua esposa explicaram-me que os objetos estavam "deitados olhando para cima" (*mükaintsagü*), uma expressão que designa a posição que a menina deve adotar durante a menarca: imóvel e silente dentro da rede, com o olhar vazio voltado para o teto. Os bastões estavam reclusos, assim como uma mulher na primeira menstruação, e dentro de cinco dias Kagitu sairia novamente para pescar a fim de tirá-los da reclusão. Se assim não o fizesse, Suhu poderia causar nova doença na família.

Esse pequeno episódio etnográfico contém, em boa medida, os temas e questões que abordo neste livro: a relação entre pessoas e coisas, a agência de artefatos e imagens, a gênese da presença em situações rituais, o problema da crença e a distinção contextual de modalidades ontológicas e epistemológicas. Dessa vinheta, poderíamos indagar, por exemplo, qual o estatuto do discurso do pajé? Como compreender o sorriso irônico do professor? Quais consequências tirar do fato de objetos rituais estarem em reclusão? Como analisar a analogia entre essa reclusão e a da menarca? O que é tornar-se espírito e o que é tornar-se pessoa? Qual relação se obtém entre o artefato funcional (o pau de cavouco), o artefato magnificado (o bastão ritual) e o espírito dono da mandioca? Ou, de modo mais conciso, como objetos e imagens adquirem eficácia e afetam os humanos?

Para responder a essas perguntas, eu poderia ter feito diversos recortes e trilhado diferentes caminhos. Minha opção foi a de concentrar-me em artefatos que ocorrem em contextos – ou na vizinhança de – rituais. Ao assumir esse recorte, defini o campo de discussões em que situo este trabalho. Essa decisão não foi imediata, mas fruto do engajamento com uma literatura tão rica quanto prolífica, não apenas em antropologia como também em história da arte. Nesse longo processo de aprendizado, construí uma leitura própria das discussões e debates hoje em curso. Como toda leitura, é apenas um dos recortes possíveis do universo de conversas a que tive acesso. Por isso, antes de mais nada, procuro explicitar ao leitor quais as perguntas que me moveram, em que diálogos me envolvi e quais as escolhas teóricas que fiz.

PESSOAS E COISAS

Se me fosse pedido para situar este livro dentro da tradição antropológica, diria que ele se insere em uma das duas grandes vertentes temáticas que constituíram a disciplina em sua origem: a religião (incluindo o pensamento nativo) e a organização social (incluindo-se aqui o parentesco e a política). Embora essas duas vertentes não tenham jamais estado apartadas (e a maioria dos autores tenha dado contribuições a ambas), cada uma delas definiu um estoque de perguntas e de respostas, que ainda hoje produzem seus efeitos em nossa reflexão coletiva. Este livro insere-se na primeira vertente, que se estende de Edward B. Tylor e James G. Frazer até o presente, tomando como eixo temático a relação entre pessoas e coisas.

A emergência da antropologia, no século XIX, liga-se à expansão de uma Europa cristã ainda obsecada – embora menos angustiada – pelo problema da relação entre signo e coisa, representação e presença, que marcou diversos capítulos sangrentos de sua história. No momento de seu nascimento, ela exprime o etos de uma Europa racional e triunfante, capaz de imputar às sociedades extraocidentais o erro infantil de confundir os domínios do sujeito e do objeto, atribuindo animação a artefatos inertes, dotando-os de vida e intenção. Não por acaso, noções como fetichismo e animismo ocupam lugar de destaque na reflexão da época sobre as práticas e crenças dos chamados "povos primitivos"[3]. Tema caro à antropologia vitoriana, a Lucien Lévy-Bruhl e à *moderne Ethnologie* alemã, essa leitura da relação entre pessoas e coisas em termos de crença, de mentalidade ou de cognição perde legitimidade ao final da Primeira Guerra Mundial (1914-1918).

O tema em si não desaparece, mas ganha uma nova roupagem – a da dádiva maussiana – que lhe garantiria um destino mais duradouro. Pelo fato de falar de uma forma relacional positiva e não implicar uma cognição defectiva, por tratar de um laço social que havia desaparecido da autorreflexão europeia no século XIX e que retornava com força sob os escombros da guerra[4], a dádiva teria uma fortuna crítica diversa daquela do animismo e de seus congêneres. A personificação de objetos aparece no "Essai sur le don"[5] como uma forma extraocidental de gerar vínculos entre pessoas por meio de coisas – uma forma de contrato anterior ao Estado e ao próprio contrato, pois forjado por meio de coisas perso-

---

[3] Luiz Costa e Carlos Fausto, "Animism", 2018.
[4] Harry Liebersohn, *The Return of the Gift*, 2011.
[5] Marcel Mauss, "Essai sur le don", 1960.

nificadas. Em Marcel Mauss, ainda sentimos *l'esprit de la chose donnée* intervir na explicação, mas, como aponta Marshall Sahlins, ele viria a ser admoestado justamente por isso[6]. Dez anos após sua morte, quando da republicação do ensaio na coletânea *Sociologie et anthropologie*, Claude Lévi-Strauss afirmaria que o mestre ter-se-ia deixado mistificar pelo nativo, levando a sério demais a concepção indígena, sem dela fazer uma crítica objetiva para alcançar a realidade subjacente[7]. É essa dádiva purificada de seu espírito que viria a ter enorme impacto sobre a teoria social subsequente, sendo não raras vezes contrastada à forma mercadoria – esta, sim, fetichista pois converteria relações entre pessoas em relações entre coisas (operação vista pelos antropólogos como mais ideológica e menos transparente do que a personificação da dádiva).

Essa chave de leitura foi tão bem-sucedida que, ainda no início dos 1990, a distinção entre o regime da dádiva e o da mercadoria ocupavam uma posição central na disciplina[8]. A partir de meados dos anos 1990, contudo, na esteira da crítica à ontologia cartesiana e ao divisor natureza/cultura, o tema da fusão entre pessoas e coisas retornou a suas origens, sendo novamente posto como uma questão de atribuição de subjetividade, intencionalidade ou agência aos objetos. Se, como argumentava Bruno Latour, os híbridos jamais haviam deixado de existir[9], se a modernidade fora uma ilusão resultante de um mecanismo de purificação, então tornava-se lícito franquear as fronteiras que separam os domínios das pessoas e das coisas: sujeito e objeto, intenção e mecanismo, significado e causalidade não podiam mais manter-se apartados.

Nos anos 1970, a discussão sobre como interpretar as "crenças aparentemente irracionais" dos nativos, para utilizar a expressão de Dan Sperber[10], tinha ressurgido de maneira destacada e, talvez pela última vez, recebido a resposta padrão do modernismo, segundo a qual tais crenças, quando postas em seus devidos contextos, mostrar-se-iam razoáveis e funcionais[11]. Em contexto, haveria sempre um motivo razoável para acreditar que bruxas voam, que gêmeos são pássaros ou que os Bororo são araras – e agir em acordo com tais crenças[12]. Conforme a compreensão contextualista, a justificativa para alguém crer em algo deve ser avaliada segundo os padrões epistêmicos da própria comunidade em questão[13]. Isso implica dizer que o problema não deve ser posto em termos

---

6 Marshall Sahlins, *Stone Age Economics*, 1972, pp. 153-157.
7 Claude Lévi-Strauss, "Introduction à l'œuvre de Marcel Mauss", 1960.
8 Penso, sobretudo, em Gregory e Strathern, bem como nos autores críticos à distinção, como Appadurai, Thomas e Carrier. Cf. Chris Gregory, *Gifts and Commodities*, 1982; Marilyn Strathern, *The Gender of the Gift*, 1988; Arjun Appadurai (org.), *The Social Life of Things*, 1986; Nicholas Thomas, *Entangled Objects*, 1991; James G. Carrier, *Gifts and Commodities*, 1995.
9 Bruno Latour, *Nous n'avons jamais été modernes*, 1991.
10 Dan Sperber, "Les croyances apparemment irrationnelles", 1982.
11 Brian R. Wilson (org.), *Rationality*, 1970; Robin Horton e Ruth Finnegan, *Modes of Thought*, 1973.
12 Carlos Fausto, "The Bones Affair", 2002.
13 Susan Haack, *Evidence and Inquiry*, 1993, p. 190.

de verdade ou falsidade, pois não se trata de saber se, de fato, os Nuer acreditam que os gêmeos são pássaros. Esses juízos não deveriam ser tomados literalmente, mas figurativamente, substituindo-se a cópula "é" pela locução "é como"[14]. A conversão de frases declarativas em juízos metafóricos indicaria que elas não visam a uma correspondência com o mundo natural, mas falam figurativamente sobre a cultura e as relações sociais[15]. Afinal, o domínio por excelência da antropologia seria o da metáfora e do simbolismo.

AS PALAVRAS E O MUNDO

Quando iniciei meus estudos de antropologia trinta anos atrás, apenas os materialistas, os ecofuncionalistas e os sociobiólogos colocavam em dúvida que nosso quinhão específico do mundo era o universo do símbolo. A capacidade de simbolizar era o passaporte de que a natureza provera a humanidade para que pudesse recortá-la de formas culturalmente específicas. Enquanto as palavras podiam variar, mas o mundo não, enfatizar a arbitrariedade do símbolo permitia afirmar positivamente a liberdade humana para produzir seus próprios universos de sentido (mas não de fato) – liberdade esta que nos distinguia dos animais, cujo comportamento seria governado exclusivamente por instintos. Essa era a agência distintiva que definia nossa própria humanidade. Contudo, ao perdermos a estabilidade antes garantida pela âncora da natureza, a relação entre signo e referente tornou-se instável demais, produzindo a crise epistemológica característica da pós-modernidade. De modo sintomático, boa parte das tentativas de superar essa crise tratou, justamente, de resgatar as formas sígnicas que possuem uma relação intrínseca (logo não convencional e arbitrária) com seu referente. Nos últimos vinte anos, vimos ressurgir um renovado interesse pelo ícone e pelo índice, bem como um incômodo quase generalizado com o símbolo e a metáfora. As ciências humanas do século XXI parecem querer desfazer a Reforma protestante em busca de uma presença imediata, ao mesmo tempo perdida e desejada, a fim de reencontrar certa viscosidade entre as palavras e o mundo[16].

Junto ao solapamento do divisor natureza/cultura, vemos ressurgir clássicas leituras críticas ao mecanicismo cartesiano – em particular o vitalismo e o ani-

---

14 Geoffrey E. R. Lloyd, *Being, Humanity and Understanding*, 2012, pp. 33, 76.
15 Jon C. Crocker, "My Brother the Parrot", 1977.
16 Hans U. Gumbrecht, *Production of Presence*, 2004. A Reforma protestante é um dos capítulos – talvez o mais traumático – do problema da presença no milagre eucarístico. A presença real do sangue e do corpo de Cristo só se torna dogma no quarto Concílio de Latrão, em 1215. Como nota Belting, a proclamação desse dogma teve impacto importante sobre a história das imagens cristã: "a este suplemento de realidade conferido à eucaristia, as imagens buscaram responder por seu *realismo*" (Hans Belting, *La vraie image*, 2007, p. 125, grifos do autor).

mismo –, com a dissolução progressiva dos limites entre o orgânico e o inorgânico, o humano e o animal, a mente e o corpo[17]. A suposta confusão entre ser e signo, presença e representação, protótipo e imagem deixa de ser um índice de uma mentalidade primitiva, passando a figurar como um elemento diagnóstico de diferenças ontológicas, incomensuráveis e não hierarquizáveis, entre modernos e não modernos.

Na antropologia, diversas correntes, partilhando de um mesmo incômodo com o representacionalismo e com a angústia epistemológica do pós-modernismo, propuseram saídas a esses impasses. É o caso, por exemplo, da fenomenologia de Tim Ingold, do ontologismo de Philippe Descola, da metafísica imanentista de Eduardo Viveiros de Castro, da teoria do ator-rede na versão de Latour, da teoria do engajamento material de Colin Renfrew e Lambros Malafouris, ou dos diversos estudos sobre a materialidade, incluindo aqueles sobre religião material[18]. Aliás, quando afirmo que o objeto deste livro é também a gênese da presença em situação ritual, estou acenando para essa última linha de estudos, cujo foco recai sobre a mediação material na produção da experiência religiosa[19]. Também aqui podemos discernir o insistente desfazer da Reforma, uma vez que os estudos de religião material nascem em explícita contraposição à religiosidade protestante, marcada pela obliteração de artefatos e imagens, bem como pelo foco na interioridade e na crença[20].

Não cabe aqui uma análise específica dessas propostas, que trilham caminhos diversos, mas que se cruzam em alguns momentos e se fertilizam mutuamente. Tampouco faço jus a todos os autores que contribuíram para o atual espírito do tempo na antropologia – caso meu recorte fosse o do pós-humanismo, por exemplo, outros trabalhos figurariam aqui[21]. Para os fins limitados desta introdução, basta-me traçar um movimento comum de superação de certo paradigma semiótico que privilegiou o símbolo e o significado. A seguir, procuro

---

[17] É possível traçar uma linha de continuidade entre a tradição vitalista e as teorias sociais contemporâneas que seria mediada pela leitura deleuziana das noções de élan vital em Henri Bergson e de força em Friedrich Nietzsche (Luiz Costa e Carlos Fausto, *op. cit.*, 2018).
[18] Cf. Tim Ingold, *The Perception of the Environment*, 2000; Philippe Descola, *Par-delà nature et culture*, 2005; Eduardo Viveiros de Castro, *Métaphysiques cannibales*, 2009; Bruno Latour, *Reassembling the Social*, 2005; Colin Renfrew, "Toward a Theory of Material Engagement", 2004; Lambros Malafouris, *How Things Shape the Mind*, 2013. Sobre a materialidade, ver Daniel Miller, *Materiality*, 2005; Amiria J. M. Henare, Martin Holbraad e Sari Wastell, *Thinking through Things*, 2007. Já para religião material, consultar Birgit Meyer, *Mediation and the Genesis of Presence*, 2012. Note-se que Judith Butler, em *Bodies that Matter* (1993), já propunha um retorno à materialidade como remédio aos impasses do construcionismo.
[19] Birgit Meyer, *op. cit.*, 2012, p. 22.
[20] Webb Keane, "The Evidence of the Senses and the Materiality of Religion", 2008.
[21] Mais recentemente, Kohn propôs outra saída aos impasses teóricos contemporâneos visando a construção de uma antropologia para além do humano. Em vez de criticar o representacionalismo, o autor expande o universo da representação para toda forma de vida, estabelecendo, porém, uma ruptura forte com o mundo inorgânico e artefatual. Cf. Eduardo Kohn, *How Forests Think*, 2013.

indicar como a inquietude na antropologia tem paralelos com aquela que surge, um pouco antes, em história da arte.

A VIRADA PICTÓRICA

O incômodo antropológico contemporâneo com o regime da metáfora e do símbolo pode ser aproximado, em história da arte, ao triplo esgotamento do paradigma da estética clássica, da virada linguística e do pós-modernismo. A sensação de exaurimento da arte (enquanto conceito e prática social), da estética (vista como noção específica a um contexto sociocultural particular) e da história da arte (tomada como universalização trans-histórica de um conceito não universal) abriu caminho para perspectivas que buscavam tematizar a produção e recepção de imagens, para além (e aquém) do domínio das belas-artes. Pode-se tomar como marcos iniciais desse novo sentimento as discussões sobre o "fim da arte"[22] ou de sua narrativa[23], datados de meados dos anos 1980[24]. Mas foi W. J. T. Mitchell quem primeiro deu forma positiva a esse sentimento ao propor uma "virada pictórica", em que indicava a necessidade de superar-se o paradigma linguístico e semiótico no estudo das imagens, sem, no entanto, retornar "às ingênuas teorias da representação baseadas na mimese, cópia ou correspondência, ou a uma renovada metafísica da 'presença' pictórica"[25].

Os caminhos trilhados por Mitchell foram, em geral, mais radicais do que de seus contemporâneos. Ele buscou explorar as implicações de uma história da arte vitalista, em relação às obras de arte e às imagens técnicas. Mitchell questionou a fronteira entre imagens e organismos, perguntando-se por que o discurso sobre os ícones foi sempre assombrado pelo animismo, "de tal modo que [os ícones] não apenas pareçam imitações de uma vida que está alhures, mas eles mesmos pareçam algo como formas de vida"[26]. A partir dos anos 1990, observa-se um retorno ao problema do estatuto animado das imagens, de que a história da arte havia pensado ter-se livrado desde Johann J. Winckelmann[27]. Não à toa, vemos renascer o interesse histórico pelos episódios iconoclastas e

---

22 Arthur C. Danto, "The End of Art", 1984.
23 Hans Belting, *The End of the History of Art?*, 1987.
24 Ver a retomada do tema por Arthur C. Danto, *After the End of Art*, 1997, bem como o debate publicado em *History and Theory*, 1998, reunindo Danto e seus críticos.
25 W. J. T. Mitchell, *Picture Theory*, 1994, p. 16. Em paralelo, Boehm, em *Was ist ein Bild?* (1995), propunha uma "virada icônica". Note-se, porém, que o adjetivo *ikonisch* em alemão é um neologismo que, como aponta o próprio Boehm, não tem relação com a noção de ícone em Charles S. Peirce (Gottfried Boehm e W. J. T. Mitchell, "Pictorial versus Iconic Turn", 2010, p. 13). A discussão germânica dá-se em torno do conceito de *Bild*, que significa tanto imagem como retrato.
26 Gottfried Boehm e W. J. T. Mitchell, *op. cit.*, 2010, p. 19.
27 Keith P. F. Moxey, *Visual Time*, 2013, p. 64.

pela iconoclastia como atitude – um tema que não ficaria restrito à literatura especializada, mas seria objeto da notável exposição Iconoclash[28].

Essa mudança de foco marca um conjunto de trabalhos em história da arte que foram muito importantes em meu aprendizado e, por consequência, na concepção deste livro. Duas obras escritas à sombra do Muro de Berlim e de sua queda exerceram uma influência decisiva sobre mim. Refiro-me aos monumentais *The Power of Images: Studies in the History and Theory of Response*, de Freedberg, publicado em 1989, e *Bild und Kult*, de Hans Belting, publicado em alemão em 1990. A tradução inglesa apareceria quatro anos depois, com o título *Likeness and Presence*, mas o subtítulo, que definia o seu empreendimento, permaneceu inalterado: *A History of the Image before the Era of Art* – isto é, aquém e além da estética (ou pelo menos da estética distanciada, preocupada não em evocar uma presença, mas com os aspectos formais e estilísticos de uma obra). Na esteira de Freedberg e Belting, surgiu um número significativo de trabalhos que, *grosso modo*, seguiram na mesma direção, colocando em destaque o caráter *person-like* da imagem[29], sua capacidade de evocar uma presença viva[30] ou de produzir "experiências perceptivas e comportamentos"[31] na esfera da própria vida.

Na antropologia, quem primeiro captou a virada que ocorria no campo das artes nos anos 1980 foi Alfred Gell. Em *Art and Agency*, Gell reescreveu *The Power of Images* com base em materiais etnográficos extraocidentais, propondo outra teoria da resposta e do nexo artístico, no qual o índice – e não o ícone – ocupa o centro da reflexão. Gell estava antenado com o que se passava tanto na teoria como no mundo expositivo das artes contemporâneas. Expressão disso é a articulação que promoveu entre a obra de Damien Hirst, a rede de caça zande e as armadilhas, em sua crítica a Arthur Danto[32]. As noções de armadilha e de encantamento da tecnologia permitiram-lhe, ademais, aproximar a arte de um tema fundacional da antropologia – a magia – que ele aborda como um problema relacional e cognitivo por meio, respectivamente, dos conceitos de pessoa distribuída e de abdução de agência.

A AGÊNCIA DOS ARTEFATOS

Parece existir uma assimetria na discussão sobre a agência das imagens e dos artefatos. Ao que toca à primeira, não há grande dificuldade em conceitualizá-la como força ou *energeia*, como comumente se faz em história da arte. Mais difícil é conceitualizar o que vem a ser uma agência dos artefatos, dos objetos ou, ainda, das coisas – isto é, uma "agência material", para utilizar a expressão

---

28 Bruno Latour e Peter Weibel, *Iconoclash*, 2002.
29 Alan Paskow, *The Paradoxes of Art*, 2004, pp. 92-110.
30 Caroline van Eck, "Living Statues", 2010; *idem*, *Art, Agency and Living Presence*, 2015.
31 Horst Bredekamp, *Immagini che Ci Guardano*, 2015, p. 265.
32 Alfred Gell, *The Art of Anthropology*, 1999.

de Andrew Pickering[33]. Um dos elementos cruciais do espírito de nosso tempo é um novo equilíbrio de forças na relação entre pessoas e coisas – ou, talvez, um novo desequilíbrio, pois as coisas passaram a ocupar um espaço antes inimaginável. Como pergunta Mitchell, "por que, de repente, as 'coisas' deveriam parecer tão interessantes?"[34].

Pense-se no número de obras que trazem a palavra "coisa" em seu título e que foram publicadas após o número especial sobre o tema organizado por Bill Brown, em 2001[35]: *Thinking with Things, Thinking through Things, In Defense of Things, How Things Shape the Mind, Other Things, As Coisas*, entre outras[36]. Com o perdão do trocadilho, no novo milênio a coisa realmente pegou. Em nenhum desses títulos surge o adjetivo "social", como aparecia na coletânea, digamos transicional, organizada por Arjun Appadurai, em 1986[37]. Ainda não se falava cruamente na "vida das coisas", pois essa vida era necessariamente emprestada – ela provinha de outra fonte, indexada pelo qualificativo "social". Já na produção mais recente, as coisas parecem possuir autonomia e legitimidades próprias, recebendo atributos que antes estavam reservados aos humanos, tais como agência[38].

Temos aqui um dos mais espinhosos problemas filosóficos contemporâneos: a definição e alcance da agência material[39]. Para os fins restritos desta introdução, sigo a distinção proposta por Michael D. Kirchoff[40] entre uma versão forte e outra fraca de agência material, distinção que me parece equivalente àquela de Martin Holbraad[41] entre uma versão humanista e outra pós-humanista de um mesmo esforço em dissolver a fronteira entre pessoas e coisas. A versão forte seria própria à teoria do ator-rede (ANT; do inglês, *actor-network theory*), à virada material em arqueologia e à virada ontológica na antropologia, sendo

---

[33] Andrew Pickering, *The Mangle of Practice*, 1995. Faço economia aqui da complexa discussão sobre as diferenças de estatuto ontológico de "coisa", "objeto" e "artefato". Cf. Lynne R. Baker, "The Ontology of Artifacts", 2004; Bill Brown, "Things", 2001; Randall R. Dipert, "Some Issues in the Theory of Artifacts", 1995; Andrés Vaccari, "Artifact Dualism, Materiality, and the Hard Problem of Ontology", 2013.
[34] W. J. T. Mitchell, *What Do Pictures Want?*, 2005, p. 111.
[35] *Critical Inquiry*, 2001.
[36] Em ordem: Esther Pasztory, *Thinking with Things*, 2005; Amiria J. M. Henare, Martin Holbraad e Sari Wastell, *op. cit.*, 2007; Fernando Santos-Granero, *The Occult Life of Things*, 2009b; Bjørnar Olsen, *In Defense of Things*, 2010; Lambros Malafouris, *op. cit.*, 2013; Bill Brown, *Other Things*, 2015; Joana Miller, *As Coisas*, 2018.
[37] Arjun Appadurai (org.), *op. cit.*, 1986.
[38] Como nota Fowles, esse movimento é descrito, desde Latour, na linguagem da emancipação do ator subalterno, característica do pós-colonialismo: é preciso defender os objetos contra a tirania dos humanos, emancipá-los, dar-lhes voz, e assim por diante. Cf. Severin Fowles, "The Perfect Subject (Postcolonial Object Studies)", 2016; Bruno Latour, *op. cit.*, 1991. Ver também Bjørnar Olsen, "Material Culture after Text", 2003; Jane Bennett, *Vibrant Matter*, 2010.
[39] Carl Knappet e Lambros Malafouris (orgs.), *Material Agency*, 2008.
[40] Michael D. Kirchoff, "Material Agency", 2009.
[41] Martin Holbraad, "Can the Thing Speak?", 2011.

expressa por um "argumento por paridade" (a simetria de Latour): a associação entre pessoas e coisas é de tal ordem que não há diferença *de princípio* entre a contribuição de um ou de outro para o desenrolar de uma ação. A ontologia relacional que subjaz à ANT não permite diferenciar pessoas e coisas: temos apenas híbridos, tal qual o famoso homem-revólver de Latour[42]. Já na versão fraca, que Kirchoff atribui a diversos autores (entre eles Gell e Ingold), preserva-se uma assimetria entre humano e não humano em função da irredutibilidade da perspectiva incorporada (*embodied*) de primeira pessoa, intrínseca à atividade humana. Kirchoff esposa essa versão "fraca", segundo a qual a agência material supõe uma ontologia relacional, como aquela que subjaz à ANT, mas não a simetria de princípio. Nos termos de Holbraad, essa segunda posição seria humanista, enquanto a primeira seria pós-humanista, sendo a distinção marcada pela oposição entre "emancipar as coisas 'por associação' a pessoas" e "emancipá-las 'enquanto tais' [*as such*]"[43].

Neste livro, adoto uma posição prudente em relação a essa discussão. De um ponto de vista puramente heurístico, faço economia da distinção proposta por Gell[44] entre agente primário e secundário, preferindo adotar uma definição mais neutra de agência. Nesse quesito, adoto a posição de Latour, para quem o foco da descrição são os modos de associação entre atores heterogêneos – humanos e não humanos – que não se definem pela intencionalidade de suas ações, mas pelo mero fato de "modificarem um estado de coisas ao fazerem uma diferença"[45]. Aqui, distingue-se agência de intenção, localizando a primeira como uma propriedade da rede em que pessoas e coisas estão, literalmente, enredadas. Essa parece-me ser uma proposição não controversa. As controvérsias começam quando se trata de atribuir, de fato, agência intencional ou moral às coisas – um movimento que não estou disposto a acompanhar aqui[46]. Ao fazer economia da noção de intencionalidade e aceitar uma ontologia relacional, acolho uma definição deflacionária da agência material. E isso tem consequências também para a agência humana, pois, ao esposar uma noção compósita ou distribuída de pessoa, torna-se não trivial localizar o sujeito da intenção e a fonte da ação[47].

---

42 Bruno Latour, "On Technical Mediation", 1994.
43 Martin Holbraad, *op. cit.*, 2011, pp. 3-4.
44 Alfred Gell, *Art and Agency*, 1998, p. 20.
45 Bruno Latour, *op. cit.*, 2005, p. 71.
46 Ver, por exemplo, Peter-Paul Verbeek, "Materializing Morality", 2006; Christian Illies e Anthony Meijers, "Artefacts without Agency", 2009; Martin Peterson e Andreas Spahn, "Can Technological Artefacts be Moral Agents?", 2011. A questão torna-se mais espinhosa quando se analisam situações concretas, como deve fazer a antropologia. A análise latouriana do homem-revólver, tão citada na literatura, é uma simplificação das várias modalidades possíveis de relação entre ato e intenção: o revólver pode disparar por engano (sem intenção); o atirador pode errar o alvo e acertar (sem intenção) outra vítima; o atirador pode puxar o gatilho intencionalmente, mas o revólver pode falhar; ou, ainda, pode ter a intenção de atirar, mas não ser capaz de fazê-lo por não saber manejar a arma.
47 Marilyn Strathern, *op. cit.*, 1988, p. 273.

Vale notar, ademais, que nas diversas configurações ativo-passivo do nexo artístico de Gell, agente e paciente são posições relacionais mutáveis e não atributos substantivos de pessoas ou coisas.

Neste livro, portanto, agência material aponta apenas para o fato de um artefato ritual ter um efeito em sua vizinhança, sem pressupor que ele seja a fonte da ação nem implicar qualquer intenção. De todo modo, não procuro imaginar a ação fora da vizinhança dos humanos, pois entendo, como Mitchell, que a questão "não é instalar a personificação da obra de arte como o termo mestre, mas colocar nossa relação com a obra em questão, fazer da *relacionalidade* da imagem e do observador o campo de investigação"[48]. Isso tem um correlato na maneira pela qual descrevo a agência material no contexto etnográfico amazônico: procuro evitar traduzi-la utilizando os instrumentos do animismo e do vitalismo. Assim, ao tomar em consideração o que meus interlocutores indígenas fazem com os artefatos rituais e falam sobre eles, procuro, por um lado, não os equacionar imediatamente à tópica da conversão do objeto em sujeito e, por outro, não fundir a noção de pessoa com aquela de humano. Ambos os pontos são, para mim, matéria de investigação e têm caráter contextual – inclusive com variações no interior de um mesmo universo etnográfico.

SOBRE O ANIMISMO

Ao explorar certa estética amazônica que subjaz e, ao mesmo tempo, emerge da fabricação e do uso de imagens rituais, viso também intervir na discussão mais geral sobre o animismo, em particular no que toca ao dualismo e ao antropomorfismo. Em função do contraste que traço em relação à arte cristã, esses dois aspectos tornam-se especialmente sensíveis. Por isso, ao longo de minha análise, busco problematizar duas ideias fundacionais da discussão contemporânea sobre o animismo: primeiro, que a dualidade corpo-alma é o fundamento das ontologias xamânicas; segundo, que essa dualidade se expressa como um contraste entre roupa externa, com distintas características específicas, e uma alma interna consistentemente antropomórfica. Essas duas ideias foram inicialmente elaboradas por uma rica literatura sobre os povos indígenas da América do Norte, especialmente do Ártico e Subártico[49]. Nela, o tema mitológico dos animais revelando-se e mostrando sua essência humanoide surge como o exemplo paradigmático de ontologias animistas.

Influenciados por essa literatura norte-americana, Descola e Viveiros de Castro[50] produziram as mais poderosas e sofisticadas sínteses do modelo animista

---

48 W. J. T. Mitchell, *op. cit.*, 2005, p. 29.
49 Alfred I. Hallowell, "Ojibwa Ontology, Behavior, and World View", 1960; Robert A. Brightman, *Grateful Prey*, 1993; Ann Fienup-Riordan, *Eskimo Essays*, 1990.
50 Philippe Descola, "Societies of Nature and the Nature of Society", 1992; *idem, op. cit.*, 2005; Eduardo Viveiros de Castro, "Cosmological Deixis and Amerindian Perspectivism", 1998.

contemporâneo[51]. Para o primeiro, o par fisicalidade-interioridade fornece a base combinatória para gerar as quatro ontologias do mundo, às quais correspondem quatro modos de figuração. No caso do animismo, as imagens expressariam em forma visual uma noção ontológica basilar: a separabilidade entre "interioridade, no sentido de uma essência invisível de uma pessoa, e a fisicalidade, no sentido do invólucro material que ela apresenta aos olhos de outrem"[52]. O dinamismo entre esses dois termos (essência invisível e invólucro material) é dado pelo regime da metamorfose que caracteriza a relação entre as formas no universo animista. O perspectivismo de Viveiros de Castro, a despeito de suas diferenças em relação ao animismo de Descola, também toma a dualidade corpo e alma como um operador central, equiparando-a à diferença entre humano e animal, uma vez que "a forma manifesta de cada espécie é um mero envelope (uma 'roupa') a esconder uma forma interna humana"[53].

Tanto Viveiros de Castro como Descola diferenciam o antropomorfismo animista do antropocentrismo ocidental, expandindo, assim, a condição humana para além da espécie humana, um movimento crucial na direção de uma ecologia generalizada da vida. Ingold, entretanto, aponta para uma limitação nesse movimento por continuar a incluir, na própria definição de animismo, um forte componente antropomórfico. O autor observa que a forma humana é apenas uma entre muitas e que a consciência e a intencionalidade não são atributos exclusivamente humanos[54]. Em textos posteriores, Viveiros de Castro oferece uma nova formulação da questão, que parece incorporar a crítica de Ingold. Ele propõe, por um lado, que o conceito de pessoa deva ter prioridade sobre o de humano[55] e, por outro, que "a questão de saber se o jaguar mítico [...] é um bloco de afetos humanos na forma de um jaguar ou um bloco de afetos felinos na forma de um humano é, em qualquer sentido rigoroso, indecidível"[56].

Neste livro, acompanho tais proposições de Viveiros de Castro, que me parecem ir ao encontro de meus próprios esforços de, por um lado, complexificar a distinção corpo-alma, tomando-a como um caso particular (uma redução a dois termos) da pluralidade constitutiva da pessoa, e, por outro, não limitar a

---

51 Luiz Costa e Carlos Fausto, "The Return of the Animists", 2010.
52 Philippe Descola, "Un monde animé", 2010, p. 38. Veja-se também a formulação mais abstrata que Descola dá a essa dualidade: "Meu argumento é que uma das características universais do processo cognitivo no qual tais disposições estão enraizadas é a consciência de uma dualidade de planos entre processos materiais (que eu chamo de 'fisicalidade') e estados mentais (que eu chamo de 'interioridade')" (Philippe Descola, "Modes of Being and Forms of Predication", 2014, p. 274). Note-se que Descola utiliza aqui o termo "dualidade" e não dualismo. Como sugere Baschet, "as concepções dominantes da pessoa humana no Ocidente medieval [...] são duais, mas não dualistas" (Jérôme Baschet, *Corps et âmes*, 2016, p. 8). Ele aponta, ainda, para uma dinâmica antidualista crescente ao longo do medievo.
53 Eduardo Viveiros de Castro, "Os Pronomes Cosmológicos e o Perspectivismo Ameríndio", 1996b, p. 117.
54 Tim Ingold, *op. cit.*, 2000, p. 108.
55 Eduardo Viveiros de Castro, *op. cit.*, 2009, pp. 23-24.
56 *Idem*, "The Crystal Forest", 2007, p. 157.

agência à ação que se manifesta sob forma humana[57]. Há tempos busco adotar um modelo que não se resolva em última instância a dois termos nem possa ser estabilizado por meio de um antropomorfismo fundacional. Isso não quer dizer que a dualidade corpo e alma não possa ser uma chave de leitura do material etnográfico. Ela é, contudo, apenas *uma* das chaves – chave, aliás, que me parece menos produtiva para a análise de rituais, em que, justamente, interioridade e exterioridade se entranham fortemente, enquanto o humano e o não humano tendem a se tornar indiscerníveis. Espero mostrar que as expressões sonoro-visuais que aqui investigo não se realizam *sub species humanitatis*.

Em acordo com essa percepção, fiz algumas escolhas vocabulares, a começar pelo uso preferencial do termo "duplo" em vez de "alma" para glosar certas categorias-chave indígenas. Há duas razões para isso. Primeiro, busco contornar algumas das conotações fortes de alma em nossa tradição: aquela de atributo divino que confere aos humanos um caráter único e aquela de essência que garante unicidade e identidade à pessoa. Em segundo lugar, alma é uma tradução comum na literatura amazônica para diversos termos indígenas que recobrem tanto o campo semântico de *anima* (sopro, princípio vital, animacidade, espírito) como o de *imago* (cópia, duplo, sombra, reflexo, fantasma). De um ponto de vista comparativo, seria talvez mais simples utilizar exclusivamente os binômios "alma-imagem" ou "duplo-alma". Contudo, há importantes variações internas no mundo amazônico[58]. Em alguns casos (como o kuikuro) e alguns contextos (como o da arte e do ritual), *imago* torna-se figura e *anima* torna-se o fundo das categorias indígenas que recobrem esse campo semântico.

Outra escolha importante que fiz foi trazer a "pele" para o centro de minha análise como um terceiro termo a desestabilizar o dualismo corpo-alma. Em vez de usar a noção de corpo, tão recorrente na literatura amazônica, preferi fragmentá-lo em suas partes constituintes: ossos como tubos, pele como envelope, carne como a parte comestível da pessoa. Neste livro, a pele tem uma importância particular, assim como o conceito de encaixe, de peles sobre peles. A leitura de Ingold[59] da noção de superfície em James J. Gibson ofereceu-me o suporte teórico para minha intuição de que, em muitos casos, quando falamos em corpo, os ameríndios estão falando de suas partes (incluindo, especialmente, a pele)[60].

---

57 Carlos Fausto, "Banquete de Gente", 2002; *idem*, "Feasting on People", 2007a; *idem*, "Le masque de l'animiste", 2011a.

58 Entre os povos de língua pano, parece haver uma multiplicação de duplos-almas, com grande produtividade no xamanismo. Cesarino explorou o tema em mais de uma publicação, optando por colocar em relevo a noção de duplo. Cf. Pedro N. Cesarino, "Donos e Duplos", 2010; *idem*, "Le problème de la duplication et de la projection visuelle chez les Marubo (Amazonie occidentale)", 2011.

59 Tim Ingold, *op. cit.*, 2011, pp. 22-24.

60 Ver minha discussão sobre a noção parakanã de *piretê* ("pele atual") no capítulo 1 de *Inimigos Fiéis* (2001, pp. 281, 347, 357, 377) e em *Warfare and Shamanism in Amazonia* (2012c, pp. 145, 189-190), assunto que revisito no capítulo 1 deste livro. Ver também a distinção que faço entre "carne" e "pele" no artigo "Feasting on People" (2007a, p. 522).

O panorama que apresentei até aqui fornece o substrato mais amplo a partir do qual este livro foi escrito. Ele nos ajuda a entender por que decidi trilhar certos caminhos e não outros. Ao longo desse percurso, foi preciso fazer algumas escolhas que convém explicitar. Uma delas foi privilegiar os planos estético e pragmático, utilizando argumentos ontológicos como apoio ao desenvolvimento da análise, não como seu alfa e ômega. Se minha ênfase recai sobre a forma e a pragmática, sobretudo ritual, é por que meu intuito é estudar empiricamente a articulação entre as convenções formais e os mecanismos pragmáticos por meio dos quais as imagens se tornam eficazes e gestam seres extraordinários: humanos que viram jaguares, bastões que se tornam espíritos, artefatos que falam, palavras que curam, e assim por diante. Meu objetivo principal é descrever quando, como, em que contextos e sob quais condições um artefato é uma pessoa, uma representação convoca uma presença ou um objeto age. Como afirma Geoffrey E. R. Lloyd, é crucial "desempacotar o que as 'ontologias' contêm e como devem ser examinadas, uma tarefa particularmente difícil quando, como sói acontecer, não se trata de crenças ou teorias, mas de práticas e de modos de estar no mundo"[61]. É justamente essas práticas que procurei trazer para o primeiro plano.

Esse propósito de desempacotar ontologias levou-me a adotar também uma posição intermediária no movimento pendular entre o literal e o figurativo[62]. Um dos lemas mais repetidos nas ciências humanas contemporâneas é o de que é preciso "levar a sério" alguém ou alguma coisa. A expressão não é nova. Na etnologia amazônica, Descola já a utilizava há mais de duas décadas, ao afirmar que é preciso levar a sério o que enunciam os ameríndios, em vez de duvidar de que "possam acreditar suficientemente no que dizem para agir de acordo com o que pensam"[63]. Também na contracorrente da interpretação metafórica, Viveiros de Castro perguntava, logo em seguida, o que poderia significar "levar o pensamento nativo a sério?"[64]. Uma década depois, a expressão tornou-se uma marca de nosso tempo: há arqueólogos falando em "levar seriamente a cultura material"[65], críticos literários, em "levar as coisas a sério"[66] e historiadores da arte, em "levar seriamente as imagens"[67]. Todos estamos levando algo ou alguém a sério. Minha intenção aqui é adicionar o sorriso do professor às nossas descrições. Quero levar a sério quem não leva tudo tão a sério o tempo todo.

---

61 Geoffrey E. R. Lloyd, *op. cit.*, 2012, p. 39.
62 Esse pêndulo caracteriza a interpretação da Bíblia desde o início da Era Cristã, quando Philo de Alexandria propôs lê-la não literalmente, mas alegoricamente. Agostinho de Hipona seria o grande defensor da leitura literal das Escrituras (ver Stephen Greenblatt, *The Rise and Fall of Adam and Eve*, 2017, pp. 111-114).
63 Philippe Descola, "Estrutura ou Sentimento", 1998, p. 40.
64 Eduardo Viveiros de Castro, "O Nativo Relativo", 2002b, p. 129.
65 Michael Wheeler, "Minds, Things and Materiality", 2010, p. 29.
66 Bill Brown, *op. cit.*, 2015, p. 12.
67 Neal Curtis (org.), *The Pictorial Turn*, 2010, p. 2.

Permitam-me explicar minha intenção por meio de um retorno à noção de abdução. Gell a utiliza em dois sentidos. O primeiro é o de "captura", noção recorrente na história da arte para descrever a relação entre espectador e imagem: a imagem é uma armadilha perceptiva, uma arma de captura[68]. O segundo sentido é a de abdução enquanto operação cognitiva, que Gell retira de Pascal Boyer[69]. Em um trabalho anterior, recorri a essa mesma noção para dar conta de uma série de fatos bizarros ocorridos durante o processo de contato dos Parakanã Orientais em 1970. Na ocasião, eles não apenas solicitaram como levaram os agentes governamentais a desenterrar mortos recentes a fim de ressuscitá-los[70]. Meu problema interpretativo não era, pois, levar ou não a sério a afirmação de meus interlocutores de que é possível ressuscitar os mortos, mas entender o que haviam efetivamente feito e o que ocorrera com suas premissas ontológicas quando os fatos não as confirmaram. Recorri, então, à noção de inferência abdutiva, pois ela me permitia falar de uma operação cognitiva que é conjuntural (permitindo o engajamento prático) e cujo valor de verdade é condicional[71].

Nos termos de nossa discussão, poderíamos dizer que as inferências abdutivas não expressam nem um juízo literal "como é" (*as is*), nem um juízo metafórico "como se" (*as if*), mas antes um possível, um "pode ser o caso". Trata-se de uma modalidade na qual a incerteza é constitutiva. O caráter provisório de uma inferência abdutiva permite tanto flexibilidade prática quanto resiliência das premissas ontológicas de base[72]. Nesse sentido, a abdução aproxima-se da definição que Carlo Severi dá à crença enquanto uma forma de projeção "motivada pela interpretação de uma constelação incompleta de indícios"[73]. Essa definição converge com a de Gell, para quem o encantamento da tecnologia supõe um hiato cognitivo: é a impossibilidade de reconstituir ao revés o processo de manufatura de determinado artefato que conduz o observador a atribuir sua origem a um poder extra-humano. Ao falar da agência das imagens, procuro sempre

---

[68] Para um exemplo clássico, ver como Michael Fried descreve a concepção de Diderot sobre a tarefa do pintor em *Absorption and Theatricality* (1980, p. 92).
[69] Pascal Boyer, *The Naturalness of Religious Idea*, 1994.
[70] Carlos Fausto, *op. cit.*, 2002.
[71] A noção de inferência abdutiva foi reintroduzida na lógica por Charles S. Peirce, em "Abduction and Induction" (1940). Segundo Magnani, Peirce caracterizou-a "como um processo criativo 'inferencial' de geração de uma nova hipótese 'explicativa'" (Lorenzo Magnani, *Abductive Cognition*, 2009, p. 8), cuja forma, do ponto de vista da silogística clássica, é falaciosa, uma vez que afirma o consequente mesmo quando as premissas são falsas. Pode-se também caracterizar a abdução como uma "indução a serviço da explicação, na qual uma nova regra empírica é criada para tornar previsível o que de outra forma seria misterioso" (John H. Holland *et al.*, *Induction*, 1986, p. 89). Assim, para explicar, por exemplo, por que os agentes da Fundação Nacional do Índio (Funai) eram capazes de falar uns com os outros a distância via rádio, os Parakanã formularam a hipótese de que eles eram grandes xamãs, tornando razoável que pudessem falar a longa distância (e talvez ressuscitar os mortos).
[72] Carlos Fausto, *op. cit.*, 2002, pp. 677-678.
[73] Carlo Severi, *The Chimera Principle*, 2015, p. 243.

explicitar as condições em que situações de instabilidade cognitiva emergem, nas quais, digamos, um evento de máscaras pode ser interpretado como "um caso de presença de um espírito".

Daí decorre também certa prudência no uso da noção de presença. Quero evitar recair na "antiga antítese entre representar e estar presente, entre ocupar o lugar de alguém e ser esse alguém"[74]. Essa antítese marcou a história conflituosa do cristianismo com a imagem, bem como a maneira como a antropologia abordou-a em contextos extraocidentais. Em nosso outro momento animista, entre finais do século XIX e as primeiras décadas do século XX, o pêndulo também pendia em favor da presença. Tome-se, por exemplo, a interpretação de Fritz Krause sobre as máscaras ameríndias, em seu texto de 1931:

> Com base neste breve relato de alguns fatos particularmente claros da Melanésia, da América do Sul e da América do Norte, demonstra-se de forma convincente que os dançarinos mascarados são de fato os seres em questão. Eles não representam apenas esses seres nem os executam pantomimicamente em uma espécie de espetáculo, fingindo ser os seres em questão, mas eles realmente se transformam nesses seres [...] Portanto, as ações que os mascarados realizam não são meramente simbólicas, mas são tidas como inteiramente reais[75].

Na época de Krause, a confusão entre ser e símbolo, presença e representação e protótipo e imagem era um dos mais claros índices de uma mentalidade primitiva. Embora hoje não se utilize mais o animismo ou o fetichismo como rótulos para marcar diferenças hierárquicas, é preciso manter um olhar crítico sobre a substituição da representação pela presença, de modo a não acompanhar automaticamente o movimento pendular dessa nossa "antiga antítese". A atribuição de agência a artefatos é um fato universal, ainda que diferentemente modulada segundo a cultura e o tempo – o que significa dizer que não é detonada pelos mesmos mecanismos e não é igualmente intensa em todos os contextos. Mas nem mesmo os modernos deixaram de atribuir agência a artefatos, o que faz supor que algo escapa ao binarismo ontológico, permitindo outras estratégias de pesquisa que não passem pela construção de um ponto antipodal ao nosso. Do ponto de vista etnográfico, ademais, trata-se de saber se a antítese se aplica a outras tradições iconográficas. Seria nossa ansiedade com a métrica signo-coisa universal?

Não tenho aqui a pretensão de responder a essa questão. Busco tão somente ter presente as dificuldades inerentes à certa linguagem. Por isso, prefiro definir

---

[74] Erhart Kästner *apud* Hans Belting, *Likeness and Presence*, 1994, p. 9.
[75] Fritz Krause, "Maske und Ahnenfigur", 1931, p. 356. Noto, entretanto, que Krause diferenciava uma concepção animista, na qual a alma era uma essência imutável que podia animar corpos diferentes, de outra não animista, em que "mudanças no corpo físico [...] implicam mudanças no ser" (*idem*, p. 345). Daí o motivo de o artigo de Krause poder ser visto como um precursor do perspectivismo de Viveiros de Castro.

Introdução

o problema central deste livro como sendo a abdução de agência[76] ou, ainda, a captura da imaginação[77], apontando para uma operação que envolve instabilidade, uma lacuna a ser preenchida por meio de uma projeção imaginativa[78]. Aqui vale introduzir uma distinção. Assim como ocorre em Boyer[79], a abdução em Gell resulta de uma operação cognitiva de tipo inferencial, na qual a falha detona outro processo explicativo. O argumento não deixa de lembrar aquele de Sperber sobre o simbolismo como uma segunda representação, mobilizada sempre que uma representação conceitual falha em analisar uma informação nova ou vinculá-la à memória enciclopédica[80]. Aqui, prefiro acompanhar Severi ao privilegiar a imaginação à razão. Entendo que se trata menos de uma operação de caráter inferencial e proposicional e mais de formação e encadeamento de imagens externas e internas. Em outras palavras, tento contornar a forma pela qual a antropologia tem tradicionalmente enquadrado o debate da racionalidade. Em vez de abordá-lo com base na perspectiva da lógica proposicional, prefiro perguntar como a arte e o ritual geram imagens que, desde o início, não são destinadas a se adequar à lógica proposicional.

O RITUAL E SEUS COLCHETES

Todos os artefatos que analiso neste livro ocorrem em contextos definidos emicamente como configurando um espaço-tempo específico, posto entre colchetes por metassignos, o qual costumamos chamar "ritual". Como indica Gregory Bateson, os rituais possuem regras constitutivas, que entram em vigor a partir do momento em que uma mensagem metacomunicativa estabelece que "isto é um ritual"[81]. Adentramos então um mundo possível, distinto do ordinário, no qual é necessário, acima de tudo, exercer a imaginação. Esse mundo não é necessariamente diferente em conteúdo, mas, sim, no modo como ação, intenção e identidade são dispostas. O metamundo definido pelo quadro ritual permite a disjunção entre ação e intenção[82], bem como a condensação de identidades contraditórias[83]. É um mundo definido por seu caráter subjuntivo, pelo muito vilipendiado "como se"[84]. É interessante notar que Bateson oferece justamente essa expressão, a título de exemplo de uma mensagem de enquadramento[85]. Nesse caso, ela não se aplica a uma frase declarativa como "os Bororo são araras", mas

---

[76] Alfred Gell, *op. cit.*, 1998.
[77] Carlo Severi, "Capturing Imagination", 2004.
[78] *Idem*, "L'espace chimérique", 2011.
[79] Pascal Boyer, *op. cit.*, 1994, pp. 217-218.
[80] Dan Sperber, *Rethinking Symbolism*, 1975, pp. 112-113.
[81] Gregory Bateson, *Steps to an Ecology of Mind*, 1972.
[82] Caroline Humphrey e James Laidlaw, *The Archetypal Actions of Ritual*, 1994.
[83] Michael Houseman e Carlo Severi, *Naven or the Other Self*, 1998.
[84] Adam B. Seligman *et al.*, *Ritual and Its Consequences*, 2008.
[85] Gregory Bateson, *op. cit.*, 1972, p. 196.

delineia um possível, um estado de certa incerteza, que nos convida a imaginar, a formar imagens que vão além do que é ordinariamente visível e audível.

Desde pelo menos o famoso argumento do cavalinho de pau de Ernst H. Gombrich[86], a filosofia da estética se interessa pelos jogos da imaginação e pela fantasia. O livro de Kendall L. Walton sobre a mimese como "faz de conta", como um "fazer crer", traz provavelmente o desenvolvimento mais acabado dessa linha de investigação[87]. Como sugere Jason Gaiger, o ponto central de Walton é deixar de pensar as obras de artes representacionais em termos de semelhança ou denotação a fim de abordá-las como suportes "para certos tipos de jogos que autorizam a formação de imagens prescritas"[88]. Tanto Gombrich como Walton (e também Bateson) não visam exclusivamente ao ritual, mas ao fio comum que perpassa o jogo, a fantasia, a ficção, a arte e o ritual. Esse fio possui duas implicações: primeiro, o regime de verdade prevalecente é de outra ordem do que aquele de contextos ordinários; segundo, os atores são geralmente capazes de distinguir entre situações internas e externas ao quadro. Assim, é possível diferenciar entre a presença atual de, digamos, um jaguar e a atribuição de jaguaridade a um objeto: no primeiro caso, foge-se ou luta-se (e não se dialoga, por exemplo); no segundo, engaja-se em um tipo específico de ação, no qual se age "como se" o artefato fosse um jaguar (podendo-se, inclusive, fugir ou lutar de modo a assegurar a jaguaridade do objeto). Em certos momentos deste livro, vemos como essa diferença pode ser explicitamente enunciada pelos próprios atores rituais ou pode representar perspectivas distintas no interior de um mesmo ritual.

Isso não quer dizer, contudo, que tudo não passa de um jogo de faz de conta. A seriedade do jogo – e em especial de certos rituais – reside no fato de ele produzir mais do que um estado "como se". Essa é apenas a mensagem de enquadramento que instaura um possível, um estado de incerteza, no qual a fusão entre imagem e protótipo pode ser detonada, nem que seja por um instante fugidio. Quando isso ocorre, para muitas culturas e religiões, revela-se o mundo como ele "realmente é" – ou seja, o estado subjuntivo mostra-se como sendo aquilo que é. O quadro ritual reconfigura o mundo a partir de sua matéria, instalando um jogo no qual, como diz Bateson, "a discriminação entre mapa e território é sempre passível de se romper, e os golpes rituais de pacificação são sempre susceptíveis de serem confundidos com os golpes 'reais' do combate"[89]. Como argumento mais à frente, tal fusão é um caso limite, pois os rituais buscam produzir identificações assintóticas, em que uma distância infinitesimal é sempre preservada entre o suporte e o protótipo[90].

---

86 Ernst H. Gombrich, *Meditations on a Hobby Horse*, 1963.
87 Kendall L. Walton, *Mimesis as Make-believe*, 1990.
88 Jason Gaiger, "Participatory Imagining and the Explanation of Living-presence Response", p. 374, 2011. Para uma discussão sobre o complexo livro de Walton, ver o debate publicado em *Philosophy and Phenomenological Research*, 1991.
89 Gregory Bateson, *op. cit.*, 1972, p. 188.
90 Agradeço a Carlo Severi por chamar minha atenção para essa noção. Em acordo com uma

Uma das contribuições principais de Gell foi ter privilegiado o índice em lugar do ícone na elaboração de uma antropologia da arte abrangente. Ao fazer essa escolha, ele libertou-se do problema clássico da mimese e da representação, que ainda hoje obseda a história da arte[91]. Como vimos, a virada pictórica produziu um deslocamento importante, ao propor que as imagens deixassem de ser inquiridas pelos significados que expressam e passassem a ser investigadas por aquilo que fazem – pela maneira como impactam os observadores e como estes reagem a elas[92]. O problema é que a maioria dos historiadores da arte, ao abandonar o simbolismo, imergiu inteiramente no domínio do ícone em vez de, como fez Gell, tomar a porta de saída da arte pós-Duchamp.

Assim, a resposta quase unânime dada à pergunta "de onde provém a força das imagens se não do sublime?" foi "da semelhança", isto é, da identidade visual entre modelo e imagem. A semelhança convocaria a presença, pois produziria um estado de ansiedade no espectador incapaz de decidir-se sobre a ontologia daquela imagem: é ela a própria pessoa ou sua representação? Ela está viva ou é feita de matéria bruta? Em certo sentido, a história da arte contemporânea deu um passo para trás, como se estivesse fatalmente atraída por uma nostalgia pré-moderna (o que explicaria seu renovado interesse pela arte cristã "antes da era da arte" e pelos episódios iconoclastas). Submeteu-se, assim, ao império do ícone – tanto o bizantino como aquele peirciano – em busca da viscosidade entre imagem e mundo[93]. Como escreve Moshe Barasch, desde a Antiguidade, "a semelhança foi tomada como a manifestação de um vínculo objetivo inerente entre seres ou objetos que se assemelham uns aos outros"[94].

Essa longa paixão pelo ícone liga-se estreitamente a uma relação particular com a verdade, que vou explorar na conclusão. Por ora, basta-me citar outra passagem de Barasch sobre uma das qualidades centrais do ícone clássico, a

---

definição corrente, "a assíntota de uma curva é uma linha tal que a distância entre a curva e a linha se aproxima de zero quando uma ou ambas as coordenadas x ou y tende ao infinito" ("Asymptote", *Wikipedia*, 2022, disponível em: https://en.wikipedia.org/wiki/Asymptote, acesso em: 15 out. 2022). A linha, entretanto, nunca intercepta a curva, como o termo grego deixa claro (*asumptōtos*, "não caindo juntas").

[91] Mas ver o uso que faz Eck do trabalho de Gell a fim de caracterizar uma resposta aos objetos de arte, no qual os limites entre a representação e o que é representado são dissolvidos, dando lugar a uma "resposta de presença viva" (*living-presence response*). Cf. Caroline van Eck, *op. cit.*, 2015.

[92] W. J. T. Mitchell, *op. cit.*, 1994.

[93] Tentando desvencilhar-se antecipadamente dessa crítica, Freedberg escreve: "Não quero sugerir que a resposta seja baseada na percepção da representação como a imitação ou ilusão da natureza mais ou menos bem-sucedida". Entretanto, logo em seguida acrescenta: "mesmo que às vezes assim o seja indubitavelmente, e mesmo que tal critério tenha sido durante milênios a base crucial para a resposta e, ao mesmo tempo, para o sucesso ou fracasso de uma obra de arte" (David Freedberg, *op. cit.*, 1989, p. 438).

[94] Moshe Barasch, *Icon*, 1992, p. 71.

saber, sua "perfeita consistência interna, a ausência total de qualquer ambiguidade ou tensão". Essa transparência do ícone, argumenta o autor, seria responsável por criar no espectador "a impressão de uma manifestação plena do ser retratado na imagem"[95]. Não por acaso, vemos surgir ao longo da tortuosa história da relação do cristianismo com as imagens uma preocupação especial com a verossimilhança. Não raras vezes, recorreu-se à ideia de imagens feitas sob inspiração divina, "não feitas pelas mãos" (*acheiropoieta*), a fim de garantir a exata correspondência entre a representação pictórica e seu referente. Essa busca de correspondência supõe uma relação unívoca entre protótipo e imagem que se vê constantemente ameaçada pela ambiguidade e pela transformação. Daí o problema de como representar a dupla natureza de Cristo – ao mesmo tempo humana e divina –, bem como a Unidade da Trindade. Como argumento na conclusão, a resposta hegemônica do cristianismo passou por uma radical antropomorfização e estabilização do divino, construído em oposição ao caráter metamórfico e monstruoso do Diabo.

Um dos objetivos deste livro é mostrar que o regime visual ameríndio tomou um caminho diverso: seu problema e sua ambição não foram jamais a verossimilhança nem a imitação da forma humana, tampouco a unidade da imagem. Ao contrário, seu impulso gerador é o de figurar a transformação, de colocar em imagem o fluxo transformacional característico dos alterumanos. Trata-se, assim, de gerar imagens as mais complexas e paradoxais possíveis, imagens com múltiplos referentes, encaixados recursivamente, oscilando constantemente entre figura e fundo. Essa é a estética do *trickster* e do engano, erguida sobre o solo firme da ambiguidade e da instabilidade, não da verdade.

Ao longo dos capítulos que se seguem, busco explorar um conjunto de elementos e operações formais – bastante recorrentes e encontrados em diversos suportes artefatuais – que permitem gerar esse tipo de complexidade imagética que julgo caracterizar as artes ameríndias. Exploro cinco deles, que enumero aqui sem qualquer ordem de prioridade:

- a multirreferencialidade (o fato de uma mesma imagem apontar para diversos referentes simultaneamente);
- o encaixamento recursivo (a recursividade das relações conteúdo-continente) e o efeito "garrafa de Klein" (interior e exterior não são espaços fixos e claramente delimitados);
- a duplicação da imagem e a oscilação figura-fundo;
- a instabilidade qualitativa (subdeterminação do caráter humano ou alterumano da imagem, oscilação e condensação de qualidades opostas, como masculino e feminino);
- a indeterminação quantitativa (a impossibilidade de definir se temos uma pluralidade, uma unidade dual ou uma singularidade).

---

95 *Idem*, "The Idol in the Icon", 2001, p. 1.

Nos capítulos a seguir, essas operações ganham conteúdo concreto. Não creio que sejam específicas ou exclusivas ao caso ameríndio – o que é único são as maneiras variáveis pelas quais são aí utilizadas e combinadas.

Meu argumento partilha do pressuposto mais geral sobre a relação entre complexidade (visual e sonora) e os processos de captura da imaginação, tal qual descritos por Severi em diversos textos. O termo "complexidade" pode ser entendido de muitas maneiras e servir para qualificar coisas muito diferentes. Assim, por exemplo, meu uso nada tem a ver com o "fascínio pela ambiguidade" que James Elkins atribuiu ao modernismo e sua preferência por pinturas "que são analiticamente complexas, conceitualmente desafiadoras, cheias de símbolos, intenções ocultas, significados codificados"[96]. A complexidade que me interessa não é aquela dos significados ocultos, mas a da própria forma em seu poder de evocar suas partes não visíveis e convocar um ato do olhar, detonando uma projeção imaginativa. Ela se assemelha, pois, à complexidade quimérica, tal qual definida por Severi, que implica uma relação específica entre percepção e projeção, distinguindo-se, por exemplo, da mera ambiguidade visual ou da imagem compósita, tão comuns em outros contextos, inclusive o das belas-artes. Ela supõe a pluralidade constitutiva dos seres-feitos-imagem, de tal modo que não se busca a unidade na pluralidade, mas a produção de singularidades plurais[97].

DOS LIMITES DA COMPARAÇÃO

Este livro é também uma experiência no método comparativo. Baseia-se tanto na tradição histórica germânica trazida para a América por Franz Boas como na análise estrutural feita por Lévi-Strauss nos quatro volumes das *Mitológicas*[98] e em *A Via das Máscaras*[99]. Em certo sentido, o livro explora a propagação de formas estéticas por meio de pessoas no mesmo espírito da afirmação de Lévi-

---

[96] James Elkins, *Why Are Our Pictures Puzzles?*, 1999, p. 43.

[97] Severi define como quimera "toda imagem que, designando por uma só representação um ser plural, mobiliza, por meios puramente ópticos ou por um conjunto de inferências, suas partes invisíveis" (Carlo Severi, *op. cit.*, 2011, p. 29). Lagrou estende essa noção, geralmente aplicada à figuração, para os grafismos ameríndios, o que lhe permite falar em quimeras abstratas: "Apesar de 'abstrato', este grafismo pode abrir para a percepção de uma figuração virtual, imagem mental que não é dada a ver, mas que é formalmente sugerida" (Els Lagrou, "Podem os Grafismos Ameríndios ser Considerados Quimeras Abstratas?", 2013, p. 92). Neste livro, não trato, senão ocasionalmente, dos grafismos. Embora os Kuikuro possam ser incluídos entre os "povos do desenho", para usar a expressão de Lagrou, em função de sua sofisticada pintura corporal e artefatual, jamais obtive exegeses densas sobre o tema (Els Lagrou, *A Fluidez da Forma*, 2007). Para um panorama da arte gráfica dos povos karib do Alto Xingu, ver Bruna Franchetto (org.), *Ikú Ügühütu Higei*, 2015.

[98] A tetralogia é formada por: *Le cru et le cuit* (1964), *Du miel aux cendres* (1966), *L'origine des manières de table* (1968) e *L'homme nu* (1971).

[99] Título em português da obra *La voie des masques*, publicada em 1979.

-Strauss de que os mitos "se pensam nos homens"[100]. Estou ciente dos limites epistêmicos postos a qualquer comparação em função da desestabilização da oposição natureza/cultura, mas confesso que não me preocupo muito com isso. Não sinto necessidade de garantir que esteja comparando *like with like*. Basta-me que os dados falem entre si, que as aproximações e afastamentos permitam uma melhor compreensão do material empírico analisado. Ao comparar, procuro fazer ressoar, no mesmo ou em tom diferente, fenômenos espacial ou temporalmente afastados. É a ressonância que me move.

Sinto maior incômodo com a comparação binária que faço entre dois grandes regimes da imagem: o da cristandade e o dos ameríndios (cujos limites também estão aqui mal definidos). Incomoda-me o quanto é preciso ignorar para tornar essa comparação uma ficção persuasiva[101]. Meu ponto inicial era bastante simples: mostrar que a figuração na tradição cristã conduziu a um radical antropomorfismo e a uma descomplexificação da imagem, enquanto a figuração ameríndia teria trilhado um caminho diverso, gerando imagens paradoxais, onde as identidades são encaixadas e os referentes são múltiplos[102]. Postulei, assim, uma dessas grandes divisões que, conquanto verdadeiras em certo nível, fazem vista grossa às sutilezas de cada tradição e às variações internas a elas. De certo, se começasse pelas tradições locais cristãs, aquelas não hegemônicas, encontraria exemplos contrários a essa generalização, como é o caso das imagens de demônios, das representações não autorizadas da Trindade, de certos usos de relíquias ou mesmo da Relíquia dentre as relíquias: o sangue de Cristo. Contudo, preferi deixar para a conclusão uma discussão extensa sobre esses exemplos.

Em determinado momento do longo vir a ser deste livro, imaginei proliferar as diferenças internas à cristandade para logo concluir que, se quisesse fazer jus à complexidade do fenômeno, teria de dedicar a ele mais tempo do que dispunha. O mesmo vale para meu infundado plano de contornar as dificuldades do binarismo por meio da inclusão de um terceiro termo: a tradição escultórica centro-africana caracterizada por Robert F. Thompson como expressando uma mimese intermediária (*midpoint mimesis*), na qual a imagem "não é tão real nem tão abstrata, estando de alguma forma entre as duas"[103]. Segundo Thompson, a tradição artística iorubá favorece uma semelhança moderada, "evitando abstrações confusas ou realismo gritante"[104]. Mais recentemente, Zoë Strother argumentou que, entre os Pende, o grau de realismo mimético é função de um compromisso: uma escultura deve indexar claramente um modelo humano, mas não identificar um indivíduo em particular[105]. Tal compromisso resulta do fato de os chefes terem de estabelecer sua reputação no fio da navalha. Por um lado, eles

---

100 Claude Lévi-Strauss, *Le cru et le cuit*, 1964, p. 20.
101 Marilyn Strathern, "Out of Context", 1987.
102 Carlos Fausto, *op. cit.*, 2011a.
103 Robert F. Thompson, *African Art in Motion*, 1979, p. 26.
104 *Idem, ibidem*.
105 Zoë Strother, "A Terrifying Mimesis", 2015.

mostram disposição em matar um de seus parentes para garantir a prosperidade de seu povo; por outro, devem torná-la ambivalente e envolta em rumores.

Ao incorporar essa discussão em meu argumento, imaginava que seria possível escapar à grande divisão, sem reinstalar um universal *a priori* contra o qual as diferenças culturais poderiam ser medidas, mas perseguindo, em vez disso, um pluralismo de fato, um pluricentrismo. No entanto, desisti dessa alternativa quando descobri que ela exigiria muito mais tempo e conhecimento do que dispunha. Ao fim e ao cabo, optei por me conceder a licença binária sugerida por Marilyn Strathern, confiando que "os termos de uma bifurcação não precisam ser opostos ou constituir pares nem precisam cortar um todo em metades dicotômicas. Um movimento binário simplesmente permite que um argumento decole em uma direção tornando a outra (direção do argumento) também presente"[106].

DO LIVRO E DA PESQUISA

O livro divide-se em cinco capítulos. Cada um deles trata de uma classe de artefatos rituais: o corpo, os aerofones, as máscaras e, por fim, as efígies rituais (que tomam os dois capítulos finais). A razão desse recorte é etnográfica: quis focalizar artefatos sobre os quais disponho de dados primários de minhas pesquisas com os Parakanã e os Kuikuro. Noto que apenas o primeiro capítulo traz materiais etnográficos parakanã, pois, como disse, eles dispõem de muito poucos artefatos rituais. Sua posição inicial, contudo, tem uma função importante na economia do livro. Começo com o corpo vivo como principal artefato ritual e termino com uma efígie humana que substitui um corpo ausente, passando por diferentes níveis de artefatualização ao longo do livro.

O primeiro capítulo tem duas partes principais. Na primeira, reanaliso meus dados sobre os rituais parakanã, buscando entender como geram um estado de incerteza, que permite a captura da imaginação, sem o emprego de artefatos sofisticados. Concentro-me principalmente nos corpos cantantes-dançantes dos executores, explorando as relações que são construídas tanto a montante como durante o ato ritual. Na segunda parte, passo de corpos vivos para artefatos feitos de partes de corpos mortos. Adotando uma postura comparativa, caracterizo as principais zonas de troféus na Amazônia, com base em dados coletados nos últimos duzentos anos por viajantes, missionários, oficiais do governo e antropólogos. Meu objetivo é investigar as operações estéticas a que os troféus eram submetidos durante os rituais do passado, operações que dariam conta de sua eficácia.

O segundo capítulo focaliza um artefato musical associado a outro complexo ritual: o chamado "culto das flautas sagradas", que se encontra em duas áreas principais da Amazônia: no norte, da bacia do Orinoco ao rio Solimões, e

---

106 Marilyn Strathern, "Binary License", 2011, p. 91.

no sul, de Llanos de Mojos, na Bolívia, ao Alto Xingu, no Brasil. Esses ritos são qualificados como sagrados por apresentarem uma proibição rigorosa: mulheres e crianças não podem ver os instrumentos de sopro. Abro o capítulo com um panorama comparativo desse complexo ritual, fazendo uso de informações históricas que remontam ao século XVII, bem como explorando materiais etnográficos contemporâneos. Após essa visão geral, fecho o foco para apresentar uma descrição etnográfica fina das flautas sagradas entre os Kuikuro e sua relação com os rituais femininos. Concluo com uma análise dos mecanismos formais mobilizados por esses instrumentos, a fim de convocar uma presença, dando-se particular ênfase ao efeito garrafa de Klein e ao cromatismo na música kuikuro.

O terceiro capítulo tematiza as máscaras ameríndias. Aqui adoto um quadro comparativo mais amplo, propondo ao leitor uma viagem que começa no Alasca, passa pela Colúmbia Britânica e finalmente chega à floresta tropical amazônica. Ao longo dessa viagem, diferentes tradições de máscaras, tanto na América do Sul como na América do Norte, são revisitadas a fim de mostrar que compartilham princípios estéticos comuns. Particularmente importante aqui é a noção de encaixamento recursivo, que revela a complexidade das superfícies (peles) nas Américas. Após analisar a invenção de uma máscara inimiga entre um povo tupi-guarani da bacia do rio Araguaia, passo para o Alto Xingu, onde uma rica tradição de máscaras tem sido descrita desde a década de 1880. Os Kuikuro fornecem, mais uma vez, o caso etnográfico particular. Nesse exemplo, analiso passo a passo como uma doença levou uma mulher a se tornar "dona" da máscara do Redemoinho e promover sua aparição ritual.

Os capítulos 4 e 5 possuem uma organização diferente dos anteriores, sendo menos comparativos e mais etnográficos. Em cada um, analiso um ritual do Alto Xingu no qual o artefato central é uma efígie humana que figura uma pessoa morta. Existem poucos exemplos de outras efígies antropomórficas empregadas ritualmente na Amazônia. Entretanto, como elas são centrais no Xingu, não pude deixar de enfrentar o problema que representam para minha discussão sobre o baixo nível de antropomorfização dos objetos rituais na Amazônia.

O quarto capítulo contém uma análise pragmática do ritual do Javari, no qual é confeccionada uma efígie humana rústica, servindo de ponto de articulação entre anfitriões e convidados, que se enfrentam por meio de duelos verbais entre primos cruzados. A questão aqui é: por que é necessário ter um artefato mediando duas partes opostas, se ambas necessariamente estão presentes no ritual? Uma análise pragmática mostra que a efígie funciona como um "pronome em pé", permitindo a atribuição de múltiplas identidades a ela e um jogo de identificação entre o Si e o Outro. Ao mesmo tempo, uma análise histórica indica que o Javari resultaria de uma transformação estrutural de rituais de guerra envolvendo troféus. O capítulo aborda, ainda, o *status* da efígie enquanto figuração de uma pessoa humana morta em uma região, a Amazônia, em que são poucos os exemplos de efígies antropomórficas representando os mortos.

O quinto capítulo é dedicado ao principal festival do Alto Xingu, conhecido como Quarup, no qual efígies de madeira figuram chefes falecidos. A decoração excessiva dessas efígies contrasta com a rusticidade da efígie do Javari, um contraste que deixa claro que as primeiras não são representações genéricas da pessoa humana, mas figurações específicas da condição de chefe. Por meio de uma análise dos atos rituais, mostro como os chefes possuem dois corpos, que precisam ser separados durante o rito funerário, de forma semelhante, mas diferente, ao das estátuas funerárias na Grécia antiga e na Europa medieval. Essa comparação, leva-me a uma seção final na qual analiso em detalhes a ideia de uma mimese xinguana.

Por fim, na conclusão, dou a volta completa no círculo, retornando a algumas das questões anunciadas nesta introdução e antecipando algumas objeções possíveis ao argumento do livro. Com base na vinheta sobre o sorriso do professor, exploro as noções de ironia e engano, tão características dos *tricksters* nas cosmologias ameríndias, a fim de desestabilizar a antítese entre o literal e o figurativo, a qual depende de certa noção de verdade. Contrastando um regime estético do *trickster* com a tradição cristã baseada na verossimilhança e na correspondência, examino as consequências da afirmação da similitude entre Deus e o Homem no Gênesis. Em seguida, recorro a uma iconografia cristã voltada à representação do hibridismo monstruoso, a fim de distingui-la de uma estética ameríndia da transformação. Para terminar, convido os leitores para uma breve viagem ao passado pré-colombiano, com o objetivo de refletir sobre a questão do antropomorfismo na Amazônia, nos quadros de uma temporalidade mais profunda.

Uma última observação sobre as pesquisas que ancoram este livro. A primeira foi realizada entre 1988 e 1996, em diferentes aldeias parakanã localizadas nas bacias dos rios Xingu e Tocantins. Após o término de meu doutorado, retornei aos Parakanã em três breves ocasiões, em 1999, 2014 e 2015. Passei pouco mais de dezoito meses em campo, com uma estadia máxima contínua de quatro meses. À época, meu nível de compreensão da língua era bastante bom e, como não havia falantes de português, eu mesmo transcrevi e traduzi minhas gravações. Já a pesquisa com os Kuikuro deu-se em moldes bem diferentes. Após visitá-los em 1998, fui convidado pelo chefe Afukaká para realizar um amplo projeto de documentação ritual, que implicava muito mais do que simplesmente gravar histórias e filmar eventos[107]. Assim, dediquei-me anos a fio à formação de jovens kuikuro para produção audiovisual, à fundação e manutenção da associação indígena, bem como a todos os encargos envolvidos na obtenção e gestão de recursos para projetos locais. Fiz pesquisa nesse contexto diversificado, com múltiplos agentes indígenas e não indígenas, estabelecendo diversas parcerias com pessoas e instituições. Residi cerca de dois anos descontínuos na principal aldeia kuikuro, quase sempre em viagens de trinta a 45 dias. Alguns amigos

---

[107] Sobre o projeto, ver Carlos Fausto, "Mil Años de Transformación", 2011c; *idem*, "How Much for a Song", 2016.

kuikuro, por sua vez, residiram de alguns meses a até um ano em minha casa no Rio de Janeiro. Meus dados provêm dessa rede complexa de relações, de múltiplas conversas e traduções mútuas. Dessa feita, pude contar com a colaboração de excelentes tradutores bilíngues kuikuro, bem como com o apoio luxuoso de competentes linguistas. Julgo o resultado adequado. Traduções, porém, sempre implicam uma dose de traição – só posso torcer para que aquelas que aqui ofereço traiam a língua de destino tanto quanto a língua fonte.

1 | O CORPO-ARTEFATO

Mas, sim, mas, sim, meu caro, pense bem: há um minuto, antes que isso acontecesse consigo, você era outro; não apenas, mas você era também uma centena de outros, uma centena de milhares de outros.
LUIGI PIRANDELLO
Uno, Nessuno e Centomila

[...] é a exuberância ou superdeterminação que caracteriza o troféu.
PATRICK MENGET
"Notas sobre as Cabeças Mundurucu"

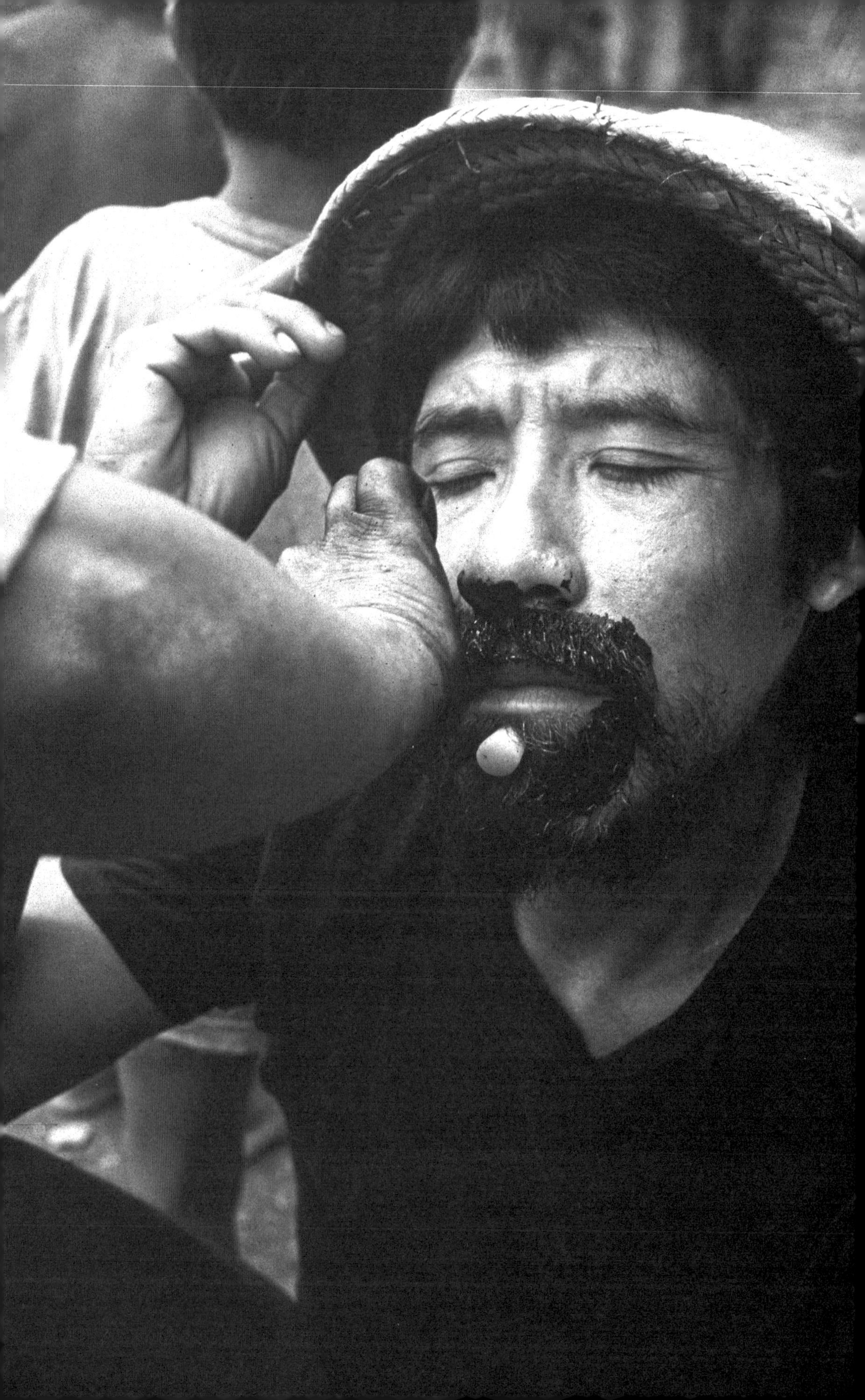

ESTE É UM LIVRO SOBRE ARTEFATOS E SEUS EFEITOS. ELE TEM INÍCIO, porém, ali onde objetos estão praticamente ausentes, sendo o corpo o principal artefato em jogo. A ideia de que o corpo possa ser um produto artefatual, algo "feito pelas mãos humanas", pode ser contraintuitiva para o leitor não acostumado à literatura antropológica, mas, como diversos autores já observaram, o corpo é objeto de um intenso fazer na Amazônia indígena[1]. Em contextos rituais – que são os que nos interessam neste livro – corpos são fabricados com especial arte a fim de serem vistos e se fazerem ver, transformarem-se e produzirem transformações, consumirem e serem consumidos. O corpo-artefato é o mínimo denominador comum deste livro.

A escolha por começar ali onde artefatos são escassos tem uma razão biográfica. Comecei a minha própria trajetória há mais de trinta anos em um povo de língua tupi-guarani conhecido como Parakanã, que habita as bacias dos rios Xingu e Tocantins, tributários meridionais do rio Amazonas, no estado do Pará. Esse povo se divide em dois macroblocos, que denominei ocidental e oriental, resultado de uma divisão que ocorreu no final do século XIX. Hoje, soma quase 2 mil pessoas, vivendo em diversas aldeias, localizadas em duas terras indígenas diferentes. Concentro-me aqui nos Parakanã Ocidentais, em particular nas pessoas que vivem atualmente na bacia do rio Xingu, contatadas entre 1983 e 1984[2].

Ao desembarcar na aldeia Apyterewa, em março de 1988, vi-me imerso em um mundo de poucos objetos. Excluindo-se aqueles que haviam ingressado após o contato, a cultura material parakanã limitava-se a redes e tipoias de fibra de tucum, cestos cargueiros confeccionados de improviso com folhas de babaçu, clarinetes de bambu logo descartados após o ritual, longos charutos de entrecasca de tauari, jarreteiras de algodão, um diadema plumário bastante simples, além, é claro, de arcos e flechas. Também eram poucas as ferramentas: além do

---

[1] Aparecida Vilaça, "Chronically Unstable Bodies", 2005; Fernando Santos-Granero, *The Occult Life of Things*, 2009b; Els Lagrou, "Podem os Grafismos Ameríndios ser Considerados Quimeras Abstratas?", 2013, p. 78.
[2] Carlos Fausto, *Warfare and Shamanism in Amazonia*, 2012c, pp. 48-51.

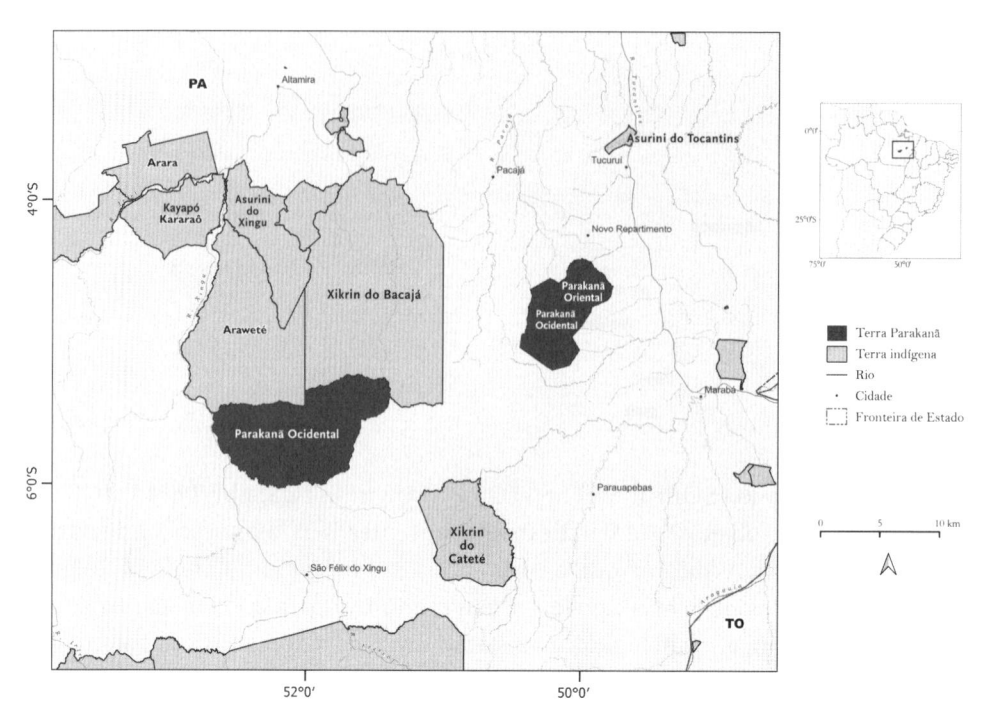

MAPA 1. *Área etnográfica 1: terras indígenas do interflúvio Xingu-Tocantins (2022).*

formão de dente de cutia usado para afilar as pontas das flechas, contavam-se o machado e o facão de metal, que, desde o final do século XIX, eram obtidos esporadicamente de não indígenas. Os outros objetos que encontrei tinham chegado fazia quatro anos, com a redução à administração estatal: roupas, sandálias, mosquiteiros, linha e anzol, canoas, lanternas e pilhas, espingardas e cartuchos, fornos para torrar farinha. Eu mesmo acabei por introduzir novos objetos, notadamente, papel e caneta, gravador e câmera fotográfica.

No mundo dos Parakanã de finais do século XX, os raros artefatos mediavam fracamente as relações sociais entre humanos e destes com não humanos. Amigos rituais e cunhados costumavam permutar flechas quando saíam para caçar juntos – uma prática que se tornou problemática com a entrada de espingardas, pois passaram a permutar os canos das armas, que acabavam por travar mesmo quando de mesmo calibre. O principal elemento material a mediar relações era o alimento, cru ou cozido. Não havia a noção do objeto-dádiva, nada similar às conchas do kula, aos porcos do moka, aos wampum algonquinos, aos cobres do potlatch ou aos cintos e colares de caramujo do Alto Xingu. Sem "coisas" para estender a ação além das fronteiras corporais e solidificar o mundo em que habitavam, os Parakanã faziam e refaziam seus laços, definiam e redefiniam suas associações com frequência: separavam-se e voltavam a se reunir, inimizavam-

-se e tornavam a fazer as pazes, produzindo um movimento de sístole e diástole, que descrevi em minha monografia³.

Como indicam Shirley C. Strum e Bruno Latour, essa é uma situação social menos complexa, porém mais complicada, pois os recursos materiais para estabilizar os laços sociais são limitados. Na constituição de coletivos, há pouco além do que está diretamente inscrito nos corpos e o que se pode realizar por meio de habilidades sociais imediatas⁴. Na ausência de recursos extracorporais, os laços são negociados com mais intensidade e frequência do que ali onde as interações ganham um suporte material e tendem a institucionalizar-se. Essa distinção, que é cromática no caso humano, parece ser discreta no caso da passagem do animal ao humano, pelo menos para Michel Serres:

> A única diferença atribuível entre as sociedades animais e as nossas próprias reside, como já disse muitas vezes, no surgimento do objeto. Nossas relações, laços sociais, seriam aerados como nuvens se fossem apenas contratos entre sujeitos. De fato, o objeto, específico aos Hominidae, estabiliza nossas relações, retarda o tempo de nossas revoluções⁵.

No caso parakanã, o fluxo dominava as paradas, o que exigia uma tecnologia do movimento, com função similar aos *gadgets hi-tech* para o montanhismo contemporâneo. Suas formas sociais estavam irremediavelmente *na* história. Raramente explicavam um modo de ser ou de fazer por referência a um mito, um conhecimento ancestral ou o ensinamento de um demiurgo – costumavam, ao contrário, recorrer a um evento vivido por pessoas concretas: "Assim, certa vez, fez meu tio", diziam-me. Mesmo as relações com os não humanos eram marcadas pela eventualidade e impermanência. Os sonhadores apropriavam-se de cantos de seus interlocutores oníricos e os transmitiam a um parente, que seria seu executor ritual. Uma vez executado, o canto estava morto e não mais servia à ação ritual, sendo preciso sempre renovar as interações oníricas. Não havia um conjunto de cantos sagrados transmitidos entre gerações, mas apenas cantos novos apropriados em uma interação singular e executados em uma só ocasião⁶. Nem mesmo o artefato-canto podia "retardar o tempo de nossas revoluções". Nesse mundo imaterial, não deve surpreender o fato de os rituais parakanã serem feitos sobretudo de corpos moventes e palavras cantadas. Inexiste todo um aparato de máscaras, efígies e troféus capazes de tornar o invisível visível e o

---

3 Idem, *Inimigos Fiéis*, 2001.
4 Shirley C. Strum e Bruno Latour, "Redefining the Social Link", 1987, p. 791.
5 Michel Serres, *Genesis*, 1995, p. 87. Nas últimas décadas, os primatologistas passaram a ver as diferenças entre humanos e outros grandes símios como mais contínuas, especialmente no que diz respeito ao uso de ferramentas e à transmissão de habilidades adquiridas. Minha intenção aqui não é intervir no debate sobre o surgimento do objeto, mas simplesmente recorrer a Serres a fim de marcar uma diferença interna à literatura amazônica, entre povos ricos e pobres em objeto. Cf. Stephen Hugh-Jones, "Bride Service and the Absent Gift", 2013; Marc Brightman, Carlos Fausto e Vanessa E. Grotti, "Introduction", 2016, p. 9.
6 Refiro-me aqui apenas a canções, não à música instrumental.

ausente presente. A questão é, pois: como eles produziam um estado ritual de incerteza, uma suspensão dos entendimentos ordinários, forte o suficiente para capturar a imaginação e produzir transformações no mundo?

Deixem-me começar pela experiência onírica, antes de passar à análise – ou melhor, reanálise dos rituais parakanã. Aqueles familiarizados com meu trabalho vão perceber que aqui reexamino dados coletados nos anos 1980 e 1990, que apareceram pela primeira vez em minha monografia[7]. Muitas coisas mudaram desde então, mas os rituais que descrevo na próxima seção continuam a ser realizados em boa parte das aldeias, embora com menor frequência.

UM MUNDO DE DUPLOS

Entre os Parakanã, guerra e xamanismo eram *le même combat*, mesmo se a primeira englobava o segundo. Não havia pajés especialistas – ninguém podia ocupar essa posição, a não ser por um breve instante. O xamanismo parakanã era "aerado como as nuvens" – no momento em que se cristalizava como ato, logo se dissolvia. Estava em todos os poros, porém em ninguém se coagulava. Não havia uma instituição xamânica, mas uma agência difusa a ser capturada por um breve lapso de tempo. E para fazê-lo, era preciso sonhar. Mas o que, afinal, era sonhar para os Parakanã?

Segundo me explicaram à época, o sonho é um evento no qual o duplo (*a'owa*) do sonhador encontra-se e interage com o duplo de outros entes, genericamente denominados *akwawa*, termo que traduzi por "inimigo". A raiz *a'owa* designa uma espécie de *free self* que se destaca do corpo durante o sono, distinguindo-se de outro componente imaterial da pessoa denominado *'onga*. Este último designa o princípio vital, a sombra e, na sua flexão pretérita (*'owera*), o espectro dos mortos. Esses termos não se referem apenas a componentes da pessoa como também a formas representacionais: *'onga* aplica-se a imagens bidimensionais (à fotografia, por exemplo), enquanto *a'owa* aplica-se a substitutos tridimensionais. Quando alguém personifica e dramatiza um outro, trata-se de uma figuração de tipo *a'owa*. Modelos reduzidos, como brinquedos de criança, são igualmente -*a'owa*: uma boneca é, assim, *konomiara'owa* ("duplo de criança").

Essa duplicação implica um atenuamento no estatuto existencial. A diferença entre o protótipo e o duplo é que o primeiro possui um corpo próprio ou, mais exatamente, uma "pele de fato" (*piretê*) – categoria a que os Parakanã Ocidentais sempre recorriam a fim de distinguir interações oníricas daquelas em vigília. Para dar conta do que viam na televisão, então uma novidade, mobilizavam essas mesmas categorias. Certa vez, o jovem Tewirera me perguntou se as pessoas morriam de fato na TV. Ao tentar expressar, em língua parakanã, a distinção entre filme de ficção e noticiário, o jovem veio em meu socorro, con-

---

[7] Carlos Fausto, *op. cit.*, 2001.

vertendo-a em uma oposição entre *i'onga jowé* ("só a imagem deles") e *ipireté* ("a pele mesma deles")[8]. Já os Parakanã Orientais utilizavam a categoria *a'owa* em lugar de *'onga* para marcar a mesma distinção. Em ambos os casos, recorriam a categorias que pertencem ao campo semântico da imagem em contraste a um termo denotando um invólucro visível, uma superfície material efetiva.

Tal distinção era também mobilizada para descrever eventos que, de nosso ponto de vista, seriam exclusivamente oníricos. Entre os Parakanã Ocidentais, coletei várias narrativas de sonhos compostas de duas partes: na primeira, a interação se dava entre "duplos", mas na segunda, dava-se entre pessoas em "sua pele mesma". Para eles, essa segunda fase ocorre em estado de vigília, não diferindo de outras interações que nós definiríamos como "reais"[9]. Os sonhos-vigília não aconteciam a qualquer um, mas somente a sonhadores experientes e em momentos especiais, implicando a relação com uma coletividade onírica, um povo-outro. Já os sonhos ordinários, bem mais frequentes, envolviam geralmente um único interlocutor. Em ambos os casos, via de regra, os interlocutores eram homens. Segundo diziam, as mulheres não deveriam sonhar, embora algumas delas, já na menopausa, o fizessem ocasionalmente. No entanto, nunca consegui registrar suas narrativas.

Um sonho para os Parakanã é um encontro entre o sonhador e seu interlocutor, que, embora inimigo, não se comporta como tal, transferindo ao primeiro, sem nada pedir em troca, uma dupla de cantos. Nas narrativas de sonhos, há vários indícios da inimizade e da alteridade dos interlocutores. Contudo, os inimigos nunca se zangam com o próprio sonhador, agindo, ao contrário, como se estivessem à sua disposição – não à toa, costumam ser denominados *te'omawa* ("xerimbabo") ou *temiahiwa* ("presa-mágica")[10]. Na época de minha pesquisa, os xerimbabos oníricos eram de muitos tipos, sendo os mais frequentes os animais, embora os mais poderosos fossem inimigos humanos monstruosos e fenômenos meteorológicos. Em certa medida, todo sonho já era uma espécie de duplo, que prolongava uma predação anterior ou antecipava uma predação posterior. Em alguns casos, isso era explícito: por exemplo, após uma pescaria, sonhava-se com peixes, algo que também poderia ocorrer após um evento guerreiro, que então se propagava como encontro onírico[11]. O sonho podia também antecipar uma predação, sendo o caso mais exemplar o chamado sonho de "trazimento de porção" (*tajahoarero'awa*), no qual o sonhador localizava a vara de

---

8 Costuma-se traduzir o sufixo intensificador tupi-guarani *eté* por "verdadeiro". Eu mesmo o traduzi alhures assim. Contudo, em face da discussão sobre a noção de verdade que apresento na conclusão, prefiro glosá-lo como "mesmo", "próprio", "de fato".
9 Carlos Fausto, *op. cit.*, 2001, pp. 357-369.
10 O primeiro termo é formado pela raiz *e'o* ("perder a força ou consciência") e pelo sufixo *mam* ("completamente"). Já o segundo, é formado pela aglutinação de *temiara* ("presa") e o sufixo *hiwa*, que ocorre em vários termos relacionados ao xamanismo, como *ipoahiwa* ("sonho"). Ver Carlos Fausto, *op. cit.*, 2001, p. 316.
11 *Idem*, p. 362.

porcos e os caçadores partiam em expedição na manhã seguinte. Na maioria dos casos, contudo, a articulação entre sonho e predação se dava de forma mais mediada e indireta, não se estabelecendo uma relação clara de causa e efeito. Seja como for, o ato predatório era sempre eclipsado na interação onírica: aparecia como uma frequência de fundo, mas jamais como o tema explícito da relação. Por definição, sonhar era interagir com outros potencialmente perigosos, mas que se comportavam generosamente, oferecendo cantos e nomes. Não deve surpreender, assim, que ninguém dizia sonhar com parentes, amantes ou amigos.

A relação onírica privada fazia-se audível na forma de uma dupla de cantos. Estes sempre vinham aos pares, como gêmeos. O termo mais frequente para designá-los era "jaguar" (*jawara*), e um sonhador prolífico era dito ser um "mestre de jaguar" (*jawajara*). Já o termo vernacular genérico para "canto" era *je'engara*, uma palavra formada pelo nome *je'eng* ("fala") e o agentivo *ara*: o canto seria, pois, uma fala imbuída de força adicional. Em virtude da relação onírica, o sonhador adquiria uma potência suplementar em forma canora, a qual tinha de ser transferida a um parente antes de sua execução ritual. A transmissão era obrigatória, uma vez que o sonhador não podia executar seu próprio xerimbabo. Tal imperativo permitia encadear novas relações, ampliando a rede e seus efeitos: na forma de canto, a primeira dádiva (do inimigo onírico ao sonhador) articulava-se a uma segunda dádiva (do sonhador ao executor). Nessa passagem, o fundo-inimizade do primeiro doador tornava-se a figura da relação: o inimigo onírico passava à condição de presa cativa e feroz, cujo destino era ser executada ritualmente.

Daí por que um canto, ele mesmo um jaguar, era considerado como um xerimbabo ou uma presa-mágica, além de ser também concebido como um duplo do inimigo (*akwawara'owa*). O inimigo não pode estar ritualmente presente em sua própria pele, mas pode ser duplicado em uma forma musical que circula e que acaba por registrar relações múltiplas. Dito de forma sucinta, um canto parakanã é o traço audível de uma série de relações de predação e familiarização. Enquanto jaguar, pertence originalmente a um inimigo onírico, que o cede a um sonhador humano, que o transfere posteriormente a um parente. Este último, então, canta e dramatiza essas relações, produzindo uma condensação ritual na qual ocupa tanto a posição do verdugo como da vítima. Explico esse ponto em breve. Por ora, vejamos como a letra dos cantos acrescentam outro nível de complexidade a esses artefatos musicais.

JAGUARES INTRINCADOS

Começo por um dos cantos que executei em 1989 e que já apresentei em *Inimigos Fiéis*. Ele foi oferecido a mim por Joawy'yma, que o ouvira de uma arraia:

Ema'é Kwanopepohoa,	Veja a pen'imensa de gavião,
O'a'angowé jenerehe.	Ele a experimenta contra nós.
Ema'é ne tyaworohoa,	Veja o chocão, ele estica
Owimongatyroho	sua pen'imensa
Okwanopepohoa jenerehe.	de gavião contra nós.
He he eapyngowé,	He he abaixe-se apenas,
He he eapyngowé.	He he abaixe-se apenas[12].

Nesse canto, temos a posição do enunciador, que pertence à arraia, e a do receptor, que é ocupada pelo sonhador. Essas duas posições conformam um mesmo lado, um "nós" inclusivo (*jenerehe*), que se opõe a outro personagem descrito inicialmente por meio da visão de uma grande pena de gavião (*kwanopepohoa*)[13]. Trata-se de uma metonímia comum para flecha, particularmente para aquelas feitas para matar inimigos e grandes mamíferos. Essa flecha-gavião, contudo, revela-se no verso seguinte ser um passarinho do gênero *Thamnophilus* (chocão), comumente visto às margens dos rios, cujo macho, listrado em preto e branco, tem padrão de plumagem que lembra o de um gavião. É ele quem molda sua pen'imensa contra "nós", uma ação que antecipa o disparo. Ao final, a oscilação entre ave de rapina e passarinho parece se resolver a favor do último, pois basta abaixar-se para evadir ao ataque. Contudo, durante a execução ritual desse canto, pediam-me que mimetizasse o gavião, imitando seu grito, balançando a cabeça, batendo as asas e avançando sobre a audiência.

Dou mais dois exemplos, começando por um jaguar executado nos anos 1970:

Ita'ywohoa-ropi	Pela estrada de ferro
Paria orererahai penohi we, Kojo'ywo.	Paria nos levou de vocês, mulherengo
Pe'a'angté hereka jerehe kojoa, Pari	Vocês me prometeram uma mulher em vão, Pari
Ma'é ipojyrona Toria, Kamara	O Branco é coisa perigosa, camarada.

Esse canto refere-se a não indígenas que viviam ao longo da estrada de ferro Marabá-Tucuruí, um projeto governamental iniciado nos anos 1920 para escoar a borracha e a castanha até o porto de Belém, no Pará. Entre a década de 1920 e 1960, os Parakanã Ocidentais visitavam, de tempos em tempos, o Posto de Pacificação criado pelo Serviço de Proteção aos Índios (SPI), no quilômetro 67 da ferrovia[14]. *Toria, Paria* e *Kamara* são todas designações dadas aos não indíge-

---

12 Idem, p. 353.
13 Na língua parakanã, existem duas formas de pronome de primeira pessoa no plural: *ore* (que exclui o interlocutor) e *jane* (que o inclui). Chamo-os, respectivamente, de "exclusivo" e "inclusivo".
14 O Serviço de Proteção aos Índios (SPI) foi fundado em 1910 como agência governamental responsável pelos povos indígenas do Brasil. Existiu até 1967, sendo então substituído pela Fundação Nacional do Índio (Funai).

nas: a primeira é o termo padrão atribuído a nós; a segunda é uma corruptela de "farinha", enquanto a terceira provém de "camarada", um termo comum na Amazônia para denominar trabalhadores braçais e soldados de expedições governamentais[15].

Na primeira frase do canto, o enunciador diz a um interlocutor designado como "flechador de mulher" (isto é, mulherengo): "Farinha [*Paria*] nos levou de vocês pela linha férrea". Na segunda frase, o enunciador parece falar agora com o próprio não indígena que os levou pela ferrovia. Usando a forma vocativa, *pari*, ele diz: "vocês me prometeram uma mulher em vão" (isto é, não cumpriram a promessa). Por fim, o enunciador conclui que os não indígenas (*toria*) são perigosos e chama seu interlocutor de "camarada", como se jogasse com múltiplas figurações de não indígenas, todas elas traindo certa camaradagem masculina, cujo objeto de desejo comum são mulheres. O que oscila aqui não é o enunciador – que parece ser o próprio sonhador –, mas o interlocutor. Contudo, é difícil determinar quem ocupa essas posições sucessivamente no desenvolvimento do ritual: o canto é, primeiro, enunciado em sonho pelo inimigo; em seguida, pelo sonhador nos ensaios; por fim, pelo executor no ritual, o qual condensa todas essas pessoas, inclusive aquelas da interlocução onírica.

O último exemplo é mais simples. O enunciador é claramente o inimigo onírico. O fato por detrás do canto é a queda que um rapaz sofrera do alto de uma árvore. Seu pai Karája fez, então, os urubus descerem do céu para curarem o filho, sugando seus hematomas:

Neope ne oroerojimta ywangohoa, tywa-kwai	Do céu imenso desceremos para ti, compadre
He he he he	He he he he
Ojejowytongoho wa'é-ramo	Tornando-nos aqueles do grande pescoço encarnado[16]

Os urubus dizem que vão descer do céu para se tornarem aqueles que têm o pescoço encarnado – uma característica morfológica do urubu-rei. O canto apresenta um motivo mítico, pois explica a origem de uma característica da espécie: o sangue do paciente fará os urubus-reis terem as plumas do pescoço encarnadas. O paciente, porém, é uma presença ausente no canto – não há um "ele", apenas um "nós" exclusivo e um "tu", pois a interlocução onírica se dá entre o pai e os urubus. Não sei se esse canto chegou a ser executado em um ritual, mas se o foi, Karája tê-lo-á dado para outra pessoa, que entoou o canto da

---

15 O termo *paria* surgiu de um desses equívocos do contato. Os brancos costumavam oferecer "farinha" repetidas vezes aos Parakanã, os quais entenderam que estavam lhes dizendo sua autodesignação. A raiz verbal *'a'ang* é polissêmica, significando "experimentar", "dizer" e "cantar". Em 2019, Kaworé Parakanã, que é fluente em português, traduziu o termo para mim, nesse contexto, por "prometer".
16 Carlos Fausto, *op. cit.*, 2001, p. 375, nota 41.

perspectiva do urubu, ao mesmo tempo que ocupava a posição do "tu", que fora antes do sonhador. Em outras palavras, a relação de dádiva entre um "nós" e um "tu" contida no canto acabaria por ser traduzida em uma relação ritual entre matador e vítima.

O caráter convoluto das relações expressas pelo corpo e a voz do cantor fazem dele, para utilizar a expressão de Carlo Severi, um enunciador complexo[17]. Ele não só ocupa posições relacionais contraditórias como constrói também uma imagem em que confluem dois espaços-tempo: o aqui-agora e um alhures-onírico. Há a presença-presente, corporal, física e fática do executor ritual, mas há também uma presença-ausente, que remete a outro lugar e a outra temporalidade, em que se encontra a fonte do canto. O canto é o vínculo – ao mesmo tempo material e intangível – que conecta esses dois espaços-tempo. Significativamente, não conheço nenhum canto que contenha as quase sempre obrigatórias marcas epistêmicas do tupi-guarani, as quais distinguem "passado recente" de "passado remoto" e "ver" de "ouvir dizer"[18]. Os cantos, justamente, ao ocuparem um espaço-tempo dual e convocarem uma presença-ausente, são desprovidos de tais marcas. Isso permite construir um tempo e uma posição de enunciação indeterminados, de tal maneira que os cantos podem ser enunciados por diferentes pessoas: o inimigo, o sonhador e o executor.

Tal indeterminação não é exclusiva de cantos parakanã. Em sua análise do longo canto kuna para facilitar o nascimento, Severi investiga precisamente esse tipo de descrição atemporal, na qual se emprega apenas um tempo presente neutro, mesmo para se referir a atos passados do próprio xamã, o locutor ali situado naquele espaço[19]. Vamos ver também, no final deste capítulo, que Suzanne Oakdale encontra o mesmo procedimento nas canções de guerra dos Kayabi. Por ora, porém, voltemos nossa atenção para a ação ritual, a fim de examinar o modo pelo qual as relações contidas no cantor-executor se desdobram e tornam-se visíveis ao longo da *performance*.

DANÇANDO O INIMIGO

Até aqui descrevi como os cantos rituais são obtidos em sonhos e como passam a conter séries de relações concatenadas de predação e familiarização. Apresentei ainda como, em suas próprias letras, esses cantos expressam diferentes perspectivas, oscilando entre elas. Também mencionei, mesmo que brevemente, a forma convoluta pela qual o executor aparece, durante o ritual, como uma pessoa dupla, ao mesmo tempo matador e vítima. A seguir, concentro-me na

---

17 Carlo Severi, "Memory, Reflexivity and Belief", 2002.
18 Na língua parakanã, essas marcas epistêmicas são: *rakokwehe* (passado remoto, testemunhado), *jekwehe* (passado remoto, não testemunhado), *raka* (passado recente, testemunhado) e *ra'e* (passado recente, não testemunhado).
19 Carlo Severi, *The Chimera Principle*, 2015, p. 214.

própria *performance*, a fim de melhor compreendermos o desdobramento ritual do executor. O ritual em questão chama-se *Opetymo*, um termo que pode ser glosado como "ingerir tabaco" e que, aqui, traduzo por "Festival do Tabaco". Seu principal artefato cerimonial é, justamente, um longo charuto feito de casca de tauari recheado com tabaco. Os outros dois festivais, que, junto ao *Opetymo*, conformam a espinha dorsal da ritualidade parakanã, também são referidos por seus artefatos: "Festival de Clarinetas" (*Takwararero'awa*) e "Festival do Bastão Rítmico" (*Waratoa*)[20].

Em finais dos anos 1980, o *Opetymo* ocorria assim. O primeiro movimento era a transmissão dos cantos, chamada "a engorda dos jaguares" (*jawarapyrotawa*), que começava cerca de um mês antes do festival e se repetia todas as noites a partir de então[21]. Nesses ensaios noturnos, os cantos sonhados eram entoados pelos mestres de jaguar (*jawajara*) e repetidos pelos demais homens até serem memorizados. Após determinado número de repetições, o cantor-sonhador virava-se para um dos presentes e dizia: "Aqui está seu jaguar, meu sobrinho [ou neto, amigo etc.]". A pessoa que recebia esse canto se tornava, a partir daí, seu futuro executor – no duplo sentido da palavra, pois cantar-dançar é também um ato homicida. O receptor passava, então, a referir-se a seu canto como "meu jaguar" (*jejawara*), "minha presa" (*jeremiara*) ou, ainda, "aquele que tenho" (*jeremireka*). Ao se levantar para dançar durante as sessões noturnas, ele diria: "Eu vou matar o infeliz". Ao ser transferido do sonhador para uma terceira pessoa, o jaguar-xerimbabo se tornava um cativo aguardando a execução, e a inimizade de fundo emergia novamente como figura da relação: afinal, como insisti alhures, não há nada a se apropriar de outro submisso, incapaz de sustentar uma perspectiva outra[22].

Esses atos iniciais do *Opetymo* têm uma semelhança notável com as práticas guerreiras dos Tupinambá há quinhentos anos. Quando tomavam um inimigo no campo de batalha, traziam-no amarrado como um xerimbabo, segundo conta em primeira pessoa Hans Staden: "As cordas, que eu tinha no pescoço, prenderam-nas ao alto de uma árvore. Deitaram-se em torno de mim, à noite, zombando e chamando-me em sua língua: *"xé remimbaba in dé"*, que quer dizer: 'tu és meu animal prisioneiro'"[23]. Em seguida, ao chegar à aldeia de seus captores, o cativo era recebido pelas mulheres, que o tratavam como futura carne.

---

[20] Em minha descrição a seguir, assumo que os principais executores são homens, embora entre os Parakanã Ocidentais fosse possível, embora não usual, que mulheres ocupassem a posição de solistas. Para uma descrição completa desses rituais, ver Carlos Fausto, *op. cit.*, 2001, cap. 6.

[21] O verbo *pyro* designa a ação regular de um homem que fornece comida a sua esposa pré-púbere. Espera-se que o marido dê aos pais da menina uma parte da caça ou do peixe que ele matar, antecipando e ao mesmo tempo confirmando a relação conjugal. Após a primeira menstruação, o casamento é finalmente consumado e o casal começa a habitar junto. Assim, chega ao fim o período caracterizado como de "criar-alimentar" (*pyro*) a menina.

[22] Carlos Fausto, *op. cit.*, 2001, pp. 347-348.

[23] Hans Staden, *Duas Viagens ao Brasil*, 1974 [1557], p. 84.

Com o passar do tempo, era adotado como membro do grupo captor, em particular pela família de seu dono, e recebia uma mulher em casamento. Sua incorporação ao grupo se dava em uma condição submissa – como cativo, filho adotivo e genro – semelhante à de um xerimbabo. Vez ou outra, lembravam-lhe desse fato: seu dono o exibia pelas aldeias e, para o desagrado do prisioneiro, os aldeões jogavam penas de papagaio sobre sua cabeça[24]. Quando a execução se aproximava, era preciso reinimizá-lo, tornando-o uma vez mais inteiramente inimigo e feroz. Separavam-no de sua família de adoção, cingiam-no com uma longa corda e forçavam-no a vingar-se antecipadamente de seus futuros algozes, lançando contra eles pedras, frutos, cacos de cerâmica. Submetiam-no, então, a um rito de captura: tiravam-lhe as amarras e deixavam-no escapar até ser agarrado novamente. Por fim, executavam-no, assavam-no e comiam-no.

No caso tupinambá, matador e vítima não se fundiam na praça pública, pois ambos estavam presentes na cena da execução, embora seus discursos encadeassem verbalmente atos passados e futuros, em uma dialogia na qual o presente de um emergia como o futuro do outro[25]. A efetiva fusão dos dois protagonistas rituais se dava *a posteriori*. Logo após a execução, o matador entrava em reclusão e incorporava a si a parte-predadora da vítima – seu *quanta* de energia predatória[26]. Quanto à parte-presa, a carne do morto, era consumida por todos, menos, justamente, pelo executor, que canibalizava sua porção imaterial[27].

Para realizar esse trabalho ritual, os Tupinambá não tinham de produzir uma presença a partir da ausência – pelo menos não na praça pública. Ali estava uma pessoa tangível, membro de uma coletividade inimiga. Eles não precisavam imaginá-la nem torná-la visível – bastava-lhes operar com o próprio corpo, a voz e os atos do cativo. Os Tupinambá tinham uma vocação antes para a literalidade do que para o simulacro – se era para comer da carne, melhor fazê-lo de fato, em vez de imaginar uma transubstanciação ou metamorfose[28]. Já os Parakanã, em seus rituais, precisavam transformar o cativo ausente em cativo presente. E para produzir uma presença dispunham de apenas quatro instrumentos: seus corpos, suas vozes, uma pequena casa ritual e um longo charuto. Vejamos o que eles faziam com isso.

---

24 Fr. André Thevet, "La cosmographie universelle", 2009 [1575], p. 156.
25 Manuela Carneiro da Cunha e Eduardo Viveiros de Castro, "Vingança e Temporalidade", 1985.
26 Carlos Fausto, "A Blend of Blood and Tobacco", 2004.
27 Não sabemos se os Tupinambá chamavam essa porção imaterial de "alma", "duplo" ou "imagem". Daí a razão de tê-la designado porção-jaguar ou parte-predadora, sua capacidade agentiva suplementar, que fazia o matador emergir da reclusão dotado de uma nova potência e de um novo nome (Carlos Fausto, "Feasting on People", 2007a).
28 Quando não dispunham de inimigos humanos para matar, nem aí davam asas à imaginação, preferindo capturar um jaguar e executá-lo ritualmente (Eduardo Viveiros de Castro, *From the Enemy's Point of View*, 1992, p. 248). Mas, note-se, não o comiam, pois um jaguar, para os Tupinambá, não era como um humano que possui uma parte-presa a ser consumida.

O Corpo-artefato

O festival propriamente dito começava com um ato de captura, chamado "acuamento" (*imongetawa*). No final da tarde, os cantores eram colocados lado a lado atrás da recém-construída casa ritual, denominada *tokaja* ("tocaia") – termo que também designa pequenos abrigos utilizados para fins xamânicos, gaiolas para xerimbabos e anteparos de caça. Os cantores ficavam aí de pé sobre esteiras, enquanto o "acuador" (*imongetara*) entrava na casa ritual e entoava cada um dos cantos, respeitando a sequência de sua execução nos dias subsequentes. Ao findar cada canto, ele não podia dar os gritos característicos de comemoração de um ato predatório – ação designada como "golpear com a boca" (*joropeteng*), que consiste em dar quatro gritos agudos e, ao fim, um tapa na nádega direita. Isso porque o acuador, como diz seu nome, deve apenas acuar os cantos-jaguar dentro da casa ritual, não podendo ele mesmo executá-los. Ao terminar o acuamento, alguns jovens puxavam os cantores-executores pela cintura, fazendo-os ficar em posição fletida. Fingindo morder seus pescoços e costas, levantavam-nos do chão e instalavam-nos em redes dentro da tocaia, sem que tocassem os pés no chão. Nesse primeiro ato, colocava-se em primeiro plano a função cativo dos cantores rituais, enquanto sua função verdugo era obviada.

Na manhã seguinte, os cantores, com o tronco já pintado de jenipapo, recebiam plumas de harpia ou urubu-rei nas pernas, além de jarreteiras, braçadeiras e um chapéu plumário. Eles mimetizavam, assim, pássaros predadores, lembrando-nos mais uma vez do carrasco tupinambá, que imitava um gavião enquanto avançava sobre sua vítima[29]. Assim adornados, os cativos da noite anterior, que tinham sido acuados na casa ritual, desdobravam-se agora na figura de matadores. Então, o primeiro deles começava uma dança solitária, repetindo inúmeras vezes a mesma rotina: saía pela frente da tocaia, rodava no terreiro e entrava pela parte de trás, sempre carregando o charuto de entrecasca de tauari. Ao final, comemorava seu ato predatório com os gritos agudos e a palmada na nádega direita. Era, então, substituído pelo cantor subsequente, geralmente seu amigo ritual (*pajé*) – e assim sucessivamente, durante três dias e duas noites.

A pergunta é: como essas ações rituais aparentemente tão simples suscitavam nos Parakanã a sensação de uma presença outra, de algo a mais que estaria de início ausente? Ao colocar esse tipo de questão, não estou perguntando sobre um sistema de crenças, mas sobre como se produz um estado de incerteza; como certos atos e artefatos em contexto ritual produzem uma zona de dúvida, criam um obstáculo à compreensão cotidiana e produzem um hiato cognitivo a ser preenchido ativamente por quem dele participa. Como apontei na introdução, Severi define a captura da imaginação como resultante de uma forma de projeção desencadeada por indícios incompletos[30], o que, em linguagem peirciana, corresponderia a uma inferência abdutiva. Refraseemos, pois, a questão: como abduzir uma agência não ordinária no *Opetymo*?

---

29 Alfred Métraux, *A Religião dos Tupinambás*, 1979, p. 133.
30 Carlo Severi, *op. cit.*, 2015.

Podemos aduzir uma resposta fenomenológica, própria às teorias do *embodiment*, que é certamente relevante nesse caso. Quem já executou jaguares no *Opetymo* – como é meu caso – sabe que após dias de muita fatiga e noites de pouco sono – dançando e cantando, com as pernas doídas e a voz rouca, condição apenas amenizada pela ingestão de grandes quantidades de tabaco – a fronteira entre sonho e vigília, entre estar imerso em um mundo de "duplos" (*a'owa*) e em "sua pele mesma" (*ipireté*), torna-se incerta. Uma transformação sensorial e física se processa nesse espaço-tempo, afastando o participante de sua corporeidade cotidiana, por meio da experiência da dor, da fome, da astenia, do cantar repetido e do efeito narcótico do tabaco. A dinâmica ritual busca produzir esse estado de excepcionalidade corporal que está associado a uma experiência subjetiva de transformação, não visível, que, supõe-se, conduz à maturação das capacidades agentivas e predatórias da pessoa. A experiência de cada um dos cantores é uma evidência de que algo se passou, embora essa transformação não receba nenhuma marca exterior nem leve a qualquer mudança de *status*.

O problema com essa explicação é que o *Opetymo* é executado por cinco a dez solistas adultos e uma larga audiência, com níveis variados de participação. Para a maioria, não há nenhuma experiência sensorial extraordinária. Portanto, a resposta fenomenológica só dá conta de uma das perspectivas possíveis sobre o ritual: a de quem executa os jaguares. É preciso investigar também seu efeito sobre quem assiste à execução. O que está em jogo não é a animação de um artefato inerte, mas a possibilidade de emergir uma presença-outra, além daquela fática de um parente que dança a nossa frente. Quais são os mecanismos que permitem imaginar essa presença-outra?

CANTO TORTO

Em *The Chimera Principle*, Severi[31] analisa como, em sessões de cura entre os Kuna do Panamá, é produzida uma duplicação do enunciador. A cena envolve um único xamã, que entoa longos cantos paralelísticos, pouco compreensíveis ao paciente. O quadro ritual e a estrutura do canto conduzem a um paradoxo espaço-temporal, no qual o xamã passa a estar presente, simultânea e contraditoriamente, aqui e alhures, ao lado do paciente e na viagem cósmica narrada pelo canto. Argumento que uma configuração similar surge também no *Opetymo* parakanã.

A operação mais elementar aqui consiste na duplicação do cantor por meio de uma máscara vocal. Ele entoava seus jaguares em ritmo lento, com voz grave e laringalizada, em um estilo denominado "torto" (*erapan*). Esse registro vocal era utilizado unicamente no *Opetymo* e no Festival do Bastão Rítmico, não sendo empregado nas cantorias coletivas, nem quando os jovens entoavam jaguares

---

31 *Idem.*

FIGURA 1. *Koria, o* Pirarara, *durante um* Opetymo. *Nos anos 1980, as mulheres cobriam suas faces, especialmente a boca, ao cantar. Parakanã, bacia do Xingu, 1989. Foto de Carlos Fausto.*

fora do contexto ritual. O canto torto do solista contrastava fortemente com o do coro feminino, cujo registro bem agudo e o andamento acelerado produziam um forte descompasso rítmico e de alturas, criando uma paisagem sonora singular. As vozes eram, em sua cor e textura, outras. Ademais, durante a execução, era comum o cantor dramatizar a fonte onírica do canto. Assim, por exemplo, meu avô Koria, que entoava os cantos do peixe pirarara (*Phractocephalus hemioliopterus*), em 1989, fingia ter sido fisgado pelos jovens da audiência que lhe jogavam anzóis. Ele se debatia, fugia, cedia, como se fosse o próprio peixe. Fazia a alegria da plateia, mas jamais alterava sua expressão facial ou sua voz laringalizada e profunda (figura 1).

Esse tipo de procedimento de alteração da voz insere-se em um conjunto amplo de emissões vocais complexas, das quais o canto difônico tuva[32] e a *quintina* do canto polifônico sardo e córsico[33] são os exemplos mais conhecidos. Na

[32] Theodore Levin, *When Rivers and Mountains Sing*, 2010.
[33] Bernard Lortat-Jacob, "Chant de la Passion en Sardaigne et hypothèses concernant la structure harmonique du chant corse", 1996.

Amazônia, encontramos procedimentos similares no xamanismo, como no caso dos xamãs yagua que "se impõem vários exercícios de deformação vocal a fim de atingir uma altura muito alta que dizem corresponder à maneira pela qual os espíritos 'falam'"[34]. Por meio do canto "torto", os Parakanã produziam um primeiro nível de complexidade ritual, no qual os solistas apareciam como sendo, eles mesmos, as suas próprias vítimas. Cada um deles era eu e outro, e isso de forma convoluta, pois na ação e nos cantos condensavam-se várias relações acumuladas a montante do ritual. Assim, no caso do peixe pirarara, havia uma relação original de predação (uma pescaria), que dava lugar a uma relação onírica em que um par de cantos era doado ao sonhador, o qual, posteriormente, os cedia para o futuro executor. Este, por sua vez, tornava visível e audível toda essa série relacional ocupando, simultaneamente, a posição de algoz e de vítima durante o ritual – algo que já se intuía com base na perspectiva instável das letras dos cantos.

Produzia-se, assim, um movimento oscilatório figura-fundo: ora víamos a vítima, ora víamos o matador, ora o inimigo, ora o parente. É como se mirássemos fixamente uma dessas cestas bicolores karib, tão bem descritas por Lucia H. van Velthem e por David M. Guss[35], e víssemos, alternativamente, dois padrões: um ao focalizarmos as fasquias tingidas de preto, outro ao olharmos as fasquias incolores. Sabemos que os dois padrões estão lá, mas só conseguimos ver um de cada vez, produzindo-se uma ambiguidade visual e a sensação de que ali há algo a mais que nos escapa. Ou, ainda, vemos imagem e contraimagem como movimento, como uma relação dinâmica que desafia a percepção e funciona como uma armadilha visual[36]. Pois, como bem resume Els Lagrou, "não há fundo ou figura em que os olhos possam pousar sua atenção, e, sim, a dinâmica desassossegada da percepção alternada de figura e contrafigura"[37]. No caso do cantor parakanã, essa duplicidade exprime-se em diferentes esquemas relacionais, produzindo uma oscilação na posição do "nós" (de tal forma que, por vezes, "nós" eram os outros), bem como uma ressonância perissológica que alinha inimigos, tios maternos e afins em uma mesma série.

VARIAÇÕES COREOGRÁFICAS

Durante a realização do *Opetymo*, a natureza internamente dual do solista desdobrava-se na forma de esquemas relacionais estereotípicos que forneciam a base para esquetes dramáticos. Vimos como o cantor-executor podia ocupar, em

---

[34] Jean-Pierre Chaumeil, "Speaking Tubes", 2011, p. 49.
[35] Lucia H. van Velthem, *O Belo é a Fera*, 2003; David M. Guss, *To Weave and Sing*, 1989.
[36] David M. Guss, *op. cit.*, 1989, p. 122.
[37] Els Lagrou, "O Que Nos Diz a Arte Kaxinawa sobre a Relação entre Identidade e Alteridade?", 2002, p. 52. Sobre os padrões gráficos em tecidos kaxinawá, ver também Els Lagrou, "The Crystallized Memory of Artifacts", 2009, p. 200.

relação à audiência masculina, a posição do cativo vítima, mimetizando um animal ou um inimigo humano. Essas pequenas dramatizações podiam ser mais elaboradas. Em 1989, por exemplo, os jovens rodearam Wara'yra, que encarnava o "Grande Mentiroso" (*Temonohoa*), interrompendo sua dança e interpelando-o. *Temonohoa* respondia rispidamente, mostrando-se feroz, enquanto os jovens tentavam dialogar com ele, empregando uma fala mansa. O colóquio elucidou o motivo do conflito: um dos rapazes havia transado com a irmã de *Temonohoa* e ameaçava fugir com ela. A relação eu-inimigo condensada no solista desdobrava-se, revelando-se agora como uma relação de afinidade entre homens. Aqui a relação matador-vítima ressoa com a relação tio materno-sobrinho, em um regime cujo casamento preferencial é avuncular[38].

Nesse exemplo, o corpo do solista funciona como um "ressonador perissológico", por meio do qual a inimizade ressoa com a afinidade e a guerra, com a aliança matrimonial. Essa ressonância nos leva a pensá-las em conjunto, localizando-as em um mesmo circuito. Como indica Pierre Lemonnier, de quem tomo emprestada a imagem, não se trata de uma questão de significado – de polissemia ou deriva semântica. O que está em jogo é um modo de comunicação não proposicional, próprio aos artefatos materiais, no qual "coisas, circunstâncias, encontros sociais ou conjuntos de pensamentos diferentes devem ser pensados juntos"[39]. A perissologia é um dispositivo retórico que consiste em "enfatizar uma ideia repetindo-a em termos diferentes"[40], isto é, uma espécie de pleonasmo com variação. Eu o aproximo do paralelismo, que implica um modo de apreender o mundo através da repetição e da variação. O paralelismo permite descrever um evento ou um ente como se tirasse vários instantâneos de pontos de vista ligeiramente diferentes. Durante o *Opetymo*, as relações que constituem o solista são progressivamente desdobradas por meio de variações coreográficas que fazem com que diferentes figuras, campos e circunstâncias ressoem uns com as outras. Isso inclui também as relações de gênero.

O esquema coreográfico básico coloca em cena um irmão e suas várias irmãs. Todo cantor deve ser acompanhado por um coro de mulheres. "Minhas irmãs, cantem para mim", pede-se, ao que elas respondem, como vimos, com um canto em registro agudo e andamento acelerado. Nos anos 1980, havia uma diferença de gênero em relação ao ato de cantar. As mulheres diziam-se envergonhadas e cobriam seus rostos, sobretudo a boca, utilizando suas inseparáveis tipoias ou as roupas que passaram a usar após o contato. Já alguns homens com estatuto de homicida recebiam uma pintura preta de jenipapo circundando os lábios e dando destaque à boca canora e devoradora (figura 2)[41].

---

38 Ou seja, o casamento preferencial é com a sobrinha, o que implica que o tio materno é potencialmente um cunhado (marido da irmã) e também sogro (pai da esposa). Ver Carlos Fausto, "De Primos e Sobrinhas", 1995.
39 Pierre Lemonnier, *Mundane Objects*, 2012, p. 129.
40 *Idem*, p. 128.
41 Na tradição cristã, a boca devoradora, a boca do inferno, era um tema visual recorrente nas

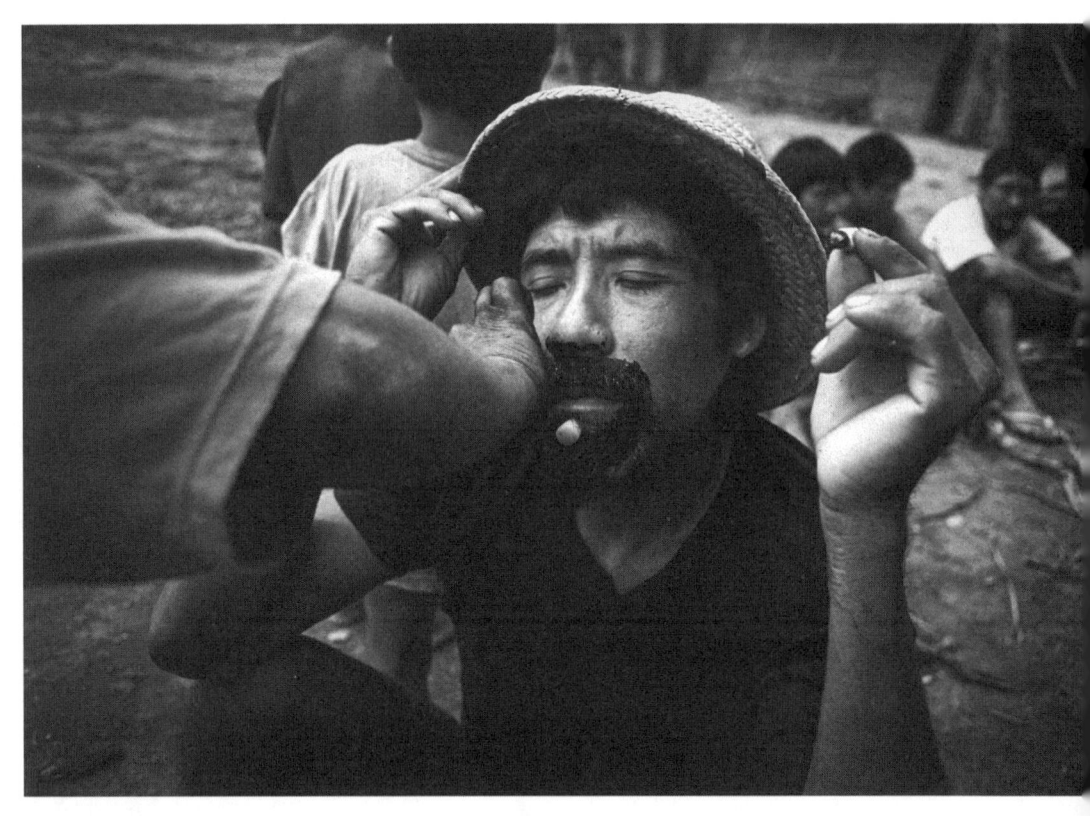

FIGURA 2. *Uma mulher pinta a boca de um homem com estatuto de matador durante um* Opetymo. *Parakanã, bacia do Xingu, 1989. Foto de Carlos Fausto.*

Durante a execução do *Opetymo*, a relação de sexo cruzado desdobra-se em outras figuras, além daquela entre irmão e irmã. Assim, uma mulher podia ser pega por homens da audiência e obrigada a dançar com o cantor, que a segurava pelos pulsos, evoluindo pelo terreiro. A relação prototípica aqui seria aquela entre o tio materno e a sobrinha. Não se podia colocar uma irmã real ou classificatória na roda, pois a grade de parentesco conferia limites à figuração ritual, dotando-a de certa literalidade. Não se podia simular uma relação de parentesco, mas, sim, utilizá-la como dado bruto para construir uma figura complexa. No instante em que o cantor dançava com sua sobrinha, sua condição de predador tornava-se figura, enquanto sua condição de presa fazia-se fundo. A dualidade predador-presa ressoava, assim, com o vínculo sexual e matrimonial entre homem e mulher. Lembro que um canto-onça podia ser referido por seu futuro executor como "minha presa", mas também como "aquele(a) que tenho" (*jeremireka*), um termo clássico para esposa nas línguas tupi-guarani (figura 3).

iluminuras apocalípticas da baixa Idade Média (Aleks Pluskowski, "Apocalyptic Monsters", 2003). Sobre isso, ver também a etimologia de Jurupari no capítulo 2 e a discussão sobre as máscaras do Diabo na conclusão.

FIGURA 3. *Koria, o* Pirarara, *dançando com uma mulher.* Parakanã, bacia do Xingu, 1989. Foto de Carlos Fausto.

Esse deslocamento também se dava em outro motivo ritual, que só podia ocorrer de noite e correspondia a uma aceleração da relação com os inimigos oníricos, um dos efeitos almejados pelo *Opetymo*. De dentro da casa ritual, "mestres de jaguar" experientes começavam a ofertar novos cantos, que eram em seguida repetidos em voz alta por dois jovens que funcionavam como transmissores e amplificadores. No terreiro, outros rapazes formavam, então, uma roda, na qual se introduziam sequencialmente pares de mulheres, que passavam a executar os novos cantos. Nesse momento, as mulheres passavam a ocupar a posição do executor – posição agora duplicada pela presença de duas mulheres (uma adulta e outra pré-adolescente). O longo processo de enunciação, memorização, transmissão e execução dos cantos colapsava nesse momento, tornando-se instantâneo e acelerando o tempo das revoluções.

Em todas as variações coreográficas descritas nesta seção, a oscilação figura-fundo do solista implica também uma alternância coletiva. A cada momento, a posição do "nós" (do grupo) permanece incerta. À medida que a relação matador-vítima, interna ao executor, se desdobra, o "nós" também se desloca, fazendo com que a audiência oscile entre as condições de *awaeté* ("pessoas de fato") e *akwawa* ("inimigo"). Ademais, este último não é necessariamente humano – em minha experiência, aliás, esse era raramente o caso. O solista não está ancorado em uma condição inequivocamente humana, pois os inimigos oníricos que ele figura são seres bestiais, animais, plantas, corpos astrais, fenômenos meteorológicos e artefatos. Em 1989, meu avô Koria era o "Grande Pirarara" e se comportava como tal, embora também fosse seu algoz. Seu canto-dança era o próprio ato de execução, mas o que ele cantava era um par de jaguares acústicos, cujo conteúdo, como vimos, expressa uma interlocução complexa entre seres cuja humanidade está, na melhor das hipóteses, latente. Não havia qualquer esforço para determinar a qualidade humana ou alterumana do solista: o que importava é que vida e capacidade de comunicação eram atribuídas a todo e qualquer inimigo sonhado.

O CANTO E A FUMAÇA

Espero ter respondido à pergunta sobre a gênese da presença em um contexto no qual quase não existem suportes extrassomáticos. Agora, quero acrescentar um último elemento relativo à recursividade conteúdo-continente, voltando-me para dois artefatos indispensáveis na realização do *Opetymo*: a casa ritual e o charuto.

Cada canto-jaguar é um duplo do inimigo (*akwawara'owa*), contido nos tubos internos do cantor-executor, que o exterioriza tanto como uma voz laringalizada quanto como uma expiração mui audível, semelhante ao bufar de um cavalo. Há, ademais, outra dinâmica de inspiração e expiração no *Opetymo*, que é a própria fonte de seu nome: "ingerir tabaco". Não à toa, ao contrário de quase todos os outros contextos de canto coletivo entre os Parakanã, o solista não levava flechas em suas mãos, mas um ou dois charutos feitos da entrecasca de tauari, recheados com tabaco[42]. Uma vez aceso, o que se vê na ponta distal é uma brasa alaranjada que brilha intensamente toda vez que o charuto é aspirado, produzindo na parte proximal uma fumaça que é engolida e em seguida expirada. O charuto surge como um extensor dos tubos internos da pessoa, conferindo visibilidade ao sopro ao transformá-lo em fumaça (*tatajinga*, "fogo branco"). Nesse sentido, a fumaça pode ser vista como o complemento visual do canto torto, o qual funciona como máscara sonora do solista. Tanto o canto quanto a fumaça tornam sensível a dinâmica interior-exterior dos tubos, que, como veremos no capítulo 2, é intensamente mobilizada em rituais de aerofones.

Canto e fumaça, contudo, não ocorriam ao mesmo tempo. Quando se dançava no terreiro, não se fumava, cantava-se. Ao findar a dança, o executor recolhia-

---

[42] Entre os Parakanã Ocidentais, os charutos tinham de 80 a 100 centímetros de comprimento e um diâmetro de cerca de 10 centímetros.

-se novamente ao seu compartimento dentro da *tokaja* e, então, fumava. Aqui há um ponto adicional a notar. Fumava-se dentro de uma estrutura cujo nome designa, entre outros povos tupi-guarani, a cabana na qual os pajés se encerram para ver-falar com os espíritos. Há referências a essa prática desde os Tupinambá quinhentistas[43] até os Asurini do Xingu no século xx[44]. A *tokaja*, portanto, em sua dupla acepção de "cabana do pajé" e "anteparo de caça" é um continente de captura, sintetizando guerra e xamanismo[45]. Não nos deve surpreender, assim, que os Asurini do Tocantins, povo cultural e linguisticamente mais próximo dos Parakanã, defina seu *Opetymo* não em chave guerreira, mas como um ritual de iniciação xamânica.

Vale lembrar que o *Opetymo* parakanã começava com o "acuamento" dos executores *qua* vítimas dentro da *tokaja*. Esperava-se que, lá dentro, ingerissem tabaco em grande quantidade e sonhassem. E sonhar era um dos benefícios das noites de sono interrompido, em que o ciclo de receber, dar e executar cantos se acelerava. O *Opetymo* parakanã, portanto, era também um rito de iniciação à ciência dos sonhos, produzindo uma transformação ontológica naqueles que dele participavam. Não havia mudança definitiva de *status*, mas um amadurecimento progressivo de capacidades agentivas, que permitiam à pessoa adulta interagir com inimigos e apropriar-se de novos cantos, nomes, caça e potência curativa. Daí o ritual chamar-se também *pajé*, termo que designa os amigos rituais, os parceiros de guerra, os amantes e a capacidade xamânica em geral. Se a fumaça visível aponta para o lado xamânico do ritual, o jaguar audível aponta para sua orientação guerreira. O *Opetymo* é, em si mesmo, um duplo.

CRIANÇAS FUTURAS

Se há um artefato na vida ritual parakanã que realmente se baseia na recursividade conteúdo-continente, ele não é encontrado no Festival do Tabaco, mas no Festival do Bastão Rítmico. Conhecido como *Waratoa*, o ritual toma seu nome do instrumento epônimo, com cerca de dois metros de comprimento, confeccionado com um bambu claro, de diâmetro maior do que o bambu escuro utilizado para fazer os clarinetes[46]. Desse mesmo bambu, faziam-se as melhores pontas de flecha, destinadas à guerra e à caça de grandes mamíferos terrestres. Tais pontas lanceoladas eram decoradas com um padrão não figurativo chama-

---

43 Fr. André Thevet, *As Singularidades da França Antártica*, 1978 [1576], p. 119.
44 Regina Müller, *Os Asuriní do Xingu*, 1990, pp. 152-153.
45 Os maracás xamânicos também podem ser pensados como continentes do tipo tocaia (Carlos Fausto, *op. cit.*, 2001, p. 281; *idem*, *op. cit.*, 2012c, p. 145). Veremos no próximo capítulo como anteparos de caça, armadilhas, cercas para reclusão pubertária e continentes xamânicos são mobilizados na produção de uma dinâmica gerativa de visibilidade e invisibilidade.
46 O bambu claro só era utilizado para confeccionar clarinetes quando se fazia uma festa de recepção a uma mulher recém-raptada (Carlos Fausto, *op. cit.*, 2001, pp. 301-302).

do *imojiwakawa*, o mesmo a ser gravado na abertura superior do bastão rítmico, designada "boca"[47]. A abertura distal do bastão percutida contra o solo era designada "ânus" e não recebia qualquer decoração. O bastão, portanto, era uma espécie de flecha tubular, com uma entrada e uma saída.

O ritual possuía três fases: primeiro, ocorria um *Opetymo* puro e simples, que começava pela manhã e terminava ao final da tarde. Iniciava-se, então, a segunda fase: a distribuição de mingau adoçado com mel, próprio do ritual de clarinetes. Ao cair da noite, os cantores do *Opetymo* recolhiam-se na casa ritual, enquanto uma festa coletiva com vários bastões rítmicos de diferentes tamanhos ocorria no terreiro. Na manhã seguinte, tinha início a última fase. Um dos cantores tomava o bastão *waratoa* e saía da casa ritual, cantando, dançando e percutindo o instrumento contra o solo. Em certo momento, sua esposa tentava tomar-lhe o instrumento, ao que ele resistia. Findo esse embate, o cantor dirigia-se à sua casa, dava os gritos comemorativos do homicídio e se sentava. A esposa do próximo cantor buscava o *waratoa* e o levava para o marido, que iniciava, então, sua *performance* – e assim por diante, até o último cantor.

Os cantos dessa fase final – também sonhados, também inéditos – eram distintos daqueles entoados no dia anterior durante o *Opetymo* da primeira fase. Eles falavam de crianças a serem capturadas pelo bastão, crianças que choravam dentro dele, um choro que se confundia com o som de sua percussão. E, de fato, à época de meu trabalho de campo, algumas pessoas eram identificadas como "ex-chorões" (*oja'awa'ekwera*) e ditas "filhos do bastão-mãe" (*waratoamemyra*)[48]. O bastão era uma espécie de útero antecipado, que continha virtualidades de existência, futuras crianças destinadas a serem transferidas para o útero das esposas dos cantores (ditas "futuras mães"). A transferência ocorria durante a disputa pelo bastão, ato que equivalia a uma fertilização, de tal forma que o instrumento aparecia também como um pênis – ou, ainda, uma flecha tubular capaz de transferir uma vida para mães por vir.

O que era essa forma de vida, essa existência virtual convertida em atualidade por um bastão rítmico, ele mesmo um pênis uterino e um útero peniano? Segundo os homens parakanã me diziam, eram suas "presas-mágicas" (*temiahiwa*), à maneira dos cantos-jaguar no *Opetymo*. Não se tratava, pois, de um princípio anímico genérico como a *'onga*, responsável pela concepção ordinária, mas de uma presa capturada prestes a ser convertida em um novo parente na barriga de uma mulher[49]. Daí serem também designados "futuras crianças" (*konomiroma*). Mas, mais uma vez, elas não eram inequivocamente humanas,

---

47 Esse padrão era, porém, pintado em vermelho no bastão e em preto na flecha, marcando a distinção entre um instrumento subtrator de vida (*life-taking*) e outro doador de vida (*life-giving*).
48 *Memyra* é o termo de referência empregado por uma mulher para falar de seus próprios filhos, independentemente do sexo.
49 Segundo me diziam, a concepção resultava da entrada de um princípio anímico (*'onga*) no útero pelo canal vaginal. A explicação mais frequente era a de que as *'onga* habitavam os rios

pois do *waratoa* ecoavam vários sons: não apenas o choro das crianças como também a toada e a zoada de diversos animais, de todas as "presas-mágicas" que o bastão podia converter em virtualidades de existência humana, as quais ganhavam corpo no útero das mulheres. Como um tubo aberto, com uma boca e um ânus, o *waratoa* é uma máquina de captura e digestão.

A eficácia desse artefato dependia de uma conjunção prévia entre duas substâncias complementares e opostas: tabaco seco e mel úmido[50]. Para os Parakanã, o mel é um alimento antionírico, que os deixa pesados, firmando-os *neste* mundo, em especial no mundo das relações eróticas entre homens e mulheres[51]. Já o tabaco, diziam, deixa-os leves e propensos a sonhar, levando-os a estabelecer relações com inimigos oníricos[52]. No Festival do Bastão Rítmico, o tabaco seco junta-se ao mel úmido, uma substância exteriorizante e onírica mistura-se a outra interiorizante e erótica, enquanto as relações de mesmo sexo entre inimigos são combinadas com relações de sexo cruzado entre parceiros sexuais. Esse conjunto de condensações se materializam no bastão rítmico, tornando-o o transdutor pelo qual a flecha que mata se transforma em um tubo que captura vidas. Não por acaso, o ritual de *Waratoa* é também conhecido como *moropyhykawa*, "captura de pessoas".

Essa mesma eficácia genésica fazia-se presente em outros rituais de captura na Amazônia indígena, em particular naqueles em que havia um poderoso substrato material: os troféus de guerra. É chegada, pois, a hora de abandonar os Parakanã e adotar uma perspectiva comparativa.

PERDENDO A CABEÇA

Passemos a outro tipo de artefato – não mais o próprio corpo vivo, mas partes de corpos mortos capturadas em expedições guerreiras e submetidas a um longo percurso de transformação material e ritual. Hoje, não há mais povos na Amazônia que capturem troféus, embora a prática tenha subsistido até, pelo menos, meados do século XX. Há referências a troféus de guerra desde o início da colonização, mas as informações mais qualificadas de que dispomos datam de meados do século XIX para cá. Nem sempre as descrições que possuímos são baseadas na observação de celebrações com a presença efetiva dos troféus. Em alguns casos, o antropólogo, viajante ou missionário acompanhou o ritual, porém sem a presença de um troféu humano, pois se utilizava um substituto ar-

---

e entravam nas mulheres quando estas se banhavam. Havia também quem dissesse que elas entravam primeiro no pênis e, em seguida, eram depositadas no útero por meio do ato sexual.
50 Claude Lévi-Strauss, *Du miel aux cendres*, 1966.
51 Os homens parakanã costumavam qualificar, jocosamente, a vagina das mulheres comparando-as com a consistência, o sabor e o cheiro específicos a inúmeros méis de abelha sem ferrão por eles consumidos.
52 Carlos Fausto, *op. cit.*, 2001, p. 441.

tefatual. Em outros casos, as informações foram fornecidas oralmente por pessoas indígenas que testemunharam e/ou participaram dos rituais em questão.

Nas terras baixas da América do Sul, há cinco áreas principais em que a ocorrência ritualizada da caça de troféus era um elemento importante de um sistema regional. São elas: (1) a região ao sul do rio Amazonas entre os rios Xingu e Madeira; (2) a Amazônia Ocidental, principalmente no interflúvio Caquetá-Putumayo; (3) o Alto Amazonas, ao sul do rio Putumayo; (4) a bacia dos rios Pastaza e Tigres, na fronteira entre Peru e Equador; e (5) o Chaco[53]. Há evidências esparsas de caça de troféus em outras regiões, mas os maiores complexos rituais aparecem nessas cinco áreas (mapa 2).

Na primeira delas, há uma clara predominância de povos do tronco tupi, pertencentes a três diferentes ramos: o Juruna-Xipaya, o Munduruku-Kuruaya e o Tupi-Guarani. Entre estes últimos, contavam-se falantes de Kagwahiv (Parintintim, Tenharim e Apiaká) e os Kayabi. Talvez pudéssemos acrescentar os Mawé a essa lista, já que suas cabeças eram cortadas pelos Munduruku – não sei, porém, se eles lhes retribuíam o feito. Além dos grupos tupi, havia povos conhecidos genericamente como Arara, falantes de línguas karib e que viviam dispersos na bacia do rio Xingu[54]. Seus representantes contemporâneos são os Arara do Iriri, os Arara da Cachoeira Seca e os Ikpeng (Txikão)[55]. Por fim, é possível acrescentar os Rikbaktsa, de língua macro-jê, embora os dados aqui sejam menos seguros[56].

Os Munduruku ocupavam uma posição central nesse complexo. Entre eles, observamos o tratamento mais sofisticado da cabeça-troféu na região. Sua preparação exigia que a pele fosse preservada e que órbitas, narinas e orelhas fossem seladas com breu ou cera de abelha. A boca também era preenchida, e dela pendiam cordões fixados nas bordas alveolares dos ossos maxilares[57]. O complexo ritual compreendia um longo ciclo dividido em três fases. Na primeira, conhecida como "decorar as orelhas", cada guerreiro enfeitava seu troféu com pingentes de penas pertencentes a seu clã; na segunda, realizada um ano depois e chamada "esfolar a cabeça", os troféus eram cozidos e a pele retirada; finalmente, o ciclo

---

53 Como disse nas páginas iniciais deste livro, utilizo, com algumas exceções, os termos pelos quais certos povos ficaram conhecidos na literatura, antes dos termos atuais pelos quais se autodenominam. Hoje, os Kayabi do Xingu referem-se a si mesmos como Kawaiwetě, os Juruna, como Yudjá, os Txikão, como Ikpeng, os Suyá, como Kinsëdjë, e assim por diante.
54 Curt Nimuendajú, "Tribes of the Lower and Middle Xingu River", 1948, pp. 223-225.
55 Havia, ademais, dois grupos extintos no final do século XIX, começo do XX: os Yarumá e os Apiaká do Tocantins. Cf. Fritz Krause, "Die Yarumá- und Arawine-Indianer Zentralbrasiliens", 1936; Bruna Franchetto (org.), *Alto Xingu, uma Sociedade Multilíngue*, 2011, pp. 10-11.
56 Os Rikbaktsa parecem ter combinado um canibalismo à tupi-mondé com a caça de cabeças ao estilo kayabi-kagwahiw. Apesar da reputação de cortadores de cabeça e de referências ao canibalismo guerreiro, pouco sabemos sobre seu complexo ritual. Cf. Jean-Louis Christinat, "Mission ethnographique chez les indiens Erigpactsa (Mato Grosso), Expédition Juruena 1962", pp. 25-26, 1963; Adriana R. Áthila, *Arriscando Corpos*, 2006, pp. 107-108, 167-168.
57 Sandra F. dos Santos *et al.*, "Os Munduruku e as 'Cabeças-troféu'", 2007, p. 371.

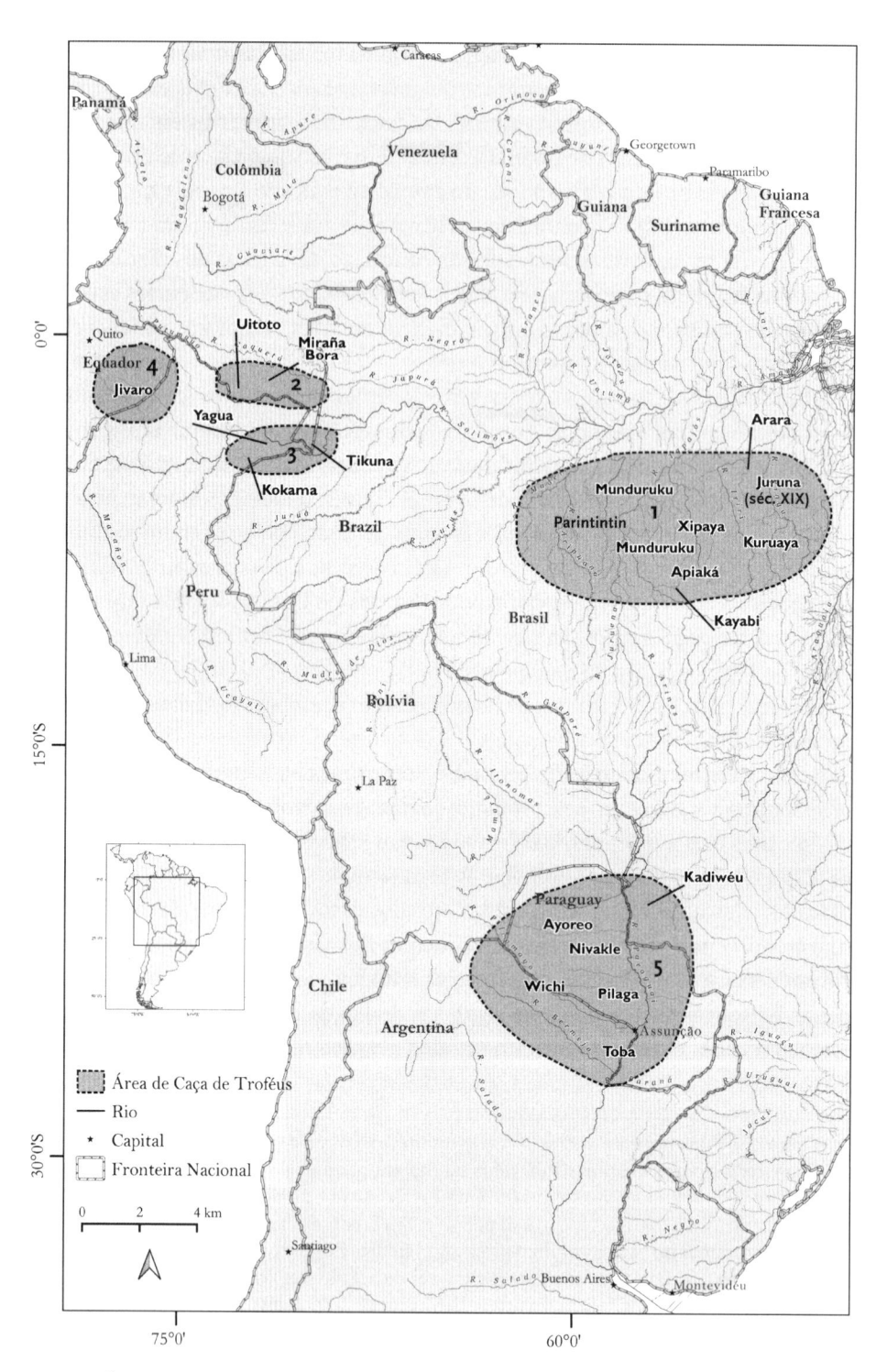

MAPA 2. *Áreas de troféus na Amazônia e no Chaco (2022): (1) Amazônia meridional; (2) Caquetá-Putumayo; (3) Alto Amazonas, ao sul do rio Putumayo; (4) bacia dos rios Pastaza-Tigres; (5) Chaco. Observação: Os etnônimos usados não são necessariamente autodenominações, mas os termos mais comuns na literatura histórica.*

concluía-se com a festa para "pendurar os dentes", na qual os dentes extraídos do troféu eram costurados em um cinto de algodão[58].

Apesar da hegemonia munduruku, o tratamento que dedicavam à cabeça não era generalizado na região. Os Kayabi e os Kagwahiv, por exemplo, que também privilegiavam a cabeça, tratavam-na de modo diverso. Ela era cozida até que pudessem remover toda a pele e a carne, bem como os dentes. No ritual, os guerreiros se revezavam para dançar com o crânio encaixado na axila e, em determinado momento, atiravam flechas contra o troféu, como se reencenassem o evento bélico[59]. Ao final do ritual, esmagavam o crânio em pedaços[60] e utilizavam os dentes para fazer colares, que, ao menos no caso dos Kayabi, eram guardados pelo dono até sua morte[61]. Os Juruna, por sua vez, davam ênfase à confecção de aerofones, utilizando o crânio como caixa de ressonância: tampavam a fossa nasal e às órbitas com cera de abelha e inseriam um tubo de bambu no topo da cabeça. O instrumento era tocado ao fim do resguardo do matador, como música de inauguração da cauinagem[62]. Com os dentes, o matador confeccionava, ainda, um par de brincos para si e um colar para a esposa[63]. O tratamento dado ao troféu pelos Arara era mais sofisticado, pois o crânio era primeiro utilizado como caixa de ressonância de um aerofone e, em seguida, colocado sobre um poste ritual (*ieipari*) junto com o escalpo[64].

Na segunda área, encontramos outro sistema multiétnico, composto de falantes de diferentes agrupamentos linguísticos interligados pela guerra e pela captura de troféus. Dessa feita, o foco não eram os crânios, mas os dentes. Jean-Pierre Chaumeil fornece a melhor descrição dessa prática[65] – que envolvia os Yagua, os Tikuna e os Kokama – e demarcava distâncias sociais: não se caçavam dentes nem de pessoas próximas (pertencentes a uma zona de endogamia), nem de inimigos distantes (como os Uitoto ou os Mayoruna), mas de pessoas localizadas em uma zona intermediária entre o parente casável e o inimigo descartável. Com os dentes, os Yagua confeccionavam colares para os guerreiros e cintos para suas esposas; com os ossos dos dedos faziam braceletes; e com

---

58 Robert Murphy, *Mundurucu Religion*, 1958, pp. 53-58.
59 José Garcia de Freitas, "Os Índios Parintintin", 1926, pp. 70-71.
60 Edmundo A. Peggion, *Relações em Perpétuo Desequilíbrio*, 2005, pp. 206-207.
61 Suzanne Oakdale, correspondência pessoal, 2016.
62 Na coleção do Museu Nacional, no Rio de Janeiro, havia um exemplar desse troféu juruna (MNRJ 3009). Nimuendajú indica, ainda, que os Juruna utilizavam outros ossos do morto para fazer flautas. Cf. Curt Nimuendajú *op. cit.*, 1948, p. 236.
63 Tânia S. Lima, *Um Peixe Olhou para Mim*, 2005, p. 330.
64 Márnio Teixeira-Pinto, *Ieipari*, 1997, pp. 119-128. Essa é a única evidência de escalpo que encontrei na Amazônia. Nimuendajú apresenta desenhos feitos com base em exemplares da coleção do Museu Paraense Emílio Goeldi, em Belém (PA), atribuídos aos Arara, em que se vê um crânio ornamentado, a pele de um rosto com a boca aberta, um escalpo e um colar de dentes – todos humanos. Segundo Teixeira-Pinto, eles também usavam ossos dos pés e das mãos para fazer enfeites para o matador e sua esposa. Cf. Curt Nimuendajú, *op. cit.*, 1948, p. 237, figura 28; Márnio Teixeira-Pinto *op. cit.*, 1997, p. 119.
65 Jean-Pierre Chaumeil, "Echange d'énergie", 1985.

os úmeros fabricavam flautas. Estas últimas e os cintos eram enterrados com seu dono, enquanto os colares de dentes eram transmitidos à geração seguinte como relíquias familiares[66].

A terceira área se localiza ao norte dos Yagua, no interflúvio Caquetá-Putumayo, lar dos autodesignados "Povos do Centro", formados por falantes da família bora e uitoto, bem como pelos Andoke[67]. Essa área possui uma fronteira porosa ao norte com o sistema regional do Alto Rio Negro, o que implica relações mais ou menos intensas com povos de língua arawak e tukano. Talvez por causa de sua localização mais ao sul, mais próxima aos Yagua, os Uitoto também se concentravam nos dentes (com os quais faziam colares) e nos ossos do braço (com os quais faziam flautas). Segundo William C. Farabee, a cabeça do inimigo era cozida e comida pelos mais velhos, mas o crânio era descartado[68]. Konrad T. Preuss, no entanto, relata que os homens comiam a carne do inimigo e preservavam o crânio, decorando-o com plumas azuis e amarrando-o às vigas do teto da maloca[69]. De acordo com o relato de uma senhora bora, coletado pelo marquês de Wavrin, uma vítima fornecia inúmeros troféus: "o crânio, as mãos, os ossos da perna e do braço, que serviam como flautas e, finalmente, os dentes com os quais se faziam colares, que o vencedor portava com orgulho"[70]. Hoje, os Bora relatam que, uma vez terminado o ritual, os crânios eram mantidos dentro da maloca, pendurados sobre os trocanos[71]. A abundância de crânios servia como um índice do poder e prestígio do chefe da maloca. Afirmam, ainda, que faziam instrumentos de sopro com os ossos longos, tocando-os durante um de seus principais rituais, hoje em desuso[72]. Dessa terceira área, noto, por fim, que a caça de troféus coexistia com práticas de canibalismo guerreiro.

A quarta área onde havia um complexo ritual sofisticado centrado em troféus de guerra é o extenso território dos povos jivaro e candoa[73]. Embora o foco ali

---

66 Idem, "Armados Hasta los Dientes", 2002, p. 120; idem, "The Blowpipe Indians", 2001, p. 89.
67 A família bora inclui os Bora propriamente ditos, os Miraña e os Muinane, enquanto a família uitoto inclui os Uitoto, os Nonuya e os Ocaina. Andoke é uma língua isolada.
68 William C. Farabee, *Indian Tribes of Eastern Peru*, 1922, pp. 146-147.
69 Konrad T. Preuss, *Religión y Mitología de los Uitotos*, 1994 [1915], p. 204. Essa informação é corroborada por trabalhos etnográficos mais recentes. Ver Dimitri Karadimas, *Le corps sauvage*, 1997, pp. 68 ss.; idem, "Parenté en esclavage", pp. 85 ss., 2000; Jean-Patrick Razon, "Chant de sang", 1980, pp. 117-121.
70 Marquês de Wavrin, *Les Indiens sauvages de l'Amérique du Sud*, 1948, p. 399.
71 Conhecido na Amazônia colombiana como *manguaré*, o trocano é um instrumento de percussão de grande dimensão, feito com um tronco escavado. É geralmente utilizado para comunicação entre malocas. A primeira referência a esse tipo de artefato é possivelmente do padre Gumilla, que o designa "tambor de guerra dos Caverres", habitantes do baixo rio Orinoco. Cf. José Gumilla, *Historia Natural, Civil y Geográfica de las Naciones Situadas en las Riveras del Rio Orinoco*, 1791, pp. 96, 101-104.
72 Maria L. Lucas, *O Oriente e o Amanhecer*, 2019, pp. 151, 338.
73 O conjunto jivaro compreende os Shuar, os Achuar, os Aguaruna e os Huambisa, enquanto o conjunto candoa inclui os Candoshi e os Shapra. Atualmente, a maioria dos Jivaro se autodenomina Chicham.

também fosse a cabeça, não se tratava, no entanto, do crânio, já que a fabricação das "cabeças reduzidas", conhecidas como *tsantsa*, implicava a remoção das partes ósseas e a preservação do invólucro epitelial com os cabelos. Na redução, areia quente era posta no interior da pele desossada e selada. Posteriormente, quando a cabeça epitelial já se encontrava seca, era "habilmente moldada com os dedos de modo a reter os traços humanos"[74]. Assim como no caso da Amazônia Ocidental, existiam limites sociais bem definidos para sua captura: as cabeças não eram cortadas dentro de um mesmo subgrupo dialetal, tampouco eram tomadas de povos que falavam outras línguas que não o jivaro e ou candoa. Havia uma distância ótima entre os demasiadamente parentes e os demasiadamente outros[75]. O ciclo ritual compreendia duas partes principais: na primeira, quando da chegada dos guerreiros, sangue de galo era aspergido em suas coxas, inaugurando sua condição especial por meio de uma representação da menstruação. Enquanto isso, a cabeça era introduzida em sua nova terra de adoção. Na segunda parte, realizada um ano depois, organizava-se uma grande celebração na qual a cabeça, após ser renovada e introduzida três vezes na casa, era presa ao pilar central. Os anfitriões, então, ofertavam cerveja aos convidados e lhes serviam a carne de porcos especialmente criados e mortos para a cerimônia[76]. Ao findar o ritual, a cabeça deixava de ter poderes especiais, sendo mantida como lembrança, até ser, por fim, enterrada quando da morte de seu dono[77].

A quinta e última região de captura de troféus nas Terras Baixas está situada fora da Amazônia, bem ao sul, nas planícies do Chaco. Tradicionalmente habitada por povos que falam línguas matako e guaykuru, o Chaco diverge das outras áreas por sua preferência pelo escalpo[78]. O engenheiro italiano Juan Pelleschi, que testemunhou uma expedição de guerra no século XIX, relata que, ao matar um inimigo, o guerreiro tomava como troféu "o escalpo com o cabelo, as orelhas e, se possível, uma dobra de pele da nuca"[79]. Com o escalpo ainda sangrento, confeccionava uma taça para partilhar cerveja de algaroba (*Prosopis* sp.) com seus companheiros. A captura de um escalpo era uma condição necessária para que um homem adquirisse o *status* de "cacique" ou "guerreiro"[80]. Cada escalpo estava associado à pessoa que o havia cortado, não podendo ser transmitido – quando da morte de seu dono era, por fim, queimado[81].

Com seu clima árido, o Chaco é a única região em que os escalpos eram o principal despojo de guerra, mas não a única na qual pele e cabelos ocupavam lugar de destaque. Afinal, tanto a redução entre os Jivaro como a mumificação

---

[74] Rafael Karsten, *La Vida y la Cultura de los Shuar*, 1989 [1935], p. 336.
[75] Anne-Christine Taylor, "L'art de la réduction", 1985, p. 168.
[76] *Idem*, "Les bons ennemis et les mauvais parents", 1994, p. 84.
[77] Michael Harner, *Jívaro*, 1973, p. 191.
[78] Marcela Mendoza, "Human Trophy Taking in the South American Gran Chaco", 2007.
[79] Juan Pelleschi, *Eight Months on the Gran Chaco of the Argentine Republic*, 1886, p. 80.
[80] Adriana Sterpin, "La chasse aux scalps chez les Nivacle du Gran Chaco", 1993, p. 41.
[81] Pierre Clastres, *Archaeology of Violence*, 1994, p. 183.

entre os Munduruku visavam preservar o invólucro epitelial. Esses dois povos, ademais, dispensavam enorme cuidado aos cabelos do troféu, sempre lavados e penteados. Durante a preparação da *tsantsa*, os Jivaro dedicavam atenção especial ao cabelo, "que é a parte mais essencial do troféu [pois], de acordo com a ideia dos índios, é a morada da alma ou do poder vital"[82]. O que diferencia o Chaco dos Jivaro e Munduruku é que, enquanto estes últimos buscavam moldar uma face humana, os chaquenhos transformavam o escalpo em um receptáculo de cerveja. Já os troféus feitos de partes ósseas estavam ausentes tanto no Chaco quanto na província jivaro. Nas demais áreas, crânio, dentes e grandes ossos recebiam algum tipo de tratamento ritual.

Antes de investigar as operações estéticas às quais os troféus eram submetidos durante os rituais, deixem-me abordar duas questões. A primeira diz respeito ao sexo da vítima e ao gênero do troféu. Há poucas indicações na literatura sobre esse ponto, mas minha impressão é que os troféus eram, na maioria das vezes, tratados como masculinos, mesmo quando retirados das mulheres. As evidências são ambíguas no que diz respeito aos Munduruku. Antônio Manuel Gonçalves de Tocantins refere-se a uma cabeça tirada de uma mulher por engano[83], enquanto Robert Murphy escreve, um tanto contraditoriamente, que eles prezavam vítimas com cabelos compridos e, por isso, "a cabeça de uma mulher era extremamente valorizada, embora se achasse mais valioso matar um guerreiro inimigo"[84]. Seja como for, o certo é que o troféu munduruku era socializado em sua nova morada como uma pessoa masculina[85]. Na mesma linha, Anne-Christine Taylor escreve a respeito dos Jivaro que "o ponto principal é que, mesmo que fosse feminino, a *tsantsa* seria tratada como masculina nos rituais de caça à cabeça, ou seja, ser-lhe-ia dada uma voz masculina"[86].

A segunda questão diz respeito à proveniência das vítimas passíveis de serem transformadas em troféus. Como já observado, na maioria dos casos, havia uma distância ótima entre o parente próximo e o inimigo distante. Os Jivaro cortavam cabeças no interior de seu sistema regional e excluíam os povos indígenas distantes, assim como os não indígenas; os Yagua caçavam dentes dos Kokama e dos Tikuna, mas não dos Uitoto e dos Mayorunas; os Munduruku tiravam cabeças dos Parintintim, Apiaká e Mawé, mas não dos colonos brancos. Em todos esses casos, parece existir uma lógica comum: partes do corpo provenientes de povos muito diferentes (indígenas ou não) não serviam como troféus adequados, já que lhes faltava "algo". O que era, afinal, esse algo ausente?

---

[82] Rafael Karsten, *op. cit.*, 1989 [1935], p. 337.
[83] Antônio M. Gonçalves de Tocantins, "Estudos sobre a Tribu Mundurucú", 1877.
[84] Robert Murphy, *op. cit.*, 1958, p. 55.
[85] Patrick Menget, *op. cit.*, 1993, p. 315.
[86] Anne-Christine Taylor, correspondência pessoal, 2019.

Cabeça, dentes e ossos longos são objetos que aparecem não apenas como sinédoques de um inimigo, mas também como coisas que contêm "algo" a mais, cuja presença é expressa por meio de uma dinâmica continente/conteúdo associada a princípios anímicos da pessoa. Na literatura, esse "algo" a mais é descrito amiúde como um "espírito" ou "alma" no caso das cabeças, uma "potência" no caso dos dentes e como "sopro" no caso das flautas ósseas. De modo interessante, cada um desses atributos ("espírito", "potência", "sopro") aparece associado a uma temporalidade própria e uma amplitude relacional específica (quadro 1). Assim, no caso da cabeça-troféu, era comum vedarem-se os orifícios da face, de modo a conter um "espírito", que, ao final do processo ritual, extinguia-se. Daí sua temporalidade curta: findo o ciclo cerimonial, a cabeça era quebrada, descartada ou guardada como lembrança. Já sua expansão relacional sincrônica era ampla: ela era o eixo material de rituais que reuniam muita gente, sendo apropriada por diversas classes de pessoas (inclusive mulheres). Tinha, pois, uma forte dimensão pública, como afirma Márnio Teixeira-Pinto ao comparar o crânio-troféu entre os Arara enquanto aerofone e enquanto objeto que encimava o posto ritual: "Se, como flauta, o crânio do inimigo estava praticamente ligado a seus matadores [...], como figuração da cabeça de ïpari, o troféu passava a uma existência, e a uma vinculação, mas pública e social"[87].

Em contraste, os aerofones tinham uma temporalidade mais longa, mas seu espectro relacional era mais restrito, pois exprimiam uma relação privativa entre o matador e sua vítima. Nicolas Journet relata que os Koripako do Alto Rio Negro confeccionavam uma flauta com o fêmur da vítima, chamada *waaru*[88]. Por conter o sopro vital do morto, o matador era o único capaz de extrair seu som – caso soprada por outra pessoa, emudecia. Ainda segundo Journet, o som da flauta era a própria voz da vítima capturada pelo matador. O artefato expressava, como som organizado, uma relação de englobamento entre matador e vítima, por meio da qual a vítima tornara-se parte constituinte do próprio matador. Essa relação era inextrincável e, portanto, tinha a duração de uma vida – quando da morte de seu dono, a flauta-troféu era enterrada com ele[89].

Os dentes, por sua vez, enfileirados em cintos e colares, encerravam uma potência predatória e fertilizante mais abstrata e duradoura. É o caso do "espí-

---

87 Márnio Teixeira-Pinto, *op. cit.*, 1997, p. 121.
88 Nicolas Journet, *La paix des jardins*, 1995, pp. 197-200.
89 Segundo Oliveira, o sopro vital é uma "alma" mais singular, enquanto os ossos são um componente clânico da pessoa. O troféu retinha esses dois componentes, impedindo, ademais, que a potencialidade de vida representada pela vítima se regenerasse alhures, entre os inimigos. Conforme Journet, a captura desse troféu só ocorria em guerras contra povos tidos como "gente de verdade" (*inaiki*), o que excluía, portanto, os povos nadahup (maku) e os não indígenas. Cf. Thiago L. C. Oliveira, *Os Baniwa, os Artefatos e a Cultura Material no Alto Rio Negro*, 2015, pp. 99-100; Nicolas Journet, *op. cit.*, 1995, p. 191.

QUADRO 1. *Troféus*

ÁREA	POVO	LÍNGUA	PARTES DO CORPO
Xingu-Madeira (Brasil)	Arara	Família Karib	Crânio: troféu e aerofone
			Escalpo
			Dentes: colar
			Ossos das mãos e dos pés
	Juruna	Tronco Tupi, Família Juruna-Xipaya	Crânio: aerofone
			Incisivos superiores: par de brincos
			Outros dentes: colar
	Kayabi	Tronco Tupi, Família Tupi-Guarani	Crânio: troféu
			Dentes: colar
	Munduruku	Tronco Tupi, Família Munduruku-Kuruaya	Crânio: troféu
			Dentes: cinto
	Parintintim	Tronco Tupi, Família Tupi-Guarani	Crânio: troféu
			Dentes: colar
Alta Amazônia (Peru, Brasil)	Yagua	Família Peba-Yagua	Dentes: colar
			Dentes: cinto
			Úmero: aerofone
			Ossos dos dedos da mão: braceletes
Putumayo-Caquetá (Colômbia)	Bora	Família Bora-Miraña	Crânio: troféu
			Ossos longos: aerofones
			Dentes: colar
			Ossos da mão: colheres
Pastaza-Tigres (Equador, Peru)	Shuar	Família Jivaro	Cabeça sem ossos
Chaco (Argentina, Paraguai, Bolívia)	Nivakle	Família Matako	Escalpo: taça

Fonte: O autor, 2022.

USOS	DESTINO	TEMPORALIDADE
Utilizado inicialmente como caixa de ressonância; em seguida, como cabeça do "poste inimigo" e, novamente, como caixa de ressonância	Mantido como caixa de ressonância de um aerofone até que se desfaça	Média
Utilizado com o crânio sobre o poste	Sem informação	Sem informação
Usado durante o ritual após a surra no poste	Sem informação	Sem informação
Adornos pessoais de matadores e suas esposas	Sem informação	Sem informação
Caixa de ressonância de um aerofone tocado ao final da reclusão do matador na abertura da cauinagem	Sem informação	Sem informação
Usado pelo matador como adorno pessoal	Sem informação	Sem informação
Dado à esposa do matador	Sem informação	Sem informação
Carregado durante dança ritual	Estilhaçado ao final do ritual; fragmentos usados na iniciação masculina	Curta
Sem informação	Mantido pelo dono	Sem informação
Utilizado em um longo ciclo ritual para favorecer a caça e a fertilidade humana	Abandonado ao final do ciclo	Curta
Portado na guerra para propiciar o assassinato de homens e a captura de mulheres e crianças	Transmitido entre gerações	Longa
Carregado durante a dança ritual nos ombros ou na axila	Estilhaçado ao final do ritual; fragmentos usados na iniciação masculina	Curta
Usados durante ritual	Sem informação	Sem informação
Usados por homens para favorecer a caça	Transmitido entre gerações	Longa
Usado pelas mulheres para fertilizar as roças	Enterrado com seu dono	Média
Tocado por homens para enfraquecer o inimigo	Enterrado com seu dono	Média
Usados como signo de distinção	Enterrado com seu dono	Média
Portado por mulheres durante dança ritual envolto em uma tipoia	Pendurado sobre os trocanos	Média
Tocados durante um ritual associado à iniciação masculina e à guerra	Conservado pelo chefe da maloca	Média
Usado pelo chefe da maloca durante sessões de cura e para comunicar-se com o mestre dos animais	Queimado com seu dono	Média
Usado como colher pela esposa do chefe ao servir bebida de mandioca aos convidados	Mantida até se quebrar	Curta
Longo ciclo ritual favorecendo a fertilidade em geral, inclusive humana	Mantida em casa por seu dono e enterrada quando de sua morte	Média
Taça para beber cerveja de algaroba	Mantida por seu dono e queimada quando de sua morte	Média

rito devorador" *gwásà* entre os Miraña: enquanto os dentes não sofressem uma fissura, sua potência permanecia ali encapsulada[90]. O mesmo valia, quero crer, para a força vital *harie* entre os Yagua, igualmente sediada nos dentes[91]. Metonímias de uma pulsão manducatória da qual são o principal instrumento, os dentes, alinhados em cintos, funcionavam, pois, como continentes portáteis de uma potência apropriada ao inimigo. Serviam como relíquias das quais emanava uma força fertilizadora, podendo ser transportados e transferidos a outrem. Daí as mulheres yagua os levarem à roça, e os filhos de guerreiros munduruku os levarem para o campo de batalha. Não à toa, eram frequentemente transmitidos entre gerações à maneira de relíquias familiares[92].

BEBO UM RECÉM-NASCIDO

De ciclo longo ou curto, privado ou público, os troféus amazônicos eram doadores de vida (*life-giving*) em sentido amplo: por meio deles, produzia-se a abundância da caça e das roças, tornavam-se produtivos os rapazes e férteis as mulheres. Esse é um tema recorrente em todas as descrições de que dispomos, seja de etnólogos, cronistas, funcionários ou missionários. O exemplo mais ilustre de fertilização da caça é o munduruku. Sempre que caçadores partiam em expedição na floresta, o dono da cabeça, denominado *dajeiboishi* ("mãe das queixadas"), levava o troféu até o aceiro da mata, certo de que, assim, a Mãe da Caça ser-lhes-ia generosa, liberando seus animais para o abate[93]. Da mesma forma, quando os guerreiros munduruku partiam para a batalha, usavam cintos de dentes a fim de garantir uma boa captura. O mesmo vale para o colar de dentes yagua que atraía os animais como um ímã e servia também para fertilizar as roças. As esposas dos guerreiros portavam "os cintos de dentes durante o plantio para [...] favorecer o crescimento da mandioca e das bananas"[94], após o que realizavam uma espécie de *couvade*, como se tivessem concebido um filho. Os colares, ademais, garantiam aos guerreiros uma numerosa descendência futura[95]. Para o missionário escocês John Arnott, os Pilaga acreditavam que os escalpos dos inimigos favoreciam "de algum modo misterioso a fertilidade"[96].

Esse "modo misterioso" implicava uma analogia estreita entre derramar o sangue do inimigo e derramar o sangue menstrual, entre a reclusão do matador e a reclusão da menarca. No caso jivaro, essa analogia era marcada de modo

---

90 Dimitri Karadimas, *La raison du corps*, 2005, p. 170.
91 Jean-Pierre Chaumeil, *op. cit.*, 1985, p. 152.
92 Patrick Menget, "De l'usage des trophées en Amérique du Sud", 1996, pp. 137-138; Jean-Pierre Chaumeil, *op. cit.*, 2001, p. 89.
93 Robert Murphy, *op. cit.*, 1958, p. 55.
94 Jean-Pierre Chaumeil, *op. cit.*, 1985, p. 152.
95 *Idem, op. cit.*, 2002, p. 120.
96 John Arnott, "Los TobaPilagá del Chaco y Sus Guerras", p. 500, 1934.

explícito. Como vimos, no primeiro rito do ciclo – chamado significativamente *numpek* ("seu sangue mesmo") –, aspergia-se sangue de galo nas coxas dos matadores[97]. Muitos rituais de troféus serviam, ademais, como iniciação masculina. Eram ocasião não apenas para celebrar feitos guerreiros como também para amadurecer os meninos. Por vezes, esses dois atos estavam escandidos no tempo. Entre os Kayabi, o crânio do inimigo era quebrado ao final do ritual guerreiro. Os fragmentos eram guardados para serem usados posteriormente em uma iniciação na qual os meninos tinham de tocar ou bater nos pedaços do crânio – um ato que, segundo Oakdale, "levava seus corpos a fazer novo sangue e tornar-se macio e maleável, como corpos de meninas em reclusão"[98]. Após esse rito, os meninos entravam, de fato, em reclusão, passando a respeitar tabus alimentares semelhantes àqueles das meninas menstruadas.

O poder genésico do troféu podia se expressar de forma ainda mais concreta: o resultado final do processo era, de fato, o nascimento de novos filhos no grupo do matador. Assim como a *waratoa* parakanã, muitos ritos de troféus eram *moropyhykara* ("captores de gente"). Segundo Gonçalves de Tocantins, os Munduruku, "quando se preparam para essas correrias dizem francamente: *eu vou porque preciso de uma mulher para me casar, ou preciso de um pequeno para filho de minha mulher*"[99] – uma frase com sentido equívoco, como indica Patrick Menget, pois alude tanto a um cativo quanto ao próprio troféu[100]. Após a mumificação, a cabeça recebia longos brincos de plumas, correspondendo ao patriclã do matador, como se ela fosse incorporada como um novo membro. A relação entre o matador e seu troféu caracterizava-se por intenso cuidado. Gonçalves de Tocantins narra como um guerreiro munduruku que lhe vendera uma cabeça, "punha-a sobre o colo, penteava-lhe com os dedos os longos cabelos e acariciava-a, como se fosse uma filha querida"[101].

Assim como as crianças raptadas, as cabeças eram adotadas pelo captor e por seu grupo. Entre os Bora, quando um inimigo era morto, tinha os quatro membros e a cabeça decepados. Esta última era depositada na água, no porto da maloca, enquanto os braços e pernas eram levados para serem cozidos[102]. Tinha, en-

---

97 Anne-Christine Taylor, *op. cit.*, 1994, p. 82.
98 Suzanne Oakdale, *"I Foresee my Life"*, 2005, p. 149.
99 Antônio M. Gonçalves de Tocantins, *op. cit.*, 1877, p. 84.
100 Patrick Menget, *op. cit.*, 1993, p. 314.
101 Antônio M. Gonçalves de Tocantins, *op. cit.*, pp. 84-85, 1877. Tratava-se, segundo o autor, da cabeça de uma mulher parintintim que o guerreiro matara por engano, pensando ser um homem. Gonçalves de Tocantins trocou o artefato por uma espingarda de dois canos, pólvora, chumbo e outros objetos. Ele afirma que havia outra cabeça na aldeia, mas que seu dono não permitiu que a visse. Como é sabido, o comércio de armas de fogo por troféus foi intenso no final do século XIX e começo do XX, sobretudo, na região jívaro, em função do grande interesse dos museus por esses artefatos (Daniel Steel, "Trade Goods and Jívaro Warfare", 1999).
102 Os modos de mesa aqui eram semelhantes aos do canibalismo funerário wari' (Aparecida Vilaça, *Comendo como Gente*, 1992). Contudo, ao contrário deste, aplicava-se não à carne do parente morto, mas àquela do inimigo. Como esta não podia ser tocada com os dedos,

O Corpo-artefato

FIGURA 4. *Um guerreiro shuar prepara-se para entrar na casa trazendo uma* tsantsa *pendurada em seu pescoço. Equador, 1916-1918. Cortesia do Världskulturmuseerna, Gotemburgo, Suécia (negativo 2435). Foto de Rafael Karsten.*

tão, início a festa da vitória, e os jovens iniciandos, que provariam pela primeira vez a carne do inimigo, iam buscar a cabeça que ficara no porto e entregavam-na a uma mulher, que havia previamente confeccionado uma tipoia decorada com vários padrões gráficos. Ela os aguardava na porta da maloca, onde deles recebia a cabeça. Levava-a, então, "tal qual uma mulher carrega seu filho, até o centro da maloca [e] dançava toda a noite, embalando a cabeça"[103], enquanto entoava uma canção que descrevia, em modo oscilatório, uma situação interacional complexa, da mesma maneira que os cantos-jaguar parakanã.

Entre os Jivaro, no momento em que a *tsantsa* era introduzida em sua nova morada, entoava-se um canto que a instava a familiarizar-se àquela que seria

---

utilizavam-se de varetas para colocar os pedaços em beijus de mandioca (Jean-Patrick Razon, *op. cit.*, 1980, pp. 119-120).
[103] *Idem*, p. 120.

doravante sua "terra de adoção"¹⁰⁴ (figura 4). Ao final do ciclo ritual, executava-se outro canto no qual se dizia:

> Você estava fazendo beicinho [*tsantsa*]¹⁰⁵
> na mulher você ficou colado [...]
> Você mesmo, você mesmo agora
> você não tem mais nome
> Ficou fazendo beicinho [*tsantsa*]
> seu nome já não existe, já não há [...]
> e você acabou aderido à mulher¹⁰⁶.

Sem nome, a cabeça beiçuda transformava-se em uma "face colada ao útero das mulheres"¹⁰⁷ – isto é, em um embrião. Denominada "perfil" ou "coisa mole", a cabeça epitelial miniaturizada era a imagem antecipada de um feto, de um filho por vir. De modo semelhante, entre os Arara do rio Iriri, a função explícita do ritual *ieipari* – em que se erguia um poste, no topo do qual se colocava o crânio decorado do inimigo – era converter a inimizade em filiação: no clímax da festa, as mulheres bebiam cauim colocado aos pés do poste e diziam "Estou bebendo um filho... Bebo um recém-nascido"¹⁰⁸.

O *tópos* da adoção e produção de novas vidas era recorrente nos ritos de troféu. Como indiquei alhures, ele vincula-se ao esquema relacional de conversão de inimigos em parentes, que denominei "predação familiarizante"¹⁰⁹. Aqui, porém, o que me interessa são os mecanismos formais mobilizados para conferir eficácia aos troféus e realizar tal conversão. Para atingir esse objetivo, investigo, a seguir, três desses mecanismos: a duplicação, a substituição e a indeterminação quantitativa.

UM, NENHUM E CEM MIL

A partir daqui, vou considerar apenas as cabeças-troféu e explorar as relações entre o artefato, seu ex-dono (o morto) e seu dono ritual (o matador). A pergunta inicial é aparentemente simples: a cabeça servia à figuração de um único inimigo – isto é, de uma pessoa específica e singular – ou era também múltipla?

---

104 Philippe Descola, *Les lances du crépuscule*, 1993, p. 305.
105 Na tradução desse verso para o espanhol, temos "*Tu fuiste haciendo hocicón*". Esta última palavra é um adjetivo derivado de *hocico*, que significa "focinho". Pode descrever tanto um animal com um focinho saliente como uma pessoa humana com lábios salientes, um traço característico das cabeças reduzidas jivaro.
106 Siro Pellizzaro, *La Celebración de la Cabeza Reducida*, 1980, p. 338.
107 Anne-Christine Taylor, *op. cit.*, 1994, p. 96.
108 Márnio Teixeira-Pinto, *op. cit.*, 1997, p. 128.
109 Carlos Fausto, *op. cit.*, 2001, pp. 456-463.

Adicionalmente, podemos ainda perguntar se essa figuração era plenamente humana à exclusão de outras formas de vida.

Essas são indagações inevitáveis, pois troféus são sinédoques de um tipo particular, em que há contiguidade física entre o todo ausente e a parte presente. Ademais, como vimos, as cabeças-troféu continham "algo" que parecia estar, imediatamente, em um estado subjetivo, fato expresso pela ideia recorrente de que esse "algo" seria uma "alma" ou "espírito" da vítima. Essa relação um a um seria evidenciada, ainda, pela reclusão pós-homicídio, momento em que o matador luta para familiarizar sua vítima, a fim de tornar-se uma nova pessoa: um matador-vítima capaz de enunciar seu próprio Eu e o do grupo da perspectiva de Outro.

Outro ponto a ser considerado é a associação dos ritos guerreiros a eventos singulares. Os troféus serviam à produção de uma memória específica, construída por meio de narrativas faladas, atuadas e cantadas durante os rituais. José Garcia de Freitas relata, por exemplo, que o guerreiro parintintim, ao chegar à aldeia, "lança mão do troféu e enfia debaixo do braço e canta, dançando de um lado para o outro num espaço de 5 a 6 metros e conta todos os pormenores sem omitir a mais leve ocorrência de ambas as partes combatentes"[110]. Taylor refere-se igualmente à "recriação verbal do ataque guerreiro"[111], no qual a cabeça do inimigo havia sido cortada, enquanto Oakdale analisa em detalhes os cantos *yawasi* kayabi, mostrando como aí se construía uma narrativa dos eventos guerreiros[112].

Em resumo, as cabeças-troféu parecem privilegiar antes uma representação de indivíduo do que de classe, estabelecendo um vínculo direto e singular com um protótipo. Enquanto os rituais de máscaras possuem caráter sazonal e repetível, envolvendo classes de espíritos, rituais de troféu dependem de momentos e pessoas singulares[113]. Ademais, máscaras precisam ser animadas pela pessoa que a porta, enquanto dentes e crânios de inimigos parecem ter uma animacidade imediata, proveniente da própria pessoa de quem foram destacados. Pergunto, então: será que essas características dos troféus e de seus rituais fazem deles artefatos inteiramente diferentes de máscaras e flautas? Ou será que os mesmos mecanismos estéticos de complexificação fazem-se também aí presentes?

Para responder a essa questão, é preciso refazer o percurso que vai da morte do inimigo à produção de um parente. Como argumentei em *Inimigos Fiéis*, a lógica da guerra indígena na Amazônia era multiplicatória: tratava-se de produzir muito a partir de uma única causa e não de transferir unidades iguais de uma parte à outra. Essa lógica expressava-se em diversos momentos do complexo guerreiro: na socialização do ato homicida, permitindo ampliar o número de matadores que entravam em reclusão; na multiplicação de atributos que esses

---

[110] José Garcia de Freitas, *op. cit.*, 1926, p. 71. O autor era funcionário do SPI, sendo um dos responsáveis pelo contato com os Parintintim nos anos 1920.
[111] Anne-Christine Taylor, *op. cit.*, 1994, p. 673.
[112] Suzanne Oakdale, *op. cit.*, 2005.
[113] Carlos Fausto, "Mil Años de Transformación", 2011c, pp. 248-250.

matadores obtinham e transmitiam na forma de cantos e nomes; e, por fim, nos próprios rituais, inclusive os de troféu, no qual se ampliavam e coletivizavam os efeitos da morte de um inimigo[114]. Produzia-se, pois, uma indeterminação quantitativa e qualitativa ao longo da cadeia de predação e familiarização que impactava a produção do troféu. Tal qual o cantor-executor parakanã durante o *Opetymo*, o troféu ocupava, ao longo do ritual, diversas posições relacionais: ora filho adotivo, ora cunhado; ora predador, ora presa; ora bebê, ora parceiro sexual. É justamente essa cadeia de transformações relacionais que Philippe Descola, ao descrever o ritual jivaro das cabeças reduzidas, denominou "balé topológico"[115].

Os cantos executados nessas ocasiões também manifestavam um balé posicional, descrevendo situações interacionais complexas, por meio do paralelismo, da oscilação de perspectiva, do encadeamento de relações sucessivas e da ressonância entre o humano e o alterumano. Mecanismos semelhantes se fazem presentes na própria ação ritual. Um excelente exemplo disso provém da pena de Teixeira-Pinto, que acompanhou, no final dos anos 1980, um ritual dos Arara do rio Iriri, em cuja ocasião substituíram o crânio do inimigo por um molde em argila. Quando guerra ainda havia, após capturar uma cabeça, os Arara fincavam no solo um poste de madeira da altura de uma pessoa. Em seu topo, colocavam o crânio, decorado com penas de arara e encimado pelo próprio escalpo. Esse poste cerimonial chamava-se *ieipari* ("poste de *ïpari*"), um termo que denota um afim de outro grupo residencial (outro não inteiramente outro, portanto).

Antes do crânio ser assentado, o poste recebia demonstrações de carinho de algumas pessoas que se diziam seus irmãos-amigos. As crianças eram também levadas a abraçá-lo. Em seguida, dois homens com porretes surravam-no como um inimigo, mas os participantes logo voltavam a se reunir em torno dele (figura 5). As mulheres roçavam a pélvis contra a madeira agora esfolada pelos golpes, cuja textura comparavam a pelos, como os de um parceiro sexual. Buscavam, então, artefatos e mercadorias, dispondo-os em torno do poste, como se este os houvera trazido[116]. Finalmente, um xamã aproximava-se com o crânio e o colocava no topo do poste, onde fazia às vezes de cabeça. Os homens cantavam e o ritual prosseguia com uma série de atos nos quais se intercambiavam carne de caça e bebida fermentada, com homens e mulheres trocando de posições. Na última noite, as mulheres ingressavam triunfalmente na aldeia, cantando e dançando. Paravam diante de um grande recipiente com cerveja, depositado aos pés do poste, do qual bebiam, como vimos, um filho por vir[117].

---

[114] Carlos Fausto, *op. cit.*, 2001, pp. 330-331.
[115] Philippe Descola, *op. cit.*, 1993, p. 305.
[116] Os Parakanã diziam-me que o executor do *Opetymo* era um "um trazedor de coisas" (*ma'ejiroarero'ara*). Daí sempre terem insistido para que eu dançasse no ritual, reforçando minha função de provedor estrangeiro.
[117] Márnio Teixeira-Pinto, *op. cit.*, 1997, pp. 121-128.

FIGURA 5. *Homens arara surrando o poste* ieipari. *Arara, rio Iriri, 1988. Foto de Márnio Teixeira-Pinto.*

Para que pudesse ocupar tantas posições diferentes ao longo do percurso ritual, a cabeça-troféu devia ser fabricada como um artefato capaz de expressar um alguém genérico e não uma identidade única. Assim, a mumificação da cabeça jivaro ou munduruku não visava à preservação de um rosto singular, mas antes a construção de uma forma genérica apta a ocupar várias posições na cena ritual. Taylor exprime bem esse fato ao afirmar que, no caso jivaro, "a identidade visada aqui não é uma pessoa, menos ainda uma personalidade – ao que um rosto, entre nós, tende justamente a referir-se – mas uma singularidade pura sem conteúdo, uma 'forma-pessoa' vazia"[118]. No caso munduruku, essa forma-pessoa não era completamente indeterminada. Como vimos, a cabeça recebia os adornos auriculares característicos do clã patrilinear a que pertencia o matador. Isso não significa, porém, que ao longo do ciclo ritual fosse tratada apenas como um

---

[118] Anne-Christine Taylor, *op. cit.*, 1994, p. 95.

filho adotivo desse clã. De saída, ao pertencer a um clã e a uma metade, ela se tornava consanguíneo de alguns e afim de outros, cindindo-se em uma imagem simultânea de identidade e alteridade. Essa dupla condição desdobrava-se novamente em um ritema que ocorria ao final do ciclo ritual. No dia seguinte à chegada dos convidados, reencenava-se o ato de captura: jovens pintados e tonsurados fugiam para a mata, sendo perseguidos e capturados por adultos da metade oposta, que os decoravam, então, com brincos novos[119]. A trajetória da cabeça era, assim, reencenada e multiplicada por meio de substitutos de carne e osso, que estabeleciam uma ressonância perissológica entre a alteridade externa do inimigo e a alteridade interna própria ao sistema de metades munduruku.

DUPLICAÇÕES RITUAIS

Um elemento recorrente nos rituais de troféus era a duplicação contínua dos seus principais personagens, muitas vezes de forma recursiva. Os Jivaro, por exemplo, que não possuem nem clãs, nem metades, duplicavam o troféu por meio de porcos domésticos criados previamente. Na festa final de encerramento do ciclo da cabeça reduzida, os animais eram soltos e recapturados. Cortados e assados, serviam à preparação de uma comida dita *ikmak*, que, segundo Siro Pellizzaro, significa "pôr-se no lugar do outro"[120], o que sugere que os porcos eram, efetivamente, um substituto do inimigo, tal como afirma Descola[121]. Recorrendo a meu vocabulário do inimigo partível, diria que os porcos duplicavam a parte-presa da vítima, seu potencial como comida, que permitia a anfitriões e convidados tornarem-se comensais. Por isso, creio, era preciso matá-los sem derramar sangue e de maneira que não guinchassem[122]. Formas de matar e maneiras de cozinhar marcam diferenças. Nesse caso, a parte-presa da vítima era duplicada pelos porcos, enquanto sua parte-predadora era duplicada pelo próprio troféu.

Outras formas de duplicação aparecem no caso jivaro. Ao longo do ritual da cabeça reduzida, o matador formava uma tríade com duas mulheres (uma consanguínea e outra afim). Essa tríade evoluía sob a direção de um mestre chamado *Wea* (um termo de respeito para "sogro"), que acompanhava permanentemente o matador, mas cuja relação com ele variava: ora era o duplo exato do captor, ora era seu oposto especular[123]. Os Kayabi utilizavam um motivo similar em um momento anterior do ciclo ritual. A aldeia anfitriã enviava jovens mensageiros a outras aldeias para convidá-las a participar do *Jawasi*[124]. Esse mensageiro chamava-se *piara*, termo que nos cantos rituais designa eufemisti-

---

119 Robert Murphy, *op. cit.*, 1958, p. 57.
120 Siro Pellizzaro, *op. cit.*, 1980, p. 15.
121 Philippe Descola, *op. cit.*, 1993, p. 303.
122 Anne-Christine Taylor, *op. cit.*, 1994, p. 85.
123 *Idem*, p. 79.
124 Na literatura, encontramos diferentes grafias: *jawasi, yawaci, jawosi, jawotsi* e *jowosi*. Se-

camente o próprio guerreiro kayabi, visto da perspectiva do inimigo (para quem a mensagem que traz o *piara* é sua própria morte). Especularmente, o chefe da aldeia a ser convidada é dito *pareat*, termo pelo qual nos cantos rituais designa-se metaforicamente o inimigo, dessa vez visto da perspectiva do guerreiro kayabi[125]. O convite feito a um aliado para participar do *Jawasi* reduplica, portanto, a expedição guerreira, utilizando duas perspectivas opostas e complementares: a do matador e a da vítima. Entre o convidador e o convidado estabelece-se uma relação de "sombreação" (*shadowing*)[126]:

> Esses mensageiros, geralmente homens adultos mais jovens, se engajam em um tipo elaborado de sombreação, que envolve imitar a rotina diária do líder que se está convidando. [...] O ideal do mensageiro (*piara*) é fazer exatamente o que seu futuro hóspede (*pareat*) faz: comer quando ele come, banhar quando ele banha e até fazer suas necessidades quando ele o faz[127].

Elizabeth Travassos acrescenta uma informação sugestiva sobre o ato de convidar para o *Jawasi*, que, segundo diz, "é em si um ritual" no qual se pode simular uma luta de captura. Conta ela que, certa feita, um mensageiro chegou a uma aldeia e todos os seus moradores fugiram, tal como determina o roteiro ritual. Todos menos um velho senhor que o ficou aguardando em sua rede. Em vez de fugir, ele disse para sua esposa: "cozinhe-o para mim", e esforçou-se para colocá-lo sobre um jirau a fim de moqueá-lo como se fosse caça: "o velho cantava sobre mundurucus e comportava-se como se fosse um mundurucu"[128]. Nesse exemplo, a relação de sombreação entre convidador e convidado descrita por Oakdale desdobra-se em um tema adicional. Antes do mensageiro imitar os atos do convidado, eles encenavam uma predação a montante, que duplicava aquela fática, a qual iria se comemorar no *Jawasi*. A distância socioespacial entre as diferentes aldeias kayabi permitia, assim, simular a alteridade entre inimigos, pondo em ação duas perspectivas sobre o mesmo evento guerreiro. Durante o ritual propriamente dito, ambas as relações (entre parentes distantes e entre inimigos) passavam a ser expressas por meio da relação do guerreiro com seu

---

gundo Oakdale, em correspondência pessoal (2016), os Kayabi não fornecem nenhuma glosa para o termo, o qual me parece formado pela adjunção de *jawa* ("jaguar") e *si* ("ponta", "bico", "nariz"), cuja tradução seria "focinho de onça".

[125] *Piara* é um termo tupi-guarani para "caminho". Desconheço o significado de *pareat* (ou *pariat*). Entre os Kamayurá, o termo designa o mensageiro-convidador, justamente o inverso do que ocorre entre os Kayabi.

[126] Em português, tanto sombreação como sombreamento possuem o sentido de "escurecimento", de "cobrir de sombra". Escolhi o primeiro para traduzir *shadowing* por ser ele menos usual e conter um sufixo que indica uma ação, permitindo transmitir melhor a ideia de "duplicação à maneira de uma sombra".

[127] Suzanne Oakdale, *op. cit.*, 2005, p. 132.

[128] Elizabeth Travassos, "A Tradição Guerreira nas Narrativas e nos Cantos Caiabis", 1993, p. 464.

troféu, produzindo uma ressonância perissológica entre diferentes figuras da alteridade, tal como vimos no caso parakanã.

A LÓGICA DA SUBSTITUIÇÃO

O termo escolhido por Oakdale – sombreação – é particularmente feliz, pois permite relacionar a duplicação ritual com as noções indígenas de duplo, imagem e sombra. Vimos anteriormente como a categoria parakanã *a'owa* ("duplo") é central para a compreensão do *Opetymo*. Isso também se aplica aos rituais de troféus, nos quais categorias desse mesmo campo semântico eram mobilizadas para designar as várias formas de figuração do inimigo. A lógica desses rituais era recursivamente substitutiva, de tal modo que não havia apenas *tokens*, mas também *tokens* de *tokens*: os Tupinambá podiam executar um jaguar em vez de um inimigo, os Jivaro podiam fazer o troféu com uma cabeça de preguiça no lugar de um humano, os Koripako confeccionavam flautas com o fêmur de um jaguar na falta de um guerreiro estrangeiro, os Kagwahiv podiam usar uma cabeça de jaguar ou mesmo um tijolo como substituto do crânio de um inimigo[129]. Nem todo substituto tinha, é claro, o mesmo valor: uma cerimônia com um crânio de jaguar ou preguiça, um molde de argila ou um tijolo, um poste ou uma boneca é menos potente e perigosa do que aquela com um prisioneiro vivo ou uma cabeça humana. A contiguidade entre o protótipo e o índice faz diferença, embora raramente seja condição *sine qua non* para realizar-se o ritual.

Vejamos como essa lógica da substituição se expressava na execução do *Jawasi* kayabi. O termo não designa apenas o ritual de caça de cabeça, mas um gênero musical associado a um estilo de *performance* e a um complexo cerimonial que podia ter suportes materiais diversos, conforme a circunstância. Em sua forma mais simples, podia-se limitar a uma ou duas noites de cantoria, sem o uso de qualquer artefato, visando produzir um estado de animação e alegria. Em sua forma mais elaborada, envolvia sempre o convite a outras aldeias e, nesse caso, podia ser realizado sem qualquer artefato substitutivo, com um boneco ou com o crânio de um jaguar ou de um humano[130]. O padre João Evangelista Dornstauder, que participou da "pacificação" dos Kayabi nos anos 1950, presenciou um *Jawasi* no qual o mestre da festa trazia pendurado ao ombro um crânio de jaguar, com os olhos selados por sementes. Ele cantava e dançava comemorando a morte de inimigos e, em determinado momento de maior arrebatamento, substituía o crânio animal por um crânio humano[131].

---

129 Edmundo Peggion, *op. cit.*, 2005, p. 156.
130 Mais recentemente, durante um projeto de documentação dos cantos do *Jawasi*, financiado pelo Instituto do Patrimônio Histórico e Artístico Nacional (Iphan), o crânio foi substituído por uma cerâmica arqueológica encontrada nas capoeiras em torno da aldeia (Lea M. Tomass, *Canções Jowosi da Etnia Kaiabi*, 2006, p. 8).
131 Elizabeth Travassos, *op. cit.*, 1993, p. 463. Não pude consultar as notas de viagem de Dornstauder. Baseio-me aqui no uso que Travassos faz delas.

FIGURA 6. *A efígie é flechada durante um festival do Jawasi. Kayabi, Terra Indígena do Xingu, 1977. Laboratório de Figura e Som em Antropologia, Universidade de São Paulo. Foto de Vanessa Lea.*

O que mais me interessa aqui, porém, é o caso do boneco. Segundo Travassos, existiriam dois tipos: o grande, do tamanho de uma pessoa, confeccionado em palha e denominado *añang*; e outro menor, feito de ossos de inimigos amarrados com fios de algodão, chamado *cunimiangap* ("imagem de criança")[132]. Vanessa Lea descreve o *añang* como um boneco de palha de cerca de dois metros de altura, com um enorme pênis, que, no clímax da festa, era crivado de flechas[133]. Os termos *añang* e *cunimiangap* contêm um dos termos clássicos do tupi-guarani para alma, imagem, sombra: **ang*. Em parakanã, esta protoforma

---

[132] É preciso lembrar que no ritual de iniciação dos meninos kayabi, eles deviam tocar os ossos dos inimigos para se tornarem férteis. O termo aqui se analisa em *kunimi* ("criança") + *ang* ("duplo-imagem") + *ap* (nominalizador instrumental ou locativo). Uma glosa mais literal seria "aquilo que serve como imagem de criança".
[133] Vanessa Lea, *Jawasi*, 1977.

é realizada como *'onga*, denominando, como vimos, o princípio vital, a sombra e as imagens fotográficas (figura 6).

Añang costuma designar a forma impessoal e coletiva do espectro dos mortos, seu prolongamento como ente não querido, isto é, como inimigo[134]. Por vezes, o termo se refere ainda a um povo mítico – humano e bestial – que vive na floresta e captura as pessoas[135]. Em ambos os casos, não corresponde a um inimigo determinado e singular, mas à condição inimiga em si mesma, em sua forma coletiva e indeterminada. Os cantos *jawasi* analisados por Oakdale reforçam essa ideia. Por um lado, são construídos com base em metáforas padronizadas, que se referem a formas genéricas de interação com os inimigos; por outro, assim como os cantos parakanã, não trazem as marcas de tempo e testemunho usadas na fala comum, de tal modo que podem referir-se a qualquer tempo e enunciador[136]. Esse caráter metafórico e temporalmente neutro dos cantos permite que sejam transmitidos entre gerações, podendo potencialmente expressar a experiência de mais de um cantor – o que significa, também, de mais de um inimigo, uma vez que na maioria dos casos a posição de enunciador é a do Outro. Segundo os Kayabi, os cantos provinham dos ossos da própria vítima[137] – um dado que nos oferece mais uma imagem de continência e exteriorização. Ao cantar na cena ritual, o aparato vocal do executor punha-se a serviço desses ossos sonoros: o matador convocava a presença do inimigo fazendo seus tubos internos emitirem o canto do qual o inimigo era a fonte.

Embora o "cantar pela boca dos outros", esse invocar por meio de Si a perspectiva do Outro, seja extremamente comum na Amazônia, existem modulações etnográficas importantes. Temos um exemplo disso no caso jivaro. Quando se analisa o extenso conjunto de cantos *uajaj*, reunidos por Pellizzaro[138], colhe-se a impressão de que se trata, antes, de cantos construídos do ponto de vista dos cortadores de cabeça e não da vítima[139]. Parece haver aqui um dispositivo diverso: a pluralidade do protagonista ritual é constituída a montante do próprio ato homicida, mais do que por meio da incorporação da perspectiva da vítima. O destaque recai sobre a interação prévia com o espírito-visão *arutam*, descrito nos cantos *uajaj* como a "anaconda da noite" ou o "jaguar à espreita"[140]. São

---

[134] Carlos Fausto, *op. cit.*, 2001, pp. 411-412.
[135] Para uma versão kayabi desse mito, ver Berta G. Ribeiro, *Diário do Xingu*, 1979, pp. 209-213.
[136] Suzanne Oakdale, *op. cit.*, 2005, pp. 115-116.
[137] *Idem*, p. 118.
[138] Siro Pellizzaro, *op. cit.*, 1980.
[139] Muitos cantos são descritivos das próprias ações rituais – lavar e pentear a *tsantsa*, apresentá-la a sua nova morada, aspergir sangue de galo nas pernas dos guerreiros, e assim por diante. Outros tantos visam afugentar o espírito vingativo *emésak* do morto.
[140] *Arutam* quer dizer literalmente "coisa velha, desgastada" (Anne-Christine Taylor, "Les masques de la mémoire", 2003, p. 236). Ela designa uma imagem que os Jivaro buscam encontrar por meio do isolamento na mata e de privações extremas. A experiência visionária confere à pessoa longevidade, capacidade e força. O *arutam* aparece como uma sucessão de

essas figuras que permitem ao matador evadir à retribuição do *emésak*, a "alma vingativa" da vítima[141]. Diferentemente dos outros casos analisados, não se busca aqui promover uma fusão bifurcada entre matador e vítima. Quer-se antes evitá-la. Afinal, é a experiência visionária com o *arutam* que conduz, quando bem-sucedida, a uma multiplicação do Eu:

[...] o enunciador espiritual aloja-se no destinatário como um duplo interno [...] A experiência mística acaba resultando na interiorização de uma relação. Desse ponto de vista, ela lembra fortemente o mecanismo de clivagem que faz com que todo homem jivaro se torne um composto de Si e de Inimigo[142].

Seja como for, a montante ou a jusante, o fato é que os rituais de troféus não operam segundo uma lógica individualizante, estabelecendo uma relação um a um com um protótipo (isto é, com a pessoa que literalmente perdeu a cabeça). Ao contrário, assim como o corpo e a voz do executor parakanã, os troféus também indexam múltiplas identidades, também são objeto de uma dinâmica oscilatória figura-fundo, também são duplicados por outras figuras rituais e, por fim, também estabelecem uma ressonância perissológica entre diferentes campos, relações e circunstâncias. Tal multiplicação e indeterminação faz dos eventos narrados nos cantos de guerra e em ações coreográficas episódios particularmente intrincados, que produzem uma memória certamente diferente daquela de nossos monumentos pétreos. Como escreveu Jean-Baptiste Debret:

[...] encontramos entre esses indígenas, como entre os povos da Europa, o troféu militar ao lado da vitória, com a diferença natural de que, não possuindo monumentos estáveis para depositar os restos do inimigo, o selvagem, quase sempre errante, se contenta em amontoar em sua aldeia um número considerável de cabeças mumificadas de prisioneiros de guerra que ele enfeita com toucas de penas[143].

Essa diferença *toute naturelle* não se deve, contudo, a uma falta como sugere Debret, mas, sim, a um excesso – à exuberância, como indica Menget na epígrafe deste capítulo.

---

imagens terrificantes e ameaçadoras que terminam por convergir na figura de um antepassado.
141 Siro Pellizzaro, *op. cit.*, 1980, p. 335.
142 Anne-Christine Taylor, *op. cit.*, 2003, p. 237.
143 Jean-Baptiste Debret, *Voyage pittoresque et historique au Brésil, ou Séjour d'un artiste français au Brésil, depuis 1816 jusqu'en 1831 inclusivement*, 1834, p. v.

2 | SELVAGENS MISTÉRIOS

Eu também ali fui com o supradito tenente; e me pus diligentemente a olhar, observei minuciosamente todo o baile, implorando-me, aliás, mil vezes os Maipuri, de manter ocultos os selvagens mistérios e de nada dizer às mulheres sobre eles.

FILIPPO SALVATORE GILIJ
Saggio di Storia Americana [...]

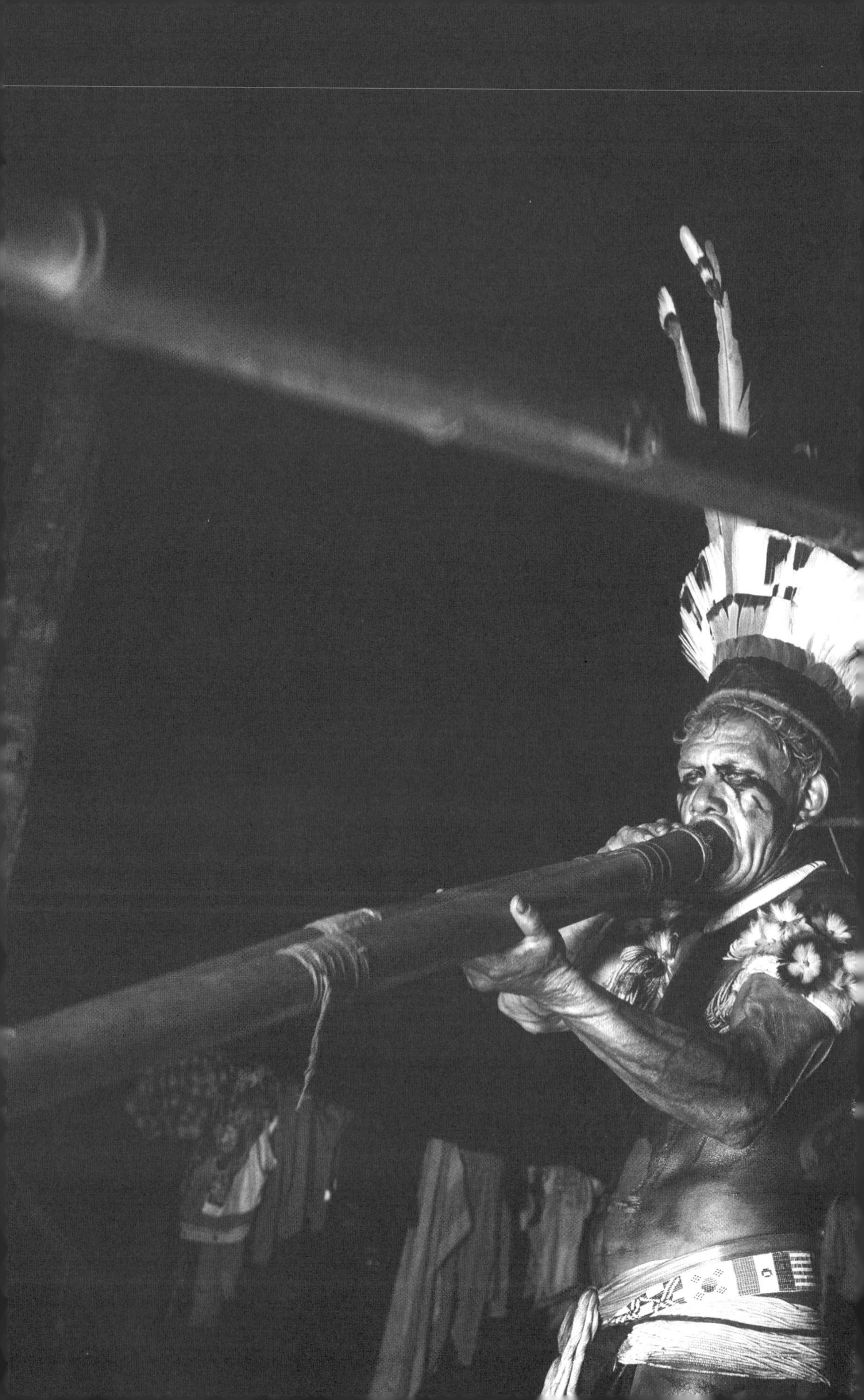

NO CAPÍTULO ANTERIOR, TRATEI DE RITUAIS NOS QUAIS A PRESENÇA de outrem – qualificado como inimigo – exprime-se por meio de um corpo vivo ou por partes de um corpo morto. No ritual parakanã do tabaco, o solista torna tangível a presença do inimigo por meio da voz laringalizada e da dança, que produzem e expressam sua dupla condição enquanto matador e vítima. Mostrei como essa dualidade podia desdobrar-se em diversas figuras coreográficas, bem como desagregar-se, seja pela presença fática do inimigo (como acontecia na antropofagia tupinambá), seja pela presença de uma parte de seu corpo, que funcionava como sinédoque da vítima ausente. Vimos ainda que diferentes categorias de troféus tinham destinos diferentes. De modo geral, as cabeças eram descartadas ou destruídas ao final do ciclo ritual, os aerofones ósseos permaneciam ligados ao dono até sua morte, enquanto os colares e cintos de dentes eram transmitidos entre gerações.

Em uma linha de artefatualização progressiva, há uma passagem gradual da presença convocada somente pelo corpo e pela emissão vocal àquela em que se acrescenta um troféu – e desta, por sua vez, à do troféu-aerofone. Aqui, parece haver uma diferença adicional entre o uso de ossos longos como dutos e o uso de crânios como caixas de ressonância. No primeiro caso, o matador tornava audível o sopro vital que apropriara do inimigo, exprimindo uma relação exclusiva entre eles, enquanto no segundo havia antes uma amplificação da relação, que tendia a se coletivizar. Em ambos os casos, porém, o processo ritual como um todo permitia generalizar os efeitos dessa relação, sem necessariamente generalizar a relação com o próprio artefato.

Neste capítulo, passo dos instrumentos musicais feitos com ossos de inimigos a aerofones feitos de matéria vegetal. Estes tendem a expressar relações mais amplas, estando mais próximos das máscaras do que dos troféus, pois representam antes classes do que relações pessoais. Veremos adiante como a aproximação entre instrumentos de sopro e máscaras é explícita entre alguns povos da Amazônia. Essas duas categorias de artefatos se diferenciam, porém, no modo como articulam as relações de encaixamento recursivo e como dão a ver a multiplicidade indexical que estão na base de sua eficácia ritual. Se as máscaras fazem proliferar as relações continente-conteúdo (ver capítulo 3) por meio de um invólucro externo, os instrumentos de sopro jogam com a estrutura interna do corpo. Máscaras figuram relações de englobamento por meio do invólucro de um corpo-outro, enquanto os aerofones figuram relações exteriorizando tubos internos na forma de artefatos, os quais produzem e amplificam uma voz-outra.

Um aspecto recorrente de mascarados é que eles pouco falam e, quando o fazem, utilizam uma emissão vocal alterada ou fazem uso de pequenos instrumentos de sopro. Ser capaz de emitir uma voz-outra, de criar uma máscara sonora, é uma das capacidades que, como vimos, caracteriza o cantar torto parakanã, bem como um conjunto de emissões vocais complexas na Amazônia. Tais emissões ganham uma forma visível no instrumento, que exterioriza um processo interno e converte o sopro em som. Nesse sentido, o cigarro parakanã (*petyma'awa*) – que aliás guarda notável semelhança com os trompetes de entrecasca waiwai[1] – é, também ele, um instrumento de sopro, mas diferentemente dos aerofones, não torna o hálito audível e, sim, visível enquanto fumaça.

Esse intrincado jogo no qual o invisível se torna visível e o visível se torna invisível, o ausente se faz presente e o presente se faz ausente – produzindo uma oscilação constante entre o aqui e agora e o alhures e outrora –, ganha, no caso dos aerofones amazônicos, sua máxima manifestação no chamado "complexo das flautas sagradas" (ou secretas). A expressão designa todo e qualquer sistema ritual cujo elemento central são instrumentos de sopro que não podem ser vistos por mulheres (e geralmente também não por crianças). Este é o índice de seu caráter "sagrado" – ser objeto de segredo visual, mas não auditivo. Neste capítulo, concentro-me nesses artefatos sonoros, adotando um percurso inverso ao do capítulo anterior. Em vez de começar pelo caso etnográfico, esboço inicialmente as principais características do complexo para, em seguida, apresentar sua distribuição espacial. Só então passo à minha própria etnografia, dessa vez sobre os Kuikuro do Alto Xingu. Por fim, concluo com uma análise dos principais mecanismos mobilizados pelas flautas para convocar uma presença ritual.

SAGRADO SEGREDO

A Amazônia é uma região na qual o segredo tem pouco rendimento. À exceção de certos elementos iniciáticos do xamanismo, raros são os interditos que produzem um esquema relacional baseado na exclusão. Daí talvez a impressão geral de pouca sacralidade e baixo cerimonialismo do universo ritual amazônico, frequentemente glosado pelos próprios indígenas como "festa". O complexo das flautas secretas é, pois, uma exceção. Ao impor uma clara distinção entre regimes de visibilidade (homens veem, mulheres não veem), instaura uma dinâmi-

---

[1] Stéphanie W. Alemán, "From Flutes to Boom Boxes", 2011, p. 225.

ca relacional específica. Daí deriva o caráter *sui generis* atribuído a esse complexo, comumente caracterizado na literatura como um "culto sagrado".

Desde o começo da colonização, os missionários europeus buscaram sinais de idolatria entre os povos indígenas das terras baixas da América do Sul. Poucas vezes, contudo, encontraram artefatos para ancorar firmemente o estigma judaico-cristão e sua ambivalente relação com a imagem. Os Tupi-Guarani, que dominavam a costa atlântica no momento da invasão, possuíam uma cultura material bastante simples, de tal modo que alguns missionários buscaram identificar – sem sucesso, é verdade – os maracás dos pajés a ídolos, por meio dos quais lhes falava o demônio. Na calha do Amazonas, as tentativas para estigmatizar os artefatos rituais indígenas encontravam um substrato material mais fértil. Já na primeira expedição a percorrer todo o seu curso, o cronista frei Gaspar de Carvajal relata terem aportado em uma aldeia, entre a foz dos rios Coari e Purus, onde havia uma "casa de prazer" com "dois ídolos tecidos de pluma de maneira diversa, que causavam espanto e eram de estatura de gigante"[2]. O cronista referia-se, provavelmente, a máscaras, as quais seriam observadas e colecionadas em expedições subsequentes pelas mesmas redondezas. As máscaras e os bailes mascarados, assim como a pintura corporal – sobretudo facial – seriam malvistas e combatidas pelos missionários até o século XX. Contudo, a categoria idolatria não lhes cabia bem. Era difícil identificar qualquer objeto de culto em relação ao qual os indígenas demonstrassem medo, respeito e adoração. A longo prazo, a única expressão ritual que acabou associada a essas atitudes foi o complexo dos aerofones interditos à visão feminina. Mas por que tantos autores, desde o século XVII até o presente, caracterizaram esse complexo como um "culto"? Quais são os elementos que lhe imprimem uma tonalidade religiosa, a qual é negada à maioria dos rituais amazônicos?

PRINCIPAIS CARACTERÍSTICAS DO COMPLEXO

Como já mencionado, o primeiro e principal elemento desse complexo é a proibição visual, que se aplica principalmente às mulheres em idade fértil. Entre os Yagua, as mulheres pós-menopausa podem ver as flautas[3], enquanto, entre os Tikuna, elas podem até tocar os instrumentos[4] – um fato muito incomum, devo notar. Esses dados sugerem que a interdição diz respeito menos ao gênero do que à capacidade reprodutiva feminina. Esse também era o caso entre os Parakanã no que tange à vida onírica: embora as mulheres não devessem sonhar e capturar canções, algumas delas passavam a fazê-lo após a menopausa[5].

---

2 Gaspar de Carvajal, *Descubrimiento del Río de las Amazonas*, 1894 [1542], p. 44.
3 Jean-Pierre Chaumeil, correspondência pessoal, 2016.
4 Edson T. Matarezio Filho, *A Festa da Moça Nova*, 2015, p. 340.
5 Carlos Fausto, *Inimigos Fiéis*, 2001, pp. 341-342.

A proibição visual é frequentemente expressa como um segredo. No início do século XX, Theodor Koch-Grünberg afirmava que as mulheres "nunca devem descobrir o segredo e devem permanecer convencidas de que, na realidade, são os espíritos que produzem esses sons misteriosos, quando aparecem aos homens"[6]. O interdito, contudo, não visa produzir um simples engano. Caso fosse essa a força do segredo – o de produzir uma presença por meio de um engano –, teríamos um problema sério em explicar por que os homens, que veem e manipulam os instrumentos, também lhes conferem agência e eficácia. Afinal, se para as mulheres ver os instrumentos pode conduzir à morte, para os homens errar certas melodias pode levar ao mesmo resultado. O próprio Koch-Grünberg mostra-se vacilante em relação ao tema, escrevendo em seguida: "apesar de todas as medidas de precaução, muitas vezes tive a impressão de que algumas mulheres, em especial as de certa idade, conheciam muito bem o fundo de tudo isso..."[7].

Aqui, como alhures, o conteúdo do segredo é menos importante do que a dinâmica relacional gerada pelo fato de haver um segredo. O interdito cria formas de interação específicas, nas quais os valores "masculino" e "feminino" sobrecodificam as demais relações. Ou, ainda, permite estabelecer uma estrutura relacional a três termos, incluindo os "espíritos" e duas posições intra-humanas, indexado a um regime de visibilidade: são femininos aqueles que escutam mas não veem; são masculinos aqueles que escutam e veem. É preciso notar, porém, que os instrumentistas homens não veem os espíritos do mesmo modo que as mulheres não veem os aerofones. Os Tikuna, por exemplo, referem-se a situações nas quais os homens escutam os encantados tocando o trompete sagrado *to'cü*, mas não os veem[8]. Afinal, se os vissem, morreriam, assim como ocorreria com as mulheres que vissem os aerofones tocados pelos homens. Assim, se ser audível e invisível equivale a ser espírito do ponto de vista de quem não vê, são as mulheres – que ouvem, mas não veem – que garantem a transformação dos instrumentistas em espíritos. É o ponto de vista delas (e não deles) que faz presente os espíritos.

Um segundo aspecto notável do complexo é que o interdito tem como consequência a produção de uma distinção entre espaços masculinos e femininos. Aqui, o caso mais típico é o das aldeias circulares com uma praça central, na qual se ergue uma edificação em que as mulheres não podem entrar. Conhecido na literatura como "casa dos homens" ou "casa das flautas", esse tipo de estrutura ocorre na periferia meridional da Amazônia, estando associada à expansão dos povos arawak de oeste para leste, desde Llanos de Mojos, na Bolívia, até o Alto Xingu[9]. Já no noroeste da Amazônia, lugar clássico do complexo de flautas sagradas, não se encontra esse tipo de edificação ou, quando se encontra, ocorre

---

[6] Theodor Koch-Grünberg, *Dos Años entre los Indios*, 1995 [1909], vol. I, p. 348.
[7] *Idem*, vol. I, p. 349.
[8] Edson T. Matarezio Filho, *op. cit.*, 2015, pp. 327-328.
[9] Michael J. Heckenberger, "Rethinking the Arawakan Diaspora", 2002.

de forma enfraquecida. No passado, a maioria das aldeias era constituída de uma única grande maloca, que, no momento do ritual, servia ora como lugar exclusivamente feminino, ora como lugar exclusivamente masculino, permitindo instaurar um regime de visibilidade diferenciada e de audibilidade comum.

Um terceiro aspecto importante desses rituais é sua associação com a reprodução e a fertilidade, tanto humana como animal ou vegetal – um aspecto que, como vimos, é também recorrente nos rituais de troféu. Desde F. W. H. Alexander von Humboldt, sabemos da correlação estreita entre as flautas sagradas e a frutificação, especialmente de certas palmeiras. Referindo-se aos povos arawak da bacia do Orinoco, o naturalista alemão escreve: "os *piaches*, ou trovadores indígenas, vão para as florestas e tocam o *Botuto* (trompete sagrado), sob a palmeira *Seje*. Fazem isso, dizem eles, para forçar a árvore a dar uma grande colheita no próximo ano"[10]. No Alto Rio Negro, os festivais de frutas silvestres são uma etapa de um ciclo ritual maior, do qual a iniciação masculina é o ápice. Entre os Barasana, os instrumentos de sopro são efetivamente "tocados sobre os pênis nus dos meninos" para abri-los[11]. Todo o ritual gira em torno de uma analogia estruturante entre o poder reprodutivo dos aerofones e a menstruação feminina – uma analogia que lembra a abertura do festival das cabeças reduzidas entre os Jivaro (ver capítulo 1).

Um quarto elemento – este menos explorado na literatura – é o da relação de maestria estabelecida entre os humanos e os aerofones (e os espíritos a eles associados). Desde Samuel Fritz, sabemos que eles são alimentados: com bebida, sobretudo, mas também com tabaco, mingau de pimenta e, por vezes, carne de caça. Como sói acontecer, alimentar alguém produz e expressa uma relação de dependência[12]. Não por acaso, os aerofones sagrados são frequentemente considerados xerimbabos de seus donos, sejam estes indivíduos, clãs ou grupos rituais[13]. Há uma analogia recorrente entre o artefato ritual e o xerimbabo na Amazônia, sendo que, no caso dos aerofones sagrados, soma-se ainda uma forte correlação entre os instrumentos e certos animais.

Um quinto elemento característico é a flagelação ritual, que visa ao amadurecimento corporal de meninos e rapazes. Ela se faz presente em todo o arco setentrional do complexo de flautas, estando aí diretamente associada à iniciação

---

10 F. W. H. A. von Humboldt, *Voyage aux régions équinoxiales du nouveau continent, fait en 1799, 1800, 1801, 1802, 1803 et 1804*, 1819, tomo II, livro VII, p. 370. *Seje* é o nome espanhol para *Oenocarpus bataua* Mart., conhecida no Brasil como patauá.
11 Christine Hugh-Jones, *From the Milk River*, 1979, p. 147.
12 Luiz Costa, *The Owners of Kinship*, 2017.
13 O dono-mestre é aquele que alimenta os aerofones, e não o instrumentista. Este último pode ser dito o "mestre das músicas" (isto é, de certo conhecimento particular), mas não dos instrumentos. No caso tikuna, os trompetes são xerimbabos da menina reclusa (Edson T. Matarezio Filho, *op. cit.*, 2015, p. 328). Para outras referências, ver Stephen Hugh-Jones, *The Palm and the Pleiades*, 1979, p. 140; Ana Paula R. de Lima Rodgers, *O Ferro e as Flautas*, 2014, pp. 325-327; Paulo M. Figueiredo, *Desequilibrando o Convencional*, 2009, p. 81; Robin M. Wright, *Mysteries of the Jaguar Shamans of the Northwest Amazon*, 2013, p. 282.

masculina. É, porém, menos recorrente no arco meridional, onde os aerofones sagrados guardam uma relação mais fraca com os ritos iniciatórios[14].

Por fim, o sexto e último aspecto a se destacar é que, apesar de seu nome, não há só flautas em nosso complexo. Há quase sempre trompetes, embora raramente haja clarinetes[15]. De fato, os únicos exemplos em que parece haver o uso de clarinetes provém dos Munduruku (Tupi) e dos Piaroa (Sáliva)[16]. Desconheço uma explicação para a raridade de seu uso, mas suspeito que, por interromperem completamente o fluxo de ar, servem mal à dinâmica pneumática dos aerofones sagrados, a qual envolve a transformação do sopro interno de alguém em voz externa de outrem[17]. Há aqui um intricado jogo entre fala e música, entre lexicalidade e musicalidade: muitos dos aerofones são concebidos como tubos falantes ou cantantes[18].

Vamos voltar a esses seis aspectos ao longo da exposição. Por ora, lembro apenas que o único elemento distintivo é o interdito à visão dos instrumentos pelas mulheres. É isso o que nos permite tratar esse complexo ritual como um conjunto à parte. Na próxima seção, descrevo e comparo as duas áreas de ocorrência dos aerofones sagrados na América do Sul (mapa 3, adiante).

AS ÁREAS DO COMPLEXO

O complexo distribui-se em duas grandes zonas: a primeira abarca o Alto Orinoco, os rios Negro, Solimões e Caquetá-Japurá, enquanto a segunda se estende de Llanos de Mojos, na Bolívia, até o Alto Xingu, no Brasil (mapa 3). Ele ocorre entre povos de diferentes famílias linguísticas, mas sua origem parece ser arawak. Os instrumentos são manufaturados com diversos materiais (madeira lenhosa, bambus, caule de palmeira, entrecasca e argila – mas não ossos) e em diferentes

---

14 A flagelação ritual não é específica do complexo das flautas, sendo, por exemplo, bastante difundida entre os povos karib do escudo das Guianas. Além disso, não se restringe aos meninos, podendo ocorrer também em iniciações femininas.
15 Utilizo uma tipologia bastante simples: clarinetes são aerofones cujo som é produzido pela vibração de uma palheta, trompetes, pela vibração dos lábios do instrumentista e flautas, pela divisão da coluna de ar.
16 Murphy descreve os aerofones kawökö munduruku como "um cilindro longo e oco, feito de uma madeira muito leve, no final do qual é inserida uma palheta" (Robert Murphy, *Mundurucu Religion*, 1958, p. 63), o que me leva a supor que sejam clarinetes (Murphy os compara a um oboé, mas em outras partes do texto fala em trompetes). Para os Piaroa, Mansutti-Rodríguez descreve um clarinete denominado buoisa, que não pode ser visto por mulheres e crianças no ritual do warime (Alexander Mansutti-Rodríguez, "Flutes in the Warime", 2011, p. 152).
17 Os clarinetes amazônicos são confeccionados pela inserção de um bambuzinho, com uma seção cindida longitudinalmente, no interior de um bambu maior. Uma rodela em torno do bambu interno obstrui completamente a passagem de ar, fazendo com que a palheta vibre pela inversão da coluna de ar.
18 Jean-Pierre Chaumeil, "Speaking Tubes", 2011.

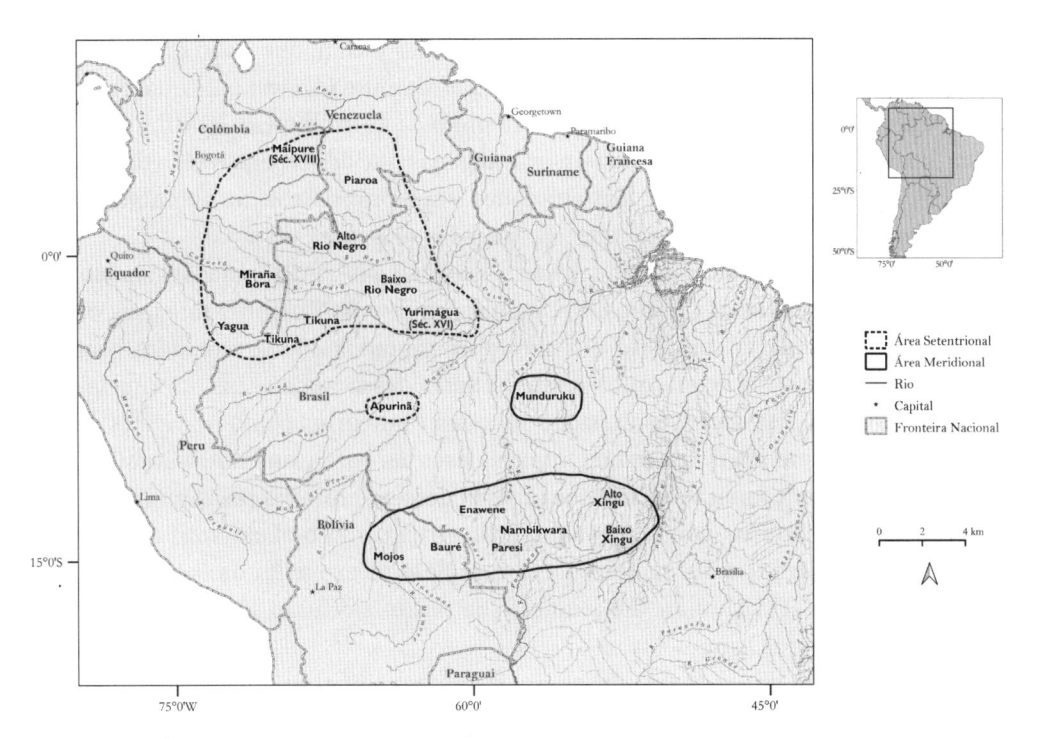

MAPA 3. *Áreas setentrional e meridional de ocorrência das flautas sagradas (2022).*

feitios: trompetes com ou sem bocal, flautas com ou sem dutos e/ou orifícios de digitação, além de raros clarinetes[19].

A Área Setentrional

A área de ocorrência mais ao norte corresponde à presença arawak da bacia do Orinoco até o nordeste do rio Solimões, cobrindo uma vasta área de floresta tropical no noroeste da Amazônia. Pelo que sei, a primeira referência ao complexo data do final do século XVII, provindo da pena do padre jesuíta Fritz, que descreve um ritual entre os Yurimagua, então habitantes do Amazonas entre os rios Negro e Japurá. Fritz já menciona os principais elementos que apareceriam nas descrições posteriores: a presença de instrumentos de sopro (que devem ser alimentados), o consumo de bebida fermentada, a cura de enfermos, a ausência obrigatória de mulheres e a flagelação ritual[20]. Segundo o missionário, eles designavam o ritual Guaricana, o qual estaria também presente entre os Aizuares, que viviam na foz e baixo curso do rio Japurá, bem como entre "outras nações que têm semelhante comunicação"[21].

19 Jonathan D. Hill e Jean-Pierre Chaumeil, "Overture", 2011b, pp. 10-19.
20 Samuel Fritz, *Diário del Padre Fritz*, 1997 [1689], p. 81.
21 *Idem*, p. 82.

Um século depois, outro jesuíta, Filippo Salvatore Gilij, que viveu quase vinte anos no Orinoco, descreveu o baile *Queti* dos Maipure (Arawak), no qual eram tocados flautas e trompetes, cuja visão era proibida às mulheres[22]. *Queti* significa "animal", explica Gilij, pois dizem os indígenas que as serpentes vêm dançar com os homens e que o som dos aerofones é sua própria voz. Se as mulheres vissem os instrumentos, seriam devoradas pelas serpentes[23].

A despeito do contato secular dos Karib setentrionais com populações arawak no escudo das Guianas, bem como da presença de instrumentos musicais de fatura semelhante, o complexo dos aerofones sagrados não se expandiu para leste do Orinoco[24]. Encontramos entre os Karib dessa região tanto trompetes recobertos com entrecasca espiralada à maneira rio-negrina como trompetes de argila que remetem aos *botutu* do Orinoco, descritos por Humboldt[25]. Contudo, não há qualquer proibição no que toca à visão desses aerofones pelas mulheres, nem mesmo entre os povos arawak das Guianas, como os Lokono, Palikur e Wapishana. Esses dados sugerem que o complexo se expandiu da bacia do rio Negro pelo canal Casiquiare até alcançar sua máxima difusão a nordeste entre os povos sáliva do Orinoco[26].

Hoje, a bacia do rio Negro abriga um sistema regional multiétnico, no qual nosso complexo é igualmente desenvolvido entre povos de língua tukano, arawak e, inclusive, naduhup[27]. Este é o *locus classicus* do complexo das flautas sagradas, tendo ficado aí conhecido pelo termo Yurupari ou Jurupari. Em meados do século XVIII, Alfred Russel Wallace escrevia: "Uma de suas superstições mais singulares é sobre os instrumentos musicais que eles usam em seus festivais, que chamam de música do Jurupari"[28]. Wallace fala em doze trompetes feitos de bambu e caule de palmeira, tocados aos pares, e que, segundo ele, produzem "um concerto bastante agradável". Os instrumentos são um tal mistério, continua, que "nenhuma mulher pode jamais vê-los, sob pena de morte"[29].

---

22 Não considero aqui as informações de Gumilla sobre o ritual funerário de um povo de língua sáliva. Embora escritas antes do livro de Gilij, não há referência explícita a qualquer interdito visual. Ver José Gumilla, *El Orinoco Ilustrado*, 1944 [1741], pp. 191-200.

23 Filippo S. Gilij, *op. cit.*, 1781, pp. 282-288. Ao ver que as mulheres fugiam amedrontadas ao ouvir os aerofones, Gilij provoca uma delas, dizendo-lhe que as serpentes não comem mulheres: "Mas a indígena não se deu por vencida, dizendo-me: vocês brancos comem o boi; assim também as mulheres são comidas pelas serpentes" (*idem*, p. 285). Notem que a comparação sugere que as mulheres são animal de criação das cobras.

24 Marc Brightman, "Archetypal Agents of Affinity", 2011.

25 Stéphanie W. Alemán, *op. cit.*, 2011, p. 225; Walter E. Roth, "An Introductory Study of the Arts, Crafts and Customs of the Guiana Indians", 1916-1917, p. 451.

26 Alexander Mansutti-Rodríguez, *op. cit.*, 2011, p. 147.

27 Opto por utilizar o termo compósito "naduhup" para evitar a designação pejorativa "Maku", genericamente aplicada ao conjunto de povos móveis, predominantemente caçadores-coletores, que habitam as áreas interfluviais da bacia do rio Negro. Sob o termo, incluo os Hupdä, os Yuhupdë, os Nadëb e os Dâw.

28 Alfred R. Wallace, *Travels on the Amazon*, 1911 [1852], p. 348.

29 *Idem, ibidem*.

Quando da viagem de Wallace, o termo Jurupari já havia se estabilizado como a designação do demônio no rio Negro. De origem tupi-guarani, o vocábulo foi incorporado à língua geral amazônica (Ñeengatu, a "boa fala"), que serviu como língua franca na região durante vários séculos. A designação se difundiu por intermédio dos missionários católicos, que logo a associaram ao Diabo. No início do século XVII, o missionário capuchinho Yves d'Évreux já se referia diversas vezes a *Giropary*, traduzindo-o por Diabo[30]. Em um vocabulário datado de 1621, possivelmente da pena do jesuíta Pero de Castilho, encontra-se o seguinte verbete: "Diabo: Anhanga. Este he gro [gênero]. espécie Curupira, Taguaiba, Jurupari, Taúba, Aguaçaig, Guaiupia, etc."[31]. Em vocabulários posteriores, como o *Diccionário Portuguez-Brasiliano e Brasiliano-Portuguez*, de 1795, a tradução já está firmada e centrada exclusivamente em Jurupari. Ela é, ademais, acompanhada por neologismos para designar certas noções cristãs, tais como *Jurupari ratá* (literalmente, fogo de Jurupari) = inferno, ou *Jurupari repoty* = enxofre (literalmente, excremento de Jurupari)[32].

Não há uma etimologia consensual para o vocábulo, embora costume-se aceitar aquela oferecida pelo conde Ermanno Stradelli: "o nome de Jurupari quer dizer que fez o fecho de nossa boca – Vindo portanto de *iurú* e *pari* aquela grade de talas com que se fecham os igarapé e bocas de lagos para impedir que o peixe saia ou entre"[33]. Poderíamos traduzir Jurupari, assim, por "boca-armadilha" ou "boca-cerco"[34].

Koch-Grünberg forneceu os melhores dados sobre o ritual, antes do advento da pesquisa etnográfica de longa duração[35]. Em sua viagem à bacia do rio Negro e ao Japurá, entre 1903 e 1905, ele presenciou quatro rituais com aerofones sagrados, que denomina Yurupary – todos entre povos de língua tukano oriental. Em sua pena repetem-se os mesmos elementos de relatos anteriores: a noção de segredo e interdito; a presença de flautas e trompetes; o consumo de bebida fermentada; a flagelação e a associação do rito com a fertilidade, representada

---

30 Yves d'Évreux, *Voyage au nord du Brésil*, 1985 [1613].
31 *Vocabulário na Língua Brasílica*, 1938 [1621], p. 191.
32 Ver a conclusão para uma discussão sobre as imagens de demônios na demonologia cristã.
33 Ermanno Stradelli, *Vocabulário da Língua Geral Portuguez-Nheêngatú/Nheêngatú-Portuguez*, 1929, pp. 497-498.
34 De fato, *juru* é boca e *pari* pode designar uma armadilha de pesca. Este último termo, porém, tem um significado mais amplo, aplicando-se a todo cercado ou compartimento, como é o caso das esteiras usadas para abrigar as meninas na reclusão, os meninos na iniciação ou os xamãs durante certos rituais.
35 Há inúmeros estudos sobre o complexo das flautas sagradas no rio Negro. Ver, para os Tukano, Stephen Hugh-Jones, *op. cit.*, 1979; Acácio T. D. Piedade, *Música Yepamasa*, 1997; para os Arawak, Jonathan D. Hill, *Keepers of the Sacred Chants*, 1993; idem, "Soundscaping the World", 2011; Paulo M. Figueiredo, *op. cit.*, 2009; Robin M. Wright, "Arawakan Flute Cults of Lowland South America", 2011; *idem, op. cit.*, 2013; para os Naduhup, Pedro Lolli, *As Redes de Trocas Rituais dos Yuhupdeh no Igarapé Castanha, através dos Benzimentos e das Flautas Jurupari*, 2010; Danilo P. Ramos, *Círculos de Coca e Fumaça*, 2018.

pelos frutos silvestres[36]. Koch-Grünberg é também um dos primeiros a nos falar de *Kowai*, o demiurgo arawak que dá origem aos aerofones sagrados: "Desde que chegáramos ao rio Negro tinha ouvido falar em um misterioso baile religioso dos indígenas do qual estavam totalmente excluídas as mulheres. Durante a dança, os homens tocavam flautas gigantescas e se açoitavam até sangrar [...] não pude ver as flautas; guardavam-nas com muito segredo"[37].

O etnólogo alemão tanto insistiu com o chefe baniwa Mandu, que este acabou por entregar-lhe três grandes flautas de paxiúba, denominando-as *kóai*[38]. Embora Mandu tenha descrito o ritual "em honra do espírito Kóai", que tem sua "imagem gravada em uma grande rocha"[39], Koch-Grünberg não o associa aos rituais do Jurupari, que ainda viria a presenciar entre os Tukano. Ao contrário, ele faz questão de estabelecer, no relato, uma diferença entre Kóai ("que no fundo é um espírito bom") e Jurupari ("o mais maligno dos demônios")[40].

Koch-Grünberg descreve o ritual entre os Yahuna do rio Apaporis, indicando que, à época, a chamada "área do Jurupari" estendia-se à bacia do Caquetá-Japurá[41]. É provável que assim o fosse desde há muito, pois o padre Fritz afirma que o ritual existia entre os Aisuari, que habitavam o baixo Japurá e sua foz no século XVII. Em seu estudo sobre as "rotas sagradas de Kuwé", Silvia M. Vidal inclui o Caquetá-Japurá como um dos caminhos fluviais associados ao culto de Kowai[42]. No entanto, logo mais ao sul, já no Putumayo, não há informações sobre a presença do complexo de flautas sagradas. Thomas Whiffen é claro sobre esse ponto: os trompetes sagrados "são usados ao norte do Japurá; ao sul deste rio, as tribos não têm música de Jurupari e só as conhecem na medida em que são utilizadas cerimonialmente por seus vizinhos"[43]. Nada indica, portanto, que o complexo tenha sido jamais adotado pelos Uitoto, que habitam a bacia do Putumayo. Curiosamente, o ritual reaparece ao sul desse rio, já no Solimões, onde ainda hoje encontramos aerofones sagrados entre os Yagua[44] e os Tikuna[45].

---

36 O autor qualifica o som das flautas como melodioso e o dos trompetes como "muito lúgubre, semelhante a uivos intermitentes de feras selvagens" (Theodor Koch-Grünberg, *op. cit.*, 1995 [1909], vol. I, p. 345).
37 *Idem*, p. 203.
38 Paxiúba (*Socratea exorrhiza*) é uma palmeira que comumente atinge 20 metros de altura e 15 centímetros de diâmetro, sendo facilmente reconhecível por suas numerosas raízes aéreas.
39 Theodor Koch-Grünberg, *op. cit.*, 1995 [1909], vol. I, p. 205.
40 *Idem*, pp. 206-207.
41 Yahuna ou Yauna designa um grupo hoje quase desaparecido, residentes tradicionais dos rios Pira-paraná e Apaporis (Stephen Hugh-Jones, correspondência pessoal, 2016).
42 Silvia M. Vidal, "Kuwé Duwákalumi", 2000. Na interpretação da autora, o "culto" seria um vasto movimento de articulação político-militar que teria levado à formação de grandes confederações multiétnicas e servido à resistência indígena durante o século XVIII. Isso sugere que a máxima expansão do complexo das flautas na região teria ocorrido no período colonial.
43 Thomas Whiffen, *The North-West Amazons*, 1915, p. 213.
44 Jean-Pierre Chaumeil, "The Blowpipe Indians", 2001; *idem*, *op. cit.*, 2011.
45 Edson T. Matarezio Filho, *op. cit.*, 2015; Curt Nimuendajú, *The Tukuna*, 1952.

À exceção dos Tikuna, entre os quais o complexo está sobretudo associado à menarca, em todo o restante da área setentrional observa-se um estreito vínculo com a iniciação masculina e a transmissão de conhecimento secreto por linha masculina à exclusão das mulheres[46]. Os aerofones sagrados aparecem aqui como parte de um vasto sistema regional organizado em torno de unidades patrilineares localizadas, com regime de residência virilocal. Os aerofones indexam a continuidade vertical dessas unidades, produzindo um elo entre vivos e mortos por linha masculina.

A Área Meridional

Como disse, o arco meridional se estende de Llanos de Mojos, na Bolívia, ao Alto Xingu no Brasil. Entre nossas duas áreas, setentrional e meridional, há uma grande descontinuidade geográfica, embora haja uma continuidade linguístico--cultural: os Arawak estão presentes em ambas. Como explicar o hiato espacial? Muitos especialistas, ao olharem a distribuição dessa família linguística no mapa sul-americano, ligam as duas áreas por meio dos Arawak subandinos, habitantes da Amazônia peruana e do estado do Acre, no Brasil. Contudo, nenhum desses povos possui o complexo das flautas nem apresenta outras características recorrentes em ambas as áreas, tais como hierarquia e unidades patrilineares[47].

Os Apurinã, habitantes do médio rio Purus, talvez sejam o último elo ainda existente entre as áreas setentrional e meridional. No final do século XIX, Paul Ehrenreich descreveu um "trompete mágico" (*Zaubertrompete*), de mesma fatura espiralada daqueles encontrados no Alto Rio Negro, cuja visão também era interdita às mulheres[48]. Segundo o etnógrafo alemão, o instrumento era usado pelos Apurinã durante a "dança de *Kamutsi*"[49]. A existência do complexo é confirmada, hoje, pelos próprios Apurinã. Segundo Juliana Schiel, eles ainda falam das "antigas festas dos *Kamatxi*, seres que moram nos buritizais [...] Perigosos para as mulheres, eles vinham para as festas, onde se usavam flautas, festas em que as mulheres deveriam permanecer fechadas"[50].

A posição intermédia dos Apurinã sugere uma rota migratória arawak, norte-sul, alternativa àquela que passa pelo Solimões e o Ucayali. Essa rota passaria

---

46 Segundo Goulard, os Tikuna também realizavam um ritual de flautas secretas para iniciar os meninos, mas caiu em desuso. Nimuendajú relata uma cerimônia de iniciação masculina ao rapé que, talvez, servisse também como iniciação aos aerofones. De acordo com Matarezio Filho, porém, não há dúvidas de que o foco atual dos Tikuna recaia sobre a iniciação feminina. Cf. Jean-Pierre Goulard, *Entre Mortales e Inmortales*, 2009, p. 153; Curt Nimuendajú, *op. cit.*, 1952, p. 79; Edson T. Matarezio Filho, correspondência pessoal, 2017.
47 A ausência desses elementos é particularmente clara entre os povos conhecidos genericamente como Campa. Ver France-Marie Renard-Casevitz, "Social Forms and Regressive History", 2002.
48 Paul Ehrenreich, *Beiträge zur Völkerkunde Brasiliens*, 1891, pp. 70-71.
49 *Idem*, p. 327.
50 Juliana Schiel, *Tronco Velho*, 2004, p. 89.

pela própria bacia do rio Purus, que deságua no rio Amazonas, entre as desembocaduras do Japurá e do rio Negro, embora na margem oposta. Não há como comprovar essa hipótese no momento. Seja como for, vale lembrar que o curso superior do Purus foi um *hotspot* sociocultural durante todo o primeiro milênio EC[51]. Aí concentram-se centenas de sítios arqueológicos em formas geométricas[52], cujos construtores talvez estivessem em comunicação com as planícies inundáveis entre os rios Beni e Guaporé, na atual Bolívia. É justamente nesse interflúvio que se encontram dois povos arawak, os Bauré e os Mojo, entre os quais se observou não apenas o complexo de flautas sagradas como também casas dos homens – uma instituição comum ao longo de toda a zona meridional, mas ausente ou pouco elaborada na zona setentrional[53].

Há referências à presença da casa dos homens entre os Mojo desde o início da colonização, sendo a mais antiga a do padre Jerónimo de Andión, que acompanhou uma expedição de conquista em 1595. Ele relata que os Mojo viviam em pequenas casas em torno de uma praça, onde havia "um abrigo para cozinhar e uma casa dos homens que servia como templo"[54]. Com base na descrição feita pelo padre Francisco Xavier Eder, no século XVIII, Alfred Métraux descreve cerimônias nas quais os Mojo "tocavam trompetes e outros instrumentos musicais tidos pelos não iniciados como sendo as vozes dos espíritos. Nem mulheres nem crianças podiam olhar para os executores sob pena de serem devorados por jacarés"[55].

Seguindo a leste dos Mojo, chega-se ao Bauré e, cruzando o rio Guaporé, adentra-se uma região de serras e planalto, que forma o divisor entre os formadores do rio Juruena (que deságua ao norte no Tapajós) e o sistema Paraná-Paraguai ao sul. Essa região de campo e matas de galeria ficou conhecido como Chapadão dos Paresi, um termo que surge nas crônicas *mojeñas* no início do século XVII[56]. Em 1723, o termo reaparece na notícia que dá o capitão Antônio Pires de Campos em sua viagem às minas de Cuiabá. Ao descrever o "Reino dos Paresi", o capitão nos relata que:

---

[51] Denise P. Schaan *et al.*, "New Radiometric Dates for Pre-Columbian (2000-700 bp) Earthworks in Western Amazonia, Brazil", 2012.
[52] Martti Pärssinen, Denise Schaan e Alceu Ranzi, "Pre-Columbian Geometric Earthworks in the Upper Purús", 2009.
[53] Os Mojo ocupavam o alto curso do rio Mamoré, enquanto os Bauré se localizavam a leste, na bacia do Guaporé (Alfred Métraux, *The Native Tribes of Eastern Bolivia and Western Mato Grosso*, 1942, p. 134). Havia, ademais, grande diversidade linguística na região. Além do arawak, havia falantes de línguas takana, txapakura e outras isoladas. Não conheço evidências de que as flautas sagradas ocorressem fora do conjunto arawak.
[54] Alfred Métraux, *op. cit.*, 1942, p. 56.
[55] *Idem*, p. 76. Ainda conforme o autor, "os trompetes de casca em forma de funil dos Mojo eram provavelmente idênticos aos trompetes de casca torcida e em espiral da região da Guiana, servindo ao mesmo propósito. Os Mojo civilizados retiveram esse instrumento, mas o transformaram em uma gigantesca flauta de Pã ao unir onze trompetes de casca de vários comprimentos" (*idem*, p. 73).
[56] Albert Meyers e Isabelle Combès, "'La Relación Cierta de Alcaya (ga)'", 2011.

[...] usam estes índios dos ídolos; estes tais têm uma casa separada com muitas figuras de vários feitios, em que só é permitido entrarem os homens, as tais figuras são muito medonhas. E cada uma tem sua buzina de cabaço dizem os ditos gentios, serem das figuras, e o mulherio observa tal lei, que nem olhar para estas tais casas usam, e só os homens se acham nelas naqueles dias de galhofas, e determinados por eles em que fazem suas danças e se vestem ricamente[57].

Os Paresi são descendentes de um ou mais contingentes arawak que atravessaram o rio Guaporé, seguindo para leste, pelas cabeceiras dos formadores do rio Juruena. Dividem-se em cinco subgrupos nominados, idealmente endogâmicos e localizados. Diferentemente de outras aldeias do arco meridional, a aldeia paresi não é circular, mas conta sempre com uma casa de flautas. Edgar Roquette-Pinto refere-se a ela como "verdadeiros templos" onde se guardam os "instrumentos sagrados da tribo"[58]. Denominada *yamaká*, a edificação e os aerofones estão estreitamente associados a serpentes[59], assim como era o caso entre os Maipure do Orinoco, segundo o padre Gilij.

Os Enawene-Nawe, cuja língua é próxima à paresi e à extinta saraveka, originam-se de cisões arawak ocorridas na região dos formadores do rio Juruena e da incorporação de contingentes nambikwara e cinta-larga, à medida em que migravam para o norte[60]. Os Enawene-Nawe apresentam uma deriva particular do complexo de flautas. Primeiro porque deixaram de proibir sua visão às mulheres[61]; segundo porque ampliaram e generalizaram seu uso ritual – a quantidade de instrumentos e músicos envolvidos a um só tempo é massiva e ocorre durante boa parte do ano, em acordo com um calendário sazonal. É tal a importância desse intenso ritualismo, que os Enawene explicam o fato de viverem em apenas uma ou duas aldeias, diferentemente dos Paresi, pela necessidade de reunir os mestres de cantos em um só lugar[62].

O termo *iyaõkwa* – um provável cognato do *yamaká* paresi – designa a um só tempo o ritual, seus aerofones e os nove clãs patrilineares em que os Enawene se dividem[63]. Esses clãs são exogâmicos e a regra de residência é uxorilocal, de tal modo que cada uma das grandes casas oblongas é composta de pessoas de

---

57 Antonio Pires de Campos, "Breve Notícia que Dá o Capitão Antonio Pires de Campos", 1862 [1723], pp. 443-444,.
58 Edgar Roquette-Pinto, *Rondonia*, 1917, p. 6.
59 Bruno Aroni, *A Casa da Jararaca*, 2015; Max Schmidt, "Los Paressis", 1943, pp. 52-53.
60 Ana Paula R. de Lima Rodgers, *op. cit.*, 2014, pp. 55-56.
61 Segundo Jakubaszko, eles dizem ter abandonado a interdição após uma mulher ver os aerofones e nada lhe acontecer. Cf. Andrea Jakubaszko, *Imagens da Alteridade*, 2003. Ver também Ana Paula R. de Lima Rodgers, *op. cit.*, 2014, pp. 335-336.
62 *Idem*, p. 98.
63 Segundo Lima Rodgers, o termo é composto da raiz *ya* ("pegar") e do locativo *kwa*. A autora oferece a glosa deleuziana: "lugar de captura". A mesma raiz *ya* ocorre em *iyakayriti*, termo que designa os espíritos subterrâneos para os quais se faz o ritual a fim de provê-los de oferta alimentar contínua. Cf. *idem*, p. 317.

mais de uma unidade patrilinear. Há, ademais, uma regra matrimonial restringindo a repetição do casamento com mulheres de um mesmo clã a, no máximo, dois irmãos germanos[64]. A fragmentação clânica e a dispersão matrimonial têm com contraparte a unidade da casa das flautas, onde se guardam os aerofones (*iyaõkwa*) de cada clã (*iyaõkwa*). Vale notar duas particularidades dessa casa de flautas: primeiro, ela não está no centro da praça, mas deslocada para um ponto próximo ao anel das moradias; segundo, ela possui uma forma cônica espiralada, a qual guarda semelhança formal com os trompetes e os buracos de transformação rio-negrinos, bem como com a máscara do redemoinho xinguana (ver capítulo 3). O que eles têm em comum? A casa das flautas, os trompetes e os redemoinhos (aquáticos ou aéreos) são todos vórtices de captura[65], passagens entre dimensões, assim como sugeriu Claude Lévi-Strauss para as configurações-ampulheta (ver capítulo 5)[66]. No caso enawene, ademais, a forma cônica-espiralada guarda uma forte relação com a armadilha de pesca, que atua por sucção, tragando o peixe para seu interior ao produzir um redemoinho artificial.

Ainda na área meridional, encontramos dois povos não arawak que adotaram o complexo das flautas sagradas: os Nambikwara e os Munduruku. Os primeiros claramente incorporaram esse complexo por meio dos contatos com os (proto)Paresi-Enawene. De fato, uma das versões nambikwara para a origem dos aerofones é um relato em chave histórica sobre como aprenderam a utilizá-los com o "povo das savanas"[67]. A presença dos aerofones sagrados e mesmo da casa de flautas entre os Nambikwara não deixa de ser surpreendente dada sua mobilidade e a paucidade de sua cultura material, mas isso também vale para os Hupdä e os Yuhupdë, que igualmente adotaram o ritual de flautas no sistema rio-negrino[68].

Já com relação aos Munduruku, é difícil dizer como adquiriram o complexo das flautas, pois se encontram bastante ao norte dos povos da área meridional. Pelo que sei, a presença do complexo é atestada apenas entre os Munduruku do campo, que viviam no interflúvio Juruena-São Manuel, formadores do rio Tapajós. Aí eles devem ter estado em contato com populações arawak no passado, possivelmente antepassados dos Enawene e/ou Paresi. No entanto, o termo munduruku para os aerofones é *korökö*, que parece ser um cognato do *kawöká* das línguas arawak do Alto Xingu, sendo, ademais, tocados em trios, exatamente como as flautas alto-xinguanas.

Finalmente, o último elo da expansão arawak para leste, ao longo da periferia meridional da Amazônia, é a dos povos que vieram a ocupar os formadores do rio Xingu, conhecidos contemporaneamente como Wauja, Mehinako e Yawalapiti. É possível que eles sejam descendentes de uma primeira onda

---

64 Marcio Silva, "Masculino e Feminino entre os Enawene-Nawe", 1998.
65 Ana Paula R. de Lima Rodgers, *op. cit.*, 2014, pp. 282-284.
66 Claude Lévi-Strauss, "Hourglass Configurations", 2001.
67 Marcelo Fiorini, "Desire in Music", 2011, p. 183.
68 Danilo P. Ramos, *op. cit.*, 2018.

arawak a cruzar o rio Guaporé, avançando pelas cabeceiras dos formadores do Tapajós e do Xingu. As datações mais sólidas indicam a chegada ao Alto Xingu por volta do século IX, embora possa ser bem anterior. É o momento em que surgem não apenas uma cerâmica distintiva como também aldeias circulares com uma praça central[69]. A partir do século XVI, esse mundo arawak incorporaria influxos migratórios de povos de outras famílias linguísticas. Esse processo conduziria à constituição de um sistema regional e cultural único – composto de povos falantes de línguas arawak, karib, tupi, além de uma língua isolada – que viríamos a conhecer apenas no final do século XIX.

AEROFONES E ESTRUTURA SOCIAL

O Alto Xingu é o ponto extremo de uma deriva sociológica própria à área meridional. Caracteriza-se por três elementos: o enfraquecimento da patrilinearidade, o fortalecimento da uxorilocalidade e a consolidação da instituição "casa dos homens". No caso dos Munduruku, temos uma combinação entre patrilinearidade e uxorilocalidade, algo que caracterizávamos, no passado, como um regime desarmônico. Para explicar essa suposta desarmonia, Robert Murphy propôs a hipótese de que os Munduruku teriam sofrido uma mudança de um regime virilocal a outro uxorilocal, em função da importância crescente da produção feminina de farinha voltada para o mercado[70].

Embora a hipótese de Murphy estivesse possivelmente equivocada[71], ela nos oferece um *insight* interessante para compreendermos as transformações que se observam ao compararmos a área setentrional com a meridional. Pouco sabemos sobre a organização social dos Bauré e dos Mojo, mas entre os Paresi e os Enawene-Nawe há evidências de uma progressiva diluição da patrilinearidade e uma ênfase crescente na uxorilocalidade. Em sua monografia sobre os Paresi, Romana Maria Costa aponta a existência de subgrupos territoriais, idealmente endogâmicos, no passado[72]. Em casos de casamentos exogâmicos, comuns desde as primeiras décadas do século XX, o pertencimento era patrilinear. Já na década de 1990, Renata Bortoletto realizou um levantamento quantitativo segundo o qual apenas 50% dos indivíduos pertenciam à mesma unidade do pai[73]. Com relação aos Enawene-Nawe, Ana Paula Ratto de Lima Rodgers fala em "patrilinearidade fraca" e em uxorilocalidade "preferencial, largamente dominante"[74]. Quando alcançamos o Alto Xingu, os grupos patrilineares simplesmente desaparecem e a uxorilocalidade torna-se normativa. Minha hipótese é

---

69 Michael J. Heckenberger, *The Ecology of Power*, 2005.
70 Robert Murphy, "Matrilocality and Patrilineality in Mundurucú Society", 1956.
71 Alcida R. Ramos, "Mundurucu", 1978.
72 Romana M. Costa, *Cultura e Contato*, 1985.
73 Renata Bortoletto, *Morfologia Social Paresi*, 1999, p. 62.
74 Ana Paula R. de Lima Rodgers, *op. cit.*, 2014, pp. 221, 298.

que essas transformações sociológicas se correlacionam à consolidação da "casa dos homens" ou "casa das flautas" enquanto instituição.

Sempre que uma casa de flauta aparece na área setentrional do complexo, ela tende a ser um pequeno abrigo provisório, cuja existência se limita ao período ritual. Durante os preparativos para o *Warime*, por exemplo, os Piaroa constroem uma pequena casa, chamada *ruwode* ("casa do chefe"), que serve como espaço ritual onde as máscaras e os aerofones sagrados são preparados e armazenados. No final da festa, a casa é queimada[75]. Ademais, na bacia do rio Negro, a combinação de patrilinearidade com virilocalidade normativas fazem da própria maloca uma casa dos homens – uma estrutura pertencente ao grupo de descendência unilinear, pois as mulheres casáveis vêm *de* fora e as solteiras são destinadas *para* fora. Os aerofones sagrados são, pois, propriedades inalienáveis de uma linha masculina, cuja continuidade vertical é enfatizada por meio do ritual de iniciação de meninos (que são *da* e ficarão *na* maloca). A temática principal do complexo é a capacidade que tem uma unidade patrilinear de se autorreproduzir ao longo do tempo, por meio da potência androgênica dos aerofones (associados aos ossos dos ancestrais). Mesmo no caso dos povos naduhup, a relação exclusiva entre os aerofones e o patriclã é bastante marcada. O sopro-nome que anima a flauta tem de ser o mesmo daquele dos ancestrais patrilineares[76].

Na área meridional, essa temática se enfraquece e o uso dos aerofones sagrados descola da iniciação masculina. No caso xinguano, as flautas sagradas continuam associadas à flagelação dos meninos como modo de estimular seu crescimento corporal, mas a iniciação masculina propriamente dita ocorre na cerimônia de furação das orelhas, completamente distinta do ritual de flautas. No caso paresi, a continuidade vertical das unidades patrilineares não parece ser o foco do ritual: as *yamaká* estão associadas à (re)nominação de uma criança, de uma menina após a reclusão da menarca, ou ainda, de um doente convalescente[77]. Mesmo entre os Enawene-Nawe, onde os clãs se confundem com os aerofones, o ritual tematiza antes a relação entre os espíritos convidados e os donos anfitriões do que a ancestralidade clânica. A ênfase recai sobre a necessidade de agregação dos diversos segmentos unilineares, manifesta na própria proibição de um músico tocar o instrumento de seu próprio clã – uma injunção que, por sua vez, remete a outra: um homem não pode comer o peixe de sua própria armadilha[78].

No quadro 2, resumo o contraste entres as duas áreas de nosso complexo. As duas últimas linhas do quadro merecem explicação. Na área setentrional, tanto cronistas do passado como autores modernos notaram a associação entre abundância de frutos silvestres e a ocorrência dos rituais, bem como a importância

---

[75] Alexander Mansutti-Rodríguez, *op. cit.*, 2011, p. 158.
[76] Danilo P. Ramos, *op. cit.*, 2018, p. 443.
[77] Renata Bortoletto, *op. cit.*, 1999, p. 120.
[78] Ana Paula R. de Lima Rodgers, *op. cit.*, 2014, p. 306.

QUADRO 2. *Áreas meridional e setentrional dos aerofones sagrados*

	ARCO SETENTRIONAL	ARCO MERIDIONAL
Iniciação masculina	Associação estreita (exceto Tikuna)	Sem associação
Flagelação	Sempre (com chicote específico)	Apenas no caso xinguano (com corda de arco ou cinto de algodão)
Unidades patrilineares	Sim	Enfraquecida e ausente no caso xinguano
Ancestralidade e continuidade vertical	Forte	Enfraquecida e ausente no caso xinguano
Regime de residência	Virilocalidade normativa	Uxorilocalidade tendencial, fortalecida no caso xinguano
Casa das flautas/homens	Não ou temporária	Sim
Principal matéria-prima	Palmeira	Bambu
Abundância e sazonalidade	Frutas	Pescado

Fonte: O autor, 2022.

das flautas para a manutenção da fertilidade natural. A fartura do pescado, por sua vez, está associada a festas nas quais o foco é a troca entre afins, conhecidas como *dabacuri* ou *pudáli*, onde não há qualquer interdito à participação das mulheres[79]. É preciso notar, contudo, que a etimologia de Jurupari parece estabelecer uma analogia entre os iniciados reclusos e os peixes em armadilhas. O interessante é que, na área meridional, essa associação é fática, pelo menos nos casos enawene-nawe e xinguanos, onde os aerofones estão vinculados diretamente à construção da barragem de pesca. Por fim, com relação à penúltima linha do quadro 2, lembro apenas a importância das palmeiras no complexo setentrional – em particular da paxiúba, que está na origem mítica de todos os aerofones secretos e é efetivamente usada em sua confecção. Já no arco meridional, ela é substituída pelo bambu, que se torna a matéria-prima dominante, embora sem o mesmo rendimento simbólico[80].

Encerro aqui a primeira parte deste capítulo, na qual procurei apresentar um panorama comparativo das áreas de ocorrência do complexo das flautas sagradas na Amazônia. Passo, em seguida, ao nosso caso etnográfico, fornecendo um quadro geral dos instrumentos musicais kuikuro, de modo a situar suas flautas sagradas no conjunto de artefatos com os quais eles produzem música.

---

[79] Entre os Wakuenai, por exemplo, os trompetes surubins são executados durante rituais associados à piracema dos piaus (*Leporinus* sp.), mas nesse caso não são instrumentos secretos (Jonathan D. Hill, *op. cit.*, 2011, p. 108).
[80] No Alto Xingu, como vamos ver adiante, as flautas principais são feitas da madeira de uma anacardiácea.

INSTRUMENTOS MUSICAIS KUIKURO

Os Kuikuro são um dos povos de língua karib que habitam a região dos formadores do rio Xingu, no estado de Mato Grosso, Brasil (mapa 4). Eles integram o sistema multiétnico e plurilíngue do Alto Xingu, ao lado de Kalapalo, Nahukwa e Matipu (karib), Wauja, Mehinako e Yawalapiti (arawak), Kamayurá e Aweti (tupi) e Trumai (língua isolada). A população alto-xinguana é, atualmente, de mais de 4 mil pessoas, sendo que os Kuikuro representam cerca 20% desse total, distribuindo-se em três aldeias grandes e outras tantas pequenas. A principal delas é Ipatse, onde vivem cerca de trezentas pessoas, entre elas, Afukaká, o mais importante de seus chefes.

A maior parte do universo musical kuikuro é composto de peças vocais. As letras não são necessariamente em kuikuro; ao contrário, na maioria das vezes são na língua de outros povos do Alto Xingu, conforme a origem do ritual. Os Kuikuro denominam qualquer peça – instrumental ou vocal – pelo termo *egi* (na forma possuída, *igisü*), que podemos traduzir igualmente por música ou canto. Não é só no léxico que a distinção entre vocal e instrumental é desmarcada. Há uma conversibilidade entre os gêneros, de tal modo que temas instrumentais ganham, frequentemente, palavras. Nada de surpreendente, pois as músicas das flautas sagradas, tanto no Alto Xingu como alhures, são associadas à voz-canto de um espírito animal e/ou ancestral, de tal modo que toda música é, pelo menos nesse sentido, vocal[81]. Isso é verdadeiro ainda em outro sentido. Entre os Kuikuro, no contexto da transmissão, aprendizagem e memorização, toda música instrumental é, de fato, vocal, pois feita "com a própria boca" (*tündagü-ki*) ou "com a própria garganta" (*tütingagü-ki*), utilizando-se sílabas padronizadas, sem significado[82]. A garganta é um referente importante para a qualificação tanto do som dos instrumentos como da voz humana, pois ambos podem ser ditos *tingakoinhü* ("garganta ampla") ou *tingahügügininhü* ("garganta estreita"), marcando uma distinção de altura (grave e agudo). Esse conjunto de dados sugerem que entre os Kuikuro – e provavelmente em toda a área do complexo das flautas sagradas – existe uma analogia forte entre os aerofones (enquanto dutos que convertem e expandem o sopro na forma de som estruturado) e o aparelho fonador humano, composto de trato respiratório, cordas vocais (a garganta) e boca.

O universo de instrumentos musicais kuikuro é composto de diversos aerofones e quatro idiofones. Estes últimos são: o chocalho de fieiras, o maracá, o bastão de ritmo e o tambor. Em kuikuro, tanto o chocalho de fieiras como o maracá são designados *ankge*. Há três tipos de maracá: um descartável, utilizado

---

[81] Tommaso Montagnani, *Je suis Otsitsi*, 2011, p. 71; Jonathan D. Hill, *op. cit.*, 2011, p. 115.
[82] Para uma análise do processo de aprendizado e o uso estruturado de sílabas, ver Tommaso Montagnani, *op. cit.*, 2011; Bruna Franchetto e Tommaso Montagnani, "Langage, langue et musique chez les Kuikuro du Haut-Xingu", 2014.

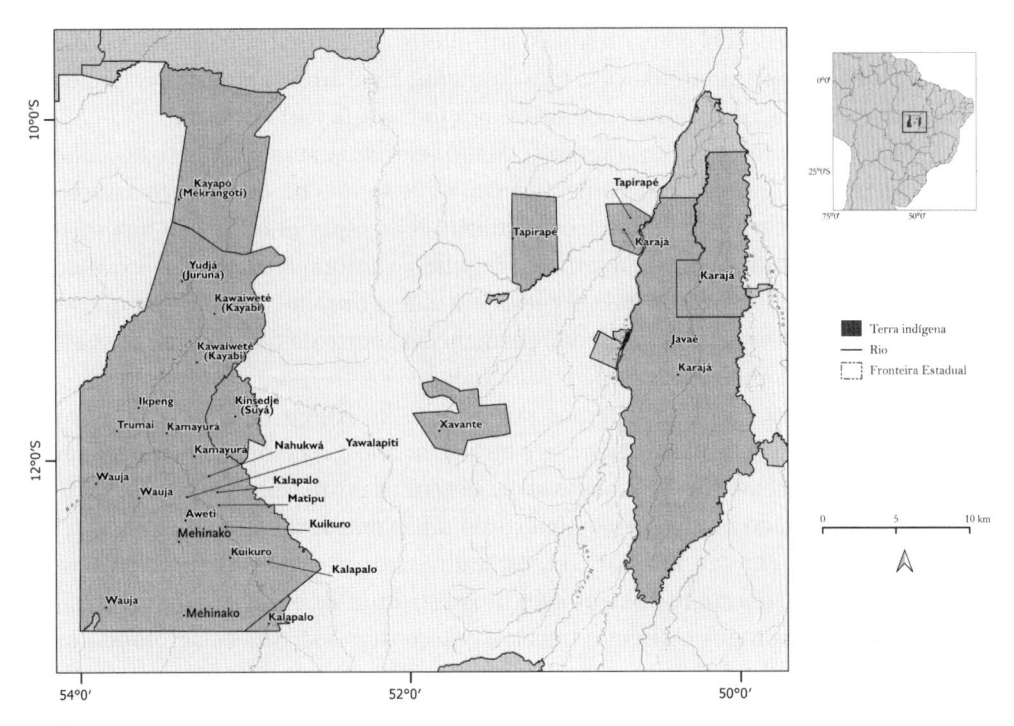

MAPA 4. *Área etnográfica 2: Alto Xingu e o interflúvio Xingu-Araguaia (2022).*

nos enterros de chefe e na instalação da efígie do Quarup; outro empunhado por cantores em rituais; e, por fim, aquele exclusivo aos pajés[83]. O maracá do cantor é usado com um bastão rítmico durante o ritual *nduhe*. O bastão é uma seção de bambu de 70 centímetros, que é percutida contra um pequeno tronco de madeira colocado sobre o solo. O percussionista toca sentado, tendo às suas costas um cantor em pé com o maracá. O bastão rítmico é denominado *ütinha*, o mesmo termo que designa o trocano (conhecido na literatura xinguana pelo termo arawak *pulupulu*).

Poucos foram os pesquisadores que viram um trocano alto-xinguano, que, diferentemente de seus congêneres setentrionais, não possui a característica fenda, mas é um longo tronco oco aberto nas laterais[84]. Pedro Lima assim descreve um deles, construído por ocasião de um ritual realizado na aldeia wauja, em 1947: "[...] um grande tronco de árvore completamente oca, aberto nas ex-

---

[83] Esse maracá possui duas particularidades: primeiro, a cabaça não é fixa e gira em torno do eixo, o que permite aos pajés produzir um rangido agudo ao fazê-la rolar sobre a parte interna do antebraço; segundo, a ponta superior do eixo recebe uma figuração antropomorfa, isto é, um tronco com dois braços (feitos de fios vermelhos) e uma cabeça moldada em cera de abelha, na qual se distingue uma face dotada de boca, nariz, olhos e orelhas.

[84] Aristóteles Barcelos Neto, "Pulupulu e Warayumia", 2020.

tremidades, medindo pouco mais de um metro de diâmetro e estendendo-se em todo o comprimento da casa [dos homens]. Esse tronco apresentava ainda desenhos vários, na maioria zoomorfos, por toda a sua parte externa"[85].

Mais recentemente, Maria Ignez C. Mello reproduziu em sua tese o desenho de um trocano feito por um homem wauja, onde se vê o motivo gráfico associado aos chefes, bem como figurações estilizadas da hiperpiranha e do hipermatrinxã, considerados donos do tambor. Segundo a autora, o tronco era escavado e seu interior, queimado. Devia ser levado à aldeia durante à noite para que as mulheres não o vissem. A partir daí, permanecia dentro da casa dos homens até o final do ritual, quando era então incinerado[86].

O último trocano de que temos notícia no Alto Xingu residia na casa dos homens em uma aldeia kamayurá, até há alguns anos. Nas fotos publicadas por Aristóteles Barcelos Neto[87], é possível ver desenhos de anaconda e peixes na superfície externa do instrumento, bem como uma série de aerofones e uma máscara Jakuikatu em seu interior. Temos, assim, corpos artefatuais que contêm uns aos outros, deixando-nos entrever uma estrutura de encaixamento recursivo: a casa dos homens contém o trocano, que contém máscaras e aerofones, os quais, quando ativados ritualmente, contêm corpos e sopros. Há, ademais, uma ressonância que perpassa todos esses artefatos, indexando um mundo habitado por hiperpeixes e hipercobras, que existe em outra frequência, mas pode ser materializado em objetos extraordinários ritualmente manipuláveis. Nas palavras de Barcelos Neto, "seguindo a lógica da produção artefatual dos corpos dos espíritos-animais [...] o trocano dá corpo à anaconda, e é acompanhado por um peixe-elétrico, que corresponde ao trompete *laptawana*, e por uma arraia, que corresponde à flauta globular *mutukutãi*"[88].

Quanto aos Kuikuro, eles nem sequer se lembram da última vez que confeccionaram um tambor. Teria sido há muito, muito tempo. Eles o vinculam a uma festa também desaparecida, conhecida como *nduhe kuegü* ("hiper-ritual"), no qual os meninos passavam anos e anos a fio reclusos na casa dos homens junto ao tambor[89]. Segundo contam, tratava-se de uma iniciação masculina excessiva, que, por sua rigidez, teria levado ao assassínio de um dos iniciandos, o qual burlara a reclusão para manter relações sexuais com uma garota. A história estabelece um paralelo nítido entre a forma pretérita e excessiva de *nduhe* e o *nduhe*

---

85 Pedro Lima, "Os Índios Waurá", p. 7, 1950. Com base em desenhos desse trocano feitos pelos Wauja em 1999, Barcelos Neto sugere que seriam figurações de anaconda, poraquê e arraia. No mesmo artigo, o autor apresenta os magníficos desenhos coletados por Vera Penteado Coelho nos anos 1980, que estão hoje depositados no Museu de Arqueologia e Etnologia da Universidade de São Paulo (MAE-USP). Cf. Aristóteles Barcelos Neto, *op. cit.*, 2020, p. 10.
86 Maria Ignez C. Mello, *Mito e Música entre os Wauja do Alto Xingu*, 1999, p. 111.
87 Aristóteles Barcelos Neto, "O Trançado, a Música e as Serpentes da Transformação no Alto Xingu", 2013, p. 193; idem, *op. cit.*, 2020, p. 12.
88 *Idem, op. cit.*, 2020, p. 10.
89 O termo *nduhe* designa um ritual específico, mas é também o termo geral para ritual. Sobre o modificador nominal *kuegü*, ver Bruna Franchetto, *Falar Kuikúro*, 1986, pp. 131-142.

QUADRO 3. *Aerofones kuikuro*

TIPOLOGIA		TERMO KUIKURO	MATERIAL	CONTEXTO DE USO
Flautas	com orifícios	*kagutu*	madeira	ritual, enterro, pesca com barragem
		kuluta	bambu	ritual
		kuluta kusügü	bambu	aprendizado
		kuigalu	bambu	colheita do milho
		asu	cabaça	colheita do milho
	sem orifícios	*atanga*	bambu	ritual
	de Pã	*tihehe*	bambuzinho	aprendizado
Clarinete		*takwaga*	bambu	ritual
Trompete		*tũ*	cabaça	ritual

Fonte: O autor, 2022.

atual – e, consequentemente, explica a homonímia do tambor e do bastão rítmico, ambos ditos, como vimos, *ütinha*: eles serviriam a rituais semelhantes, mas em escalas diversas, uma excessiva e monstruosa, outra moderada e graciosa.

AEROFONES ENTRE MITO E HISTÓRIA

Como no restante da Amazônia, no Alto Xingu, os aerofones são os instrumentos mais importantes. Entre os Kuikuro, encontramos sete flautas, um quinteto de clarinetes e um trompete, conforme se vê no quadro 3.

Não examino todos os aerofones, descrevendo apenas os mais importantes deles[90]. Antes, porém, vale notar dois pontos: primeiro, os Kuikuro não utilizam o zunidor, um aerofone livre presente entre os povos arawak da região e também interdito às mulheres[91]; segundo, os trompetes, tão importantes nas outras áreas de nosso complexo, praticamente desaparecem aqui. Resta apenas um trompete feito de cabaça que pode acompanhar as flautas em alguns momentos rituais, mas que nunca vi ser utilizado[92].

---

90 Para mais detalhes, ver Carlos Fausto, Didier Demolin e Jakalu Kuikuro, *A Dança dos Sopros*, 2013; Tommaso Montagnani, *op. cit.*, 2011.
91 Vera P. Coelho, "A Festa do Pequi e o Zunidor entre os Índios Waurá", 1991-1992; Acácio T. D. Piedade, *O Canto do Kawoká*, 2004, pp. 93-95.
92 Os Wauja possuem um trompete globular semelhante ao dos Kuikuro (Acácio T. D. Piedade, *op. cit.*, 2004, pp. 65, 130). Confeccionam, ainda, um trompete transversal de bambu, que é também encontrado entre os Kamayurá (Rafael J. de Menezes Bastos, *A Musicológica Kamayurá*, 1999, p. 155).

A deriva alto-xinguana do complexo dos aerofones sagrados conduziu ao desaparecimento dos trompetes, cuja sonoridade tanto assustara cronistas e missionários no passado, sendo, por vezes, contrastada ao som melodioso das flautas. O padre José Gumilla que qualificara os trompetes sáliva de horrorosos e infernais, oferece outra apreciação das flautas dos Mapuyes: "elas produzem suave consonância de dois em dois, não menos do que quando soam dois violinos, um como tenor e outro como contralto"[93]. Segundo Stephen Hugh-Jones, essa distinção corresponde à própria avaliação dos Barasana, que associam as flautas à beleza e aos pássaros e os trompetes, ao perigo e aos mamíferos[94]. Por sua modulação, dureza e durabilidade, as flautas estão associadas ao eixo vertical da cosmologia barasana e, portanto, são mais identificadas com a ancestralidade e o céu. Já os trompetes, por sua abertura irrestrita e sua emissão sonora agressiva, estão associados ao eixo horizontal e, assim, à exterioridade da floresta. Eu acrescentaria ainda a essa série analógica a distinção entre consanguinidade vertical no tempo e afinidade horizontal no espaço, um tema ao qual volto no capítulo 5. Por ora, quero apenas sugerir que o foco alto-xinguano em flautas expressa um etos desjaguarizante local, que se fez acompanhar também pelo desaparecimento de toda e qualquer bebida fermentada, um elemento sempre presente nas outras regiões[95].

Passo agora a descrever três aerofones kuikuro – clarinetes, flautas duplas e flautas sagradas – os quais situo em um contínuo que vai de um polo mais aberto, histórico e mundano a outro polo mais fixo, mítico e sagrado. Comecemos pelo primeiro.

QUINTETO DE CLARINETES

Clarinetes são tocados por quintetos, utilizando-se da técnica de alternância do hoqueto. Os cinco tubos são feitos de bambus, nos quais se insere um bambuzinho com um corte longitudinal. A palheta é manipulada para a afinação e para o timbre: controla-se a altura alterando-se o tamanho da parte vibrante por meio da amarração; controla-se a qualidade do som (mais "leve" ou mais "pesado") alterando-se a quantidade de cera de abelha colocada na ponta da palheta. Os

---

[93] José Gumilla, *op. cit.*, 1944 [1741], p. 157.
[94] Stephen Hugh-Jones, correspondência pessoal, 2017.
[95] Por desjaguarizante, entendo um processo de mudança cultural em que disposições predatórias dão progressivamente lugar a disposições não violentas e a um etos de moderação antidionisíaco (Carlos Fausto, "If God Were a Jaguar", 2007b). No caso do Alto Xingu, isso corresponde à adoção de uma dieta de peixes, à restrição de conflitos interpessoais por meio de uma etiqueta pública mais conspícua, à esportificação ritual da violência e a certo grau de centralização do poder. Esses elementos sugerem um paralelo interessante com o que Elias denominou "processo civilizador", no início da Europa moderna (Norbert Elias, *The Civilizing Process*, 1994).

FIGURA 7. *Quinteto de clarinetes. Kuikuro, Alto Xingu, 1998. Foto de Carlos Fausto, com autorização da Associação Indígena Kuikuro do Alto Xingu (Aikax).*

tubos formam uma família matrifocal, com uma mãe, três filhos homens e uma avó[96] (figura 7).

Esses clarinetes teriam entrado no Alto Xingu na segunda metade do século XIX. Segundo os Kuikuro, pertenciam originalmente aos Bakairi – povo karib que chegou a fazer parte do sistema xinguano até ser atraído para fora dele pelo Serviço de Proteção aos Índios (SPI), nas primeiras décadas do século XX. Curiosamente, os Kuikuro chamam esses instrumentos *takwaga*, que é uma adaptação fonética do termo tupi-guarani *takwara*. Ou bem já havia outros clarinetes no Alto Xingu, ou os Bakairi trouxeram-nos já com esse nome ao migrarem da bacia do rio Teles Pires, uma região de clara predominância tupi[97].

O repertório dos clarinetes é aberto e sujeito a constantes inovações. Existe um núcleo de cerca de dez peças que são consideradas bakairi, tendo sido aprendidas com a incorporação dos instrumentos. Embora continuem a ser transmiti-

[96] No quinteto cujos instrumentos mensurei, a taboca mãe tinha 260 centímetros, o filho que encabeça o quinteto tinha 280 centímetros e os dois outros filhos, 220 centímetros. A avó tinha 105 centímetros. Esta última soa cerca de uma oitava abaixo das demais e é considerada dispensável para a execução do tema musical.
[97] Edir P. de Barros, *Os Filhos do Sol*, 2003.

das e gozem de certo prestígio entre os mais velhos, boa parte das músicas hoje executadas foi composta pelos próprios Kuikuro ou apropriadas recentemente de outros povos indígenas. O repertório é considerado "espalhado" (*tapehagali*) e não precisa ser tocado "em fila" (*tinapisi*) – isto é, em uma ordem sequencial precisa. A distinção entre espalhado e enfileirado é central na musicologia kuikuro, determinando o valor dos repertórios: aqueles que vêm do tempo "em que todos nós éramos espíritos" (*itseke gele kukatamini*) são sempre ordenados e mais valorizados, pois não podem ser compostos novamente como as músicas de *takwaga*[98]. Estas são consideradas fáceis de aprender e tocar, sendo particularmente apreciadas pelos jovens. Sua estrutura é mais simples, assim como sua execução, pois a melodia é formada pela sucessão de notas individuais de cada tubo.

Assim como ocorre com quase todos os instrumentos de sopro amazônicos, os clarinetes kuikuro não podem ser tocados por mulheres. Mas afora esse interdito tácito, não há qualquer outra restrição. Eles são fabricados e tocados, como diz Jean-Michel Beaudet a propósito dos *tule* wayãpi, "às vistas e ao saber de todo mundo"[99]. A ausência de interditos não significa que os clarinetes não tenham sido objeto de apropriação ritual. O processo de incorporação de novos conhecimentos no Alto Xingu costuma passar pela maquinaria ritual e, portanto, pelos espíritos *itseke*. Assim, embora de origem histórica reconhecida, os clarinetes tornaram-se também uma classe de espírito, podendo causar doenças nos humanos, de tal modo que, estes, quando curados, tornam-se donos do ritual de *takwaga*, devendo patrociná-lo[100]. Contudo, não há uma narrativa mítica que forneça um roteiro das ações coreográficas, tal como ocorre em outros rituais.

O festival de clarinetes é da ordem da "festa" (*ailoho*), sendo antes associado a um estado de "animação" (*ailene*) do que ao interdito e ao respeito. Estes dois últimos termos traduzem bem duas categorias kuikuro bastante mobilizadas para falar de rituais: *tainpane* e *itsanginhü*. O primeiro termo pode-se traduzir por "tabu", embora os Kuikuro costumem vertê-la por "sagrado". As flautas *kagutu* são justamente isso: *tainpane*[101]. Ademais, são objetos de respeito: *itsanginhü* é um termo que, como veremos no capítulo 5, também se aplica ao chefe e o que está a ele associado. Tabu-respeito é, enfim, o significado de "sagrado" no Alto Xingu.

---

[98] Como notei na introdução, traduzo a categoria kuikuro *itseke* por "espírito" ou, às vezes, por "bicho-espírito" (ver também Carlos Fausto, "Sangue de Lua", p. 68, 2012a).

[99] Jean-Michel Beaudet, *Souffles d'Amazonie*, 1997, p. 71.

[100] Entre os Kuikuro, trata-se de uma relação dono e xerimbabo (*oto/tolo*) estabelecida por meio do processo de doença e cura. O paciente é diagnosticado pelo pajé como vítima de uma classe de espíritos associada a certo ritual e/ou artefato. Ao recuperar-se, o ex-doente torna-se dono do ritual, devendo patrociná-lo para alimentar o espírito. Para um exemplo wauja desse processo envolvendo clarinetes, ver Aristóteles Barcelos Neto, "As Máscaras Rituais do Alto Xingu um Século depois de Karl von den Steinen", 2004; para um caso kuikuro, ver Tommaso Montagnani, *op. cit.*, 2011, pp. 104 ss.

[101] *Tainpane* corresponde à categoria arawak *kanupa*, que ocorre no Alto Rio Negro e no Alto Xingu. Segundo Wright, *kanupa* refere-se "à condição de liminaridade, quando as categorias são perigosamente misturadas, o que requer restrições, jejum e reclusão dos iniciados" (Ro-

FIGURA 8. *Nakau e Makalá tocando flautas duplas. Kuikuro, Alto Xingu, 2014. Foto de Carlos Fausto, com autorização da Associação Indígena Kuikuro do Alto Xingu (Aikax).*

FLAUTAS DUPLAS

Atanga é a designação geral para instrumentos de sopro e para um tipo específico de flauta. Trata-se de um aerofone muito longo, sem orifício de digitação, feito da junção de três seções de bambus grossos, com um defletor na parte inferior. O defletor é confeccionado com bambu e cera de abelha, sendo o som manipulado pela modelagem da cera. É sempre tocado em dupla, com dois tubos para cada instrumentista. À maneira dos clarinetes, os quatro tubos também se organizam como uma família matrifocal: o instrumentista que sai primeiro da casa, carrega a mãe e "o filho a seu lado", enquanto aquele que o segue porta os dois outros filhos[102] (figura 8).

bin M. Wright, *op. cit.*, 2013, p. 253). Ver também Nicolas Journet, "Hearing without Seeing", 2011, pp. 125-126.
102 No conjunto que medi, o tubo mãe tinha 282 centímetros e o que estava a seu lado, 252 centímetros; já a dupla de filhos era formada por um tubo de 234 centímetros e outro de

As flautas *atanga* só são tocadas entre julho e agosto, em associação com o ciclo do Quarup, rito funerário realizado para os chefes mortos. Elas são consideradas objetos de respeito, mas não são *tainpane* – não existe interdição relativa a sua visão ou execução. São respeitadas por estarem associadas à chefia, podendo inclusive substituir o arco preto que o chefe carrega consigo quando profere a fala de recepção dos mensageiros (ver capítulo 5)[103]. São também respeitadas por estarem associadas aos "mestres de luta" (*kindoto*), que são os responsáveis por executá-las durante o Quarup[104]. Associam-se, por fim, a um espírito antropomórfico conhecido como Mestre da Raiz (*Ĩ'oto*), dono das plantas medicinais usadas pelos rapazes durante a reclusão, com o objetivo de se tornarem grandes lutadores.

O repertório das flautas duplas é formado, de um lado, por um pequeno conjunto inalterável de músicas que se originaram em tempos míticos e, de outro, por várias peças dispersas que campeões de luta, passados e presentes, aprenderam com o Mestre da Raiz em sonhos. Sua técnica de execução é semelhante à dos clarinetes, em hoqueto, mas sua sonoridade é muito mais densa e profunda, dada a profusão de harmônicos. Tocá-las com qualidade exige destreza, e bons instrumentistas costumam ser homens maduros. Não há um mito de origem do instrumento – diz-se apenas que as flautas duplas já existiam quando do primeiro Quarup em homenagem à mãe dos gêmeos Sol e Lua e que foram tocadas na ocasião.

TRIO DE FLAUTAS SAGRADAS

Há dois tipos de flautas consideradas *tainpane* e *itsanginhü*, cuja visão é barrada às mulheres. A mais importante delas é chamada *kagutu*[105]. Trata-se de uma flauta composta de duas seções de madeira densa, de cor avermelhada, unidas com cera de abelha[106]. Medindo cerca de 1 metro de comprimento, possui quatro orifícios de digitação que nos dão cinco notas e quatro intervalos (1-1-½-½ tons).

---

201 centímetros. É possível ainda acrescentar um quinto tubo a uma das duplas, adicionando-se um "filho" a mais. Mais longo e mais fino, esse tubo soa cerca de uma oitava acima dos demais.

103 Vi isso ocorrer apenas uma vez. Na ocasião, os mensageiros kamayurá sentiram-se, então, desrespeitados. Contudo, diz-se que é perfeitamente legítimo levar as flautas duplas em lugar do arco. O problema teria residido antes no baixo prestígio do chefe que, então, recepcionou os visitantes.

104 *Kindoto* é formado pela aglutinação de *kinde* ("luta") e *oto* ("dono mestre").

105 Por motivos ligados ao contato, essas flautas são mais conhecidas como *jaku'i*, termo kamayurá que quer dizer "pequeno jacu". Em arawak, são designadas *kawoká* (em grafia kuikuro, *kaüka*).

106 *Astronium fraxinifolium*, conhecida em português como gonçalo-alves ou aroeira-do-campo e, em kuikuro, como *tinhaho*. Trata-se de uma madeira pesada, dura e densa (1,09 g/cm³), com grande durabilidade e difícil de ser trabalhada (Harri Lorenzi, *Árvores Brasileiras*, 1992, p. 2).

A outra flauta chama-se *kuluta* e é confeccionada em bambu, com dois tubos encaixados, medindo cerca de 80 centímetros e dispondo também de quatro orifícios de digitação com intervalos similares. Antigamente, havia um repertório próprio de *kuluta*, mas hoje restam apenas 37 peças. Atualmente, usa-se a *kuluta* para executar o repertório de *kagutu*, mas apenas como um segundo trio de flautas. Ambas recebem um grafismo nas laterais do orifício de som, que corresponde ao motivo usado pelos xinguanos nas maçãs do rosto.

O repertório de *kagutu* é o maior existente no Alto Xingu, seja em número de suítes, seja em número de peças. Em nosso trabalho de documentação, registramos dezoito suítes, a menor delas com dez e a maior com 81 peças, somando mais de quinhentos cantos diferentes. Cada suíte é indexada a um momento do dia ou da noite, a um espaço ritual e a certo trajeto coreográfico. As peças devem ser executadas em uma sequência linear estrita, o que ganha forma visual nos cordões de buriti com nós, que servem aos músicos como suporte mnemônico. Idealmente, não há inovação no repertório, que deve ser transmitido identicamente pelas gerações[107]. A organização musical em suítes e peças ordenadas é comum a quase todos os rituais kuikuro. É o conhecimento integral de um ou mais repertórios que faz com que uma pessoa seja reconhecida como um *eginhoto*, um "mestre de cantos".

Não é, porém, apenas o repertório que confere importância a essas flautas, como também sua matéria-prima e a dificuldade de sua confecção. Poucos são os capazes de fabricá-las e, mesmo dentre aqueles que conhecem essa arte, nem todos sabem produzir flautas que soem bem. Supondo-se que, antes da entrada de ferramentas de metal no final do século XIX, eram feitas da mesma madeira rija, pode-se imaginar quanta habilidade e tempo eram então necessários para confeccioná-las. Há, ainda, um terceiro aspecto que lhes conferem um caráter único. Assim como a maioria dos artefatos rituais, o trio de flautas também tem um dono – geralmente uma pessoa que adoeceu em virtude do ataque do *itseke kagutu*. Diferentemente de outros rituais, no entanto, nos quais a relação de maestria entre dono e espírito se encerra em uma grande festa terminal, a relação com *kagutu* é indissolúvel e vitalícia – uma vez dono, dono para sempre, isto é, até que a morte os separe. Quando esta sobrevém, as flautas são tocadas no enterro e, então, queimadas. Só aí o vínculo se desfaz. Noto que o dono pode ser tanto um homem como uma mulher. Quando Müse faleceu nos anos 1990, um trio de flautas acompanhou seu cortejo fúnebre. Enquanto viva, ela não podia ver suas flautas e era seu marido quem delas cuidava – alimentando-as, levando-lhes bebida na praça central, patrocinando sua execução. Mas Müse

---

[107] No caso wauja, o repertório parece ser mais aberto, com os músicos sonhando (Acácio T. D. Piedade, *op. cit.*, 2004, p. 127) ou mesmo inventando novas músicas (Maria Ignez C. Mello, *Iamurikuma*, 2005, p. 114). Embora os músicos kuikuro neguem peremptoriamente ambas as possibilidades, há evidências no repertório de que alguns cantos foram introduzidos mais recentemente.

QUADRO 4. *Aerofones kuikuro da história ao mito*

TAKWAGA	ATANGA	KAGUTU
Origem histórica	Presente no mito, mas sem mito de origem	Origem mítica
Ausência de interditos	Sem interditos, mas cercada de respeito	Interditos (*tainpane*)
Repertório aberto	Repertório aberto	Repertório fixo
Espalhado (*tapehagali*)	Espalhado	Alinhado (*tinapisi*)
Efêmero	Associado a chefes e lutadores	Vitalício

Fonte: O autor, 2022.

era reconhecida como a verdadeira fonte dessa relação, pois fora ela quem tinha adoecido pela ação patogênica dos espíritos *kagutu*.

A durabilidade da madeira dessas flautas aponta para a continuidade da relação entre um dono e seu trio de flautas, mas não para uma clara continuidade geracional, como acontece no Alto Rio Negro, onde há uma forte associação entre ancestralidade, ossos e a dureza da palmeira (paxiúba) com que se fabricam os instrumentos do Jurupari. Na ausência de grupos unilineares, os Kuikuro estabelecem uma conexão intergeracional mais fraca. Filhos e netos de donos de certos artefatos rituais tendem também a se tornar donos daquilo que, um dia, pertenceu a seus ascendentes. Se, nesses casos, a passagem pela doença não é imprescindível, ela reforça e legitima a relação. Assim, por exemplo, depois de vinte anos da morte de Müse, seu filho Ugisapá, um excelente artesão, confeccionou um trio de flautas, hoje em uso na aldeia de Ipatse. Embora ele seja considerado dono desse trio, ele e sua mulher dizem estar "apenas cuidando delas", dado que nenhum dos dois jamais ficou doente por causa do espírito flauta.

Por fim, como veremos a seguir, as flautas xinguanas não são tidas como "originais" à maneira rio-negrina, onde são consideradas *acheiropoieta* ("não feitas pelas mãos"), tal como certas imagens cristãs[108]. Os Barasana, por exemplo, dizem não ser possível confeccionar novamente um instrumento que se perdeu, pois todos eles foram "criados no passado mítico e não são feitos pelo homem"[109]. Entre os Baniwa, esse é precisamente o segredo revelado aos iniciandos. Ao retirarem as vendas dos meninos, os iniciadores afirmam: "Este é Kuwai. Não fomos NÓS que fizemos isto, foi feito MUITO TEMPO ATRÁS. *Dakidali tsa noada* (é de seu corpo) [...] Não Falem Disso Para Ninguém. Não Falem Disso Para As Mulheres, Ou Vocês Morrerão Pelo Veneno"[110].

---

[108] Hans Belting, *Likeness and Presence*, 1994, p. 49.
[109] Stephen Hugh-Jones, *op. cit.*, 1979, p. 143. Isso se aplica sobretudo às flautas usadas em iniciações completas. Já no caso das cerimônias associadas à maturação de frutas silvestres, é comum serem feitas novas flautas e novos bocais para os trompetes (*idem*, correspondência pessoal, 2016).
[110] Robin M. Wright, *op. cit.*, 2013, p. 257.

No quadro 4, sintetizo as informações sobre os aerofones kuikuro, dispondo-os em um *continuum* que vai da história ao mito, do aberto ao fechado, do maior ao menor respeito e de mais ou menos xamânico.

Passemos, agora, à mitologia das flautas sagradas.

PESCANDO FLAUTAS

Um aspecto intrigante da mitologia das flautas no Alto Xingu é que ela parece bem mais instável do que sua congênere na bacia do rio Negro. Entre os Wauja xinguanos, Acácio Piedade e Maria Ignez Mello coletaram três mitos de origem diferentes para o mesmo instrumento e um para seu repertório[111]. Entre os Kuikuro, encontrei apenas um mito sobre a origem do instrumento e nenhum sobre o repertório. Noto, ademais, que o mito kuikuro não tem nada em comum com os três wauja. Isso é notável, pois os povos xinguanos tendem a compartilhar – com variações, é claro – um conjunto de narrativas fundamentais, sobretudo aquelas que estão na base dos principais rituais da região.

A seguir, transcrevo uma versão do mito kuikuro que gravei em 2002 com Haitsehü, um homem com, então, cerca de 60 anos[112]. O personagem principal da narrativa é Kuātüngü, o avô dos gêmeos Sol e Lua. Como veremos no quinto capítulo, ele é o grande artesão (*ologi*) que, ao ser capturado pelo Jaguar, lhe promete as filhas em casamento, mas acaba enviando-lhe filhas feitas de pau. De uma dessas mulheres, nascem os gêmeos.

O surgimento de Kagutu

O surgimento de kagutu foi assim. Ouça.

– Vamos pescar com rede – disse Kuātüngü para o neto, para Janamá.

– Vamos pescar com rede, vamos buscar peixe.

– Está bem.

Eles foram. Eles fincaram as varas para fixar a rede. A rede era bem grande. Então, pronto, ficou pronto:

– Opa, eu vou subir – ele disse. – Vamos lá para cima – Kuātüngü disse, o avô dele disse[113].

Pronto, foi assim. Kuātüngü ficou em cima.

---

[111] Maria Ignez C. Mello, *op. cit.*, 2005, pp. 113-114; Acácio T. D. Piedade, *op. cit.*, 2004, pp. 48, 123.
[112] Haitsehü possui ascendência kuikuro e kalapalo. É pai de Kanu, a cantora principal retratada no filme *As Hiper Mulheres* (2011), de Carlos Fausto, Leonardo Sette e Takumã Kuikuro. A gravação foi transcrita e traduzida por Jamaluí Mehinako e por mim.
[113] No passado, confeccionava-se uma rede de embira e fazia-se uma espécie de andaime, que permitia melhor ver e flechar os peixes.

Cortando a superfície d'água, veio, veiooooo uhmmm, balançou a rede. Então, Kuãtüngü puxou a rede da água.

– Puxa, *kagutu*. Meu neto, meu neto! Venha aqui ver: o que é isso? O que foi que eu peguei?

Então, ele a viu.

– Isto aqui é *kagutu* mesmo, *kagutu* – disse o avô, Kuãtüngü disse. – Vamos deixá-la aqui.

E ele a colocou na forquilha da vara que sustentava a rede. Havia sido *kagutu* quem primeiro caíra na rede. Eles tinham barrado o rio, a rede ficara ali no meio. Deste lado, ficava o jirau. Era para os peixes caírem nela. Pronto. Então eles estenderam a rede novamente. Algo sacudiu a rede outra vez. Eles olharam, era *kuluta*, *kuluta* também.

– Uhmm, o que é isso? Venha ver meu netinho.

– O que é isso, vovô?

– Isto é *kuluta*. Deixa-a aqui por enquanto – ele disse.

Pok, ele colocou naquela vara. Elas eram lindas, tinham tornozeleira vermelha, *kagutu* e *kuluta*[114]. Então, ele pegou algo novamente.

– Ehem, de novo!

Ele puxou outra vez e só então viu. Eles estavam pescando de noite, no final do dia, já de noite.

– O que é isto, meu neto? Venha ver. Tem mais um – ele disse.

Ele viu, ele viu.

– Uhmm, isto aqui é *meneüga*[115]. Deixa-a aqui.

Neste ponto da narrativa, nossos pescadores já haviam pegado as três flautas cuja visão é proibida às mulheres. Mas a história não termina aqui. Há outras coisas dos espíritos esperando para serem trazidas ao mundo humano futuro – não mais instrumentos de sopro, mas máscaras.

Ele a colocou [na vara da rede]. Pronto. A rede sacudiu de novo.

– Ahá, eis *jakuikatu*[116].

Liiinda demais. Eram coisas de bicho-espírito que eles estavam pegando no fundo d'água. Era isso que estava surgindo. Por isso, é que as temos agora, por isso os alto-xinguanos fazem máscara de *jakuikatu*. Era tudo isso que estava surgindo. Pronto.

– Vamos deixar *jakuikatu* aqui por enquanto – ele disse.

Depois, a rede sacudiu de novo.

---

[114] Refere-se ao adorno usado entre o tornozelo e a canela, tradicionalmente feito de entrecasca, mas atualmente também de algodão. Na flauta, corresponde a uma fasquia que é enrolada um pouco abaixo do orifício de som.

[115] *Meneüga* é um tipo de flauta sagrada que foi definitivamente perdida. Nenhuma pessoa viva, hoje, chegou a conhecê-la.

[116] Trata-se de uma máscara de madeira que figura um rosto humano. É designada *jakuikatu* (o "bom jacu"), um termo tupi-guarani, por todos os povos da região (ver capítulo 3).

– Ahá, *upiju*, *upiju* [de *jakuikatu*][117].

Ele pendurou na vara.

– O que é isso? Venha ver! Uhum, isso é *upiju* – disse ele. – Deixe-a aí por enquanto.

De novo, ele viu: tsuukuu buuu [algo caindo na rede]. Ele puxou da água.

– O que é isso? Venha ver – disse. – Vamos ver esta também.

Então, ele iluminou.

– O que é isso vovô?

– Bem, esta é *kuambü*, esta aqui é *kuambü*[118]. Vamos deixá-la aí.

Ele colocava na vara da rede, ele estava colocando tudo lá. Pronto, depois, novamente sacudiu. Desta vez, era o *upiju* dele [de *kuambü*].

– Veja, veja, vamos lá ver.

Eles viram.

– Ah, esta é *upiju*!

– Uhum, é ela mesmo – ele disse. – Deixe-a aqui por enquanto.

Ele ali colocou. Aí novamente esticou a rede. Esperou, esperou, a rede sacudiu. Ele puxou:

– O que é isto? Venha ver, meu neto. O que é isso? Vamos lá ver – ele disse.

E tirou da água. Então viram. Era liiinda.

– Uau! *Atuguá*[119].

Eles tinham pegado *atuguá*. Eram as festas [*nduhe*] que estavam caindo na rede. Era para isso mesmo, para que eles pudessem ver, que os bichos-espíritos estavam dando tudo para eles.

– Coloque *atuguá* ali, na ponta da vara.

Então ele colocou novamente [a rede]. Em seguida, kuukuu... booo... Aí ele tirou *ahása* da água.

– Vamos ver quem é esta – ele disse. – Esta aqui é *ahása* mesmo.

A cabeça de cabaça era linda, toda pintada.

– Esta é *ahása*[120].

Pronto. Aí vieram aquelas com a face alongada. Os Arawak a chamam de *nukuta pitsu*. É como *jakuikatu*, mas é deste tamanho, vai até aqui o umbigo[121].

– O que é isso? Venha ver – ele disse.

---

117 *Upiju* são máscaras bastante simples consideradas "seguidoras" (*anda*) de outras máscaras principais. Elas não têm um ritual próprio.

118 Máscara utilizada em um ritual de mesmo nome, para o qual são compostas breves canções jocosas.

119 *Atuguá* é o redemoinho de poeira, conhecido como *atujuá* entre os arawak do Xingu. Esses redemoinhos se formam na estação seca e chegam a ter vários metros de altura. São figurados por meio de uma máscara gigante, sobre a qual falaremos no próximo capítulo.

120 *Ahása* é o "dono da mata" (*itsuni oto*), e sua máscara é uma grande cabaça com enormes orelhas trançadas. Para um desenho do equivalente wauja de *ahása* (denominado *apasa*), ver Aristóteles Barcelos Neto, *A Arte dos Sonhos*, 2002, p. 31.

121 Corresponde, provavelmente, à máscara de madeira alongada que aparece em Karl von den Steinen, *Unter den Naturvölkern Zentral-Brasiliens*, 2009 [1894], p. 309, identificada como "Grande máscara mehinako".

– Ah, isso aí é *jakuikatu* – ele respondeu.

– Não, isto é *nukuta pitsu*.

É a da cara comprida, assim é o seu rosto. Bem assim, feito de madeira, é lindo demais. Havia todas essas coisas. Havia também *nduhe kuegü*. Ele também a pegou.

– O que é isto? Vamos lá ver, meu neto – ele disse. – Ahh, isto é *nduhe kuegü*[122].

Seu rosto [*imütü*] era lindo, bonito de verdade[123].

– Isto é *nduhe kuegü*,

Ele tinha pego todas as festas [*nduhe*], Kuãtüngü tinha pegado.

– Pronto, acabou.

– Acabou?

– Sim, acabou.

Os demiurgos haviam adquirido a parafernália necessária para realizar a maioria dos festivais (*nduhe*) – não todos, é claro, mas aqueles em que se faz uso das flautas sagradas e de máscaras. A seção final da narrativa, que transcrevo a seguir, explica por que esses artefatos originais, vindos de baixo das águas, não são aqueles que a humanidade utiliza hoje.

– E o que vamos fazer, vovô?

– Deixá-las aqui mesmo – ele disse. – Deixe que se vão. Vamos logo copiá-las [*akuã-püte*][124].

Eles as confeccionaram igual ao que haviam visto[125]. Por isso, existem todas as festas [*nduhe*]. Mesmo a festa verdadeira de *nduhe*, aquela na qual se diz "kako, kako", tinha esse rosto também. Eles tinham pegado tudo. Pronto.

– Como vai ser agora?

– Deixa essas coisas para lá.

Ele devolveu: tchuá, tchuá, tchuá [jogando na água]. Foi-se tudo. Eram bem bonitas.

– Deixe apenas esta – ele disse, referindo-se a *kagutu*. – Só esta vamos levar.

– Tá bom – ele disse.

Então, eles a levaram para a aldeia.

Kuãtüngü não fez uma cópia da flauta *kagutu*, mas levou o original de volta para casa com ele. Neste momento da história, um novo personagem entra em cena: Taũgi, o Sol, o demiurgo trapaceiro de toda a mitologia do Alto Xingu[126].

---

122 Refere-se ao ritual associado ao trocano, sobre o qual discorri brevemente.
123 A parte principal de uma máscara, a que define sua identidade, é dita "face" (*imütü*).
124 O verbo *akuãpüte* decompõe-se em "alma-duplo" + marca de passado + verbalizador. Pode ser traduzido por "fazer uma cópia-duplo" e aplica-se, sobretudo, à confecção das efígies do Quarup (ver capítulo 5).
125 No original, temos *"tühanügü leha hüle ingigatühügüa leha ihekeni leha"*, em que a pós-posição *a* afixada a *ingigatühügü* (ver + aspecto durativo + perfectivo) confere o sentido de "igual", "parecido", "similar". Em kuikuro, há várias maneiras de expressar a ideia de similaridade, sem que, no entanto, haja diferenças de grau.
126 Ellen B. Basso, *In Favour of Deceit*, 1987a.

Depois, ficaram tocando, Janamá ficou tocando, lá na morada deles. Taũgi estava escutando.

– Uhm, o que será que eles possuem? Será que é *kagutu*?

Todos os xinguanos escutariam, os Kalapalo escutariam, os Wauja, os Kamayurá, os Mehinako. Todos escutariam quando se tocasse *kagutu*.

Taũgi foi até lá para comprá-la, enquanto [Janamá] estava tocando.

– Olha o Taũgi, o Taũgi, o Taũgi! – disseram.

– Taũgi, o que você veio fazer aqui?

– Vim aqui só para vê-los, só para vê-los.

– Pois é, cá estamos nós ainda. Aqui estamos com seu irmão mais novo, com Janamá. Esta é a *kagutu* de Janamá[127].

Então, ele ali ficou.

– Taũgi, por que você está aqui? – perguntou Kuātüngü.

– Eu estou querendo trocar com você.

– É mesmo? – respondeu.

– É, eu vim buscar o instrumento.

– É mesmo?

– Vovô, escute a fala de seu neto – disse Janamá.

– Não, não. Deixe-me fazer outra primeiro. Depois vamos levá-la para o seu irmão mais velho, Kuātüngü respondeu.

Kuātüngü fez uma *kagutu*. Kuamutsini ainda faria outra, bem bonita – seria esta a que levariam para Taũgi, que se tornaria a *kagutu* de Taũgi. Mas aquela de Janamá, Taũgi não conseguiu comprar. Ele não a quis ceder, ele a sovinou. Era algo que não ia partilhar. Pronto.

Taũgi cobiçava a flauta de seu irmão, mas este não a quis ceder. Mais tarde, Kuātüngü e seu irmão Kuamutsini fariam uma bela cópia para Taũgi. Mas isso não era o suficiente para o astuto *trickster*.

Taũgi estava ali e por ali ficou. Entrou dentro de um grilo para fazer o estrago.

– Eu já estou indo embora – disse.

Mas ele entrou dentro da flauta. Quando Janamá deixou-a de lado, Taũgi já estava lá dentro e começou a comê-la. Depois disso, eles tocaram em vão. Qual nada! Bem baixinho. Outra vez, nada.

– Deixa assim mesmo, vovô – disse Taũgi para Kuātüngü. – Deixe assim, senão o som de *kagutu* entristecerá nossos descendentes, as pessoas [*kuge*].

Se alguém aqui morresse e os Kalapalo a tocasse, daqui mesmo nós a ouviríamos: "ah, enquanto eles estão felizes, nós aqui temos saudade", diríamos. Todos os povos xinguanos falariam assim, quando morresse alguém. Por isso, o som de *kagutu* ficou assim baixinho. Pronto.

---

127 Na mitologia kuikuro, Janamá ora aparece como irmão mais novo, ora como primo de Taũgi. Sobre essa dupla classificação no sistema de parentesco local, ver capítulo 4.

Aí então, ele [Kuãtüngü] fez a flauta e levou-a para Taũgi.
– Taũgi, aqui está a sua *kagutu* – ele disse.
– Tá bom, ele respondeu.
E assim ficou sendo a sua *kagutu*. Ele adorou.
Este é o final.

A narrativa contém vários elementos interessantes, aos quais volto ao longo deste livro. Primeiro, ela conta a origem de todas as máscaras e flautas sagradas, indicando que ambas são funcionalmente de mesma natureza, como sugeriu Lévi-Strauss[128]. O narrador trata ambas por *nduhe*, termo que, como notei, pode designar os rituais em geral, sobretudo aqueles relacionados aos *itseke*. São justamente esses bichos-espíritos, habitantes do fundo das águas, que dão a Kuãtüngü os artefatos, tornando possível a vida ritual humana por vir. A equivalência entre máscaras e instrumentos de sopro também fica clara em um mito cosmogônico wauja, que narra como os seres *ierupoho* pré-humanos, que viviam em completa escuridão, fizeram máscaras-roupa para se abrigar um pouco antes de o Sol começar a brilhar sobre a terra. Kawoká, por sua vez, o mais temido dos *ierupoho*, "em vez de se esconder atrás de uma máscara, criou as flautas homônimas e se refugiou nelas"[129].

Um segundo elemento a ser destacado refere-se ao próprio ato de pescar as flautas e máscaras. Os povos alto-xinguanos alimentam-se basicamente de pescado, consumindo adicionalmente apenas o macaco-prego, o tracajá e alguns pássaros. Não por acaso, o lugar dos espíritos é antes o mundo subaquático do que a floresta. Na versão cosmogônica wauja, como já indiquei, a maioria dos seres primordiais, ao ver que o sol estava clareando, "lançou-se às águas, tendo como líder um trio de flautas *apapaatai* denominada *Kawoká*"[130]. Em todas essas narrativas, temos uma associação estreita entre flautas sagradas, peixes e espíritos[131]. Entre os Kuikuro, essa associação se expressa de modo concreto durante a construção da barragem coletiva de pesca, que deve ser acompanhada pelas flautas *kagutu*, a fim de propiciar uma pesca copiosa. A mesma associação ocorre entre os Enawene-Nawe, cuja barragem de pesca é particularmente sofisticada e intimamente ligada aos instrumentos *iyaõkwa*. Lima Rodgers sugere que esses instrumentos de sopro fazem parte de um regime geral de captura, incluindo pessoas, espíritos e peixes. De norte a sul, o complexo das flautas sagradas parece, pois, exprimir o mesmo regime de captura, erguido sobre armadilhas acústicas, capazes de mobilizar intencionalidades complexas[132].

---

[128] Claude Lévi-Strauss, *Le cru et le cuit*, 1964, p. 37.
[129] Acácio T. D. Piedade, *op. cit.*, 2004, p. 48.
[130] Aristóteles Barcelos Neto, *op. cit.*, 2002, p. 120.
[131] No mito de origem munduruku, os instrumentos sagrados são pescados como peixes pelas mulheres, mas logo se transformam em aerofones (Robert Murphy, *op. cit.*, 1958, pp. 90-91).
[132] Alfred Gell, *The Art of Anthropology*, 1999. É possível adicionar mais uma torção no con-

Um terceiro e último ponto que gostaria de destacar refere-se à especificidade de *kagutu*. Se máscaras e flautas pertencem a uma mesma categoria e possuem uma origem comum, só *kagutu* não é lançada novamente à água e, sim, levada para a aldeia. As demais são "duplicadas" (*akuãpüte*). Nada é dito sobre a diferença entre as máscaras originais e suas cópias – não sabemos se as primeiras são mais potentes do que as segundas, embora isso seja sugerido pela força excessiva de *kagutu*. Se o Sol, com inveja, não a tivesse estragado, hoje seu som se espalharia por todo o Xingu – e isso, como conclui o narrador, não seria nada bom por ofender o luto alheio.

Entre outros povos da região, encontramos uma distinção semelhante entre original e cópia. Sobre os Kamayurá, Rafael José de Menezes Bastos escreve que as flautas sagradas são "a tentativa de réplica – nunca igualada aos modelos – dos protótipos que Mawucinî pacificamente aprisionou das águas"[133]. Em um trabalho posterior, o autor elabora esse ponto: "As flautas em questão são *ta'angap*, ou seja, cópias feitas de madeira, do *mama'e* subaquático de mesmo nome. Essas cópias, que conservam a natureza ontológica original de *mama'e*, foram produzidas por Ayanama, um dos demiurgos kamayurá"[134]. Eu acrescentaria, porém, que, se as cópias preservam a "natureza ontológica" dos espíritos, não o fazem na mesma intensidade.

O que os mitos narram pertencem a um "tempo em que todos nós ainda éramos espíritos" (*itseke gele kukatamini*), diferente do "tempo em que já somos pessoas" (*kuge leha kukatai*). No tempo anterior, a humanidade ainda não existia. Vivíamos todos na forma *itseke* com capacidades agentivas que só os xamãs possuem hoje (ainda que de forma diminuída). Uma dessas capacidades é a de confeccionar e animar artefatos por meio do sopro – tal como fez Kuãtüngü ao fabricar mulheres de madeira, conforme se conta no mito do Quarup. Notem, porém, que no caso das flautas sagradas, a cópia feita por Kuãtüngü foi dada a Taũgi, não à humanidade. Aquela que nós herdamos teve seu poder diminuído pelo demiurgo trapaceiro, marcando uma diferença entre a sociabilidade intra-humana e a socialidade dos espíritos. Sol adaptou *kagutu* ao nosso mundo, ao tempo em que nos tornamos gente. As flautas são um meio de comunicação com o mundo não humano, mas dentro de limites adequados, determinados pelo ritual. Este é um tema recorrente na mitologia xinguana: a passagem do excessivo e monstruoso à boa medida e à beleza. No Alto Xingu, para parafrasear Lucia Hussak van Velthem, o belo é uma fera cativa, reduzida à boa medida da vida social pacífica[135].

junto de transformações em nosso complexo: se o demiurgo baniwa Kowai foi traduzido por Jurupari (boca armadilha), entre os Enawene-Nawe, o *trickster* Wayarilioko possui uma armadilha peneira chamada, justamente, *koway* (Ana Paula R. de Lima Rodgers, *op. cit.*, 2014, p. 300).
133 Rafael J. de Menezes Bastos, *op. cit.*, 1999, p. 227.
134 *Idem*, "Leonardo, the Flute", 2011, p. 81. *Mama'e* é a categoria kamayurá equivalente ao *itseke* kuikuro e ao *apapaatai* wauja.
135 Lucia H. van Velthem, *O Belo é a Fera*, 2003.

Na introdução deste livro, referi-me à questão da presença e da representação, que tem sido objeto de debate na história e na antropologia da arte mais recentes. Agora, é preciso abordar o tema do excesso, a fim de se compreender também os limites que se deve impor a uma presença-outra – presença que deve ser, ao mesmo tempo, eficaz e manipulável ritualmente. Esse é um tema importante não apenas no mito kuikuro como também no mito baniwa sobre a origem dos aerofones sagrados. Conta-se que o demiurgo Kowai possuía em si todos os sons existentes, mas também todos os venenos. Seu corpo era feito de orifícios, figurando a pura incontinência, como se fosse um aerofone desmesurado, incapaz de modular os sons, produzindo sem cessar uma massa sonora contínua. Se, como afirma Robin M. Wright, ele expressa o conceito da multiplicidade-em-um[136], essa unidade era excessiva e monstruosa. Após ser queimado por seu pai Iñiaperikuli, de suas cinzas brotou uma palmeira de paxiúba, que seccionada em diversas partes deu origem aos aerofones sagrados. Para tornar manipulável o excesso de Kowai, foi preciso, pois, parti-lo e apenas reuni-lo novamente durante o ritual[137]. É só aí que se reagrega o corpo de Kowai, mobilizando seu potencial transformador para produzir homens adultos de meros meninos. Thiago L. C. Oliveira resume bem esse ponto:

> Os instrumentos são uma "destotalização" [...] do corpo de Kowai, uma transformação menos monstruosa de seu corpo e seu conhecimento – "capaz de produzir todos os sons" – em uma descontinuidade finita – um conjunto de artefatos que produz, cada um, um som particular. Eles representam uma espécie de *captura* dos poderes até então incontroláveis de Kowai – e não é por acaso que os Baré [...], que hoje falam nheengatu, chamam estes instrumentos de "Xerimbabo", animal cativo[138].

Barcelos Neto aponta para uma mesma redução de potência ao falar dos artefatos e personagens rituais wauja como manifestações não excessivas dos bichos-espíritos. No caso, essa redução é marcada linguisticamente pela distinção entre *kumã* e *mona*, modificadores que indicam, respectivamente, a alteração espiritual e a identidade corporal[139]. Entre os Wauja, qualquer especialista que figure os espíritos em uma *performance* é dito *kawoká-mona* ("flauta corporificada"),

---

[136] Robin M. Wright, *op. cit.*, 2013, p. 240.
[137] Isso também vale para a mitologia barasana. Segundo Hugh-Jones: "Os instrumentos *He* são os ossos [...] da Anaconda-maniva. Também se diz que são os ossos do Sol. Os outros itens do equipamento ritual são também partes do corpo da Anaconda-maniva [...] Quando todos esses itens são reagregados na Casa *He* [...] então o corpo da Anaconda-maniva está mais uma vez completo" (Stephen Hugh-Jones, *op. cit.*, 1979, pp. 153-154).
[138] Thiago L. C. Oliveira, *Os Baniwa, os Artefatos e a Cultura Material no Alto Rio Negro*, 2015, p. 130.
[139] Eduardo Viveiros de Castro, *A Inconstância da Alma Selvagem*, 2002a, p. 35.

independentemente do ritual ser ou não de flautas sagradas. Isso reflete a maior importância desses instrumentos no sistema xamânico-ritual wauja, quando comparado aos Kuikuro, cujos protagonistas rituais são denominados simplesmente "corpo" (*ihü*). Comum a ambos é a ênfase na redução dos espíritos a uma condição corporalizada, a qual torna possível o comércio com eles, pois, se aparecessem em sua crua potência, os humanos não suportariam[140]. Para serem familiarizados como xerimbabos dos humanos, enfim, os bichos-espíritos precisam ganhar matéria na forma de artefatos e personagens rituais.

Fora do contexto ritual, a experiência da presença pode ser fatal, enquanto, em seu quadro, ela é perigosa, mas manipulável. A mediação material de relações intangíveis é central não apenas para produzir a presença como também para que ela possa ser controlada. Afinal, é preciso determinar o tipo de relação a ser estabelecida com a presença convocada, dentro dos limites que se quer dar aos processos transformacionais mobilizados pelo ritual. Ao mesmo tempo, é preciso gerar um estado de incerteza, criar uma zona de risco, em que a presença passa a ser um impossível-possível. Para tanto, a mediação material deve atender a certas qualidades estéticas, pois sua eficácia depende de mecanismos formais. Como afirma Birgit Meyer, há uma *"indispensabilidade da forma*, entendida não como veículo, mas como um gerador de sentido e experiência"*[141]. Nas próximas seções, focalizo justamente alguns dos princípios estéticos que subjazem à eficácia ritual das flautas sagradas.

GARRAFAS DE KLEIN ACÚSTICAS

As flautas *kagutu* são artefatos que se destacam em meio à rica gama de objetos rituais kuikuro: feitas de madeira densa, têm uma origem mítica singular; seu repertório é o mais extenso existente, sua posse é vitalícia e, claro, estão cercadas de interditos. Ademais, são artefatos sonoros, cujo som resulta do sopro amplificado e modificado por meio de um duto e de quatro orifícios de digitação. As flautas são apêndices transformadores, ligadas aos aparelhos respiratório e fonador humanos. A própria maneira pela qual são executadas evoca a imagem de uma exteriorização de tubos internos. Com cerca de um metro de comprimento, ela é empunhada de modo paralelo ao tronco, desde a boca até os joelhos. Para tocá-la, é preciso estender os braços ao máximo, o que dificulta sua execução. O bocal da flauta esconde-se entre os lábios, as bochechas inflam-se à maneira de Dizzy Gillespie[142]. Dada a necessidade de se olhar para baixo, rente ao corpo, os olhos arregalam-se e as sobrancelhas levantam-se.

---

[140] Aristóteles Barcelos Neto, "The (De)animalization of Objects", 2009, p. 137.
[141] Birgit Meyer, *Mediation and the Genesis of Presence*, 2012, pp. 11-12, grifos da autora.
[142] John Birks Gillespie (1917-1993) foi um célebre trompetista e compositor de *jazz* estadunidense, lembrado não apenas pela excelência de sua música como também por sua técnica de inflar exageradamente as bochechas ao tocar o trompete.

O rosto do instrumentista parece, assim, uma máscara com um apêndice tubular saindo da boca, como se fosse uma traqueia exterior.

Certa feita, um pajé wauja contou a Piedade que havia visto o dono das flautas *kawoká* durante o transe: "o espírito-dono estava preto e tinha uma pequena flauta na barriga"[143]. No dia seguinte, o pesquisador pediu ao pajé que desenhasse o que vira. No desenho, o dono de *kawoká* aparece com uma pequena flauta que vai do queixo ao umbigo, envolta em uma espécie de bolsa amarela, que permite distinguir o interior do corpo da pele enegrecida. Ele mantém os braços e mãos abertos, indicando que não está tocando uma flauta externa, mas fazendo soar um tubo interno. Esse desenho sugere-nos que interior e exterior são categorias complexas na produção do som-respiração das flautas sagradas. A flauta que está dentro do dono é aquilo que, no ritual, está fora (enquanto flauta visível) e ao mesmo tempo dentro (enquanto sopro). A topologia implícita aqui remete à famosa garrafa de Klein – um objeto matemático concebido pelo alemão Felix Klein, em 1882, que se caracteriza por ser uma superfície unilateral, fechada e não orientável, não tendo, portanto, interior e exterior[144]. Por analogia, podemos dizer que, no caso das flautas sagradas, temos um tubo interno que aparece como tubo externo, contendo um sopro interno, exteriorizado como som organizado para além do humano (para parafrasear John Blacking)[145].

Observa-se essa mesma topologia em outros casos ao longo do complexo de aerofones sagrados. Para os Nambikwara, por exemplo, Marcelo Fiorini afirma que "as flautas não são apenas corpos. Elas são as traqueias e o esôfago dos espíritos"[146]. Referindo-se aos Barasana, Hugh-Jones generaliza a analogia entre tubos e o corpo humano: "Como os rios, as anacondas, os troncos de palmeira e as flautas, o corpo humano e suas diversas partes – aparelho vocal, intestino, ossos e genitais – são todos tubos"[147]. Bruno Aroni relata um fato ocorrido entre os Paresi que ilumina essa dinâmica entre tubos internos e externos. Durante sua pesquisa de campo, um dono humano de flautas sagradas adoeceu gravemente. Sentindo muito falta de ar, ele chegou a despedir-se da família, certo de que iria morrer. Em suas costas, porém, surgiu uma mancha, que a família logo identificou ao padrão gráfico *matokolidyo*, usado na cestaria e associado à pele de certas cobras. Como os aerofones paresi também estão associados a cobras, a família logo deu-se conta de que era preciso averiguar se as flautas do doente estavam bem cuidadas. Qual nada! O duto do instrumento estava obstruído. Foi preciso limpá-lo e fazer ofertas de alimento. Foi só então que o dono da flauta começou

---

[143] Acácio T. D. Piedade, *op. cit.*, 2004, p. 71.
[144] Em *La potière jalouse* (1985), Claude Lévi-Strauss aproximou certos mitos que tematizam tubos internos e externos à topologia da garrafa de Klein. Contudo, o autor focaliza tubos não sonoros, como a zarabatana.
[145] John Blacking, *How Musical Is Man?*, 1973.
[146] Marcelo Fiorini, *op. cit.*, 2011, p. 191.
[147] Stephen Hugh-Jones, "The Gender of Some Amazonian Gifts", 2001, p. 252. Ver também Irving Goldman, *Cubeo Hehénewa Religious Thought*, 2004, p. 376.

a melhorar. Como observa Aroni, temos aqui uma "correspondência corporal entre o dono e seu artefato, já que a obstrução do tubo da flauta teve como efeito a obstrução da respiração de seu dono"[148].

Aerofones utilizam-se intensamente da dinâmica pneumática e da interação entre o interno e o externo. São instrumentos que externalizam, prolongam, transformam e amplificam a respiração. Em muitos casos, há uma associação entre a respiração audível (a música) e a respiração visível dos xamãs (a fumaça)[149] – um aspecto para o qual já chamei a atenção ao analisar o *Opetymo* parakanã. Os Baré do rio Negro estabelecem um paralelo explícito entre tocar e fumar o instrumento: "Em vez de dizerem que vão 'tocar os xerimbabos' ou mesmo as flautas ou os trompetes, eles também costumam dizer que vão 'fumá-los'; dizem que fazem assim, entre outros motivos, para enganar as mulheres"[150].

A imagem de um aerofone como extensão de um tubo interno – humano e não humano simultaneamente – é reforçada pelo fato de ele ser sempre alimentado. Além de serem tubos respiratórios, que recebem baforadas de fumo, os instrumentos são também tubos gástricos que recebem, sobretudo, bebida fermentada. Os aerofones yagua, por exemplo, que são materializações da voz e dos ossos de diferentes espíritos das presas de caça, estão sempre sedentos e, durante o ritual, são alimentados com cerveja de mandioca[151]. Definidos frequentemente como xerimbabos, os espíritos-aerofone devem ser bem nutridos sob pena de voltarem-se contra seus donos ou calarem-se. Entre os Kuikuro, durante a execução ritual há músicas específicas, consideradas muito perigosas, que convocam o dono humano das flautas a vir alimentá-las. O dono deve levar mingau de pimenta, mingau de pequi ou peixe moqueado para o centro da praça e ofertá-lo ao espírito flauta *kagutu*. Profere, então, um breve discurso formulaico no qual pede ao espírito que seja bom, não cometa erros na execução e "não nos chore" (isto é, não lance um mau agouro sobre os moradores da aldeia). A comida oferecida a *kagutu* é *tainpane* (tabu) e só pode ser ingerida pelos velhos, que aqui são identificados aos espíritos. Desse modo, o tubo-flauta (que é um espírito-tubo) alimenta-se por meio do tubo gástrico dos homens idosos.

A dinâmica tubular mobilizada pelas aerofones sagrados indexa ainda outros tubos, incluindo os órgãos sexuais. No capítulo 1, vimos como o bastão rítmico parakanã é um instrumento andrógino, simultaneamente útero e pênis. Este parece ser também o caso dos aerofones sagrados. É o que sugere Hugh-Jones ao afirmar que as flautas "como artefatos ou partes do corpo – como instrumentos musicais, pênis ou vaginas – são os correlatos materiais objetivos

---

148 Bruno Aroni, *op. cit.*, 2015, p. 51.
149 Jonathan D. Hill e Jean-Pierre Chaumeil, *op. cit.*, 2011b, pp. 20-22; Jonathan D. Hill, "Instruments of Power", 2013, p. 324.
150 Paulo M. Figueiredo, *op. cit.*, 2009, p. 81.
151 Jean-Pierre Chaumeil, *op. cit.*, 2011, p. 55.

das capacidades reprodutivas de homens e mulheres"[152]. No arco setentrional, a ambiguidade andrógina dos aerofones põe-se a serviço de uma disputa pela partenogênese – ou pela reprodução parasitária, como propôs Dimitri Karadimas[153]. Ao recuperarem as flautas roubadas pelas mulheres, os homens impõem a gestação a mulheres estrangeiras (em um sistema patrilinear e virilocal) e, ao mesmo tempo, permitem sua autorreprodução extrauterina garantindo a continuidade do clã (por meio da iniciação masculina). Não à toa, a disputa mitológica é protagonizada pelo pai (Iñiaperikuli) e pela mãe (Amaru) de Kowai – uma disputa, pois, pela posse do filho-flauta. Wright tece, ainda, outra analogia ao vincular a imagem da palmeira ainda não seccionada (que dará origem aos aerofones) a um grande tubo, um cordão umbilical celeste, no interior do qual "as almas dos recém-nascidos descendem do 'grande berçário' (expressão de José García) no céu"[154].

Na área meridional, essa imagem genésica não é tão explícita, o que me parece correlacionar-se tanto às mudanças na organização social quanto à separação entre aerofones e iniciação masculina. Ainda assim, vários elementos reaparecem de forma transformada. Na próxima seção, procuro mostrar algumas dessas transformações e correlações a partir do caso kuikuro.

TRANSFORMAÇÕES ANDRÓGINAS

No complexo alto-xinguano, há uma quinzena de rituais de certa monta. Essa proliferação cerimonial resultou do próprio processo histórico de incorporação de povos de origem étnica e linguística diversas a um estrato arawak de base. Os rituais multiplicaram-se e certos ritmos foram desagregados em eventos diversos, de tal modo que não há um ritual sintético como, por exemplo, o Jurupari de nossa área setentrional, mas um rito de flautas, outro de furação de orelhas, outros de máscaras, outros das mulheres e assim por diante. Nesta seção, discuto brevemente rituais femininos associados às flautas *kagutu*, de modo a indicar como a androginia característica do Jurupari aparece, no Alto Xingu, desagregada em diferentes rituais. Estes estão interligados de forma complexa, não apenas por meio de mitos e atos, como também pela própria música.

Se o Jurupari põe em ação uma forma sintética na qual aerofones andróginos são controlados pelos homens, embora tenham no passado sido roubados pelas

---

[152] Stephen Hugh-Jones, "The Fabricated Body", 2009, p. 51.
[153] Dimitri Karadimas, "Dans le corps de mon ennemi", 2003; *idem*, "La métamorphose de Yurupari", 2008. O autor faz uma análise sugestiva da associação entre o ritual e a etologia de vespas parasitárias que colocam seus ovos em suas vítimas. Bem desenvolvido entre os Miraña, o tema aparece de forma enfraquecida entre outros povos com aerofones sagrados, sobretudo por meio da associação entre o som dos aerofones e insetos como besouros, mamangabas e vespas.
[154] Robin M. Wright, *op. cit.*, 2013, p. 274.

mulheres, os xinguanos desagregam esses temas em dois rituais diferentes, em princípio, independentes: um masculino, em que as flautas são tocadas e as vaginas das mulheres são objeto dos cantos jocosos masculinos; outro feminino, que põe em ato o mito das hipermulheres e faz do pênis o objeto de escárnio. Mais conhecido pelo seu nome arawak, esse mito narra a revolta das mulheres contra os homens, sua transformação em hiperseres andróginos e sua partida para não sei onde, a fim de habitar um mundo só de mulheres[155].

O gatilho do enredo é a preguiça dos homens em sair para pescar. Eles deveriam trazer peixe para pôr fim à reclusão de um menino-chefe que se submetera ao ritual de furação de orelha. Os homens, contudo, não tomam a iniciativa e as mulheres dirigem-lhes um canto crítico. Ofendidos, eles resolvem partir para a pescaria. Passados cinco dias, eles não retornam, causando preocupação entre as mulheres. A mãe do menino-chefe pede a ele que averigue o que está acontecendo. Ele parte só, levando sua flauta *kuluta*. Ao chegar à lagoa, descobre que os pais estão virando porcos selvagens. Antes de retornar, o menino coloca peixes dentro de sua flauta – ou seja, a flauta é sua armadilha de pesca que lhe permite prover-se de peixe para sair da reclusão. O menino chega à aldeia e conta o que vira para a mãe, a qual reúne todas as mulheres. Elas decidem também se transformar. Usando formigas, picam suas vaginas e nádegas e pingam o sumo de uma planta nos olhos para enlouquecerem[156]. Por fim, paramentando-se com os adornos rituais masculinos e com a vagina-clitóris inchada-exteriorizada, elas transformam o menino-chefe em um tatu-canastra, que cava um túnel permitindo-lhes fugir dos porcos-homens. No caminho, lançam às águas seus filhos, ainda de colo – e eles se transformam em peixes. Vez ou outra emergem à superfície, atraindo mais mulheres com a beleza de seus cantos. Partem, então, definitivamente.

O ritual das hipermulheres reencena esses episódios míticos e seus personagens, mas o faz de forma ampliada, acrescentando interlúdios e ações não contidas na narrativa. Uma dessas ações se dá antes de os convidados de outras aldeias chegarem para a festa. De noite, as mulheres se reúnem na praça e se dirigem às casas cantando: "sapo-pipa, ele leva suas brasas nas costas"[157].

---

[155] Bruna Franchetto, "L'autre du même", 2003; Maria Ignez C. Mello, *op. cit.*, 2005. Para duas versões kuikuro, uma narrada por um homem e outra por uma mulher, ver os extras do DVD *As Hiper Mulheres* (2011), de Fausto, Sette e Kuikuro. Para uma representação dramatúrgica do mito, realizada por mulheres kuikuro, ver *Porcos Raivosos*, de Isabel Penoni e Leonardo Sette (2012). Em kuikuro, o ritual se chama Jamugikumalu, que se traduz literalmente por *itão-kuegü* (mulheres-hiper).

[156] Esse episódio inverte outro que aparece no mito baniwa, no qual o demiurgo Iñiaperikuli faz uso de um remédio para enlouquecer as mulheres, permitindo aos homens recuperar as flautas roubadas (Jonathan D. Hill, *Made-from-bone*, 2009, p. 133).

[157] Em kuikuro, o sapo-pipa é chamado *asuti*. Trata-se de um anfíbio da família Pipidae, gênero *Pipa*, bem conhecido por seu comportamento reprodutivo. Durante a cópula, a fêmea libera ovos que são fecundados pelo macho; este deposita os ovos em seguida nas costas da fêmea, onde permanecem até a eclosão.

Em seguida, entram na casa e atacam os homens, deitando-se em suas redes, emulando jocosamente o ato sexual e insistindo para que derramem seu sêmen. A referência ao sapo-pipa não é propriamente a uma forma de partenogênese, mas uma metáfora do poder feminino de extrair um sêmen masculino para fecundar "as brasas" que elas trazem às costas[158].

Não conheço nenhuma narrativa kuikuro que faça alusão a esse ritma, mas encontrei-o no mito munduruku de origem dos aerofones sagrados, assim relatado por Murphy:

Os homens entraram nas residências, e as mulheres marcharam ao redor e ao redor da aldeia tocando trompetes. Em seguida, entraram na casa dos homens [sic] para passar a noite e ali instalaram os instrumentos. Então, uma a uma, as mulheres foram para as residências e forçaram os homens a ter coito com elas. Os homens não podiam recusar, assim como as mulheres de hoje não podem recusar os desejos deles[159].

Aqui temos uma descrição mítica quase perfeita do rito invertido e jocoso do Alto Xingu: as mulheres (que tocam os trompetes e controlam a casa da praça) forçam os homens a fazer sexo com elas. Em ambos os casos, o motivo partenogênico ou parasitário da área setentrional, para o qual Karadimas chama a atenção, aparece de forma atenuada.

A correspondência mais importante entre os rituais xinguanos de flautas e o festival das hipermulheres se dá no plano musical. Tanto entre os Wauja como entre os Kuikuro, uma das principais suítes do ritual feminino chama-se "hiperflauta sagrada" (respectivamente, *kaw<u>o</u>ka-kumã* e *kagutu-kuegü*). Em função das semelhanças musicológicas entre peças de flauta e esses cantos femininos, Mello considera-os um único gênero musical com duas faces[160]. Os Kuikuro dizem claramente que são expressões de uma mesma música. A versão mais difundida dessa história é que as mulheres, ao ouvirem as flautas sem poder vê-las, foram criando letras para os temas musicais[161]. Já a versão menos difundida é que as mulheres possuíam as flautas, mas os homens as roubaram e, por isso, o que lhes restou foi cantar as mesmas músicas com a boca[162].

Não se trata, porém, apenas de versões mais ou menos oficiais de um mito, pois a tensão entre o complexo das flautas sagradas e o festival das hipermulhe-

---

[158] Karadimas chama a atenção para a referência ao *Pipa pipa* na versão 1 do mito de Yurupari coletada por Reichel-Dolmatoff, na qual o sapo aparece junto com a mucura como alternativa de gestação masculina, independente das mulheres (Dimitri Karadimas, *op. cit.*, 2008, p. 145; Gerardo Reichel-Dolmatoff, *Yuruparí*, 1996, p. 12). Para o mesmo ritma entre os Wauja, ver Maria Ignez C. Mello, *op. cit.*, 2005, p. 179.
[159] Robert Murphy, *op. cit.*, 1958, pp. 90-91.
[160] Maria Ignez C. Mello, *op. cit.*, 2005, p. 95.
[161] *Idem*, p. 249, para a mesma explicação entre os Wauja.
[162] Bruna Franchetto e Tommaso Montagnani, "When Women Lost Kagutu Flutes, to Sing Tolo Was All They Had Left", p. 346, 2012.

res deu lugar a outro ritual feminino chamado *Tolo*[163]. Ele se originou entre os povos karib do complexo xinguano e ainda está se difundindo, não sendo realizado por todos os povos da região. Essa origem é frequentemente narrada como se dando na passagem entre o tempo mítico e o tempo histórico: "Kagutu era das mulheres, mas os homens as roubaram. É por esta razão que as mulheres não podem mais tocar *kagutu*. Depois de muito tempo, as mulheres começaram a cantar *tolo*, pouco a pouco de início, e depois mais e mais. Isto aconteceu entre os antigos Kalapalo, os Akuku"[164].

Assim uma mulher de meia-idade explicou a origem do *Tolo* para Bruna Franchetto, durante um grande festival intertribal, ocorrido em 2003. Segundo me contaram mais tarde, essa teria sido a primeira vez que o ritual fora realizado em tão grande escala. Até então, os homens haviam impedido as mulheres de realizá-lo plenamente. A razão para seu ressentimento seria a suposta falta de respeito das mulheres pelas flautas *kagutu*. Afinal, no *Tolo*, elas cantam as melodias sagradas, mas com palavras que falam do ciúme e das relações amorosas entre homens e mulheres. Os cerca de quatrocentos cantos não são recentes, mas somente nas últimas décadas coalesceram, servindo de base a um exuberante ritual.

É interessante notar que os cantos *Tolo* possuem uma concordância temática com uma suíte do ritual de *Iamurikuma*, denominada "hiperflautas sagradas" (sobre a qual me referi anteriormente). Segundo Mello, esta última se distingue das demais por versar sobre amor e ciúme, tendo um caráter menos austero[165]. Tal correspondência temática, sugere que o *Tolo* é uma transcriação karib de uma suíte musical arawak, que aparece no ritual de *Iamurikuma*, em que indexa uma suíte própria ao complexo de flautas. É difícil imaginar uma forma mais convoluta de entrelaçar capacidades criativas femininas e masculinas em um contexto multiétnico e plurilinguístico.

A apropriação feminina das flautas sagradas não se resume à simples colocação de uma letra sobre uma melodia, exigindo uma mera adaptação eventual da segunda. Não se trata apenas de fazer caber palavras em frases musicais. Por um lado, as mulheres capturam o tom da relação entre homens e espíritos para falar das relações inter-humanas de amor e erotismo; fazem, pois, a passagem de um modelo metafísico, no qual os homens controlam as relações com os não humanos, para outro em que está em jogo o prazer, o desejo, a traição, enfim, o *give-and-take* da vida cotidiana em um mundo sexuado. Por outro lado, essa transformação não se dá apenas por meio da temática dos cantos, mas também pela infidelidade ao próprio modelo musical, como mostrou Tommaso Montagnani[166]. As mulheres transformaram progressivamente as melodias dos

---

163 *Tolo* é o termo genérico para "ave" e "xerimbabo". Designa, ainda, um canto com uma mensagem crítica ou jocosa, que é dirigido a alguém.
164 Bruna Franchetto e Tommaso Montagnani, *op. cit.*, p. 346, 2012.
165 Maria Ignez C. Mello, *op. cit.*, 2005, p. 237.
166 Tommaso Montagnani, *op. cit.*, 2011, p. 216.

espíritos, apropriando-se de uma relação antes exclusiva aos homens. Essa ideia é bem expressa por uma narrativa gravada por Franchetto com Ájahi, uma grande cantora, durante o *Tolo* de 2003. Ájahi termina a narrativa com uma notável inversão, sugerindo que as mulheres seriam as verdadeiras compositoras das músicas de *kagutu* e que os homens tão somente as imitaram. Nesse caso, as mulheres estariam originalmente na posição de *itseke* em face a homens feminizados[167]. Essa não é, por certo, uma versão padrão do mito, mas indica que as inversões de gênero não são apenas comuns como também indispensáveis ao jogo das flautas sagradas.

ARQUIMBOLDOS SONOROS

Resta-nos agora analisar o repertório musical das flautas *kagutu*. Perguntei certa vez a Jakalu, um dos principais instrumentistas kuikuro, qual era a origem dos cantos. "Há muuuito tempo", disse-me, "os antigos as fizeram"[168]. E continuou: "foi ainda quando tudo estava começando, já faz muito tempo, nossos antepassados fizeram-nas. Quem foram os produtores naquele tempo? Bem, *kagutu* veio de dentro da água, por isso os antigos estavam escutando: 'este é tal coisa, aquele lá é tal coisa'". Ao referir-se a "tal coisa", Jakalu estava apontando para um nome, normalmente de um animal, que indexa um ou mais cantos. Para melhor compreendermos isso, é preciso descrever a estrutura geral do repertório, que, como notei, está dividido em dezoito suítes nominadas, cada qual contendo de dez a 81 cantos.

Os nomes das suítes são de várias ordens. Há aqueles que indexam o momento em que devem ser tocados, como *imitoho* ("para amanhecer"); outros descrevem alguma característica da música, como *tüheüntenhü* ("lento"); outros, ainda, referem-se a uma disposição coreográfica, como *atsagalü* ("à tua frente"); e há também aqueles que designam um animal, como *sogoko* ("raposa"). Cada uma das suítes é formada por um número determinado de peças (cantos) que devem ser executadas em precisa ordem linear. O nome dos cantos é, majoritariamente, o de animais. Assim, na suíte *imitoho* temos 51 peças, sendo a imensa maioria nomes dos mais variados animais: desde mosca até tamanduá, do surubim à galinha, passando por arraia, mutum, jararaca e assim por diante[169]. Esse padrão se repete nas demais suítes, com algumas variações importantes,

---

[167] Bruna Franchetto e Tommaso Montagnani, *op. cit.*, 2012. Na área setentrional, um mito barasana conta que, quando as mulheres roubaram as flautas Jurupari, os homens assumiram seu lugar, processando mandioca e menstruando (Stephen Hugh-Jones, *op. cit.*, 1979, p. 266).

[168] Aqui ele usa a raiz verbal *üi*, que indica um "fazer imaterial", diferente de *ha* ("fabricar") e de *ahei* ("costurar", "compor um canto", "nadar"). Ver capítulo 3.

[169] Carlos Fausto, Bruna Franchetto e Tommaso Montagnani, "Les formes de la mémoire", 2011, p. 59.

especialmente naquelas que são consideradas mais solenes, perigosas e dignas de respeito (*itsanginhü*)[170].

O que esses nomes indexam? Eles são nomes de quê? A resposta mais simples é a de que são nomes de "músicas de flauta sagradas" (*kagutu igisü*) e, portanto, expressão de uma categoria de *itseke* de nome *kagutu*[171]. O *itseke-kagutu*, contudo, contém uma multiplicidade de referentes, que se distinguem por uma manifestação sonora particular. Trata-se, assim, de uma singularidade plural, uma multiplicidade-na-unidade de que falava Wright ao definir Kowai[172]. Ao contrário dos Baniwa, contudo, os Kuikuro não possuem uma narrativa da qual participa o personagem espírito-flauta, tampouco costumam explicar a origem das músicas. O consensual é apenas que os cantos têm algo a ver com os bichos--espíritos e com Taũgi. Mas o que exatamente?

Encontramos uma pista em um mitema que Montagnani coletou com Tütükuegü, um músico que foi aprendiz do grande flautista Tupã. Segundo Tütükuegü, enquanto Tupã lhe ensinava as peças de uma suíte, ele as nomeava com um nome de animal e contava um breve episódio mítico em que Taũgi pede, sucessivamente, a cada bicho-espírito que diga seu próprio nome[173]. Este "dizer o seu próprio nome" conferiria identidade à peça, tornando-se parte da própria melodia. Ao ser tocada, a flauta estaria repetindo o ato de autodesignação de cada bicho-espírito[174]. Além de ser um recurso mnemônico, esse ato convocaria uma imagem (ao mesmo tempo animal e musical), fazendo da melodia de cada peça a "expressão da agentividade do *itseke* que é o seu dono"[175]. Vemos, assim, que os cantos de flauta não são apenas a expressão de um personagem singular, um espírito chamado *kagutu*. *Kagutu* é uma singularidade plural de bichos-espíritos que dizem seus nomes, identificando-se sucessivamente. Ao executar os cantos em sequência, o instrumentista está convocando e reunindo a multitude de que *kagutu* é formado. A flauta é uma espécie de máscara cinética que converte o

---

170 Um exemplo é *jakitse*, com apenas dez peças, cujas cinco finais são chamadas Taũgi (o demiurgo Sol). Raramente tocada, mas obrigatória quando ocorrem eclipses, *jakitse* encontra-se no ápice do sistema. Tão perigosos são seus cantos, que quando os ouvi sendo tocados durante um eclipse lunar, em 2003, Jakalu executou-os sentado, tendo a suas costas um homem para espantar os mosquitos com uma camisa. Um silêncio absoluto reinou na aldeia, não se ouvia um só pio. Um erro na execução seria morte certa. Os Kuikuro dizem que os cantos Taũgi são verdadeiramente *itseke* e não cantos de *itseke* (*itseke igisü*), como os demais.
171 Nunca ouvi os Kuikuro se referirem ao *itseke* de outro modo que *kagutu*. Se os Wauja parecem denominá-lo "Mestre das Flautas" (*kawoká-wekeho*), os Kuikuro usam essa expressão para referirem-se a um ser humano conhecido, que é ou foi dono de um trio de flautas materialmente visíveis.
172 Robin M. Wright, *op. cit.*, 2013.
173 O método de ensino de Tupã tinha esta particularidade: ele convertia toda música instrumental em música vocal. Quando gravamos o CD *A Dança dos Sopros*, Tupã ajudou-me na análise das músicas para a produção do folheto. Para cada peça de música instrumental, ele me fornecia uma letra com a estrutura dos cantos críticos *kuambü* ou dos cantos mensagens *tolo* (Carlos Fausto, Didier Demolin e Jakalu Kuikuro, *op. cit.*, 2013).
174 Tommaso Montagnani, *op. cit.*, 2011, p. 154.
175 *Idem*, p. 202.

sopro em nomes-outros, permitindo exprimir múltiplas identidades ao longo do tempo. Vale notar, ademais, que muitos cantos vocais em língua arawak contêm a fórmula "eu sou x" (em que x é o nome do espírito dono do canto). Portanto, ao executá-los o cantor ou cantora atualiza o ato original de autodenominação, proferindo em sequência os nomes de numerosos *itseke* de mesma classe[176].

A multirreferencialidade dos aerofones sagrados é um elemento também marcante alhures, como podemos intuir da descrição que faz Murphy da relação de trompetes e ancestrais clânicos entre os Munduruku: "Clã, antepassado e trompete foram todos nomeados em função do mesmo objeto epônimo, seja animal, peixe ou planta. Cada trompete também tinha um espírito companheiro que recebeu um nome de planta ou animal diferente do nome do clã"[177]. No Alto Rio Negro, isso se torna ainda mais claro. Segundo Jonathan D. Hill, o demiurgo baniwa Kowai:

[...] "fala" com todas as partes de seu corpo – pés, mãos, costas, pescoço, braços, pernas e pênis –, não apenas com seus órgãos da fala. E cada parte do corpo é dita ser uma espécie de peixe, pássaro ou animal da floresta, cada uma produzindo seus próprios sons únicos e contribuindo para o som da voz de Kuwái, ao viajar para longe e abrir o mundo. Kuwái é assim um ser antropomórfico cujo corpo é, ao mesmo tempo, uma síntese zoomórfica das espécies animais[178].

O estranho corpo sonoro e poroso de Kowai tem como equivalente, entre os povos tukano do rio Negro, o personagem mítico Anaconda-Maniva. Para os Barasana, os aerofones do Jurupari são os ossos queimados desse personagem. Segundo a versão do mito, eles ora originam-se diretamente de seus ossos, ora de uma palmeira de paxiúba que nasce de suas cinzas[179]. Os aerofones indexam os ancestrais dos *sibs* barasana marcando uma continuidade vertical entre vivos e mortos – um tema muito presente, como vimos, na área setentrional do complexo das flautas sagradas. Mas esses ancestrais aerofones são também anacondas e, além de serem anacondas, são jaguares – e cada par deles tem, ademais, um nome próprio e seu próprio som: "arara-velha, jaguar-fruteira, papagaio-velho, veado-velho, mulher-espremedora-de-mandioca, anaconda-de--dança, flor-de-*Sabicea*, macaco-titi, estrela-velha"[180].

Essa profusão de identidades pode ser aproximada do que Velthem chamou de "metodologia de relações sucessivas", ao estudar os padrões gráficos wayana.

---

176 No caso xinguano, essa sequencialidade sonora não tem correspondência nos adornos plumários, que não sofrem variações significativas. Para o caso rio-negrino, Stephen Hugh-Jones sugere que os adornos de cabeça podem ser lidos sequencialmente como condensando múltiplas identidades em função dos materiais de que são feitos (correspondência pessoal, 2016).
177 Robert Murphy, *op. cit.*, 1958, p. 22.
178 Jonathan D. Hill, *op. cit.*, 2011, pp. 99-100.
179 Stephen Hugh-Jones, *op. cit.*, 1979, p. 153.
180 *Idem*, pp. 142-143.

Todo e qualquer padrão tem origem na pintura da pele da anaconda primordial, mas também é a imagem de um animal ordinário e de outros, que a ele se encadeiam sucessivamente, formando uma espécie de série figurativa. Assim, diz a autora:

[...] o padrão *merí* não representa apenas o quatipuru, mas é igualmente a representação de um ente sobrenatural de mesmo aspecto, mas de grande porte, o *merimë*, "quatipuru descomunal". Configura ainda um *jaguar* sobrenatural, denominado *meríkaikuxin*, *jaguar*/quatipuru, que se caracteriza por ter corpo de felino e uma cauda como a do citado roedor[181].

Eu diria que o *trickster* baniwa Kowai é, no registro acústico, equivalente ao que são as cobras constritoras no registro visual. A ideia de que a anaconda e a jiboia contêm todos os desenhos existentes é bem difundida na Amazônia, como Velthem deixou claro para os Wayana[182] e Els Lagrou para os Kaxinawá[183]. É no Alto Xingu, porém, que encontramos uma concepção sintética sonoro-visual dessa ideia. Para os Wauja, a anaconda Arakuni não só contém todos os desenhos em sua pele como também toda a música, uma vez que os desenhos são em si mesmos entidades acústicas[184].

O UNIVERSO EM PEQUENOS INTERVALOS

Murphy descreveu a música das flautas sagradas munduruku em termos não muito elogiosos: "A música mesma produzida pelos três tocadores de *karökö* não foi gravada e pode ser descrita apenas como um lamento profundo e bastante monótono. A música é sempre a mesma"[185]. Essa caracterização do antropólogo faz ressoar as descrições dos primeiros cronistas, que falavam em sonoridade sombria e lúgubre, quando não infernal e horrível. Talvez Murphy não tenha feito nenhuma gravação por falta de meios ou simplesmente por achar que não valia a pena, dado que a música era "sempre a mesma".

Confesso que, depois de passar uma semana inteira gravando os cantos de *kagutu* com Jakalu em 2006, mal era capaz de distinguir uma peça da outra[186]. Eu sabia que nem tudo era igual, embora tudo me parecesse igual. Mi-

---

181 Lucia H. van Velthem, *op. cit.*, 2003, p. 315. Em Wayana, *imë* é um modificador nominal com função similar ao kuikuro *kuegü* e ao wauja *kumã*, designando algo extraordinário, excessivo, perigoso e potente.
182 Idem, *A Pele de Tuluperê*, 1998, p. 127.
183 Els Lagrou, *A Fluidez da Forma*, 2007, p. 127.
184 Aristóteles Barcelos Neto, *op. cit.*, 2013, p. 192.
185 Robert Murphy, *op. cit.*, 1958, pp. 64-65.
186 Em 2006, em parceria com Didier Demolin e o Coletivo Kuikuro de Cinema, realizei a gravação em vídeo digital dos cantos de *kagutu*, como parte do projeto Documenta Kuikuro.

nha sensação era a de ser submetido a uma massa sonora homogênea, que não conseguia memorizar de jeito nenhum. Graças aos estudos de Montagnani e Piedade[187], hoje entendo melhor o sistema musical alto-xinguano e seu processo de transmissão. Não obstante, minha dificuldade perceptiva inicial contém uma pista significativa sobre as diferenças na estrutura de variação na música kuikuro e na música a que eu estava acostumado – apontando, portanto, para diferenças nas minhas expectativas auditivas e capacidade de discriminação. Comparo essa minha experiência com aquela que tive ao caçar com os Parakanã na floresta densa no final dos anos 1980. Na mata, eu nada via; tudo parecia se resumir a uma sucessão monótona de verde. Para ver algo, eu precisaria adquirir uma visão sensível aos pequenos intervalos, tornando-me capaz de habitar um mundo de microtransições cromáticas na escala do verde-marrom. Mas ali eu era um cego, incapaz de reconhecer uma descontinuidade em um contínuo de vegetação.

A música kuikuro ou wauja – e, quero crer, também tukano[188] ou enawene-nawe[189] – é construída, justamente, sobre pequenos intervalos. Isso tem um sentido musical preciso, a começar pelas notas das flautas *kagutu*: os quatro intervalos entre as cinco notas são curtos, de aproximadamente 1-1-½-½ tons (em uma escala de dó teríamos dó, ré, mi, fá, fá#)[190], ou seja, entre a nota mais grave e a mais aguda, a distância é de apenas três tons. Além disso, algumas suítes não utilizam todas as notas. Os 22 cantos da suíte *Itsaengo* ("dentro dela"), por exemplo, são construídos com quatro notas, sendo que a nota mais grave é usada apenas para o acompanhamento. Sobram, assim, três notas para construir 22 peças diferentes[191]. Imagino que, ao ler essa frase, a primeira reação do leitor seja: "pudera, tem mesmo que parecer repetido e semelhante. Afinal, o que se pode fazer com tão poucas notas?"

Como as análises musicológicas de Piedade e Montagnani mostraram, a resposta é: "muita coisa". Primeiro, há uma distinção clara entre o tema e a variação. Os Kuikuro designam-nas, respectivamente, *iina* ("base") e *itsikungu* ("a ruptura dela")[192]. A marca distintiva de uma suíte é que todos os cantos ali contidos têm uma base similar; já a marca distintiva de cada canto são as frases de ruptura – frases mais longas, com dilatação temporal e utilização da nota mais aguda. São elas o foco do trabalho de memorização, pois conferem identidade à

---

187 Tommaso Montagnani, *op. cit.*, 2011; Acácio T. D. Piedade, *op. cit.*, 2004.
188 Acácio T. D. Piedade, *op. cit.*, 1997.
189 Ana Paula R. de Lima Rodgers, *op. cit.*, 2014.
190 Há um padrão constante de fabricação das flautas, tanto em suas dimensões como na distância entre os orifícios de digitação. As "notas" não têm exatamente nome, embora estejam associadas a determinadas sílabas quando cantaroladas vocalmente (Tommaso Montagnani, *op. cit.*, 2011). No aprendizado com o instrumento, utilizam-se termos que se referem à posição dos dedos ("tudo aberto", "tudo fechado" e "um, dois ou três fechados").
191 Carlos Fausto, Bruna Franchetto e Tommaso Montagnani, *op. cit.*, 2011, p. 61.
192 Na terminologia de Piedade, trata-se, respectivamente, de "frases padrões" e "frases únicas" (Acácio T. D. Piedade, *op. cit.*, 2004, p. 149).

peça. Piedade faz uma análise sofisticada dos mecanismos de variação na música de flautas wauja, mostrando como, com poucas notas, constroem-se frases por meio de uma série de recursos, tais como a elisão, a compressão, a inversão, a fusão, entre vários outros[193]. Logo, aquilo que é percebido por ouvidos não indígenas como mera repetição é o resultado de um regime específico de variação, baseado no "princípio da repetição com a menor diferença".

Sugerimos alhures que esse princípio é um elemento central não apenas da musicalidade kuikuro como de suas artes verbais[194]. Piedade avançou, ademais, a hipótese de que esse tipo de reiteração com mínima diferença é um princípio estético e cosmológico geral para os Wauja – "uma orientação na visão de como constituir a diferença no mundo"[195]. Na mesma direção, Lima Rodgers[196] fala em uma "economia de alturas minimalista", característica de uma música que usa intensamente os pequenos intervalos e os desenhos microrrítmicos, manifestando uma deriva em direção ao cromatismo.

Essa mesma economia dos pequenos intervalos se expressa nas artes gráficas indígenas, como deixam claro as análises de David M. Guss e Velthem da cestaria dos povos karib setentrionais[197]. Há pouco, referi-me aos padrões gráficos wayana, para falar da multiplicidade de referentes, e de seu encadeamento sucessivo. Vale insistir, agora, nesse último ponto, pois essa sucessão é dada pelo modo como um motivo gera o outro por meio de pequenas modificações. Quem quer que observe os motivos gráficos ye'kwana coligidos por Guss[198] verá que é por meio de pequenos intervalos que se passa de um motivo a outro. Do desenho de base, a "máscara da morte" (*Woroto sakedi*), passa-se sem ruptura plástica ao motivo "face de jaguar" (*Mado fedi*) e deste àquele da "cobra coral" (*Awidi*) e assim por diante. O procedimento é o mesmo que Alfred Gell detectou nas Ilhas Marquesas, o qual permite gerar motivos "a partir de outros motivos intercalando variações minúsculas"[199] – procedimento que o autor, ademais, sugere aplicar-se às próprias relações sociais, de modo a produzir diferenças contra um fundo de semelhança fusional.

A deriva cromática é uma consequência natural do regime de pequenos intervalos. Em nosso caso específico, refere-se ainda a outro aspecto da paisagem sonora dos rituais de *kagutu*. As flautas são executadas por um trio formado pelo solista e dois acompanhantes. Os acompanhantes não tocam toda a melodia, limitando-se à parte denominada "base" – e mesmo assim com um ligeiro atraso. Quando o solista inicia a variação, os acompanhantes passam a tocar notas

---

[193] *Idem*, pp. 201-202.
[194] Carlos Fausto, Bruna Franchetto e Tommaso Montagnani, *op. cit.*, 2011.
[195] Acácio T. D. Piedade, *op. cit.*, 2004, p. 203.
[196] Ana Paula R. de Lima Rodgers, *op. cit.*, 2014, p. 404.
[197] A propósito de uma "lógica da diferença gradual", no caso dos padrões gráficos kaxinawá (*huni kuin*), ver também Els Lagrou, *op. cit.*, 2007, p. 146.
[198] David M. Guss, *To Weave and Sing*, 1989.
[199] Alfred Gell, *Art and Agency*, 1998, p. 219.

muito longas e deixam de seguir a melodia[200]. Essas notas longas dão margem a um longo escape do sopro no bocal, que confere audibilidade ao próprio hálito. Como afirma Piedade, a respeito da técnica de acompanhamento entre os Wauja, o objetivo é produzir um efeito de reverberação que não é uma "estética da descoordenação", mas "um estilo de acompanhamento próximo à ideia de vozes 'ao mesmo tempo em sincronia e fora de fase' (Feld, 1994, p. 119)"[201].

Piedade compara essa relação entre solista e acompanhante àquela entre *vox principalis* e *cantus firmus* no contraponto ocidental. Segundo o autor, essa comparação permite notar:

[...] uma característica saliente do contraponto indígena: a configuração que movimenta a música de *kaw̱oká* é a irrupção do canto como voz "de frente" a partir de uma "voz de fundo" que, constituída por uma série de notas longas em uníssono, se constrói como homogênea. Há aqui uma espécie de jogo estereoscópico de figura e fundo, ao mesmo tempo em que há uma imagem do próprio canto na voz de fundo[202].

Este é um ponto importante de se reter, não apenas pelo fato de termos aqui um jogo figura e fundo como também porque, nas palavras de Piedade, o acompanhamento "derrete o caráter descontínuo, projetando o canto na continuidade"[203]. Ou seja, funciona como mais um elemento a neutralizar os intervalos, criando um ambiente sonoro em que o tempo-espaço se dilata e, como diz a mitologia baniwa, o mundo se abre.

Esses são, enfim, os selvagens mistérios a que se referia Gilij mais de dois séculos atrás.

---

[200] Já no caso do repertório, hoje perdido, de *kuluta*, os três instrumentistas tocavam a mesma melodia.
[201] Acácio T. D. Piedade, *op. cit.*, 2004, p. 157.
[202] *Idem*, p. 216.
[203] Como sugerem Hill e Chaumeil, esse tipo de música expressaria "certo modo de pensamento pré-categórico, ou seja, uma forma de pensar sobre os elementos culturais como um *continuum*, antes de eles se tornarem parte de categorias distintas" (Jonathan D. Hill e Jean-Pierre Chaumeil, *op. cit.*, 2011b, p. 33). Essa é, precisamente, a passagem que a mitologia se propõe a narrar, segundo Lévi-Strauss (*op. cit.*, 1964, pp. 36-37).

3 | REDEMOINHOS DE IMAGENS

Por falar em superfície, é fato que você disse ou escreveu isto: O que há de mais profundo no homem é a pele?
  PAUL VALÉRY
  "L'idée fixe, ou deux hommes à la mer"

A superfície é onde está a maior parte da ação.
  JAMES J. GIBSON
  The Ecological Approach to Visual Perception

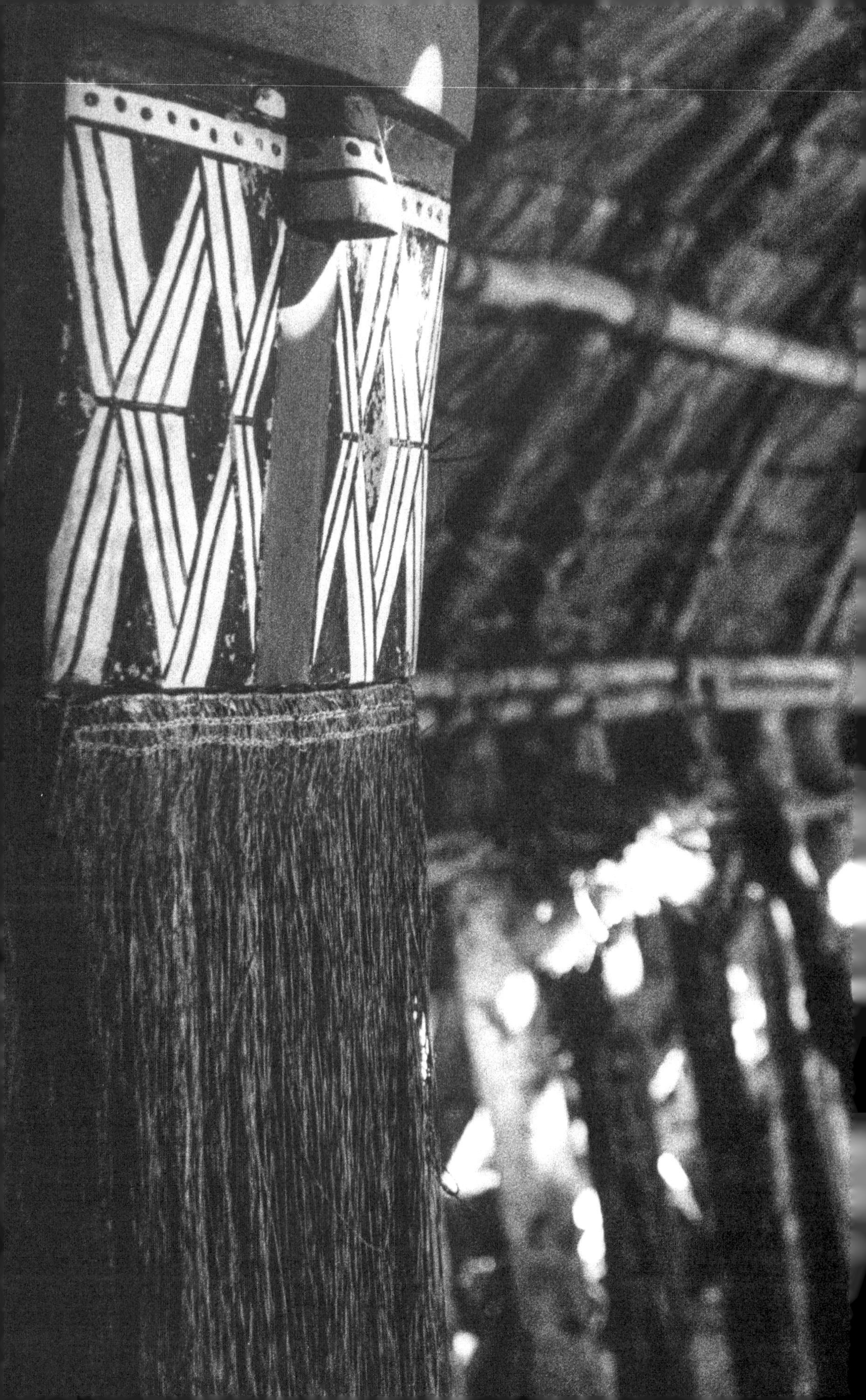

NOS CAPÍTULOS ANTERIORES, ACOMPANHAMOS A PASSAGEM DO corpo ao troféu e do troféu aos aerofones sagrados, estudando sua ocorrência na Amazônia. Destacamos os mecanismos formais de complexificação que fazem emergir uma zona de incerteza, na qual uma presença-outra é convocada de maneira vigorosa e regulada, graças às operações rituais. Daí o recorrente estatuto desses artefatos enquanto xerimbabos dos oficiantes cerimoniais: o vetor familiarizante permite capturar a força predatória exterior e canalizá-la para a produção de pessoas e grupos que se concebem como parentes. Os aerofones sagrados são instrumentos poderosos desse movimento de captura. A dinâmica de tubos e sopros – ao mesmo tempo internos e externos –, capaz de multiplicar relações e referentes, produz um vórtex imagético que nos suga para dentro do quadro constituído pelo ritual.

Neste capítulo, focalizo outro artefato: as máscaras. Desta feita, nosso espectro geográfico se expande, pois proponho uma viagem que se inicia no Ártico norte-americano, passa pela Costa Noroeste e termina na Amazônia. O que ganhamos em amplitude, perdemos em precisão, pois não sou especialista dessas duas regiões da América do Norte, que, ademais, são de uma riqueza etnográfica desconcertante. Se aí me aventuro, é porque senti a necessidade de enfrentar duas possíveis objeções a meu argumento sobre o regime audiovisual amazônico. Tais objeções decorrem de duas tendências bem enraizadas na literatura dos últimos vinte anos, conforme notei na introdução: por um lado, não obstante a crítica ao dualismo cartesiano, continuamos a fazer uso de esquemas duais aí enraizados; por outro, não obstante a crítica ao antropocentrismo, continuamos a interpretar nosso material etnográfico com base em um viés antropomórfico, como se forma e condição humanas fornecessem as bases estáveis às ontologias animistas.

Para convencer meus leitores da produtividade de minha interpretação alternativa, julguei interessante voltar ao material norte-americano, cuja literatura influenciou fortemente o renascimento do animismo enquanto conceito antropológico[1]. Aqui, porém, em vez de partir de narrativas míticas ou relatos de caça,

---

[1] Luiz Costa e Carlos Fausto, "Animism", 2018.

tomo as máscaras como objeto de análise, em particular aquelas do Alasca e da Costa Noroeste. A escolha dessas regiões não é aleatória – aí se encontram duas grandes tradições de mascaramento e uma sofisticada literatura antropológica que nos permite falar delas. Partamos, pois, nesta jornada.

UMA VIAGEM AO NORTE

Um dos elementos característicos das máscaras enquanto objeto ritual é que elas precisam ser vestidas por alguém – são sempre uma segunda face que contém uma pessoa em seu interior. À diferença de uma estátua estática, máscaras são imbuídas de movimento, deslocando-se no espaço e emitindo sons. Podem atacar a audiência, dançar graciosamente, fazer gracejos monstruosos, pedir, abduzir, roubar, cativar. O problema não é como imaginar sua agência, mas como não tomar o disfarce ao pé da letra. Afinal, nos rituais ameríndios, todo adulto sabe que quem anima a máscara não é um espírito, mas um parente. A pergunta não é, pois, como se atribui "subjetividade" ou "agência" a um artefato sólido e imóvel, mas como a máscara dá lugar a uma atribuição deslocada de subjetividade – como ela evoca e convoca uma presença-outra.

Há mais de uma maneira para responder a essa indagação. Uma alternativa seria descrever fenomenologicamente a experiência ritual. Máscaras são artefatos tridimensionais, têm odores e texturas particulares, são vestidas e animadas, e sempre empregadas em contextos nos quais se produz uma instabilidade cognitiva, tornando difícil dizer se estamos diante de uma presença-outra ou simplesmente diante de um objeto manufaturado utilizado por um membro da coletividade. Essa instabilidade é produzida ao longo da interação com as entidades-máscaras: seja pela impossibilidade de ler-se na máscara uma expressão facial que corresponda às suas ações, seja pela dúvida sobre quem é o responsável pela ação, na medida em que o comportamento e os gestos da máscara são estereotipados, seja, enfim, pelo fato de que a interação, geralmente sem palavras, coloca entre parênteses o regime normal da comunicação.

Há, porém, razões para não se privilegiar, aqui, uma descrição fenomenológica. Por um lado, este é um capítulo de amplo espectro comparativo, tornando impraticável a reconstrução dos contextos de uso em todos os casos analisados[2]. Por outro lado, interessa-me mostrar como os mecanismos interacionais articulam-se a uma lógica da forma, sem a qual não seria possível capturar a imaginação dos participantes[3]. Nos capítulos anteriores, explorei alguns dos princípios formais enunciados na introdução do livro. Agora, vou focalizar sobretudo o

---

[2] Além disso, as tradições de máscaras norte-americanas foram, em sua maioria, condenadas e atacadas pelos missionários e colonizadores, sobretudo a partir de meados do século XIX. Com isso, parte de seus contextos de uso se perdeu.
[3] Carlo Severi, "Memory, Reflexivity and Belief", 2002.

encaixe recursivo (isto é, a recursividade das relações continente-conteúdo) e a referência múltipla (isto é, o fato de um mesmo signo apontar, simultaneamente, para uma miríade de referentes).

O HUMANO NO INTERIOR

Começo pelo extremo norte das Américas, terra dos Yup'ik e dos Inuit. Mais numerosos, os Inuit ocupam um extenso território que vai da Groenlândia ao norte do Alasca, enquanto os Yup'ik encontram-se no centro-sul do Alasca, assim como na Sibéria. De acordo com Cécile Pelaudeix, foi no Alasca, e não no Ártico canadense, que se desenvolveu uma rica tradição de máscaras de madeira[4]. Contudo, ela entrou em declínio, no início do século XX, com a intensificação da presença missionária na região[5]. Nos anos 1990, a antropóloga Ann Fienup-Riordan participou de um projeto de revitalização das máscaras yup'ik, que resultou em uma exposição e dois livros[6]. É dessas obras que retiro a maior parte de meus exemplos.

Permitam-me esboçar uma primeira definição de uma máscara ameríndia, em acordo com o modelo animista padrão: a máscara é a face de um não humano que é simultaneamente uma pessoa humana. Essa definição atende à pressuposição mínima do animismo, segundo a qual atrás de um não humano sempre se encontra uma pessoa que compartilha a condição humana[7]. Essa dualidade entre exterioridade não humana e interioridade humana forneceria o fundamento ontológico para toda e qualquer figuração no mundo animista. As máscaras yup'ik seriam assim uma forma de revelar, por meio de predicados antropomórficos, que animais, plantas e espíritos "possuem, assim como os humanos, uma interioridade que os torna capazes de uma vida social e cultural"[8]. Um bom exemplo pode ser visto na figura 9. Trata-se de uma máscara do baixo rio Yukon, coletada por Johan Adrian Jacobsen na década de 1880. Notem que ela traz um pequeno rosto humano esculpido em baixo-relevo sobre um rosto animal. O etnólogo norueguês descreve o artefato como uma "máscara de dança mostrando o espírito de uma raposa. No topo da cabeça, o espírito mostra sua face que tem, como todos os espíritos, uma semelhança humana ou pode se mostrar como um humano"[9].

---

4 Cécile Pelaudeix, Art inuit, 2007, p. 157.
5 Ann Fienup-Riordan, *Hunting Tradition in a Changing World*, 2000, pp. 13-14.
6 Idem, *The Living Tradition of Yup'ik Masks*, 1996; Marie Meade e Ann Fienup-Riordan, *Agayuliyararput*, 1996.
7 Philippe Descola, *Par-delà nature et culture*, 2005, p. 183.
8 Idem, "Un monde animé", 2010, p. 23.
9 Ann Fienup-Riordan, *op. cit.*, 1996, p. 86.

FIGURA 9. *Máscara de raposa yup'ik. Coletada por Johan Adrian Jacobsen, Alasca (Estados Unidos), década de 1880. Cortesia do Ethnologisches Museum, Berlim, Alemanha (ident. n. IV A 4447).*

Podemos, agora, complexificar um pouco nossa definição inicial, tomando a máscara como um objeto ritual que revela a virtualidade humana dos não humanos precisamente por ser animada desde seu interior por uma pessoa humana. A presença dessa pessoa atualizaria o que antes era simplesmente pressuposto (a saber, que os não humanos são pessoas). Para que essa operação seja possível, é necessário explorar um traço formal constitutivo das máscaras: a relação continente-conteúdo. O antropólogo Jarich Oosten faz referência a outra máscara, desta feita inuit, que se abre revelando o rosto humano do dançarino no interior da face animal: "No contexto do ritual, o portador da máscara representava o animal, e, quando ele abria a máscara, seu rosto representava o *inua* do animal"[10]. *Inua* (ou *yua*) traduz-se literalmente como "sua pessoa", ainda que alguns autores a tenham traduzido como "alma", "espírito" ou, ainda, "duplo espiritual"[11].

10 Jarich Oosten, "Representing the Spirits", 1992, p. 116.
11 *Yua* (pl. *yuit*) é a forma possessiva de *yuk*, que significa "pessoa" (Ann Fienup-Riordan, *Boundaries and Passages*, 1994, p. 51).

FIGURA 10. *Máscara de foca yup'ik. Região de Kuskokwim (Estados Unidos), sem data. Cortesia do Burke Museum of Natural History and Culture, Seattle, Estados Unidos (1.2E644). Doada por Robert Gierk. Redesenhada por Carlos Fausto.*

Tudo sugere que estejamos diante de uma ideia tão simples quanto recorrente: a exterioridade animal contém e esconde uma interioridade humana, que somente se deixa entrever durante o transe xamânico, as experiências oníricas e as *performances* rituais. A relação continente-conteúdo – expressa em imagem e movimento pela máscara – seria a tradução visual dessa noção ontológica de base. Gostaria de sugerir, no entanto, ser possível complexificar essa ideia, reconhecendo a existência de vários níveis sucessivos de encaixe. Vejamos como.

Comecei pela afirmação de que uma máscara é a face de um não humano que é também uma pessoa com características humanas. Em seguida, acrescentei que a máscara sempre deve ser animada de dentro por outra pessoa, dessa vez, visivelmente humana. Onde se encontra a recursividade desse encaixe? Ora, a pessoa dentro da máscara tem também uma face visível (tornada momentaneamente invisível) e um interior que contém um "duplo-alma"[12]. A máscara

[12] Aqui, simplifico bastante os conceitos yup'ik. A pessoa humana viva possui diversos componentes: sopro (*anerneq*), sombra (*tarneq*), espírito vida (*unguva*) e nomes (*ateq*), que são

à qual Oosten faz referência joga com esse tema: o rosto que se encontra no interior não é apenas o rosto de um homem, mas outra superfície que traz à imaginação outra interioridade. No caso da máscara yup'ik da raposa, se o baixo-relevo nos sugere a ideia de interioridade, esta é, ela própria, outra face, ou seja, outra exterioridade[13].

Permitam-me ir além desse segundo nível de encaixe. Na figura 10, temos uma máscara-foca que apresenta um grau suplementar de elaboração formal: o rosto principal é metade humano, metade foca (a boca em arco é um índice de que se trata de um animal marinho). Esse rosto se eleva de uma placa de madeira figurando um corpo animal do qual saem quatro patas. Na parte inferior da placa, encontram-se outras duas faces com características humanas – espécies de minimáscaras em alto-relevo que emergem do corpo do animal, invertendo a relação entre figura e fundo que observamos na máscara da raposa. Anciões yup'ik, entrevistados no bojo do projeto de revitalização, recordam-se desse tipo de máscara, com função propiciatória, sendo usado por uma mulher xamã do baixo rio Yukon, durante uma festa para receber os convidados vindos do litoral. De dentro da máscara, a mulher emitia sons tão perfeitos de foca que os convidados diziam que "ela era realmente a foca, pois produzia o som exato de uma foca-barbuda, embora fosse uma mulher e nunca tivesse saído para o oceano nem tivesse ouvido uma foca fazendo aquele som"[14]. A mimese acústica transmuta interioridade humana em uma interioridade foca, de tal modo que se estabelece uma dinâmica transformacional entre as duas condições, a qual não se reduz a uma distinção simples entre continente e conteúdo.

Tomo ainda outro exemplo do Alasca, desta vez de uma máscara xamânica que aparece em uma famosa foto tirada por John Edward Thwaites, em 1912, entre os Aglegmiut da baía de Nushagak, identificada como retratando um "xamã exorcizando os espíritos malignos de um menino doente" (figura 11)[15]. Essa imagem nos dá uma ideia do impacto visual da máscara e de toda a vestimenta que a acompanhava, aí incluídas as gigantescas mãos curativas. O jogo formal dessa máscara consiste em multiplicar as referências icônicas e o número de faces identificáveis: distingue-se um corpo de pássaro de onde sai uma cabeça também de pássaro e duas asas. Essa cabeça, por sua vez, forma o nariz de uma das faces representadas na máscara, enquanto as asas, que são formalmente idênticas à boca dentada, são também orelhas. Em seguida, onde ficariam os olhos da

---

aquilo que garante o renascimento em gerações subsequentes por meio dos homônimos (Ann Fienup-Riordan, *op. cit.*, 1994, pp. 51-52).
13 Esse tipo de máscara com a pequena face em baixo-relevo parece ter sido bastante comum no Alasca. Havia variações que alteravam a relação entre a parte e o todo. Assim, há máscaras nas quais a face humana é posta sobre um dos olhos da face animal ou no interior de sua boca aberta (*idem, op. cit.*, 1996, pp. 70, 104).
14 Paul John *apud* Ann Fienup-Riordan, *op. cit.*, 1996, p. 88.
15 Uma coleção de 396 imagens selecionadas de 1 300 fotos de Thwaites está disponível na coleção digital da University of Washington, Estados Unidos. Ver também Ann Fienup-Riordan, *op. cit.*, 1996, p. 189.

FIGURA 11. *Xamã esquimó exorcizando maus espíritos de um menino doente. Alasca (Estados Unidos), 1912.* © *Alaska State Library, Juneau, Estados Unidos (Thwaites Collection, Neg PCA-18-497). Foto de John Edward Thwaites.*

máscara encontra-se outra face, redonda, cuja boca é igualmente dentada. Percebem-se ainda olhos suplementares – aqueles do rosto maior – figurados por pequenas plumas listradas. Diante de uma máscara como essa, é difícil decidir quantas faces são simultaneamente representadas, quais são manifestamente humanas e quais são os referentes animais precisos aos quais ela nos remete. Com efeito, essa máscara joga com uma representação paradoxal do animal e do humano, manifesta sob a forma da justaposição e oscilação entre zoomorfismo e antropomorfismo.

Esse tipo de intensidade figurativa podia ser levado ainda mais longe por meio de uma multiplicação icônica dos animais figurados. Um bom exemplo é o da enorme máscara coletada por Ellis Allen, em 1912, em Goodnews Bay, e que se encontra, hoje, no Burke Museum of Natural History and Culture, em Seattle, Estados Unidos (catalogada sob o número 4 528). Nela, observamos a mesma proliferação de faces e membros que havíamos encontrado na máscara da foca. Temos um corpo de peixe que traz às suas costas duas outras faces: "Um animal terrestre sorridente na parte de cima e um mamífero aquático descontente na parte de baixo"[16]. A segunda face encontra-se no interior da boca dentada da primeira face, de modo formalmente similar ao de outra máscara coletada por Allen, descrita por Fienup-Riordan como "uma pequena máscara de foca finamente esculpida, seu *yua* saindo de sua boca"[17]. Vê-se, assim, como o motivo de base com o qual comecei essa análise – o pequeno rosto humano que deixa entrever a pessoa animal – pode ser empregado em composições bem mais elaboradas[18].

Essa conclusão nos obriga a retroagir e questionar a aparente simplicidade de nosso motivo de base. Fienup-Riordan observa que a interpretação na chave exterioridade animal e essência humanoide deve ser vista com prudência, já que o único modo seguro de interpretar as características formais de uma máscara particular seria conhecer a narrativa a ela associada. E acrescenta:

> Alguns pesquisadores descrevem a máscara *yua* típica como um rosto ou um corpo animal nos quais um rosto humano (aquele da pessoa do animal) é encaixado (nos seus olhos ou em suas costas). Esse rosto humano, no entanto, também pode representar o *angalkuq* [o xamã], e o animal, seu espírito auxiliar[19].

---

16 *Idem*, p. 163.
17 *Idem*, p. 70.
18 Nesse ponto, discordo de Descola, quando ele afirma que, embora essas máscaras possam parecer compósitas, elas não as são realmente: "Não devemos ver aqui quimeras feitas de partes anatômicas emprestadas de várias famílias zoológicas, como Pégaso e Griffo" (Philippe Descola, *op. cit.*, 2010, p. 23). Para o autor, as imagens ameríndias servem, antes, ao propósito mais básico de indicar que os não humanos têm uma subjetividade semelhante à humana.
19 Ann Fienup-Riordan, *op. cit.*, 1996, p. 60.

De fato, nas reminiscências dos anciões, coletadas pela pesquisadora yup'ik Marie Meade e editadas por Fienup-Riordan[20], a associação mais recorrentemente lembrada é aquela entre a feitura das máscaras e a experiência xamânica. Diz-se que as máscaras eram feitas (ou encomendadas) por xamãs de modo a revelar a imagem de seus espíritos auxiliares (*tuunraq*). A máscara seria, pois, a imagem do *tuunraq*; ou ainda a forma visual com que se narrava o encontro em que o xamã capturava e familiarizava o espírito. Diz-se, ainda, que as máscaras eram acompanhadas por um canto e que, ao final da apresentação, seus donos contavam a estória que levara a sua confecção[21].

Como podemos ver, nosso motivo de base – o humano no interior – é mais intricado do que parecia de início. Artesãos e *performers* indígenas estavam constantemente explorando as possibilidades estéticas da recursividade do encaixamento e da multiplicidade referencial. Na próxima seção, continuamos nossa jornada pelo continente norte-americano, focalizando agora as célebres máscaras da transformação, provenientes da Costa Noroeste.

CRISTAS E CAIXAS

Enquanto área etnográfica, a Costa Noroeste estende-se do estado americano do Oregon até a fronteira entre a Colúmbia Britânica, no Canadá, e o Alasca (mapa 5). Nessa faixa de mais de 2 mil quilômetros de extensão, desenvolveu-se, em tempos pré-colombianos, um extraordinário sistema cultural multiétnico e plurilíngue. Alguns autores diferenciam três subáreas desse conjunto, conforme sua posição e certas ênfases socioculturais. Mais ao sul, temos os povos de língua salish, que apresentam uma estrutura social menos hierárquica e sem princípio claro de descendência, à qual corresponderia um estilo artístico "minimalista"[22] e "esquemático"[23]. Logo acima, entre o norte de Vancouver e as ilhas Haida Gwaii (Queen Charlotte), temos a área central, majoritariamente ocupada por falantes de línguas wakashan. Na literatura antropológica, o povo mais conhecido dessa área é chamado Kwakiutl (Kwakwaka'wakw), foco de obras fundacionais de Franz Boas[24] e cuja estrutura social serviu de modelo a Claude Lévi-Strauss[25] ao propor a noção de sociedades de Casas[26]. O estilo artís-

---

20 *Idem.*
21 Havia um tipo de máscara, chamada *nepcetaq*, que só podia ser usada por xamãs poderosos, pois se fundia ao rosto do usuário, aderindo a ele de tal maneira que não precisava ser amarrada à cabeça (Marie Meade e Ann Fienup-Riordan, *op. cit.*, 1996, p. 49).
22 Aldona Jonaitis, *Art of the Northwest Coast*, 2006, p. 10.
23 Claude Lévi-Strauss, *La voie des masques*, 1979, p. 11.
24 Franz Boas, "The Social Organization and the Secret Societies of the Kwakiutl Indians", 1895; idem, *The Kwakiutl of Vancouver Island*, 1909.
25 Claude Lévi-Strauss, *op. cit.*, 1979.
26 Conhecidas como *numaym*, as unidades sociais kwakiutl estruturam-se por meio de princípios que, aos olhos da antropologia de então, apareciam como contraditórios. Ao aproximar

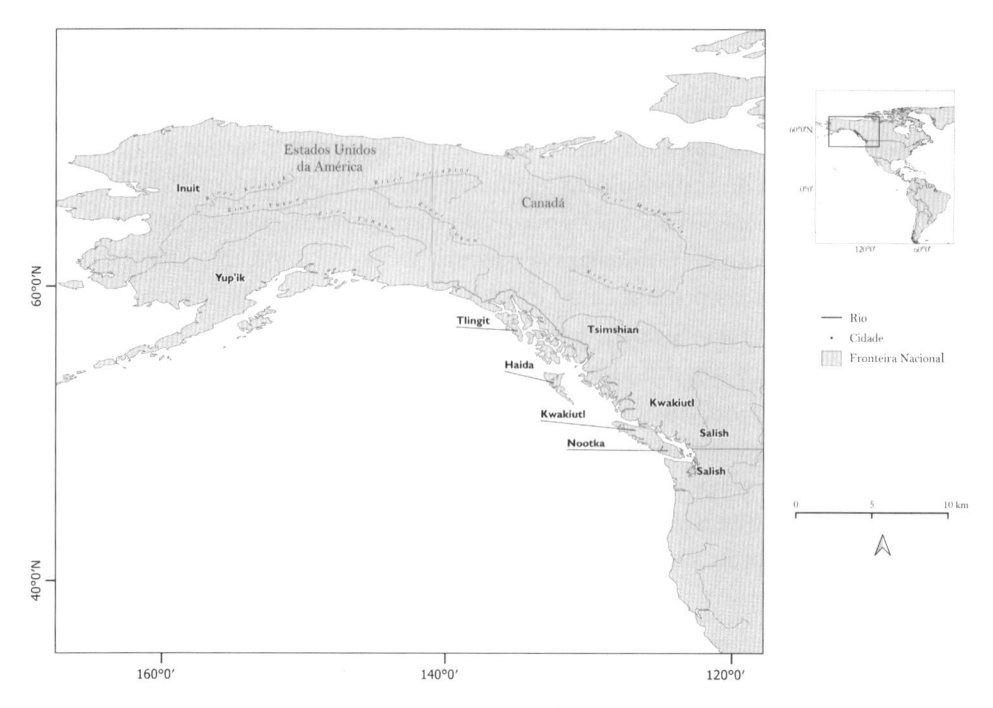

MAPA 5. *Costa noroeste da América do Norte e Alasca (2022).*

tico dessa área é frequentemente classificado como "dramático"[27] e exuberante, demonstrando uma "imaginação desenfreada"[28]. Por fim, na área norte, entre o arquipélago Haida Gwaii e a fronteira com o Alasca, encontramos grande diversidade linguística e uma estrutura social comum, caracterizada pela ênfase na descendência unilinear: os Haida e os Tlingit possuem metades exogâmicas e clãs matrilineares, enquanto os Tsimshian possuem fratrias e matriclãs[29]. O estilo artístico da área setentrional costuma ser qualificado como "elegante", manifestando, para usar mais uma vez os termos de Lévi-Strauss, "uma sensibilidade mais humana" e uma "imaginação sutil e poética"[30].

Em maior ou menor grau, toda a Costa Noroeste caracterizava-se por uma hierarquia entre clãs e/ou Casas, cuja origem é narrada por mitos. Estes contam como o ancestral fundador adquiriu uma série de prerrogativas expressas na forma de signos heráldicos – conhecidos na literatura como cristas – dentre os quais as máscaras seriam a forma quintessencial[31]. Tais cristas são índices das

---

essas unidades das Casas nobres da Europa medieval, Lévi-Strauss redefiniu-as como exemplo de uma forma social mais geral.
27 Aldona Jonaitis, *op. cit.*, 2006, p. 7.
28 Claude Lévi-Strauss, *op. cit.*, 1979, p. 11.
29 Abraham Rosman e Paula G. Rubel, *Feasting with Mine Enemy*, 1986.
30 Claude Lévi-Strauss, *op. cit.*, 1979, p. 11.
31 Irving Goldman, *The Mouth of Heaven*, 1975, p. 63. O termo provém do latim *crista*, que

interações míticas do ancestral com seres poderosos (frequentemente zooantropomórficos), interações estas que conferem ao grupo descendente o direito de narrar certas estórias, entoar certos cantos, executar certas danças, bem como aplicar determinadas imagens sobre os mais diferentes suportes materiais, com os quais se fabricam diversos artefatos.

Assim como no caso dos Yup'ik, as imagens materializadas em objetos narram a história de encontros extraordinários durante os quais ocorreu a aquisição de certas qualidades. Na Costa Noroeste, porém, elas indexam menos a interação individual com um espírito auxiliar que uma narrativa mítica de um ancestral que funda uma nova unidade social; ou ainda um novo coletivo de pessoas e imagens, já que a perpetuação do coletivo dependia da produção de imagens heráldicas e, sobretudo, de sua exibição: precisavam ser vistas por outros e, assim, legitimadas. Isso ocorria nos célebres festivais do *Potlatch*, quando os convidados eram chamados a testemunhar e legitimar a história de uma Casa, em um contexto de competição ritual no qual grande quantidade de bens de luxo era distribuída. Essas propriedades e prerrogativas rituais estavam associadas a nomes que, por sua vez, estavam associados a assentos; isto é, a lugares ranqueados em que se sentavam os convidados para assistir ao *Potlatch*. Assim, se, por um lado, os anfitriões – por meio da exibição de riquezas personalizadas e da distribuição ostentatória de uma pilha de peles anônimas – obrigavam a plateia a testemunhar seu direito a nomes-títulos e a prerrogativas rituais; por outro, a ordem em que os convidados se sentavam indexava posições hierárquicas expressas por nomes, que deveriam ser confirmados em um futuro *Potlatch*, no qual as posições de anfitrião e convidado se invertiam[32]. Patrocinar um desses festivais era, pois, necessário para fixar o nome à pessoa e também para ela ascender na escala do prestígio[33].

Dentre os inúmeros artefatos exibidos ritualmente, as máscaras ocupavam um lugar destacado em *performances* extremamente sofisticadas, nas quais se utilizavam técnicas ilusionistas para fascinar os convidados. Segundo Boas, as máscaras representavam um ancestral do clã e remetiam a uma narrativa legendária. O autor transcreve a seguinte fala de um chefe local:

---

designava as plumas utilizadas por oficiais romanos em seus elmos. Na Baixa Idade Média, a crista heráldica passou a fazer parte da indumentária utilizada pelos cavaleiros.

32 Sobre a distinção entre a singularidade dos signos heráldicos e a generalidade das peles ou cobertores, ver Irving Goldman, *op. cit.*, 1975, p. 125.

33 Não por acaso, o sistema da Costa Noroeste entrou em uma espiral inflacionária durante o auge do comércio de peles com os russos e os europeus ocidentais. Como sugere Jonaitis, o período dito "clássico" da arte da região corresponde ao contexto colonial, no qual se incorporaram novas matérias-primas, instrumentos de metal e outros bens estrangeiros. Esse comércio era controlado pelos grandes chefes, que se tornaram ainda mais ricos, competindo entre si por meio da realização de festivais cada vez mais exuberantes, nos quais buscavam mesmerizar os convidados. Cf. Aldona Jonaitis, *op. cit.*, 2006.

Vocês todos sabem, Kwakiutl, quem sou eu. Meu nome é Yä'qaLenlis. O nome começou na época em que nosso mundo foi feito. Sou um descendente dos chefes sobre os quais ouvimos falar nas lendas mais antigas. O Hö'Xhoq desceu para Xö'xop'a, tirou sua máscara de pássaro e se tornou um homem. Depois ele tomou o nome Yä'qaLenlis. Este foi meu ancestral, o primeiro dos Qoë'xsöt'ënôx[34].

A máscara aparece aqui como a face do ancestral do clã antes de virar humano, máscara que se torna um signo heráldico daqueles que portarão o nome Yä'qaLenlis. Um pouco mais à frente, Boas refere-se a outra máscara, do clã Kᵘkwä'kum, cujo desenho apresenta um rosto humano encimado por uma pequena cabeça de urso, que é a figuração material de uma narrativa:

No potlatch do clã, aparece uma máscara representando um dos antepassados do clã atual (não seu primeiro ancestral), cujo nome era Nö'lîs [...] – uma máscara dupla, encimada por um urso. O urso quebrou a represa, o que impediu que a propriedade de Nö'lîs subisse o rio. A máscara externa mostra Nö'lîs enraivecido derrotando seus rivais; o lado interno mostra-o com uma disposição gentil, distribuindo propriedade de modo amigável[35].

O autor faz seguir a essa descrição duas canções associadas ao artefato: a primeira é a narrativa cantada do evento mítico; a segunda exalta a grandeza inigualável do chefe que possui a prerrogativa de uso da máscara.

O interesse de Boas pela arte da Costa Noroeste nasceu do trabalho de catalogação da coleção do capitão norueguês Jacobsen, que ele realizou em 1885 para Adolf Bastian, então diretor do Ethnologisches Museum, em Berlim, Alemanha. A coleção compreendia algumas máscaras de transformação obtidas entre os Kwakiutl de Tsa<u>x</u>is (Forte Rupert, Colúmbia Britânica). A experiência levaria Boas a empreender sua primeira expedição à Costa Noroeste, no outono de 1886, à qual se seguiriam uma série de outras[36]. Ao publicar "The Social Organization and the Secret Societies of the Kwakiutl Indians", em 1895, ele incluiu 51 pranchas, além de inúmeros desenhos nas páginas com texto[37]. Entre os artefatos retratados, encontram-se diversas máscaras. Além da máscara Kᵘkwä'kum descrita anteriormente, Boas apresenta três outras associadas a um festival chamado Laö'laxa: a primeira é uma máscara de veado que, ao se abrir, mostra uma face quase humana[38]; a segunda é a de uma orca que, ao se abrir,

---

34 Franz Boas, *op. cit.*, 1895, p. 350.
35 *Idem*, p. 358.
36 Douglas Cole, *Franz Boas*, 1999, pp. 96-97.
37 Esse trabalho é devedor de extensa coleta, transcrição, tradução e explicações realizadas por George Hunt, filho de um inglês empregado na Hudson Bay Company e de uma mulher nobre tlingit. Hunt cresceu em Fort Rupert e acabou por ingressar nas sociedades secretas kwakiutl, tendo sido iniciado no *Hamatsa*, a principal dança de inverno local, no final do século XIX (*idem*, p. 200).
38 Franz Boas, *op. cit.*, 1895, p. 625.

FIGURA 12. *Máscara dupla figurando o Sol*. Franz Boas, "The Social Organization and the Secret Societies of the Kwakiutl Indians", 1895, figura 197.

mostra outra face de orca[39]; por fim, a terceira é uma face humana figurando "Sol Encoberto", que se abre em uma coroa radial mostrando outra face, denominada "Sol Aberto"[40]. Visto de frente, Sol Aberto contém outro pequeno rosto que, por sua vez, corresponde à parte inferior do bico de um pássaro, quando a máscara é vista de perfil (figura 12)[41].

Esses três exemplares usados no festival Laö'laxa mostram que as máscaras duplas serviam para apresentar diferentes metamorfoses: de animais em humanos, de uma condição de um espírito a outra, de animais em outros animais, e assim por diante. Essa mesma variedade aparece alhures na obra de Boas. Em 1909, ao publicar *The Kwakiutl of Vancouver Island*, o autor incluiu uma série de desenhos, da lavra de Rudolf Cronau, de máscaras coletadas durante a expedição Jesup North Pacific (1897-1902). Na prancha 51, por exemplo, são reproduzidas várias máscaras de transformação. A primeira mostra-nos a cabeça de um lobo que, uma vez aberta, deixa entrever um corvo; a segunda mostra-nos uma

---

[39] Idem, p. 628.
[40] Idem, p. 630.
[41] Fotos dessa máscara podem ser encontradas na base digital de Staatliche Museen, em Berlim, Alemanha, onde é identificada como *Verwandlungsmaske* (máscara de transformação). Disponível em: http://www.smb-digital.de. Acesso em: 3 ago. 2022.

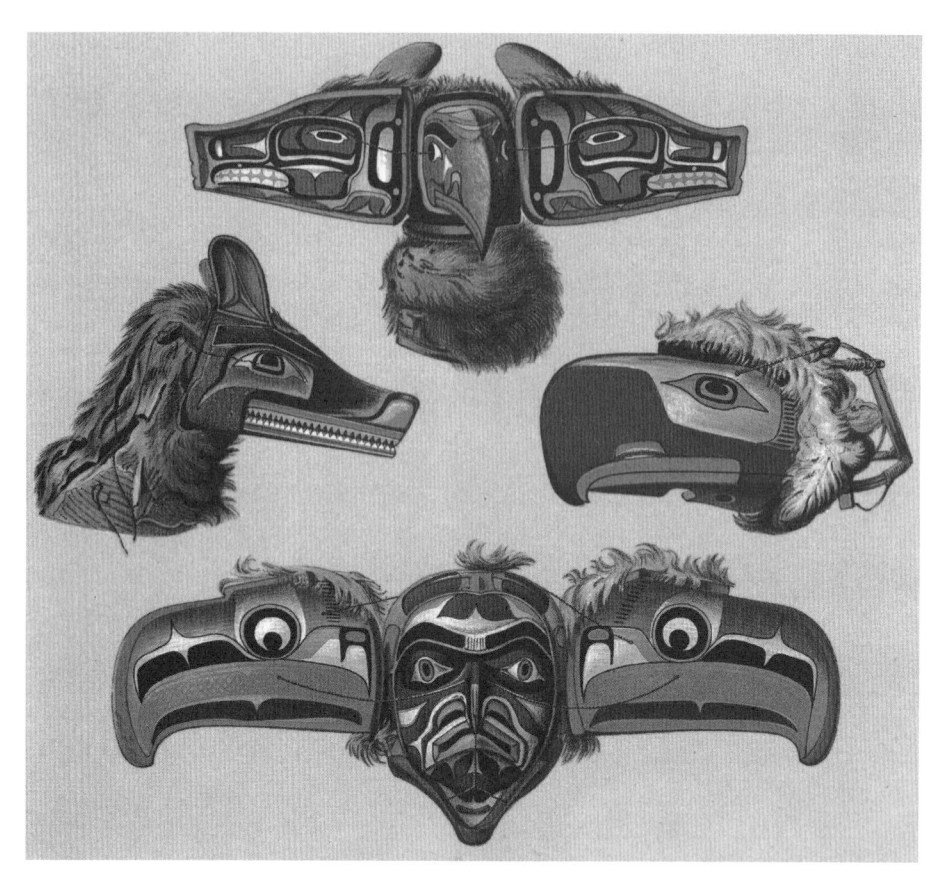

FIGURA 13. *Máscaras kwakiutl desenhadas por Rudolf Cronau. Coletadas durante a Jesup North Pacific Expedition. Franz Boas,* The Kwakiutl of Vancouver Island, *1909, prancha 51.*

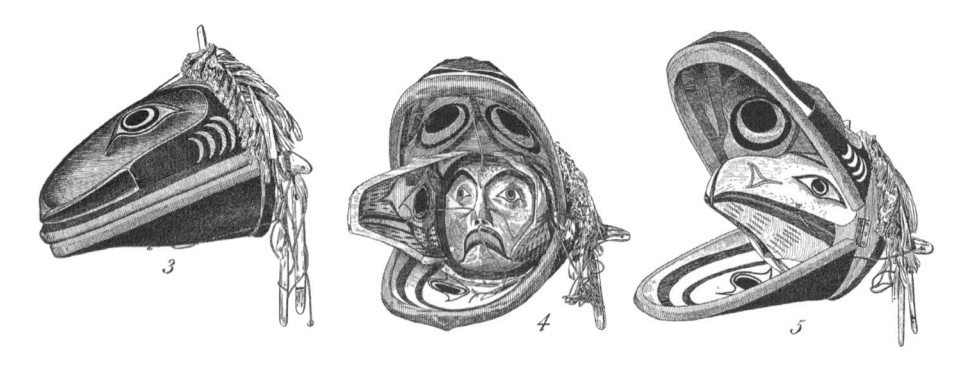

FIGURA 14. *Máscara da transformação kwakiutl com três camadas. Franz Boas,* The Kwakiutl of Vancouver Island, *1909, prancha 41.*

ave de rapina que, ao abrir-se, traz outra face que não é, no entanto, inteiramente humana, já que compreende o nariz-bico de um pássaro, provavelmente uma águia (figura 13)[42].

Essas duas transformações (lobo ▶ corvo ▶ humano-águia) aqui representadas separadamente podem ser encontradas reunidas em uma mesma máscara, conduzindo o jogo de encaixes sucessivos a um nível superior de sofisticação. Na prancha 41 de *The Kwakiutl of Vancouver Island*, encontram-se três desenhos de um só artefato. No desenho identificado pelo número 3, temos a máscara fechada, figurando um peixe; no desenho 5, ela se abre deixando entrever a cabeça de um corvo e, no desenho 4, abre-se novamente apresentando a face de um homem com traços animais (figura 14)[43]. Não há como interpretar com segurança esses traços, dada a ausência de explicações de seus produtores e/ou donos. Posso apenas arriscar-me a sugerir possíveis equivalências, com base nas correspondências que Boas estabelece entre certos motivos figurativos e certos animais[44]. Assim, por exemplo, a boca com as laterais infletidas para baixo é comum na figuração do tubarão, enquanto os olhos dessa máscara parecem identificados não ao humano, mas a um ser meio peixe, meio homem, que Boas denomina *merman* ("sereio")[45]. Parece-me, ademais, possível vislumbrar um nariz-bico na máscara. Se aqui dispuséssemos de uma imagem em cor, veríamos que o septo é pintado de branco, enquanto as narinas são pintadas de vermelho: ao abstrair-se a parte em vermelho, um bico branco torna-se visível[46].

Embora as correspondências que estabeleço sejam algo arriscadas, elas permitem ver, na face interna da máscara, uma complexa combinação entre antropomorfismo e zoomorfismo. Assim, o motivo de base – o humano no interior – se vê desestabilizado, sugerindo que as máscaras de transformação, antes de dar-nos a ver um processo metamórfico que se resolve em uma identidade humana essencial, manifestam a ambivalência dos seres extraordinários. Mais do

---

42 Como indica Boas, uma convenção distingue a imagem da águia daquela do falcão. Ambas possuem um longo bico curvo, mas na segunda o bico volta-se para trás e toca novamente a face, ao passo que, na primeira, apenas se curva para baixo. Cf. Franz Boas, *Primitive Art*, 1927b, p. 190.
43 Na legenda, lê-se: "Máscara representando, fora, Bagre; dentro, Corvo; dentro do Corvo, um homem. Tribo Gwa'waënox. Comprimento 89 cm" (Franz Boas, *op. cit.*, 1909, p. 518). Notem como Boas utiliza maiúscula no nome dos animais e minúscula em "homem", o qual faz preceder, ademais, pelo artigo indefinido "um". Assim, se temos animais-tipo, animais-espírito, a face aparece como sendo de "um" homem qualquer – o que provavelmente não era o caso.
44 Franz Boas, *op. cit.*, 1927b.
45 *Idem*, pp. 198, 202, 248 (para a forma da boca do tubarão); p. 204, figura 192 (para os olhos). Na máscara mencionada, temos tipos de olhos indexando distintos seres – inclusive um motivo identificado como "*men*", claramente distinto de "*merman*".
46 A máscara encontra-se atualmente no American Museum of Natural History, em Nova York, Estados Unidos. Ela integrou a exposição La fabrique des images, no Musée du quai Branly, em Paris, França, realizada sob a curadoria de Descola. Para fotos em cores do artefato, ver Philippe Descola, *op. cit.*, 2010, pp. 28-29.

FIGURA 15. *Máscara da transformação haida. Coletada por Israel W. Powell, Haida Gwaii (Canadá), 1879. © Canadian Museum of History, Quebec, Canadá (VII-B-23, S92-4174).*

que um dualismo exterioridade (animal) e interioridade (humana), o que estaria em jogo seria a própria dinâmica transformacional desses seres.

Permitam-me examinar ainda outra variante das máscaras de transformação, ilustrada, dessa vez, por um exemplar haida, coletado pelo tenente Israel W. Powell, em 1879, e que se encontra atualmente no Canadian Museum of History, em Quebec, Canadá (figura 15). Fechada, ela mostra a cabeça de uma orca sobre a qual se encontra uma gaivota; aberta, ela revela um rosto de homem. Se prestamos atenção à parte interna da face externa, vemos a representação de ainda outro ser: a serpente mítica Sisuitl, comumente designada "serpente marinha bicéfala". Esse motivo é muito recorrente na região e pode ser encontrado em uma magnífica foto de Edward Curtis tirada entre os Kwakiutl, em 1914 (fi-

FIGURA 16. *Máscara kwakiutl com o motivo de Sisiutl. Colúmbia Britânica (Canadá), 1914. Cortesia de Charles Deering McCormick Library of Special Collections and University Archives, Evanston, Estados Unidos. Foto de Edward Curtis.*

gura 16)[47]. Em *The Kwakiutl of Vancouver Island*, encontramos um desenho detalhado de uma máscara similar[48], para o qual Boas fornece a seguinte descrição:

> O rosto do meio representa "o homem no meio da serpente", com suas duas plumas; em cada extremidade encontram-se cabeças de serpentes emplumadas cujas línguas móveis podem, por meio de um jogo de cordas, ser puxadas para dentro e para fora. Os dois lados da máscara podem ser dobrados para a frente e para trás. Utilizada durante as danças de inverno, por ocasião das representações pantomímicas da lenda de Mink[49].

47 Edward Curtis, *The North American Indian*, 1914, p. 214, fotogravura "Sisiutl – Qagyuhl". A coleção completa encontra-se no *site* da Northwestern University. Disponível em: http://curtis.library.northwestern.edu. Acesso em: 3 ago. 2022.
48 Franz Boas, *op. cit.*, 1909, prancha 49, desenho 4.
49 *Idem*, p. 521.

Redemoinhos de Imagens

O estilo da máscara haida coletada por Powell é mais naturalista que o da máscara kwakiutl descrita por Boas[50]. O rosto interno do artefato haida parece quase uma máscara-retrato, tal a precisão em reproduzir a estrutura óssea de um rosto. Contudo, não se pode abstrair a pintura facial que lhe decora nem tampouco a serpente bicéfala, que se deixa ver ao mesmo tempo que se revela o rosto interno. Graças a Boas e a Bill Holm, sabemos que a face era pintada com base em um alfabeto combinatório de formas elementares indexando animais e suas qualidades[51]. Ao marcar uma condição social e o pertencimento a um clã ou Casa, os motivos funcionavam como signos heráldicos, cuja legitimidade baseava-se em uma relação fundacional com seres zooantropomorfos primordiais, da qual os motivos eram a própria evidência visual. Esse é o caso, por exemplo, da pintura figurativa de Sisiutl, um personagem mítico, cuja reprodução como imagem constituía um privilégio de certas Casas aristocráticas[52].

No Royal British Columbia Museum, em Victoria, Canadá, há outra máscara kwakiutl (n. 13 853), esculpida por Oscar Johnson Matilpi (1933-1999), em que encontramos o mesmo tema[53]. Dessa feita, o "homem do meio" é claramente parte homem, parte plurianimal: traz os chifres de Sisiutl, o nariz-bico do falcão, os olhos de sereio e talvez a boca de um tubarão. Essa imagem evoca a irredutível pluralidade e capacidade de transformação de seres poderosos. E o faz por meio da multiplicação de referentes icônicos e indexicais. Comentando sobre desenhos bidimensionais figurando uma orca, Bill McLennan e Karen Duffek sugerem que "a imagem da criatura oceânica familiar representada na iconografia da orca [...] é concebida de modo a fornecer aos espectadores iniciados uma espécie de suporte para apreender suas múltiplas referências"[54].

Entre os povos da Costa Noroeste, a referencialidade múltipla era utilizada intensivamente, junto com a recursividade conteúdo-continente, que constituía um verdadeiro *leitmotiv* para os povos da região. Segundo Stanley Walens, a base metafórica fundamental da filosofia kwakiutl seria o que chama de *boxness* ("qualidade caixa"): "Os humanos não só vivem e morrem em caixas como são eles mesmos caixas. O universo é visto como um conjunto de caixas conjugadas"[55]. Não por acaso, um nobre com vários nomes-títulos, na impossibilidade de ocupar mais de um lugar durante um *Potlatch*, colocava caixas em seus as-

---

50 Isso não deve nos surpreender, pois a arte haida tendia a ser mais realista que as desenfreadas criações kwakiutl (Aldona Jonaitis, *op. cit.*, 2006, p. 159).
51 Franz Boas, *op. cit.*, 1927b; Bill Holm, *Northwest Coast Indian Art*, 1965.
52 Entre os Kwakiutl, a serpente bicéfala aparece no início do mito de Q'akequelaku, o Transformador, que constituiu o mundo tal como o conhecemos. Sisiutl é morta pelo demiurgo, que retira sua pele e dela faz um cinto.
53 Oscar Johnson Matilpi era cunhado de Henry Hunt, que, por sua vez, era neto de George Hunt e filho adotivo de Mungo Martin. Uma notável escola de escultores kwakwaka'wakw.
54 Bill McLennan e Karen Duffek, *The Transforming Image*, 2000, pp. 120-121.
55 Stanley Walens, *Feasting with Cannibals*, 1981, p. 46. Já no caso dos povos do Alto Rio Negro, como vimos no capítulo 2, o mundo é pensado na forma de tubos conjugados – sua qualidade principal seria a "tubeidade".

sentos-nomes, onde eram depositados os cobertores-peles oferecidos pelos anfitriões – um caso ostensivo de pessoa distribuída. O encaixamento recursivo seria, assim, o motivo dominante de simbolização na Costa Noroeste, estruturada por uma dinâmica de superfícies contendo outras superfícies, faces no interior de faces. Como observa David Graeber, "se alguém abrisse tais caixas, o que se encontrava dentro era apenas mais um conjunto de 'almas-formas' exteriores. E dentro delas, outro conjunto de superfícies"; não era, pois, por acidente, que "as máscaras que representavam ancestrais fundadores [...] tendiam a ser máscaras dentro de máscaras"[56].

ANDANÇAS PELA FLORESTA TROPICAL

Nossa jornada pelo norte do continente chegou ao fim; é hora de retornar à Amazônia. Aqui não encontramos máscaras como as do Alasca ou da Costa Noroeste, mas se os estilos são bem diferentes, os princípios formais subjacentes são similares. Máscaras ocorrem em diversas regiões da Amazônia e entre povos de diferentes agrupamentos linguísticos. Dentre os maiores, apenas os Tupi parecem não ter concebido o uso ritual de máscaras, pois onde aí aparecem, são claramente fruto de empréstimos[57]. Isso não significa que, à parte os Tupi, haja máscaras entre todos os outros povos da Amazônia: os Jivaro, os Wari', os Yanomami, entre vários outros, delas não fazem uso. Tampouco significa que sejam igualmente centrais na vida ritual onde ocorrem.

É digno de nota, contudo, que onde temos o complexo de flautas sagradas nos deparamos também com ricas tradições de mascaramento. Máscaras tendem, pois, a coocorrer onde há aerofones secretos e, inversamente, a *não* ocorrer onde há troféus. Essas correlações não são perfeitas e se borram em um bom número de casos etnográficos. Assim, por exemplo, os Yagua da Alta Amazônia utilizavam essas três classes de artefatos, enquanto os povos do Alto Rio Negro obtinham ocasionalmente troféus, embora colocassem ênfase em aerofones e máscaras. A despeito dessas variações, parece-me que a correlação positiva entre aerofones sagrados e máscaras resulta do segredo e da segregação visual

---

56 David Graeber, *Toward an Anthropological Theory of Value*, 2001, p. 197. Segundo Goldman, uma máscara é a "alma-forma", uma espécie de contraparte da "alma-nome": "O vocabulário sustenta diretamente a atribuição de alma às máscaras. Assim, um dos termos para alma em Kwakiutl é *begwanemgemtl*, que significa literalmente 'máscara-pessoa'" (Irving Goldman, *op. cit.*, 1975, p. 63).

57 Dentre os mais de cinquenta povos do tronco tupi, apenas cinco possuem atualmente uma tradição de máscaras: os Wayãpi, que migraram para as Guianas e reelaboraram uma tradição karib da região; os Tapirapé, que fizeram o mesmo com os Karajá; os Kamayurá e os Aweti, que adentraram o Alto Xingu nos séculos XVIII-XIX; e, finalmente, os Chiriguano, que são Guarani que incorporaram populações arawak (Chané) na atual Bolívia. Não há evidências de máscaras entre os Tupinambá e os Guarani no século XVI (ver Carlos Fausto, "Masques et trophées", 2011b).

comuns a ambos. Como indica Alexander Mansutti-Rodríguez, o fato de as pessoas mascaradas não poderem ser identificadas pelos não iniciados conduz a uma divisão do espaço social[58]. Em alguns casos, isso se resolve pela construção, temporária ou permanente, de uma casa dos homens que, por sua vez, pode ser funcionalmente equivalente a uma máscara. É o que sugere Herbert Baldus ao descrever um ritual tapirapé a que assistiu nos anos 1930[59], no qual dois homens, figurando o peixe tamuatá (*Callichthyidae*), dançavam e cantavam no interior do "clube masculino" sem usar suas máscaras, pois a construção, diz o autor, ocultava-os das vistas femininas. Com efeito, na Amazônia, máscaras costumam ser finalizadas em um lugar não visível às mulheres, as quais, ademais, não as podem vestir.

Já a correlação negativa entre troféus e máscaras parece ser função da diferença entre rituais sazonais envolvendo relações que se repetem e rituais que dependem necessariamente de novos acontecimentos. Muitos rituais de máscaras colocam em jogo classes de espíritos que são alimentados pelos humanos em ciclos mais ou menos longos, enquanto ritos de troféus estão indexados a um evento guerreiro singular. Isso explica por que povos predominantemente centrífugos – como os Parakanã, os Wari' ou os Jivaro – tendem a não ter máscaras, enquanto povos predominantemente centrípetos tendem a tê-las[60]. Como vimos no capítulo 1, os Parakanã tampouco tomavam troféus, mas o ritual do *Opetymo* está indexado a encontros oníricos únicos e irrepetíveis. Por isso, todo canto-jaguar executado em praça pública deve ser inédito.

Na próxima seção, concentro-me em um caso etnográfico que, por sua atipicidade, auxilia-nos a esclarecer as correlações entre troféus, aerofones e máscaras. Embora já o tenha analisado anteriormente[61], volto a ele para realçar a mútua transformação de duas tradições – uma mais centrífuga e outra mais centrípeta – que ocorreu no encontro entre os Tapirapé e os Karajá.

A MÁSCARA DO INIMIGO

Os Apyãwa-Tapirapé são um povo tupi-guarani, que habita a bacia do sistema Araguaia-Tocantins (mapa 4, no capítulo 2). Há bastante tempo mantêm relações intensas – ora conflituosas, ora amistosas – com os Karajá, um povo macro-jê araguaiano. Tanto um como o outro apresentam elementos *sui generis*, raramente observados de maneira combinada e articulada. A orientação ribeirinha dos Karajá fez com que abrissem o círculo das aldeias, tão característico dos povos do Brasil Central. Alinharam as residências em paralelo ao rio e ins-

---

58 Alexander Mansutti-Rodríguez, "Flutes in the Warime", 2011, p. 159.
59 Herbert Baldus, *Os Tapirapé*, 1970, p. 367. Os Tapirapé se autodenominam Apyãwa.
60 Sobre a distinção entre regimes centrífugos e centrípetos, ver Carlos Fausto, *Inimigos Fiéis*, 2001, pp. 533-537.
61 Carlos Fausto, *op. cit.*, 2011b.

talaram a casa dos homens atrás e a certa distância delas. A aldeia tornou-se, assim, uma espécie de triângulo, cujo vértice superior é a casa dos homens e a base corresponde à linha das residências[62]. Já os Tapirapé adotaram a disposição aldeã típica do Brasil Central, embora atípica para um grupo tupi-guarani, passando a viver em aldeias anelares com uma casa dos homens, denominada *takana*, no centro. Em ambos os casos, essa estrutura coletiva masculina serve a uma rica tradição de máscaras. Segundo Nathalie Pétesch[63], os Karajá afirmam que a coabitação pacífica com os Tapirapé na ilha do Bananal, em Tocantins, terminou por conta do roubo de suas máscaras *ijasò* – uma explicação aceita pelos próprios Tapirapé, de acordo com Charles Wagley[64]. Isso não significa que o "empréstimo" tenha sido de mão única nem que não tenham ocorrido reelaborações significativas no processo de transmissão. Na verdade, como veremos, houve um duplo processo de transformação.

Comecemos pelos Karajá (figura 17). Eles concebem a existência de duas macroclasses de máscaras: aquelas denominadas *ijasò* ("aruanã") e as demais. As primeiras são as máscaras prototípicas karajá, as únicas, aliás, a poder entrar na casa dos homens, chamada, significativamente, de "casa de aruanã" (*ijasò heto*). As máscaras, embora chamadas genericamente "aruanã" (*Osteoglossum bicirrhosum*), não são simples representações desse peixe de dimensões avantajadas. Como podemos imaginar, sua identidade é mais complexa. Há diversas variedades de *ijasò*, a maioria delas associada ao nome de um animal, por meio da seguinte construção: x-*ni ijasò*, em que x é o nome de um animal e -*ni* significa "com o nome de" ou "semelhante a"[65]. A fórmula permite uma miríade de relações nominais: aruanã chamado papagaio, aruanã chamado pirarara, e assim por diante. Um Aruanã-Papagaio, porém, não é exatamente nem o peixe, nem o psitacídeo, pois é também *inã* ("gente", no sentido de membro do *socius* karajá). Esse *inã* Aruanã-Papagaio não é tampouco inambiguamente humano, pois "a máscara joga com essa identidade ambivalente da humanidade/animalidade, do homem saído do animal, do animal saído do homem"[66].

Confeccionadas em fibra vegetal, com aplicação de plumas coloridas em mosaico e encimadas por penas e outros elementos decorativos, as máscaras *ijasò* – que sempre se apresentam em pares assimétricos – são desprovidas de elementos figurativos. Suas diferentes identidades são indexadas por variações nos motivos gráficos, cores e ornamentos, bem como pela dança e pelo canto[67].

---

[62] Claude Lévi-Strauss, *Anthropologie structurale*, 1958, pp. 167-169.
[63] Nathalie Pétesch, *La pirogue de sable*, 2000, p. 68.
[64] Charles Wagley, "Time and the Tapirapé", 1977a, p. 375.
[65] Nathalie Pétesch, *op. cit.*, 2000, p. 71.
[66] *Idem*, p. 73.
[67] Nathalie Pétesch, "Entre la flûte sacrée et le trophée de guerre", 2011, p. 56. Para uma descrição inaugural das variações de padrões nas máscaras *ijasò*, ver Fritz Krause, "Tanzmaskennachbildungen vom Mittleren Araguaya (Zentralbrasilien)", 1910. Para uma análise de seus cantos, ver Rudolf Conrad, "Weru Wiu", 1997.

FIGURA 17. *Máscaras karajá Ijasó. Serviço de Proteção aos Índios (posto indígena), Ilha do Bananal, Tocantins, 1948. Cortesia do Museu do Índio, Rio de Janeiro (SPIA 2878). Foto de Nilo Oliveira Vellozo.*

De modo incomum para a Amazônia, as máscaras *ijasò* cantam, e o fazem em uma língua masculina supostamente ininteligível para as mulheres – fato que Pétesch correlaciona à ausência de aerofones entre os Karajá[68]. As máscaras estão associadas à iniciação feminina e masculina, inseridas, portanto, em uma lógica da fertilidade e da reprodução. Os noviços são os mestres (*wedu*) das duplas de máscaras, embora sejam seus genitores que atuem como pais (ou sogros) dessas entidades, a quem devem alimentar durante o ritual.

Em algum momento de sua história, os Tapirapé incorporaram as máscaras *ijasò* a seu universo ritual – fato incontestável uma vez que nenhum dos grupos tupi-guarani tocantinenses (Parakanã, Suruí-Aikewara e Asurini do Trocará) possui essa categoria de artefatos. Esteticamente, a máscara tapirapé tem a mesma fatura que sua congênere karajá, embora seja confeccionada com menor apuro. Segundo Wagley, é referida por meio da expressão "x [nome de animal] + *anchunga*", que o autor traduz por "x-espírito"[69]. A palavra *anchunga* é composta

[68] Nathalie Pétesch, *op. cit.*, 2011, p. 72.
[69] Charles Wagley, *Welcome of Tears*, 1977b.

do prefixo *anch-* e da raiz *-unga* (imagem, sombra, duplo, princípio vital)[70]. Trata-se de um cognato do *anhang* tupinambá, que designava a forma impessoal e coletiva do espectro dos mortos. Entre os Asurini do Trocará, o cognato *asonga* denomina igualmente o espectro terrestre liberado com a morte, porém, permanece identificado ao morto[71]. Já entre os Tapirapé, o termo sofreu uma deriva semântica, passando a designar o duplo de animais convidados a morar na casa dos homens durante a estação seca, quando são cuidados e alimentados a fim de garantir-se abundância de caça e pesca. Nessa época, eles desfilam pela aldeia como máscaras, evoluindo em danças que Herbert Baldus qualifica como "profundamente religiosas"[72].

Os Tapirapé possuem outra máscara que em muito destoa dessas de animais. Ela é denominada *Ype* ou *Tawã* e conhecida, em português, como "Cara Grande". É confeccionada sobre uma enorme base de madeira, em forma de meia-lua, na qual se aplicam plumas coloridas de pássaros. Adicionam-se olhos e boca, a qual recebe dentes de madrepérola. Segundo Wagley, a máscara *Ype* indexa inimigos reais, mortos no passado pelos Tapirapé – seriam, pois, máscaras-troféu transmitidas intergeracionalmente: "Esses *anchunga* inimigos, cada um conhecido por um nome pessoal, pertenciam a um tapirapé específico, que as tinha adquirido por herança em linha masculina"[73]. Ainda segundo o autor, essa transmissão individual contrastava com a das máscaras de animais, cuja prerrogativa de produção era de uma das metades cerimoniais tapirapé. Em sua pesquisa, realizada oitenta anos depois de Wagley, Ana G. Coutinho mostra que há, atualmente, uma generalização da relação matador-vítima expressa pela máscara. Embora ainda se reconheça uma conexão singular pretérita, cabe à comunidade escolher anualmente dois donos de *Tawã*, que devem ser um casal de cada das metades[74].

A máscara do inimigo surgiu, assim, como uma transformação de um ritual de guerra. Os Tapirapé afirmam que, no passado, o ritual era realizado ao final da reclusão do matador, assim como hoje se realiza a festa da máscara ao término da iniciação masculina. Nesta, ademais, um dos protagonistas é, justamente, o filho dos donos de *Tawã*[75]. Tampouco é por acaso que a máscara-troféu continue a representar, sobretudo, os Karajá e os Kayapó, os principais adversários dos Tapirapé nos últimos 150 anos[76]. Os museus brasileiros possuem vários exemplares dessas máscaras, que eram vendidas em certa quantidade até a proi-

---

70 Baldus escreve *anchynga*, uma transcrição mais acurada que a de Wagley, pois a vogal em questão é fechada, central-posterior, não arredondada. Cf. Herbert Baldus, *op. cit.*, 1970.
71 Lucia M. de Andrade, *O Corpo e os Cosmos*, 1992, p. 120.
72 Herbert Baldus, *op. cit.*, 1970, p. 371.
73 Charles Wagley, *op. cit.*, 1977b, p. 107.
74 Ana G. Coutinho, "A Relação com Tawã", 2017, p. 5.
75 *Idem*, 2017.
76 Por vezes, eles também figuram os Kopi, identificados com os Avá-Canoeiro, povo tupi-guarani da região araguaiana do Tocantins (*idem*, 2017).

bição de comércio de artefatos utilizando partes animais. Na coleção do Museu do Índio, no Rio de Janeiro (RJ), encontramos uma máscara *Tawã* (86.1.33), datada dos anos 1960, composta de plumas vermelhas e amarelas de arara, coladas com cera de abelha em técnica de mosaico sobre a placa de madeira, encimada por um diadema de penas róseas de colhereiro e penas pretas de mutum, afixado em uma estrutura de talas de palmeira em forma de ferradura. Tanto a combinação do vermelho e do amarelo das plumas como o diadema rosáceo são tipicamente karajá, embora a estrutura que suporta o diadema seja de fatura kayapó. Esse exemplar não possui os característicos brincos emplumados em forma de flor, com um pequeno botão de madrepérola ao centro, usados pelas jovens karajá quando dançam com as máscaras *Ijàso*.

Na figura 18, vemos duas máscaras do inimigo contemporâneas: a primeira em cores amarela e vermelha (indexando os Karajá), a segunda em cores azul e vermelha (indexando os Kayapó – denominados *Karaxao*, "Grande Karajá"). Ao desfilar na praça, elas se fazem acompanhar, conforme também explica Coutinho, pelos *ywera*, os espectros de inimigos mortos em conflitos bélicos[77]. As máscaras são seus *kapitãwa* ("capitão") – a forma magnificada dessa multitude espectral. Por sua vez, cada casal de máscara tem seu dono humano, que é aquele que patrocina o ritual e as alimenta.

As máscaras *Tawã* modernas são quase idênticas àquelas observadas por Baldus e Wagley nos anos 1930, demonstrando grande estabilidade em sua fabricação. Confeccionadas com notável apuro técnico e sofisticação estética, elas contrastam com a simplicidade de outra máscara, dessa vez karajá, que também figura inimigos mortos (indígenas e, mais raramente, não indígenas). Tal máscara é tecida à maneira das *Ijàso*, mas é de "fatura grosseira e sem qualquer ornamento"[78]. Trata-se de um substituto de troféus de guerra – a conversão de uma parte do corpo do inimigo em uma prerrogativa matrilinear. No passado, os Karajá retiravam um osso do pé de uma vítima estrangeira e o traziam para a aldeia a fim de tomarem, segundo William Lipkind, "controle do espírito, que se torna[va] um guardião da aldeia, sendo personificado em uma cerimônia especial da estação seca"[79]. De acordo com Pétesch, o espírito do inimigo tornava-se *nohõ riore* (posse-criança) do marido da irmã do matador e, em seguida, era transmitido matrilinearmente como máscara, a qual servia de substituto do troféu. Com isso, a adoção do inimigo se perenizava, sendo regularmente atualizada por meio de um ritual. Ao mesmo tempo, os inimigos perdiam sua individualidade, passando a ser designados pelos nomes dos povos dos quais o troféu havia sido capturado[80].

---

77 *Idem*, 2017.
78 Nathalie Pétesch, *op. cit.*, 2011, p. 62.
79 William Lipkind, "The Carajá", 1948, p. 188.
80 Nathalie Pétesch, *op. cit.*, 2011, p. 75. Lipkind refere-se a um festival no qual havia um espírito tapirapé, três xavante, um kayapó e um não indígena. Não está claro, porém, se ele se refere a um ritual de máscaras ou de troféu. Cf. William Lipkind, *op. cit.*, 1948, p. 188.

FIGURA 18. *Duas máscaras Tawã desfilam na praça da aldeia durante o ritual. Tapirapé, Urubu Branco, 2018. Foto de Ana G. Coutinho.*

Não há qualquer evidência de que, no passado, os Tapirapé tomassem troféus de guerra. Seus parentes linguísticos mais próximos, sabemos, tampouco os possuíam. Minha hipótese, pois, é que, uma vez que conceberam ser possível dar a ver relações invisíveis por meio de artefatos – como resultado do intenso contato com os Karajá –, imaginaram a possibilidade de fazer isso com os espíritos das vítimas de guerra, cuja apropriação era fundamental aos processos de fabricação da pessoa[81]. Por sua vez, os Karajá, supondo que já tomassem esse incomum troféu (um osso do pé), teriam visto na experiência dos Tapirapé com a Cara Grande uma forma interessante de generalizar e tornar transmissível a relação adotiva com o inimigo morto – coletivização e transmissibilidade que já sugeri serem definidores dos sistemas jê[82].

Em resumo, os Karajá e os Tapirapé juntaram aquilo que, justamente, separei ao longo deste livro: máscaras e troféus. E o fizeram, ademais, de maneira

---

[81] Para uma descrição do ritual tapirapé contemporâneo, ver Ana G. Coutinho, *op. cit.*, 2017; para uma análise das falas rituais, ver Eunice Dias de Paula, *A Língua dos Apyãwa (Tapirapé) na Perspectiva da Etnossintaxe*, 2014.
[82] Carlos Fausto, *op. cit.*, 2001, pp. 303-304.

especular: enquanto as máscaras de animais são sofisticadas e as máscaras de inimigos são rústicas entre os Karajá, no caso Tapirapé ocorre exatamente o inverso. Tudo se passa, pois, como se, ao incorporar a ideia do mascaramento, esse povo tupi-guarani tivesse transformado a relação singular e acontecimental com inimigos humanos em uma relação regularmente renovável *sub specie aeternitatis*. Minha reconstrução dessa dinâmica – envolvendo difusão, espelhamento, empréstimo e roubo – é certamente uma simplificação grosseira do processo histórico efetivo. Para contar uma história melhor, teríamos de olhar além da relação diádica entre os Karajá e os Tapirapé e considerar outros atores, como os povos do Alto Xingu. Essa história talvez esteja perdida para sempre, embora sobrem algumas pistas na cultura material que ainda podem ser seguidas[83]. Infelizmente, não posso explorá-las aqui. Passemos, assim, diretamente ao Xingu.

NOS FORMADORES DO RIO XINGU

No final do século XIX, quatro expedições alemãs atingiram a região dos formadores do rio Xingu. As duas primeiras foram lideradas, nos anos 1880, pelo célebre etnólogo Karl von den Steinen; as duas outras, uma década mais tarde, por Herrmann Meyer. Ambos se depararam com um vigoroso universo gráfico e artefatual, composto de máscaras e vários outros objetos, que os deixaram perplexos. Comentando sobre certo padrão gráfico, Steinen escreve:

> Preciso confessar que eu não sabia muito bem se devia rir-me do indígena que afavelmente explicava as pinturas, ou se me devia entregar ao sentimento de perplexidade que se pode resumir na exclamação: "Quão diferente o mundo se espelha nestas cabeças. Nº 10, *semino-ikúto*, desenhos de morcegos! Losangos ligados entre si. Onde ficam a cabeça, as extremidades, a cauda?"[84].

Logo em seguida, contudo, Steinen concede que um morcego pendurado de cabeça para baixo, com as asas recolhidas, apresenta contornos que podem ser estilizados na forma de um losango. Mais adiante, ele se mostra novamente confuso ao se deparar com a conjunção de referências antropomórficas e zoomórficas nas máscaras:

> De maneira alguma estranhamos o costume bakairi de cobrir a cabeça com figuras trançadas de palha imitando animais, ou com as peles das cabeças dos próprios animais. Parece-nos, porém, muito singular o fato de nas máscaras de animais encontrarmos as

---

[83] Refiro-me não apenas a artefatos. Os Karajá e os alto-xinguanos partilham uma série de outros elementos, como a orientação aquática, a prática de escarificação com dentes de peixe-cachorro, a luta ritual, certa hierarquia, e assim por diante.
[84] Karl von den Steinen, *Entre os Aborígenes do Brasil Central*, 1940 [1894], p. 326.

partes do rosto, representadas com feição humana. Era de esperar-se que, p. ex. uma máscara de pomba, tivesse um bico, e não uma boca encimada por um nariz. Diante de um dançarino munido de tal máscara tem-se a impressão de que ele nos quer dizer em voz alta e com certo humor: "Não vos iludais, julgando que seja pomba de verdade; sou um homem como vós e quero somente representar uma pomba, como podeis verificar pelos meus arrulhos e pela pintura que representa flocos de penas"[85].

O mesmo problema reaparece em Meyer, que não alcançou a mesma fama nem legou relatos tão notáveis quanto os de seu predecessor. Ainda assim, deixou-nos alguns escritos importantes sobre a região. No Congresso Internacional dos Americanistas de 1904, apresentou um texto sobre a arte dos indígenas do Xingu, manifestando a mesma perplexidade de seu ilustre predecessor:

O campo da máscara já não é mais apenas a face, ela representa o corpo todo, e por meio de todo tipo de linha o artista busca dispor adequadamente algumas partes do corpo que lhe parecem particularmente importantes. Contudo, ele funde duas ideias: a de exprimir partes do corpo humano com a de reproduzir o propósito especial da máscara, caracterizando a insígnia animal [*Tierabzeichen*], como encontramos repetidas vezes na linha central vermelha do jacu nas máscaras de madeira Yakuikatu. Para a maioria das máscaras, eu consegui rotular cada campo e cada linha, mas até agora não fui capaz de interpretar todas essas formas. É frequentemente difícil decidir até que ponto esses componentes das máscaras descrevem um corpo humano ou o animal imortal [*verewigten Tieres*], especialmente porque a pintura corporal festiva também desempenha um papel central, mostrando grandes diferenças[86].

Meyer toca em um problema recorrente na análise das iconografias ameríndias: a aparente confusão produzida pela multiplicação de referentes e pela mistura de formas animais e humanas. Naquela época, ele não poderia abordar seu objeto senão como um esboço rudimentar de representação figurativa. Daí sua indecisão: afinal, os indígenas queriam representar um homem ou um animal? Hoje, a resposta parece ser simples e direta: trata-se de figurar os dois ao mesmo tempo. No entanto, isso não é tão trivial assim, como bem demonstra Aristóteles Barcelos Neto. Estudando um conjunto de máscaras wauja chamadas *sapukuyawá*, Barcelos Neto tentou inicialmente atribuir uma identidade única a cada uma delas. A multiplicação de nomes e índices gráficos, contudo, frustrou sua tentativa, levando-o a perguntar: "essas artes visuais não se voltam antes para uma forma de inconsistência e de identidades ambíguas e múltiplas?"[87].

Na próxima seção, abordo essa questão recorrendo a meu material etnográfico sobre os Kuikuro, vizinhos dos Wauja.

---

85 *Idem*, p. 411.
86 Herrmann Meyer, "Die Kunst der Xingú-Indianer", 1906, p. 469.
87 Aristóteles Barcelos Neto, "Le réveil des grands masques du Haut-Xingu", 2011, p. 38.

Os festivais de máscaras não acontecem o tempo todo entre os Kuikuro. São antes eventos um tanto irregulares e não muito frequentes. Isto não deve nos surpreender: o que determina a realização de um ritual é uma relação patogênica prévia entre um espírito e o futuro dono humano – relação esta que é mediada por um xamã responsável por realizar o diagnóstico e conduzir a cerimônia por meio da qual o espírito aporta na aldeia. Em outras palavras, máscaras no Alto Xingu não têm uma temporalidade sazonal como em outros lugares, pois dependem de eventos singulares – assim como troféus – envolvendo uma classe de espíritos, uma pessoa doente e um ou mais xamãs.

Como notei anteriormente, o termo kuikuro para designar a parte principal da máscara é "face" (*imütü*): a máscara é um rosto ao qual se agrega uma vestimenta feita de palha, que esconde quase por completo o corpo de quem a veste. Para a maioria dos Kuikuro, as máscaras são a forma visível de certos *itseke*, os seres extraordinários que povoam o cosmos e podem capturar a alma-duplo dos humanos. Já os xamãs oferecem uma versão mais antropomórfica desses seres. Certa vez, perguntei a Kalusi, um dos principais pajés kuikuro, se a máscara era mesmo a aparência do *itseke*. Ele me respondeu: "Não, isto é, a sua festa; o corpo, ao contrário, é de pessoa" (*inhalü, isunduhugu higei, ihü bahüle kugei*) – ou seja, a máscara é a forma pela qual o bicho-espírito se apresenta em sua festa. Minha questão, aparentemente simples, surpreendeu meus amigos kuikuro que acompanhavam a conversa. Não apenas pelo conteúdo da resposta, que não lhes parecia tão óbvia assim, mas sobretudo pelo mero fato de eu ter posto a questão: "Nós não perguntamos essas coisas a um pajé", disseram-me. Essa ausência de interlocução ordinária com o especialista já me aparecera em outra ocasião, quando um professor indígena me pediu ajuda para entrevistar Tehuko – outro grande pajé, hoje falecido – para um trabalho que estava fazendo em seu curso de formação. Ele fora instado a desenhar um *itseke*, mas não sabia como fazê-lo. Quando Tehuko lhe disse que via os espíritos como "pessoas" (*kuge*), ele insistiu algumas vezes a fim de assegurar-se de que havia entendido bem[88].

Essas duas anedotas sugerem que a imagem mental que os não especialistas fazem dos *itseke* não é a de um humano *tout court*. Mesmo os xamãs não os antropomorfoseiam totalmente. Eles podem bem dizer que os bichos-espíritos são pessoas, mas quando solicitados a desenhá-los – como no caso dos xamãs wauja que colaboraram com Barcelos Neto[89] –, acabam por figurá-los com suas "roupas" e, portanto, não na forma humana[90].

---

[88] Por razões que explicitei anteriormente, traduzo *kuge* antes por "pessoa" (ou "gente") que por "humano". Volto ao tema nos capítulos 4 e 5.
[89] Aristóteles Barcelos Neto, *A Arte dos Sonhos*, 2002.
[90] A propósito de uma máscara matis feita em argila (algo bastante atípico), Erikson nota que ela mesma é uma "representação do rosto humano", diferenciando-se, assim, da maioria

QUADRO 5. *Máscaras kuikuro*

NOME	TRADUÇÃO	CASAL	MATÉRIA-PRIMA PRINCIPAL	ESTATUTO	SONORIDADE
Ahása	Mestre da Mata	Sim	Cabaça	Principal	Cantos (em karib)
Jakuíkatu	Bom jacuzinho	Sim	Madeira	Principal	Cantos alinhados (em arawak)
Upiju	Sem tradução	Não	Folha de buriti	Acompanhante	Igual a *Jakuíkatu*
Aulati	Preguiça	Sim	Cabaça	Acompanhante	Igual a *Jakuíkatu*
Agá	Sem tradução	Sim	Cera de abelha	Principal	Cantos alinhados (em tupi-guarani)
Kuambü	Sem tradução	Sim	Algodão	Principal	Cantos compostos para a ocasião (em karib)
Atuguá	Redemoinho	Sim	Folha de buriti e algodão	Principal	*Piccolo* (sem cantos)

Fonte: O autor, 2022.

Os Kuikuro possuem vários tipos de máscaras, confeccionadas com diferentes materiais. A maioria apresenta-se como um casal, sendo a diferença de sexo marcada por detalhes em suas ornamentações. Algumas máscaras têm sua própria festa, outras são apenas "seguidores" de uma máscara-espírito principal. Suas formas de comunicação também variam. Geralmente não falam nem cantam, exceto por *Agá*, que é portada pelos próprios cantores do festival. Quase todas desfilam acompanhadas por música vocal, exceto por *Atuguá*, que toca seu flautim. No quadro 5, resumo as informações sobre as sete máscaras hoje em uso.

Descrevo brevemente as máscaras principais, a fim de oferecer uma visão panorâmica do universo mascarado kuikuro. Começo por *Ahása*, o monstro canibal que, como vimos anteriormente, é o Mestre da Mata (*Itsuni oto*). Ela é feita com uma grande cabaça que recobre a cabeça do mascarado como um escafandro[91]. Nela se rasga uma boca, na qual pequenos gravetos são fixados para figurar os dentes, fornecendo a imagem das disposições predatórias de *Ahása*. Com cera molda-se um nariz e dois olhos protuberantes, onde se coloca um pedacinho de madrepérola. Das laterais, saem duas grandes orelhas de palha trançada. A cabaça é pintada com uma base esbranquiçada ou avermelhada, sobre a qual são aplicados desenhos geométricos em preto. Como me explicou Mutuá: "Cada mata tem seu próprio *Ahása*; o vermelho é o dono da floresta

---

das máscaras amazônicas em que dominam "traços indiferenciados ou de conotação animal" (Philippe Erikson, "Le masque matis", 2002, p. 151).
[91] Entre os Karajá, também encontramos uma máscara, chamada *aõni hykã*, que é feita de cabaça e figura um monstro canibal (Nathalie Pétesch, *op. cit.*, 2000, pp. 77-78).

FIGURA 19. *Camilo Kuikuro mostra como utilizar uma máscara Agá. Kuikuro, Alto Xingu, 2006. Foto de Carlos Fausto, com autorização da Associação Indígena Kuikuro do Alto Xingu (Aikax).*

alta, enquanto o branco é o dono dos buritizais". Hoje, os Kuikuro raramente fazem essas máscaras fora do contexto de suas apresentações para "turistas". Já se passaram décadas desde que um casal de *Ahása* desfilou pela última vez, na principal aldeia kuikuro. Seu repertório musical é composto de poucos cantos, todos em língua karib alto-xinguana.

Um segundo tipo de máscara, bastante atípica aliás, denomina-se *Agá*, mesmo nome que se dá ao coandu (porco-espinho). Segundo os Kuikuro, porém, trata-se apenas de uma homofonia. A máscara é composta de uma miniface confeccionada sobre uma base de madeira triangular, à qual se aplica cera de abelha e molda-se um pequeno rosto, cujas laterais elevadas são pintadas com tabatinga e pasta de urucum[92]. Adicionam-se olhos de madrepérola, um nariz proeminente e a boca, de onde pendem fios vermelhos de algodão, dando-lhe um aspecto que lembra o troféu jivaro. A miniface é, por fim, pendurada no pon-

[92] Por sua incomum forma triangular, guarda semelhança com as máscaras *tamok* dos Wayana-Apalaí, grupo karib setentrional.

FIGURA 20. *Máscara Jakuíkatu. Kuikuro, Alto Xingu, 2005. Foto de Carlos Fausto, com autorização da Associação Indígena Kuikuro do Alto Xingu (Aikax).*

to apical de uma estrutura de talas em forma de arco (figura 19). As máscaras *Agá* saem sempre aos pares – o marido identificado pelas pinturas vermelhas com círculos brancos e a esposa identificada pelo padrão inverso. São carregadas por cantores, que seguram a parte inferior do arco, deixando a minimáscara apoiar-se sobre a fronte. As máscaras saem em um ritual de mesmo nome, que possui um extenso repertório musical, com aproximadamente trezentos cantos em uma língua tupi-guarani. É interessante notar aqui duas coisas: primeiro, essas máscaras parecem ser mais uma inovação tupi em um ambiente não tupi; segundo, talvez por isso mesmo, *Agá* seja o único ritual kuikuro com repertório musical extenso que não possui um mito estável de base.

Um terceiro tipo de máscara é conhecido como *Jakuíkatu* que, como já observei, significa "bom jacuzinho" em tupi-guarani[93]. Trata-se de uma máscara retangular esculpida em madeira com a testa e o nariz em alto-relevo e dois olhos

---

[93] Há outra tradução possível, pois os Kamayurá denominam suas flautas sagradas *jaku'i* ("pequeno jacu"). O nome da máscara poderia ser interpretado como "boa flauta".

de madrepérola. O campo plástico é dividido por uma linha vermelha vertical que, junto com a testa sobressalente, forma um T, nas laterais do qual se aplicam diversos motivos gráficos[94]. Nas inúmeras máscaras reproduzidas por Steinen em *Entre os Aborígenes do Brasil Central*, encontramos vários padrões. Um deles é o famoso motivo composto de losangos com vértices preenchidos que ficou conhecido na literatura por seu nome em bakairi, *mereschu* – termo que designa um serrassalmídeo (provavelmente um pacu)[95]. Em vários exemplares desenhados por Steinen, contudo, a boca da máscara é formada pela dentição completa de outro serrassalmídeo, a piranha, cujos dentes são pontiagudos. Já nas máscaras kuikuro que aparecem na figura 20, a boca dentada está ausente e o motivo decorativo utilizado é chamado "guelra de peixe" (*kanga inditü*). Essas máscaras pertenciam a Jahilá, irmão do chefe Afukaká, que adoecera, ainda muito jovem, pela ação de *Jakuíkatu*. No entanto, há muito não eram utilizadas[96]. Sempre que um casal de *Jakuíkatu* sai e desfila pela aldeia, ele é acompanhado por seus seguidores: *Upiju* e *Aulati*, que são máscaras de fatura mais simples em palha trançada. *Jakuíkatu* possui um repertório musical próprio, em arawak, não tão extenso como o de *Agá*.

Temos um quarto tipo de máscara denominado *Kuãbü*, similar às máscaras ovais descritas por Steinen e Meyer, trançadas em tela bem fina. Entre os Kuikuro, não se apresentam como sendo ovais, por conta da franja de fibra de buriti que pende do quarto inferior da tela (figura 21). Já o quarto superior é delimitado por uma linha e pintado em vermelho, recebendo dois olhos redondos. A área central é recortada por dois arcos elípticos, que delimitam dois espaços laterais aos quais se aplica o motivo "guelra de peixe", e um espaço central enegrecido, onde se destaca um peixe branco de cabeça para baixo. Os arcos elípticos são denominados *kagambehinhe* e ocorrem em diversas superfícies: na base da cerâmica, no corpo humano, no campo de jogo de bola e nas sepulturas dos chefes. Diz-se que o motivo corresponde ao torso de um campeão de luta, mas veremos também que pode ser pensado como uma ampulheta (ver capítulo 5). As máscaras *kuãbü* não falam nem cantam, só pedem comida por meio de gestos. No entanto, estão associadas a um ritual de mesmo nome no qual as pessoas compõem cantos satíricos, tecendo críticas aos chefes egoístas, às mulheres fofoqueiras, aos homens namoradeiros, aos maridos descuidados, às pessoas

---

[94] Salvo engano, as únicas máscaras no interflúvio Xingu-Araguaia que possuem uma base de madeira são *Jakuíkatu* e *Tawã* tapirapé. Para confeccionar a primeira, os Kuikuro utilizam a madeira bem leve da *Simarouba amara*, conhecida popularmente como marupá.

[95] Steinen oferece o nome do motivo em várias línguas do Alto Xingu, afirmando que em todas elas designa o mesmo peixe. Para o Nahukwá (karib), ele grafa "irínho", que imagino ser *eginkgo* (pacu). Atualmente, os Kuikuro designam esse motivo *tüihitinhü* e afirmam que, no passado, era um privilégio dos chefes. Cf. Karl von den Steinen, *op. cit.*, 1940 [1894], pp. 328-329.

[96] No ano em que tirei a foto, elas foram brevemente vestidas para que Sebastião Salgado pudesse fotografá-las no bojo do projeto Gênesis.

FIGURA 21. *Máscara Kuãbü*. Kuikuro, Alto Xingu, 2007. Foto de Carlos Fausto, com autorização da Associação Indígena Kuikuro do Alto Xingu (Aikax).

preguiçosas, aos brancos desajeitados e a toda gama de gente com qualidades duvidosas que a imaginação criativa e a língua ferina sejam capazes de atingir.

Por fim, temos a máscara mais impressionante da região, conhecida como *Atuguá* (*Atujuwá*, em arawak), termo que designa um fenômeno frequente na região durante a estação seca: a formação de redemoinhos de poeira. Steinen deparou-se com um desenho dessa máscara feito no solo, embaixo de uma árvore, a meio quilômetro da aldeia Mehinako:

Ainda mais difícil é explicar o sentido exato do desenho circular [...] Chamava-se *aturuá* e tinha 4½ metros de diâmetro. Quando deixamos a aldeia, acompanhados por vários homens, estes deram uma volta no interior do círculo, em ambos os lados perto da malha e cantaram *ka ã ã*[97].

Em uma aldeia Kamayurá, Steinen logo se depararia com a própria máscara, que ele afirma chamar-se *turuá* e ter a forma de um cogumelo. Contudo, não

[97] Karl von den Steinen, *Unter den Naturvölkern Zentral-Brasiliens*, 2009 [1894], p. 248.

FIGURA 22. *Máscara kamayurá do Redemoinho. Alto Xingu, Mato Grosso, 1887. Cortesia de Ethnologisches Museum, Berlim, Alemanha (ident. n. VIII e Nls 773). Foto de Paul Ehrenreich.*

a relaciona com o desenho no solo feito pelos Mehinako, tampouco apresenta qualquer imagem do artefato. Felizmente, no Ethnologisches Museum, em Berlim, Alemanha, encontrei uma foto dessa mesma máscara, tirada por Paul Ehrenreich, que acompanhou Steinen na expedição de 1887. Os motivos gráficos aplicados sobre a malha central estão algo desbotados, mas ainda é possível divisá-los (figura 22).

Durante sua primeira expedição, em 1896, Meyer encontrou cinco dessas máscaras guardadas na casa dos homens de uma aldeia aweti. Segundo Fritz Krause, uma delas foi coletada e depositada no Ethnologisches Museum[98]. Foi, porém, no Grassi Museum, em Leipzig, Alemanha, que obtive uma foto que retrata duas máscaras do redemoinho, no terreiro ao lado da casa dos homens (figura 23)[99]. No artigo de 1906, Meyer apresenta um desenho de uma máscara *Atuguá*, junto a uma série de outras máscaras xinguanas (prancha IV); em 1942, Krause publica outro desenho, baseado em um clichê fotográfico da expedição de 1896 (embora não corresponda à foto aqui reproduzida). O que é digno de nota é a continuidade estética, com variações nos motivos gráficos, entre as máscaras encontradas por Steinen e Meyer há mais de um século e aquelas contemporâneas.

98 Fritz Krause, "Máscaras Grandes no Alto Xingu", 1960, p. 109.
99 Tudo indica que Meyer pediu aos homens que saíssem com as máscaras para elas serem fotografadas, uma vez que a vestimenta de palha não está devidamente amarrada; ademais, no canto esquerdo, há três homens que olham para o fotógrafo em vez de mirar as máscaras.

FIGURA 23. *Máscaras aweti do Redemoinho na praça da aldeia. Alto Xingu, Mato Grosso, 1896. © Grassi Museum für Völkerkunde zu Leipzig, Alemanha. Foto de Herrmann Meyer, em sua primeira expedição ao Xingu.*

Entre os Wauja, a decoração das máscaras pode variar em função de experiências oníricas dos pajés[100]; já entre os Kuikuro, *Atuguá* assume apenas quatro formas, identificadas por variações nas cores e motivos gráficos utilizados na tela central[101]. Só esta, aliás, é considerada a "face" (*imütü*) da máscara, devendo ser guardada por seus donos; toda a parte de palha restante pode ser descartada após o evento ritual. A face divide o campo plástico do grande círculo de palha, como se fosse uma fatia algo arredondada, formando quase um triângulo, cujo vértice superior é o centro do círculo (onde é colocado um diadema)[102]. Na parte mais próxima do centro, costuram-se olhos redondos e, logo abaixo, delimita-se com varetas um espaço preenchido com pintura branca, que figura o colar de caramujo xinguano. Esse procedimento é comum aos quatro tipos de *Atuguá* – a partir daí, começam as variações.

Agahütanga possui o padrão decorativo mais simples dentre todas elas: a parte interna do triângulo, a exceção do colar e dos olhos, é inteiramente enegrecida. Algumas pessoas dizem que ela é a chefe das suas congêneres, embora

[100] Aristóteles Barcelos Neto, *Apapaatai*, 2008, p. 223.
[101] Recentemente, fui informado de que haveria uma quinta máscara, cuja face é inteiramente preta. No entanto, ainda não tive a oportunidade de verificar essas informações. Deixo claro também que vi apenas um tipo de máscara sendo feita. Para os outros tipos, baseio minha descrição em desenhos e informações orais de meus interlocutores.
[102] A forma lembra o motivo dos arcos elípticos (*kagambehinhe*) de que falei há pouco. É, porém, largo na parte inferior e estreito na parte superior.

haja outra, que às vezes é assim também designada. Trata-se de *Agijamani*, cuja decoração pode ser vista na figura 24 (algumas páginas adiante). O triângulo da face recebe agora os arcos elípticos espelhados, delimitando espaços laterais pintados em vermelho e uma área central pintada em preto, da qual sobressai um grafismo conhecido como "dente de piranha" (*hengi igü*). A terceira variedade chama-se *Eginkgokuegü* (Hiperpacu) e recebe um desenho estilizado de pacu, semelhante àquele da máscara *kuãbü*, no meio da face, logo abaixo do colar. Por fim, *Asutikuegü* (Hipersapo-pipa) é idêntico a *Agijamani*, exceto pela ausência dos dentes de piranha e a presença de um ícone estilizado de sapo. As duas variantes mais prestigiosas de *Atuguá* possuem nomes que não fazem referência a animais nem contêm o sufixo *kuegü* (hiper), o qual indica uma condição ontológica especial. Suponho que ambos sejam nomes próprios de seres mitológicos – este parece ser, ao menos, o caso de *Agahütanga*, que designa o protagonista de um dos mitos mais lindos do Alto Xingu, que narra a viagem desse jovem chefe ao mundo dos mortos[103].

A forma das máscaras – uma estrutura concêntrica com as linhas de fuga desenhadas pela palha – remete de maneira icônica a um redemoinho. Durante a *performance*, as máscaras realizam movimentos circulares rápidos, a fim de que seu chicote (a longa trança de palha fixada na parte posterior) atinja os espectadores à maneira dos redemoinhos de poeira. Se a máscara inteira é um turbilhão, ela é também uma pessoa com traços antropomorfos. Exibe o motivo gráfico do tronco humano (os arcos elípticos espelhados) e porta a típica ornamentação ritual xinguana: um colar de conchas e um diadema de penas. O espaço delimitado pelos arcos pode ainda conter um ícone de animal. Temos, assim, um redemoinho, que é um animal, que é um humano e que é animado de dentro por uma pessoa. E é justamente por nós humanos termos um corpo (*ihü*), que *Atuguá* pode flechar, e um duplo (*akuã*), que *Atuguá* pode roubar, que se faz preciso fabricar sua máscara e alimentá-la.

Todos os *Atuguá* são extremamente vorazes e exigem de seu dono grande esforço para saciá-los. Caso não recebam comida suficiente, podem voltar-se novamente contra o ex-doente ou contra um membro de sua família. Daí por que costumam estar associados a pessoas com estatuto de chefe e numerosa parentela, isto é, pessoas capazes de produzir excedentes alimentares significativos. As máscaras tendem, ademais, a permanecer na mesma família, sendo transmitidas de pais para filhos ou de avós para netos. Certa feita perguntei quem eram afinal os donos de Hiperpacu e Hipersapo-pipa. Meus interlocutores logo passaram a fazer suposições: "Bem, se Hipersapo pertenceu ao pai da mãe de fulano, então deve agora pertencer a ele". Contudo, como no caso de outras festas, a principal maneira de se tornar dono de *Atuguá* é ter sua alma-duplo roubada por ele e adoecer. Conto-lhes agora a história de uma mulher que enfrentou essa difícil provação.

---

103 Carlos Fausto, "Sangue de Lua", 2012a.

O REDEMOINHO DE IPI

Ipi é a filha mais nova de Nahum, um homem cuja incrível história pessoal foi parcialmente contada por Ellen B. Basso e Bruna Franchetto, além de seu próprio neto, Mutuá Mehinako[104]. Por ter aprendido português no final dos anos 1930, quando trabalhou no Posto Simões Lopes do Serviço de Proteção aos Índios (SPI), Nahum teve um papel-chave na mediação com os irmãos Villas Bôas desde o momento em que chegaram à região. Nahum morreu no final de 2004, sendo comemorado em um grande Quarup, que reuniu centenas de pessoas, em agosto de 2005. Algum tempo depois, Ipi começou a ficar doente. Sentia dores no corpo todo e um mal-estar generalizado. Por vezes melhorava, outras piorava. Os pajés eram chamados a tirar as doloridas "flechas de espírito" (*itseke hügi*) que tomavam seu corpo[105]. Em vão, pois a dor sempre retornava. E assim se passaram um par de anos até, finalmente, ela receber um diagnóstico que resultaria em sua cura. Em 2013, já plenamente restabelecida, Ipi me contou sua história, que resumo a seguir[106].

Tudo começou quando ela estava voltando para a aldeia Paraíso, onde então morava. Atravessando o campo, foi pega por *Atuguá*, e logo seu corpo ficou ruim. Ela ainda não sabia do que se tratava, mas, ao chegar à aldeia, já vomitava e sentia dor. Seu marido Kumãtsi Mehinako foi chamar o pajé kalapalo Majuta, que também ali morava. Ele tirou as flechas de espírito do corpo de Ipi e disse-lhe ser *Atuguá* quem a estava matando. De noite, ela sonhou:

Então, o duplo [*akuã*] de Jumu veio até mim. Ele foi o primeiro, o duplo de Jumu. Ele vinha gritando lá longe pelo caminho principal: "Kaaaaa kaaaa", ele dizia. Depois escutei pertinho: "Kaaaa!" Logo ouvi ele correndo – tutututututu – em meu sonho. Seu pisoteio era pesado. Primeiro, ele disse "*uiti*", foi o que ele disse primeiro[107].

– *Uiti*, eu vim lhe ver, você está me fazendo ter saudades, você está me fazendo ter saudades para que eu venha aqui lhe ver.

– Sim – eu disse, enquanto dormia.

---

[104] Ellen Basso, *In Favour of Deceit*, 1987a; Bruna Franchetto, "Autobiographies of a Memorable Man and Other Memorable Persons (Southern Amazonia, Brazil)", 2014; Mutuá Mehinako, *Tetsualü*, 2010.

[105] Esse ataque é descrito pelo verbo *otomba*, formado pela raiz nominal "mestre dono" (*oto*) e o verbalizador *mba*. Diz-se, por exemplo, "o bicho-espírito nos domina" (*kotombalü itseke heke*), parar indicar que ele nos fez doentes. Os espíritos não agem assim por maldade, mas porque querem transformar os humanos em parentes. Se os pajés resgatam o duplo, a relação inicial se inverte: os *itseke* passam à condição de xerimbabos e protegem-nos, desde que os alimentemos por meio dos rituais. De qualquer modo, uma vez duplicado por um *itseke*, uma réplica da pessoa permanece vivendo entre eles, onde constitui uma família.

[106] A narrativa gravada foi transcrita por Jamaluí Mehinako, seu filho, e traduzida por nós dois.

[107] *Uiti* é um vocativo que ocorre, sobretudo, em narrativas míticas, conotando ao mesmo tempo assimetria etária e afeto entre os interlocutores. Os Kuikuro geralmente o traduzem por "meu neto".

Eu não falei: "*Atuguá*" – eu ainda não sabia.

Ele tirou uma folhinha de buriti do peito. Eu vi, era como uma folhinha de buriti. Ele acenou e deixou as suas flechas em mim, todas elas.

Assim Ipi descreve seu primeiro encontro onírico com *Atuguá*: ele chega em forma humana, ou mais precisamente na forma da imagem-duplo de uma pessoa específica: um ex-campeão de luta, chamado Jumu, hoje na faixa dos 50 anos. E se vem até ela, é porque *ela* o fez ter saudades: o agente marcado pela partícula ergativa é a doente, não o *itseke*[108]. O sonho de Ipi, ademais, combina uma experiência de dor com outra de beleza:

Minha cabeça doía, meu ouvido doía. A pintura de urucum do pé dele era linda[109]. Era muito bonita, ele tinha passado urucum. A sua tornozeleira era vermelha, a jarreteira era vermelha.

– Eu estou indo – ele disse.

E se foi, fazendo soar o seu flautim.

Ipi acordou com muita dor, gritando. Perguntou a seu marido Kumãtsi:

– Quem será que veio para mim com o tornozelo vermelho? Bem aqui na frente da casa.

– Ah, este é *Atuguá* – ele disse.

– É, deve ter sido mesmo *Atuguá* – eu disse.

Ipi continuava doente, e o pajé Majuta voltou a tratá-la, novamente em vão. Mandaram-na para a cidade de Canarana (MT), a fim de receber tratamento na Casa de Saúde Indígena (Casai). Ipi conta que ficou um tempão por lá, até que, ao melhorar um pouco, enviaram-na de volta para a aldeia. Mas ela tornou a piorar.

Aí então o duplo (*akuã*) do marido de Mesá veio para mim[110]. Foi ele quem veio. Também veio correndo. Eu não o vi enquanto ele estava verdadeiramente bicho-espírito. Opa, cuidado! Se eu visse o bicho-espírito, eu desmaiaria. Por isso, bicho-espírito só vem dentro de um grande lutador.

---

[108] A frase é *uotonkgitsagü eheke*, que se analisa em: pronome dêitico de primeira pessoa (me) + raiz nominal (saudade) + verbalizador + aspecto durativo e pronome dêitico de segunda pessoa + pós-posição ergativa. Ou seja: "você está me causando saudades" (argumento interno paciente, argumento externo agente). O verbalizador *ki* (*kgi* aqui) tem o sentido de "extrair", "tirar" (de dentro).

[109] Refere-se à pintura que se faz com pasta de urucum desde o tornozelo até os dedos do pé, característica da ornamentação ritual kuikuro.

[110] Trata-se de Sepê Ragati, casado com a filha de sua irmã. Por ser seu genro, ela não pode dizer o nome dele.

Ipi esclarece melhor a natureza de sua visão. Na impossibilidade de ver *itseke* em seu verdadeiro estado *itseke* (*itseke atai ekugu*), pois isso lhe seria insuportável, ele vem dentro do duplo de um lutador[III]. Aqui, a categoria *akuã* denota algo exterior, que recobre (e esconde) uma interioridade, não podendo ser traduzida por "alma". Assim, se tanto os pajés em transe como os doentes em sonho veem os *itseke* como "gente" (*kuge*), eles o veem de formas diferentes: para os pajés a forma gente é genérica, para o doente, é específica. Ademais, é uma imagem que, em vez de revelar, esconde a forma *itseke*, cuja visão seria intolerável. Ipi repete esse bordão diversas vezes. Mais adiante, por exemplo, ela diz:

[...] O bicho-espírito vai sempre dentro da pessoa. Se você vir o bicho-espírito dentro da pessoa [*kuge ata*], seu corpo ficará ruim.

Nesse trecho, Ipi nem sequer utiliza a palavra *akuã* – ela não diz *kuge akuãgü ata*, mas simplesmente *kuge ata*. É assim que *Atuguá* se faz ver em sonho: "dentro da pessoa", à imagem de um coaldeão. No caso de Ipi, primeiro veio Jumu e, em seguida, veio Sepê, o marido de Mesá. Este último, continua ela:

[...] girava sapateando na frente da casa, até parar. Eu ficava escutando enquanto dormia. Depois, ele enegreceu o rosto com carvão, passou aqui, aqui. Aqui na parte interna das coxas, era lindo, com tabatinga, lindo mesmo. Foi no meu sonho, é perigoso acordar. Se eu visse assim *Atuguá*, buuuum!, eu morreria. Por isso ele vinha só em meu sonho.
– Vovozinha [*kokojo*] – ele disse. Eu sou o hipermanjuba[112].
– É mesmo? – eu disse.
– Eu sou de fato o hipermanjuba. Eu quero ser feito [*üi*], por favor.
– Tá bem – eu disse.
Depois disso, acordei.

Atuguá se pinta lindamente, agora com carvão e tabatinga – o que sugere estar se pintando como uma manjuba. Com delicadeza, ele diz à doente que deseja ser "feito". A raiz verbal empregada é *üi*, à qual já me referi anteriormente, distinguindo-a da raiz *ha*, utilizada para falar-se de um fazer material (como fabricar um banco ou uma flecha). A raiz *üi-* implica uma transformação de outro tipo. Assim, por exemplo, quando os pais colocam seus filhos em reclusão, eles estão *üi* seus filhos; de mesmo modo, quando se faz um ritual em homenagem a um morto, está-se *üi* essa pessoa por meio de uma efígie (ver capítulo 4). No trecho anterior, *Atuguá* não mais diz a Ipi que ela o fez ter saudades; agora, ele atribui a motivação a si mesmo, pois é ele quem deseja ser feito

---

[III] A associação de *Atuguá* com lutadores passa por tamanho e peso do espírito-máscara: analogia não apenas formal como também prática, pois nem todos são capazes de suportar seu peso.
[112] Em Kuikuro, *kandakekuegü*. *Kandake* é um pequeno peixe, possivelmente do gênero *Anchoviella*.

(üi) em um ritual de máscaras. Outro ponto importante dessa passagem é que as identidades começam a multiplicar-se: chamando-a de vovozinha, ele diz ser um Redemoinho-Manjuba. Logo em seguida, novas imagens duplos de outros lutadores aparecem:

> Ele foi para o centro da aldeia, foi o duplo [de Sepê]. Depois, era o duplo de Jumu que eu estava vendo. Eu estava vendo o duplo do marido de Mesa, o duplo de Aki, era o que eu estava vendo. Eu estava vendo o duplo de Ugisapá. Eram eles que estavam vindo para mim. Eu não estava aguentando, não estava, é dolorido demais, Carlos.

Ipi continua a narrar seu infortúnio. Conta-me que chegou a ser rezada e ungida com óleos por uns brancos em Ribeirão Preto (SP), para onde viajara em função das comemorações do Dia do Índio. Não surtira efeito, porém. *Atuguá* é demasiadamente forte. Foi, então, que seu filho Mutuá falou:

> – Vamos aportá-lo [*ingenkgulü*] para ela, para que ela se torne dona [*oto*][113].
> Eles fizeram aportar para mim, foram os homens. [...] Eles fizeram esse aportar para eu virar a dona, por causa [de minha doença].
> – Escute bem o que ele disse, eu mesma falei: "eu quero ser feito" – ele disse.

Esse é o primeiro ato coletivo de cura: a comunidade faz os *itseke* causadores da doença desembarcarem na aldeia, mimetizando-os e dançando sua festa. Os pajés ficam ao lado do doente, deitado no chão em frente da porta da casa. A comunidade entra em fila dançando e cantando, circulando em sentido anti-horário em seu interior, até que os especialistas rituais detêm-se diante do doente e falam com ele e os *itseke* patogênicos. Esse é o primeiro movimento para alguém tornar-se dono de um ritual, função que, como já disse anteriormente, implica a obrigação de patrociná-lo durante vários anos, a fim de alimentar e agradar os espíritos.

Depois do aportar que ocorreu na aldeia de Ipatse, Ipi sentiu-se melhor. Não por muito tempo, porém. Ao voltar à aldeia Paraíso, tornou a adoecer: "Era lá que estava meu matador [*ueni*]", disse-me. *Atuguá* começou a aparecer novamente, agora reclamando a sua bebida:

> Logo, ele veio novamente para mim. Na frente de minha casa:
> – Vovozinha. – Eu estou aqui para pegar a minha bebida.
> Ele falava sempre por meio de seu flautim.
> – Eu vim pela minha bebida.

Ipi antecipa aqui os futuros atos rituais das máscaras *Atuguá*, momento em que pedem bebida e comida para seu dono, falando por meio do agudo som de

---

[113] O verbo *enkgulü* é usado ordinariamente para referir-se ao ato de encostar um barco na margem do rio.

seu flautim. Em sonho, Ipi jamais o vê de forma monstruosa, mas como um modelo de beleza masculina: "O que estava dentro, com a cintura bem definida, era a figura de um homem, de um homem bem lindo". Ipi descreve em seguida sua bela pintura e seus belos adornos, para mais uma vez conectar a experiência da beleza com aquela da dor: seu corpo continuava ruim, ela sofria, pois, diz ela, *Atuguá* a estava "fazendo". Nesse ponto da narrativa, ela passa a empregar o verbo *üi* para designar a ação do *itseke* sobre ela mesma: "Com a folhinha de buriti [que ele retira do próprio peito], ele continuamente me fazia". Ou logo adiante: "Só com isso ele me fazia, era a flecha dele que estava me fazendo". Esse "fazer" do *itseke* é um "matar" que provoca uma transformação.

Atuguá me matou, ele me fez ficar ruim. Eu estava me transformando [*utinkitagü*], me transformando muito, Carlos [...] Ele estava me matado, Atuguá estava me fazendo. Atuguá não é gente [*kuge*], não, ele nos mata, ele nos mata.

A ação de *Atuguá* é descrita como um "fazer" que é também um "matar" – o uso que Ipi faz aqui de *kuge* não remete à morfologia humana, mas a uma disposição moral: *Atuguá* não é gente, porque nos mata. A doença é uma metamorfose indesejada, vivida pela própria paciente como uma transformação corporal e perceptiva. Em diversas passagens, Ipi afirma que "ele a estava fazendo ficar doida" ou "eu via embaçado como se fosse fumaça". Ainda que a pessoa sobreviva, o processo de metamorfose iniciado com a doença, nunca estancará. Mesmo curando-se, Ipi já se duplicou, e uma imagem dela habitará o que chamo de frequência-*itseke*. Ipi poderia ter ganhado um controle adicional sobre essa relação, pois *Atuguá* oferecia-lhe recorrentemente o seu cigarro. Entretanto, ela fumava, mas não tragava: "Se tivesse tragado", contou-me, "eu teria virado pajé".

Apesar de todos os esforços, Ipi continuou doente. Por isso, o pajé Samuagü pensou em torná-la, de fato, dona de *Atuguá*. Foi falar com Ugisapá e os dois pediram a Ipi que aceitasse a pesada incumbência: "É para você ficar boa", disseram-lhe[114]. Ela aceitou. Foi só então que confeccionaram os rostos (*imütü*) do casal de máscaras – rostos de *Agijamani* – dentro da casa dos homens. Em seguida, foram buscar a madeira para confeccionar sua estrutura e, por último, a palha de palmeira com que se faz seu corpo. Quando a palha secou, o marido e os filhos de Ipi saíram para uma pescaria de cinco dias. No dia de retorno, as mulheres prepararam beiju e bebida, enquanto os homens acabavam de confeccionar os corpos do casal de máscaras. Trançaram seus longos chicotes e os

---

114 Cada ritual tem um número determinado de coordenadores, designados *ihü*. Os Kuikuro costumam chamá-los em português de "pedidores", por serem geralmente aqueles que pedem ao doente que se torne dono de determinado ritual. No caso de rituais que não são festas de espíritos (o Quarup, a furação de orelhas e o Javari), os coordenadores, contudo, não são ditos *ihü*, mas *tajope*. Isso sugere que *ihü* – termo que significa "corpo", "torso" e "tronco" – não tem aqui a conotação de suporte, mas antes de corpo dos espíritos. Os "pedidores" são especialistas rituais que corporificam os *itseke* por meio de suas ações.

FIGURA 24. *Um casal de Atuguá retornando à praça central com sua bebida. Kuikuro, Alto Xingu, 2008. Coleção de Sepe Ragati Kuikuro. Reprodução autorizada pela Associação Indígena Kuikuro do Alto Xingu (Aikax).*

afixaram. Em cada uma das máscaras, entrou um homem – e logo saíram da casa dos homens em direção à casa de Ipi:

– Vovó! Vovó! Vovó! quero minha bebida, quero minha bebida![115]

Ele vinha toda hora, vinha sempre por causa de sua bebida. Kumãtsi chegou com o sol aqui, no final da tarde. Logo veio atrás de seu peixe:

– Vovô! Vovô! Você chegou? – disse *Atuguá* para ele.

– É, acabei de chegar.

Então: pok! peixe para este, bebida para o outro. Aí escureceu. No dia seguinte, mais ou menos nessa hora, [*Atuguá*] gritou: "Kaaaa kaaaa". [...] Então, vieram até a porta de minha casa. Ele ainda não tinha tocado a sua flauta, só estava gritando. [...] "Kaaaaaaaa", gritava, junto com o outro, ali na porta da minha casa. Logo Kumãtsi deu fumo para não ficarem bravos [...] Primeiro demos fumo, depois, peixe. Eles levaram a comida deles para o centro.

115 Perguntei a Ipi se as máscaras falavam, uma vez que ela relata o diálogo como se fossem palavras e não com o som agudo do flautim: "A nossa fala? Não, somos nós que falamos com elas com a nossa fala".

FIGURA 25. *Ipi e seu marido segurando duas faces de* Atuguá. *Kuikuro, Alto Xingu, 2009. Foto de Carlos Fausto, com autorização da Associação Indígena Kuikuro do Alto Xingu (Aikax).*

A comida levada pelos mascarados não pode ser consumida por qualquer pessoa: crianças, mulheres grávidas, homens e mulheres com filhos ainda bebês só podem comer aquilo que é levado pelos coordenadores da festa. A comida trazida pelas máscaras é *tainpane*, logo é interdita. Ipi conta que durante a *performance* dos mascarados, eles são cuidadosamente observados. Busca-se saber se estão cansados ou não, se estão arfando ou não, pois é nesse momento que se tornam *itseke*: "Essa é a transformação dele em bicho-espírito, ele está bicho-espírito naquele instante"[116]. Perguntei-lhe se não viravam *itseke* definitivamente. Algo surpresa, Ipi respondeu-me: "Ficar bicho-espírito? De jeito nenhum. Esse é o jeito dele. Se ficasse bicho-espírito, ele iria dentro da máscara de vez". E completou: "Você não viu quem vai dentro dela, que horror, fica com o cabelo

---

[116] Em kuikuro: *sitseketipügü hegei, itseke hõhõ itsagü*. A primeira palavra é formada pelo pronome de terceira pessoa, a raiz *itseke*, o verbalizador *ti* e o aspecto completivo *pügü*. O verbalizador tem uma semântica incoativa (passagem de um estado a outro) (Gelsama M. F. dos Santos, *Morfologia Kuikuro*, 2007, p. 140). Traduzi aqui como um nome, pois o completivo funciona em kuikuro mais ou menos como o *-ing* em inglês. Como veremos, há um processo inverso, que é o de virar "gente" (*kuge*), que se diz, na terceira pessoa, *sikugetipügü*.

todo cacheado". O cacheamento é anedótico, um ícone do próprio redemoinho, mas a ideia de que, se virasse *itseke* em definitivo, ficaria dentro da máscara para sempre sugere, mais uma vez, que, para Ipi, e diferentemente dos pajés, a forma-espírito é a máscara, não a pessoa humana.

Terminada a *performance*, um homem entrou dentro das máscaras para rezá-las com a "reza da pedra" (*tehu kehegesü*)[117]. Em seguida, elas foram guardadas por Ipi e o marido, pois podem ser chamadas novamente a sair em anos por vir (figura 25). Quando já não mais suportarem "a preocupação" (*tehuhesu*) de cuidar de *Atuguá*, o casal convocará uma grande festa, ao fim da qual as máscaras serão queimadas na praça, à exceção de suas faces (*imütü*), que devem ser conservadas por toda a vida.

ESPÍRITO POR UM INSTANTE

Antes de gravar essa narrativa com Ipi, os Kuikuro já tinham me enviado fotos e vídeos da confecção e saída dessas máscaras. Um dia vendo as imagens na companhia de Mutuá, notei que Jumu e Sepê aparecem ao final com o corpo pintado de carvão e com urucum no cabelo. Estranhamente, estavam também fumando, algo que só os pajés fazem entre os Kuikuro. Perguntei ingenuamente: "Ué, o Sepê tá virando pajé?". Mutuá respondeu sem pestanejar: "Ele ainda estava espírito" (*itseke hõhõ egei itsagü*). Foi, então, que comecei a entender o que só ficaria mais claro após ouvir a história de Ipi. Embora as máscaras tenham sido feitas e vestidas longe das vistas de mulheres e crianças (isto é, dentro da casa dos homens), Ipi já sabia quem as portava, pois ela os havia visto primeiro em sonho. No ritual, porém, a relação conteúdo-continente se invertia: se, no sonho, *Atuguá* vestia-se de Jumu e Sepê, agora eram Jumu e Sepê que se vestiam de *Atuguá*. E, ao fazê-lo, transformavam-se momentaneamente em espírito.

Os Kuikuro dizem que é de mau gosto tentar adivinhar quem está dentro da máscara, uma vez que tal atitude faz com que se perca o "medo-respeito" (*itsangi*). O jogo de dissimulação passa também pela voz: Redemoinho só fala por meio de seu flautim. O segredo, porém, é de polichinelo e é logo revelado. Aqueles que vestiram as máscaras aguardam na praça para que os coordenadores (*ihü*) lhes entreguem peixe e polvilho de mandioca como recompensa por seu trabalho dramático. Isso não impede, no entanto, que a dúvida se instaure durante a *performance* das máscaras, não apenas sobre a identidade pessoal como também sobre a identidade humana ou alterumana de seu portador. Será que, naquele preciso instante, ele está *itseke*?

---

[117] *Kehege* designa um sem-número de fórmulas mágicas que são sussurradas repetidamente e acompanhadas por uma expiração audível. Quem conhece uma boa quantidade dela é dito *kehege oto* ("mestre de reza").

Entre os Kuikuro, o mascarado não parece ser mero "acessório mecânico" da máscara, como sugere Anne-Christine Taylor para a Amazônia[118], pois, ainda que não seja possuído por um espírito, ele se torna ele próprio um espírito. Temos aqui um nível suplementar de complexidade, já que a máscara que contém um humano contém agora um humano transformado em não humano – ainda que seja por um instante. Daí por que Jumu e Sepê têm a pele coberta pelo negro do carvão e os cabelos tingidos com o vermelho do urucum: não se pode entrar na máscara sem essa camada adicional de pele, pois do contrário não suportariam a transformação em *Atuguá*. A pintura corporal acrescenta um novo invólucro situado entre a máscara e a pele nua, não decorada.

Ademais, a pele nua não é o continente de uma interioridade única, seja porque o duplo-imagem (*akuã*) pode ser, ele mesmo, um invólucro (como vimos no caso de Ipi), seja porque não se constitui jamais uma imagem unitária da pessoa. Entre os Kuikuro, já durante a gestação, a pessoa encontra-se ligada a um *itseke*, que é a própria placenta, referida como "avó" (*intsü*). Segundo os Kalapalo, ela é responsável por dar forma à criança e alimentá-la no útero[119]. Ao nascer, o bebê permanece ligado à avó-placenta, que observa zelosamente o comportamento dos pais. Caso julgue que o pequeno não está sendo bem cuidado, ela pode tentar capturar o seu duplo-imagem (*akuã*). Por isso, os pais costumavam oferecer-lhe peixe e beiju, colocando a oferenda no local onde a placenta foi enterrada: "Velha, eis a tua comida" (*hagu, ande otu*). Ao longo da vida, essa dinâmica pode se repetir com outros *itseke* que povoam nosso mundo – cada enfermidade em que há captura de *akuã* resulta em uma replicação da pessoa e uma consubstancialização com os captores. A maioria das pessoas já leva uma existência múltipla na frequência *itseke*, por vezes casando-se e tendo filhos entre eles. Mas é na morte que essa multiplicidade se dispersa, pois perde o substrato corporal que é seu centro de convergência, sua sólida armadilha: uma réplica parte para o céu dos mortos, outras se juntam aos *itseke* que causaram doenças em vida e, no caso dos campeões de luta, vão viver com os Mestres da Raiz (*Ĩ'oto*).

A esta altura, deve estar claro que os princípios formais que busquei colocar em evidência na análise das máscaras ameríndias possuem uma estreita afinidade com um modelo compósito e múltiplo da identidade pessoal. Não se trata, porém, de dotar os artefatos rituais de subjetividade e agência ordinárias. Afinal, o que se quer figurar aqui são seres extraordinários, cuja extraordinariedade manifesta-se na multiplicação de identidades em transformação. A indagação estética subjacente à arte ritual amazônica é: como figurar a metamorfose por meio de matéria sólida? Como tornar instável a estabilidade conferida por ela? Como objetivar um ser extraordinário sem interromper o fluxo das formas?

Na próxima seção, continuo a responder essa pergunta, focalizando agora a complexidade da pele enquanto superfície e invólucro.

---

[118] Anne-Christine Taylor, "Voir comme un autre", 2010, p. 43.
[119] Antonio Guerreiro, *Ancestrais e suas Sombras*, 2015a, p. 163.

Antes de vestir a máscara do Redemoinho, como vimos, a pessoa deve cobrir-se com uma camada de pintura a fim de sofrer a transformação não definitiva em *itseke*. Entre a pele nua e a máscara, interpõe-se, portanto, outra camada, sem a qual a ação ritual não seria efetiva ou seria perigosa demais. Uma ideia semelhante pode ser encontrada na mitologia tikuna. Como vimos no capítulo 2, os Tikuna possuem aerofones sagrados, associados sobretudo à festa da Moça Nova, que marca a saída da reclusão da menarca. Nessa ocasião, além dos aerofones, diversas máscaras confeccionadas em líber aparecem em cena[120]. Denominadas "pele", essas máscaras cobrem o corpo todo e são decoradas com motivos figurativos e geométricos.

Um mito conta que, durante uma iniciação, a carne de caça acabara e um jovem saiu para a mata, onde flechou vários animais. Antes de retornar, viu aproximar-se uma fila de mascarados, tendo à frente o macaco caiarara (*Cebus albifrons*). Eram os "imortais" (*ü-üne*, literalmente, "corpo-fogo") que se dirigiam a um ritual de iniciação feminina. O jovem caçador, então, "suspendeu a parte inferior de suas vestimentas e viu que eles estavam pintados de jenipapo e de outras cores". O narrador conclui então: "quando não se tem sua pintura, isto não serve para nada"[121]. Em seguida, os imortais explicaram ao jovem como fabricar e usar as máscaras nos rituais. A conclusão do narrador indígena sugere que a eficácia das máscaras está associada à pintura corporal e, portanto, às sucessivas camadas de invólucros: no interior da máscara, encontra-se a pele decorada, mas a pintura é também outra pele (e outra máscara) que envolve outra imagem (o duplo) e, assim, *all the way down*[122].

Vê-se aqui como o princípio do encaixamento recursivo supõe uma sofisticação da própria ideia de superfície[123]. Como indica Luísa E. Belaunde – ecoando Paul Valéry da epígrafe deste capítulo – os grafismos que cobrem um corpo ou um artefato produzem outra "superfície que adere ao volume, mas, longe de fechá-lo hermeticamente como uma parede que separa sem nuances o interior do exterior, ela revela o quanto essa fronteira mesma é um espaço profundo"[124]. Há muitas décadas, Krause chamara a atenção para esse fato, ao referir-se ao "motivo do invólucro" e ao "princípio da forma":

> Da noção da unidade interna do homem com o resto do mundo vivo – apesar da diferença de essência que repousa na diversidade de corporalidade – surge a visão de que homens e animais podem interagir como semelhantes e se converter diretamente um

---

[120] Curt Nimuendajú, *The Tukuna*, 1952, p. 81.
[121] Jean-Pierre Goulard, "Le costume-masque", 2000-2001, p. 77.
[122] *Idem*, "La sur-face du masque", 2011, p. 132.
[123] Tim Ingold, "Materials against Materiality", 2007.
[124] Luísa E. Belaunde, "Movimento e Profundidade no Kene Shipibo-konibo da Amazônia Peruana", 2013, p. 201.

no outro por meio da transformação de seus corpos. A apropriação de uma essência estrangeira acontece, assim, pela transformação da forma do corpo. O corpo e a sua forma são os portadores da essência[125].

Ao afirmar que a forma é portadora da essência, Krause contrapunha-se a uma visão animista de mundo, para a qual a essência seria uma alma estável e constante a preencher corpos diversos. Em sua análise do motivo do invólucro (*Hülle*), ele buscava indicar como as transformações recíprocas de humano em animal e de animal em humano se davam por meio do vestir e despir de formas corpóreas. Seus melhores exemplos provêm de máscaras e mitos de metamorfose, sobretudo da Costa Noroeste e do Alto Rio Negro. Neste último caso, Krause baseia-se fortemente em Theodor Koch-Grünberg, que havia assistido a dois grandes festivais de máscaras entre duas populações rio-negrinas: um entre os Baniwa (Arawak) do rio Aiaris, outra entre os Kubeo (Tukano) do rio Cuduiari, ocasião em que coletou cerca de cinquenta máscaras para o Ethnologisches Museum. Com acuidade etnográfica, Koch-Grünberg descreve as diferentes máscaras, as danças, o roteiro ritual, bem como o contexto em que são utilizadas. À maneira de Meyer, contudo, o viajante alemão oscila entre interpretá-las como representação animal ou humana, acabando por identificá-las a demônios:

> Todas as máscaras representam demônios [...] O demônio está na máscara, encarnado nela; para os indígenas a máscara é o demônio [...] O caráter demoníaco das máscaras já se expressa no fato de que muitas máscaras de animais têm uma face humana e uma trança retorcida de líber, que lembra o antigo penteado dos homens kubeo[126].

A simples presença de uma face humana em uma máscara de animal fazia dela um demônio – uma interpretação que, como veremos na conclusão, possui raízes profundas no pensamento cristão. Décadas mais tardes, Irving Goldman acrescentaria elementos preciosos para melhor interpretar essa tradição mascarada. Em seu primeiro período de campo entre os Kubeo, na virada dos anos 1930, Goldman assistiu a um desfile de máscaras associado a um ritual funerário. Esse ciclo ritual começava alguns meses após o enterro, quando o corpo era exumado e os ossos longos removidos. Eram, então, transformados em pó e misturados a "uma bebida especial de chicha muito potente", que era consumida pelos membros do *sib* do morto[127]. Iniciavam-se, assim, os preparativos para o ritual de lamentação, no qual as máscaras de líber faziam sua aparição[128].

---

125 Fritz Krause, "Maske und Ahnenfigur", p. 345, 1931. Traduzo aqui *Wesenheit* por "essência"; outra tradução possível seria "ser".
126 Theodor Koch-Grünberg, *Dos Años entre los Indios*, 1995 [1909], vol. 2, pp. 165, 168.
127 Irving Goldman, *Cubeo Hehénewa Religious Thought*, 2004, p. 253.
128 Goldman afirma que, coletivamente, essas máscaras eram designadas *tuwaharía*, que ele traduz por "uma comunidade de pessoas de roupa de líber" (*idem*, p. 279).

As máscaras deviam ser confeccionadas antecipadamente pelos homens, que aguardavam até o último momento para pintá-las. Logo em seguida, tinham de vesti-las e desfilar aos pares. Elas figuravam diversos animais e alguns personagens: as duas mais importantes eram *Twankata* ("sardinha"), ditas Mestres das Máscaras, e *Hivávea*, que são as faces de Kowai[129]. Sobre a identificação das máscaras a animais, Goldman afirma:

Cada máscara identifica os traços primordiais de seus animais que podem ser imitados. Peixes nadam, aves voam, aranhas fiam, jaguares atacam, escaravelhos varrem, antas percutem. Mesmo assim, insistem os Cubeo, essas ações não denotam o verdadeiro animal, apenas uma porção de todas as suas qualidades primordiais[130].

Jean-Pierre Goulard chega a uma conclusão semelhante em seu estudo das máscaras tikuna. Ele coletou um mito que narra como os humanos vingaram-se dos monstruosos *Ngo-o*, queimando pimenta na entrada de sua casa-caverna. Após matarem todos os *Ngo-o*, os humanos copiaram os seus desenhos, os quais, hoje, aplicam em suas máscaras. Goulard analisa em detalhes esses motivos, a maioria deles figurativos, tal como aparecem em duas máscaras tikuna de sua coleção particular[131]. Em uma delas, temos os desenhos de anhinga, aranha, escorpião, lacraia, carapaça de tartaruga e percevejo-d'água. Segundo Goulard, cada um desses desenhos indexa não um animal, mas uma qualidade a ele associada: a venenosidade do escorpião, a longevidade da tartaruga, a capacidade de arpoar os peixes do pássaro anhinga, e assim por diante. Os múltiplos referentes de uma máscara podem ser, assim, também abstratos: menos uma espécie do que uma qualidade.

A mesma conclusão se extrai da cuidadosa análise que Lucia H. van Velthem faz da máscara wayana do Mestre das Águas, *Olokoimë*, um ser sobrenatural antropomorfo, extremamente voraz[132]. A máscara resulta da reunião de dezessete componentes diferentes, em sua maioria compostos de penas coloridas de pássaros: araras, papagaios, tucanos, gaviões, japus, jacamins, mutuns e até o galo doméstico. Além das penas, incluem-se ainda algodão, pele de sagui, élitros de besouro, lascas de bico de tucano, rodelas de casco de tracajá, entrecasca de tauari, entre outros. O caráter desmesurado de *Olokoimë* é expresso, assim, por meio de uma estética excessiva.

---

[129] Embora de língua tukano, os Kubeo foram fortemente influenciados pelos Baniwa e incorporaram Kowai a seu panteão, associando-o à origem das máscaras.
[130] Irving Goldman, *op. cit.*, 2004, p. 285.
[131] Jean-Pierre Goulard, *op. cit.*, 2011.
[132] Lucia H. van Velthem, *O Belo é a Fera*, 2003; *idem*, "Le seigneur des eaux", 2011. Como vimos no capítulo 2, à maneira do *kuegü* kuikuro, *imë* designa algo desmesurado, excessivo e perigoso.

O excesso não se restringe apenas aos materiais, pois se estende à sua função indicial. *Olokoimë* é um ser antropomorfo, mas é também uma cobra, pois o trançado de arumã que utiliza reproduz a pele da anaconda *Kutupxi*[133]. Ele traz no peito uma fieira de penas negras de tucano, indicando que está pintado de jenipapo e, portanto, trocando de pele. Já as fieiras superiores, que pela composição cromática formam um padrão listrado, remetem ao arco-íris, enquanto as penas caudais de arara-vermelha dispostas como uma coroa remetem ao Sol[134]. O pingente frontal produz um som associado ao entrechocar-se das facas com que os *Olokoimë* degolam os Wayana (como contado em um mito), enquanto uma fieira de penas brancas de galo é dita serem os barbilhões da máscara, apontando para sua condição peixe-gato[135]. Outras penas brancas de galo, combinadas a penas coloridas de arara e pretas de mutum, conformam a boca e os dentes de *Olokoimë*, indicando sua natureza predatória. Essas são apenas algumas das associações que os Wayana fazer com respeito à máscara, cuja multiplicação de referentes parece ilimitada a ponto de eles mesmos dizerem que *Olokoimë* "tem todas as coisas"[136].

Essa multiplicidade desconcertante também está presente nas máscaras kubeo. O lugar em que essa profusão de referentes se manifesta é, justamente, o invólucro, o qual, como mostrou Goldman, é muito mais intrincado do que Krause podia imaginar ou Koch-Grünberg suspeitar:

Enquanto máscara de dança, *takü* (*tawü*, no plural) é uma cobertura externa e é como uma pele. Como a pele orgânica, ela não é uma simples vestimenta. Com seus ornamentos, seus motivos gráficos e suas cores – cada qual representando uma substância vital diferente –, [a máscara] possui uma "pele" própria a ela[137].

A superfície é, assim, composta de múltiplas partes animadas. Adaptando uma expressão de Friedrich W. Nietzsche sobre o corpo, o invólucro é um "edifício de múltiplas almas"[138]. Não apenas é impossível encontrar uma identidade

---

[133] Idem, op. cit., 2003, p. 206. Como na máscara tikuna, temos aqui uma associação de qualidades: o tipiti de arumã tem a qualidade constritiva das cobras constritoras. Contudo, como explica Velthem, "para incorporar a identidade de uma serpente sobrenatural específica, denominada *kutupxi*, e assim melhor espremer a massa de mandioca, deve apresentar a sua 'decoração' corporal, aliás, a estrutura epitelial, elementos estes que se confundem na serpente e no trançado de arumã" (*idem*, "Mulheres de Cera, Argila e Arumã", p. 214, 2009). Uma vez mais, um fato de superfície.
[134] Idem, op. cit., 2003, pp. 209-210.
[135] Idem, p. 211.
[136] Idem, p. 210.
[137] Irving Goldman, op. cit., 2004, p. 277.
[138] Friedrich W. Nietzsche escreve "*unser Leib ist ja nur ein Gesellschaftsbau vieler Seelen*" (*Jenseits von Gut und Böse*, §19, linha 26-7), que Reginald John Hollingdale traduz em inglês por "*our body is, in fact, merely a social construct of many souls*" (Friederich W. Nietzsche, *Beyond Good and Evil*, 2003, p. 49). Preferi, porém, verter para o português a partir da tradução fran-

essencial, final, elementar escondida sob ele, como o próprio invólucro se mostra uma superfície animada por múltiplos elementos. Eis que, enfim, James J. Gibson parece ter mesmo razão: a superfície é onde a maior parte da ação está.

cesa *"notre corps n'est pas autre chose qu'un édifice d'âmes multiples"* (idem, *Par-delà bien et mal*, 1979, p. 37).

4 ||| A EFÍGIE PRONOMINAL

> É assim que a estátua funerária "toma a palavra": como um ser complexo que traz consigo a imagem do morto, mas que, por seu sábio sorriso e sua disposição cortês, pode também acolher uma mensagem verbal e até mesmo, pela voz que lhe é emprestada, encarnar por um instante o locutor.
> CARLO SEVERI
> "La parole prêtée, ou comment parlent les images"

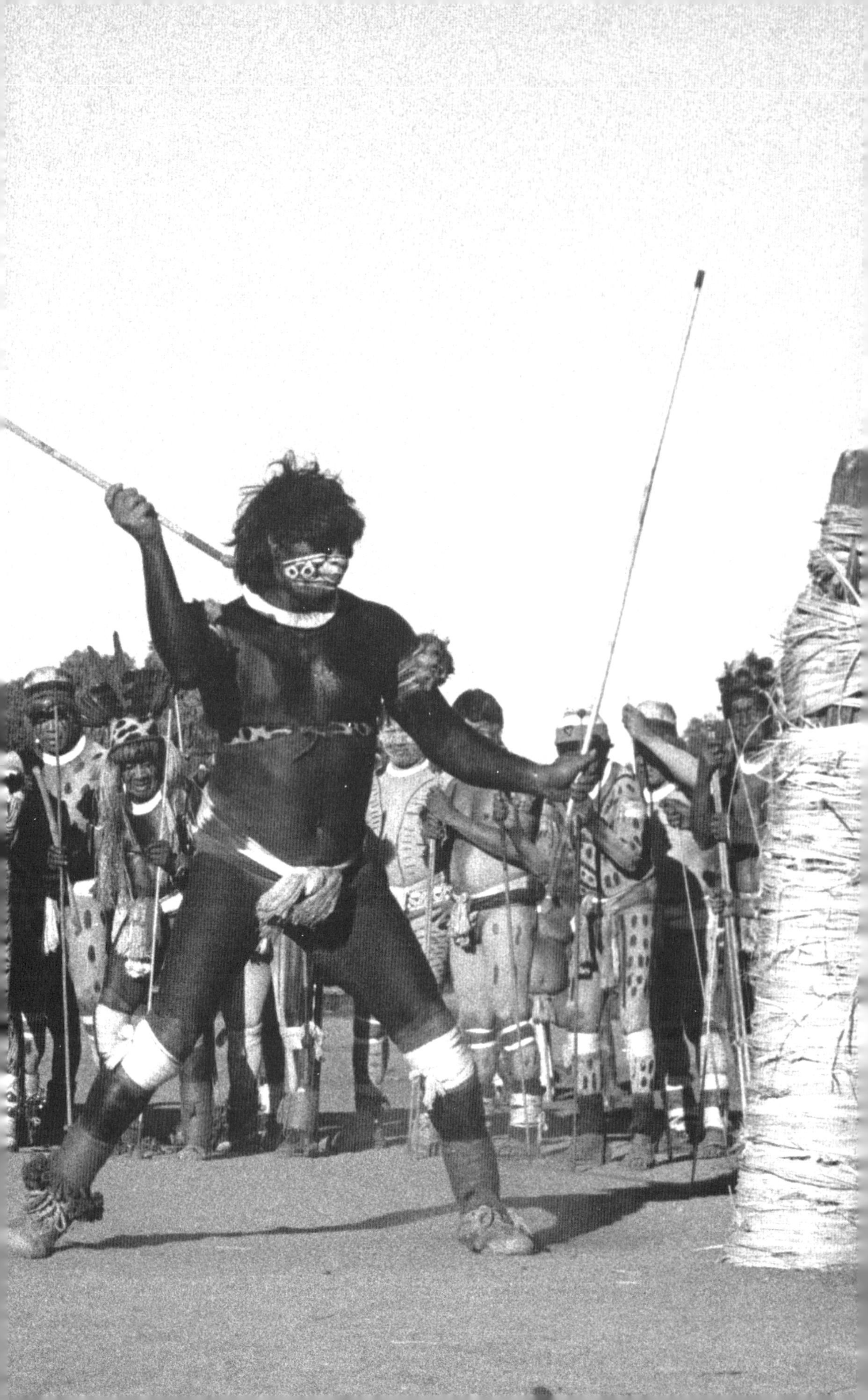

ATÉ AQUI, ANALISEI TRÊS CLASSES DE ARTEFATOS RITUAIS – TROFÉUS, aerofones e máscaras – combinando meus dados etnográficos com exemplos provenientes de diferentes povos e regiões das Américas. Neste capítulo e no próximo, mudo o tom analítico e adoto uma abordagem mais etnográfica, o que me permite dar maior atenção à pragmática ritual. Vou focalizar duas efígies antropomorfas, ambas do Alto Xingu: a efígie rudimentar do Javari (neste capítulo) e a efígie hiperdecorada do Quarup (no próximo capítulo). Na Amazônia, é incomum encontrarmos artefatos rituais figurando membros mortos do próprio grupo. Em contraste, figurações de um inimigo morto são (ou eram) frequentes, não apenas na forma de troféus como também de seus substitutos artefatuais (a exemplo do boneco do *Jawasi* kayabi ou do poste do *Ieipari* arara, os quais analisei no capítulo 1). No caso alto-xinguano, contudo, as efígies parecem mesmo indexar um parente morto a ponto de se tornar ancestral. Esse fato coloca um problema à minha insistência em relativizar a antropomorfia no pensamento visual ameríndio. Se eu tiver razão de que se conferiu um valor excessivo ao humano e à humanidade nas leituras contemporâneas sobre o animismo, o que dizer dessas efígies francamente humanas?

Aqui, não posso recorrer à comparação para responder a essa questão. Há poucas evidências na Amazônia de outros artefatos rituais semelhantes às efígies xinguanas[1]. Apenas dois exemplos me vêm à mente: o boneco funerário kaxibo descrito por Erwin H. Frank[2] e as efígies de madeira muinane estudadas por Benjamín Yépez[3]. Estas últimas, contudo, não eram usadas em contexto funerário e desapareceram nos anos 1920. Quanto ao primeiro exemplo, o boneco era confeccionado quando uma família se mostrava incapaz de esquecer o parente morto. Nessa ocasião, fazia-se um boneco antropomórfico em tamanho

---

[1] Fora da Amazônia, uma comparação possível seria com as estatuetas antropomórficas de madeira, utilizadas pelo xamã kuna, do Panamá, em sessões de cura. Paolo Fortis, em *Kuna Art and Shamanism* (2012), aliás, estabelece paralelos interessantes entre esses artefatos e as efígies funerárias do Quarup.
[2] Erwin H. Frank, "Los Uni", 1994, pp. 208-211.
[3] Benjamín Yépez, *La Estatuaria Múrui-Muinane*, 1982.

natural e inseria-se uma mecha de cabelo do falecido em sua cabeça[4]. A comunidade dividia-se em duas facções: os parentes distantes eram responsáveis por carregar e proteger o boneco, enquanto os parentes próximos tentavam destruí-lo. A batalha terminava quando o boneco alcançava a praça e era destroçado. Ao final, todos se reuniam para chorar juntos uma última vez. A *Fiesta del Muñeco* kaxibo nos remete a alguns elementos do Javari xinguano, mas também aponta para a estrutura do rito funerário wari'[5], em seu trabalho de conversão do parente próximo em outro – em inimigo e caça – de modo a ser esquecido. Veremos adiante, contudo, que, no caso xinguano, sobretudo no Quarup, trata-se de esquecer e lembrar simultaneamente o falecido.

É bem verdade que não podemos tomar o presente, em que a figuração de um parente morto é rara, como um retrato confiável do passado amazônico. As relações entre vivos e mortos parecem ter sido mais diversas e nuançadas do que o modelo descontinuísta nos fez crer[6]. É o que Jean-Pierre Chaumeil sugeriu ao descrever uma série de práticas funerárias, hoje desaparecidas, que nos permitem entrever formas diferentes de estabelecimento de um vínculo visível entre vivos e mortos[7]. Particularmente interessante são a prática de duplas exéquias, a conservação e manipulação de ossos, a osteofagia, o uso de urnas decoradas (algumas com traços antropomórficos), a mumificação e a substituição ritual (por uma pessoa viva ou um artefato).

Tais práticas, bastante diversas entre si, ocorrem ou ocorreram em diferentes regiões e agrupamentos linguísticos, sendo difícil oferecer delas uma visão sintética. Se pensarmos no período pré-Conquista, a arqueologia há muito trouxe à luz urnas funerárias antropomórficas, a maior parte delas associada a uma tradição policrômica que se espalhou por toda a calha do rio Amazonas, entre o início do segundo milênio e a invasão europeia[8]. Desde o período colonial até o século XX, temos evidências de que os ossos de alguns parentes eram conservados por povos tupi de modo a facilitar sua ressureição[9]. No presente, ainda encontramos diversas formas de memoração de parentes mortos, um fato recor-

---

[4] Frank nota que se podia colocar mechas do cabelo de mais de um morto, de modo que "um só boneco podia representar ao mesmo tempo até dois ou três mortos" (Erwin H. Frank, *op. cit.*, 1994, p. 209).
[5] Aparecida Vilaça, "Relations between Funerary Cannibalism and Warfare Cannibalism", 2000.
[6] Manuela Carneiro da Cunha, *Os Mortos e os Outros*, 1978; Anne-Christine Taylor, "Remembering to Forget", 1993.
[7] Jean-Pierre Chaumeil, "Bones, Flutes, and the Dead", 2007.
[8] Jacqueline Belletti, "A Tradição Polícroma da Amazônia", 2016. Volto a isso na conclusão deste livro.
[9] Carlos Fausto, "The Bones Affair", 2002; Olivier Allard, "De l'os, de l'ennemi et du divin", 2003. Podemos somar a isso o uso taumatúrgico de crânios, como ocorre entre os Yuqui (David Jabin, *Le service éternel*, 2016, pp. 465-466) e os Sirionó (Allan Holmberg, *Nomads of the Long Bow*, 1985, pp. 236-237). Jabin reproduz uma foto surpreendente do livro de frei Mendizábal, na qual se veem duas crianças sirionó sentadas com um crânio sobre a coxa de cada uma delas. Cf. Santiago Mendizábal, *Vicariato Apostólico do Beni*, 1932, p. 347.

rente entre os povos arawak. Em todos esses casos, parece emergir um valor-ancestral do morto que se articula a um valor-inimigo, o que leva Chaumeil a falar de um "duplo movimento do morto em direção à afinidade e à ancestralidade"[10]. Vejamos como esse duplo movimento se expressa em nosso caso etnográfico.

RITO, MITO, HISTÓRIA

O Alto Xingu é ecológica e culturalmente uma área singular. Localizado em uma zona de transição entre o Cerrado e a Floresta Amazônica, foi colonizado inicialmente por populações arawak em torno do século VIII ou IX. Em um momento ainda indeterminado, juntaram-se a elas povos de língua karib. É possível que isso tenha ocorrido nos séculos XVI-XVII, quando o grande sistema regional xinguano entrou em colapso, provavelmente em virtude da chegada de doenças infectocontagiosas introduzidas pela invasão europeia[11]. Seja como for, a partir do século XVIII, a região recebeu o influxo de outros povos que escapavam à compressão territorial causada pela colonização. Como vimos no capítulo 2, por meio de um notável processo de amalgamento e recriação cultural, emergiu o complexo alto-xinguano tal qual o conhecemos hoje: um sistema pluriétnico e multilíngue composto de povos arawak, karib, tupi e trumai (língua isolada), que partilham um universo sociocósmico comum[12].

A vida ritual foi um dos eixos em torno do qual essa constelação sociocultural se estruturou. Ainda hoje, é um dos mecanismos mais poderosos de articulação social, não apenas em nível local como também interlocal[13]. O ritual é, ademais, o evento público máximo de uma rede que articula humanos e não humanos por meio do complexo do xamanismo e da doença[14]. Como vimos, a maioria dos rituais kuikuro é composta de festas de *itseke*, cuja *performance* depende de uma relação previamente estabelecida entre uma classe de espíritos e um paciente humano. Há, contudo, três rituais que escapam a essa regra, pois não emergem de uma relação com os espíritos, mas visam à comemoração de humanos exemplares. Refiro-me ao ritual de furação de orelha, ao Quarup e ao Javari. Os dois primeiros estão estreitamente associados à chefia: o futuro chefe cuja orelha é furada antecipa o chefe morto comemorado no Quarup. Esses dois rituais distinguem-se claramente do Javari. O Quarup é um ritual de segundas exéquias realizado cerca de um ano após a morte de um chefe (ou de um campeão de

---

10 Jean-Pierre Chaumeil, *op. cit.*, 2007, p. 248.
11 Michael J. Heckenberger, *The Ecology of Power*, 2005.
12 Bruna Franchetto e Michael J. Heckenberger (orgs.), *Os Povos do Alto Xingu*, 2001; Carlos Fausto, Bruna Franchetto e Michael J. Heckenberger, "Language, Ritual and Historical Reconstruction", 2008.
13 Rafael J. de Menezes Bastos, "Sistemas Políticos, de Comunicação e Articulação Social no Alto Xingu", 1983.
14 Aristóteles Barcelos Neto, *Apapaatai*, 2008.

QUADRO 6. *Comparação entre três rituais kuikuro*

	TIPONHÜ	*EGITSÜ* (QUARUP)	*HAGAKA* (JAVARI)
Pessoa comemorada	Jovens chefes (homens)	Chefes mortos (homens e mulheres) e lutadores (homens)	Arqueiros ou cantores mortos (homens)
Figuração	Pessoa xinguana	Pessoa xinguana	Inimigos e animais
Artefato	Corpo nu	Efígie superdecorada	Efígie rústica
Modalidade narrativa	Mito	Mito	Mito e história
Origem	Tempo do mito	Tempo do mito	Adotado recentemente (mas também mitologizado)

Fonte: O autor, 2022.

luta). Está inscrito na linha principal da mitologia xinguana, pois o primeiro Quarup foi realizado em homenagem à mãe dos gêmeos Sol e Lua, heróis culturais responsáveis pelo mundo tal qual o conhecemos. Trata-se também da principal festa intertribal da região, para a qual são convidados todos os povos que fazem parte da constelação xinguana, visando produzir a memória coletiva de um nome prestigioso – nome idealmente já transmitido ao neto durante o ritual de furação de orelha. Desse neto, que porta em si a memória de um nome, espera-se que se torne um grande chefe no futuro.

O Javari, por sua vez, é um *tertius* nesse sistema de dupla iniciação dos chefes – à vida adulta e à vida póstuma (quadro 6)[15]. Como o Quarup, ele também é um ritual funerário, mas nele não se comemoram chefes e lutadores, e, sim, cantores e arqueiros de festas passadas. O objetivo explícito da festa é "queimar a arma" do morto, ou ainda "queimar o duplo de sua arma" (*itsahakugu akuãgüpe ihotelü*) – formulação mais exata pois, ao final da festa, queimam-se a efígie e outros aparatos rituais, mas raramente o próprio propulsor do morto homenageado[16]. Em contraste com a furação de orelhas e o Quarup, o Javari foi incorporado ao sistema xinguano no final do século XIX, tendo se generalizado mais tardiamente, sobretudo entre os povos arawak[17]. Sua origem seria Trumai e teria

---

15 Os Kuikuro consideram que o Javari também envolve uma classe de espíritos patogênicos e que o ritual pode ser realizado para apaziguá-los. A última vez que isso ocorreu, contudo, faz duas décadas.

16 O termo *tahaku* designa tanto o propulsor como o arco, do mesmo modo que *hügé* designa tanto a flecha comum como aquela sem ponta utilizada no Javari. Neste capítulo, quando não usar simplesmente arma, utilizo propulsor e dardo e designo aqueles que os portam, arqueiros ou lançadores.

17 Segundo Galvão, nos anos 1950, os Mehinako ainda não o realizavam; de acordo com Barcelos Neto, foi só nos anos 1970 que os Wauja vieram a patrocinar um Javari na condição de anfitriões. Cf. Eduardo Galvão, "O Uso do Propulsor entre as Tribos do Alto Xingu", 1979, p. 40; Aristóteles Barcelos Neto, "Pulupulu e Warayumia", 2020, p. 4.

se difundido no Alto Xingu por meio dos Aweti e dos Kamayurá – o que explica que seja conhecido sobretudo por sua denominação tupi, *jawari*[18]. Os Kuikuro o chamam *Hagaka*, termo que designa a ponta redonda feita de cera de abelha dos dardos lançados contra a efígie e contra os adversários nos duelos. O ritual é visto como uma pantomima de guerra durante a qual os participantes podem se decorar e se comportar como *ngikogo*, isto é, como indígenas não xinguanos, pessoas que "não são gente" (*kuge hüngü*), por possuírem um etos beligerante, alimentarem-se de animais de pelo e apresentarem costumes bizarros.

UM CONTO DE TRÊS HISTÓRIAS

Embora de incorporação recente, o Javari foi digerido pelo sistema mítico-ritual local, tornando-se mais do que uma mera representação irônica da alteridade indígena. Embora os Kuikuro confiram a ele uma clara origem histórica, parte da ação ritual foi inscrita na mitologia de Sol e Lua, de tal modo que há momentos de sua execução que estão indexadas a uma narrativa mítica. Ademais, foi incorporado como uma cerimônia de homenagem a um morto exemplar, oferecendo ora uma alternativa, ora um complemento ao Quarup. No Javari, são relembrados aqueles que foram grandes cantores ou grandes lançadores de dardo em execuções rituais passadas. Assim como no Quarup, a festa serve para anexar prestígio a um nome transmitido entre gerações alternas. Ele é, pois, também produtor de uma memória nominal entre os vivos, ainda que ambos os rituais sejam realizados não apenas para lembrar como também para esquecer, já que, após seu término, espera-se que o morto parta definitivamente, deixando a vida apenas para os vivos.

Os Kuikuro possuem diferentes narrativas que dão conta da origem do ritual. Uma delas conta, em chave predominantemente histórica, a chegada dos Trumai à região dos formadores do rio Xingu. É um relato saboroso que se inicia com o surgimento dos Trumai da relação sexual entre um homem e uma capivara – ato que explicaria a reconhecida capacidade desses indígenas de permanecerem embaixo d'água por muito tempo[19]. O relato prossegue com a multiplicação dos primeiros Trumai, frutos do incesto entre o ancestral e sua filha, nascida do relacionamento com a capivara. Em seguida, conta-se que os já numerosos Trumai partem em busca de um lugar para bem viver, alcançando a região do

---

[18] A tradução do termo não é consensual: Menezes Bastos verte-o por "jaguatirica", analisando-o como formado por *yawat* ("jaguar") e o sufixo diminutivo 'i. Galvão e Monod-Becquelin traduzem o termo por "coco de tucum" (*Astrocaryum* sp.), o qual pode ser encastrado na haste da flecha a fim de produzir um assobio. Cf. Rafael J. de Menezes Bastos, *A Festa da Jaguatirica*, 1990, p. 85; Eduardo Galvão, *op. cit.*, 1979, p. 40; Aurore Monod-Becquelin, "Le guerrier et l'oiseau", 1994.

[19] Baseio-me aqui em versão gravada com Tagukagé Kuikuro, em 2005, transcrita por Jamaluí Mehinako e traduzida por nós dois.

Xingu. Acompanham-se, então, seus deslocamentos pela região e os encontros pacíficos com os povos karib do rio Culuene, que lhes oferecem comida de verdade em troca de penas, flechas e dos famosos machados de pedra, especialidade trumai[20]. Em um desses encontros, um pequeno episódio já antecipa a inscrição do Javari no registro mítico. Ao saírem para pescar, o chefe Ugisapá e seu filho avistam canoas repletas de indígenas inimigos (*eni*) navegando a jusante ao encontro deles[21].

– Pai! Quem é aquela gentinha ali?
O pai dele ouviu.
– Filhinho, eles são índios-outros – disse Ugisapá para seu filho Ngahüta.
– Ah! Vamos lá vê-los!
Lá na boca do Agühünga, como nós chamamos, lá na praia de Kunu, eles pararam. Então, aportaram na praia.
– Venham aqui, venham aqui, venham aqui!
Ofereceram as suas comidas, beiju, ofereceram mingau em uma cabaça.
– Venham comer isto, venham comer isto!
– Venha você, venha você – ele [um Trumai] gesticulava ali da praia.
– Querido, eu vou lá, deixe que os índios-outros me matem, disse ele para o seu filho Ngahüta.
[…]
Então ele se foi. Atravessou de canoa, sozinho atravessou:
– Espere por mim aqui, se acaso me matarem, você logo contará para seu irmão mais velho.
Então ele benzeu o beiju para não ser morto por eles, benzeu com a reza "desviar a flecha do Sol" [*Taũgi hügi hokeinpügü*].

Essa reza pertence a um personagem mítico chamado Sagankguegü, o Mestre da Água. Ele aparece em uma importante narrativa na qual os gêmeos Sol e Lua – cujos nomes pessoais são Taũgi e Aulukumã – vão ao seu encontro para obter água. Permitam-me resumir esse notável mito que começa com a chegada de uma mulher, proveniente da aldeia de Sagankguegü, ao Morená, onde então os gêmeos viviam[22]. Após certo tempo, ela pede água a Taũgi para se banhar: "Como você vai se banhar? O que é o 'nosso banho'?", respondeu-lhe o Sol. Na-

---

20 O narrador enfatiza que os Trumai não tinham comida (isto é, cultivares) e que se alimentavam de pequenos frutos e da casca de uma árvore do Cerrado, popularmente conhecida como "lixeira" (*Curatella americana*), devido à aspereza de suas folhas.

21 Ugisapá era o chefe de *Inhá ótomo*, um povo karib que vivia ao sul dos Kuikuro, em uma área de mata já próxima do território kalapalo. Acabou extinto, provavelmente por epidemias. Traduzo aqui *eni* por índios-outros, pois, assim como *ngikogo*, designa indígenas não xinguanos. A literatura costuma usar a expressão "índios bravos".

22 A versão em que me baseio foi gravada por mim e Penoni, em julho de 2009, com Matu Kuikuro. A transcrição e tradução foram feitas por Mutuá Mehinako e revistas por mim e Jamaluí Mehinako. Para a narrativa completa, ver Isabel Penoni, *Hagaka*, 2010, pp. 143-162.

quele tempo, eles não tinham água e lavavam-se ao amanhecer com as gotas de orvalho que se acumulavam sobre as folhas. A mulher surpreendeu-se: "Lá onde eu moro, tomamos banho de verdade e também bebemos". Taũgi ficou confuso e foi conversar com seu irmão Aulukumã. Decidiram ir visitar Sagankguegü para aprender com ele como obter água. Chegaram à sua aldeia e dirigiram-se à sua imensa casa:

– Ooo, meus netos, o que vocês estão querendo de mim? – ele disse.
– Estamos aqui para você nos mostrar como é o seu costume [ügühütü].
– Hum, é mesmo? Qual costume?
– Este, de *Hagaka*.

Já nesse primeiro diálogo, a busca pela água se converte no aprendizado do Javari. O narrador parece inserir a origem do ritual em um mito mais antigo sobre a origem das águas. A montagem narrativa é clara: o relato começa e termina com o tema da água, mas no meio ele enxerta o Javari, indexando, ademais, a narrativa a suítes de cantos e a ações rituais precisas[23]. Nessa versão, a indexação resta bastante clara, pois Matu é um abalizado cantor que conhece à perfeição a sequência coreográfico-musical do rito. Assim, por exemplo, ele nos conta que, ao entardecer, os gêmeos Sol e Lua foram para a praça, onde os seguidores de Sagankguegü estavam começando a entoar os cantos noturnos. O primeiro a se levantar foi o jaguar:

É ele mesmo quem os conduz para dentro da casa cantando *jauagitüha*. Este é o canto dele, o canto do jaguar: "*oküjeje, oküjeje*", ele canta imponente no meio da praça. Ele diz: "Eu estou de fato com medo, estou de fato com medo", em Kamayurá.

Matu traduz o tema do canto *jauagitüha*, pois reconhece o termo *oky'yje* tupi-guarani que significa "ter medo", atribuindo-o à língua kamayurá[24]. Isso é bastante comum entre os cantores kuikuro, quando se trata de cantos em outras línguas: eles são incapazes de traduzir a letra, mas podem enunciar seu nome e/ou seu tema. A narrativa de Matu prossegue com os cantos que correspondem a cada um dos personagens rituais, os quais são executados em ordem exata, após o canto do jaguar[25]. Por fim, Taũgi pede que o encerramento seja feito. Ele entoa, então, um canto de mau agouro dirigido a Sagankguegü. A hostilidade

---

23 *Idem*, pp. 82-89.
24 O nome do canto *jauagitüha* é uma adaptação à fonética kuikuro do termo kamayurá *jawari*, mais um sufixo que não sei determinar (talvez *tywa*). Para a descrição da formação coreográfica, ver *idem*, p. 62.
25 O relato explica como cada um deles foi escolhido para cantar naquela ordem. Temos aqui um bom exemplo da mnemotécnica utilizada por mestres de canto, baseada na coindexação intergêneros, que analisamos alhures (Carlos Fausto, Bruna Franchetto e Tommaso Montagnani, "Les formes de la mémoire", 2011).

de fundo começa a vir à superfície, e os irmãos prometem acabar com o avô no duelo que vai ocorrer na manhã seguinte. Ao raiar o dia, Sagankguegü afia seu dardo, executando outro par de cantos no qual anuncia que vai matar os gêmeos. Taũgi contra-ataca com novos cantos, que correspondem ao momento ritual em que uma fila de dançarinos, batendo os dardos contra o chão, saem da casa do dono da festa e vão até o centro, onde se posicionam em uma formação circular – ritma designado *hüge hokitsoho*, "para afiar a flecha"[26]. É então que, no mito, tem início o duelo entre o Mestre da Água e os gêmeos. Por ser o dono da aldeia, Sagankguegü tem o direito de lançar primeiro. Ele logo acerta o pescoço de Lua e Lua morre.

Taũgi veste seu diadema resplandecente e confronta Sagankguegü, que, ofuscado pelo brilho áureo do cocar, desperdiça todos os dardos sem atingir o adversário. É a vez de Sol. Certeiro, ele decepa a cabeça do Mestre da Água, a qual rola até os pés das mulheres-estrelas que assistiam ao duelo em frente de suas casas. Taũgi apressa-se em buscar folhas aromáticas de *kejite*, cobrindo o corpo do irmão[27]. Chama o cupim para costurar seu pescoço e começa a cantar em torno de Aulukumã. Em seguida, pede a mosquinha *tsigi* que entre no seu nariz e ao macuco que o assuste. Depois de algumas tentativas, Lua volta à vida.

– Atchim! Espere, deixa eu dormir!
– Nada de "eu quero dormir". Pare com isso. Você não existia mais.
– Eu tô sabendo, Taũgi, eu tô sabendo.
– Vamos lá.
Ele se levantou.
– Pronto. Vamos lá ver como era o costume [ügühütu] do nosso avô – ele disse.
Foram.

Taũgi e Aulukumã dirigem-se, então, à casa do Mestre da Água a fim de descobrir seu segredo. Aqui, o relato volta a se conectar com sua primeira parte, utilizando o mesmo termo para referir-se ao controle das águas e ao conhecimento do Javari: *ügühütu*, um conceito que pode ser glosado como "costume", "cultura", "modo de vida", "modo de fazer", ou mesmo "modo de funcionamento"[28]. Os numerosos xerimbabos de Sagankguegü, todos animais aquáticos, tentam evitar, sem sucesso, que os gêmeos entrem na imensa casa onde ele guardava suas águas. Lá dentro, havia enormes panelas cheias do precioso líquido, dispostas lado a lado.

---

[26] Isabel Penoni, *op. cit.*, 2010, p. 55.
[27] Trata-se de uma planta arbustiva (*Siparuna* sp.), cujas folhas são usadas como remédio, como instrumento acessório de curas xamânicas e para cobrir o corpo dos dançarinos no ritual *Nduhe*.
[28] Carlos Fausto, "Mil Años de Transformación", 2011c.

Eles ficaram olhando.

O nome estava em cima delas, o nome estava em cima. Em letra, o nome dela[29].

– O que será isto?

– Aulukumã, olhe aqui. Que água é esta?

Ele olhou a letra, o nome dela.

– Arrá! Esta é Culuene.

– É, esta é Culuene de verdade, Culuene – ele disse.

Viram, então, o nome de outra:

– Esta é Curisevo, Curisevo.

– Esta, deste lado, é Araguaia.

– Estas todas deste lado são de águas pretas.

– Deste lado, Suyá-Missu, bem grande assim.

As panelas continham as águas de todos os rios por vir. Caberia a Taũgi escolher os animais que as levariam e conformariam a trama fluvial da região – cursos mais retos ou tortuosos, mais claros ou escuros, mais estreitos ou caudalosos. Taũgi, é claro, não se esqueceu de fazer que todos os rios se reunissem no Morená, onde ficava sua aldeia[30]. Coube a ele também distribuir água às estrelas, que eram seguidoras de Sagankguegü. Nesse mitema, sete estrelas que marcam o calendário kuikuro de outubro a junho pedem água a Taũgi, recebendo a quantidade correspondente ao ciclo de chuvas anuais. Quando chega a vez da Estrela-ema, que desponta no céu em meados de junho, Taũgi diz a ela que nada receberia, caso contrário as futuras gerações ficariam sem saber a época de se fazer o Javari. Aqui a trama do relato indexa o ritual ao calendário estrelar.

Antes de encerrar a gravação, Matu explicou-nos que o rito do Mestre da Água seria depois transmitido para os antepassados de três povos: Aweti, Trumai e, para nossa surpresa, Kuikuro. Sim, Kuikuro, afinal "nós temos os cantos completos, temos os cantos para amanhecer, que são os mais bonitos". Matu introduz uma *coda* à sua narrativa para ligar o passado mítico ao presente, incluindo os Kuikuro entre os povos que, historicamente, teriam aprendido o Javari em tempos imemoriais. Se instado a contar a origem histórica do Javari – seu aparecimento (*apaki*) e não seu surgimento (*etihunte*), como nós havíamos pedido – Matu provavelmente ter-nos-ia brindado com outro relato, cujo protagonista é um jovem chamado Kusugitügü ("Cabeça de Mutum"). Foi precisamente essa história que o falecido Tagukagé, também exímio cantor, contou-me em 2004. Peço ao leitor paciência para acompanhar uma terceira narrativa, que é muito semelhante àquela contada pelos Trumai e pelos Kamayurá para dar conta do aprendizado do Javari.

---

29 Matu usa o termo em português "letra" para dizer que o nome da água estava escrito.
30 Morená (em kuikuro, *Mügena*) é o local da confluência dos rios Culuene e Ronuro, principais formadores do rio Xingu.

O gatilho do enredo é o profundo desgosto de um jovem trumai rejeitado por sua prima, que decidiu partir sem destino para "ser morto por alguém"[31]. Em vão sua mãe tentou convencê-lo a desistir. A fim de não o deixar sozinho, seus irmãos resolveram, então, acompanhá-lo. Após caminharem o dia todo, eles se depararam com a roça dos Panhetá, índios-outros (*ngikogo*), que os Kuikuro afirmam ser os antepassados dos Kamayurá[32]. Lá, eles encontraram uma senhora que colhia amendoim para fazer mingau. Ela os convidou a segui-la até a aldeia, onde foram recebidos por seu filho, o chefe dos Panhetá. A festa já rolava na praça e os jovens forâneos foram até lá assistir. Quando cessaram os cantos, o chefe perguntou-lhes se aceitariam enfrentar seus "primos" em duelo. Os destemidos irmãos trumai logo toparam o desafio e, demonstrando grande agilidade, não foram atingidos nem uma vez sequer. Os Panhetá pediram-lhes que se juntassem a eles, já que aguardavam os Hoí – um povo de muito longe – para o Javari. Passado algum tempo, chegaram os Hoí. Como de costume, acamparam a certa distância da aldeia. Logo receberam a notícia de que Kusugitügü e seus irmãos encontravam-se entre os Panhetá. Alegraram-se, pois julgavam que seriam adversários fáceis de vencer.

Ao cair da noite, os Hoí entraram na aldeia para flechar a efígie e ameaçar seus primos, garantindo que os alvejariam na manhã seguinte. Kusugitügü havia sido escolhido como *Kakahuegü*, um dos personagens-animais, que, como veremos à frente, é um dos principais arqueiros do ritual. Os Panhetá e os Trumai passaram a noite cantando e, no dia seguinte, não se intimidaram ao duelar. Desnecessário narrar aqui os incríveis feitos de Kusugitügü, que se mostrou um arqueiro excepcional. Após o término do ritual, os irmãos trumai ficaram ainda por muito tempo entre os Panhetá, até que, um dia, resolveram retornar para sua aldeia, onde foram recebidos com alegria. Kusugitügü tornou-se o chefe dos Trumai e ensinou seu povo a realizar o Javari. Para o primeiro festival, convidaram os Amanhanha, que o narrador Tagukagé diz serem os antepassados dos Aweti[33]. A partir daí, o ritual disseminou-se pelo Alto Xingu. Por isso, atualmente, todos fazem o Javari.

---

31 Na versão kamayurá, Cabeça de Mutum namora com as mulheres do chefe trumai, que é seu primo cruzado. Quando este descobre a infidelidade, tenta flechar Cabeça de Mutum, que foge e se esconde na capoeira próxima à aldeia. O chefe queima então a capoeira e, com ela, o cabelo do primo (que assim ganha o apelido pelo qual ficou conhecido). Envergonhado, ele parte para longe (Rafael J. de Menezes Bastos, *op. cit.*, 1990, pp. 182-183). Em uma das versões trumai relatada por Monod-Becquelin, temos o mesmo tema do adultério e dos cabelos queimados, mas o apelido não é citado. No entanto, Kutletle Kud (Cabeça de Mutum, em trumai) é o nome de um personagem histórico – um dos chefes trumai que lideraram a migração para o Xingu no século XIX. Ele era possivelmente o bisavô de Nituary, principal cacique trumai da época villasboasiana. Cf. Aurore Monod-Becquelin, *op. cit.*, 1994; Aurore Monod-Becquelin e Raquel Guirardello, "Histórias Trumai", 2001, pp. 406, 436.

32 Segundo Galvão, porém, os Kamayurá teriam dito a ele tratar-se do nome do chefe de um povo inimigo, o qual, de acordo com Menezes Bastos, falaria uma língua próxima ao idioma trumai. Cf. Eduardo Galvão, *op. cit.*, 1979, p. 41; Rafael J. de Menezes Bastos, "Ritual, História e Política no Alto Xingu", 2001, p. 344.

33 Trata-se dos Anumaniá ou Enumaniá (Marcela Coelho de Souza, "Virando Gente", 2001).

Em todas as narrativas aqui referidas – trumai, kamayurá ou kuikuro – apenas uma faz referência à efígie: aquela de Tagukagé Kuikuro sobre Cabeça de Mutum. Afora esta, o artefato central do Javari está completamente ausente dos relatos; o foco recai tão somente sobre os duelos e os cantos. Como dar conta desse silêncio narrativo? Que duelo é esse entre primos adversários no qual, no rito, se insere um boneco que é indexado a um morto? Há duas maneiras de responder a essas questões: uma supõe a análise da pragmática ritual e de sua estrutura actancial, a outra implica pensar o rito historicamente como resultado de uma tradução criativa. Começo pela primeira via analítica apresentando os personagens rituais e suas ações para, só ao final, propor uma hipótese histórica sobre a tradução e incorporação do Javari pelos povos do Alto Xingu.

OS PERSONAGENS RITUAIS

O Javari possui um repertório cancioneiro e coreográfico extenso, executado ao longo de quinze dias, dos quais apenas os dois últimos compreendem a fase intertribal[34]. Este é o clímax da festa. Ele se inicia no final da tarde com a recepção formal dos convidados e se encerra no dia seguinte com um duelo de dardos entre anfitriões e convidados. Esse confronto direto interaldeão é antecedido por um confronto verbal mediado pela efígie antropomorfa, que é queimada ao final da festa.

O Javari é essencialmente um ritual masculino. As mulheres tomam parte da ação ritual em algumas sequências coreográficas, mas na maior parte do tempo compõem apenas a assistência. Diferentemente do que ocorre no Quarup, uma mulher não pode ser representada aqui por uma efígie. Só homens mortos são comemorados e só homens vivos portam dardos. Os homens, porém, não formam um grupo homogêneo: não apenas se distinguem os cantores (*eginhoto*) e os donos da festa, como também se destacam quinze personagens aos quais se atribui uma identidade animal.

Os Animais Arqueiros

Esses personagens são denominados *tigikinginhü*, um termo cuja tradução desconheço. Eles são escolhidos alguns dias antes da fase intertribal, em cada uma das aldeias participantes. Organizam-se na ordem apresentada no quadro 7.

---

[34] Para os Kamayurá, ver Rafael J. de Menezes Bastos, *A Festa da Jaguatirica*, 2013. Penoni, Montagnani e eu iniciamos um estudo músico-coreográfico do Javari entre os Kuikuro, que permanece inacabado (Isabel Penoni, *op. cit.*, 2010; Carlos Fausto e Isabel Penoni, "L'effigie, le cousin et le mort", 2014). No bojo do projeto de documentação "Cantos Kuikuro", fizemos a gravação completa do cancioneiro do Javari com o mestre Katagagü Kuikuro.

QUADRO 7. *Os arqueiros animais no Javari*

	NOME KUIKURO	IDENTIFICAÇÃO	COMPOSIÇÃO
1	*Hitsehuegü*	corvídeo	trio
2	*Kakahuegü*	falconídeo	casal
3	*Ugonhi*	acipitrídeo ou falconídeo	casal
4	*Ekege*	onça-pintada	casal
5	*Ekege tuhugutinhü*	onça-preta	casal
6	*Agisakuegü*	acipitrídeo	casal
7	*Ahúa*	onça legendária	casal

Fonte: O autor, 2022.

A característica comum a esses animais é seu potencial agressivo: há três casais de pássaros predadores e três de felinos, sendo o último, *Ahúa*, identificado como uma onça negra legendária, inexistente no Alto Xingu[35]. Esses seis casais são liderados por um trio principal de lançadores, identificados a um corvídeo – possivelmente à gralha-cancã (*Cyanocorax cyanopogon*). Os Kuikuro associam a coreografia dos *Hitsehuegü*, que balançam a cabeça lateralmente enquanto avançam com um pisoteio curto e rápido, aos movimentos típicos dessa ave (figura 26). Noto que a gralha possui uma dieta onívora e mata suas presas com rápidas pancadas na cabeça.

A figuração desses animais personagens é feita por evocação mimética. Do ponto de vista sonoro, aqueles que os encarnam imitam a vocalização de seus protótipos animais. Fazem-no de maneira estritamente ordenada, de tal modo que seus sons (*itsu*) são parte integrante da execução musical e indispensável a ela. A identidade dos *tigikinginhü* é desdobrada: cada personagem – a exceção do trio de gralhas – é constituído por um casal. Cada par compartilha um padrão similar de pintura corporal com pequenas variações e uma identidade vocal construída dialogicamente: o "marido" enuncia uma frase à qual a "esposa" responde repetindo-a com uma variação, geralmente de altura[36].

Do ponto de vista plástico, a pintura corporal busca representar, por meio de um esquema gráfico sintético, o padrão de plumagem ou pelagem característico da espécie animal. Assim, por exemplo, no caso da onça-pintada, a identificação é dada pelo motivo mínimo dos círculos, enquanto na gralha-cancã destaca-se a mancha negra que se estende de sua cabeça até o peito. De modo similar, o

---

35 Entre os Kamayurá, Menezes Bastos refere-se a apenas cinco personagens: três falconídeos e dois jaguares. Acompanhei dois Javari na aldeia kuikuro de Ipatse e, em ambos os casos, havia sete personagens animais. Cf. Rafael J. de Menezes Bastos, *op. cit.*, 1990, p. 112.

36 Para uma transcrição dos sons característicos dos *tigikinhinhü*, elaborada pelo etnomusicólogo Tommaso Montagnani, ver Isabel Penoni, *op. cit.*, 2010, p. 112.

FIGURA 26. *Os Hitsehuegü dançando em torno da efígie. Kuikuro, Alto Xingu, 2009. Foto de Carlos Fausto, com autorização da Associação Indígena Kuikuro do Alto Xingu (Aikax).*

modelo mínimo exibido pelo *Kakahuegü* são os riscos negros horizontais que cobrem sua plumagem branca e aparecem em destaque no tronco e no rosto do lançador (figura 27). Temos, pois, uma representação entre icônica e indicial – ou, ainda, um iconismo minimalista, plástico e sonoro, que atribui uma identidade animal a um conjunto de atores rituais.

Embora pareça haver uma relação um a um entre o humano e o referente animal, é preciso notar que esses animais não são aqueles que encontramos em contextos ordinários. Eles são *itseke*, animais espíritos, fato evidenciado pela adição do modificador *kuegü* (ou *huegü*) ao nome de alguns dos personagens, indicando sua extraordinariedade. Em outras palavras, não se trata apenas da atribuição de uma identidade animal a um personagem humano, mas de uma reverberação entre o humano e o animal pessoa. O que se figura não é o protótipo de uma espécie animal, mas corpos zooantropomorfos, próprios aos *itseke*, cujas qualidades animais são apropriadas pelos arqueiros. A pintura e a ornamentação produzem, portanto, uma alteração, um tornar-se outro, similar àquela que vimos ocorrer com quem porta a máscara de *Atuguá*.

FIGURA 27. *Um casal de Kakahuegü. Kuikuro, Alto Xingu, 2009. Foto de Carlos Fausto, com autorização da Associação Indígena Kuikuro do Alto Xingu (Aikax).*

Em 2009, Isabel Penoni e Takumã Kuikuro realizaram entrevistas com os arqueiros animais e perguntaram como se sentiam durante o ritual e se, de fato, tornavam-se um *itseke*. Essas questões algo ingênuas conduziram a respostas muito ricas, pois sendo feitas de um ponto de vista subjetivo, o entrevistado não recorria a uma resposta dogmática. Se a premissa normativa era "sim, está-se *itseke* durante a *performance*", ao ser refraseada na primeira pessoa, surgiam nuances. Nas respostas, dois verbos eram usados recorrentemente: *ihun* ("imitar") e *hangami* ("sentir-se"). Assim, por exemplo, Kagua, um dos *Kakahuegü*, disse[37]:

> Ao dançar, eu me sinto [*upangaminalü*] mesmo como um pássaro,
> Eu me sinto assim de fato.
> Eu não me sinto como gente [*kuge*],
> Bicho-espírito, bem eu me sinto como os ancestrais dos pássaros.

Seu parceiro Makalá, mais jovem do que Kagua, ofereceu uma resposta um pouco diferente, afastando-se mais de seu personagem.

> Sim, de fato, eu estava aquele mesmo.
> Claro, eu estava imitando [*ihunta*].
> Eu estava me sentindo [*upangamita*] Kakahuegü
> [...]
> Eu estava imitando [*ihunta*], por isso que eu me fiz [*utüipügü*] Kakahuegü.

Nessa passagem, Makalá utiliza tanto *hangami* como *ihun* e termina empregando o verbo "fazer" (*üi*), analisado no capítulo anterior. Poderíamos conjecturar que, talvez por ser mais jovem, ele tenha se apressado em dizer que estava "imitando". Contudo, encontramos uma resposta similar na boca de Ugisapá, que fazia as vezes de um experiente *Ahúa*:

> Sim, eu vou dançar *Ahúa* ali, no meio da aldeia.
> Bem, eu serei *Ahúa* mesmo.
> É claro que o meu corpo ainda será o de gente [*kuge*].

Vê-se que há um jogo entre "ser/estar espírito (*itseke*)" e "ser/estar gente (*kuge*)", que parece constitutivo da experiência pessoal de, literalmente, investir-se de um personagem ritual[38]. Para alguns, a experiência parece ser mais forte.

---

[37] Todos os trechos foram transcritos por Agauá Kuikuro, traduzidos por Jamaluí Mehinako e revisados por mim.

[38] Duas raízes verbais ([*a*] e [*i*]) aparecem constantemente nessas respostas para falar da condição ou estado da pessoa. Eu as traduzo muito imperfeitamente por "ser", "estar" e, por vezes, "ficar". Em alguns casos, poderia glosar por "tornar-se", mas, em kuikuro, a noção de transformação é usualmente expressa por vocábulos com o verbalizador *ti*, o qual indica mudança de estado (ver capítulo 3).

FIGURA 28. *Ahúa ataca a efígie. Kuikuro, Alto Xingu, 2009. Foto de Carlos Fausto, com autorização da Associação Indígena Kuikuro do Alto Xingu (Aikax).*

Quando um dos *Ugonhi* foi questionado se se sentia "gente" durante o Javari, ele reagiu de imediato:

Nós não nos sentimos gente.
Ficamos sendo aquele mesmo, ficamos espírito mesmo
Ontem, nós estávamos espírito mesmo, veja.
Realmente, ontem nós estávamos.
[...]
Eu fiquei sendo espírito, fiquei espírito.
Se você ficasse doente, nós iríamos até você.

A ênfase com que ele responde – e trata-se de um homem que não fala uma palavra de português e vive intensamente o universo ritual xinguano – demonstra a intensidade da experiência de investir-se de um personagem animal e a relevância que isso pode ter para certas pessoas. Algumas delas fazem uma espécie de carreira dramática, ocupando sucessivamente, ao longo dos anos, diferentes papéis rituais. Há, inclusive, uma ordem etária, na progressão desses papéis: os *Hitsehuegü* são geralmente mais jovens, muitas vezes recém-saídos da reclusão, assim como as onças-pintadas. Já os demais personagens são adultos plenos, sendo *Ahúa* investido pelos mais velhos (figura 28).

Durante a execução ritual, os *tigikinhinhü* ocupam posições rigorosamente ordenadas e de destaque. Uma formação coreográfica de fila, por exemplo, é encabeçada pelos *Hitsehuegü* e finalizada pelos *Ahúa*, com os mestres cantores no meio, ladeados pelos jaguares. Entre os personagens, há arqueiros comuns, ditos "seguidores" (*anda*) dos chefes animais. Essa mesma ordem é respeitada nas formações circulares e durante os ataques desferidos contra a efígie. Já no duelo de dardos, momento em que as aldeias anfitriã e convidada se representam como coletivos opostos liderados por animais predadores, os *tigikinhinhü* enfrentam-se antes de todos os demais, respeitando sua sequência ordinal.

O iconismo minimalista dos *tigikinhinhü*, que lhes atribui uma identidade hiperanimal, contrasta com aquela dos demais atores rituais. Não que estes se paramentem com a típica ornamentação xinguana. Ao contrário, quanto mais bizarra for a ornamentação, melhor: aquilo que "combina com o Javari", como dizem, é a mistura exagerada e assimétrica dos mais variados materiais e cores a fim de representar a falta de senso estético dos *ngikogo* – os índios-outros caracterizados pela ética e estética grotescas. Daí por que os participantes inventam para si novas decorações, fabricando estranhos diademas e capacetes com os mais diversos materiais – cabaças, penas de garça, mutum ou urubu, palha e redes de fibra de buriti – que se distinguem fortemente do cocar xinguano, com sua combinação bem-comportada de preto, vermelho e amarelo. Hoje, outros adornos também se fazem presentes: máscaras monstruosas de Carnaval, imensos chapéus de boiadeiro, perucas coloridas e o que mais estiver à disposição. Há um só elemento comum à cosmética ritual dos festeiros: a tabatinga, a argila branca que deve recobrir, como base, os seus corpos.

Se há personagens animais e personagens *ngikogo*, há também personagens plenamente humanos: de um lado, os membros da família do morto que conservam o luto e, portanto, estão inteiramente despidos de qualquer ornamentação (e hoje vestidos com roupas manufaturadas); de outro lado, os dois donos do ritual que saem do luto na manhã que antecede a chegada dos convidados a fim de presidir a festa. Em contraste com os demais homens que portam seus dardos e decorações bizarras, movendo-se em demasia, agitando-se, dançando, gritando, proferindo insultos, os donos permanecem estáticos durante todo o ritual, portando um arco sem corda, com uma de suas extremidades apoiada contra o chão, em uma postura perfeitamente ereta e silenciosa. Expressão máxima da perfeição xinguana, ornamentam-se como pessoas ideais: o grafismo traçado em jenipapo nas pernas, o tronco e o pescoço decorados em negro, o urucum vermelho no cabelo coberto pelo diadema plumário, ao qual se juntam o colar e os brincos característicos do traje cerimonial (figura 29)[39].

---

[39] No caso, o dono do ritual, sendo um chefe importante, pode portar o colar de garras de jaguar. Veremos no próximo capítulo que isso é vedado no caso do Quarup.

FIGURA 29. *Jakalu e Mutuá dirigindo a realização do Javari de Nahum. Kuikuro, Alto Xingu, 2009. Foto de Carlos Fausto, com autorização da Associação Indígena Kuikuro do Alto Xingu (Aikax).*

Há ainda outro personagem, também silencioso e estático como os donos do ritual, que ocupa o centro da ação, mas não porta nenhuma decoração: a efígie.

A Efígie Humana

Os Kuikuro denominam a efígie ritual *kuge hutoho*. Como vimos anteriormente, *kuge* significa "pessoa", "humano" (em sentido amplo) e "alto-xinguano" (em sentido estrito), designando tanto a forma como os atributos morais da reta humanidade. Já *hutoho* designa todo tipo de expressão visual com evocação mimética, seja em duas, seja em três dimensões, aplicando-se a qualquer escultura, estatueta ou desenho figurativos, bem como à fotografia. O termo é formado pela raiz verbal *hu* ("figurar") e o nominalizador de instrumento *toho*, podendo ser glosado como "aquilo que serve para figurar" ou "serve como figuração"[40].

[40] Steinen coletou o termo entre os Karib alto-xinguanos, grafando-o *vutoxo*, com o mesmo sentido de figurar. Segundo Krause, o termo também ocorre nos diários de Herrmann Meyer. Cf. Fritz Krause, "Máscaras Grandes no Alto Xingu", 1960, p. 112.

Penoni e eu escolhemos traduzi-lo por efígie, tanto no caso do boneco do Javari como no do poste do Quarup, que também é, como veremos, o *hutoho* de um morto. Se o fizemos foi por duas razões: de um lado, para realçar o que é comum a ambos (serem artefatos figurativos antropomorfos); de outro, para evitar os termos "boneco" (que não caberia bem ao poste do Quarup) ou "estátua" (que remeteria muito fortemente à nossa estatuária).

Ademais, o termo "efígie" tem uma etimologia e uma história bastante interessantes para nossa discussão. Ele provém possivelmente da aglutinação do sufixo *ex* e *fingere*. Ora, esse verbo latino tem uma semântica parecida com a da raiz verbal kuikuro *hu*. No *Oxford Latin Dictionary*, por exemplo, a primeira entrada de *fingo* (indicativo presente da primeira pessoa do singular) é "fazer algo moldando (com argila, cera, metal fundido etc.), dar forma; b) produzir artificialmente (em vez de por processo natural); fazer uma imitação de, falsificar"[41]. De um ponto de vista histórico, há dois usos clássicos do termo "efígie" que se prestam bem para falar de cada um dos artefatos xinguanos: no caso do Javari, o boneco é vilanizado e vilipendiado como as efígies judiciais na Europa do século XVI, utilizadas como substitutos de criminosos e executadas publicamente (donde a expressão *executio in effigie*)[42]. No caso do Quarup, o poste é respeitado e tratado como o duplo do morto, como as efígies funerárias de reis e rainhas, empregadas entre os séculos XIV e XVI na Itália, na França e na Inglaterra. A efígie real europeia era, de fato, uma *persona ficta*.

Onde quer as circunstâncias não fossem desfavoráveis, dali em diante, as efígies passaram a ser utilizadas nos enterros da realeza: encerrado no caixão de chumbo, que, por sua vez, estava dentro de um caixão de madeira, ali repousava o cadáver do rei, seu corpo natural, mortal e geralmente visível, embora agora invisível; enquanto isso, nessa mesma ocasião, seu corpo político, geralmente invisível, era visivelmente exibido pela efígie em sua pomposa regalia: uma *persona ficta* – a efígie – personificando uma *persona ficta* – a *Dignitas*[43].

Por essas diversas ressonâncias, escolhemos traduzir *kuge hutoho* por "efígie antropomorfa" ou "efígie humana". É interessante notar que tanto em trumai como em kamayurá, o artefato é designado por termos equivalentes ou similares à noção kuikuro de *akuã* (que traduzo usualmente por "duplo"). Em trumai, a efígie é denominada *ihan*, que Aurore Monod-Becquelin traduz por "sombra", "reflexo" e "simulacro"[44]; em Kamayurá, ela é designada *ta'angap*, um termo comum nas línguas tupi-guarani, contendo a raiz *anga* que pode ser glosada como "alma", "sombra" e "imagem". É sugestivo que os Kuikuro não designem a efígie

---

41 *Oxford Latin Dictionary*, 1968, p. 702.
42 David Freedberg, *The Power of Images*, 1989, p. 249.
43 Ernst H. Kantorowicz, *The King's Two Bodies*, 1997, p. 421.
44 Aurore Monod-Becquelin, *op. cit.*, 1994, p. 108.

do Javari como *akuã*, utilizando-se do termo *hutoho* (figuração). Isso não quer dizer que essas duas noções não possam coocorrer.

Em 2009, logo depois de erguida a efígie, fomos conversar com o pajé Tago, que seria um dos *Ahisakuegü* no ritual. A efígie era para Nahum, o pai de Ipi, dona de *Atuguá*, de quem falamos no capítulo anterior. Nahum falecera no final de 2004 e fora comemorado em agosto de 2005 em um majestoso Quarup. Ele não nascera chefe, mas se fizera um, embora só tenha adquirido plenamente esse estatuto após a morte. Por isso, ainda em vida, pedira aos filhos que o lembrassem, por meio de um Javari, como respeitado cantor e arqueiro que fora. A família, liderada pelo filho Jakalu, cumpria então o desejo dele. Perguntamos a Tago, o que fazia aquele boneco ali, no meio da praça. Ele respondeu:

> O Jakalu está figurando [*hutagü*] o seu próprio pai. Isto é o Javari.
> Aquele é seu duplo [*akuãgü*], aquele é o duplo, é a efígie humana [*kuge hutoho*].
> Escute bem seu nome: efígie humana.
> Ele tem nome? Sim, é a efígie de Nahum [*Nahum hutoho*]
> É aquilo que é repetidamente flechado.

Apontando para a praça ainda vazia onde se erguia a efígie recém-terminada, Tago explicou-nos que aquele boneco, feito de talas de babaçu e palha, com uma cabeça improvisada e dois braços semiabertos, era a efígie (*hutoho*) do falecido, bem como seu duplo (*akuã*). Embora os termos coocorram na fala de Tago, parece haver uma sutil diferença: o duplo *hutuho* (a figuração) refere-se a um objeto concreto, enquanto o duplo *akuã* (a imagem) tem uma referência mais abstrata. A maioria dos autores – e eu mesmo já o fiz em outras oportunidades – tenderia a traduzir esse aspecto menos tangível por meio da categoria "alma". Assim, a segunda frase seria vertida como "Aquela é sua alma, sua alma, é a efígie humana". Aqui, porém, prefiro utilizar "duplo" (ou "imagem"), a fim de evitar uma interpretação animista bastante recorrente, segundo a qual a efígie seria um artefato-pessoa animado pelo princípio vital do morto. Seria cômodo adotar essa interpretação, uma vez que vai ao encontro de dois temas comuns na literatura amazônica: "o prover de alma um artefato" (*ensoulment*)[45] e a transformação de objetos em sujeitos[46]. No caso da efígie do Javari, porém, os dados não nos autorizam a passar diretamente do artefato-objeto ao artefato-sujeito por meio de sua animação. Para se entender melhor esse ponto, é preciso investigar a pragmática do ritual. É o que faço a seguir.

---

[45] Fernando Santos-Granero, "Introduction", 2009a.
[46] Eduardo Viveiros de Castro, "Exchanging Perspectives", 2004.

DUELOS VERBAIS

O Javari é mais do que um rito funerário e a efígie é mais do que um artefato-sujeito. Ela não pode ser interpretada por meio de uma identificação unívoca com o morto nem por meio de uma simples operação de subjetivação. Na pragmática ritual, a efígie não surge como um artefato dotado de subjetividade, mas antes como um pivô relacional a garantir o *turn-taking* entre vivos. Alguns chegam mesmo a afirmar que ela está ali apenas para "chamar o primo", elidindo qualquer relação com o morto.

Os duelos verbais entre anfitriões e convidados ocorrem na noite em que começa o festival e na manhã seguinte, antes dos duelos físicos entre os arqueiros. O caráter excepcional desses duelos verbais reside no fato de eles não serem feitos diretamente, mas por meio da figura interposta da efígie. Em sessões bem definidas por ações coreográficas que marcam seu começo e seu fim, sucedem-se ataques individuais à efígie, em que os arqueiros avançam executando um sapateado de carga ofensivo até atingi-la com a ponta de seus dardos. Ao mesmo tempo, proferem contra ela insultos, dirigidos, contudo, a outro destinatário – um primo, identificado entre os homens da aldeia convidada. Os mais experientes e ferinos tendem a prosseguir com uma fala mais longa; voltando-se para o grupo dos convidados e dirigindo-se a uma pessoa específica, desferem um ataque verbal jocoso (figura 30). Esse ataque só pode ser dirigido a um primo cruzado de outra aldeia, singularizado pelo nome, que deve, necessariamente, estar presente na festa para poder, em seguida, ir à desforra.

Em Nome do Primo

Os Kuikuro designam o gesto verbal "chamar seu próprio primo" (*tühaüu iganügü*). Se perguntarmos sobre o que estão fazendo neste momento, receberemos possivelmente a seguinte resposta: *Tühaünkinhüko etigatako*, "eles estão chamando seus próprios primos". A raiz verbal *iga* não contém qualquer conotação de insulto, significando apenas "chamar pelo nome", "nomear" – ação que é central na construção do insulto, pois produz a singularidade de cada ataque ao atribuir identidades diferentes, em sequência, à efígie. Daí por que, entre todas as formas possíveis de designar o ato verbal insultuoso, os Kuikuro enfatizem a enunciação de um nome e não o xingamento ou a derisão[47].

A efigie é confeccionada alguns dias antes do início da fase intertribal da festa, coincidindo com a partida dos mensageiros que farão o convite às outras

---

[47] Pode-se utilizar também o verbo detransitivizado *etihijü*, como na frase *tühankginhüko etihitsako*, "os primos estão se cutucando", "mexendo um com o outro". Esse verbo caracteriza o comportamento jocoso esperado entre primos. Costuma-se dizer também que primos gostam de *kokijü* ("sacanear") uns aos outros, inventando estórias falsas, em geral sobre proezas sexuais. Não se utiliza o verbo "xingar" (*hesakilü*, literalmente, "falar feio") para caracterizar o duelo verbal do Javari.

FIGURA 30. *Kumãtsi volta-se na direção de seu primo para proferir um longo insulto jocoso. Kuikuro, Alto Xingu, 2009. Foto de Carlos Fausto, com autorização da Associação Indígena Kuikuro do Alto Xingu (Aikax).*

aldeias[48]. É só então, e ainda timidamente, que começam as sessões de ataque à efígie, denominadas pela raiz verbal *he*, que significa "flechar" ou, de maneira geral, "atingir com objeto perfurante". Nessas primeiras e breves sessões ainda não se elaboraram as frases jocosas que serão ditas durante a fase intertribal. Na maioria dos casos, apenas se chama o primo pelo nome precedido por um ideofone próprio a esse contexto: "tuuuuuuu fulano". Em alguns casos, nem o nome é pronunciado, sendo substituído por "tuuuu meu primo". Em outros casos, ao nome pode se seguir um insulto genérico.

Nessa fase inicial, a efígie serve como um *token* antecipado do primo ainda ausente. Com o passar dos dias, cada participante começa a formar uma imagem mental de seus primos e a buscar um traço de caráter, um elemento particular, um evento curioso para, a partir daí, compor as estrofes que serão

[48] Segundo os Kuikuro, o convite para o Javari ocorria dez dias antes da festa, para que os convidados pudessem se preparar. O passar dos dias era calculado por meio de um cordão cujos nós eram desamarrados à razão de um por dia (Eduardo Galvão, *op. cit.*, 1979, p. 46). Hoje, no entanto, o rádio permite comunicar a intenção de realizar a festa com a devida antecedência, e os mensageiros só são enviados à aldeia convidada às vésperas do evento.

executadas no ritual. Cada qual vai escolhendo seus temas, elaborando seus versos e inserindo as palavras em uma marcação rítmico-melódica característica dos ataques verbais do Javari, a qual exige do arqueiro uma boa incorporação de sua dinâmica, sob pena de tropeçar nas palavras e ser vaiado em praça pública pela assistência adversária.

É preciso, ademais, determinar quem serão os primos-alvo. Uma pessoa pode ter vários primos nas aldeias convidadas e, por isso, identificar alvos precisos resulta de um processo de depuração. Em geral, os adversários escolhidos pertencem à mesma geração e podem se dizer primos por algum cálculo de parentesco. Digo "podem", pois os Kuikuro mobilizam quatro vias ao definir uma relação de parentesco: pelo pai ou mãe de ego e pelo pai ou mãe de alter. Ademais, primos cruzados podem ser chamados e considerados irmãos, de tal modo que, ao se nomear alguém no Javari, está-se produzindo um primo[49]. Definir os alvos é sempre mais fácil quando anfitriões e convidados pertencem ao mesmo bloco linguístico, pois os intercasamentos são mais frequentes. Mesmo nesse caso, porém, a multiplicidade de primos potenciais pode ser ainda pouco determinada para um jovem que não possui uma história de confrontos prévios. Assim, por exemplo, em 2004, um rapaz kuikuro, filho de uma mulher kalapalo, que pela primeira vez participava ativamente de um Javari, atacou a efígie enumerando todas as aldeias kalapalo, sem singularizar nenhum indivíduo. Essa pouca determinação da relação pode dar-se também, inversamente, pela distância: na festa de 2009, que reunia convidados wauja, muitos kuikuro não eram capazes de enunciar o nome de um primo adversário e recorriam ao genérico "meus primos". Tabata Kuikuro, um chefe então com seus 50 anos, utilizou este tema como mote para um gesto verbal mais sofisticado:

> Meus primos, meus primos,
> Eu não sei mesmo o nome de vocês.
> Aqui, deste modo, vamos duelar, meus primos.

A maioria dos ataques, no entanto, identifica (e ao mesmo tempo produz) um primo, pois, com o passar dos anos, o critério fundamental da escolha passa a ser a memória de ataques jocosos em festas passadas[50]. Entre os Kuikuro, primos são produzidos antes por uma pragmática que por uma definição categorial. As pessoas da geração de Ego se dispersam em um contínuo, que vai de um polo +primo/−irmão a outro polo +irmão/−primo. A oscilação dravi-

---

[49] Para consideração semelhante para o caso trumai, ver Aurore Monod-Becquelin e Raquel Guirardello, *op. cit.*, 2001, p. 430.

[50] Em 2004, ao ser convidado a participar do ritual, minha primeira reação foi dizer "Mas eu não tenho primos entre os Matipu e os Kalapalo", asserção prontamente refutada por meio de um cálculo simples de parentesco: "Como não? Fulana é sua mãe e o irmão dela é Kalapalo, logo o filho do irmão dela é seu primo". Por alguns anos, sempre que ocorria um Javari em uma dessas aldeias, "meus primos" mandavam me avisar que estavam me esperando.

diano-iroquesa do sistema de parentesco tende a se resolver por meio do comportamento: fulana é minha prima porque faço sexo com ela, fulano é meu primo porque faço graça com ele. Contudo, nunca é tão simples assim. Por um lado, o gradiente de distância interfere na classificação, de tal modo que primos cruzados de primeiro grau tendem a se definir exclusivamente como irmãos; por outro lado, não é tão raro ocorrerem casamentos entre eles – ou seja, sob a germanidade normativa parece restar sempre uma afinidade virtual. É por essa razão que se admite que primos cruzados de primeiro grau possam se enfrentar no Javari, desde que não troquem insultos pesados demais.

Uma coisa, porém, é certa: só posso chamar o nome de um primo de outra aldeia e, ao chamá-lo, faço dele ainda mais primo. Primos esquecidos, primos não chamados, podem inclusive reclamar publicamente durante os ataques à efígie, como fez o mestre de cantos Katagagü, após ter sido negligenciado por Kanela:

Tuuu Kanela,
Você não gosta mais de mim?
Puxa, eu sou teu primo por nada.
Eu sempre dizia "tio" para nosso falecido dono.

A expressão "nosso dono" (*kukoto*) é comumente utilizada para estabelecer uma proximidade entre dois primos, em referência a um parente de G + 1 que é pai de um deles e tio materno do outro. Katagagü afirma, assim, que eles são simultaneamente primos e germanos, primos-irmãos. Ao não o chamar, deixando de confirmar pragmaticamente o vínculo, Kanela negara a relação, lançando Katagagü na indiferença, na condição de outro genérico. Daí seu reclamo.

Gesto Ritual e Relação Cotidiana

Não se deve estabelecer uma ruptura simples entre o que é dito no rito e o que é feito no cotidiano, pois o rito reconfigura relações dadas fora de seu âmbito. O "chamar o primo" em praça pública resulta da radicalização de uma forma cotidiana de relação: a jocosidade que, aqui, desliza em direção ao insulto. No dia a dia, a relação entre primos de sexo masculino é permeada pelo humor e por brincadeiras, a maioria delas sexualizadas. Zombar do primo, beliscá-lo, sugerir que ele tem muitas amantes, tudo isso faz parte daquilo que é ser primo. Sem isso, assim como na ausência de sexo entre primos de sexo oposto, a relação tende a se redefinir como entre irmãos, mesmo que distantes.

Vários insultos desferidos contra os primos durante a festa são construídos nesse registro de brincadeiras sexualizadas. Veja-se, por exemplo, os dois insultos a seguir, executados sequencialmente, de modo a criar um suspense em torno do adversário a quem é dirigida a gozação.

Foi engraçado o que aconteceu.
Foi aqui.
Meus primos foram paquerar uma mulher,
mas era a bunda do marido.
Ela quase os mordeu.

Ausuki Kalapalo conta uma história muito engraçada para padrões xinguanos. Imaginem a cena: seus primos kuikuro, que ele não nomeia, queriam transar com uma mulher. Por isso, "foram jacarear" (*tahingate*) – gíria local que faz referência ao jacaré namorador do mito de origem do pequi. Diferentemente de uma cidade do interior em que se vai flertar na praça, na aldeia os rapazes se dirigem, ao final do dia, para o local atrás da casa das mulheres desejadas. Lá aguardam à espera de que saíam para fazer suas necessidades na capoeira circundante. Foi o que fizeram os primos de Ausuki, mas no lusco-fusco confundiram a mulher com o marido – e a bunda dele quase os mordeu.

Depois desse primeiro ataque, Ausuki rodou novamente à frente da efígie e desferiu um segundo ataque. Em vez de chamar outro primo, completou seu gesto verbal, revelando o nome do namorador trapalhão:

Eu estou dizendo que foi o pessoal do Kanari.
Foram ele e o marido de sua cunhada.
Foi a bunda de meu pai que quase os mordeu.

Nesse caso, em vez de singularizar logo um primo, o locutor cria uma expectativa, só revelando o nome na segunda carga. Em seguida, fornece a fonte testemunhal de sua informação: o marido da mulher é, na verdade, o pai do locutor. O efeito jocoso é produzido, de um lado, pela mudança abrupta de perspectiva (uma história de namoro malsucedido se torna uma história de seu pai) e, de outro, pela imagem da bunda movente que quase morde os primos trapalhões[51]. O uso do grotesco para produzir a derisão é bastante frequente no Javari e pode ser também mobilizado de forma autoderrogatória, como a seguir:

Tuuuuuuuu
Hehutsi, por que você não abriu o caminho?
Você é o chefe dele.
Um marimbondo picou o meu saco.
Ele ficou grande demais[52].

---

[51] Essa imagem é típica do namoro às escondidas no Xingu: uma mulher sai para o mato, como se fosse ao banheiro. O amante aguarda um instante e a segue. A certa distância, seus olhos acompanham o movimento sinuoso das nádegas da mulher desejada, enquanto ela percorre o caminho esperando ser alcançada.

[52] Tradução de Bruna Franchetto e Mutuá Mehinako (Carlos Fausto e Bruna Franchetto, *Tisakisü*, 2008, p. 59).

Nesse quarteto, Ngakuá Kalapalo acusa o primo anfitrião de não ter limpado o caminho pelo qual ele, como convidado, chegara à aldeia kuikuro. No Xingu, cada uma das aldeias possui um caminho cerimonial largo e retilíneo, cuja responsabilidade recai sobre uma pessoa ritualmente designada como "dona do caminho" (*aama oto*). É essa pessoa quem mobiliza o trabalho coletivo para mantê-lo em boas condições, fornecendo alimento aos que participam do mutirão. No Javari de 2004, Ngakuá acusa seu primo Hehutsi, já bastante idoso, de não ter cuidado do caminho, mesmo sendo seu chefe, tornando-se assim responsável pela picada do marimbondo e pelos testículos inchados. Ngakuá cria um insulto jocoso que apela para o grotesco ao mesmo tempo que sugere uma cena que todos sabem impossível: a de um velho deficiente capinando[53]. Na verdade, Hehutsi nunca foi *aama oto*, mas sempre gostou de limpar os caminhos. A derisão é, assim, construída em vários níveis: a cena inverossímil, os testículos inchados, a "promoção" de Hehutsi a chefe do caminho e o jogo de assimetria etária.

Se, no Javari, chamar o primo implica preparar-lhe um gesto jocoso que está em continuidade com a relação cotidiana esperada entre primos cruzados, esse gesto, no entanto, é reconfigurado em ato de ataque, tornando visível aquilo que está obviado no dia a dia: a afinidade é uma forma de inimizade, a face escura do gozo é a guerra. Esse caráter ofensivo do duelo verbal, que se faz aparente na decoração corporal e na carga contra a efígie, pode ser também explicitada verbalmente. A ameaça homicida é um tema recorrente nas festas. Assim, por exemplo, em 2009, Paka Kuikuro ameaçou seu primo Ipa com uma vara de madeira:

Ipa, Ipa, Ipa...
Tuuuuu, Ipa!
Veja isto que vai te perfurar: vara.
É aqui que vou te enterrar[54].
Ela te fará morrer.

Esse tipo de ataque com ameaças de morte só pode ser feito entre "primos de fato" (*haüum hekugu*), isto é, entre pessoas que são inapelavelmente primos e jamais se chamam ou se comportam reciprocamente como irmãos. Como disse, alguns primos chamados no Javari podem se portar como irmãos fora do contexto ritual. O insulto não está, assim, em simples continuidade com o tratamento cotidiano entre primos, mas implica uma reconfiguração ritual: pessoas que são simultaneamente primos e irmãos entre si tornam-se inteiramente primos. Em outras palavras, a ambivalência consanguíneo-afim é resolvida por

---

53 Hehutsi quer dizer "velhinho". Era o apelido do falecido Kanápa, que, além de idoso, mancava de uma perna em virtude de uma picada de cobra.
54 *Indele angatelüingo uheke*; literalmente, "aqui vou te pintar de jenipapo".

meio de uma obviação da consanguinidade, produzindo uma simplificação em que os interlocutores aparecem unicamente como afins simétricos[55].

Essa topologia ritual na qual a figura ambivalente do primo se resolve por meio do eclipse de um de seus valores de certo remete o leitor ao modelo proposto por Marilyn Strathern em seu livro sobre o gênero da dádiva, no qual sugere que, na Nova Guiné, a constituição de toda e qualquer relação (não necessariamente ritual) implica a reconfiguração da dualidade masculino-feminino constitutiva da pessoa (individual ou coletiva), de modo a produzir termos unigenéricos[56]. Assim, por exemplo, ao ser estabelecida uma relação, digamos, de troca de esposa, cada clã envolvido aparece, um para o outro, como inteiramente masculino ou inteiramente feminino[57]. Recentemente, Aparecida Vilaça contrapôs esse modelo à teoria do ritual proposta por Michael Houseman e Carlo Severi, que nos serve de inspiração neste capítulo[58]. Para esses autores, o ritual caracteriza-se por configurações relacionais não ordinárias, produzidas por meio de um mecanismo de condensação, que conduz à complexificação das identidades, de tal maneira que os atores passam a ser definidos por traços plurais e contraditórios[59]. Ao analisar o ritual funerário Wari', contudo, Vilaça sugere exatamente o contrário: em vez de complexificação relacional, teríamos uma simplificação das identidades ao longo do rito. Assim, de uma situação inicial em que morto aparece como simultaneamente consanguíneo e afim, predador e presa, passaríamos para outra, ao final do ciclo funerário, em que ele aparece somente como presa e afim, em contraste com o coletivo dos vivos[60]. Ainda segundo Vilaça, "é devido à individuação, ou seja, à descomplexificação da pessoa por meio da obviação de um de seus componentes, que a criação de um novo par, ou de um outro contexto relacional, por um processo de diferenciação ou de cismogênese simétrica, é possível"[61].

---

[55] Mas, note-se, sempre afins terminológicos, pois cunhados não podem se insultar.
[56] Marilyn Strathern, *The Gender of the Gift*, 1988.
[57] Vale notar que, embora a literatura tenha retido antes o modelo dual, Strathern define a individuação como um duplo processo de redução a partir de uma pluralidade relacional: "Para serem individuadas, relações plurais são primeiro reconceitualizadas como duais e, em seguida, a entidade concebida dualmente, capaz de destacar uma parte de si mesma, é dividida. A causa provocadora é a presença de outro diferente" (*idem*, p. 15).
[58] Michael Houseman e Carlo Severi, *Naven or the Other Self*, 1998.
[59] Carlo Severi, "Être patrocle", 2014, p. 147.
[60] No passado, o ciclo funerário wari' iniciava-se com o consumo ritual do cadáver, que só podia ser feito pelos não parentes, pois os parentes seriam incapazes de tratar o corpo como caça. Nesse momento, o ritual distinguia duas perspectivas sobre o morto (com parente e como caça). Ao final do ciclo, parentes e não parentes saíam para caçar e comer juntos, associando-se a caça morta ao cadáver consumido meses antes. Por meio da comensalidade no final do ritual, impunha-se uma só perspectiva: para todos os vivos, o morto passava a ser a presa animal e não mais um parente humano (Aparecida Vilaça, *Comendo como Gente*, 1992; *idem, op. cit.*, 2000).
[61] *Idem*, "Le contexte relationnel du cannibalisme funéraire wari'", 2014, p. 47.

No caso do Javari, gostaria de argumentar que a afinização dos primos é justamente o que permite a construção de figuras relacionais mais complexas. Ao emergir para o primeiro plano, a inimizade passa a se articular com outras formas relacionais, de tal modo que a individuação é posta a serviço de novas formas de condensação. Veremos adiante, como esses primos adversários não apenas se opõem simetricamente como também se identificam mutuamente, construindo um Eu complexo, que se localiza em um espaço intervalar – espaço materializado pela figura interposta da efígie[62]. Deve-se lembrar que essa efígie é também o duplo do morto, cuja presença durante a festa é uma premissa do Javari. A homenagem que o morto recebe deve-se ao fato de ele ter sido, no passado, um protagonista do ritual, um arqueiro dotado de uma identidade animal e predatória suplementar. Em outras palavras, a obviação da consanguinidade e o foco na afinidade não se reduzem a uma mera descompactação da pessoa dividual, pois abrem caminho a um nível superior de complexidade, dessa feita propriamente ritual, uma vez que emerge das interações constituídas no contexto do próprio rito.

PRONOME EM PÉ

Comecei a análise da efígie pela sua identificação com um morto, do qual ela é o duplo-imagem. Em seguida, mostrei que essa é uma das perspectivas mobilizadas pelo Javari, sendo particularmente importante para a família e para os pajés. Em ao menos um momento, como veremos adiante, ela se impõe como a perspectiva geral do rito. Durante os insultos verbais, no entanto, a identificação entre a efígie e o morto homenageado é obviada – o artefato assume outro papel que não o de figurar um morto ausente. Esse papel é o de servir de pivô em uma relação entre dois interlocutores simetricamente opostos. Não por acaso sua marca formal mais destacada é sua incomum simplicidade.

A efígie é composta de um poste de madeira com pouco mais de 1,5 metro, o qual é fixado no solo e envolvido com talas de buriti. No topo, adiciona-se uma panela velha e cinge-se o conjunto com palha da mesma palmeira, fazendo-se, então, os dois braços. Trata-se de uma representação mínima e genérica da figura humana, sem qualquer individualização, pictural ou ornamental. A *Kuge hutoho* aparece como um *token* do humano enquanto condição ainda não determinada à qual se pode atribuir sucessivamente uma série de identidades. Como afirma Monod-Becquelin, com base em seu pioneiro trabalho sobre os Trumai:

[...] podemos considerá-la como um personagem, dotado do sentido da audição e silencioso, mas não mudo, pois que se emprestam a ele réplicas, comentários ofensivos e

---

[62] Sobre a noção de Eu complexo, ver Carlo Severi, *op. cit.*, 2014, p. 153.

zombeteiros, e mesmo gestos obscenos. Ele toma, alternadamente, a identidade de cada um dos adversários de cada atirador: ele se assemelha a um pronome pessoal em pé[63].

Como veremos no próximo capítulo, o caráter genérico da efígie do Javari distingue-a fortemente de sua congênere, a efígie do Quarup, que é pintada e adornada cuidadosamente e que, em princípio, indexa uma só identidade ao longo de toda a cena ritual. No Quarup, cada efígie representa um morto específico – ela é fulano *hutoho* e não *kuge hutoho*[64]. É a própria simplicidade da efígie do Javari que lhe permite servir de suporte material para a atribuição de várias identidades. Isso não quer dizer que, no momento dos insultos, seja atribuída a ela um estatuto de pessoa, tampouco que seja associada ao morto presente à festa. Essa série de associações é realizada no percurso total do ritual e não em cada um de seus momentos. Durante os insultos, a efígie é pragmaticamente constituída como personagem ritual por meio de atos de fala sucessivos (ou, mais precisamente, por gestos verbais, uma coreografia-insulto). As regras constitutivas do ritual que regulam o *turn-taking* da palavra entre os primos requer a presença do artefato, instituindo um terceiro termo em uma interação dialógica. Se ao longo das sessões de flechamento da efígie, que antecedem a chegada dos convidados, o gesto verbal de cada participante vai sendo construído, é só na presença dos primos contrários que é plenamente executado. Nesse momento, a efígie deixa de ser mero *token* de um primo ausente e torna-se o pivô em torno do qual se estabelece um jogo de identificações, ao mesmo tempo opostas e recíprocas.

Como vimos, na fase intertribal, ocorrem duas sequências de duelos verbais: uma durante a noite e outra na manhã seguinte, sempre iniciadas pelos anfitriões. Não há como antecipar todos os movimentos desse confronto verbal, uma vez que é possível – e necessário – compor novas falas a fim de retaliar um ataque prévio. Há um aspecto dialógico que exige sempre improvisação, ainda que se possa tentar antecipar mentalmente a tréplica a uma réplica. Um dos cuidados tomados pelos convidados é guardar sua munição para os ataques diurnos, quando têm a palavra final. Se gastam todo o arsenal à noite, permitem aos anfitriões replicar pela manhã após uma madrugada gestando a resposta. Pegos de calça curta, no meio da praça e no calor da hora, os convidados podem ver-se sem ideia para uma resposta final.

Esse caráter macrodialógico dos insultos, configurado pelos quatro eventos de ataque à efígie (dois para cada locutor), é complementado por elementos microdialógicos. Alguns insultos contêm, eles mesmos, citações de falas prévias

---

63 Aurore Monod-Becquelin, *op. cit.*, 1994, p. 108.
64 Justamente em função dessa diferença, Monod-Becquelin e Vienne preferem chamar o boneco do Javari de "*mannequin*", reservando o termo "efígie" para o poste do Quarup. Cf. Aurore Monod-Becquelin e Emmanuel de Vienne, "Mais où sont les Javari d'antan?", 2016, p. 12. Para uma discussão sobre o caráter genérico de outros artefatos antropomórficos indígenas, ver Paolo Fortis, *op. cit.*, 2012, pp. 183-184.

do primo adversário. Eis aqui um exemplo, em que Jamaluí chama seu primo, que fora abandonado pela esposa e não conseguira casar-se novamente:

> Tuuuuu Robinho,
> Nossa esposa já está aqui?
> "No ano que vem, cortarei a franja da minha esposa."
> Foi o que você disse.

Jamaluí questiona o primo que, supostamente, teria dito que se casaria novamente com uma menina recém-saída da reclusão pubertária (a saída é marcada pelo corte da franja). Contudo, ele não pergunta se Robinho trouxe sua esposa à festa, mas, sim, a "nossa" esposa – uma maneira de identificar-se ao primo e, ao mesmo tempo, de colocar-se na posição de amante potencial da esposa dele. Em seguida, Jamaluí insere uma citação direta da fala do primo adversário, estabelecendo um diálogo interno a seu próprio gesto verbal: ele ataca a efígie e fala *para* e *pelo* seu primo Robinho.

Nos versos a seguir, executados por Onogi Matipu contra Paka Kuikuro, em 2004, apresento uma fórmula dialógica, na qual o gesto jocoso é construído por meio de uma identificação explícita com o adversário[65].

> Paka, paka, paka,
> Vou ser como você.
> Eu vou transar com minha sogra.
> Você é aquele que transou com a sogra.

Nesse caso, o insulto não começa pelo ideofone *tuuuuuuuu* seguido pelo nome do primo, mas pela repetição três vezes do nome, enfatizando a explosiva inicial, sem alongar a vogal. Em seguida, o locutor identifica-se com o destinatário: "vou ser como você"; isto é, vou me colocar no mesmo estado que você, tornando-me "aquele que transou com a sogra". No jogo de identidades que inclui a efígie, temos aqui um ato de fala em que o enunciador diz "eu serei você" ao artefato, que é uma figuração do primo presente na arena, o que produz uma identidade complexa, oposta e recíproca, cujo ponto de rotação é a própria efígie.

Foi essa a fórmula que guiou a construção de minhas falas noturnas, durante o ritual de 2004. Como disse, os Kuikuro apontaram-me quem poderia ser meu primo entre os Kalapalo e os Matipu, com base no cálculo de parentesco que tomava como nexo uma mulher a quem chamava de "mãe". Em seguida, meus companheiros de arco descreveram-me características dos meus futuros adversários e ensinaram-me uma fórmula bastante simples para construir meus gestos verbais:

---

[65] Publicado originalmente em Carlos Fausto e Bruna Franchetto, *op. cit.*, 2008, p. 59.

Verso 1: *tuuuuu* + [nome]
Verso 2: minha [característica negativa] + *hungu* ["parecido com"] + *tokó* [ideofone]

Essa foi a fórmula verbo-actancial mínima que os Kuikuro mobilizaram para ensinar a um não indígena como tomar parte no ritual: (a) ataque a efígie; (b) singularize um primo pelo ideofone seguido do nome; (c) diga "você é como eu" em alguma característica negativa ou grotesca. Ou seja, conjugue um ato ofensivo a um nome e estabeleça uma relação de identificação por meio de uma qualidade comum: "fulano você é igual a mim nessa característica [física, comportamental, moral] negativa ou risível". Na ocasião, a fórmula não me pareceu interessante por produzir um jogo de identificações recíprocas, mas porque me permitia fazer troça de um primo jamais visto, incluindo-me, ao mesmo tempo, na própria ofensa. Eu não queria ocupar ilegitimamente um espaço ritual, que os Kuikuro, no entanto, instavam-me a ocupar. A autoderisão pareceu-me, assim, um modo perfeito de insultar insultando-me.

Pegos de surpresa, meu "primos", responderam rapidamente, construindo, ainda de noite, réplicas em que mudaram o tema identificatório, colocando em destaque minha condição de "branco imprestável". Afinal, diziam eles, eu não tinha dinheiro nem para consertar o barco dos Kuikuro, que, quebrado à época, não fora buscar os convidados para a festa. Acossado e liberado, construí então as tréplicas que declamei na manhã seguinte ao atacar a efígie. Em duas delas, tornei a jogar com os nossos defeitos comuns, mas transformando-os agora em qualidades. Na terceira, fiz-me de branco poderoso, afirmando que compraria não apenas um barco novo como também um avião e um foguete. Rimos tanto que não houve réplica possível: meus primos só anunciaram que me acertariam no duelo a curta distância, o que, de fato, eles fizeram com facilidade. Fui salvo pelo dono do ritual, Jakalu, que, me vendo em apuros, resolveu me tirar da rinha, certo de que eu já havia sofrido o bastante.

Em resumo, muda e estática, a efígie adquire uma série de identidades: ela é meu primo, que é como eu e, portanto, ela também sou eu – e assim sucessivamente à medida que os locutores se alternam. Esse jogo reflexivo também pode ser observado na quadra que se segue, na qual o arqueiro começa se autodepreciando para finalizar com um alerta.

Tuuuuu, meus primos!
Eu sou aquele que come terra.
Minha esposa me abandonou.
Meus primos, fiquem de olho ou vocês acabarão assim.

Ao dirigir-se à efígie por meio de um jogo reflexivo de atribuição de identidades – eu sou (serei) como você, você é (será) como eu – cada enunciador constrói uma figura complexa em que oponentes se identificam e mudam de posição ao longo do ritual. Essa estrutura temporal inerente ao *turn-taking* do ato verbal, bem como ao jogo de identificações entre primos, remete-nos ao diálogo ritual entre o matador e a vítima na antropofagia ritual tupinambá. Segundo Jean de Léry, a futura vítima estabelecia uma identificação com seus algozes por meio da enunciação de atos sucessivos de devoração encadeados no tempo: eu que comi os seus sou agora comido por vocês, que serão comidos no futuro pelos meus[66].

No Javari, em contraste com o exemplo tupinambá, o jogo verbal de identificações requer um terceiro termo: a efígie. Mas, afinal, por que constituir um jogo a três termos? Por que a intermediação artefatual é obrigatória, não se podendo jamais insultar um primo sem dirigir-se à efígie? Que modalidade de fala é essa que requer uma imagem material para articular o diálogo entre dois interlocutores presentes?

A REDUPLICAÇÃO DO LOCUTOR-RECEPTOR

Em um artigo no qual retoma o clássico texto de Jean-Pierre Vernant sobre o *kolossos* e a noção de duplo na Grécia antiga[67], Severi explora a articulação entre linguagem e imagem, focalizando as condições de enunciação em termos linguísticos e extralinguísticos[68]. Trata-se de mostrar como, em contextos rituais, constitui-se uma relação de implicação recíproca entre palavra e imagem, de tal modo que o uso da linguagem não pode ser desvinculado da *mise en scène* ritual. A fim de exemplificar sua abordagem, Severi analisa não a pedra bruta dos *kolossoi*, mas as bem talhadas estátuas funerárias gregas do século VI antes da EC, que representavam homens e mulheres mortos na flor da idade[69]. Com suas linhas delicadas e sorriso cordial, uma postura ligeiramente inclinada para a frente acompanhada de um olhar atento, essas estátuas não apenas representavam um ideal de beleza e nobreza como convidavam alguém a ocupar a posição de interlocutor. Essa interlocução estava prevista na articulação entre imagem e palavra, pois as estátuas traziam uma inscrição a ser lida em voz alta por aqueles que a observavam. Como mostra Severi, essa posição de interlocução não é a de um simples outro, pois aquilo que a inscrição requer é a posição do Eu do próprio morto – quem a lê, diz: "Eu sou fulano...", emprestando sua palavra ao falecido, cuja presença é assim convocada. A presentificação do morto é menos função do iconismo da forma que da imbricação entre palavra e imagem em um contexto de enunciação, cujas regras constitutivas modificam a identidade dos locutores.

---

[66] Para um vívido relato da atitude do cativo antes de ser executado, ver Jean de Léry, *History of a Voyage to the Land of Brazil, Otherwise Called America*, 1992 [1578], p. 123. Sobre a temporalidade produzida pelo ritual antropofágico, ver Manuela Carneiro da Cunha e Eduardo Viveiros de Castro, "Vingança e Temporalidade", 1985.
[67] Jean-Pierre Vernant, "Figuration de l'invisible et catégorie psychologique du double", 2007.
[68] Carlo Severi, *op. cit.*, 2009b.
[69] As estátuas eram denominadas *kouros*, no caso de um rapaz, e *korê*, no caso de uma jovem.

Diferentemente das finas estátuas naturalistas gregas, a efígie do Javari caracteriza-se pela ausência de traços singularizantes, aproximando-se formalmente das estelas funerárias gregas do século XIII antes da EC, que se resumiam a blocos quadrangulares com a extremidade superior mais estreita, sugerindo um pescoço ou cabeça humana[70]. Assim como esses *kolossoi*, a *kugé hutoho* tem uma localização funerária precisa: ergue-se na praça, local onde os chefes são enterrados e onde, idealmente, o morto comemorado no Javari foi sepultado. Ao contrário dos *kolossoi* e também dos *kouroi*, a palavra dirigida à *kugé hutoho* não visa a um morto ausente que se quer presente. A palavra não é emprestada a um morto incapaz de pôr a si mesmo como locutor, mas dirigida a um primo que *deve* estar presente (pois, como vimos, não se pode "chamar" um primo ausente). Por que, então, é preciso falar a um artefato? Por que não se dirigir diretamente ao primo?

Em um texto anterior, Penoni e eu levantamos a hipótese de que a efígie do Javari permite um desdobramento do receptor e, em virtude do jogo de identificações recíprocas, também do locutor[71]. O outro-adversário desdobra-se em artefato e pessoa, ambos presentes. O gesto físico contra a efígie antecipa o duelo contra um inimigo bizarro e não humano, enquanto a emissão vocal conecta primos afinizados por meio de ofensas comuns. Temos aqui uma operação de desdobramento diversa daquela que encontramos na efígie real que, na Europa medieval, ocupava um papel central nos funerais, prolongando a existência do rei já morto[72]. Não se trata tampouco de uma duplicação à maneira das estatuetas incaicas denominadas *huauque* ("irmão"), as quais eram talhadas em pedra, insufladas com a alma do inca e o acompanhavam como um *alter ego* com funções oraculares e de representação[73]. Em contraste com o *huauque*, a efígie do Javari não é outro-Eu, mas o outro do Eu e, simultaneamente, um Eu-outro. A efígie não é meu irmão gêmeo, mas meu primo cruzado, meu afim, meu inimigo (o outro do que eu sou). Ao mesmo tempo, como vimos antes, eu me identifico a esse outro por meio do insulto, de tal modo que a efígie é a exteriorização da alteridade que me é constitutiva, desse outro que me constitui enquanto unidade dual[74]. A efígie condensa a alteridade interior do locutor e a alteridade exterior do receptor, permitindo que locutor e receptor, ambos presentes, se distingam maximamente (como inimigos e afins) e se identifiquem (como duas figuras da exterioridade).

---

70 Jean-Pierre Vernant, *op. cit.*, 2007.
71 Carlos Fausto e Isabel Penoni, *op. cit.*, 2014.
72 Carlo Ginzburg, "Representação", 2001.
73 Maarten van de Guchte, "Sculpture and the Concept of the Double among the Inca Kings", 1996.
74 Refiro-me aqui à noção corrente na literatura de que a pessoa na Amazônia indígena é pensada e tratada como compósita, pois necessariamente constituída pela dualidade mesmo e outro (consanguíneo/afim, parente/inimigo, humano/animal). Ver, entre outros, Anne-Christine Taylor, "Le sexe de la proie", 2000; Philippe Descola, "The Genres of Gender", 2001; Eduardo Viveiros de Castro, "Gut Feelings about Amazonia", 2001; Aparecida Vilaça, *op. cit.*, 2014.

Ademais, do ponto de vista coletivo, o Javari é um ritual em que os alto-xinguanos entretêm a possibilidade de se fazerem índios-outros (*ngikogo*). O ritual é uma reflexão sobre – e uma reversão controlada de – o processo de xinguanização, cujo limite prático é a guerra. O tema ritual que mais tangencia o confronto armado é o duelo de dardos que se segue às sessões de xingamento. Nesse momento, a efígie antropomorfa que estivera no centro da ação ritual é deixada de lado e o campo de lutas se desloca para longe dela.

O DUELO DE DARDOS

Todo ritual intertribal xinguano tem como clímax o combate entre os campeões de luta da aldeia anfitriã e das aldeias convidadas. O Javari é o único desses rituais em que não há combates corporais, mas, sim, duelos de dardos entre dois indivíduos: um lança o dardo, o outro tenta desviar dele (e vice-versa). Os dardos, que na verdade são flechas sem pontas, só podem atingir o adversário da cintura para baixo, causando hematomas nas coxas e nádegas, sem jamais causar sangramento. Os duelos ocorrem na seguinte ordem: primeiro, cada *Hitsehuegü* enfrenta seu congênere de outra aldeia, lançando dardos a distância com o auxílio de um propulsor; em seguida, ocorrem duelos a curta distância entre os demais personagens animais, dessa vez sem uso do propulsor (figura 31); por fim, ocorrem os duelos entre os primos que se chamaram em praça pública.

Os Kuikuro afirmam que, até os anos 1960, utilizavam o propulsor nos combates a curta distância, mas que em virtude de um acidente em que a ponta de cera de um dardo se quebrou e um adversário foi ferido, vertendo sangue, decidiram, sob os conselhos de Orlando Villas Bôas, abandonar o propulsor[75]. Ainda hoje, porém, os Kuikuro falam seriamente dos perigos envolvidos nos duelos, pois temem que os adversários escondam pedra ou metal na cera, de modo a deixar os dardos mais pesados e suas pontas mais rígidas. Essa ambiguidade festa-guerra está presente na própria configuração do Javari. Como vimos no mito do Mestre da Água, uma das sequências coreográficas é chamada *hügé hokitsoho*, "para afiar a flecha", como se ela tivesse efetivamente uma ponta fina e perfurante (e não cega e arredondada).

Somente as disputas entre os personagens animais contam para saber qual das aldeias é a vencedora. Toda vez que um adversário é atingido, seus coaldeãos comemoram animadamente com uma dança. Leva-se o duelo, ao mesmo tempo, mais e menos a sério do que a luta corporal característica das demais festas intertribais: *menos* porque há sempre uma atmosfera de jocosidade, na qual os duelos dos personagens animais emergem como a representação de uma representação; *mais* porque sempre se fala na possibilidade de a disputa degenerar a ponto de tornar-se de fato aquilo que representa como pantomima, ou seja, uma

---

[75] Para informação semelhante, ver Aurore Monod-Becquelin, *op. cit.*, 1994, p. 106.

FIGURA 31. *Dois primos duelando. Kuikuro, Alto Xingu, 2009. Foto de Carlos Fausto, com autorização da Associação Indígena Kuikuro do Alto Xingu (Aikax).*

guerra cruel. Em contraste com os combates entre os dez maiores lutadores de cada aldeia – lutadores que representam a capacidade de um povo xinguano de fabricar pessoas ideais –, aqui se dramatiza, em meio a grande balbúrdia, a capacidade de figurar a si mesmo como um não xinguano por meio de animais predatórios que se confrontam como primos adversários. Embora seja um substituto da luta e, portanto, mais um exemplo de esportificação da violência[76], o duelo se diferencia por colocar em evidência não exemplares perfeitos da condição xinguana, mas predadores animalescos, oferecendo assim um comentário irônico ao comportamento bélico dos não xinguanos e, simultaneamente, uma visão ao revés do próprio processo de xinguanização. Temos, novamente, uma construção em abismo de várias figuras da alteridade do que confere ao duelo um caráter antes ritual que de simples jogo ou competição.

A afinização do primo durante os insultos verbais conduz à reconfiguração momentânea da relação entre coletivos. O ataque à efígie implica a conversão dramático-ritual das relações pacíficas entre aldeias em relações de guerra e inimizade, contrariando o etos xinguano e sua cuidadosa construção da paz interna. Paródia da e flerte com a agressividade dos outros, o duelo elucida o gesto antecipado pelo arqueiro contra a efígie: o ataque falado contra o artefato torna-se ataque silencioso contra "aquele que me faz face" (*uimütongo*). A continuidade entre esses dois atos é enfatizada pelos Kuikuro, sendo um dos temas recorrentes das sessões de insultos antecipar o ato do duelo: "É assim que vou te acertar" ou "Assim vamos nos flechar", diz-se.

Um dos eixos centrais do Javari é justamente este: trata-se de uma pantomima de guerra, na qual se tematiza a possibilidade de transformarem-se em não xinguanos, flertando com o belicismo dos outros. Isso talvez explique por que o ritual é denominado, se aceitarmos a tradução de Rafael J. de Menezes Bastos, "pequeno jaguar" (*jawari*) pelos Kamayurá ou "ponta de flecha arredondada" (*hagaka*) pelos Kuikuro: trata-se de uma guerra, mas de uma guerra em modo menor[77].

O MORTO DE VOLTA À CENA

Quando os duelos terminam, há uma drástica mudança de tom. Várias ações rituais ocorrem simultaneamente, entre elas a queima, no centro da praça, da efígie, dos anteparos de proteção usados nos duelos e do propulsor do falecido (ou de seu duplo). Nesse momento, o dono da festa e sua família achegam-se ao fogo e entoam um lamento fúnebre (figura 32). Os chefes das aldeias convidadas são, então, chamados a chorar com a família. Menezes Bastos transcreve a fala de um chefe kamayurá ao convocar seus congêneres: "eu tenho saudades

---

[76] Norbert Elias e Eric Dunning, *Quest for Excitement*, 1986.
[77] Rafael J. de Menezes Bastos, *op. cit.*, 1990.

FIGURA 32. *A família do morto homenageado chora, enquanto a parafernália ritual é queimada. Kuikuro, Alto Xingu, 2009. Foto de Carlos Fausto, com autorização da Associação Indígena Kuikuro do Alto Xingu (Aikax).*

de meu irmão júnior [...] ele era grande campeão de luta e no jogo de dardos. Ele era um grande pescador. Vocês, Matipu, vêm nos ajudar a fazer a festa dele. Venham chorar conosco e por nós, ó, Matipu, chefes Matipu"[78].

Chorar os mortos dos outros é um serviço que se deve prestar aos familiares do falecido em muitas ocasiões. No Javari, contudo, isso é feito em praça pública, impondo, por um breve momento, uma só perspectiva sobre o ritual. Aquilo que estava dito no início dos preparativos da festa: "vamos queimar o duplo da arma de meu pai [ou irmão, filho etc.]", torna-se ação ritual por excelência, redefinindo a totalidade de atos e personagens. A família do morto impõe nesse instante *sua* perspectiva sobre o ritual, comunicando-a por meio dos chefes das aldeias convidadas. Até a cremação, nenhum ato indica que a efígie possa estar ali figurando o morto, pois ela é tratada como um *token* genérico da relação simétrica entre afins potenciais. Se essa é a perspectiva dominante para boa parte dos participantes durante a maior parte do ritual, ela bascula ao final: ao eixo

[78] *Idem*, p. 215.

horizontal da oposição simétrica, acrescenta-se o eixo vertical e complementar entre vivos e mortos.

Mesmo aqueles que não estabelecem a equação "a efígie é o duplo do morto" – e poucos parecem preocupados em fazê-lo – aceitam sem grande problema a ideia de que o morto está presente durante o ritual. Fizemos essa pergunta a algumas pessoas antes de começar o festival de 2009. Ipi, a filha do homenageado, que ainda se encontrava enferma, contou-nos que seu *Atuguá* havia lhe avisado em sonho que seu pai viria assistir à festa[79]:

> Quando eu acordei eu disse:
> – Meu pai virá amanhã.
> Aí então todos nós choramos, até os netos dele choraram. Foi anteontem.
> Nós não o veremos mais, por isso choramos.
> Nós não veremos a chegada dele.
> Nós não vamos cumprimentá-lo, ele é o morto [*anhá*]
> O morto não pode mais ser tocado por gente viva [*tihühokolo*][80].

Quando fizemos a mesma pergunta ao casal de *Ahúa*, os irmãos Ugisapá e Hinaku, eles nos disseram que, quando se faz a efígie, o morto desce dos céus e vem até a aldeia, ficando primeiro na casa de seus filhos para, em seguida, postar-se na praça como um observador de sua própria homenagem.

Ug: Agora o seu duplo [*akungagü*] já está aqui para ver a sua própria efígie [*tuhutoho*].
Hk: Para ver a seu ex-arco ser queimado. O costume de todos os mortos [*anhá*] é assim.

Aqui, a efígie não é identificada ao morto – ela é antes uma espécie de atrator, a razão pela qual o duplo desce à aldeia dos vivos ("para ver a sua própria efígie"). Como veremos no capítulo 5, todo *hutoho* pode servir para atrair aquilo que ele está figurando, desde que se utilizem as rezas e os cantos apropriados. Ademais, a invocação de uma presença-outra é uma proposição geral sobre os rituais, sobretudo aqueles de *itseke* – afinal, eles são realizados precisamente para que os espíritos possam dançar e comer o que lhes é oferecido pelos humanos. Se os *itseke* comparecem a seus rituais, por que os mortos, que são em certo sentido a forma *itseke* dos vivos, não compareceriam aos deles?

A presença do morto é tornada tangível, tanto no Javari como no Quarup, por meio de um duplo efigial. Nesses ritos funerários não há *itseke* e, por consequência, os coordenadores da festa não são designados *ihü* ("corpo"), mas *tajopé* – um termo genérico para qualquer coordenador de trabalho coletivo[81]. As funções

---

[79] Sobre a doença de Ipi, ver capítulo 3.
[80] O termo *tihühokolo* designa uma pessoa que não passou pela prova da morte. Gloso-o por "aquele que está em seu próprio corpo". Volto a isso no próximo capítulo.
[81] No caso do Quarup e do Javari, os *tajope* são idealmente aqueles que enterraram a pessoa comemorada.

são semelhantes: tanto um como outro fazem a mediação entre o dono que alimenta e a comunidade que é alimentada. Mas, como vimos no capítulo 3, o *ihü* parece ter, adicional e muito literalmente, a função de dar corpo aos espíritos. Já quando se convoca um morto e não um *itseke*, as coisas funcionam de outro modo, pois nenhum vivo pode ser o corpo de um morto, sob pena de estar ele mesmo morto.

É precisamente nesses rituais que surgem as efígies antropomórficas – artefatos que ocupam o lugar de um corpo desaparecido. Nesse sentido, podemos dizer que a efígie, instrumento de desdobramento de si e do outro, é também o duplo do morto, o modo que ele se dá a ver em praça pública. Há, porém, uma diferença importante entre as imagens visíveis dos *itseke* – também figuradas por artefatos (máscaras e instrumentos musicais) – e aquela do morto. Enquanto as primeiras tornam visíveis corpos zooantropomorfos, a efígie é uma figuração mínima do humano. Como diz o pajé Tagó em outro trecho de nossa conversa:

> Depois de jogarmos a flecha contra os convidados,
> Ela [a efígie] será queimada.
> Eles vão chorar, vão chorar, por aquela ali.
> Eles vão chorar, é assim mesmo. Ela é gente, gente [*kuge*].
> O duplo dele [*akungagü*], gente [*kuge*]. Vejam o braço dela.
> Ela se tornou gente [*sukugetipügü*].

Um tronco com os braços semiabertos evoca a forma mínima do humano. Para Tago, a efígie "tornou-se pessoa" (*kugeti*), processo inverso àquele de "virar espírito" (*itseketi*)[82]. Se a presença do morto durante o Javari e sua relação com a efígie é aceitável para a maioria das pessoas, ela precisa ser atualizada pragmaticamente de modo a tornar-se uma perspectiva *interna* ao ritual. Isso ocorre no momento em que a *kugé hutoho* é cremada. Como disse há pouco, nesse instante, redefine-se o eixo da relação com o artefato: até então o eixo dominante era horizontal, simétrico e de oposição entre os primos inimigos. Agora, o eixo vertical, complementar e linear passa a ocupar a cena pública e o chefe da aldeia convidada deve partilhar, por meio de seu choro, da perspectiva da família. De perspectiva privada e privativa (os que guardam o luto não participam dos insultos e dos duelos), a relação vertical com o morto passa a ser comum a todos e, por isso mesmo, desfeita. Família e chefes (representantes de um coletivo-outro) unem-se agora na condição comum de vivos, e o morto pode, assim, partir definitivamente.

---

[82] Como vimos no capítulo 3, uma pessoa humana pode se transformar temporariamente em espírito, uma transformação expressa por um verbo que contém o nome *itseke* e o verbalizador *ti*. De modo similar e inverso, um artefato pode se transformar em pessoa, uma mudança de estado que é expressa por um verbo contendo o nome *kuge* e o verbalizador *ti*. Na passagem citada, tal verbo aparece na terceira pessoa, com um sufixo de aspecto perfectivo, indicando que a ação foi realizada até sua completude.

Em 2009, durante a cremação da efígie, Ipi desmaiou. Viu, então, o pai que assistia à sua própria festa. No dia seguinte contou o que acontecera para seu filho Mutuá:

– "Era mesmo assim que vocês deviam me fazer [*uüilü*]. Agora eu vou embora", seu avô me disse. "Era isso o que eu estava esperando", ele disse.
Eu escutei com o meu próprio ouvido.

O pai falou-lhe de costas, pois os olhos de vivos e mortos não podem se cruzar. Disse estar satisfeito porque a família o tinha feito. Ipi emprega aqui a raiz *üi* sobre a qual me alonguei no capítulo 3, ao falar de *Atuguá*. Esse fazer não se refere apenas à confecção (*ha*) da efígie, mas a todo o processo ritual, que, uma vez encerrado, faz o morto partir para sempre.

Quando os convidados se forem, *büu* [ficará tudo vazio].
Então, o seu ex-duplo [*akuāgüpé*] irá embora para o lugar dos mortos.
Aquele, o ex-duplo do pai do Jakalu irá embora.
O ex-duplo de Nahum irá embora de fato.
Nunca mais seu ex-duplo voltará.

Na conversa que gravamos com o pajé Tagó, ele usou onze vezes o termo *akuā*: seis delas na forma *akuāgü* ("duplo dele") e cinco vezes na forma *akuāgüpe* ("ex-duplo dele") – todas as cinco estão nessa passagem em que nos conta o que aconteceria quando a festa terminasse. Minha tradução aqui é inexata. Como veremos em detalhes no próximo capítulo, o sufixo *pe* marca aqui a separação entre o duplo-alma e sua âncora, que é um corpo orgânico vivo (ou um corpo ritual artefatual). *Nahum akuāgupe* traduzir-se-ia melhor como "o duplo do ex--Nahum", o duplo do que ele foi e já não é mais.

FECHANDO O CÍRCULO

Neste capítulo, procurei analisar as configurações relacionais do Javari, focalizando um artefato singular que se destaca por duas características: de um lado, por ser uma efígie antropomorfa, algo bastante raro na Amazônia contemporânea, e, de outro, por ser de uma simplicidade notável, sobretudo em uma área cultural célebre por sua sofisticação decorativa. Argumentei que esses dois elementos – o antropomorfismo e a simplicidade – não são fruto de desleixo nem do acaso, mas uma maneira de conferir uma forma humana genérica à efígie, de modo que ela possa ser o pivô de articulação entre diversas identidades.

Vimos que uma das identidades atribuídas à efígie é aquela de um morto. Essa simples constatação, contudo, é pouco produtiva se não a inserirmos em uma análise da própria ação ritual. Pouco teríamos a ganhar se buscássemos entendê-la como mais um exemplo da labilidade ontológica entre sujeito e objeto na Amazônia, ou como um caso de *ensoulment* de artefato. Mesmo a atribuição de agência – sem implicar nenhuma atribuição de subjetividade –, não poderia ser feita fora do contexto ritual, uma vez que a efígie do Javari não se adapta nem a uma teoria internalista, nem a uma teoria externalista da abdução de agência: ela não parece ter um interior a ser preenchido por uma *anima* – a própria ausência de orifícios, de olhos e boca, parece querer desmarcar essa interioridade –, tampouco possui um exterior elaborado, um desenho complexo, capaz de capturar visualmente o receptor[83]. O poder de sua imagem recai antes sobre a desmarcação de qualquer elemento saliente – desmarcação esta que, no contexto xinguano, é culturalmente saliente.

Em sua face inexpressiva, a efígie articula diferentes figuras da alteridade: primos cruzados, animais predadores, índios bravos. Suporte de uma humanidade genérica – e, portanto, não necessariamente xinguana –, a efígie torna-se o articulador de uma série bastante conhecida na Amazônia: afins, animais e inimigos. Pivô entre vivos, a efígie é também o atrator de um morto e, ao mesmo tempo, seu duplo. Mas não é apenas a efígie que pode ser dita um duplo do morto. Os personagens animais são também figurações daquilo que foi a pessoa homenageada, pois o Javari comemora, justamente, seus cantores e arqueiros do passado. O morto pode ser, assim, incluído na série "afins-animais-inimigos" – uma conclusão que, para muitos amazonistas, já estaria dada de saída em função da noção, bastante difundida entre os povos da região, de que os "mortos são os outros"[84], alteridade frequentemente associada a uma condição animal. Ademais, é o que nos parece dizer a *Fiesta del Muñeco* kaxibo, a que me referi no começo desse capítulo: ao final do ritual, os parentes em luto devem estraçalhar o boneco a fim de esquecer o morto definitivamente (e ser assim esquecido por ele). O encerramento ritual depende de tanto os parentes próximos como os distantes passarem a ver o morto como um inimigo[85].

No Alto Xingu, contudo, isso é um pouco mais complicado. O Javari é um exemplo da oscilação existente entre a figura do morto como inimigo predador e o morto como ancestral a ser comemorado. A efígie é o personagem de um drama ritual, servindo de suporte a relações incompatíveis: simétricas e horizontais entre afins inimigos; complementares e verticais entre vivos e morto. As identidades atribuídas ritualmente à *kugé hutoho* definem dois eixos de relações, ambos indexados a um mesmo personagem ritual que acumula em si identidades heterogêneas.

É nesse sentido que o Javari é um *tertius* no complexo dual para fabricar (*üi*) chefes: a furação de orelha e o Quarup. Esses ritos expressam e produzem o etos hierárquico local. O Quarup transforma a memória de um humano exemplar para

---

[83] Alfred Gell, *Art and Agency*, 1998.
[84] Manuela Carneiro da Cunha, *op. cit.*, 1978.
[85] Erwin H. Frank, *op. cit.*, 1994.

que a família possa separar-se de um parente, e, ao mesmo tempo, para que uma coletividade possa lembrar-se de seu chefe, perpetuando a grandeza de seu nome e fabricando (*üi*) novos chefes. Também rito funerário, também feito para esquecer e lembrar, o Javari baseia-se em outra configuração: aquela do chefe guerreiro, do matador que precisa incorporar uma alteridade animal para apropriar a alteridade de uma vítima humana. O Javari inscreve-se, assim, na série horizontal das máquinas de guerra ameríndias. Contudo, no processo de sua xinguanização, ele foi domesticado: a guerra tornou-se pantomima, o chefe guerreiro tornou-se arqueiro de uma flecha sem ponta e o rito tornou-se uma representação de como seríamos "nós" xinguanos se fôssemos ainda aquilo que já não somos mais.

Como teria se dado esse trabalho de tradução? Como o Javari foi domesticado? Que o leitor me permita fazer algumas conjecturas históricas.

O Pequeno Jaguar

Se admitirmos que o Javari é o resultado da interferência entre dois eixos – inimizade e ancestralidade –, talvez possamos nos perguntar sobre sua origem. Proponho que busquemos a fonte da *kuge hutoho* em rituais guerreiros, particularmente naqueles em que temos artefatos figurando um inimigo morto. No capítulo 1, vimos que a faixa sul-amazônica que vai do Xingu ao Madeira é uma área clássica de caça de troféus. Vimos, ainda, que alguns dos povos dessa região utilizavam substitutos dos troféus que lembram de perto a efígie do Javari. Penso em especial no ritual *Ieipari* dos Arara do Iriri e no *Jawasi* dos Kayabi.

Os Arara erguiam um poste do tamanho de uma pessoa, no topo do qual colocavam o crânio decorado de um inimigo. Esse objeto ritual é denominado *ieipari*, termo que Márnio Teixeira-Pinto analisa como composto de *iei* (pau, madeira, tronco) e *ïpari*, vocativo que designa "os primos cruzados bilaterais de grupos residenciais diferentes"[86]: um poste primo, portanto, assim como a *kugé hutoho*. Vimos, ademais, que o ritual podia ser feito sem a presença do crânio, utilizando-se um substituto, como um molde em argila. Os Arara, vale lembrar, são um povo karib, cujo idioma é próximo ao dos Ikpeng – hoje habitantes do Território Indígena do Xingu, assim como os Kayabi. No caso destes últimos, Vanessa Lea nos informa que, no *Jawasi*, o crânio podia ser substituído por um boneco denominado *añang*, um termo que contém a raiz *ang* com os sentidos de "alma", "sombra", "imagem" e "duplo"[87]. Conforme pude constatar nas fotos tiradas por Lea em 1976, a semelhança entre o *añang* kayabi e a efígie do Javari era notável. Certo, nesse caso, é bem possível que o empréstimo tenha se dado na direção inversa, pois os Kayabi sofreram forte influência xinguana desde que ingressaram na região, nos anos 1950[88].

---

86 Márnio Teixeira-Pinto, *Ieipari*, 1997, p. 277.
87 Vanessa Lea, *Jawasi*, 1977.
88 Os Kayabi afirmam que o demiurgo Tuyararé deu o "Yavari primeiro aos Kaiabi, mas estes

Seja como for, a ideia estava no ar, mostrando que não é preciso grande esforço para se passar de um rito em que o artefato principal é o crânio a outro em que se ergue uma figuração inteiramente artefatual do inimigo. A própria noção de um esquema gráfico mínimo e genérico da pessoa parece estar bem presente entre os Tupi-Guarani, servindo de base conceitual para a figuração ritual. Tome-se, por exemplo, o grafismo designado *tayngava*, entre os Asurini do Xingu, que tem o significado de "réplica" ou "imagem". Regina Müller escreve: "A palavra *tayngava* que significa 'imagem humana' não denomina simplesmente a figura humana"[89]. A aparente contradição da frase resulta da confusão, comum na literatura, entre a condição de "pessoa" e a condição de "humano". Uma análise linguística mais cuidadosa pode nos ajudar a esclarecer o sentido desse termo.

A palavra *tayngava* é formada pela raiz *aynga* com um prefixo de marcação neutra de posse (*t*) e um sufixo nominalizador neutro quanto à agência (*awa*, distinto do agentivo *ara*). Segundo Müller[90], os Asurini distinguem *ynga* (princípio vital) de *ayngava* (imagem) e de *tayngava* (imagem humana). É evidente, porém, que os dois últimos termos contêm o primeiro, que, por sua vez, é um cognato de *anga*. A glosa de *tayngava* por "imagem humana" deve ser vista com prudência. Nas línguas tupi-guarani, o prefixo *t* marca não a condição humana, mas uma posse indeterminada. Na morfofonêmica dessas línguas, ele muda em *r*, quando precedido de um termo com o qual se estabelece uma relação genitiva. Assim, por exemplo, "nossa (inclusivo) imagem" é *janerayngava*, enquanto "a imagem de um homem" é *avarayngava*[91]. Logo, *tayngava* não denomina propriamente a figura humana em sentido estrito ou específico, mas, sim, em sentido lato ou genérico. O esquema gráfico de *tayngava* associa-se a uma forma genérica, indeterminada, que é antropomorfa, pois a zoomorfia é sempre uma determinação adicional, uma diferenciação[92]. É precisamente esse o antropomorfismo latente de que nos fala Severi em sua análise da arte da Costa Noroeste:

O elemento humano, como um *ostinato* musical que retoma regularmente as mesmas notas para acompanhar uma linha melódica cambiante, permanece sempre presente como pano de fundo, ao mesmo tempo mostrado e dissimulado em cada passagem de uma criatura à outra. Trata-se de uma maneira estritamente visual e, com certeza, singular, de marcar a unidade lógica do processo de transformação[93].

---

não queriam e o passaram aos Trumai. E aos Trumai deu o *Yawotsi*, que o deram em troca aos Kaiabi" (Georg Grünberg, *Os Kaiabi do Brasil Central*, 2004, p. 225).
89 Regina Müller, *Os Asuriní do Xingu*, 1990, p. 246.
90 Idem.
91 Idem, p. 246; Alice Villela, *O Negativo e o Positivo*, 2016, p. 64.
92 Talvez seja a isso que Lagrou se refira ao falar de um "antropomorfismo discreto", recoberto por um "grafismo em filigrana", no caso da arte gráfica dos *kene* pano. Cf. Els Lagrou, "Podem os Grafismos Ameríndios ser Considerados Quimeras Abstratas?", 2013, p. 106.
93 Carlo Severi, "L'univers des arts de la mémoire", 2009a, p. 484.

Nessa passagem, Severi refere-se às transformações animais de que falamos no capítulo 3, mas a ideia da latência e do *ostinato* ajuda-nos a entender essa indeterminação da antropomorfia, tanto no caso da efígie do Javari quanto no caso do grafismo *tayngava*[94]. Ambas são os suportes para uma série de operações de identificação variadas: ora primo, ora amante, ora inimigo. O mesmo pode ser dito do boneco do *Jawasi* e do poste do *Ieipari*. Contudo, à diferença destes, há no Javari uma mudança na melodia, na medida em que surge a figura do morto do próprio grupo, de tal modo que o inimigo parece bascular na direção do ancestral. A pessoa comemorada é um guerreiro interior, não uma vítima estrangeira da qual se extraiu um troféu. A passagem de rito guerreiro à pantomima de guerra implica, pois, uma translação: o morto passa a ser membro do grupo, cujo feito não é ter matado inimigos, mas, sim, duelado sem danos com primos parentes de aldeias vizinhas em festivais passados. Em certa medida, essa translação já estava prefigurada no rito de guerra: comemorava-se o guerreiro, comemorando-se o inimigo morto por ele. A fusão matador-vítima implicava tanto identificação como alteração[95], tanto interiorização do Outro como parte do Eu como exteriorização do Eu na forma do Outro. Esse jogo continua presente no Javari, expresso pela duplicação do locutor e do receptor por meio da efígie: ao identificar-me ao artefato-primo, exteriorizo a alteridade que me constitui. Porém, surge outra linha de identificação que parece remeter à ancestralidade.

Em resumo, há evidências de que o eixo horizontal do Javari foi extraído de ritos de troféu característicos da região sul-amazônica, sendo provavelmente oriundo de um povo tupi. Em seguida, teria sido incorporado ao sistema xinguano por intermédio dos Trumai, dos Aweti e dos Kamayurá. Difícil dizer em que ordem, porém. Algumas narrativas apontam para os Panhetá como povo tupi-guarani, outras associam esse povo a falantes de uma língua compreensível aos Trumai. Todas concordam, no entanto, que, a partir de um encontro original com estrangeiros, o ritual teria sido aprendido e transmitido pelos Trumai, considerados até hoje como donos do Javari[96]. Há vários enigmas nessa história, a começar pelos próprios Trumai, falantes de uma língua isolada, que não sabemos bem de onde vieram nem por onde chegaram ao Xingu. A maioria dos autores atribui a eles uma origem araguaiana[97] – hipótese reforçada, entre outras coisas, pela presença de propulsores e flechas de ponta arredondada, confeccionadas em cera, entre os Karajá[98].

---

94 Ribeiro indica a existência de um motivo gráfico similar a um h maiúsculo nos trançados kayabi, chamado *tanga* ou *taangap*, que representaria um personagem antropomórfico mítico. Como vimos, entre os Kamayurá, *ta'angap* designa, entre outras coisas, a efígie do Javari. Cf. Berta G. Ribeiro, "Desenhos Semânticos e Identidade Étnica", 1987.
95 Eduardo Viveiros de Castro, "Le meurtrier et son double chez les Araweté (Brésil)", 1996a.
96 Emmanuel de Vienne e Olivier Allard, "Pour une poignée de dollars?", 2005. Na última década, os Trumai têm procurado retomar "seu" ritual. Voltaram a realizá-lo em 2019, depois de um longo intervalo (Emmanuel de Vienne, comunicação pessoal, 2019).
97 Aurore Monod-Becquelin e Guirardello, *op. cit.*, 2001, p. 402.
98 Paul Ehrenreich, "Contribuições para a Etnologia do Brasil", 1948, p. 46. Krause refere-se

Seja como for, o que importa é que o eixo horizontal do ritual guerreiro, ao ser incorporado ao complexo xinguano, precisou ser traduzido e aclimatado a um espaço ritual já densamente ocupado. Essa adaptação ainda estava em curso no fim do século XIX. Em 1884, Karl von den Steinen obteve, entre os Suyá, um propulsor feito pelos Kamayurá, embora na crônica da viagem de 1887 ele afirme que seu uso era então limitado aos Kamayurá, aos Aweti e aos Trumai[99]. Em 1896, Herrmann Meyer quase presenciou um Javari em curso. Segundo conta, os Suyá tinham vindo a uma aldeia kamayurá "a fim de se engajarem em um torneio de arremesso de dardos"[100], mas tinham partido assim que a expedição alemã se aproximara. Naquele momento, o Javari era um festival tupi e trumai, que os Suyá estavam ainda aprendendo como parte de sua ambivalente relação com os Kamayurá. De todo modo, nada indica que, àquela época, o Javari tivesse sido incorporado pelos povos xinguanos considerados autóctones, isto é, os Arawak e os Karib. Meio século depois, já na década de 1950, tinha se generalizado a tal ponto que Eduardo Galvão afirmaria que "os Mehináku são apontados como os únicos que não sabem jogar o *iarawi*"[101].

Não é possível afirmar quando o Javari passou a incluir uma clara referência a um morto do próprio grupo, mas suspeito que esse foi um elemento crucial para que o ritual fosse aceito pelos Arawak e pelos Karib do Alto Xingu, para os quais o valor da ancestralidade, em sua associação com o renome de linhas de chefia, é particularmente importante. Ao longo desse processo, o Javari tornou-se um complemento na produção da memória e do renome, ocupando um lugar relativamente menor em relação ao Quarup, mas, ao mesmo tempo, diferente e contrastivo.

---

a uma competição com essas armas como sendo o "jogo dos Tapirapé". Contudo, Baldus não encontrou nem sombra desse jogo quando esteve entre os Tapirapé nos anos 1930. Cf. Fritz Krause, *In den Wildnissen Brasiliens*, 1911, pp. 273-274; Herbert Baldus, *Os Tapirapé*, 1970, pp. 171-172.
99 Karl von den Steinen, *Entre os Aborígenes do Brasil Central*, 1940 [1894], pp. 284-286. O autor descreve tanto o propulsor como os dardos de pontas rombudas, que, segundo ele, "contradiz a lança", pois não perfura. Refere-se, ainda, ao fato de essas pontas serem munidas de pedra ou madeira, recamadas em cera. Também é o primeiro a associar o nome Yawari ao tucum (*Astrocaryum* sp.), por conta da inserção da noz dessa palmeira na haste, no caso de flechas soantes.
100 Herrmann Meyer, "Über seine Expedition nach Central-Brasilien", 1897, p. 193.
101 Eduardo Galvão, *op. cit.*, 1979, p. 40.

5 |||| OS DOIS CORPOS DO CHEFE

> Imagens vivem tradicionalmente da ausência do corpo, que é temporária (ou seja, espacial) ou, em caso de morte, final. Essa ausência não significa que as imagens revogam os corpos ausentes e os fazem retornar. Ao contrário, elas substituem a ausência do corpo por um tipo diferente de presença.
>
> HANS BELTING
> "Image, Medium, Body"

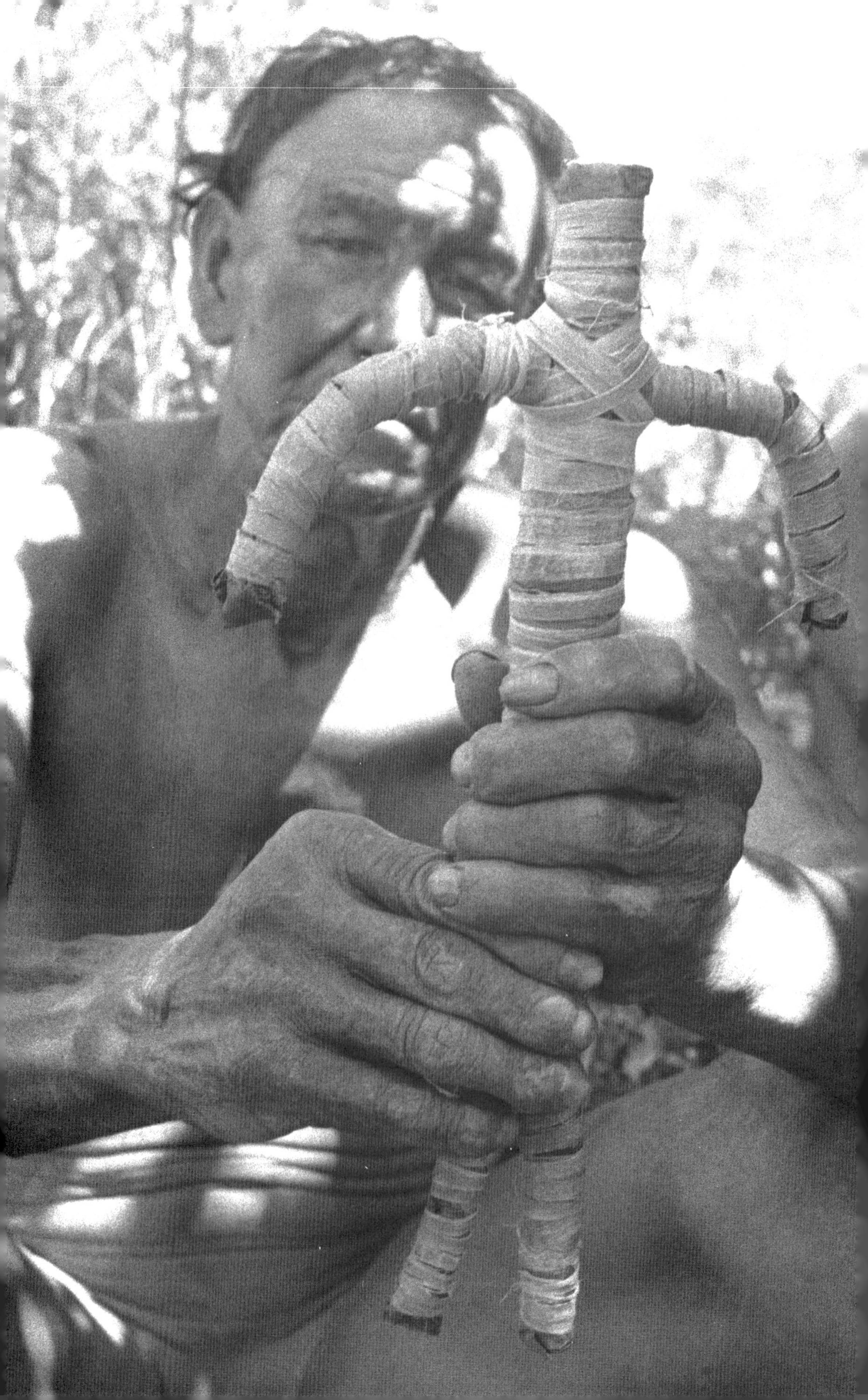

NO CAPÍTULO ANTERIOR, ANALISEI UMA DAS FIGURAÇÕES XINGUA-
NAS da forma humana: a efígie do Javari, denominada *kuge hutoho*. Argumentei que ela se constitui como personagem ritual na intersecção entre duas séries de identificações: na primeira, simétrica e horizontal, os valores da afinidade se exprimem por meio de imagens de primos cruzados e animais predatórios, que se manifestam na relação com o artefato; na segunda, complementar e vertical, os valores da ancestralidade manifestam-se na identificação da efígie com o morto. O boneco rústico e mal-ajambrado é o ponto de colisão entre esses dois eixos relacionais, produzindo uma insuspeitada interferência entre a frequência-ancestral e a frequência-inimigo. Insuspeitada porque, à diferença de muitos outros sistemas amazônicos, no Alto Xingu, os mortos não são tão outros assim: eles são perpetuados (e substituídos) por meio de nomes transmitidos entre gerações alternas, bem como lembrados por meio de rituais funerários[1]. Essa frequência ancestral não é exclusiva da região – vimos no capítulo 2 que também ocupa um lugar central em todo o noroeste da Amazônia, ao longo da área do Jurupari.

No capítulo anterior, propus uma explicação histórica – além de uma análise pragmática e estrutural – para essa interferência entre os dois eixos, vertical e horizontal, no Javari. Sugeri que ela resultou de uma tradução criativa de um rito de troféus, tradução que tornou possível a integração do Javari ao complexo alto-xinguano. Essa tradução implicou, primeiro, a substituição definitiva da cabeça-troféu pela efígie sem troféu. Como vimos no capítulo 1, os rituais guerreiros do interflúvio Xingu-Madeira já contemplavam a possibilidade de serem realizados sem a cabeça do inimigo, utilizando-se de um substituto artefatual (um molde em barro, um crânio de animal, um boneco). Ao tornar-se definitiva no Javari, essa substituição permitiu entoar a guerra em bemol, afastando-se de sua materialidade bruta e brutal e exprimindo-a como pantomima grotesca. A efígie com sua cabeça de panela pode passar, então, por um segundo ato tra-

---

[1] Os mortos, ademais, não são apenas lembrados como também são objeto de cuidado durante momentos singulares, como ocorre após um eclipse (ver Carlos Fausto, "Sangue de Lua", 2012a, pp. 71-72).

dutório em que se lhe atribuiu uma identidade suplementar: a de um morto do próprio grupo (e não mais de um inimigo). Se o troféu de guerra, como vimos no capítulo 1, oscilava entre o afim inimigo e o filho adotivo, se o ritual convertia um morto-outro em um filho por vir, a efígie do Javari oscila entre o afim vilipendiado e o parente homenageado, girando em torno dos eixos da alteridade e da ancestralidade, entre o rito de guerra e o rito fúnebre.

O processo tradutório do Javari deu-se em um ambiente no qual já existia outro artefato superdecorado e objeto de um tratamento cerimonial e cerimonioso: a efígie do Quarup. À diferença daquela, esta última parece indexar uma e só uma pessoa – o chefe comemorado – sem articular diferentes esquemas relacionais. Ela é referida como x-*hutoho*, em que x é necessariamente o nome do chefe representado por meio do artefato. Embora as convenções estéticas que presidem sua manufatura sejam sempre as mesmas – e neste sentido a efígie exprime também a ideia genérica de chefia –, ela é vista como a figuração de um indivíduo particular com uma biografia própria. À primeira vista, portanto, a efígie do Quarup contradiz uma das ideias centrais deste livro: a de que a eficácia dos artefatos rituais na Amazônia depende do caráter múltiplo e convoluto das relações que os constituem. Ademais, ela parece igualmente contradizer o argumento sobre a oscilação entre humanidade e animalidade, pois figura um humano *qua* humano sem quaisquer traços zoomórficos. Cumpre, pois, perguntar: teríamos enfim uma representação estável da condição humana e uma relação unívoca entre um artefato e um referente? Seria o chefe, justamente, o demasiadamente humano a quem estivemos esperando ao longo de todo nosso percurso analítico?

Para responder a essas perguntas, é preciso descrever com algum detalhe uma série de atos rituais que se seguem à morte de um chefe – atos que culminam, cerca de um ano depois, na cerimônia do Quarup, ocasião em que efígies são fabricadas, cantadas, pranteadas e abandonadas, por fim, como mera madeira a ser lançada à água. Antes, porém, de passar ao rito, apresento uma versão sintética do mito que narra sua origem. Se o faço é porque os Kuikuro, sempre que questionados sobre o protocolo funerário a ser seguido por ocasião da morte de um chefe, fazem referência a um evento original: o enterro de Itsangitsegu, a mãe dos gêmeos Sol e Lua.

O PRIMEIRO QUARUP

A estória que lhes vou narrar é mais uma variante do mito panamericano dos gêmeos, do qual temos notícias desde o início da colonização, graças a frei André Thevet[2]. Foi Claude Lévi-Strauss, em *Histoire de lynx*[3], quem dele tirou as mais

---

2 Fr. André Thevet, "La cosmographie universelle", 2009 [1575].
3 Claude Lévy-Strauss, *Histoire de lynx*, 1991.

amplas implicações, fazendo da gemelaridade mítica a base de sua hipótese sobre o dualismo não identitário e em permanente desequilíbrio, próprio à América indígena.

A narrativa de origem do Quarup é, na expressão de Robert L. Carneiro, "o mito mestre do Alto Xingu"[4]. Seu ponto-final é a narrativa da festa em homenagem a mãe dos gêmeos – o primeiro Quarup de que se tem notícia[5]. Na versão dos Karib do Alto Xingu, tudo começa com a união entre Morcego e Auãdzu, filha do chefe Ipê, da qual nascem cinco filhos: Kuãtüngü (o primogênito, que conhecemos no capítulo 2), Kuamutsini, Ahinhuká, Uahasaka e Kutsahu.

Conta-se que, um dia, enquanto Kuãtüngü coletava uma fibra vegetal nas imediações da Ahasukugu, a aldeia dos jaguares, ele foi flagrado por Nitsuegü, o chefe local[6]. Para não ser devorado, Kuãtüngü ofereceu-lhe suas filhas em casamento. Contudo, ao chegar em casa, ele decidiu fabricar pares de mulheres com diversas madeiras e animá-las por meio de seu sopro-reza, pois não queria desfazer-se de suas verdadeiras filhas[7]. Conforme a versão, o número de mulheres fabricadas varia. Em todas elas, porém, contam-se ao menos dois pares: um feito de *hata*, o outro feito de *uegühi* – esta última considerada pelos xinguanos como a "chefe das árvores" (*i anetügü*)[8].

O mito narra em detalhes como Kuãtüngü fabricou o corpo dessas mulheres de pau – seus cabelos, dentes, orelhas, vagina – fazendo experiências mais ou menos bem-sucedidas com diferentes materiais. Dessas experiências resultou o corpo que nós humanos herdamos, com suas virtudes e imperfeições. Assim, por exemplo, após utilizar dentes de piranha, o demiurgo notou que suas filhas não paravam de mastigar, então ele os substituiu por sementes de mangaba, que são, porém, mais frágeis e perecíveis. O corpo humano é o produto dessa montagem, realizada com fragmentos de outros corpos não humanos[9]. Uma vez

---

4 Robert L. Carneiro, "To the Village of the Jaguars", 1989, p. 3.
5 Nessa síntese, utilizo duas versões que coletei em 2000 e 2002 entre os Kuikuro, além da versão publicada por Carneiro. Utilizo ainda versões kalapalo coletadas por Ellen B. Basso, *In Favour of Deceit*, 1987a, pp. 29-83; e Antonio Guerreiro, *Ancestrais e Suas Sombras*, 2015a, pp. 196-226.
6 Provavelmente, Enitsuegü, conjunção de *eni* (índio-outro, inimigo) e do modificador *kuegü*, que se pode glosar por "hiperinimigo" (Antonio Guerreiro, *op. cit.*, 2015a, p. 199).
7 Nas versões de Carneiro para os Kuikuro e de Schultz para os Waurá, uma mesma seção do tronco é dividida longitudinalmente, produzindo-se pares de mulheres idênticas. Cf. Robert L. Carneiro, *op. cit.*, 1989, p. 18; Harald Schultz, "Lendas Waurá", 1965, p. 25.
8 Trata-se da *Humiria balsamifera* var. *floribunda* (Margarete Emmerich, Charlotte Emmerich e Luci de S. Valle, "O Kuarupe", 1987), uma árvore perene, de madeira densa (0,95 g/cm³ – Harri Lorenzi, *Árvores Brasileiras*, 1998, p. 110) e resistente, com tronco retilíneo e ramificação alta, chegando a atingir de 25 a 30 metros de altura. Desconheço o nome científico ou popular de *hata*, sei apenas que é uma madeira mais leve, utilizada no passado para confeccionar as efígies de chefes mulheres, marcando uma distinção de gênero que, atualmente, se expressa por meio de padrões gráficos diferentes empregados na ornamentação do tronco.
9 O tema da confecção de um corpo humano compósito, feito de diversos materiais, aparece em outras mitologias amazônicas, como entre os Wayana (Lucia H. van Velthem, "Mulheres

prontas, Kuãtüngü animou as mulheres-pinóquio com seu poderoso sopro-reza. Em seguida, despachou-as para a aldeia de Ahasukugu, morada de Nitsuegü.

Aqui tem início uma longa seção da narrativa em que se conta a aventurosa jornada em direção à aldeia dos jaguares, durante a qual as mulheres namoram com diversos animais que encontram pelo caminho. Nenhuma delas engravida, porém, pois Kuãtüngü colocara um tampão de bambu em suas vaginas. O mito parece negar aqui a possibilidade de uma gemelaridade não idêntica, a qual, na maioria das versões sul-americanas da saga dos gêmeos, resulta de relações sexuais com parceiros diferentes[10]. A maioria das mulheres se perde pelo caminho; apenas aquelas feitas de umiri alcançam o destino final – elas se chamavam Itsangitsegu e Tanumakalu (o primeiro, um nome karib; o segundo, um nome arawak).

Quando estavam nos arredores da aldeia dos jaguares, Itsangitsegu tomou a trilha errada e chegou primeiro à casa de Ahúa (o jaguar negro que é um dos personagens do Javari). Logo fez sexo com ele. Contudo, ela havia sido prometida a Nitsuegü, que não tardou a perceber o equívoco e foi logo buscá-la. Nesse ponto, o mito flerta novamente com a possibilidade de gêmeos de genitores diferentes, mas mais uma vez se apressa em negá-la. Nitsuegü pergunta a Itsangitsegu se ela havia mantido relações com Ahúa. Diante da resposta positiva, ele lhe dá um remédio para expulsar todo o sêmen do jaguar negro – semente que, ao ser lançada na água, transforma-se em pequenos peixes lacustres[11].

Chega a vez do chefe Nitsuegü ter relações sexuais com Itsangitsegu, deixando-a grávida dos gêmeos Sol e Lua – filhos de um só pai e de uma só mãe (em contraste com a saga dos gêmeos tupis-guaranis). Seus nomes próprios são Taũgi e Aulukumã – o primeiro é karib, o segundo, arawak. O nome próprio Taũgi é a forma participial da raiz verbal *auguN* ("mentir", "enganar"), nome que lhe cai muito bem, pois Sol é de fato um enganador[12]. Já Aulukumã não é dado à mentira e comporta-se como eterno coadjuvante de seu irmão mais velho. Seu nome provém de um vocábulo arawak que se traduz por "hipercão"[13]. No tronco

---

de Cera, Argila e Arumã", 2009, p. 220). Como vimos, a ideia de anatomias compósitas se expressa visualmente em artefatos e personagens rituais.

10 Na mitologia tupi-guarani, por exemplo, a alteridade gemelar é expressa como uma diferença de genitores: enquanto o pai do primogênito é Maíra, o do caçula é Mucura (Carlos Fausto, *Inimigos Fiéis*, 2001, pp. 477-481; idem, *Warfare and Shamanism in Amazonia*, 2012c, pp. 267-269).

11 Ellen B. Basso, *op. cit.*, 1987a, pp. 56-57; Robert L. Carneiro, *op. cit.*, 1989, p. 10.

12 Segundo Guerreiro, entre os Kalapalo, o caráter enganador de Sol é associado a "maldade (Caminho Torto/Esquerdo)", enquanto Aulukumã "é visto como bondoso e correto". Tal aproximação explicaria o porquê de os Kalapalo da aldeia de Aiha terem batizado sua associação com o nome de Lua. Entre os Kuikuro, jamais ouvi qualquer interpretação negativa da capacidade de Taũgi em promover o engano. Entendo que a mitologia local é *in favor of deceit*, para empregar a expressão de Basso, e o engano é antes um princípio criativo que um valor moralmente negativo. Desenvolvo esse ponto na conclusão. Cf. Antonio Guerreiro, *op. cit.*, 2015a, p. 208; Ellen B. Basso, *op. cit.*, 1987a.

13 Trata-se de uma corruptela dos termos arawak Awaulukuma (wauja) ou Awajulukuma

principal da mitologia local, os povos karib alto-xinguanos afirmam-se irmãos mais velhos dos Arawak, assumindo – de sua perspectiva e apenas dela – a primogenitura regional.

Como em outras variantes da saga dos gêmeos, o parto de Sol e Lua segue-se à morte da mãe, que teve o pescoço rasgado pela sogra-onça, enquanto o marido se ausentava na companhia da outra esposa de umiri. Sol e Lua nasceram com rabo de onça à imagem do pai, mas Tanumakalu logo cortou-o, antes mesmo que outras pessoas o vissem, desfabricando assim seus corpos-jaguar. Se a mãe fora fabricada em madeira por Kuãtüngü, Sol e Lua resultam da reprodução sexuada entre uma mulher vegetal e um homem animal, fato que é parcialmente obscurecido pelo corte da cauda – um traço morfológico que perdemos.

Sol e Lua crescem rapidamente sem saber que sua mãe havia morrido, crendo-se filhos de Tanumakalu. O corpo da verdadeira mãe, porém, jazia no alto da casa, pendurado em um cesto, pois naquele tempo não se enterravam os mortos[14]. Um dia, os gêmeos foram roubar amendoim da roça de Intihi (um tinamídeo), que os flagrou e, irritado, não se conteve: contou-lhes que sua verdadeira mãe tinha morrido. O ato de incontinência verbal levou Sol e Lua a saírem em busca da mãe; após vários episódios, eles encontram-na no alto da casa.

Na mitologia tupi-guarani, nesse ponto da história, o primogênito Maíra tenta recompor o corpo da mãe e ressuscitá-la, mas é atrapalhado por seu estabanado irmão, filho de Mucura, que se torna, assim, o responsável por nossa mortalidade. No mito karib alto-xinguano, esse episódio apresenta uma inflexão: a mãe, quando baixada do alto da casa, não está morta, mas em um estado liminar entre a vida e a morte. Fraca demais, emaciada demais, difícil demais de ser cuidada. Os gêmeos fabricam, então, uma cobra com as cordas da rede e cera de abelha. Rezam-na. Ao ver a cobra, Itsangitsegu assusta-se e, enfim, morre[15]. Os gêmeos discutem o que fazer com o corpo. O Tatu-canastra os convence a enterrá-lo, certo de que bom mesmo é embaixo da terra (para um Tatu, é claro...). Dá-se, então, a cerimônia do primeiro enterro, cujos modos de agir e de falar até hoje pautam o sepultamento de um chefe.

Algum tempo depois, realiza-se pela primeira vez um grande festival, no qual são prestadas as justas homenagens à morta, representada por uma efígie feita de umiri – a mesma madeira com que fora talhada por seu pai. O mito narra, assim, não só o surgimento da mortalidade como também de uma forma enfraquecida de imortalidade: o deixar memória de si em uma comemoração, no

---

(mehinako), que atualmente se aplicam ao cão doméstico. Awaulu ou Awajulu designa um canídeo local, enquanto *kumã* é o equivalente arawak ao *kuegü* karib (Mutuá Mehinako, *Tetsualü*, 2010, p. 79).

14 Na versão kalapalo, a mãe agonizante é pendurada na viga da casa de *Atuguá*, o Redemoinho, sobre quem falamos no capítulo 3. Cf. Ellen B. Basso, *op. cit.*, 1987a, p. 58.

15 Na versão narrada por Kamankgagü Kuikuro, é Aulukumã quem persuade Taũgi de que não vale a pena ressuscitar a mãe. Se fosse por Taũgi, disse-me o narrador, ele a teria trazido de novo à vida e nós também poderíamos reviver.

centro da qual se encontra um artefato, a efígie. O primeiro Quarup é realizado em Ahasukugu, a aldeia dos jaguares, patrocinado pelos mamíferos chefiados por Taũgi, tendo como convidados os peixes. O mito narra a longa viagem dos peixes rio acima, em direção a Ahasukugu – viagem cujos fatos e feitos explicam traços da hidrografia do rio Culuene. Narra, por fim, a grande festa, em especial a luta esportiva opondo os animais de pelo aos peixes, os anfitriões aos convidados. Os incidentes do combate explicam, por sua vez, características morfológicas das espécies animais contemporâneas.

Em suma, o mito axial xinguano explica-nos uma série de aspectos da topografia da região, da morfologia dos animais e dos humanos, bem como a origem da morte e de um rito, que instaura uma forma particular de memória. Ele dá conta, ainda, da própria condição-chefe, pois, para os povos alto-xinguanos, todos os chefes descendem dessa união insólita entre uma mulher de madeira e um hiperjaguar. É o que vamos ver a seguir.

A CONDIÇÃO-CHEFE

Os Kuikuro não têm uma palavra específica para designar o Quarup – o termo é empregado apenas em contextos interétnicos, pois se trata de uma forma aportuguesada da palavra *kwaryp* ("árvore do sol"), pela qual os Kamayurá se referem ao festival[16]. Os Kuikuro chamam-no *egitsü*, um termo que, no entanto, aplica-se a todos os festivais intertribais que ocorrem no período da seca, dentre os quais o Quarup é o exemplar prototípico. Sua realização depende de um evento: a morte de uma pessoa considerada "chefe" ou "nobre", duas traduções correntes na literatura para os termos *anetü* (karib), *amulaw* (arawak), *morerekwat* (tupi) e *aek* (trumai)[17]. Essas categorias implicam uma condição dada desde o nascimento: *anetü* são necessariamente filhos ou filhas de *anetü*[18]. Mas há gradações importantes. Em primeiro lugar, a chefia de alguém tende a ser mais "pesada" (*titeninhü*) quando provém de ambas as linhas (materna e paterna) e não apenas de uma delas. Diz-se, no primeiro caso, que a chefia é "recíproca" (*tetingugingo*

---

16 O termo generalizou-se pela influência que os Kamayurá exerceram nos primeiros tempos de contato, graças à proximidade de sua aldeia com o posto indígena, fundado pelos irmãos Villas Bôas nos anos 1950. A generalização de um léxico kamayurá para uso em situações de contato não se limitou apenas a esse termo, mas estendeu-se também aos nomes de outros rituais (como o *tawarawanã*), de instrumentos musicais (como as flautas *jakuí*), de luta esportiva (*huka-huka*) e de vários itens da cultura material.

17 Sobre o tema, ver especialmente Aristóteles Barcelos Neto, *Apapaatai*, 2008; Antonio Guerreiro, *op. cit.*, 2015a; Michael J. Heckenberger, *The Ecology of Power*, 2005; Makaulaka Mehinako, "A Hereditariedade Tradicional da Função de Cacique entre o Povo Mehinako", 2010.

18 *Anetü* pode ser usado tanto para mulher como para homem, embora haja um termo exclusivo para designar uma mulher chefe: *itankgo*, provavelmente formado por *itão* ("mulher") e o sufixo coletivizador "*ko*". Há ainda outro vocábulo utilizado, sobretudo, em falas rituais e de forma vocativa: *tongisa*.

isanetui) e, no segundo, que ela é "pela metade" (*heinongo isanetui*)[19]. Em segundo lugar, filhos primogênitos são, em princípio, mais nobres do que seus irmãos. Eles são ditos serem a "base" (*iina*) dos demais e o resguardo pós-natal é mais estrito quando de seu nascimento. Os primogênitos portam, ademais, os nomes mais importantes de seus avós, nomes que deixaram boa memória na comunidade.

Outras gradações resultam da atualização, ao longo da vida, dessa condição dada no nascimento, o que depende de características de personalidade e do acaso biográfico. Assim, um primogênito que demonstre tendência a enraivecer-se é logo deixado de lado em prol de um irmão mais novo. A confiança da comunidade depende de generosidade e mansidão – qualidades que definem a condição *kuge* (categoria que, como vimos, pode ser vertida por "humano", "gente", "pessoa moralmente correta" e, em certos contextos, "chefe")[20]. A mansidão, porém, tem limites: um *anetü* demasiadamente tímido, embora continue a ser respeitado, jamais ocupará uma posição executiva, pois os verdadeiros líderes são também jaguares.

Ainda que mulheres e homens tenham chefias igualmente legítimas, os homens têm mais chances de atualizar essa condição de forma pública. Há várias circunstâncias na vida de uma pessoa que a faz mais ou menos *anetü*, mais ou menos "respeitado" (*itsanginhü*) e "falado" (*tikaginhü*). Ter seu nome conhecido e fazê-lo circular no sistema regional é crucial para assentar uma chefia. Um dos primeiros atos públicos de atualização e feitura de um *anetü* é designá-lo como "chefe dos convidados" (*hagito anetügü*), isto é, como um dos três indivíduos que liderará o povo chamado a participar de um ritual em outra aldeia. Lá, ele será recebido formalmente e permanecerá o tempo todo sentado sobre um banco. Por isso, pode-se posteriormente referir-se a ele como "aquele que esteve sobre o banco" (*tahaguhongope*), tendo sido reconhecido como um nobre pelos demais xinguanos que o viram assim assentado.

Esse ir "sobre o banco" produz dois tipos de relações marcadas pela circulação alimentar. Chefes estabelecem uma reciprocidade equistatutária: os dignitários da aldeia promotora do ritual ofertam alimentos para aqueles que estão sentados, os quais, por sua vez, reciprocarão a oferta quando os acolherem como convidados em uma festa futura. Já com a comida que recebem dos anfitriões, os *hagito anetügü* alimentam seu povo, aqueles de quem são chefes, exprimindo e produzindo uma relação alimentar assimétrica, sem expectativa de reci-

---

19 O termo *tetingugi* implica uma ação feita por um *e* outro. Assim, por exemplo, na frase, *tetingugi itaōko egikutsegagü*, "as mulheres estão se pintando (umas às outras)". Cf. Bruna Franchetto *et al.* (orgs.), *Dicionário Multimídia e Enciclopédico Kuikuro (Karib Alto-xinguano)*, [em preparação]. No caso da chefia ambilateral, diz-se ainda *tetimüngilo akagoi isanetukoi*, "a chefia deles [pai e mãe] se faceiam" (isto é, estão no mesmo nível).

20 De uma pessoa vil e mesquinha, diz-se que é *kugehüngü* ("não gente") – designação, aliás, que cabe bem aos feiticeiros, que, por sua vez, são a imagem especular do chefe e, ao mesmo tempo, seu limite.

procidade[21]. É pela repetição dessa lógica dual – ofertas recíprocas de alimento entre chefes de povos diferentes e redistribuição entre chefes e o seu próprio pessoal – que uma chefia vai se assentando e tornando-se pesada. Uma pessoa assim magnificada é referida como "o nosso assento" (*kuküpo*), a base, o suporte da comunidade.

Se a genealogia é uma condição determinante para ser comemorada em um Quarup, ela não é suficiente. Diz-se que, no passado, as gradações de nobreza limitavam o acesso ao ritual. Este era mais raro e só realizado para aqueles que realmente, por sua ascendência (no duplo sentido de ancestralidade e influência), tinham atualizado em vida essa condição. A partir do contato permanente com a sociedade nacional, houve uma proliferação de festas Quarup, em virtude, de um lado, da maior facilidade em produzir-se excedente alimentar e artefatual graças à tecnologia não indígena e, de outro, do lugar que o ritual veio a ocupar na articulação com a sociedade envolvente. Hoje, quase todos aqueles capazes de reclamar certa *anetü*-dade acabam recebendo a homenagem póstuma, sendo a diferença de prestígio marcada, sobretudo, pela dimensão do ritual, expressa pelo número de convidados que a ele compareçam.

A genealogia tampouco é condição *sine qua non* para a realização do Quarup. No caso dos homens, há um modo alternativo de tornar-se uma efígie: fazer-se um "mestre de luta" (*kindoto*), uma daquelas pessoas que, durante alguns anos, representam sua comunidade nos combates esportivos realizados durante os festivais intertribais. Segundo contam os Kuikuro, em um passado remoto, existia outra forma de competição ritual, a corrida, cujos campeões também podiam ser comemorados em um Quarup. Assim como o chefe, os campeões esportivos são considerados pessoas preciosas – pessoas de quem sentimos falta (*tuhüninhü*) –, pois são a razão mesma da existência de uma unidade sociopolítica. Não obstante, há uma diferença importante: se um *kindoto* pode ser comemorado em um Quarup, ele não transmite esse privilégio a seus filhos – trata-se de uma conquista estritamente individual[22].

Se um grande lutador pode ser comemorado como um chefe, até recentemente esperava-se que um chefe executivo tivesse sido, na juventude, ele mesmo, um *kindoto*. Nos últimos cinquenta anos, as funções executivas de chefia entre os povos alto-xinguanos couberam a nobres reconhecidos como notáveis lutadores no passado. Assim, por exemplo, o principal chefe kuikuro é genealogicamente meio chefe (*heinongo*), sua chefia provindo do lado materno. Esse fato foi compensado por sua primogenitura, pois ele recebeu o principal nome de seu avô materno, chefe nos anos 1940. Embora ranqueado em quinto na cerimônia de furação de orelha, graças a sua personalidade e sua condição de

---

21 Luiz Costa, *The Owners of Kinship*, 2017.
22 A despeito do prestígio dos cantores no Alto Xingu, a maestria musical não substitui a genealogia, de tal modo que um Quarup não é feito para um respeitado cantor ou cantora que não tenha ascendência nobre. Suspeito que isso se relaciona com o fato de chefes e lutadores se jaguarificarem ao longo da vida; o mesmo não acontece com cantores.

FIGURA 33. *O cacique Afukaká profere a fala do chefe para receber mensageiros kamayurá. Kuikuro, Alto Xingu, 2007. Foto de Carlos Fausto, com autorização da Associação Indígena Kuikuro do Alto Xingu (Aikax).*

kindoto, terminou por se tornar o principal chefe executivo, o "mestre da praça" (*hugogo oto*), a quem cabe proferir o discurso formal de recepção dos mensageiros vindos de outras aldeias – discurso que somente chefes legítimos têm o direito de aprender, executar e transmitir[23] (figura 33). No seu caso, como o avô morreu jovem, ele teve de aprendê-lo com outro chefe, a quem pagou pelo ensinamento. O *hugogo oto* é também aquele que tem a primeira palavra para iniciar uma deliberação entre homens adultos na praça. Nessas ocasiões, ele sempre se dirige a seu próprio pessoal como "crianças" (*kangamuke*), independentemente da idade de cada um.

Chefes podem também tornar-se donos de outras estruturas da aldeia, tais como a casa dos homens, o caminho ritual, a barragem de pesca, e assim por diante. Essas estruturas devem ser atribuídas a uma pessoa pela comunidade, não podendo permanecer *res publica*. Para os Kuikuro, o que é *tatutolo engü* ("coisa de todos") não é responsabilidade de ninguém e, portanto, é deixada em estado de completo abandono. Por isso, a comunidade atribui essas estruturas

[23] Bruna Franchetto, "Rencontres rituelles dans le Haut Xingu", 2000.

FIGURA 34. *Pintando as esculturas de animais no interior de uma casa de chefe. Kuikuro, Alto Xingu, 2004. Foto de Carlos Fausto, com autorização da Associação Indígena Kuikuro do Alto Xingu (Aikax).*

a uma pessoa, que deve ser capaz de mobilizar o trabalho coletivo para construí-la e conservá-la, sempre provendo os participantes de comida. Na maioria dos casos, esse trabalho está associado a um ritual, de tal modo que os donos de certas estruturas são também donos de certos rituais. Assim, por exemplo, a construção da casa dos homens (*kuakutu*) é acompanhada pela música das flautas sagradas, as quais têm seus próprios donos – tanto um espírito quanto um humano. Em todos os assuntos públicos, uma série de relações de maestria e de alimentação, entre humanos e entre humanos e espíritos, se intersectam. A vida ritual surge, assim, como o eixo em torno do qual a autoridade política e o xamanismo se articulam inextrincavelmente.

A estrutura que confere maior distinção a uma pessoa é a casa do chefe, denominada *tajühe*. Não se trata de uma casa comum. Em primeiro lugar, ela deve ser erguida pela coletividade sob a coordenação de seis pessoas, que solicitam ao chefe, em nome de todos, a permissão para construí-la. Em segundo lugar, ela é sempre erguida em associação com certos rituais, mobilizando a rede de maestria cosmopolítica. A terceira característica distintiva é sua singularidade estética: motivos gráficos são aplicados a painéis fixados no telhado e na parede interna faceando a porta de entrada. Menos frequentes – e mais impressionantes – são as três figuras (um jaguar, uma sucuri e um sapo) esculpidas em terra que se erguem no centro da casa (figura 34). Todo o conjunto é destinado a fazer da casa objeto de respeito-temor (*itsanginhü*). Outra característica distintiva da *tajühe* – e esse é o quarto aspecto – é que deve ser construída com o uso do umiri nos batentes das portas e pilares em que se amarram as redes. Esses pilares podem, ainda, receber o motivo do Quarup, que não pode ser usado como pintura corporal. Todos esses elementos visam fazer da *tajühe* um objeto de respeito-temor (*itsangi*).

Embora a casa seja do chefe – e ele ou ela seja seu "dono" (*oto*) –, os Kuikuro costumam dizer que a *tajühe* é de quem a construiu – isto é, da coletividade. Chefes gostam de contar quão difícil é corresponder à expectativa de generosidade das pessoas, pois as portas da casa devem permanecer abertas, qualquer um pode entrar a qualquer hora e deve sempre haver comida para oferecer. A maioria das pessoas, porém, afirma que nem se atreveriam a lá entrar. O respeito-temor é, pois, um duplo mecanismo de controle: dos chefes que devem mostrar-se generosos e de "seus seguidores" (*isandagüko*) que devem demonstrar deferência. É nesse enlace entre generosidade e respeito-temor que a *tajühe* indexa a relação entre um chefe e sua comunidade. O enorme esforço coletivo necessário para levar postes de cinco a oito metros de altura, por três a cinco quilômetros, desde a floresta até a aldeia – principalmente quando não havia caminhões nem tratores – torna tangível a autoridade do chefe e a confiança nele depositada pela comunidade. A própria materialidade da madeira torna concreta a qualidade da chefia: o umiri é tão pesado (*titeninhü*) quanto um chefe é dito ser. O caráter retilíneo do tronco funciona, ademais, como uma imagem apta da desejada continuidade intergeracional das linhas de chefia. Por fim, como vimos, a árvore indexa um mito e, como veremos a partir daqui, também um rito: o Quarup.

QUANDO MORRE UM CHEFE

Hoje, como no passado, não basta ser *anetü* ou *kindoto* para ser comemorado – é preciso que a família do falecido dê seu aceite formal. O primeiríssimo ato do Quarup ocorre quando quatro pessoas, todas elas com o estatuto de chefe, vão ao encontro dos familiares do morto que estão preparando o corpo para o enterro, a fim de solicitar que ele seja sepultado no centro da aldeia[24]. Como é costume no Alto Xingu, esse quarteto forma um conjunto ordinal e cada um deles, em sequência, deve pedir à família que seja permitido a eles sepultar o morto na praça central. Esse ato implica retirar o defunto do domínio doméstico para enterrá-lo como pessoa coletiva, que servirá de eixo das ações comunitárias

---

[24] Os parentes mais próximos são ditos "os donos do morto" (*tapünginhüpe otomo*).

durante o ciclo do Quarup, que dura cerca de um ano. Por vezes, os familiares recusam o enterramento na praça por ainda sentirem raiva (sentimento que resulta da atribuição de toda morte à feitiçaria); outras vezes, recusam-no por não poderem arcar com o intenso trabalho que a festa exigiria. A cada recusa, outro membro do quarteto deve refazer o pedido até que, na última, considera-se o caso encerrado. Na maioria das vezes, porém, acaba-se por aceitar o pedido – diz-se, então, que a família "(conce)deu" (*tunügü*) –, e o corpo é enterrado no centro da aldeia pelo quarteto de coveiros.

A distinção entre chefia ambilateral e unilateral é marcada no momento de levar o corpo para a praça. No último caso, sai-se com o corpo pela porta frontal, contorna-se a casa à esquerda, entra-se pela porta traseira e sai-se diretamente para a praça. Quando a chefia é ambilateral, deve-se repetir o movimento, contornando-se a casa uma vez mais, dessa vez pela direita. Do caminho da casa ao centro, dois homens com maracás e folhas de *kejite* (*Siparuna* sp.) proferem as rezas para afastar o duplo (*akuã*) do falecido. Ao chegarem à cova, eles jogam seus chocalhos ao chão e os quebram com os pés, pois eles são *hesoho* ("aquilo que faz mal"). Todo o ciclo do Quarup é cercado de perigos e permeado pela ambiguidade entre a necessidade de expulsar o duplo do morto (para que se esqueça dos vivos) e de convocá-lo (a fim de comemorá-lo). Toda a rotina atual replica aquela do enterro de Itsangitsegu, que foi carregada, de um lado, por Tatu e Tatu-canastra e, de outro, pelo marimbondo Tunutunugi e o besouro Heulugi, cabendo a Taũgi acompanhar o corpo proferindo as rezas desses animais escavadores. Hoje, as mesmas rezas são empregadas não apenas durante o enterro como também durante o Quarup, quando a efígie é transportada para a praça.

A sepultura dos chefes homenageados difere daquela das pessoas comuns não apenas pela sua localização central como também por sua forma. A literatura descreve enterramentos com o cadáver em pé, sentado sobre um banco ou deitado em uma rede[25]. Neste último caso, cavam-se dois buracos ligados por um túnel, onde se colocam dois postes nos quais se amarra uma rede com as bordas costuradas, dentro da qual jaz o corpo decorado, com os pés voltados para o nascente, e a cabeça, para o poente[26]. O morto deve partir da terra pintado e ornamentado, pois morreria de vergonha – se cabe a expressão –, caso chegasse à aldeia dos mortos desprovido de decoração. No céu, seus parentes já falecidos recebem-no e colocam-no em reclusão, cabendo a Itsangitsegu alimentá-lo.

---

[25] Karl von den Steinen, *Entre os Aborígenes do Brasil Central*, 1940 [1894], p. 436; Kalervo Oberg, *Indian Tribes of Northern Mato Grosso, Brazil*, 1953, p. 68; Pedro Agostinho, *Kwaríp*, 1974, p. 46.

[26] A rede é costurada com um padrão chamado "caminho da saúva" (*küake engagü*). Poucas pessoas dispõem-se a fazer essa tarefa, pois o fio de algodão tem de ter um comprimento exato. Mutuá Mehinako contou-me que, recentemente, um especialista usou um fio curto demais e, logo em seguida, houve mais uma morte na aldeia. Mutuá arrematou nossa conversa com uma delicada ironia intercultural: "Os brancos dizem: 'é coincidência'. Mas eu fico pensando: 'será?'".

A mãe de Sol e Lua tem o seio esquerdo duro e pequeno, enquanto o direito é grande e macio. Com este, ela aleita o morto recluso, fazendo-o engordar novamente e adquirir outro corpo, belo e jovem. Esse novo corpo, porém, não é estável e, durante a noite celeste (que é o dia terrestre), os mortos se transformam em bichos, sendo que os chefes se tornam cobras constritoras[27].

A cova é chamada *imütü* ("face"), do mesmo modo que as máscaras. Nos primeiros dias após o enterro, a família enlutada vai vigiá-la zelosamente, investigando o solo em seu entorno para tentar identificar os rastros do feiticeiro responsável pela morte. Segundo os Kuikuro, ao cometer o ato homicida, o feiticeiro *akuãkilü* – termo que pode ser traduzido por "assusta-se" ou "surpreende-se" (positiva ou negativamente), mas cujo sentido etimológico é o de "extrair ou perder o duplo"[28]. Ou seja, em vez de adquirir algo da vítima, tal qual o matador parakanã, o feiticeiro xinguano perde algo que lhe é próprio, ficando fraco e langoroso[29]. Por isso, ele busca desesperadamente deitar-se sobre o cadáver enquanto este é preparado para o enterro ou sobre a sepultura após a inumação, visando recuperar seu próprio duplo (*akuã*) que lhe escapou no momento do homicídio.

DESTRIPANDO O JAGUAR

Cinco dias após o enterro, os aldeões devem sair do luto por meio de uma cerimônia coletiva de lavagem. Até lá ninguém vai à praça, fala alto, muito menos ri ou brinca. O silêncio domina a aldeia. Ouve-se apenas a incessante lamentação que ressoa desde a casa do morto. Pessoas próximas fazem visitas para "chorar--gritar" (*hetsun*) junto com os familiares, enlaçados, joelhos ao chão[30]. Chega, então, o momento de terminar o luto coletivo. As pessoas saem para pescar na véspera. Logo ao amanhecer, os peixes são levados ao centro pelos pescadores e pelos coveiros, agora convertidos em coordenadores (*tajopé*) do Quarup. Em seguida, os especialistas rituais vão até a casa do morto e lá se sentam em linha, faceando a porta de entrada. Só algumas pessoas acompanham essa cerimônia, considerada muito perigosa e estritamente interdita a mulheres grávidas e

---

[27] A sucuri está associada aos grandes lutadores. Até recentemente, ao se encontrar uma constritora, buscava-se um jovem adolescente para puxá-la pelo rabo e cortá-lo. Com a pele, confeccionava-se um adorno, conhecido como "rabo de sucuri" (*konto enhü*), o qual tocadores de flautas duplas levam pendurado às costas. Na ausência da pele de cobra, utiliza-se um trançado.

[28] Em kuikuro, a raiz verbal *ki* funciona como verbalizador com o mesmo significado de "tirar algo de dentro de", "extrair", "arrancar" (Gelsama M. F. dos Santos, *Morfologia Kuikuro*, 2007, p. 146).

[29] Carlos Fausto, "Killing for Nothing", 2014.

[30] A lamentação funerária consiste em uma fórmula com conteúdo e entoação fixos, no qual varia apenas o termo de parentesco utilizado para designar o morto. É de costume os parentes do falecido irem até o chefe da aldeia a fim de prantear o morto com ele, dando imediata publicidade ao fato.

crianças. Sentados, os cantores entoam cinco cantos conhecidos como "o destripar do jaguar" (*ekege tehukipügü*), em uma língua incompreensível aos Kuikuro (e que a mim soa como uma adaptação de cantos arawak à fonética karib). Embora não entendam a letra, os cantores conhecem a origem desses cantos, que é narrada em um mito de mesmo nome. Permitam-me resumi-lo.

Conta-se que um casal adotou um jaguarzinho como xerimbabo, mas ele cresceu demais e comeu a filha do casal. Em seguida, fugiu. Seu nome era Huhitsigi. Começou a aterrorizar uma vasta região, devorando tudo o que encontrava pela frente – não pessoas, mas artefatos: redes, panelas e que tais. O povo da aldeia de Magakani resolveu treinar quatro meninos para que se tornassem "mestres do arco" (*tahaku oto*) e matassem Huhitsigi. Escarificaram seus braços, aplicaram-lhes unguentos, pingaram colírios em seus olhos – tudo para que adquirissem uma certeira pontaria. Um dia, quando estavam enfim bem treinados, o imenso jaguar chegou a Magakani. Emergiu da grande lagoa. Todos fugiram, menos seus futuros matadores, que se esconderam no alto das vigas da casa. Huhitsigi começou a comer os artefatos: engoliu um torrador de mandioca – "ainda não, esperem até ele ficar cheio"; continuou a devorar outros objetos – "agora, sim, disparem". A primeira flecha acertou-o no pé da orelha, a segunda transpassou um olho, a terceira atingiu o outro. Huhitsigi tombou. Os rapazes avizinharam-se e deram-lhe fim a pauladas. Comemoraram então. Ao ouvirem o animado festejo, os moradores de Magakani retornaram. Com esforço, carregaram o corpo inerte de Huhitsigi até o centro da aldeia. Barraram, então, os caminhos que levavam a Magakani e começaram a cantar. À medida que o destripavam, retiravam os artefatos que ele havia devorado e os lavavam. Foi só ao final da cantoria que os antepassados dos alto-xinguanos alcançaram a cerca que bloqueava o caminho. Um deles, mestre de bom ouvido e boa memória, venceu o obstáculo e achegou-se para escutar o que cantavam. Mas foi só o tempo de ouvir os cinco últimos cantos. Por isso, hoje, são apenas esses cinco que se entoam durante a cerimônia. Eles servem para lavar os vivos e para enviar, uma vez mais, o *akuã* do morto para a aldeia celeste.

Vi esses cantos serem executados uma só vez, em um ambiente circunspeto e cerimonioso, com o cantor principal cuidando para não cometer nenhum erro. Assim como ocorre no sepultamento, aqui também marca-se a diferença entre chefia ambilateral e unilateral, dessa vez pelo número de repetições dos refrões finais de cada canto. A cerimônia se encerra com uma série de gritos, seguidos por novo choro ritual. Terminado o destripar do jaguar, grandes panelas com água são levadas para a praça, às quais se adiciona *inhakagü*, uma planta que produz espuma e que os Kuikuro costumam chamar de "sabão de índio". Os *tajopé* buscam, então, os familiares do morto e os lavam, um a um, aparando em seguida seus cabelos e pintando-os com um pouco de pasta de urucum. Sem demora, buscam outras pessoas, de outras casas, repetindo o procedimento até que todos os aldeãos tenham sido lavados. Por fim, os parentes do morto sentam-se em frente à casa dos homens, com os *tajopé* e os cantores, que entoam as canções de lavagem[31]. Quando essas canções terminam, as mulheres jogam água nos homens, que correm até as panelas com *inhakagü*, lavando-se frenética e alegremente, como se marcassem uma mudança do *grave* ao *vivace*, encerrando assim o período de luto mais estrito.

Não é difícil interpretar o ritual de lavagem, cujas ações são bastante claras e diretas. O mesmo, contudo, não se pode dizer da evisceração do jaguar. De que trata ele afinal? O que esse ritema associado a um mito está fazendo aí? Por que ele se insere no momento de lavar a tristeza causada pela morte de um chefe? Os Kuikuro não me forneceram uma exegese do rito, apenas me reportaram ao mito. Assim, depois de muitas conversas, cheguei a uma interpretação própria: o destripar do jaguar é um rito para extrair um povo-artefato do interior de seu chefe morto. A partir daí, o chefe não contém mais em si "seu pessoal" (*isandagü*). Ele foi eviscerado e será progressivamente transformado em um antepassado vegetal, cuja última etapa é sua figuração como efígie.

Boa parte da biografia de um chefe é marcada pela produção de um corpo-jaguar – e, paradoxalmente, de uma disposição antijaguar. Isso se aplica particular mas não exclusivamente aos chefes homens, que durante sua história ritual são fabricados à imagem de um felino: como noviço, suas orelhas são furadas por outro chefe, que o ataca com um pequeno dardo de madeira ou um osso afilado de jaguar; como jovem lutador, ele se move e esturra como um formidável predador; como dono de um ritual, ele porta o colar de garras, o cinto e o chapéu de pele de onça; como chefe executivo, a comunidade constrói-lhe uma casa onde esculpe uma estátua de jaguar; como dono da praça, ele profere discursos formais, dirigidos à comunidade no início da manhã e no final da tarde, conhecidos, respectivamente, como "Gavião" e "Jaguar"[32]. Se Tanumakalu não tivesse cortado a cauda dos Gêmeos, talvez fosse menos laborioso, hoje, fabricar chefes jaguares.

Nesse aspecto, os chefes xinguanos não destoam dos demais donos mestres que povoam a Amazônia, a maioria deles também identificada a jaguares. Tampouco destoam em seu caráter dupla-face: aos olhos de seus filhos, são pais protetores; aos olhos dos outros, afins predadores[33]. Ao conterem a comunidade na condição de pais-mestres, os chefes surgem como a própria razão pela qual as pessoas vivem juntas em uma mesma aldeia e não se dividem em uma infi-

---

[31] São cinco também: "sabão" (*inhakagü*), óleo de pequi, pasta de urucum, "tesoura" e água. O termo kuikuro para tesoura é "piranha" (*hengi*). Antes do contato, utilizavam dentes de piranha para cortar o cabelo.

[32] Guerreiro interpreta esses discursos na chave da quimera severiana, pois aí, como em outras ocasiões rituais, o chefe xinguano apareceria ora como pai protetor, ora como afim inimigo. Ao que tudo indica, os Kuikuro perderam esses discursos de início da manhã e final de tarde. A última pessoa a conhecê-los era uma mulher que morreu em meados da década de 2010. Só disponho de uma versão gravada com um chefe de ascendência matipu. Cf. Antonio Guerreiro, "Political Chimeras", 2015b.

[33] Carlos Fausto, "Too Many Owners", 2012b, p. 33.

nidade de sítios dispersos[34]. Mas como bem sabem os Kuikuro, a dupla-face dos chefes é instável – proteção e predação não pertencem a mundos à parte. Daí por que mantêm seus chefes sob constante vigilância, examinando-os minuciosamente em busca dos mínimos sinais de disposição predatória. Se os donos de Huhitsigi tivessem ficado alertas, teriam logo percebido que um jaguar não pode ser um eterno xerimbabo.

O que parece característico de nosso caso etnográfico – embora não único na Amazônia – é como esse jogo de dupla-face se resolve quando da morte do chefe. Após ser eviscerado, o chefe é progressivamente desfabricado como jaguar, elicitando sua condição de ancestral vegetal. Ele não será mais um híbrido de Nitsuegü e Itsangitsegu, do Jaguar e do Umiri – sua parte inimigo será extraída para que ele possa sustentar uma imagem de continuidade intergeracional. A afinidade cederá espaço à ancestralidade, a inimizade à memória de linhas e nomes comemorados. Porém, até chegarmos lá, ainda faltam vários atos. Por ora, falemos da sepultura em forma de ampulheta, construída cinco dias após o rito de lavagem.

A SEPULTURA-AMPULHETA

Para a maioria das pessoas, após lavar o luto, a vida volta ao normal. Já para os donos do morto, ainda há um longo caminho a percorrer. Até as vésperas do Quarup, não cortarão os cabelos, jamais se pintarão ou participarão de atividades coletivas – à exceção, é claro, daquelas que fazem parte do ciclo ritual. Esse é justamente o caso da construção da sepultura-ampulheta, chamada *tahiti*, cuja autorização é solicitada pelos *tajopé*. Eles convocam os donos do morto à praça e dizem: "Querido, estamos desejando mui respeitosamente furar a cova dele"[35]. Ao que o familiar responde em estilo autoderrogatório, repleto de antífrases, como é característico da fala pública de um chefe: "Ah, assim à toa, façam respeitosamente a casa de vosso parente. Se ele fosse como vocês [isto é, um grande chefe], vocês assim o estariam fazendo"[36].

---

34 Até recentemente, muitas famílias extensas possuíam um "sítio" (*hihitsingoho*), onde plantavam mandioca, pequi, banana e outros cultivares. Passavam parte do ano nesses locais, gozando de uma socialidade mais íntima e tranquila. Atualmente, as viagens às cidades e as estruturas de apoio nas aldeias têm levado ao abandono dessa prática.
35 A frase é: *Anhü, aa muke akatsige imühotsilüti muke igei tihitsagüha*. *Anhü* é um tratamento carinhoso utilizado para dirigir-se a parentes de geração mais nova. *Muke* é um epistêmico que diminui a importância do que está sendo dito ou o caráter impositivo do que se está pedindo. Ele indica, assim, despretensão e respeito.
36 A resposta é: *Aa taloki muke apa igia muke ehisüügü muke ingündekeha. Agingoko muke atai hüle igia atai hüle engüihotako atai hüle*. Traduzi *taloki* por "à toa", de modo a indicar que não há motivo especial para que façam a sepultura. O termo aparece com frequência na fala formulaica dos chefes, como mostrou Franchetto. O verbo *ingünde* é formado pelo nome *ingü* (continente, roupa, envoltório) e pelo verbalizador *nde*. Ele significa vestir uma roupa, mas

FIGURA 35. *Sepultura em forma de ampulheta no centro da aldeia. Kuikuro, Alto Xingu, 2013. Foto de Carlos Fausto, com autorização da Associação Indígena Kuikuro do Alto Xingu (Aikax).*

A *tahiti* é dita ser a casa do chefe morto, assim como a *tajühe* é a casa do chefe vivo. Antes de serem propriedades do chefe, elas são índices de seu corpo magnificado – são casas-corpos que expressam a adesão de uma coletividade a um chefe. Assim como outros artefatos associados à chefia, também se utiliza o umiri na construção da *tahiti*. Uma configuração comum é usar pequenos troncos de umiri nas faces retas da ampulheta, marcando suas "orelhas" e o "topo de sua cabeça". No ponto mais curvo das laterais (chamadas "cintura"), usa-se uma madeira mais clara. O restante da ampulheta é feito de *tahaku* (*Xylopia amazonica*), uma madeira de queima lenta, utilizada nas fogueiras que iluminam as efígies durante o Quarup. A sepultura é, assim, um corpo da cintura à cabeça, duplicado e espelhado no eixo horizontal, contendo duas faces (*imütü*) (figura 35).

O motivo em ampulheta é recorrente no mundo alto-xinguano, aparecendo, por exemplo, no campo do jogo de bola ou nos suportes para cuias e panelas feitos com roletes de taquara[37]. Pode ser visto, ainda, como uma elaboração dos arcos elípticos espelhados (aos quais fiz referência no capítulo 3), tidos como a

também construir uma casa, um silo de mandioca ou outro continente. Cf. Bruna Franchetto, *op. cit.*, 2000.
37 Berta G. Ribeiro, *Dicionário do Artesanato Indígena*, 1988, p. 56.

representação esquemática do torso masculino e utilizados na pintura do corpo, das máscaras e da cerâmica. Pode ser relacionado, ademais, ao que Lévi-Strauss denominou configurações-ampulheta, interpretando-as como uma duplicação especular a serviço da transformação[38]. O fato de aparecer em uma sepultura não deve nos surpreender, pois a *tahiti* não é apenas formalmente uma imagem especular, ela é a contraparte terrestre da casa ocupada na aldeia celestial pelo chefe falecido, durante sua reclusão póstuma. Enquanto ele é aqui transformado por meio do rito do Quarup, lá no céu está ganhando novo corpo graças ao leite do seio direito de Itsangitsegu.

Ao terminar a construção da *tahiti*, os donos do Quarup são chamados ao centro para que a vejam pronta. Novamente em chave autoderrogatória, eles dizem aos *tajopé*: "Assim à toa zombem de vosso parente", frase que deve ser entendida ao reverso como "prestem a justa homenagem a seu parente"[39]. Em seguida, dois cantores executam pela primeira vez os cantos *auguhi* em frente à sepultura. Esse conjunto de 28 peças, dividido em duas suítes, contêm cantos em karib, arawak e tupi – o que indica quão bem o festival funerário expressa o amálgama constitutivo da constelação alto-xinguana[40]. Nesse mesmo dia, as flautas duplas *atanga* são tocadas, também pela primeira vez, marcando o início do ciclo do Quarup propriamente dito.

TALHADO PARA SER CHEFE

Após a construção da *tahiti*, as atividades ligadas ao Quarup tornam-se o fundo latente da vida comunitária, manifestando-se apenas em algumas ações coletivas que se sucedem nos meses seguintes. As tarefas se concentram mormente na casa dos familiares do morto, que iniciam a produção e estocagem de alimentos. Ao longo desse período, há duas ocasiões que mobilizam a comunidade mais amplamente. No final de novembro, reúne-se a polpa de pequi que é guardada em um cesto hermético depositado na lagoa, de onde só será retirada seis meses depois. Nesse dia, cantam-se os *auguhi* à tarde e, ao crepúsculo, os *ohogi*. Estes últimos têm por finalidade convocar o duplo do morto, embora se diga que ele só virá de fato à aldeia quando se confeccionar sua efígie. No final de junho do ano seguinte, o povo escolhido como parceiro dos donos da festa traz polvilho de mandioca, de modo a contribuir no provimento dos futuros convidados[41]. Uma

---

38 Claude Lévi-Strauss, "Hourglass Configurations", 2001.
39 *Taloki muke egea muke ehisüügüko ikijuhitsüe muke gele*. Aqui, como na frase anterior, traduzi *ehisüügü* por "parente". Os Kuikuro, contudo, não têm um termo específico para parentes de diferentes gerações, de tal modo que outra tradução possível seria "irmão".
40 Os cantores kuikuro são capazes de identificar a que se referem os cantos, mas não os compreendem *ipsis litteris* (Carlos Fausto, Bruna Franchetto e Michael J. Heckenberger, "Language, Ritual and Historical Reconstruction", 2008, p. 141).
41 O povo parceiro é denominado *ete oto* ("dono da aldeia"). Ele chega antes dos demais a fim

vez mais, cantam-se os *auguhi*, tocam-se as flautas duplas e entoam-se os *ohogi*. Nesse dia, escolhem-se os trios de mensageiros que irão aos diferentes povos alto-xinguanos a fim de convidá-los para o festival de encerramento. São feitos, ainda, dois novos pedidos formais para os donos do morto: primeiro, que autorizem a confecção da rede usada na pescaria coletiva que antecede o Quarup; segundo, que autorizem o corte do tronco de umiri para confeccionar a efígie.

Um Quarup com um só tronco é, contudo, inconcebível. Um chefe não pode ser comemorado sozinho: qualquer número entre dois e sete é aceitável, embora pareçam-me preferir um número ímpar, pois a centralidade do chefe é mais bem evidenciada[42]. Daí ser preciso buscar os "companheiros" (*akongoko*) da efígie, "seu pessoal" (*isandagüko*). Chamam-se então à praça pessoas que perderam um parente recentemente e a elas se solicita permissão para também homenageá-lo. Tudo acertado, a sepultura é desmontada, sua madeira servindo agora como simples lenha nos fogos caseiros.

À medida que a festa se aproxima, já no começo de agosto, os cantos *auguhi* se tornam mais frequentes e mais pessoas participam da dança. Às vésperas do ritual, homens adultos saem para a floresta a fim de cortar os troncos de umiri com os quais se fabricarão as efígies. Como vimos, pela dureza e peso de sua madeira, assim como a altura e retidão de seu tronco, o umiri está associado à chefia. Ademais, foi de seu lenho que se fabricou a mãe de Sol e Lua. Esse laço originário e substantivo é ritualmente reencenado algumas vezes ao longo da vida de um chefe, sendo reforçado quando de sua morte.

A FABRICAÇÃO DAS EFÍGIES

Pouco antes do grande festival, os homens saem em busca de um belo e reto tronco de umiri. Pode-se usar um mesmo tronco para fazer todas as efígies, sendo que a seção inferior é reservada ao chefe principal, aquele para quem se faz o ritual. O corte envolve perigos, pois o umiri tem um "dono" (*oto*), um *itseke*, que precisa ser apaziguado (figura 36). Os pajés sopram fumaça e passam água com pimenta nas extremidades do tronco, enquanto o dono da festa se dirige ao dono da árvore, utilizando uma fala formulaica conhecida como *oto itaginhitoho* ("para falar ao dono"). Trata-se de uma breve conversa, novamente em estilo autoderrogatório e particularmente convoluta.

---

de ajudar os anfitriões a preparar a festa, dormindo nas casas e não nos acampamentos, como ocorre com os convidados. Na luta ritual, eles também se perfilam junto aos anfitriões, enfrentando os visitantes. A escolha dos *ete oto* depende da biografia do morto, em particular dos laços de parentesco herdados e construídos ao longo de sua vida dentro do sistema regional.
42 Pode-se comemorar um Quarup com dois chefes importantes, mas sempre haverá um primeiro. Quando há uma equivalência de prestígio entre eles, é comum adiar-se uma das comemorações para o ano seguinte.

FIGURA 36. *Pajés sopram fumaça sobre um tronco de umiri recentemente cortado. Kuikuro, Alto Xingu, 2000. Foto de Carlos Fausto, com autorização da Associação Indígena Kuikuro do Alto Xingu (Aikax).*

Assim, por exemplo, em uma de suas passagens diz-se: "Mesmo não sendo eu assim tratado em minha morte, teus netos me trouxeram neste que é o teu caminho". A frase mobiliza e identifica um número de posições estruturais. Uma primeira identificação é produzida entre o chefe morto e o dono do umiri. Quando o locutor diz não ser tão nobre quanto o receptor, ele está falando simultaneamente ao *itseke* (o dono-árvore) e ao morto. Aqui, já se antecipa a identificação assintótica entre o chefe comemorado e a efígie, que será produzida ao longo do ritual. Uma segunda identificação ocorre entre o próprio locutor e o receptor, mas com uma decalagem temporal expressa na forma de uma antífrase. O dono da festa diz que não será igualmente homenageado em um Quarup futuro. Mas sabemos que ao dizer "eu não sou igual a você", ele está de fato dizendo "eu sou como você", algo que se torna evidente quando ele se refere a "teus netos" (do chefe-tronco). Se os netos o trouxeram até ali, é porque ele, locutor, é estruturalmente o filho daquele que está sendo homenageado – e, portanto, um chefe legítimo. O elemento material que permite essas duas identificações é o umiri, substância da qual os chefes são feitos.

Uma vez cortados e apaziguados, os troncos são carregados por jovens, tendo os campeões de luta à frente. Até recentemente eram levados por distâncias consideráveis, mas hoje são logo postos em um veículo a motor e deixados na entrada da aldeia, atrás do círculo das casas. Ali passa-se resina de copaíba no corte e colam-se flocos de algodão para absorver a seiva do umiri. As gotas que brotam são a evidência de que o tronco chora, e isso pode agourar os vivos. Como disse, todo o ciclo do Quarup é cercado pelo perigo de serem produzidas novas mortes. Aqui, trata-se de gerir a relação com um *itseke* poderoso, consubstancial ao morto e cujo corpo-tronco servirá para figurá-lo. É preciso afrouxar a conexão entre o tronco cortado e seu dono para produzir uma nova conexão: aquela entre o morto e sua efígie. O movimento de desconexão e reconexão[43], contudo, não é nem absoluto nem definitivo, produzindo antes uma zona de interferência entre o morto e o dono do umiri: o morto é e não é, ao mesmo tempo, o dono do umiri. Os atos de fala – as conversas com o dono – repetir-se-ão, assim, ao longo do processo ritual, inclusive com a efígie já pronta e fincada na praça. Os pajés estarão sempre atentos, prontos a gerir a presença incômoda e necessária do *itseke* dono do umiri, pedindo a ele que "não nos chore".

Após o corte dos troncos, acelera-se o ciclo ritual: muitos partem para a pescaria de centenas de peixes que trarão moqueados, enquanto os mensageiros partem para convidar os outros povos a participar da festa. Por fim, chega o grande dia. De manhã, os familiares do morto que tinham guardado o luto até ali são levados ao centro da aldeia. Os *tajopé* cortam seus cabelos e os pintam, dando especial atenção aos três homens que presidirão o desenrolar da festa. Esses homens permanecerão todo o tempo em posição ereta e estática, à imagem de um tronco retilíneo de madeira rija e nobre. Como vimos, um grande chefe é dito ser o "assento" (*iküpo*) de seu povo, mas é também frequentemente referido como seu "esteio" (*iho*) – duas imagens que exprimem noções de apoio, suporte, sustentáculo, sendo a primeira horizontal e a segunda vertical[44].

Os troncos são então carregados para a praça, onde são pintados. No passado recente, os Kuikuro preparavam-nos atrás das casas, transportando-os já decorados para o centro, à maneira do cadáver no enterro. Não sei explicar o porquê da mudança, mas suspeito que tenha a ver com a espetacularização do Quarup e a presença de não indígenas. Seja como for, o transporte dos troncos sem decoração emula o enterro: eles são acompanhados novamente por dois rezadores que marcam o ritmo com chocalhos, que serão igualmente jogados ao chão e pisoteados. Produz-se, aqui, uma compressão entre o tempo do enterro e o tempo da

---

43 Thiago L. C. Oliveira, *Os Baniwa, os Artefatos e a Cultura Material no Alto Rio Negro*, 2015, p. 312.
44 Segundo Guerreiro, além desses dois termos, os Kalapalo referem-se a seus chefes como *katote ihüko* ("o corpo-tronco de todos"). Embora os Kuikuro não utilizem essa expressão, a ideia está implícita em sua concepção sobre os corpos magnificados dos chefes. Cf. Antonio Guerreiro, *op. cit.*, 2015a, pp. 169-170; Michael J. Heckenberger, *op. cit.*, 2005; Carlos Fausto, "Donos Demais", 2008.

festa – a efígie é o cadáver –, mas, simultaneamente, anuncia-se uma reversão: durante a festa, a efígie deve tornar-se um corpo vivo, revertendo, ainda que de modo limitado, a própria mortalidade.

Os troncos são fincados na terra em pé, todos à mesma altura. Retira-se uma seção da casca para a pintura ser aplicada sobre a superfície lisa e clara do córtex: primeiro, a base branca da tabatinga; em seguida, a pintura negra do carvão; e, por fim, o vermelho da pasta de urucum. Com esta última, traçam-se duas faixas vermelhas verticais (uma na frente, a outra atrás), denominadas "umbigo vermelho" (*honihisugu*), que dividem o desenho em duas seções laterais, sobre as quais se aplicam os grafismos[45]. As efígies femininas recebem motivos comuns de pintura corporal, enquanto as masculinas possuem um desenho exclusivo que só pode ser aplicado sobre artefatos de umiri. Não apenas não podem ser usados no corpo como também não devem ocorrer em outras manufaturas, estando ausentes na cestaria, na cerâmica, nas máscaras, nas pás de beiju, e assim por diante[46]. Composto de um quadrado preto circunscrito por outros quadrados, o "desenho do Quarup", como é referido em português, chama-se *tihigu angagu* em Kuikuro: "pintura de jenipapo do cipó-imbê (*Philodendron* sp.)" (figuras 38 e 40, adiante). Não obtive uma exegese local para o nome. Sei apenas que essa liana é usada para fazer armadilhas de pesca e que o nome parece referir-se ao gradeado formado por seu trançado, que é reproduzido em negro sobre a superfície branca do tronco. Como veremos adiante, a efígie é, de fato, um tipo de armadilha, cuja agência reside em sua capacidade passiva de atrair mimeticamente o duplo do morto homenageado oferecendo-lhe uma imagem tangível[47].

Depois de pintadas, as efígies permanecem no centro da aldeia esperando que dois cantores comecem a entoar os cantos *auguhi*. Os parentes dos homenageados saem de suas casas, levando cintos de algodão, colares de conchas e diademas de penas, com os quais vão decorar as efígies. Nesse momento, muitas pessoas se agacham e pranteiam o morto, tal como haviam feito durante o enterro (figura 37). Enquanto imagem do falecido, a efígie será lamentada ininterruptamente até a manhã seguinte pela família – esta é sua obrigação precípua:

---

[45] Nunca ouvi os Kuikuro se referirem à face (*imütü*) do tronco do Quarup. Ele tem um umbigo, mas não um rosto. Agostinho afirma que os Kamayurá costumam pintar uma face triangular, com olhos e boca, na efígie. Esse tipo de representação pode ser encontrado, atualmente, na arte turística xinguana e em desenhos escolares. Cf. Pedro Agostinho, *op. cit.*, 1974, p. 91.

[46] Não encontrei o motivo em Steinen nem em Schmidt, tampouco nos desenhos livres de xamãs coletados por Barcelos Neto. Atualmente, ele ocorre com frequência em artefatos destinados à venda, sobretudo em esteiras e largos cintos de miçanga (em que aparece junto a bandeiras de estados nacionais). Noto que esse desenho do Quarup não guarda relação com outro, denominado *tuihitinhü*, que seria distintivo da chefia (embora hoje tenha se tornado de uso quase ordinário). Cf. Karl von den Steinen, *Unter den Naturvölkern Zentral-Brasiliens*, 2009 [1894]; Max Schmidt, *Indianerstudien in Zentralbrasilien*, 1905; Aristóteles Barcelos Neto, *A Arte dos Sonhos*, 2002.

[47] Vimos, ademais, no capítulo 2, como as noções de armadilha e cercado são produtivas nesses contextos, em particular no Alto Rio Negro.

FIGURA 37. *Pranteando o chefe morto. Kuikuro, Alto Xingu, 2005. Foto de Carlos Fausto, com autorização da Associação Indígena Kuikuro do Alto Xingu (Aikax).*

chorar o morto. Quem, como eu, já o fez a noite toda, sabe quão triste pode ser o Quarup que, para a maioria dos espectadores, aparece como pura festa. Como vimos no capítulo 4, todo ritual comporta mais de uma perspectiva.

No início da noite, depois de os povos convidados terem sido recebidos formalmente e conduzidos a seus acampamentos, cada um deles faz uma entrada dramática na aldeia, roubando a lenha de *tahaku* (*Xylopia amazonica*), cujo fogo ilumina os troncos. Um par de horas depois, dois cantores de cada aldeia são chamados, em sequência, para entoar os *auguhi*, executando de três a quatro peças. Esse é um momento muito aguardado, e os cantores logo se veem cercados por uma ansiosa audiência portando gravadores e celulares. Finda a execução dos cantores convidados, a maioria das pessoas se recolhe e só os mais velhos, os parentes próximos do morto e o antropólogo permanecem na praça. Na madrugada, canta-se novamente a série completa dos *auguhi* – um instante muito solene e cercado de perigo. O risco cresce à medida que se aproximam os últimos cantos, os mais pungentes, aqueles que fazem a própria efígie chorar, ou melhor, "chorar-nos". Por isso, durante o canto final, o "canto da cabeça do chefe", quando se apagam todos os fogos, deve-se cuidar para que o morto parta tranquilo: "Vá, vá, numa boa, deixe-nos, vá, vá!". As pessoas sabem bem do perigo que nos ronda nesse instante: o de ver o morto feito gente, garboso e ornado como a efígie. A esposa do pajé Samuagü contou-me como isso aconteceu há alguns anos na aldeia kalapalo de Aiha. Um homem viu sua falecida irmã que estava sendo comemorada – ele não a viu como artefato nem como duplo intangível, mas como pessoa de fato. Ver o que não é suposto ser visto é *ahintsa*, isto é, um mau presságio. Naquele dia, o ritual foi abortado. Não houve sequer as lutas entre anfitriões e convidados. Pela manhã, todos haviam partido. Cinco dias depois, o homem que vira viva sua irmã morta não mais vivia.

Na maioria das vezes, porém, as regras constitutivas do ritual e os atos protetivos dos xamãs garantem um final feliz. O ritual não busca fundir a pessoa morta e a efígie – isso só acontece quando algo sai errado e, como vimos, pode ser fatal. O que ele busca é criar uma zona de indeterminação, flertar com a possibilidade de animação, mas não ressuscitar os mortos. O ritual produz um estado de incerteza no qual o duplo do morto e um espírito vegetal (o dono do umiri) apresentam-se de forma visível como artefato. Trata-se de convocar suas presenças sem anular a distância – mesmo que infinitesimal – entre presença e representação.

Pouco antes das primeiras luzes da manhã, o fogo é extinto e as efígies, abandonadas. É hora de despertar os vivos. Visitantes e anfitriões se reúnem na praça. A luta começa. Para muitas pessoas, esse é o ápice da festa e a razão para dela participarem. Finamente decorados e em movimentos lentos, os donos do ritual presidem aos combates, garantindo que não resultem em conflito. Pintados de preto e reluzentes graças ao óleo de pequi, os lutadores movimentam-se ferozmente, exibindo seus corpos de jaguar e sua capacidade para a violência. Findo o combate, logo mostram uma disposição pacífica – lutadores experientes mudam de expressão facial em um piscar de olhos, abrindo um largo sorriso e abraçando o oponente. Pouco antes do meio-dia, acompanhados por meninas saindo da longa reclusão da menarca, os donos do Quarup despedem-se formalmente dos chefes convidados. Todos partem; a praça se esvazia. As efígies são tombadas descuidadamente ao chão para serem, mais tarde, descartadas na lagoa.

DE ANIMAL A VEGETAL

No início deste capítulo, afirmei que cada efígie do Quarup é a figuração de uma pessoa: ela é dita x-*hutoho*, em que x é o nome do morto, e jamais *kuge hutoho* como aquela do Javari. No capítulo anterior, vimos que o termo *hutoho* designa qualquer expressão visual figurativa, em duas ou três dimensões, com evocação mimética[48]. Até aqui, evitei usar o conceito de representação – que, como vimos na introdução, está hoje em desfavor devido ao afastamento que imporia entre o signo e a coisa. Agora, é o momento de perguntar: em que medida a efígie (x-*hutoho*) é a representação e/ou a apresentação de uma pessoa conhecida em vida pelo nome x? Inicialmente, a questão consiste em determinar como a efígie, uma apresentação que está no lugar de alguém ausente, serve à produção de uma presença. De que modo se dá a ambivalente convergência entre o signo e a pessoa, a imagem e o protótipo? Como se produz uma incerta certeza sobre o que está "posto diante de nós", isto é, presente[49]?

Comecemos pelo complexo iconismo da efígie do Quarup – esse tronco em pé, decorado e ornamentado com os mais refinados trajes rituais. Aqui não se mobiliza apenas a forma como também as noções culturalmente específicas sobre a chefia. Para os Kuikuro, o chefe é um poste-esteio (*iho*) da comunidade, feito de madeira nobre e rija, possuindo uma unidade substancial com o umiri. Como vimos, é dessa madeira que se fazem as efígies funerárias, as casas e as sepulturas dos chefes. O umiri, portanto, já traz em si, imediatamente (para um Kuikuro), a condição-chefe, não se prestando, pois, à figuração de um humano

---

[48] Não custa lembrar que o termo é formado pela raiz verbal *hu* e pelo sufixo nominalizador de instrumento *toho* (Gelsama M. F. dos Santos, *op. cit.*, 2007, p. 230). Verti *hu* por "figurar" e *hutoho* por "aquilo feito para figurar", da mesma maneira que um banco é dito *akandoho*, "aquilo feito para sentar-se".

[49] Aqui aceno para as noções de *Vorstellung* (representação) e *Darstellung* (apresentação), que se tornaram termos técnicos na filosofia alemã após sua distinção nas *Críticas* de Immanuel Kant. Há uma longa e difícil discussão sobre essa distinção, que não pretendo abordar aqui nem tenho competência para tal (ver Martha B. Helfer, *The Retreat of Representation*, 1996; Michael Inwood, *A Hegel Dictionary*, 1992, pp. 257-259). Costa Lima sugere que a introdução do conceito de *Darstellung* na *Crítica do Juízo* aponta para a superação dos limites da mimese antiga enquanto *imitatio*. Ele abriria caminho à conceitualização da mimese para além do primado da semelhança e da correspondência, por meio da incorporação da diferença. Cf. Luiz Costa Lima, *Mímesis*, 2000, pp. 187-211. Ver também Michael T. Taussig, *Mimesis and Alterity*, 1993.

qualquer. Daí por que a fabricação da efígie do Quarup exige um procedimento ritual cuidadoso, enquanto a do Javari é confeccionada de modo casual com um material ordinário. A unidade substancial é afirmada pelo mito, pois a mãe de Sol e Lua, para quem se comemorou o primeiro Quarup, era, ela mesma, uma mulher feita de umiri, que ganhou vida ao ser animada pelo sopro-reza de seu pai Kuātüngü. Portanto, qualquer alto-xinguano que olhe para uma efígie do Quarup sabe que está diante de um chefe *standing (up) for a people*.

Se parece consensual que a efígie é uma figuração mimética do morto – uma mimese inventiva e culturalmente específica – falta-nos resolver dois problemas. O primeiro diz respeito à indagação que coloquei de início ao focalizar as duas efígies alto-xinguanas: não seriam elas figurações inambíguas de um ser humano singular? Vimos como isso não era verdadeiro para o caso do Javari. Mas o que dizer da efígie do Quarup, designada *hutoho* de um chefe específico a ser comemorado? Não indexaria ela uma identidade única, plenamente humana? O segundo problema diz respeito ao lugar do iconismo e da figuração nos rituais alto-xinguanos, bem como da agência dos artefatos miméticos. Como entendê--los no contexto kuikuro? Podemos pensar aí a mimese de uma perspectiva não identitária, como propõe Luiz Costa Lima[50], desentranhando-a dos imperativos da Verdade, da correspondência com a Natureza e da unicidade solar do Sujeito?

Vou proceder por partes, começando pelo primeiro problema, que é etnograficamente mais circunscrito.

O JAGUAR E O UMIRI

Os gêmeos Sol e Lua nasceram da união de uma mulher-umiri com um homem-jaguar. Dessa união descendem todos os chefes alto-xinguanos que, potencialmente, partilham de qualidades únicas: a umiridade e a jaguaridade. Mas é preciso atualizar esse potencial. Ao longo da vida, chefes são fabricados à imagem de um tronco de madeira nobre. Durante os rituais, seu corpo-vivo fornece a imagem antecipada de seu corpo-efígie. Na furação da orelha, ele porta o colar armado em arco (*oinlape*), que também vai adornar o tronco mortuário (figura 38); nos rituais que preside, ele permanece estático e ereto como um tronco. Sua imagem vegetal é a de um esteio (*iho*), um suporte da comunidade – imagem que se realiza plenamente na morte quando ele é feito efígie. Chefes, porém, não são apenas análogos ao tronco do umiri; eles são também jaguares. Ainda que não tragam a cauda de Nitsuegü, jaguarizam-se por meio de sua biografia ritual, adquirindo o direito exclusivo – junto com os mestres da luta – de portar os adornos do felino durante os festivais intertribais. Nesses contextos político-rituais, os chefes não são os representantes de um povo, mas, sim, a forma pela qual uma coletividade aparece (se dá a ver) como imagem singular para

---

50 Luiz Costa Lima, *op. cit.*, 2000.

FIGURA 38. *Uma efígie do Quarup inteiramente adornada, inclusive com o prestigioso arco de colar de caramujo. Kuikuro, Alto Xingu, 2015. Foto de Carlos Fausto, com autorização da Associação Indígena Kuikuro do Alto Xingu (Aikax).*

outras coletividades[51]. Essa imagem jaguarizada é a de um mestre-continente que contém um povo em seu corpo, assim como Huhitsigi continha os artefatos que devorara. Já no contexto local, quando o chefe se dirige aos seus coaldeões na praça central, ele diz "crianças", obviando todas as outras distinções e relações. Aqui, ele também emerge como pessoa magnificada, porém não como feroz jaguar, mas como pai protetor.

Ao longo de suas vidas, chefes aparecem como esteios e continentes, projetando uma dupla imagem, vegetal e animal. Há, porém, uma exceção: no Quarup, nem as efígies, nem os donos da festa podem portar qualquer ornamento de jaguar. O processo ritual produz a desagregação do morto, fazendo com que ele apareça, ao final, como a simples imagem da continuidade vegetal. O destino último de um chefe é ser comemorado como umiri. A decomposição é realizada na cerimônia do destripar do jaguar, cujo significado se encontra no mito: Huhitsigi, que fora um xerimbabo, tornara-se um hiperpredador, devorando todos os artefatos que encontrava. Foi morto e, de sua barriga, extraíram o que ele devorara. Em seguida, lavaram tudo, peça por peça, cuidadosamente. Da mesma maneira, a comunidade é lavada para pôr fim ao luto após a morte de um chefe, que aqui se revela análogo a um jaguar. A partir do destripar, o falecido chefe não contém mais em si o seu povo-artefato e será transformado passo a passo em um ancestral vegetal. Com o eclipse da parte-jaguar, a parte-umiri passa ao primeiro plano, sobretudo a partir do corte do tronco. Vimos como, na fala ritual, o morto e o espírito-dono da árvore são identificados. Vimos, ainda, que essa identificação também inclui o dono da festa, posição estruturalmente ocupada pelo filho do morto. Durante a execução do Quarup, tanto o pai-efígie como o filho-dono não podem se adornar com partes do corpo de felinos. Eles devem aparecer como pura imagem vegetal de continuidade, como suportes verticais de um povo.

Se as efígies e o dono do ritual aparecem sob a forma-umiri, o que é feito da parte-jaguar dessa linha de chefia? Ora, ela surge justamente na figura do neto, que deve estar na arena de luta. Não à toa, quando os donos do ritual convocam os jovens para lutar, usam como vocativo à expressão: "neto daquele que é temido-respeitado" (*itsanginhü higü*). Estruturalmente, os lutadores figuram a parte-jaguar ausente tanto da efígie quanto de seu dono: a forma-tronco é acompanhada pelos movimentos ágeis e violentos dos lutadores, que se fazem jaguares na praça, com seus esturros e ataques em flecha[52]. A decomposição do chefe morto, portanto, dá lugar a uma nova complexidade relacional, que permite reconfigurar as relações entre vivos e entre vivos e mortos[53]. Em um Quarup, temos a imagem simultânea de uma linha composta de avô-efígie, pai-dono e

---

[51] Carlos Fausto, *op. cit.*, 2012b, pp. 32-33; Marilyn Strathern, "Losing out (on) Intellectual Resources", 2005, pp. 120-121.
[52] Gustavo S. Avelar, *Valores Brutos*, 2010, p. 58.
[53] Ver o capítulo 4, para a ideia de que os rituais funerários produzem uma decomposição do morto de modo a criar uma nova complexidade relacional, dessa feita de caráter ritual.

neto-lutador, desdobrando-se as duas faces de um *anetü*, os dois corpos do rei: o jaguar e o umiri, o mestre e o ancestral.

NOMES MEMORÁVEIS

De que são feitas as linhas de chefia? Embora seja possível argumentar que, no Alto Xingu, há um conjunto difuso de direitos e propriedades rituais transmissíveis, bem como certa institucionalização da forma Casa (*sensu* Lévi-Strauss[54]), entendo que o sistema funciona com base em duas substituições, ligando três gerações a cada instante: a substituição substancial e funcional do pai pelo filho e a substituição nominal do avô pelo neto[55]. A expectativa é que filhos sucedam a seus pais na chefia – e isso tende a ocorrer sempre que os azares biográficos não o impeçam. Afinal, um grande chefe está em condições privilegiadas para "fazer" (*üi*) seu primogênito, patrocinando um ritual para furar suas orelhas, mantendo-o em longa reclusão, ensinando-lhe a "fala de chefe" (*anetü itaginhu*), acompanhando-o quando "for sobre o banco", e assim por diante. O filho é um "substituto" (*itakongo*) efetivo do pai – dir-se-ia que onde se vê o filho se vê o pai. Aliás, é de fato muito comum o filho cumprir funções rituais no lugar do genitor. Para os Kuikuro, essa substituição não é apenas funcional, pois também exprime uma continuidade fisiológica pensada como um fluxo de sangue: o filho é dito ser "aquele para quem foi o ex-sangue do pai"[56].

Já um neto é o substituto nominal do avô, que pode inclusive referir-se a ele como "meu nome" (*uititü*): "Venha ver meu nome", disse-me certa vez um amigo cujo primeiro neto acabara de nascer. Com um sorriso largo estampado na face, ele posou para minha câmera segurando seu neto-nome nos braços. Nomes são conectores que identificam pessoas de gerações alternas, podendo ser magnificados ou minificados conforme sua circulação em eventos rituais[57]. O x da expressão x-*hutoho*, que designa uma efígie, não é, portanto, nem um nome individual, nem um nome de família. Ele individualiza a pessoa na medida em que a conecta a alguém no passado e, ao mesmo tempo, projeta-se no futuro. Os nomes têm uma existência que precede e sucede a pessoa que os porta em determinado instante.

A transmissão ocorre entre gerações alternas, e cada criança ao nascer recebe dois nomes: um por linha paterna, outro por linha materna. Assim, um menino terá o nome de seu avô paterno e de seu avô materno, enquanto uma menina

---

[54] Claude Lévi-Strauss, "La notion de maison (année 1976-1977)", 1984.
[55] Tomo o caso masculino por ser o mais marcado publicamente; o argumento, porém, vale igualmente para mulheres nobres.
[56] A expressão, na primeira pessoa, é *ungugupe tepügü gele ekisei x*, que se analisa em "meu--sangue-ex ir-asp perfectivo ele-cópula x", em que x é o nome do filho.
[57] Sobre a noção de minificação, ver Luiz Costa, "Magnification, Minification and What It Means to be Human in Amazonia", 2018.

terá o nome de sua avó paterna e de sua avó materna. O pai e seus parentes chamarão a criança pelo nome paterno; a mãe e seus parentes, pelo nome materno. Pai e mãe jamais chamarão a criança pelo mesmo nome, pois lhes é interdito pronunciar o nome dos sogros. Uma pessoa é, pois, a portadora simultânea de pelo menos dois nomes, os quais apontam para as linhas das quais descende. Os nomes, porém, não indexam apenas as linhas como também se distinguem em acordo com a ordem dos nascimentos: os nomes mais importantes são dados ao primeiro neto, enquanto os demais netos recebem nomes cada vez menos notáveis. Cada nome de criança tem ainda implícita uma sequência de outros nomes: ao se dar o primeiro nome, sabe-se de antemão quais serão os demais nomes que caberão à pessoa. Os nomes mais significativos, aqueles que deixam memória, são os que se portam da adolescência até o nascimento do primeiro neto. À medida que nascem os netos, a pessoa vai transmitindo seus nomes e adotando outros – uma troca que é sempre anunciada em praça pública, na noite após o encerramento do Quarup.

A importância de um nome está ligada a biografias passadas e presentes. Ele é um traço mnemônico que indexa pessoas que o portaram no passado. Ao me explicar certa vez como se tornara o chefe principal, Afukaká me disse em português: "Como meu nome é o de meu avô, que foi um bom chefe, as pessoas começaram a olhar para mim" – isto é, começaram a considerar a possibilidade de fazê-lo chefe. Aliás, Afukaká já não porta mais esse nome pelo qual o designo aqui. Há anos, ele o transmitiu a seu neto primogênito. Contudo, é certo que será este o nome de sua futura efígie. Na ocasião desse Quarup ainda por vir, a multiplicidade de seus ex-nomes será reduzida a uma unidade: a efígie será a de Afukaká e seu *akuãpe* postar-se-á ao lado do tronco para acompanhar a festa. Não obstante, Afukaká-*hutoho* será mais do que a figuração de uma só pessoa, ele será um eixo que vincula uma biografia a outras biografias, estendendo-se de volta ao passado e apontando para o futuro por meio de um signo mnemônico, um nome magnificado.

Ao receber um desses grandes nomes, a efígie do Quarup indexa mais do que uma relação singular com um indivíduo. Se tomarmos o ciclo ritual com um todo, o morto aparece no início como um jaguar que contém um povo-artefato e, ao final, como uma árvore que *stands (up) for* uma linha de chefes passados, presentes e futuros de mesmo nome – ou, talvez mais apropriadamente, por um nome memorável que indexa pessoas fabricadas como chefes durante a vida. Em outras palavras, a efígie indexa nomes, cuja história se inscreveu no corpo de pessoas fabricadas como chefes e que foram plantados no solo da memória coletiva.

Espero ter respondido à primeira pergunta que coloquei algumas páginas atrás. Cumpre agora enfrentar a segunda, que concerne ao lugar da mimese no Alto Xingu e, em particular, entre os Kuikuro. A região é um dos poucos lugares da Amazônia contemporânea em que a semelhança visual convoca inequivocamente a presença. Por isso concentrei-me tanto no aspecto visual da mimese, deixando de explorar seu caráter sinestésico ou multimodal. Os aspectos táteis, olfativos e sonoros têm certamente um papel indispensável na construção da representação ritual, não só no Alto Xingu como também no restante da Amazônia. O que há de específico no caso alto-xinguano é a presença de tantas figurações artefatuais de inspiração mimética, incluindo aquelas de caráter antropomórfico. O próprio mito axial, como vimos, tem como fio condutor a fabricação de mulheres como artefatos e, por meio delas, dos corpos mortais humanos.

Toda figuração (*hutoho*) tem a potência de atrair a entidade que se está figurando. Não por acaso, ela é uma das técnicas precípuas dos feiticeiros. Assim, por exemplo, sabe-se que estes moldam miniaturas de queixada em argila e as enterram nas roças de desafetos, atraindo os animais e destruindo as plantações. São eles também que escondem cacos de cerâmica com imagens de raio, chuva ou mesmo mosquito para azucrinar seus vizinhos. A figuração pode também ser usada positivamente, esculpindo-se, por exemplo, uma miniatura de peixe e colocando-a dentro de uma armadilha de pesca. Eu mesmo já me deparei com alguns desses objetos moldados com bastante realismo. Eles são um bom índice da agência secreta dos feiticeiros; índices que só se deixam ver graças à contrafeitiçaria, pois são os pajés que costumam encontrar e desenterrar tais artefatos. A figuração mimética não se restringe às efígies ou à feitiçaria, pois há ainda outro contexto em que ela aparece com importante função ritual: no festival do Pequi, denominado *Hugagü*, confeccionam-se uma dezena de miniaturas de casais de pássaros, encabeçados pelo beija-flor, considerado o principal dono do pequi. Esses pássaros são chamados a beber e dançar com os humanos durante o ritual[58].

Em suma, um *hutoho* é um ícone que potencialmente atrai aquilo a que se assemelha. Contudo, para realizar esse potencial, é necessário ativar o artefato com rezas ou cantos apropriados. Dentre as centenas de rezas existentes no Alto Xingu, um dos conjuntos mais valorizados é o que serve para despertar uma boneca antropomórfica, com cerca de 30 centímetros, usada nas terapias para o resgate do duplo de um doente (figura 39). Quando uma enfermidade se prolonga, a família solicita a um pajé que realize uma sessão de cura com a par-

---

[58] Ver Thomas Gregor, *Anxious Pleasures*, 1985; Vera P. Coelho, "A Festa do Pequi e o Zunidor entre os Índios Waurá", 1991-1992. Ver também o filme *Imbé Gikegü*, de Magiká Kuikuro e Takumã Kuikuro (2006).

FIGURA 39. *O pajé Kalusi segura a boneca xamânica (akuã), antes de rezar em seu ouvido. Kuikuro, aldeia de Ipatse, Alto Xingu, 2002. Foto de Carlos Fausto, com autorização da Associação Indígena Kuikuro do Alto Xingu (Aikax).*

ticipação de outros especialistas[59]. Após uma primeira etapa dentro da casa do paciente, os pajés saem todos em fila e vão até o portal que dá acesso ao mundo dos *itseke* responsáveis pelo rapto. O pajé principal confecciona então uma boneca denominada simplesmente *akuã* (sem qualquer marca genitiva nem o sufixo *pe*). Em seguida, ele reza e lança fumaça para assustá-la, isto é, despertá-la: essas rezas são ditas *akuã kaginetoho*, "aquilo que serve para assustar-despertar o duplo"[60]. É nesse momento, dizem os pajés, que a *akuã* se torna gente (*sukugetilü*), algo que se pode sentir por suas vibrações.

[59] Essa terapia kuikuro corresponde ao *pukay* wauja (Aristóteles Barcelos Neto, *op. cit.*, 2008, pp. 171-172) e ao *payemeramaraká* kamayurá (Rafael J. de Menezes Bastos, "O 'Payemeramaraka' Kamayurá", 1984-1985).
[60] *Kagine* significa "assustar". Trata-se de um susto que nos faz puxar o ar rapidamente pela boca – um resfolegar, um revir à vida. As rezas, em número de quatro, são também chamadas "feitas para rezar a orelha" (*ihangata hitsindzoho*), pois, justamente, o pajé as sussurra ao pé do ouvido da boneca.

Após ser insuflada, a boneca é colocada sobre folhas de *kejite* no solo. O pajé principal põe-se de quatro e começa a ingerir a fumaça do tabaco em largas tragadas até desmaiar. Escuta, então, o que falam os *itseke*, conversa que ele relatará para os demais pajés ao recobrar os sentidos. Seguem todos para o exato local do portal – dobra invisível da dimensão *itseke*[61]. Ali assentam a boneca, sempre sobre folhas de *kejite*. O segundo pajé posta-se agachado defronte a ela, com os demais a suas costas. Começam a soar seus maracás e a entoar *ahe, ahe, ahe, ahe*, em um crescendo até que, em um gesto brusco, o pajé resgata a boneca do chão e cinge-a com força contra seu peito, tremendo-se todo como se estivesse a levar um choque. Nesse momento, o *akuã* manufaturado e o *akuã* do paciente tornam-se um só – uma confluência apenas possível porque ambas estão animadas. É preciso insuflar o *akuã* artefatual para que a vitalidade do *akuã* resgatado possa fundir-se a ele e ser transferido de volta para o doente. Logo depois de resistir à descarga vital, o segundo pajé devolve a boneca para o pajé principal. Retornam, então, à casa do paciente e colocam-na sobre seu peito – ato final do resgate da alma.

Não me parece por acaso que a boneca não seja designada *hutoho*. Certo, quando indaguei a um interlocutor, fazendo referência explícita à antropomorfia, se a boneca não era também um *kuge hutoho* (uma estatueta humana), ele assentiu. Porém, jamais ouvi alguém se referir espontaneamente à boneca dessa maneira. Suspeito que isso se deva a seu caráter imediatamente xamânico. Ela é um duplo animado pela reza que serve como veículo de transferência. Há uma condensação imediata dos dois duplos, que se tornam um só. Daí ser preciso, após a pajelança, desfazer a boneca e não simplesmente descartá-la como ocorre com a efígie do Quarup. Não é possível que dois *akuã* coexistam no mesmo mundo, na mesma frequência: isso só ocorre pelo breve espaço de tempo no qual se o está transferindo para o paciente. Note que o termo *akuã*, que designa tanto o duplo do doente como a boneca, não recebe aqui o sufixo *pe*, pois não houve uma disjunção definitiva. Assim, se a efígie do Quarup, uma vez cumprido o ciclo ritual, torna-se mero objeto (um *hutoho* desativado sem qualquer agência), a boneca do pajé precisa ser cuidadosamente desagregada, como se faz com um feitiço[62]. Talvez pudéssemos interpretar esses fatos afirmando que, no caso da boneca, confecciona-se um suporte identificado à alma e, no caso da

---

[61] Geralmente, encontra-se na borda do quintal da casa do paciente ou nas proximidades de um lago ou córrego perto da aldeia. Como sugere Pitarch, essa outra dimensão não está distante. Ela é uma dobra de nosso próprio mundo, existindo em outra frequência, a qual somente os pajés e os doentes conseguem sintonizar. Cf. Pedro Pitarch, *La Cara Oculta del Pliegue*, 2013, pp. 19-20.

[62] Em kuikuro, essas armas patogênicas são ditas *kugihe*, sendo o feiticeiro designado *kugihe oto* ("mestre do feitiço"). Um *kugihe* típico consiste em um pedacinho de madeira de um centímetro, envolvido por um pouco de cabelo da vítima pretendida ou por uma fibra qualquer que tenha estado em contato íntimo com seu corpo, saliva ou suor. Por isso, deve-se sempre queimar os cabelos quando são cortados, os fios de um colar quando se rompem e até a espinha de um peixe recém-comido.

efígie, fabrica-se um substituto do corpo. Mas não é bem assim. O dualismo corpo/alma expressa mal o que se passa nesses contextos[63]. Vejamos isso mais de perto.

TORNANDO-SE GENTE

Jamais ouvi alguém afirmar que o duplo do morto (*akuãpe*) vem habitar a efígie durante o Quarup, tampouco que ela tenha uma interioridade a ser preenchida por uma alma. A versão oficial é a de que o duplo vem assistir a sua festa, colocando-se ao lado de seu tronco. No ritual, portanto, temos dois duplos – um tangível e outro intangível – dispostos lado a lado. Nesse sentido, *akuãpe* é antes uma dobra invisível do duplo visível (isto é, da efígie) do que seu princípio de animação. Note-se, ademais, que simples objetos materiais, não ativados por atos rituais, também podem ser desdobrados. Assim, por exemplo, após um eclipse, é costume colocar-se um jirau em frente das casas, onde vários objetos são pendurados para que os mortos venham buscá-los. O que eles levam, porém, não é o objeto tangível (que continuamos a ver), mas seu duplo (*akuã*) – isto é, sua dobra existencial não tangível e, em situações normais, invisível. Quando os Kuikuro falam no *akuã* de um artefato levado pelos mortos, não estão atribuindo a ele qualquer subjetividade, vida ou intencionalidade – estão apenas apontando sua duplicidade, sua existência enquanto dobra invisível[64].

O que nos interessa neste livro, contudo, são artefatos ativados ritualmente, cuja agência resulta de sua inserção em um quadro ritual. No caso da efígie do Quarup, vale notar que os Kuikuro falam da presença do duplo do morto (*akuãpe*), utilizando-se sempre o sufixo *pe*. Minha tradução desse sufixo por "ex-" em algumas partes deste livro é imperfeita, mas não encontrei outra glosa igualmente concisa. Cabe, pois, uma breve explicação. Conforme Gelsama M. F. dos Santos, *pe* ocorre em diferentes contextos gramaticais, expressando: (a) a disjunção de posse (algo destacado do possuidor numa relação genitiva); (b) a partição de um todo ou um referente não mais existente e (c) relações temporais complexas, em geral implicando uma forma de passado nominal[65]. Assim, a expressão genitiva x [nome do morto] *akuãgüpe* não se refere a um ex-duplo de x, mas antes ao du-

---

[63] Uma comparação interessante, ainda a ser feita, seria com a boneca *nuchu* dos Kuna, a qual possui uma "figura" (*sopalet*) – sua forma externa – e uma "imagem" (*purpa*) – sua forma interna comum a humanos e não humanos. A despeito das diferenças entre os dois conceitos, Fortis enfatiza a relação entre *sopalet* e *purpa* em sua acepção comum de imagem. Cf. Paolo Fortis, *Kuna Art and Shamanism*, 2012, p. 181.
[64] Carlos Fausto, "Le masque de l'animiste", 2011a.
[65] Gelsama M. F. dos Santos, *op. cit.*, 2007 pp. 279-283. Franchetto prefere, atualmente, analisar o morfema não como um passado nominal, mas como um aspecto nominal de cessação. Para uma análise detalhada do sufixo, ver Bruna Franchetto e Guillaume Thomas, "The Nominal Temporal Marker *-pe* in Kuikuro", 2016.

FIGURA 40. *Dois especialistas entoam os cantos* auguhi *para as efígies. Kuikuro, Alto Xingu, 2015. Foto de Carlos Fausto, com autorização da Associação Indígena Kuikuro do Alto Xingu (Aikax).*

plo de ex-x⁶⁶. Trata-se antes do duplo de uma ex-pessoa, à qual esse duplo esteve vinculado como uma de suas dobras invisíveis enquanto ela estava viva⁶⁷. Após a morte, o duplo torna-se a dobra de um corpo que não existe mais – o sufixo *pe* marca, aqui, uma disjunção e a ausência do referente. O *akuã* continua a existir, mas aquele de quem era o duplo (a pessoa corporificada) não existe mais. A efígie permite que o referente volte a existir temporariamente por meio de uma ilusão objetiva; ela confere um corpo artefatual ao duplo, que o atrai e o ancora aqui na terra durante o tempo do ritual.

Assim como no Javari, a perspectiva dos xamãs sobre o Quarup é mais atenta às transformações que ele promove. Eles são explícitos em dizer que a efígie aqui também "torna-se gente" (*ukugeti*). Perguntei aos pajés Tago e Samuagü em que momento dá-se essa transformação. Eles identificaram vários momen-

---

[66] O morfema *gü* é um relacional que indica posse.
[67] Uso "dobras" no plural, pois, como notei no capítulo 3, a cada doença desdobram-se novos duplos, que passam a viver com os espíritos causadores da doença.

tos em um crescendo: pela manhã, quando se pintam os troncos; no início da tarde, quando começam os cantos *auguhi*; no meio da tarde, quando os parentes os decoram e ajoelham-se em torno deles para prànteá-los. À maneira das rezas da boneca do pajé, os cantos *auguhi* são ditos *titá egikaginetoho*, "aquilo que serve para assustar-despertar o topo do tronco". A efígie é, pois, também despertada pelo susto, como se tragasse um ar revivificador, voltando a respirar[68]. Da perspectiva dos xamãs, portanto, o que a efígie do Quarup adquire é um sopro de vida. Enquanto sua congênere do Javari serve como suporte inerte de inúmeras identidades faladas, a efígie do Quarup faz-se gente em um processo cumulativo que ganha corpo com o desenrolar das ações rituais – pintar, prantear, cantar –, conferindo-lhe um sopro vital, de modo similar ao que ocorre com a boneca do xamã. Vemos a seguir, que há uma intersecção importante entre o Quarup e a terapia xamânica, que, até aqui, restou inexplorada.

CÓPIAS COPIOSAS

Peço paciência ao leitor para introduzir ainda mais uma noção kuikuro, crucial para nossa análise. Trata-se de *akuãpüte*, um vocábulo formado pelo nome *akuã*, o morfema *pü* e o verbalizador *te*. Este último indica uma ação cuja causa é externa ao beneficiário. Assim, por exemplo, temos o nome *embuta* ("remédio") e o verbo *embutate* ("dar remédio a alguém"), que pode formar uma frase como *uembutatelü hüati heke* ("o pajé me dá remédio"). A análise do morfema *pü* oferece maior dificuldade. Sergio Meira sugeriu-me que a partícula seria "derivada do sufixo ProtoCaribe **tüpë* / **tüpü*, usado para marcar a forma de passado nominal em formas possuídas"[69]. Se é esse o caso, *pü* seria uma forma arcaica de *pe*, que teria se lexicalizado e, assim, sobrevivido às mudanças fonético-fonológicas sofridas pelas línguas karib xinguanas[70]. Bruna Franchetto, por sua vez, chamou minha atenção para o fato de que, no kuikuro contemporâneo, "a forma proto-Karib **pü* (vogal central alta) – um nominalizador perfectivo – permanece no aspecto perfeito *pügü*, aspecto do qual se infere tempo passado (evento concluído antes do evento de fala)"[71]. Adicionalmente, o morfema se conserva no sufixo *püa*, que Santos descreve como um passado locativo "denotando um lugar que não existe mais, um lugar que já foi possuído"[72]. Parece-me sugestivo que estejamos, em todos esses casos, lidando com algo que está entre o passado nominal e o que Franchetto chama de aspecto de cessação. Mesmo se tecnica-

---

[68] Segundo o pajé Tago, os muitos cintos de algodão que cingem o tronco acima da pintura podem deixá-la sem ar. Por isso, não se deve apertá-los demais.
[69] Sergio Meira, comunicação pessoal, 2016.
[70] Sergio Meira e Bruna Franchetto, "The Southern Cariban Languages and the Cariban Family", 2005.
[71] Bruna Franchetto, comunicação pessoal, 2017.
[72] Gelsama M. F. dos Santos, *op. cit.*, 2007, p. 284.

mente tempo e aspecto não sejam a mesma coisa, o aspecto em kuikuro parece contribuir para a construção de "relações temporais complexas"[73]. Dito isso, cabe-me arriscar uma glosa para *akuãpüte*.

Os Kuikuro costumam traduzi-lo para o português como "homenagear" e os Kalapalo vertem-no adicionalmente por "substituir"[74]. O termo ocorre, sobretudo, nos discursos formais ligados ao ciclo do Quarup e pertence a um vocabulário especializado. Assim, quando os coveiros pedem à família que os deixem comemorar o morto, eles dizem: "Nossos parentes querem procurar aquilo que serve para homenagear [*akuãpütegoho*] nosso dono-mestre"[75]. A tradução aqui por "homenagear" faz-nos perder parte da semântica que nos interessa. Não se trata apenas, como em *omage* do francês arcaico, de uma demonstração de lealdade e respeito a um senhor, embora esse conteúdo também esteja presente. Tampouco a glosa "substituir", empregada pelos Kalapalo, expressa todo o conteúdo de *akuãpüte*, ainda que, efetivamente, trate-se de fabricar um substituto ritual (a efígie) e, ao mesmo tempo, de promover a substituição do chefe morto por novos chefes.

Para recuperar mais facetas do significado desse termo, é preciso observar seu uso em outros contextos. Retornemos ao capítulo 3, ao justo momento em que Ipi, após sua longa doença, foi chamada à praça central e convidada a se tornar dona de *Atuguá*, o hiper-redemoinho. Se tudo se passou como previsto, a frase que o especialista ritual deve ter-lhe dito foi: "Eu quero *akuãpütelü* aquele que foi seu espírito" (*eitsekegüpe akuãpütelüti matsange uitsagü*). Nessa formulação, a disjunção é marcada duas vezes: por meio da partícula *pe* afixada a "teu espírito" (*eitsekegüpe*) e do verbo *akuãpüte* – algo difícil de compreender, pois a relação não se desfez, mas foi redefinida com o fim da doença. De todo modo, nesse caso, podemos adotar a tradução sugerida pelos Kalapalo: "Eu quero substituir aquele que foi teu espírito". A glosa aproxima-se do sentido que atribuo à duplicação ritual: a reencenação de uma relação desfeita, que é temporariamente refeita por meio de um substituto que ocupa a posição de um dos termos da relação (termo este, geralmente intangível, pois existe em outra frequência diversa daquela ordinária). Não seria tampouco despropositado traduzir *akuãpüte* aqui por "representar" – solução, aliás, proposta por Jamaluí Kuikuro Mehinako ao verter a frase citada para mim. Contudo, e acenando novamente para a distinção entre *Vorstellung* e *Darstellung*, eu diria que se trata antes de uma apresentação, que fornece uma imagem sinestésica dos espíritos aos não xamãs, que tendem a imaginá-los, como vimos, à maneira pela qual aparecem na cena ritual[76].

---

73 *Idem*, p. 281.
74 Para uma análise da ocorrência desse termo na fala ritual dos chefes kalapalo, ver Antonio Guerreiro, *op. cit.*, 2015a, pp. 334-336, 348-350.
75 A frase em kuikuro é: *Aa kukoto akuãpütegoho uhijüti muke akatsige kupisüandão itsa mukeha ige*. Aqui *akuãpüte* recebe o nominalizador de instrumento *goho* (alomorfe de *toho*). *Kukoto* é a forma possuída na primeira pessoal do plural de *oto* ("dono", "mestre"). Sobre isso, ver também capítulo 4.
76 E isso se dá, noto, não apenas por meio de recursos artefatuais. A fórmula empregada

Podemos discernir ainda outra faceta da semântica de *akuãpüte* comparando-o com *akuãte*, verbo que designa o ato de realizar a pajelança para o resgate do duplo, que descrevi algumas páginas atrás. Notem que o segundo termo não contém o afixo *pü*, pois o paciente está vivo – a relação não foi cindida. Seu significado é "dar ou restituir o duplo" – os pajés (causa externa) dão a *akuã* ao paciente (beneficiário). Já o verbo *akuãpüte* indica que, ao fazer um Quarup, também se está oferecendo um duplo, mas, nesse caso, não há mais um protótipo vivo. A morte rompeu essa relação. Por isso, é preciso fornecer um novo suporte material (um corpo substituto) para um duplo intangível.

Há ainda outra ocorrência de *akuãpüte* que permite iluminar mais um aspecto crucial de sua semântica. Ela aparece em um momento-chave do mito de origem das flautas e máscaras, que narrei no capítulo 2. O leitor talvez se recorde que Kuãtüngü e seu neto Janama saíram para pescar, mas, em vez de peixes, pescaram artefatos rituais. Estes, porém, não seriam transferidos do mundo aquático dos espíritos para o mundo terrestre dos humanos, pois Kuãtüngü decidiria devolvê-los todos (à exceção das flautas sagradas) para a água. Nesse ponto da história, Janama pergunta ao avô o que devem fazer com tudo aquilo, e o avô responde: "Deixe-os ir – ele disse. – Logo vamos *akuãpütegai*"[77]. Em dúvida sobre o significado dessa frase, perguntei ao narrador o que ele queria dizer com isso. Pacientemente, ele me explicou: "Eles fizeram igual ao que haviam visto. Por isso [hoje] existem todos os rituais". A melhor tradução de *akuãpüte* nessa passagem do mito é, decerto, "fazer uma cópia". O aspecto de cessação aqui indica que se trata de reproduzir artefatos que eles já não possuem mais, cuja relação foi terminada. A explicação do narrador nos fornece ainda duas informações adicionais: primeiro, trata-se de uma fabricação material – Kuãtüngü e Janama vão "confeccionar" (*ha*) os artefatos rituais; segundo, eles os farão como os viram (em sua semelhança visual). Se tal raciocínio for aplicado ao contexto ritual, chega-se à conclusão de que *akuãpüte* alguém (humano ou não) é fazer sua cópia – isto é, duplicá-lo à sua semelhança.

Resta perguntar, agora, qual relação se obtém aqui entre o original e suas cópias.

O ORIGINAL E SUAS CÓPIAS

Na tradição ocidental, o conceito de mimese traz consigo uma angústia com relação à fratura ou à contaminação entre o original e a cópia, o autêntico e o inautêntico, a presença e a representação, o verdadeiro e o falso. Não pretendo

---

para se fazer o pedido é também utilizada quando não há artefatos como flautas, máscaras ou efígies envolvidos, aplicando-se a ritos que mobilizam somente o corpo decorado, o canto vocal e outros aspectos sensoriais.

[77] O sufixo *gai* é alomorfe de *tai* e indica uma intenção de fazer algo em um futuro iminente. Cf. Gelsama M. F. dos Santos, *op. cit.*, 2007, p. 125.

aqui retomar a longa e tortuosa história da mimese, mas tomá-la a partir de sua interpretação dominante enquanto imitação, que a acompanha desde suas origens na Grécia antiga. A mimese se viu marcada por uma subsunção à semelhança e pela expulsão da diferença[78]. Como nota Costa Lima, o conceito está ancorado em noções específicas de Sujeito, Natureza e Verdade, de tal maneira que suas variações se organizam em função de diferentes epistemes, esquemas culturais ou ambiências sócio-históricas (dir-se-ia, hoje, ontologias)[79]. O que se pode dizer, então, sobre os Kuikuro e a mimese?

Para responder à questão, além dos termos já introduzidos (*hutoho* e *akuãpütegoho*) é preciso retomar outro, que nos apareceu ao falar dos personagens animais do Javari: *ihuntoho*, cuja raiz verbal é *ihun* significando "imitar". Apesar da semelhança fonética e do pertencimento a um mesmo campo semântico, *hu* e *ihun* têm significados distintos: o primeiro termo refere-se à produção de uma figuração em duas ou três dimensões, enquanto o segundo é usado para falar-se da imitação de um modo de ser ou de agir, por vezes com sentido pejorativo. Assim, por exemplo, os Kuikuro costumam referir-se aos Aweti – um povo tupi que se integrou à constelação xinguana no século XVIII – como "nossos imitadores" (*kihuntini*), por supostamente copiarem os costumes alto-xinguanos sem incorporá-los integralmente.

Mutuá Mehinako, a quem agradeço por discutir esses dados comigo, ofereceu-me um exemplo que mostra bem o contraste entre as raízes *hu* e *ihun*. Enquanto a frase *kajü hutagü uheke* traduz-se bem por "eu estou desenhando um macaco", a frase *kajü ihuntagü uheke* traduzir-se-ia por "eu estou imitando o que o macaco está fazendo". *Ihun* é, como Mutuá Mehinako explicou-me, "imitar o jeito de alguém fazer alguma coisa" – por vezes com sentido jocoso ou depreciativo, embora não necessariamente. O termo pode também ser usado sem conotação valorativa, com o sentido de "igual a", "similar a". Assim, por exemplo, no mito de Huhitsigi, o narrador diz: "Ele era enorme, não havia igual a ele" (*tsekegüha ekisei inhalüha ekise ihuntohoi*).

Há ainda outro contexto de uso da raiz *ihun* com o sentido de mera encenação, sem qualquer efeito ou eficácia adicional (em contraste, portanto, com a maioria das ações rituais). Forneço um exemplo que remete ao quarto capítulo. Vimos que, no mito de origem do Javari, após o Sol matar o Mestre da Água, ele decide ressuscitar Lua, que perecera no duelo. Para tanto, dança e canta em torno do corpo do irmão. A esse motivo narrativo corresponde um motivo ritual com uma coreografia e músicas próprias. Ninguém diz que essa sequência é uma "imitação" (*ihun*) daquilo que fez Sol nos tempos primordiais. No passado recente, contudo, quando os povos xinguanos ainda usavam propulsores nos duelos a curta distância, acontecia de um arqueiro ser alvejado violentamente

---

[78] Para leituras alternativas, ver Luiz Costa Lima, *op. cit.*, 2000; Gunther Gebauer e Christoph Wulf, *Mimesis*, 1995; Michael T. Taussig, *op. cit.*, 1993.
[79] Luiz Costa Lima, *op. cit.*, 2000.

e desabar ao chão. Nessas ocasiões o pessoal adotava o procedimento usado por Sol para reviver Lua, rodeando o arqueiro e cantando em torno dele: "Com este [canto] nós o rodeávamos, 'para imitar o resgate do duplo' [*akuãtelü ngihuntohoha*]". Em outras palavras, eles não faziam, de fato, uma terapia xamânica (*akuãte*) para trazer de volta o duplo, mas imitavam o ato no tom jocoso e pantomímico próprio ao Javari.

Em resumo, existem três termos kuikuro que cobrem um campo semântico semelhante aos nossos verbos "figurar", "representar", "copiar", "duplicar", "imitar". São eles: *hu, akuã(pü)* e *ihun*[80]. O primeiro é um termo genérico que se aplica a qualquer representação figurativa; já o segundo é um termo especializado, que ocorre em contextos formais, mas também implica similaridade entre o protótipo e a representação figurativa. Por fim, temos um terceiro termo que se aplica antes a modos de fazer do que a ícones materiais e cujo conteúdo se aproxima mais da nossa noção comum de imitação. Em todos eles há um claro componente mimético.

No capítulo 1, indiquei que os Parakanã possuem dois modos representacionais: o de tipo '*onga* (que designa imagens em duas dimensões, como a "sombra" ou a "foto") e o *a'owa* (que se aplica a substitutos tridimensionais). Como sugeri, esses modos implicam um atenuamento de estatuto existencial, pois o protótipo possui uma "pele de fato" (*piretê*) – categoria a que os Parakanã Ocidentais sempre recorriam a fim de distinguir interações oníricas daquelas em vigília. Em que medida os termos kuikuro também trazem esse atenuamento existencial? A raiz *ihun* parece implicar uma distância maior entre o original e sua reprodução, até por seu caráter mais prosaico, que lhe permite ter uma conotação depreciativa ou chistosa. Já no caso das raízes *akuãpüte* e *hu*, a correspondência mimética estabelece uma fratura menos marcada entre o dado e o feito, o original e a réplica. Isso, é claro, depende do contexto de aplicação: quando empregado para designar um desenho de criança na escola, *hutoho* não tem nenhuma "carga existencial" adicional à materialidade fáctica ali presente. Já em contextos rituais, esses ícones são ativados pragmaticamente, por meio de atos verbais e não verbais que lhes permitem ancorar uma presença-outra.

No mundo kuikuro, o protótipo está menos apartado de seu suporte artefatual do que, ao menos dogmaticamente, estaria a divindade de sua estátua na arte cristã[81]. A diferença aqui – uma diferença a que talvez só sejamos hoje sensíveis por causa de nossas ovelhas clonadas e nossos ciborgues – reside em que, no contexto alto-xinguano, pouco ou nada é dado e predeterminado de uma vez por todas. Não há formas puras a serem representadas, mas artefatos-corpos fabricados em novos corpos-artefatos[82]. Não há uma clivagem radical entre essência e

---

80 Nas formas com nominalizador de instrumento: *hutoho, akuãpütegoho* e *ihuntoho*.
81 Hans Belting, *op. cit.*, 2005.
82 Fernando Santos-Granero, "Introduction", 2009a, pp. 6-8; Stephen Hugh-Jones, "The Fabricated Body", 2009.

aparência, tampouco entre original e cópia, mas uma escala cromática de níveis de existencialidade. Isso provavelmente vale para boa parte do mundo ameríndio. Como disse, a especificidade do caso alto-xinguano reside no papel desempenhado pela evocação mimética visual na atualização de uma presença-outra.

Permitam-me retornar à minha correspondência com Mutuá Mehinako. Ele me sugeriu ainda outra glosa para *akuãpüte-*: "fazer a alma de x, que não é mais verdadeira". Há aqui dois pontos interessantes: primeiro, a tradução do verbalizador *te* por "fazer". De fato, como vimos, esse verbalizador indica um beneficiário e uma causa externa. Na maioria dos casos, traduz-se bem por "dar algo a alguém", mas em alguns casos pode ser vertido por "fazer algo para alguém", como em *utologu ündetagü uheke* ("Eu estou fazendo/dando uma casa para meu xerimbabo")[83]. E, efetivamente, os pajés ao confeccionarem a boneca fazem um *akuã* e a fazem para o paciente. Qual delas é a réplica e qual é o modelo? Ou será *akuã* simplesmente mais uma réplica, mais um duplo? Contudo – e este é o segundo ponto –, Mutuá sugere a expressão "que não é mais verdadeira" para dar conta do nosso afixo *pü*. A meu ver, o que ele procura exprimir é a conotação de uma existência atenuada, que não possui mais uma de suas determinações. Qual seria, então, essa determinação?

Com a desaparição do corpo, a alma se torna uma *akuãpe*, o duplo de alguém que já não existe mais, uma réplica que não possui mais seu protótipo. À diferença dos mortos, os vivos possuem um corpo-primeiro que ainda não apodreceu nem se desfez e está em contínuo processo de fabricação. Por isso, os vivos são ditos *tihühokolo* – um termo de difícil tradução sobre o qual já me referi no capítulo 4. Mais uma vez, Meira me forneceu algumas dicas importantes para analisar o termo. Sabemos que o *t* inicial marca uma relação reflexiva de posse, seguido pelo nome *ihü* ("corpo"). Já a parte final /hokolo/ possuiria a posposição *hoko* que tem vários cognatos em outras línguas karib. Sua protoforma seria **pëkë* com os sentidos de "em", "sobre", "ligado a", "acerca de", "a respeito de", "ocupado com"[84]. Se a hipótese é correta, *tihühokolo* se traduziria como "aquele em seu próprio corpo" ou "com seu próprio corpo". A expressão tem uma explicação mítica: segundo se conta, logo após o primeiro Quarup, ainda em Ahasukugu, Taũgi fez todos os animais de pelo (*ngene*) morrerem, à exceção de duas espécies de cutia e da irara; em seguida, ressuscitou a todos. Os animais que passaram pela prova da morte já não têm o seu próprio corpo nem podem ser ditos *tihühokolo*.

Esse termo guarda semelhança com a noção parakanã expressa por *ipireté* ("em sua pele mesmo"), que permite distinguir as interações em vigília de interações oníricas. Nunca ouvi os Kuikuro utilizarem *tihühokolo* ao contarem seus

---

83 Esse exemplo foi retirado de Gelsama M. F. dos Santos, *op. cit.*, 2007, p. 144. Aqui o verbalizado *te* ocorre como *nde*.
84 Ver Sergio Meira e Bruna Franchetto, *op. cit.*, 2005. Em kuikuro, essa posposição foi conservada na forma nominalizada *hokongo*. Continuo sem saber analisar, porém, o morfema final *lo*.

sonhos. Aprendi o termo por ele ocorrer em duas narrativas sobre a viagem de um vivente à aldeia celeste dos mortos, os quais se referem ao visitante como *tihühokolo*[85]. Embora os mortos também tenham um corpo, este não é um corpo-primeiro. Como me explicou o pajé Tehuku, "o corpo deles é outro" – é um segundo corpo, rejuvenescido e imputrescível, adquirido graças ao leite de Itsangitsegu. Ao mesmo tempo, é um corpo instável e proteiforme: ao anoitecer no céu, os mortos assumem a forma de hiperanimais, revelando sua própria condição *itseke*.

A condição de vivo é marcada, assim, por uma totalização provisória de um corpo-primeiro, que serve de eixo agregador de um universo relacional que cada um, de acordo com sua biografia, estabelece com os alterumanos por meio de suas réplicas imagéticas (*akuã*). O *akuã* distribui a pessoa, expande-a; o corpo-mesmo agrega-a, localiza-a. Ao provocar o desaparecimento do corpo-mesmo, a morte separa as relações que confluíam para o *tihühokolo*, deixando seus duplos dispersos, sem ponto de convergência, sem atrator. Cada um dos duplos desdobrados ao longo da vida por motivo de doença permanecerá no coletivo de espíritos que o replicaram quando ainda havia um corpo-mesmo. Um de seus duplos, agora *akuãpe*, irá para aldeia celeste dos mortos, onde se juntará ao coletivo de parentes que o antecederam na morte[86]. Esse duplo será, por sua vez, o ponto de convergência da memória dos vivos, um suporte de uma identidade pessoal em dissolução. *Akuãpe* é, ao mesmo tempo, uma réplica idêntica e diferente da pessoa viva, pronta para ser esquecida, de modo que seu nome possa ser lembrado.

REPLICAR, MULTIPLICAR

Ao longo do livro, traduzi *akuã* como "duplo", embora por vezes tenha usado também a glosa "alma" ou "imagem". *Akuã* é um desses termos superprodutivos que aparecem em diversos contextos, tanto na linguagem ordinária quanto ritual, mas escapa a uma tradução precisa. Esses termos que povoam as etnografias sobre os povos ameríndios não podem ser inteiramente explicados nem esclarecidos. Eles contêm literalmente zonas de sombra e toda duplicação é, para usar novamente uma expressão de Suzanne Oakdale utilizada no primeiro capítulo, uma forma de "sombreação" (*shadowing*). Para recorrer à velha e boa

---

[85] Um desses mitos é bastante conhecido na região. Ele narra a visita de um homem chamado Agahütanga ao mundo dos mortos (ver Ellen B. Basso, *A Musical View of the Universe*, 1985, pp. 92-104; Robert L. Carneiro, "The Afterworld of the Kuikúru Indians", 1977). Já o outro, pouco conhecido, conta a visita de uma mulher à aldeia dos mortos (Bruna Franchetto et al., "Kuikuro", 2017).

[86] Tanto Basso como Guerreiro referem-se a uma dualidade anímica póstuma entre a alma-sombra e o dono do olho. Nunca ouvi os Kuikuro falarem sobre isso. Quando tentei elicitar o dado por comparação, as pessoas me respondiam que nada sabiam ou que já tinham ouvido falar disso entre os Kalapalo. Cf. Ellen B. Basso, "The Implications of a Progressive Theory of Dreaming", 1987b; Antonio Guerreiro, *op. cit.*, 2015a, p. 253.

dialética, arriscaria dizer que esses conceitos contêm zonas de sombra que lhe são essenciais – a obscuridade é uma de suas determinações[87].

À maneira de nossa noção de alma, *akuã* está associado, embora de forma fraca, a animação e vitalidade, mas diferentemente dela, não constitui o núcleo da identidade pessoal, tampouco é singular. Ao contrário, replica-se e desdobra-se, podendo existir simultaneamente em diversos mundos como uma parte-totalidade: a cada doença de rapto d'alma, ocorre um novo desdobramento, e o que se recupera por meio da pajelança não é *o akuã*, pois, se este volta para o paciente, também permanece replicado, *shadowed*, no mundo dos *itseke*, lá vivendo, casando-se, procriando. O conceito de *akuã* indexa a capacidade que a pessoa tem de desdobrar-se, de ser explicada pelas ações de outro alguém. Mas essas dobras são, elas mesmas, automiméticas.

Ao relatar o encontro entre os Fueguinos e a expedição do capitão Fitz Roy, Michael T. Taussig comenta:

> Não resisto em especular que o que potencializa a faculdade mimética é um eu [*self*] proteano com múltiplas imagens (leia-se "almas") de si mesmo em um ambiente natural no qual animais, plantas e fenômenos meteorológicos são espiritualizados a ponto de a natureza "responder" aos humanos, cada entidade material pareada com um duplo espírito ocasionalmente visível – um duplo mimético! – de si mesmo[88].

É importante insistir, contudo, que esse duplo mimético não revela uma identidade autossemelhante – *mêmeté* e *ipseité* não se fundem na construção da pessoa[89]. O Si e o Mesmo são dissociáveis. É possível e mesmo necessário não ser idêntico a si mesmo para ser um Eu[90]. A dinâmica kuikuro da duplicação mimética é aquela dos gêmeos ameríndios que são réplicas simultaneamente semelhantes e diferentes um do outro[91]. O desdobrar-se é uma exteriorização que permite produzir novas relações: no caso do adoecimento, uma réplica da pessoa passa a viver em outro mundo, ao mesmo tempo que o *tihühokolo* permanece neste mundo, passando a conter uma relação interna com o *itseke* que a desdobrou. Ela não será mais idêntica a si mesma, uma condição que se manifesta publicamente como maestria ritual, que magnifica a pessoa tornando-a assim um Eu.

Duplicar, replicar, redobrar – todos termos que remetem às raízes indo-europeias **pel* e **plek*, passando pelo grego *plekein* e pelo latim *plicare*. É curioso notar como, na passagem para as línguas vernáculas, seus cognatos possuem frequentemente uma ressonância têxtil (dobrar, pregar) e outra quantitativa

---

87 Ruy Fausto, *Marx Lógica e Política*, 1987, p. 150. Para um argumento similar, porém com base em outros pressupostos teóricos, ver Carlo Severi, "Talking about Souls", 1993.
88 Michael T. Taussig, *op. cit.*, 1993, p. 97.
89 Paul Ricoeur, *Soi-même comme un autre*, 1996.
90 Anne-Christine Taylor, "Healing Translations", 2014, pp. 99-100.
91 Els Lagrou, *A Fluidez da Forma*, 2007, p. 146.

(duplicar, multiplicar). No caso kuikuro, o replicar-se não é restrito a dois, mas a um número não contável de dobras a serem desdobradas ao longo da vida. À maneira dos envoltórios mesoamericanos que os espanhóis imaginavam conter um cadáver, mas que nada continham a não ser os próprios envoltórios, o corpo é um tecido dobrado cujo conteúdo não são senão suas próprias dobras, a que os Kuikuro chamam de *akuã*[92]. Aqui reencontramos uma série de imagens mobilizadas por Alfred Gell, em *Art and Agency*: os simulacros voadores de Lucrécio, a cebola de Ibsen, as bonecas russas – camadas que se desdobram e se difundem *ad infinitum*, sem jamais revelar um fundamento interior. Se a pessoa é complicada e sem centro, suas representações artefatuais devem escapar "ao contraste entre o um e o múltiplo, bem como entre interno e externo"[93] – dois dos princípios estéticos para os quais chamei a atenção na introdução: a indeterminabilidade quantitativa e o efeito garrafa de Klein do encaixamento recursivo.

Chamei a atenção para alguns desses pontos no capítulo 3, ao falar das máscaras em meio animista. No presente capítulo, no entanto, não temos roupa, tecido ou máscara, mas uma efígie (*hutoho*) fabricada para servir como cópia de um chefe morto. A analogia têxtil – tão produtiva no caso andino e mesoamericano – parece ceder lugar, aqui, a uma analogia baseada na imagem, ao mesmo tempo visível e intangível[94]. A duplicação imagética na Amazônia não implica ausência de relação – original e cópia não se encontram cindidos, mas vinculados, pois o original não é senão a própria capacidade de replicar-se. É essa capacidade que define um *tihühokolo*, pois um morto deixa de replicar-se (a não ser por meio de um substituto como a efígie).

No Alto Xingu, o iconismo possui um papel crucial na produção desse vínculo entre original e cópia, pois semelhança implica conexão. À diferença do mundo cristão, contudo, não há investimento na verossimilhança, pois não se está ancorado em uma noção vigorosa de verdade. Ao contrário, vimos que Taũgi, responsável pelo mundo tal qual o conhecemos, é, antes de tudo, um enganador. Em vez de mestres da verdade[95], temos mestres do engano – engano que, nos mitos, se associa à capacidade transformacional dos demiurgos. O sujeito solar por excelência (Taũgi, o Sol) é ele mesmo um *trickster*, além de ser sempre dois, gemelar e desigual, como Sol e Lua. Aqui não é preciso fraturar o sujeito para reconceitualizar a mimese, como propõe Costa Lima[96], pois não há sujeito unitário nem na origem, nem ao fim.

---

[92] Como escreve Pitarch, inspirado em Gilles Deleuze, "o que define as almas não é uma suposta substância, senão sua condição de dobra. O invólucro é tanto a razão da dobra quanto a dobra é a razão do invólucro" (Pedro Pitarch, *op. cit.*, 2013, p. 25).
[93] Alfred Gell, *Art and Agency*, 1998, p. 139.
[94] Mesmo no caso dos povos de língua pano, tenho a impressão de que o desenho é mais importante que o tecido – ou, pelo menos, essa é a ênfase dada pela literatura (ver, por exemplo, Luísa E. Belaunde, "Movimento e Profundidade no Kene shipibo-konibo da Amazônia Peruana", 2013; Els Lagrou, *op. cit.*, 2007).
[95] Marcel Detienne, *Les Maîtres de vérité dans la Grèce archaïque*, 2006.
[96] Luiz Costa Lima, *op. cit.*, 2000.

CONCLUSÃO

Nem Deus, sua graça, se me mostra alhures
Mais do que em qualquer elegante e mortal véu
E que só amo, porque nesse ele se espelha.

Nè Dio, suo grazia, mi mostra altrove,
Più che 'n alcun leggiadro e mortal velo;
E quel sol amo, perchè 'n quel si specchia.
  MICHELANGELO BUONARROTI
  The Sonnets of Michael Angelo Buonarroti, soneto LVI

— Carlos, quando me perguntam qual é minha religião, o que eu digo?
— Não sei, Taku. Talvez você possa dizer que é o xamanismo.
— Não pode ser o hinduísmo? Achei parecido com a gente. Os deuses deles viram animais.
  TAKUMÃ KUIKURO E CARLOS FAUSTO
  Diálogo do autor com Takumã Kuikuro, que voltava da Inglaterra, aonde fora filmar *London as a Village*, em 2015

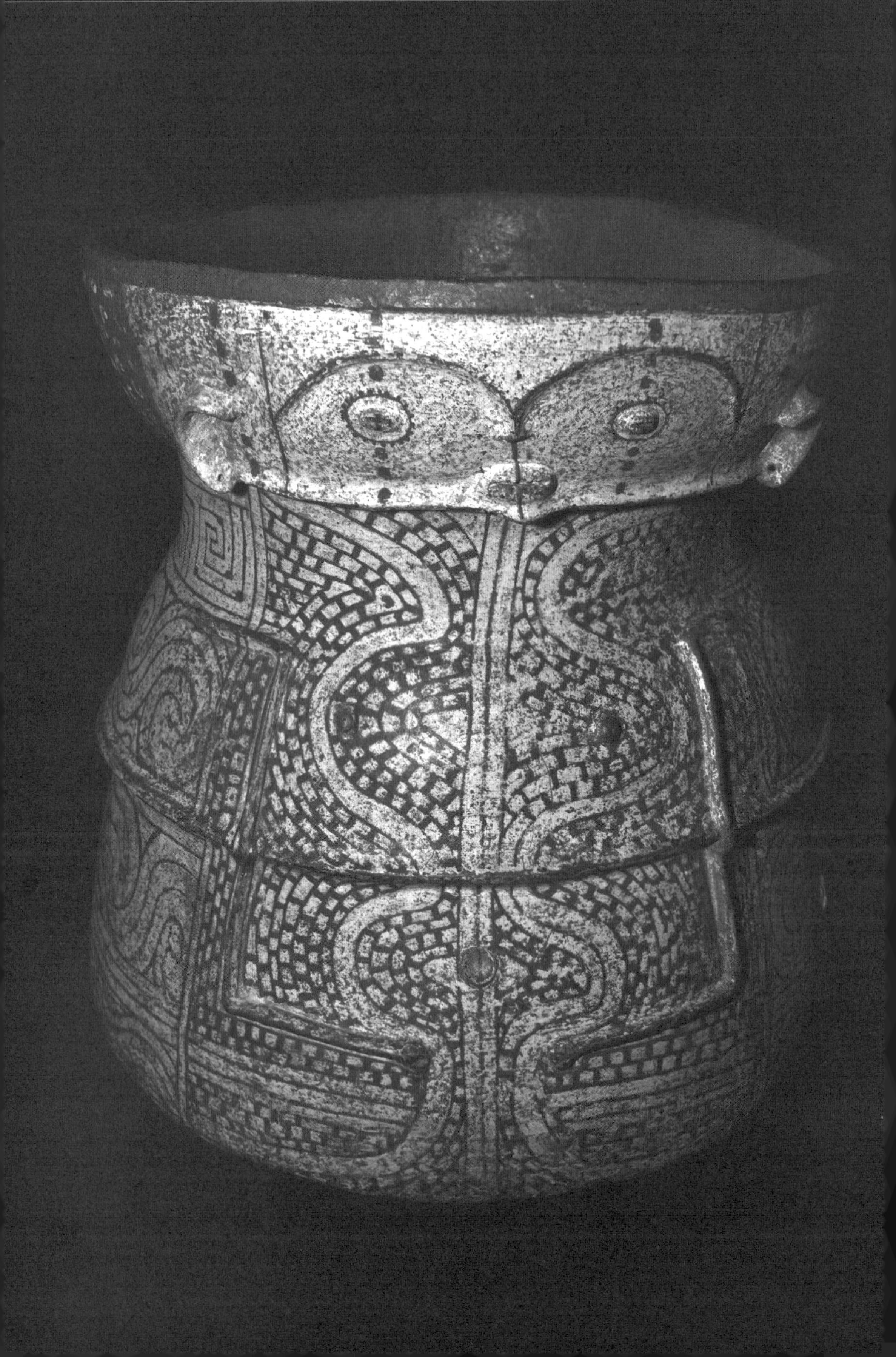

PARA CONCLUIR ESTE LIVRO, RETORNO A SEU COMEÇO. NA INTRODUÇÃO, organizei a discussão em torno de um movimento pendular que vai da presença à representação e do literal ao figurativo – movimento que, argumentei, é constitutivo da filosofia e da história da imagem no Ocidente. Meu intuito foi produzir deslocamentos que nos permitissem desestabilizar o pêndulo, escapando dessas antigas antíteses, de modo a nos engajar com frescor na análise empírica dos artefatos rituais ameríndios. Daí ter iniciado o livro pela ironia, narrando ao leitor a vinheta do sorriso maroto do professor. Agora, para fechá-lo, ofereço uma nova vinheta irônica.

O episódio que agora quero contar foi captado por uma das câmeras operadas pelos cineastas kuikuro durante as filmagens de *As Hiper Mulheres*, em setembro de 2010. A câmera principal acompanhava um dos momentos mais cerimoniosos da festa, quando um imenso cortejo de mulheres canta e dança, em compasso lento, uma canção em que se diz: "Eu sou uma hipermulher"[1]. Outra câmera, postada atrás de dois músicos kuikuro que assistiam ao cortejo sentados em frente à casa dos homens, captou então o seguinte diálogo[2]:

Jakalu: Veja a pintura das hipermulheres, tudo espírito [*itseke*].
Kamankgagü: Tudo espírito?
Jakalu: É espírito, essas aí são espírito.

A conversa se encerra com uma bela risada de Kamankgagü, deixando-nos em dúvida se estamos diante de uma revelação ou de uma anedota. Aliás, nem sequer posso garantir que a tomada não tenha sido encenada, pois o cineasta Mahajugi, que operava a contracâmera, é um hábil diretor de cenas. Seja como

---

[1] "*Jamugikumalu natu*", em arawak com adaptação fonética para o kuikuro. A suíte continua com outros cantos em que são nominadas outras personagens femininas do mito, sempre por meio da fórmula "Eu sou x".
[2] O diálogo ocorre no minuto 73 do filme *As Hiper Mulheres* (2011), de Carlos Fausto, Leonardo Sette e Takumã Kuikuro.

for, o fato é que a identificação ritual entre as dançarinas (sobretudo as cantoras principais) e as hipermulheres estava na boca do povo durante as filmagens. Além do mais, naquele cortejo, essa identificação estava sendo posta em palavras cantadas, pois cada uma delas dizia em alto e bom som: "Eu sou uma hipermulher".

Neste livro, qualifiquei esse tipo de identificação de assintótica, de modo a sugerir que, se as condensações rituais tendem a identificar os termos relacionados, uma distância infinitesimal é sempre preservada entre eles. Esse fato tem implicações não apenas para nossa discussão sobre presença e representação como também sobre os juízos "como é" (*as is*) e "como se" (*as if*). Minhas vinhetas etnográficas visam complexificar o que a expressão "levar a sério" pode significar em nosso contexto de análise, de modo a fornecer novas pistas sobre problemas clássicos da antropologia, tal como o da identidade estabelecida por meio do verbo "ser". Permitam-me, assim, retornar a uma das mais famosas frases declarativas, tomada como um juízo de essência, que assombra a antropologia desde suas origens.

O MESTRE SOLAR DO ENGANO

A frase "os Bororo são araras" teve, como sabemos, uma longa posteridade na disciplina desde que Karl von den Steinen a consignou em papel, no livro *Entre os Aborígenes do Brasil Central*, publicado em 1894. Ele a anotou durante sua visita à colônia Teresa-Cristina, entre 24 de março e 18 de abril de 1888, quando retornava de sua segunda expedição ao Alto Xingu[3]. A frase aparece pela primeira vez em uma longa passagem na qual o autor discute a ausência de clara distinção entre humanos e animais nas concepções indígenas – sinal de que, diz ele, "pode, quando muito, dar ao homem, a situação de *primus inter pares*"[4]. Logo a seguir, ele afirma:

> Repito, para nós a expressão "antropomorfizar" só se justifica como esquema, e se torna falsa se a entendermos como se o indígena quisesse dizer: "Eu sou humano e faço agir os animais também como humanos". O inverso, que os humanos são animais, ocorre também, tanto no bom como no mau sentido. Os Trumai são animais aquáticos porque dormem no fundo do rio. Assim dizem os Bakairi com toda a seriedade[5].

---

[3] A referida colônia foi fundada em junho de 1887, na margem direita do rio São Lourenço, no atual estado de Mato Grosso, para reunir indígenas Bororo-Coroados. Ela fazia parte de um esforço governamental para aldear populações indígenas, de modo a criar uma reserva de mão de obra que poderia vir a substituir o trabalho escravo afro-americano. Cf. Marli A. de Almeida, "A Colônia Indígena Teresa Cristina e Suas Fronteiras", 2014.
[4] Karl von den Steinen, *Entre os Aborígenes do Brasil Central*, 1940 [1894], p. 451.
[5] *Idem*, *Unter den Naturvölkern Zentral-Brasiliens*, 2009 [1894], p. 352.

Já os Bororo, continua o autor:

[...] orgulham-se de serem araras vermelhas. Não somente os Bororo se transformam, depois da morte, em araras, como também em certos outros animais; e não somente as araras são Bororo, e tratadas como tais – mas eles [os Bororo] exprimem a sangue frio sua relação com o pássaro colorido, designando-se a si mesmos araras, como se uma lagarta dissesse ser uma borboleta, e não querem, com isso, apenas tomar um nome sem qualquer relação com a sua natureza[6].

E conclui, então: "Assim, os Trumai são animais aquáticos, porque têm o hábito de animais aquáticos, e os Bororo são araras porque seus mortos se transformam em araras"[7].

Steinen não esclarece se a expressão "nós somos araras", que dá origem a toda a discussão antropológica, foi-lhe assim dita por alguém em particular (e nesse caso vertida pelo intérprete para o português local) ou se era uma concepção bastante geral dos Bororo sobre a qual fora informado pelo intérprete ou por terceiros[8]. Essas alternativas surgem uma após a outra nas passagens que Steinen consagra ao tema. Assim, ele escreve: "O habitual é que os Bororo, homem ou mulher, se transformem, depois da morte, em uma arara vermelha, logo em uma ave, tal qual a alma no sonho". E completa: "As araras vermelhas são Bororo, sim, e os Bororo prosseguem [...] e afirmam: 'Nós somos araras'"[9].

Independentemente da fonte da informação e do modo com que ela chegou aos ouvidos do etnógrafo alemão, há alguns pontos a notar nessas passagens que transcrevi. O primeiro é a sugestão de que, entre os ameríndios, não há como se decidir se são os animais que são antropomorfizados ou se são os humanos que são animalizados – um tema ao qual retornei diversas vezes neste livro. O segundo ponto resulta da analogia que Steinen estabelece entre a relação dos Bororo com as araras e a da lagarta com a borboleta. Ela me parece mais

---

6 *Idem*, pp. 352-353.
7 *Idem, ibidem*.
8 O intérprete do etnólogo alemão era um rapaz não indígena chamado Clemente, de 28 anos, que havia sido raptado pelos Bororo em 1873 e vivera treze anos como cativo, tendo esquecido quase inteiramente o português. Os Bororo devolveram-no em 1886. Quando da passagem de Steinen pela colônia Teresa-Cristina, dois anos depois, Clemente já era capaz de se comunicar na língua materna, mas conservava "em seu pensamento e conhecimento, uma formação puramente indígena" (*idem*, p. 450).
9 *Idem*, p. 512. No original: "*Wir sind Araras*". O verbo usado aqui é *sein*, "ser" – a famosa cópula que, de Aristóteles a Gottlob Frege, assegurou um lugar central à identidade no estudo da predicação. Em português, assim como em outras línguas românicas, existem dois verbos diferentes para designar, de um lado, "o ser como característica essencial" e, de outro, "o ser como um estado temporário". Não sei como funciona a cópula em Bororo, mas vimos no capítulo 4 como é difícil traduzir as raízes verbais kuikuro *a* e *i*, que coocorrem nas respostas das personas rituais do Javari. Para uma discussão sobre os equívocos tradutórios no uso da cópula predicativa, ver Pedro N. Cesarino, "Virtualidade e Equivocidade do Ser nos Xamanismos Ameríndios", 2018.

interessante do que o juízo de essência "os Bororo são araras", pois indica que a transformação não é mero acidente na construção da pessoa bororo, sugerindo, assim, que a identidade bororo-arara é um destino e não uma condição presente: o futuro de todo Bororo é virar arara[10].

Por fim, o terceiro ponto para o qual gostaria de chamar a atenção refere-se a certo "hábito aquático" (*Gewohnheit der Wassertiere*) dos Trumai, sobre o qual já me referi no capítulo 4. E aqui recorro à minha própria etnografia, pois ouvi mais de uma vez os Kuikuro afirmarem que os Trumai são filhos da capivara e por isso podem permanecer longo tempo debaixo d'água. Essa avaliação parece basear-se em certo hábito mergulhador que os Trumai possuíam ao chegarem ao Alto Xingu no século XIX, hábito que ganhou uma explicação mítica[11]. Ser descendente da capivara, contudo, não é exatamente ser uma capivara, e, sim, ter uma capacidade-capivara. E isso pode ser dito com toda a seriedade, sobretudo quando não se esposa uma teoria da verdade como correspondência. Se não habitamos o mundo supostamente inaugurado por Parmênides, no qual "o Ser tem uma significação única"[12], os Trumai podem muito bem ser filhos da capivara, sem jamais serem capivaras, tendo, porém, capacidades-capivara – ou seja, certa capivaricidade. Perguntar se os Kuikuro acreditam mesmo que os Trumai descendem da capivara e como podem acreditar nisso é equivocar-se sobre a questão. Como escreve Eduardo Viveiros de Castro:

> [...] os problemas autenticamente antropológicos não se põem jamais nos termos psicologistas da crença, nem nos termos logicistas do valor de verdade, pois não se trata de tomar o pensamento alheio como uma opinião, único objeto possível de crença ou descrença, ou como um conjunto de proposições, únicos objetos possíveis dos juízos de verdade[13].

Em um mundo em que a correspondência unívoca entre palavras e coisas não é *o* problema, a distinção entre literal e figurativo, entre "*as is*" e "*as if*", apresenta-se de modo distinto. Talvez o conceito de ironia possa ajudar-nos a esclarecer esse ponto. Tomemos aqui sua origem grega, enquanto figura que se dispõe entre a *doxa* (a opinião) e a *aletheia* (a verdade) – os dois polos mobilizados por Viveiros de Castro na citação anterior. A literatura especializada costuma distinguir dois sentidos de *eirôneia*, termo do grego antigo que deu ori-

---

10 Aqui caberia uma discussão mais detalhada com base na distinção bororo entre dois princípios opostos, *aroe* e *bope*, que foram associados, respectivamente, a "ser" e "devir". Cf. Jon C. Crocker, *Vital Souls*, 1985.
11 Há, inclusive, uma passagem da reza para a rede de pesca, que é executada antes de uma pescaria coletiva, em que se faz referência aos Trumai como servindo de pesos na parte inferior da rede, de modo a impedir que os peixes escapem por baixo da armadilha. Cf. Carlos Fausto, Bruna Franchetto e Tommaso Montagnani, "Les formes de la mémoire", 2011, p. 54.
12 Marcel Detienne, *Les Maîtres de vérité dans la Grèce archaïque*, 2006, p. 232.
13 Eduardo Viveiros de Castro, "O Nativo Relativo", p. 130, 2002b.

gem ao nosso vocábulo "ironia"[14]. Um primeiro sentido seria o que aparece nas comédias de Aristófanes e que pode ser traduzido por "dissimulação", "engano" ou ainda "farsa"; o outro sentido seria aquele atribuído a Sócrates, consistindo na utilização retórica de frases autodepreciativas[15].

No Alto Xingu, encontramos os dois sentidos dispostos em duas formas de fala com valor de verdade e eficácia pragmática distintos. De um lado, temos as falas públicas, sobretudo dos chefes, que são construídas por meio de antífrases: à maneira de Sócrates, o chefe se faz menor diante de seus interlocutores a fim de afirmar a sua própria grandeza (e aquela de seus ascendentes). O chefe é exatamente aquele que profere um discurso formulaico de conteúdo autoderrogatório no centro da praça[16]. Estar na condição-chefe implica falar nesse estilo, em plena contradição com seu contexto pragmático. Na definição do *Oxford English Dictionary*, esse recurso retórico é identificado à ironia, que seria a expressão do significado por meio de "uma linguagem que normalmente significa o oposto, tipicamente para efeito humorístico ou enfático"[17]. No Xingu, o efeito visado não é o humor, mas a afirmação das características culturalmente aceitas de um chefe: o chefe revela o que de fato é ao dizer aquilo que ele não é.

De outro lado, temos a figura do engano, que, como disse ao final do quinto capítulo, é uma arte característica de Taũgi, o Sol, cujo nome pode ser glosado como "mentiroso". Taũgi não é um mestre da verdade, nem no sentido do poeta visionário com seu dom de Memória, nem do filósofo cujo pensamento rigoroso diz o Ser[18]. Ele é o senhor *solar* do engano e, portanto, não é equivalente a Apatè – a personificação do engano na mitologia grega, que é filha da Noite (Nyx)[19]. No caso kuikuro, o engano é a luz, não a obscuridade e, portanto, não é simples fraude (Fraus). Em outras palavras, o engano é criativo e transformador. Afinal, por meio dele, Taũgi e Aulukumã instauraram o mundo pós-mítico em que habitamos hoje.

MENTIR, VERBO ESTATIVO

Permitam-me agora concentrar-me no exemplo kuikuro, começando por uma análise mais precisa do vocabulário pertinente[20]. Há três termos que nos inte-

---

14 Claire Colebrook, *Irony*, 2004.
15 Melissa Lane, "Reconsidering Socratic Irony", 2011, p. 248.
16 Bruna Franchetto, "Rencontres rituelles dans le Haut Xingu", 2000. Emprego aqui o masculino, pois mulheres-chefes muito raramente, se alguma vez, proferem esses discursos.
17 "Irony", em *Oxford English Dictionary* [on-line], 2022, disponível em: www.oed.com/view/Entry/99565, acesso em: 3 dez. 2022.
18 Marcel Detienne, *op. cit.*, 2006.
19 Hesíodo, *Theogony*, 2006, pp. 20-21, versos 211-225. Mesmo o irmão gêmeo de Taũgi, Aulukumã, não personifica a Noite, mas a Lua (que ilumina a noite). Ele é antes um tolo que ocupa um lugar secundário em relação ao Sol.
20 A discussão a seguir retoma elementos das fascinantes contribuições de Basso e Fran-

ressam de perto: Taũgi, *tauginhü* e *augene*. O nome próprio Taũgi é a forma participial da raiz verbal *auguN* (*au* + verbalizador *guN*) e pode ser traduzido por "estar no estado de mentir, possuir a propriedade de mentir"[21]. O termo *tauginhü*, por sua vez, é formado pela aposição do nominalizador *nhü* ao particípio *taugi*, podendo ser glosado por "aquele que está na condição de mentir/enganar". Finalmente, o termo *augene* resulta da aposição do morfema nominalizador *ne* ao radical, donde se deriva um nome sem argumento interno. Como esclareceu-me Bruna Franchetto: "*augene* denota um evento e não uma coisa, traduzindo-se melhor por 'mentiração' do que por 'mentira'. Para não criar mais um neologismo, traduzo-o por 'enganação': *augene* é o engano em ação (mais do que a ação de enganar)"[22].

Franchetto e Tommaso Montagnani retomaram as análises de Ellen B. Basso[23], sugerindo que a raiz verbal *auguN*:

[...] capta com exatidão a manifestação suprema da criatividade da linguagem, por meio da qual podem ser geradas infinitos enunciados e as palavras são infinitamente projetadas. No cerne da concepção nativa da natureza da linguagem humana está o princípio *au*, uma lógica provocadora da inverdade, ou da inveracidade, ou talvez melhor, a multiplicidade de verdades possíveis[24].

Uma lógica de múltiplas verdades supõe que não haja um conceito "pesado" de verdade. E, de fato, não há um termo kuikuro que possa ser traduzido facilmente como "verdade" – ou, mais precisamente, uma raiz antônima a *auguN*, da qual se derivaria termos com o significado, por exemplo, de "estar na condição de dizer a verdade" (ou "de veridição")[25]. Note-se que isso não quer dizer que não haja formas de aferir uma verdade trivial – se, por exemplo, eu fui ou não me banhar no lago ao amanhecer –, mas, sim, que não é possível dizer *a* Verdade. Expressões como *angolo higei* ("é isso mesmo") ou *uaugundahüngü* ("eu não estou mentindo") são usadas com muita frequência em diversos contextos conversacionais. Elas têm uma função pragmática importante, assim como

---

chetto, além de recorrer a trabalhos mais recentes desta última e, sobretudo, à nossa correspondência pessoal. Cf. Ellen B. Basso, *In Favour of Deceit*, 1987a; idem, "The Implications of a Progressive Theory of Dreaming", 1987b; idem, *A Musical View of the Universe*, 1985; Bruna Franchetto, *Falar Kuikúro*, 1986.

21 Bruna Franchetto e Tommaso Montagnani, "When Women Lost Kagutu Flutes, to Sing Tolo Was All They Had Left", 2012, p. 354.
22 Bruna Franchetto, correspondência pessoal, 2018.
23 Ellen B. Basso, *op. cit.*, 1987a; idem, *op. cit.*, 1987b; idem, *op. cit.*, 1985.
24 Bruna Franchetto e Tommaso Montagnani, *op. cit.*, 2012, pp. 348-349.
25 Ver Michel Foucault, *The Courage of the Truth (the Government of Self and Others II)*, 2011, sobre as figuras da veridição na Grécia antiga, em particular a discussão sobre a parrésia, o "falar francamente" (*franc-parler*), o "dizer a verdade" – ou antes, "dizer uma verdade". Em contraste, o chefe xinguano diz a verdade ao dizer a não verdade, ao fazer-se chefe por meio de um discurso antinômico.

os evidenciais (as chamadas marcas epistêmicas), que na maioria das línguas indígenas da Amazônia permitem distinguir, minimamente, o "ver" do "ouvir dizer" e, qualificar a fonte da informação[26].

Na língua kuikuro, devemos considerar ainda o termo *ekugu*, que frequentemente traduz-se por "verdadeiro" (assim, por exemplo, em *kuge ekugu*, "gente de verdade"). Franchetto sugeriu-me outra glosa – "na medida do real/atualizado" –, completando: "se interpretamos isso como 'verdadeiro', é problema nosso, [problema] da impossibilidade ou parcial impossibilidade de tradução"[27]. Aqui há um ponto comparativo importante, pois ele nos faz retornar aos Parakanã e ao afixo tupi-guarani *eté*, também comumente traduzido como "verdadeiro". Neste livro, o afixo aparece em um termo-chave de minha análise: *ipireté*, que traduzi inicialmente como "pele de verdade"[28], mas que neste livro verti por "pele mesma" ou por "pele atual". A primeira expressão indica que não se trata de um substituto ou de um duplo, mas da pele enquanto tal; já a segunda sugere que *eté* qualifica certa condição existencial, um estado de efetivação/atualização, mais do que uma proximidade com a verdade.

Neste ponto, vale a pena deter-nos um pouco no caso parakanã. Como eles dizem a mentira? Para responder a essa questão, retomo uma passagem de *Inimigos Fiéis*, em que descrevo uma técnica de prospecção xamânica do território, chamada *wari'imongetawa*, na qual uma pessoa entra só em um pequeno abrigo (uma tocaia) e fuma até começar a ter visões, passando a narrá-las para seus parentes que se encontram do lado de fora. O mestre da telescopia vê o que está acontecendo a distância, em um tempo que é simultaneamente presente e futuro:

> Esse aspecto do rito nos conduz ao problema do estatuto de verdade da fala dos *wari'ijara* [mestres da telescopia]. Certa feita, Mojiapewa, falando de um homem que realizou várias telescopias, disse-me que em algumas "ele mentiu" (*itemon*), em outras "ele sabia" (*okawaham*). Embora o verbo estativo *-temon* seja utilizado normalmente no mesmo sentido que o nosso "mentir", ele tem aqui um caráter não volitivo: é antes uma falha do que uma fraude, aplicando-se às visões xamânicas que envolvem consequências práticas que não se realizam[29].

Temon pertence a uma classe de verbos que os especialistas em idiomas tupi-guarani chamam de "estativo", "descritivo" ou "de estado". Esses verbos não recebem a série de prefixos pronominais própria aos verbos ativos, mas aquela

---

26 Evidenciais são um tema particularmente complicado nas línguas karib meridionais do Alto Xingu. Ver Ellen B. Basso, "Epistemic Deixis in Kalapalo", 2008; Bruna Franchetto, "Les marques de la parole vraie en Kuikuro, langue caribe du Haut-Xingu (Brésil)", 2007.
27 Bruna Franchetto, correspondência pessoal, 2018.
28 Carlos Fausto, *Inimigos Fiéis*, 2001, p. 357.
29 *Idem*, p. 283.

dos pronomes possessivos, que são prefixados a nomes[30]. Portanto, uma possível tradução para *jetemon* seria o "meu mentir". Contudo, ela se adapta mal aos contextos de uso de *temon*, um termo bastante produtivo em certas interações. Digamos, por exemplo, que eu peça algo absurdo a um amigo; se quiser desfazer o incômodo posso dizer-lhe *"jetemon"*, que aqui se traduz igualmente bem por "eu estou mentindo" ou "eu estou brincando". Outra tradução possível seria, ainda, "eu estou no estado do mentir", uma vez que os verbos estativos designam estados: "estar com frio" (*ro'ɣ*), "estar cansado" (*kani'o*), "estar com fome" (*te'o*). Quando Mojiapewa diz que aquilo que o *wari'ijara* vira mostrou-se depois incorreto, ele está afirmando que estava em um estado de mentira, sem a implicação de que tivesse a intenção de enganar seus interlocutores. Note-se aqui o paralelo com a análise dos termos kuikuro: o verbo para mentir (*auguɴ*) conota um estado e a mentira (*augene*), um evento.

Antes de terminar a discussão sobre o engano, permitam-me estabelecer uma nova ponte com os temas da imitação e da ironia. Para tanto, tomo de empréstimo, uma vez mais, as palavras de Franchetto e Montagnani, dessa feita, sobre o jogo de imitação entre os cantos de flautas *kagutu* e os cantos femininos *tolo* (tema de que tratei no capítulo 2).

Temos que redefinir o significado de "imitação" na relação *kagutu/tolo*. Não se trata de uma forma de subordinação a um modelo que deve ser reproduzido enquanto tal. Há uma ironia constante e consciente, do mesmo tipo que Aurore Becquelin-Monod (1975) chamou de *discours antinomique*[31].

A ironia (na forma do discurso antinômico) articula-se, assim, ao problema da imitação e da correspondência fidedigna. Os cantos femininos *tolo* são a imitação traidora ou a traição imitativa dos contornos melódicos da música das flautas sagradas. São seu duplo igual e diferente, tal qual os gêmeos ameríndios. Essa discussão, contudo, não nos remete apenas ao final do capítulo anterior como também à introdução, em particular a três motivos lá presentes: o sorriso do professor, a noção de identidade assintótica e o ritual como jogo sério. Há aqui um último fio solto que gostaria de amarrar e, para tanto, recorro a Cícero, encerrando nosso passeio greco-romano.

---

30 Por esse motivo, alguns autores os classificam como substantivos (Aryon D. Rodrigues, "Sobre a Natureza do Caso Argumentativo", 2001). Meira, por sua vez, sugere que as "palavras estativas" não são nem uma subclasse de verbos intransitivos, nem de nomes: "A principal distinção nessas línguas seria predicação *vs.* referência em vez de substantivos *vs.* verbos" (Sérgio Meira, "Stative Verbs vs. Nouns in Sateré-Mawé and the Tupian Family", 2006, p. 212). Sobre a fluidez entre as classes de nomes e verbos em kuikuro, ver Bruna Franchetto, "Are Kuikuro Roots Lexical Categories?", 2006.

31 Bruna Franchetto e Tommaso Montagnani, *op. cit.*, 2012, p. 349. O termo que os autores traduzem como "imitar" é *angahukogotselü*, cuja segmentação morfêmica me é desconhecida. Em todo caso, vale notar que, na narrativa sobre a origem dos cantos *tolo*, da qual os autores estão tratando, não se emprega a raiz *ihun*, que designa o simples imitar (ver capítulo 5).

Até a Renascença, os manuais latinos de retórica utilizaram-se das leituras que Quintiliano e Cícero haviam feito dos gregos, no que toca à ironia enquanto recurso discursivo. Da pena de Cícero provém uma definição de ironia, que reverbera bem com a nossa presente discussão. No livro II de *De Oratore*, a ironia e a dissimulação são definidas como *severe ludas*, isto é, como "jogo sério"[32]. A ironia é oximórica – é jogo, mas joga-se para valer. Nele, o uso apropriado da língua não se baseia na transparência e na sinceridade. Não se trata nem de estabelecer, de um lado, um sentido inambíguo às palavras, nem, de outro, um alinhamento perfeito entre locução e intenção[33]. A ironia, no entanto, não é simples mentira, pois revela ao mesmo tempo que esconde – revela precisamente aquilo que não pode ser dito por meio de uma proposição sincera. A um só tempo, ele diz mais e menos do que a fala franca.

É como ironia que entendo, enfim, a famosa tirada do cacique tupinambá Cunhambebe, proferida em um grave momento da vida de um marinheiro alemão. O cacique refestelava-se com a carne de um inimigo recém-executado e ofereceu gentilmente um naco a seu hóspede cativo Hans Staden. Este não apenas recusou a oferta como admoestou Cunhambebe, dizendo-lhe que nem os animais irracionais se alimentam de seus semelhantes. Ao que o chefe replicou *in a solemn jest*: "eu sou um jaguar, está gostoso". Staden interpretou a resposta como mero *nonsense* e afastou-se do interlocutor, na incapacidade de oferecer-lhe uma nova razão para abster-se de tal iguaria. Contudo, a ironia de Cunhambebe não era mero *nonsense*, mas a afirmação de uma identidade assintótica entre ele e o jaguar, a qual não podia ser submetida ao princípio da não contradição. A brincadeira solene revela algo a Staden que ele não podia compreender àquela altura: que um homem pode ser um jaguar sem nunca o ser definitivamente, que ser jaguar é antes um estado instável do que uma condição permanente, que a jaguaridade é menos uma essência do que o efeito de uma posição relacional; que, enfim, Cunhambebe estava jaguar justamente porque a carne humana lhe sabia bem.

A PRIMEIRA SIMILITUDE

O regime do engano, que está na origem da criatividade transformativa dos *tricksters*, guarda uma correlação significativa com a estética ameríndia, na qual as imagens são ambíguas e com múltiplos referentes, encaixam-se umas nas outras e replicam-se ao infinito, produzindo uma topologia equívoca e uma oscilação dinâmica entre figura e fundo. Na introdução, sugeri que esse regime visual

---

[32] A expressão *severe ludas* ocorre na primeira frase do parágrafo 269 do livro II, tendo sido traduzida por E. W. Sutton como "*solemnly jesting*" (Cicero, On the Orator, 1942, p. 403). Aqui acompanho Lane, que a traduz por "*serious play*" (Melissa Lane, *op. cit.*, 2001, pp. 241-242).
[33] Adam B. Seligman *et al.*, *Ritual and Its Consequences*, 2008.

ameríndio pode ser produtivamente contrastado a outro regime, que denominei, Ocidental. Estou ciente dos riscos desse tipo de comparação binária, que toma – ou antes, produz – dois grandes blocos aparentemente homogêneos, sem atentar para a desconcertante diversidade interna a cada um deles, seja no espaço, seja no tempo. Seria inútil tentar convencer o leitor do contrário. Parece-me mais pertinente, pois, tentar esclarecer o que é esse regime imagético ocidental que construí para meus próprios fins analíticos. Se até aqui ele me serviu como mero contraponto às minhas análises etnográficas, chegou a hora de inverter figura e fundo e encará-lo frontalmente. Em outras palavras, trata-se de explicitar para o leitor algo que costuma ficar implícito em boa parte da literatura antropológica: qual é a ficção de Ocidente com a qual comparamos nosso construto etnográfico?

Meu ponto de partida é a existência de uma forte correlação entre a noção ocidental de verdade e a obsessão com a verossimilhança como correspondência unívoca a um modelo. Essa correlação pode ser traçada retrospectivamente até o encontro entre a filosofia grega e o monoteísmo judaico-cristão, com suas respectivas noções de verdade desvelada e revelada. Embora nesta última tradição o Verbo seja superior à imagem como veículo para revelar a verdade, a imagem está na base de sua antropologia, uma vez que o homem foi criado à imagem de Deus[34]. Essa ideia aparentemente simples está longe de ser convencional. Basta uma rotação de perspectiva para estranharmos a tradição dominante na qual fomos criados e percebermos quão controversos podem ser os dois famosos versículos do Gênesis (1, 26-27) que estabelecem a identidade primária entre Deus e o Homem:

[26] Deus disse: "Façamos o homem à nossa imagem, como nossa semelhança, e que eles dominem sobre os peixes do mar, as aves do céu, os animais domésticos, todas as feras e todos os répteis que rastejam sobre a terra".

[27] Deus criou o homem à sua imagem, à imagem de Deus ele o criou, homem e mulher ele os criou[35].

Esses versículos são atribuídos ao chamado Autor Sacerdotal, uma das quatro fontes da Torá (Pentateuco). Sua narrativa caracteriza-se por trazer uma descrição ordenada da criação, sendo possivelmente posterior à fonte javista e, portanto, à versão da origem do homem a partir do pó (Gênesis 2,7). Esta última diz de que matéria fomos feitos, mas não à semelhança de quem, tal como ocorre nos versículos Gênesis 1, 26-27. Muita tinta exegética correu para tentar explicar o aparecimento e significado dessa dupla ideia de imagem e semelhança no primeiro livro da Bíblia[36]. Tudo indica que até a fonte sacerdotal definir

---

34 Jean-Claude Schmitt, *Le corps des images*, 2002, p. 97.
35 *Bíblia de Jerusalém*, 2021, p. 34.
36 Para um resumo dessas interpretações, ver Claus Westermann, *Genesis 1-11*, 1984, pp. 147-155.

a que Deus se assemelha, essa questão não preocupava os israelitas[37]. Por que, então, lá pelo século v ou vi a.C., aparece uma narrativa ordenada da criação, em que se incluem esses dois versículos enigmáticos? E, ademais, por que utilizar, de uma só vez, dois termos distintos: imagem e semelhança (ou em hebraico transliterado, ṣelem e dᵉmût)[38].

Há uma interpretação recorrente desses versículos segundo a qual é preciso entendê-los à luz do contexto político regional e, sobretudo, em relação à ideologia real na Mesopotâmia. Phyllis A. Bird, por exemplo, sugere que eles partem da mitologia dominante na região, em particular babilônica, para dela se distinguir. A frase em hebraico traduzida como "imagem de Deus" é similar ao epíteto dado aos reis na Mesopotâmia, os quais eram designados pelo cognato acadiano ṣalam seguido pelo nome de um de seus deuses locais[39]. Um rei assírio ou babilônico era a imagem de um deus na terra, seu representante, possuindo o direito divino a reinar sobre seus súditos. Assim como o termo hebraico, seu cognato de ṣelem cobria o campo semântico da representação, designando tanto uma representação escultórica ou pictórica quanto a ideia de substituição, de estar no "lugar de". Talvez por isso o Autor Sacerdotal tenha se utilizado de dois termos simultaneamente, que viriam a ser traduzidos por imagem (ícone) e similitude, a fim de estabelecer com clareza que o homem não é propriamente um representante físico de Deus, mas que ele o representa por meio de uma semelhança[40].

Em um clássico artigo, James Barr sugeriu que, mais que atribuir uma inspiração mesopotâmica aos versículos em questão, é preciso entender a escolha dos

---

[37] Se é fato que no Velho Testamento Deus não se manifesta de modo antropomórfico (basta lembrar o famoso episódio da sarça ardente em Êxodo), se sua face não pode ser vista (Êxodo 33, 20-23), não obstante, ele fala sempre a língua dos israelitas (além de ter um corpo com mãos, costas, face, conforme Ele mesmo o diz). Em outras palavras, parece haver um antropomorfismo latente, mesmo onde Deus não pode ser figurado nem visto.

[38] A terminologia que utilizamos resulta do processo tradutório da Bíblia hebraica, primeiro, para o grego koiné, entre os séculos III e I a.C., na chamada Bíblia Septuaginta e, em seguida, desta para o latim. Na Septuaginta, os termos são, respectivamente, εικόνα ("ícone") e ὁμοίωσιν [homoiósis] ("similitude"); na Vulgata, por sua vez, temos *imaginem* e *similitudinem* [terceira declinação, acusativo singular]: *"Faciamus hominem ad imaginem et similitudinem nostram"*. Para os termos hebraicos citados, utilizo a transliteração do *site* Bible Hub. Disponível em: biblehub.com. Acesso em: 29 ago. 2022.

[39] Phyllis A. Bird, "Theological Anthropology in the Hebrew Bible", 2001, p. 260.

[40] E, de fato, daqui se segue toda uma discussão sobre em que consistiria tal semelhança entre Deus e os humanos. A maioria dos teólogos não a interpreta como similitude física, mas associa-a à posse de uma alma imortal, à capacidade de raciocínio, ao *logos* ou a um componente moral. Ver, por exemplo, santo Agostinho de Hipona, *Eighty-three Different Questions*, 1982 [c. 390] (especialmente, q.51 e q.54); são Tomás de Aquino, *Summa Theologica Prima Pars*, 2012 [1265] (i q.93). Não obstante, há interpretações mais, digamos, corpóreas, na medida em que passam pela Encarnação. Como aponta Gabrielle Thomas, para o caso de Gregório de Nizanzo, os humanos podem ser vistos como ícones vivos de Cristo, assim como Cristo é o ícone idêntico de Deus (Gabrielle Thomas, *The Image of God in the Theology of Gregory of Nazianzus*, 2019, cap. 2).

termos a partir das alternativas então disponíveis ao Autor Sacerdotal[41]. Ṣelem e dᵉmût faziam parte de um campo semântico mais amplo que incluía mar'e ("aparência"), temuna ("forma"), tabnit ("desenho"), pesel ("ídolo esculpido"), masseka ("ídolo fundido") e semel ("estátua"). Dentro dessa gama de termos hebraicos, ṣelem e dᵉmût seriam aqueles que então permitiam estabelecer a similaridade entre Deus e os homens, sem deslizar em direção à idolatria. Em contraste, por exemplo, o termo semel (estátua) possuía conotações fortemente negativas, estando inequivocamente associado ao culto dos ídolos. O Autor Sacerdotal navega, assim, no fio da navalha, de modo a formular uma semelhança imagética aceitável a um povo que proibia qualquer figuração da divindade.

As duas interpretações são complementares. O que nos importa é que a identidade não se estabelece entre deuses e reis, mas entre Deus e a humanidade[42]. Essa identidade – assintótica por certo – confere uma dignidade única aos humanos que autoriza o exercício de "soberania sobre o resto da criação"[43]. O verbo hebraico traduzido no versículo 26 por "dominar" reaparece em diversas passagens do Velho Testamento com o sentido de subjugar pessoas, grupos ou território: "Tanto Gênesis 1 quanto Salmo 8 veem os humanos, dentro da ordem da criação, primariamente em termos de superioridade e controle sobre outras criaturas"[44], por sermos semelhantes a Deus em algum aspecto essencial. De um só golpe, o Autor Sacerdotal passa da semelhança entre Deus e o Homem ao domínio do último sobre o restante da criação. Esse antropocentrismo em potência caracteriza uma ideologia de agricultores e pastores do Levante que tinham levado às últimas consequências a domesticação de animais e plantas – justamente o contrário do que fizeram os povos amazônicos[45].

Não devemos subestimar, contudo, as contradições, incoerências e problemas tradutórios da Bíblia. Assim, para encerrar este desvio pelo Gênesis, permitam-me apontar mais dois problemas de interpretação dos versículos em questão. O primeiro diz respeito à tradução de "Façamos o homem à nossa imagem" (bᵉṣalmēnū). Conforme se interprete a preposição bə, em vez de traduzi-la por "a nossa imagem", pode-se vertê-la por "como nossa imagem"[46], o que sugeriria que o Homem é um duplo de Deus, um ser feito para representá-Lo. Essa interpretação conhecida como beth essentiae faria do Homem um ícone vivo de Deus, uma espécie de estátua animada por seu sopro – precisamente a conotação que, segundo Barr, o Autor Sacerdotal tentava evitar.

---

41 James Barr, "The Image of God in the Book of Genesis", 1968.
42 Composta, diga-se de passagem, de ambos os sexos. No versículo 26, o termo 'ā-ḏām designa a humanidade em geral; já no versículo 27, temos zāḵār ("macho") e nᵊqêḇāh ("fêmea"), palavras que se aplicam também a animais (Phyllis A. Bird, op. cit., 2001, p. 263). Essa ambiguidade levantaria, mais tarde, a questão de saber se os homens e as mulheres foram criados à imagem de Deus em igual medida.
43 Claus Westermann, Genesis, 1987, p. 11.
44 Phyllis A. Bird, op. cit., 2001, p. 265.
45 Carlos Fausto e Eduardo G. Neves, "Was There Ever a Neolithic in the Neotropics?", 2018.
46 James Barr, "The Image of God in Genesis", 1967, p. 7.

O segundo problema diz respeito ao uso do plural em Gênesis 1, 26, fato que alguns autores atribuem ao plural majestático. Há algo mais aqui: o Deus que se dirige de forma direta a si mesmo como uma pluralidade diz o Um por meio do múltiplo. Não à toa ele é aqui designado Elohim e não Yahveh.

Como *o Deus*, *'elōhîm* incorporou os poderes e atributos de todos os deuses das nações, representando o panteão inteiro em um só. A imagem de tal Deus não pode ser identificada com nenhuma representação conhecida. O plural guarda *o um dentro de muitos* (the *one within the many*), de modo que a representação humana não pode ser simplesmente "retrolida" para revelar o protótipo divino[47].

'Elōhîm é o plural de *'El* (deus), mas funciona frequentemente no Velho Testamento como um nome no singular. Ele parece estar associado ao triunfo do monoteísmo, pois diz o divino ao mesmo tempo no singular e no plural – um Deus que contém a diversidade de deuses locais. A questão é: como se representa materialmente um Deus Uno que contém em si uma multiplicidade?

Isso não era um problema para os israelitas, dada a rejeição em fazer do Verbo imagem. O homem e a mulher foram, sim, feitos à imagem de Deus, e por isso nós humanos ocupamos um lugar único no mundo da criação. Até aí tudo bem. Os problemas começam, de fato, quando se quer materializar essa ideia em imagem, em particular quando se trata de figurar (ou não) a multiplicidade contida no Um.

AS FACES MONSTRUOSAS DE DEUS

Os dilemas da figuração do divino tornaram-se ainda mais difíceis com a vinda do Deus encarnado – ele mesmo feito à imagem e à semelhança do pai[48]. A primeira similitude tornou-se mais intrincada, pois não apenas Deus fizera o homem à sua imagem como Ele mesmo decidira fazer-se homem. Darrow Miller, fundador da Disciple Nations Alliance, abre um capítulo chamado "A Trindade como um Modelo", de um de seus livros, afirmando que uma "das muitas razões de eu acreditar que o cristianismo é verdadeiro é porque ele é tão contraintuitivo"[49]. E, de fato, o cristianismo é bastante contraintuitivo, erguendo-se sobre inúmeros paradoxos. Como pode-se, então, contrastá-lo em bloco a uma arte da ambiguidade ameríndia?

---

47 Phyllis A. Bird, *op. cit.*, 2001, p. 263.
48 Note-se que a relação de filiação por linha paterna implicava, à época, uma identidade de mesmo tipo que aquela existente entre Deus e a humanidade. Ver Gênesis 5, 1: "Eis o livro da descendência de Adão: No dia em que Deus criou Adão, ele o fez à semelhança de Deus"; e 5, 3: "Quando Adão completou cento e trinta anos, gerou um filho à sua semelhança, como sua imagem, e lhe deu o nome de Set" (*Bíblia de Jerusalém*, 2021).
49 Darrow Miller, *Nurturing the Nations*, 2008, p. 93.

Com efeito, tornar o invisível visível e o ausente presente por meio de imagens é um desafio fadado à contradição – e, por isso mesmo, implica lidar com a contraintuitividade. Para enfrentar esse desafio, cada tradição toma caminhos próprios, variáveis ao longo do tempo e do espaço, embora conserve alguns atratores de longa duração. No meu entender, o atrator fundamental de nossa tradição é a similitude entre Deus e o homem, que a distingue do que venho chamando de tradição ameríndia. Hans Belting tem razão ao afirmar que a imagem pictórica de Deus contradiz sua essência e que a solução por investi-la na figura humana de Jesus não dissipa inteiramente o problema[50]. Historicamente, porém, a tradição ocidental buscou – como escreve o próprio Belting em referência à dupla natureza de Cristo – "reduzir a contradição que lhe era própria"[51], enquanto a ameríndia buscou explorar a saliência e a força expressiva das figuras paradoxais[52].

A arte icônica, que se desenvolve sobretudo a partir do século VI na cristandade bizantina, tem como tônica a preocupação com a correspondência e a verossimilhança entre protótipo e imagem, como bem nos mostrou Belting[53]. Talvez o leitor se recorde que, na introdução, citei a afirmação de Moshe Barasch de que uma das qualidades do ícone clássico seria a total ausência de ambiguidade ou tensão interna. Recorramos novamente a ele, em particular a sua discussão sobre as diferentes visões de iconoclastas e iconódulos no mundo bizantino: para os primeiros, o critério de verdade da imagem seria a completa correspondência entre signo e referente, em todos os seus aspectos, de tal forma que a materialidade (a despeito da Encarnação) seria um obstáculo incontornável à existência de ícones verdadeiros; já para os segundos, o problema consistia em mostrar "como a imagem pode ser ao mesmo tempo fiel ao e distinta do original"[54]. Em ambos os casos, verdade e semelhança articulam-se necessariamente. Como indica David Freedberg, tal equação não seria necessária caso as imagens fossem, de fato, apenas tomadas como auxílio à memória ou escrita para os iletrados, conforme rezava a interpretação dominante. O que estava mesmo em jogo, diz ele, era o laço entre "exatidão como categoria reflexiva (ou seja, a exatidão que espelha) e verossimilhança constitutiva (ou seja, uma semelhança que reproduz)"[55]. A veneração de imagens autorizadas ou verdadeiras não constituía idolatria, mas era por certo idólatra adorar "superfícies e quimeras visuais por meio das quais os ídolos falsificam a essência mesma da imagem"[56].

Vários medievalistas sugerem ter havido um câmbio nesse paradigma imagético cristão no final do século XII. Caroline W. Bynum resume essa ideia afir-

---

50 Hans Belting, *Likeness and Presence*, 1994, p. 46.
51 Hans Belting, *La vraie image*, 2007, p. 76.
52 Sobre contraintuitividade, ver Pascal Boyer, *The Naturalness of Religious Idea*, 1994; sobre força expressiva e saliência, ver Carlo Severi, *Le principe de la chimère*, 2007.
53 Hans Belting, *op. cit.*, 1994, p. 47.
54 Moshe Barasch, "The Idol in the Icon", 2001, p. 272.
55 David Freedberg, *The Power of Images*, 1989, p. 206.
56 Hans Belting, *op. cit.*, 2007, p. 47.

mando que, nesse momento, emerge um "novo modelo de mudança"[57], acompanhado por um interesse renovado pelas narrativas de metamorfose, tal qual não se via desde a Antiguidade. Em trabalhos anteriores, Michael Camille havia sugerido que uma nova sensibilidade passara a ser posta em imagens, especialmente (mas não só) nas margens da arte medieval, à medida que a fronteira entre a cultura de elite e a cultura popular tornava-se porosa[58]. Toda essa arte monstruosa que aparecia nas margens dos manuscritos iluminados, nos portais laterais das igrejas, nos escritos de mulheres místicas, nas narrativas sobre lobisomens, começa a ocupar o imaginário da época, conduzindo ao que Robert Mills identifica como uma ansiedade em torno da "monstrificação" de Cristo[59].

Essa nova produção imagética que se observa a partir do século XII, ainda que ocupando espaços marginais, complexifica a história narrada por Freedberg e Belting para a arte da cristandade[60]. Coloca problemas, ademais, à minha proposição de que a similitude entre Deus e o homem é o fundamento desse regime de imagens. Para enfrentar esse problema, vou comparar dois tipos de figuração da Trindade, que aparecem justamente na Idade Média tardia, e que foram acolhidas pela Igreja de modo diverso: de um lado, a representação em que se veem três pessoas separadas, sendo duas delas antropomorfas e a terceira, zoomorfa; de outro, o motivo trifacial ou tricéfalo.

TRÊS EM UM

A figuração da Trindade neotestamentária aparece tardiamente na arte cristã, embora muita tinta exegética sobre o tema tenha corrido desde pelo menos o século IV. Sua interpretação dominante – uma essência, três hipóstases – foi definida nos Concílios de Niceia (325 EC) e de Constantinopla (381 EC). Estabeleceu-se, então, a existência de um só Deus e três pessoas separadas. Isso, em oposição, de um lado, aos arianistas (para os quais haveria uma hierarquia na Trindade – tendo sido engendrado pelo Pai, Cristo seria subordinado a ele) e, de outro, aos sabelianistas (para os quais se tratava de modos – e não pessoas – de um só Deus monádico)[61]. Essa difícil discussão teve um longo desenvolvimento, ainda que a Igreja logo tenha definido o conceito de um Deus triuno como um mistério da fé, portanto, não passível de compreensão pela simples razão humana. Diversos pensadores cristãos, a começar por santo Agostinho de Hipona,

---

57 Caroline Bynum, *Metamorphosis and Identity*, 2001, p. 25.
58 Michael Camille, "The Image and the Self", 1994; idem, *Image on the Edge*, 1992. Ao contrário do que propunha Bakhtin, para quem havia uma linha divisória estrita entre o devocional e o grotesco no tempo de François Rabelais. Cf. Mikhail M. Bakhtin, *Rabelais and His World*, 1984.
59 Robert Mills, "Jesus as Monster", 2003, p. 29.
60 David Freedberg, *op. cit.*, 1989; Hans Belting, *op. cit.*, 1994.
61 Lewis Ayres, *Nicaea and Its Legacy*, 2004.

buscaram iluminar a doutrina da Trindade, e a maioria deles o fez por meio da filosofia grega[62].

Mais complicado do que compreender filosoficamente o mistério da Trindade era transformá-lo em imagem. Como figurar, ao mesmo tempo, um só Deus e três pessoas separadas? E como fazê-lo sem produzir uma figura híbrida, em curso de transformação? Deus, relembremos, é justamente aquele que não muda e permanece eternamente idêntico a Si mesmo. Em *Iohannis Evangelium Tractatus CXXIV*, santo Agostinho é bastante claro sobre o vínculo entre autoidentidade e imutabilidade: "Ele é o mesmo, o idêntico; ele é da mesma maneira. Tal como ele é, assim sempre é. Ele não pode ser mudado; isto é, ele é"[63]. A obsessão pela identidade reaparece em diversas obras de Agostinho, como na conhecida passagem das *Confissões*: "Tu, pois, Senhor, não és aqui um e ali outro, mas és o Mesmo e o Mesmo e o Mesmo [*idipsum*]"[64]. Essa eterna autossemelhança de Deus contrasta com a ideia ameríndia de que os seres poderosos são proteiformes, capazes de constantes alterações, sendo assim infinitamente autodiferentes[65].

A dificuldade em materializar a Trindade como imagem conduziu a seu aparecimento bastante tardio na arte cristã. Embora o Segundo Concílio de Niceia (787 EC) tenha confirmado a autorização para figurar Cristo (uma vez que ele havia encarnado), produzir a imagem do Pai continuou a ser bastante controverso até o início do segundo milênio. Salvo engano, o Deus triuno foi representado inicialmente apenas na forma da Trindade do Velho Testamento, que ilustra o episódio do Gênesis em que Abraão recebe três anjos – aparição posteriormente reinterpretada como antecipando o conceito neotestamentário de um deus uno e trino. Aqui, temos inambiguamente três pessoas separadas, porém idênticas.

A Trindade do Novo Testamento, com a qual estamos mais familiarizados, só aparece por volta dos séculos XI-XII. Nela, o Pai é figurado como um homem entrado em anos, com cabelos e barbas brancas; o Filho surge com as mesmas feições do Pai, mas mais jovem, e, por fim, o Espírito Santo aparece na forma de uma pomba branca, servindo como termo de ligação entre as duas outras hipóstases[66]. Em alguns casos, como no célebre Retábulo de Boulbon, uma pintura

---

[62] Paul Thom, *The Logic of the Trinity*, 2012, p. 11.

[63] Tratado 2, parágrafo 2, *apud* Lewis Ayres, *Augustine and the Trinity*, 2010, p. 196. Segundo Anderson, "Agostinho fala frequentemente de Deus em termos de 'autoidentidade' – ele usa o termo concreto *idipsum*, que significa 'ele próprio'. Só Deus *é* esta autoidentidade, ou seja, aquilo que existe sempre da mesma maneira" (James F. Anderson, *St. Augustine and Being*, 1965, p. 14).

[64] Santo Agostinho de Hipona, *St. Augustine's Confessions*, 1912 [*c.* 400], livro XII, cap. VII, p. 299.

[65] Muitos séculos depois, John Locke iria enfrentar a mesma questão, mas não para afirmar a autoidentidade de Deus, e sim a da pessoa humana. Ver Carlos Fausto, "Donos Demais", 2008, para uma comparação entre a noção ameríndia de pessoa e o conceito de identidade pessoal em Locke.

[66] A imagem da pomba inspira-se nas passagens dos quatro evangelhos que descrevem o batismo de Jesus (Mateus 3, 16, Marcos 1, 10, Lucas 3, 22 e João 1, 32).

anônima datada de meados do século XV e proveniente da Provença, a consubstancialidade das três hipóstases é figurada por meio de um sopro que, saindo tanto da boca do Pai como do Filho, parece presentificar a pomba (ou mantê-la em pleno voo)[67]. Em outro quadro, um tanto mais imaginativo, proveniente do pincel de Frans Floris, um pintor flamenco do século XVI, vemos o Filho crucificado, encimado pela pomba e, logo acima desta, o Pai. Cristo é aqui equiparado a uma galinha cuidando de seus pintinhos (representada em primeiro plano, na parte inferior do quadro), ideia também manifesta pelas imensas asas do Filho, que se abrem protegendo a humanidade[68]. Ainda que o quadro de Floris apresente uma iconografia rara, ela seria aceitável para a Igreja, na medida em que há três pessoas que se tocam, parecendo participar uma da outra, sem jamais se misturarem.

Em uma iluminura pintada por Taddeo Crivelli, datada de 1460-1470, reencontramos muitos elementos dessa representação clássica da Trindade: o Pai envia seu sopro, materializado como uma pomba, a seu Filho crucificado, que nesse caso ainda está morto e permanece com os olhos fechados (figura 41). Um detalhe curioso aparece no lado esquerdo dessa imagem, onde encontramos uma espécie de pilar adornado com uma figura trifacial. Isso recorda-nos de outra forma de retratar a Trindade, uma forma à qual não estamos habituados, uma vez que foi proscrita há quase quatrocentos anos. Aos nossos olhos contemporâneos, essa iconografia menos conhecida parece uma derivação monstruosa da Trindade do Antigo Testamento, mas era, então, uma forma aceitável de representar-se Deus. A multiplicidade do Um é aqui figurada por meio de um único corpo com três cabeças idênticas (motivo tricefálico) ou uma cabeça com três faces idênticas (motivo trifacial)[69]. Essa representação da divindade, como afirma Gesa E. Thiessen, "tornar-se-ia uma das, ou mesmo *a* mais controversa de todas as iconografias trinitárias"[70].

Não se sabe muito bem a origem desses motivos, embora a policefalia tenha sido uma forma recorrente de figurar deuses e demônios em diferentes partes do mundo indo-europeu[71]. Lembro, por exemplo, que na mitologia e arte gregas a

---

[67] A obra proveniente da igreja de Saint-Marcellin de Boulbon (Bouches-du-Rhône), com 172 centímetros de altura e 228 centímetros de largura, encontra-se hoje no Musée du Louvre (Inv. rf 1536), em Paris, França.
[68] Igualmente abrigada no Musée du Louvre (Inv. 20746), essa obra, medindo 165 centímetros por 230 centímetros, é assim descrita no catálogo eletrônico do museu: "Iconografia rara e complexa, que deve ser posta em relação com o poema de Alardus Aemstelredamus, 'Gallina', publicado em Anvers em torno de 1528". O poema joga com a imagem da Igreja como uma galinha protegendo seus pintinhos, metáfora utilizada por Mateus 23,37 (disponível em: https://collections.louvre.fr/en/ark:/53355/cl010061750, acesso em: 4 out. 2022).
[69] As faces são quase sempre a de Cristo, que se fez homem e podia, assim, ser representado.
[70] Gesa E. Thiessen, "Not So Unorthodox", 2018, p. 400.
[71] Em um artigo hoje clássico, Pettazzoni refere-se à presença de divindades trifaciais ou tricéfalas em diferentes tradições pagãs europeias, as quais possivelmente teriam dado origem às imagens do Diabo com três faces ou cabeças. Cf. Raffaele Pettazzoni, "The Pagan Origins of the Three-headed Representation of the Christian Trinity", 1946. Para um comentário, ver

FIGURA 41. *Taddeo Crivelli*, Trinitá, c. 1460-1470, têmpera e ouro, 16 × 16 cm. Getty Museum, Los Angeles, Estados Unidos (número: Ms. 88, 2005.2, recto).

representação padrão de Cérbero, o cão que guarda o Hades, era a de uma criatura com três cabeças. Segundo François Boespflug, contudo, era mais comum os demônios aparecerem com quatro ou sete cabeças, em acordo com os versículos de Daniel (7, 6) e do Apocalipse (13, 1)[72]. Só a partir do século XII, eles teriam passado a ser representados consistentemente com três faces ou cabeças. A imagem mais antiga desse motivo que conheço encontra-se em altos-relevos da fachada da igreja de São Pedro, localizada na província de Viterbo, na Toscana (Itália), e datados justamente do final do século XII. Do lado direito da grande roseta, no topo e na base de uma janela, veem-se duas figuras demoníacas com três faces.

Gesa E. Thiessen, *op. cit.*, 2018, pp. 401-406. Para mais informações, ver Georg Troescher, "Dreikopfgottheit (und Dreigesicht)", 2015 [1955].
72 François Boespflug, "Le diable et la Trinité tricéphales", 1998.

Esse motivo tornar-se-ia bastante comum em manuscritos iluminados da *Divina Comédia*, particularmente no último canto do Inferno, em que Dante e Virgílio chegam ao lago de gelo no qual "o Imperador do reino doloroso" ergue-se como um gigante:

> Mas foi o meu assombro inda crescente
> quando três caras vi na sua cabeça:
> toda vermelha era a que tinha à frente,
>
> e das duas outras, cada qual egressa
> do meio do ombro, que em cima se ajeita
> de cada lado e junta-se com essa,
>
> branco-amarelo era a cor da direita
> e, a da esquerda, a daquela gente estranha
> que chega de onde o Nilo ao vale deita[73].

Uma das primeiras iluminuras que ilustra essa passagem provém de um manuscrito conhecido como *Codex Altonensis*, produzido de meados a finais do século XIV, no qual vemos Lúcifer com três faces, cada uma delas devorando um homem (figura 42)[74]. Cem anos mais tarde, em cerca de 1480, o mesmo motivo reaparece em outro manuscrito iluminado da *Divina Comédia*, conhecido como *Codice Urbinate Latino 365*, atualmente depositado na Biblioteca do Vaticano[75]. Essa iconografia tinha-se tornado claramente padrão a essa altura, uma vez que, ainda na década de 1480, Sandro Botticelli fez uma série de desenhos com ponta de prata para ilustrar o poema de Dante, entre os quais encontramos um Diabo de três cabeças devorando os pecadores[76].

A maioria dos especialistas converge em dizer que a figuração da Trindade como *vultus trifons* aparece um século após as primeiras imagens tricéfalas do Diabo. Segundo Boespflug, a primeira delas que podemos indiscutivelmente identificar à Trindade data da segunda metade do século XIII[77] (figura 43). Trata-se de um manuscrito iluminado que se encontra na biblioteca do St. John's College, em Cambridge, Inglaterra, com a inscrição *De Domino apparente Abrahe in figura Trinitatis* ("O Senhor aparece a Abraão na forma de Trindade"), que se

---

73 Dante Alighieri, *A Divina Comédia*, 1998 [1320], "Inferno", canto XXXIV, linhas 37-45.
74 O manuscrito se encontra na biblioteca do Gymnasium Christianeum, em Hamburgo, Alemanha. Uma edição fac-símile moderna foi publicada em 1965.
75 A iluminura está disponível em: https://digi.vatlib.it/view/MSS_Urb.lat.365, acesso em: 29 ago. 2022.
76 Barbara J. Watts, "Sandro Botticelli's Drawings for Dante's 'Inferno'", 1995. O desenho pode ser visto na base de dados de Staatliche Museen, em Berlim, Alemanha, na coleção Kupferstichkabinett. Disponível em: https://www.smb.museum/en/museums-institutions/kupferstichkabinett/home.html. Acesso em: 29 ago. 2022.
77 François Boespflug, *op. cit.*, 1998, p. 171.

FIGURA 42. Codex Altonensis, *séc. xiv. Manuscrito iluminado da* Divina Comédia, *de Dante Alighieri, fólio 48r. Bibliotheca Gymnasii Altonani, Hamburgo, Alemanha.*

refere ao episódio do Gênesis em que três anjos anunciam a Abraão que Sara vai gerar um filho. Da mesma época, data um cantiléver da catedral de Salisbury, Inglaterra, esculpido em pedra, que Mills interpreta como sendo a figura de uma Trindade tricéfala[78].

É difícil determinar como os motivos tricéfalos e trifaciais tornaram-se um esquema comum de representação da Trindade. Como vimos, vários medievalistas partilham a hipótese de que uma importante mudança no regime de imagens, especialmente no que toca à metamorfose e à hibridação, ocorreu a partir do século xii. Por volta dessa época, as imagens cristãs começaram a assimilar a liminaridade característica das imagens marginais e monstruosas, que

---

[78] Robert Mills, *op. cit.*, 2003, p. 39.

FIGURA 43. *Saltério*, c. 1270. Com a permissão de Master and Fellows of St. John's College, Cambridge, Inglaterra (ms. K 26, fol. 9v).

Conclusão

anteriormente tinham funcionado como sua antítese[79]. Isso não quer dizer, no entanto, que a representação trifacial de Cristo não colocasse problemas à Igreja e aos intérpretes da doutrina. Ao contrário, ela gerava mal-estar e era combatida, como fica claro, por exemplo, nessa passagem de santo Antonino, arcebispo de Florença, escrita no século xv: "pintores [...] são repreensíveis quando pintam coisas contra a fé, quando fazem uma imagem da Trinidade como uma pessoa com três cabeças, o que é monstruoso na natureza das coisas [*quod monstrum est in rerum natura*]"[80].

Contudo, a representação trifacial ou tricéfala só viria a ser proibida 150 anos depois, em 1628, pelas mãos do papa Urbano VIII, já no contexto da Contrarreforma[81]. E, mesmo assim, a proibição não seria suficiente para fazer desaparecer esses motivos, uma vez que eles foram acolhidos com entusiasmo pela devoção popular, resistindo na Europa até o século XIX[82]. Ademais, esses motivos já haviam cruzado o Atlântico. No Museo de Arte de Lima, Peru, encontra-se um belo quadro pintado a óleo (182 × 124 cm), proveniente da Escola de Cusco e datado de meados do século XVIII, em que se vê o Cristo trifacial trazendo à frente o triângulo equilátero em cujos vértices estão inscritas as três pessoas de Deus (*Pater, Filius, Spiritus Sanctus*). Os lados do triângulo trazem uma cópula negativa (*non est*), enquanto três outras linhas retas, partindo de cada vértice, trazem uma cópula positiva (*est*) e reúnem-se no interior do triângulo à palavra Deus (figura 44)[83]. Segundo Jill L. M. Furst, os motivos triádicos eram comuns no México colonial, apesar da Inquisição logo condená-los como formas grotescas de representar a Trindade, tentando, sem sucesso, "insistir que cada Pessoa recebesse um corpo separado e um atributo distinto"[84]. Em 1774, o Concílio da Santa Fé em Bogotá baniu definitivamente essas imagens, mas elas continuaram a ser produzidas, pelo menos no México, até o século XX.

Figurar um Deus triuno era um problema de difícil solução para a Igreja católica, e é de se esperar que desse origem a representações alternativas. Duas

---

[79] Graf toma isso como um efeito do dualismo Deus-Diabo, que tornaria natural a representação de ambos como figuras trifaciais, permitindo que fossem contrastados como modos antitéticos. Cf. Arturo Graf, *Art of the Devil*, 2009, pp. 38-39.
[80] *Summa Theologica*, 1477, apud Robert Mills, *op. cit.*, 2003, p. 38.
[81] Em 1745, o papa Benedito XIV não apenas confirmaria essa proibição como também interditaria a representação da trindade como três pessoas idênticas dispostas uma ao lado da outra, própria à representação da Trindade do Velho Testamento. Sobre essa normalização imagética, ver Jean-Claude Schmitt, *op. cit.*, 2002, p. 139.
[82] Ver, por exemplo, o quadro anônimo oitocentista, pintado a óleo sobre madeira (43,5 × 26,5 cm), que se acha hoje no Salzburg Museum, antigo Carolino Augusteum Museum, em Salzburgo, Alemanha (reproduzido em Carlo Severi, "L'espace chimérique", 2011, p. 12). Ou, ainda, outra imagem, do século XIX, que teria feito parte do Museo di Etnografia, atual Museo delle Civiltà, em Roma, Itália (reproduzida em Raffaele Pettazzoni, *op. cit.*, 1946, prancha 16).
[83] Para outro exemplo, anterior a esse, ver o quadro a óleo *A Santa Trindade*, datado de c. 1680 e atribuído a Gregorio Vásquez de Arce y Ceballos, um *criollo* nascido em Bogotá. A obra encontra-se hoje no Museo Nacional de Colombia, em Bogotá.
[84] Jill L. M. Furst, "The Nahualli of Christ", 1998, p. 212.

FIGURA 44. *Anônimo (Escuela Cuzqueña)*, Trinidad Trifacial con el Triángulo, séc. XVIII, óleo sobre tela, 1240 × 1820 cm. Museo de Arte de Lima, Peru.

características, porém, permaneceram constantes em todas elas: o antropomorfismo e a identidade visual entre o Pai e o Filho. A devoção popular parece, aliás, ter preferido muitas vezes a figura de três homens idênticos ou um homem com três cabeças ao vestígio de zoomorfia que sobrevive na imagem do Espírito Santo como pomba. Esse mesmo antropomorfismo fundacional serviu à solução de outro problema figurativo complexo: o da dupla natureza do Cristo. Como representá-lo ao mesmo tempo como homem e como Deus? Esse paradoxo se colocou muito cedo para os artistas da imagem cristã, pois, ao contrário da Trindade, Cristo foi logo posto em imagem[85]. A solução dominante foi a de afirmar que o Filho reúne, em uma única pessoa, um corpo humano e uma essência divina, mas só o primeiro é passível de representação, pois o segundo é intangível e irrepresentável[86]. O paradoxo da dupla natureza tendeu, assim, a ser evacuado em favor de uma representação naturalista da divindade *qua* humano. Isso não significa que outros problemas pictóricos tenham desaparecido. Afinal, não é trivial representar um Deus morto. Se esse paradoxo incidia inicialmente sobre a decisão de figurar os olhos de Cristo abertos ou fechados na Cruz, já no final da Idade Média, como bem observa Belting, surge a figura de Jesus como um cadáver vivo[87] (do qual o Retábulo de Boulbon a que me referi antes, é um exemplo).

Não há dúvida, ademais, de que existiam formas menores de representar o Filho de Deus que destoavam dos modelos hegemônicos. Bynum, por exemplo, destaca as tensões andróginas presentes em vários motivos iconográficos cristãos, como é o caso da representação do ferimento lateral de Jesus como uma mandorla, imagem que a autora aproxima à de uma vagina[88]. Outros autores chamaram a atenção às inversões entre conteúdo e continente, características das chamadas *Vierges ouvrantes*, que surgem na França do século XIV[89]. São estatuetas em madeira de Nossa Senhora aleitando o menino Jesus, as quais se abrem e deixam ver em seu interior as três pessoas divinas, como se todas elas fossem nascidas do ventre de Maria[90]. Nesse caso, temos uma forma de englobamento recursivo, mas à diferença das máscaras ameríndias, não há passagem de uma forma a outra, nem de humano a animal. A representação resta solidamente antropomorfa. De que forma, então, ter-se-ia expresso a tensão entre estabilidade e transformação na figuração cristã? Onde as fronteiras entre humanos e animais ter-se-iam mostrado porosas?

---

[85] Segundo a doutrina paulina, Cristo é literalmente o ícone de Deus (David Freedberg, *op. cit.*, 1989 p. 393). Ver *Bíblia de Jerusalém*, 2021, 2 Coríntios 4, 4; Colossenses 1, 15; Romanos 8, 29.
[86] Hans Belting, *op. cit.*, 2007, p. 73.
[87] *Idem*, p. 132.
[88] Caroline Bynum, *Christian Materiality*, 2011, pp. 96-97, 199. Mandorla é como se designa a auréola em forma de amêndoa (daí sua designação) que envolve o corpo de Cristo na arte medieval e bizantina.
[89] Jean-Claude Schmitt, *op. cit.*, 2002, p. 161.
[90] *Idem*, pp. 86-88.

A figuração da transformação e a zoomorfia aparecem ali onde se trata de representar o outro lado da divindade, que é ao mesmo tempo sua parte e seu oposto: o Maligno, o Enganador. Foi ele e sua legião de demônios que capturaram os motivos da hibridez e da metamorfose, que ganham destaque a partir do século XII. Esse é momento em que se elabora a grande demonologia cristã, que unificará os numerosos e variados nomes do Diabo oriundos da Bíblia em uma corte de demônios comandada pelo Príncipe das Trevas[91]. Daí em diante, o potencial de saliência visual das imagens paradoxais passa a ser canalizado para a representação do demoníaco.

Um dos temas bíblicos mais bem adaptados a esse fim provém de Apocalipse 12, 7-9, que narra a guerra no céu e a queda dos anjos rebeldes. Esse é o tema de uma famosa pintura de Pieter Bruegel, o Ancião, datada de 1562[92]. A pintura é claramente inspirada no mundo fantástico de Hieronymus Bosch e mostra criaturas híbridas implausíveis compostas de partes humanas, animais e plantas, em contraste flagrante com os belos anjos que os confrontam, liderados por são Miguel[93]. Essa mesma cena pode ser também vista em uma iluminura pintada na França, nos anos 1440, na qual o próprio processo de transformação é retratado (figura 45).

Com a consolidação de uma demonologia, o monoteísmo bascula em direção a um dualismo, ainda que Lúcifer continue a se submeter, pelo menos doutrinariamente, a Deus. Como sugere Robert Muchembled, é nesse momento que as ilusões do demônio começam a adquirir um caráter material[94], embora a linha doutrinal hegemônica continuasse a ser aquela expressa por Agostinho no século V, para quem toda metamorfose não autorizada por Deus resulta tão somente de um pérfido jogo dos demônios, sendo, pois, mera ilusão. Afinal, o Diabo não poderia por si mesmo alterar a criação divina; o que ele é capaz de criar são fantasias[95]. Ele age sobre a nossa percepção sem modificar o mundo – quem cai em sua armadilha vê um estado de coisas que não existe, pois o mundo da criação resta fixo, ancorado na criação divina. Aqui há um notável contraste com o que Viveiros de Castro sugere ser próprio ao perspectivismo ameríndio[96]; a saber, que a uma mudança de forma corresponda um câmbio de perspectiva *e* de mundo, não havendo transformação *contra natura*, pois não há uma só natureza.

---

91 Robert Muchembled, *Une histoire du diable*, 2002.
92 Medindo 162 × 117 cm, o quadro encontra-se hoje em Musées royaux des Beaux-Arts de Belgique, em Bruxelas, Bélgica (inv. 584).
93 Hieronymus Bosch já havia pintado essa mesma cena uns sessenta anos antes, mas em estilo muito menos boschiano, por assim dizer. Trata-se do painel esquerdo de um tríptico que se encontra no Museum Boijmans van Beuningen, em Roterdã, Países Baixos.
94 Robert Muchembled, *op. cit.*, 2002, p. 43.
95 Laurence Harf-Lancner, "La métamorphose illusoire", 1985, p. 209.
96 Eduardo Viveiros de Castro, "Cosmological Deixis and Amerindian Perspectivism", 1998.

FIGURA 45. *Mestre do Livro de Horas de Oxford*, Queda dos Anjos Rebeldes, *c. 1440--1450, têmpera colorida, tinta dourada e prateada, 36,2 × 27,3 cm (folha). Getty Museum, Los Angeles, Estados Unidos (Ms. Ludwig XI 10 (83.MN.129), fol. 18v).*

Em um fascinante estudo sobre a conversão dos Wari', um povo indígena de Rondônia, ao cristianismo evangélico, Aparecida Vilaça mostra como a produção, ainda incipiente, de um conceito fixo de natureza é contraefetuada pelo aparecimento do Diabo[97]. No mundo indígena pré-conversão, as posições de *wari'* (pessoa, predador) e *karawa* (animal, presa) eram relativas, contextuais e reversíveis, de tal forma que ser humano é "estar na condição de predador" e não "ser o predador" – não se trata de uma essência que requer autoidentidade, mas um estado relacional e provisório. Daí o perigo constante de passar de predador a presa por meio da vingança invisível, porém tangível, dos animais, cujo desfecho pode ser a morte e o devir animal.

[97] Aparecida Vilaça, *Praying and Preying*, 2016, pp. 164-168.

Vilaça sugere que provém daí a fascinação dos recém-convertidos por Gênesis 1, 26-28, que comanda aos humanos subjugar todos os peixes do mar, todas as aves do céu e todos os animais da terra. Se Deus os criou *para* nós, podemos, então, comê-los impunemente, sem temor de retaliação. Contudo, os Wari' continuaram a adoecer e um novo inimigo veio a ocupar o lugar antes reservado ao jogo posicional entre *wari'* e *karawa*. O aparecimento do Diabo instaurou uma ambiguidade latente, na qual a agentividade dos animais parecia reemergir. Não obstante, os Wari' acabaram por atribuir toda ação patogênica ao Diabo, que, diz-se, entra nos animais para praticar o mal. Desse modo, puderam continuar a afirmar a hierarquia da criação que lhes conferiu uma posição privilegiada – e desejada – na escala dos seres.

Se a proliferação imagética do demoníaco na arte cristã a partir do século XII oferecia uma poderosa contravisão à representação do divino, ela não alterava necessariamente seu fundamento. Colocava-o, certo, em risco, mas somente até determinado ponto, como no caso Wari'. Não sem razão, Mills encerra seu texto intitulado "Jesus como Monstro" afirmando: "se Jesus era mãe na Idade Média, ele podia também, *em raras ocasiões*, tornar-se um monstro"[98]. Muito era permitido, mas havia sempre limites. Em seu estudo sobre a ornamentação do portal setentrional da catedral de Notre-Dame de Ruão, França, Frank Thénard-Duvivier fala de uma verdadeira "cultura da hibridação" na Idade Média. No portal, há uma rica iconografia, datada do final do século XIII e início do XIV, que representa "uma profusão desordenada de animais, monstros e híbridos"[99]. Porém, como constata o autor, em meio a essa profusão desordenada, "a grande maioria dos híbridos são antropocéfalos (87% do total) e mesmo antropomorfos no que concerne à metade superior de seus corpos (66%). Em consequência, a hibridação segue uma lógica de repartição do tipo 'alto/baixo' reservando o 'alto' ao antropomorfismo"[100]. Na arte cristã nem mesmo o híbrido escapa ao campo gravitacional antropomórfico.

Não vejo problema em admitir a existência transcultural e trans-histórica de uma gravitação antropomórfica, tal como sugerem alguns estudos em psicologia cognitiva. É bem possível que, quando atribuímos agência e intenção a não humanos, tendamos a imaginá-los sob atributos morfológicos da humanidade. Considerar isso uma propensão universal apenas torna ainda mais surpreendente que uma grande tradição ameríndia tenha emergido do desejo inverso – o de engendrar imagens que estão além do humano.

Como venho insistindo, ao menos para a Amazônia, a imaginação da agência tem tanto ou mais a ver com os atributos da jaguaridade do que com os da humanidade. O Homem não foi feito à imagem de Deus, tampouco os alteru-

---

[98] Robert Mills, *op. cit.*, 2003, pp. 49-50, grifos nossos.
[99] Franck Thénard-Duvivier, "Hybridation et métamorphoses au seuil des cathédrales", p. 1, 2009.
[100] *Idem*, p. 7.

manos foram feitos à imagem do Homem. A capacidade agentiva extraordinária é antes imaginada *sub specie jaguaritatis*. A agência divina no cristianismo é antípoda a esta: Cristo é descrito nas escrituras como o cordeiro de Deus (*Agnus Dei*), uma presa destinada ao sacrifício. Esta é, aliás, uma das principais invenções do cristianismo: coroar a presa e não o predador[101]. Daí restar ao Diabo ser o jaguar do Velho Mundo: "Sede sóbrios e vigilantes! Eis que o vosso adversário, o diabo, vos rodeia como um leão a rugir, procurando a quem devorar" (Pedro 5, 8). Se Deus fosse jaguar...

No mundo ameríndio, a representação hegemônica é aquela da própria transformação, que está associada à capacidade de predação e ao devir-outro canibal. No mundo cristão, ao contrário, a figuração metamórfica dos demônios é o negativo da representação legítima, pois ela fere "a única similitude legítima que é aquela do homem criado à 'imagem de Deus'"[102]. Não sem razão, o mascaramento popular seria veementemente condenado pela Igreja, ainda que até o final da Idade Média o clero sustentasse que as transfigurações – mascaradas ou não – ocorriam apenas na imaginação das pessoas. Real ou imaginária, o fato é que toda transfiguração é própria ao Diabo, que foi não raras vezes representado como um corpo formado por uma multitude de faces-máscaras[103]. Esse motivo iconográfico se encontra fartamente ilustrado em um manuscrito datado de *c.* 1450-1470, conhecido como *Livre de la vigne nostre seigneur*, hoje depositado na Bodleian Libraries, em Oxford, Inglaterra[104]. Aí vemos diversos demônios zooantropomórficos, compostos não apenas de partes de vários animais como também de faces-máscaras (figura 46). Peito e púbis, em particular, são faces, algumas vezes exibindo uma enorme boca, ressoando o tema clássico da boca devoradora[105].

Da mesma época, temos uma pintura a óleo de Michael Pacher, que se encontra na Alte Pinakothek, em Munique, Alemanha, na qual o Diabo mostra o livro dos vícios a santo Agostinho (figura 47). Figurado como um monstro

---

[101] No Livro do Apocalipse (5, 5), Jesus é designado "Leão da Tribo de Judá". Isso, porém, ocorre apenas uma vez (a fim de indicar sua majestade), em contraste com as mais de vinte vezes em que é equiparado a um cordeiro.
[102] Jean-Claude Schmitt, *Le corps, les rites, les rêves, le temps*, 2001, p. 217.
[103] Segundo Schmitt, o termo mais frequente para máscara nos escritos medievais é *larva*, termo que na Antiguidade designava tanto a máscara como os fantasmas malfazejos (*idem*, p. 213). Os dois outros termos utilizados são *persona* e *figura*. Aqui temos um problema interessante, pois o termo grego *prosôpon* e o latino *persona*, que designavam originalmente máscara, foram utilizados para caracterizar as pessoas da Trindade, a ponto de Hans Belting sugerir que Cristo reúne duas naturezas inconciliáveis, "da mesma maneira que um comediante porta uma máscara para desempenhar seu papel" (Hans Belting, *op. cit.*, 2007, p. 73). O autor encontra evidências dessa ideia nas imagens em que a face de Cristo aparece impressa em tecido, na forma de uma máscara. É essa imagem, fruto do contato e da impressão direta com a face do Deus encarnado, que constitui a similitude mais legítima e verdadeira.
[104] O livro pode ser consultado no *site* Bodleian Libraries. Disponível em: https://digital.bodleian.ox.ac.uk/objects/171e2f9a-37fa-4d0b-ac70-9cab486f7ace/. Acesso em: 20 nov. 2022. Conferir em especial ms. Douce 134, fol. 98r.
[105] Aleks Pluskowski, "Apocalyptic Monsters", 2003.

FIGURA 46. Livre de la vigne nostre seigneur, 1450-1470. Bodleian Libraries, Oxford, Inglaterra (douce 134, roll 89, frame 18).

FIGURA 47. *Michael Pacher*, Altar dos Pais da Igreja – O Diabo Apresentando o Livro dos Vícios a Santo Agostinho, *c. 1483, óleo sobre tela, 103 × 91 cm. Alte Pinakothek, Munique, Alemanha (Bayerischen Staatsgemäldesammlungen – inv. nr. 2599 A).*

esverdeado de olhos vermelhos esbugalhados, cornos galhados, dentes afilados e pés ungulados, o demônio traz outra face em suas nádegas. Sobre esse motivo, Jean-Claude Schmitt escreve:

[...] a iconografia da Baixa Idade Média representa-o [Diabo] frequentemente exibindo no baixo ventre e no posterior as réplicas fiéis de seu rosto. Mas estes rostos multiplicados não são máscaras que o Diabo usaria: eles *são* a sua barriga, o seu traseiro, as suas articulações, como a lembrança delirante do que ele é, a Máscara por excelência[106].

106 Jean-Claude Schmitt, *op. cit.*, 2001, p. 219.

O leitor talvez tenha notado como essa citação ressoa com a descrição que Jonathan D. Hill oferece do demiurgo baniwa Kowai, a quem chamei de Arquimboldo sonoro no capítulo 2. Não por acaso, Kowai, rebatizado Jurupari, tornou-se equivalente ao Diabo nos textos missionários coloniais e pós-coloniais. Tampouco é por acaso que a Igreja e seus agentes tenham duramente reprimido o culto do Jurupari e as festas de máscaras, uma repressão que, no Alto Rio Negro, estendeu-se até recentemente pelas mãos dos missionários salesianos[107]. Só hoje, e a duras penas, essas feridas começam a ser cicatrizadas. Mas isso não é privilégio do rio Negro: a associação entre a face, a transfiguração e o demônio fez-se sentir em diversas regiões da Amazônia durante a colonização, levando a uma forte condenação do uso das máscaras, adornos e pinturas faciais. De todas as similitudes, a que mais importa ao regime cristão de imagens é, por certo, aquela da face[108]. Na Amazônia, ao contrário, a face é sistematicamente submetida a modificações temporárias ou permanentes, que a desantropomorfizam e a aproximam dos alterumanos[109]. Como indica Viveiros de Castro, o corpo humano durante os rituais é animalizado ao máximo: "são recobertos por plumas, cores, grafismos, máscaras e outras próteses animais"[110].

Esse desencontro imagético colonial era previsível, pois o tema da transformação aproximava a arte indígena da figuração do Diabo cristão. E isso, em condições desiguais de poder, só poderia levar à condenação e à repressão de uma tradição que se tornaria periférica e minoritária em sua própria morada.

HUMANOS NÃO COMEM CARNE CRUA

Permitam-me abordar mais uma possível objeção à minha análise. Ela provém da pena de Bynum, que nos faz uma sugestão importante: a de que não devemos necessariamente comparar semelhantes, quando se trata de diferentes culturas. Assim, o melhor paralelo para as imagens de tradições não cristãs seria a Eu-

---

107 Mesmo Koch-Grünberg partilhava da visão cristã missionária: "O caráter demoníaco das máscaras já se expressa no fato de que muitas máscaras de animais têm uma face humana" (Theodor Koch-Grünberg, *Dos Años entre los Indios*, 1995 [1909], p. 168).
108 Ver, por exemplo, 2 Enoque 44, 1-2 em que se narra que a semelhança com Deus é a da própria face ("*The Lord with his hands having created man, in the likeness of his own face*", em *The Book of the Secrets of Enoch*, 1896, cap. XLIV, p. 60). Compare-se com o que diz Lagrou sobre a pintura facial kaxinawá: "a face do nós é decorada com desenhos dos inimigos" (Els Lagrou, "Existiria uma Arte das Sociedades contra o Estado?", 2011, p. 760). No primeiro caso, temos uma face criada à imagem de um deus criador; no segundo, temos faces transformadas pela aplicação de grafismos que remetem à alteridade humana e não humana.
109 Erikson afirma que todos os ornamentos faciais entre os Matis, não importa de que materiais sejam feitos, evocam a capacidade de agressão: "Como, então, se espantar", pergunta o autor, "que tais ornamentos façam os Matis parecerem jaguares?" (Philippe Erikson, *La griffe des aïeux*, 1996, p. 256).
110 Eduardo Viveiros de Castro, "Os Pronomes Cosmológicos e o Perspectivismo Ameríndio", 1996b, p. 131.

caristia – não as pinturas e esculturas medievais. Bynum critica a tendência da história da arte de focalizar quase exclusivamente a imagem e o ícone, quando a principal devoção e as maiores ansiedades na tradição cristã ocidental teriam girado em torno das relíquias, dos sacramentos e dos objetos sacramentais "que transmitiam um poder que não 'retratavam', no sentido de ter similitude, mas 'representavam', no sentido de tornar presentes"[111].

Embora eu acolha a crítica de Bynum em relação à obsessão icônica dos historiadores da arte, tendo a relativizar sua ênfase na materialidade divina. Isso resulta em parte de eu estar aqui mirando a tradição cristã ocidental *a partir de* um ponto de vista ameríndio (e sobretudo amazônico). Quando me defronto com o milagre eucarístico, duas objeções me ocorrem em relação à interpretação de Bynum, que enfatiza a dissimilitude entre Cristo e as substâncias sacramentais. A primeira delas é que entre pão-vinho e corpo-sangue há uma analogia substancial tão complexa quanto aquela presente na efígie do Quarup, a qual, como vimos, não se resume ao iconismo visual. São conhecidos, ademais, os sempiternos debates sobre a composição da hóstia e do vinho que perduram até hoje, como se observa na recente proibição imposta pela Igreja católica à produção de hóstias sem glúten – cujo equivalente no Xingu seria o uso de outra madeira que não o umiri para confeccionar a efígie de um chefe de sexo masculino[112].

A complexidade da relação das substâncias eucarísticas aparece, inclusive, na forma de uma transformação reversa. Bynum cita um episódio bastante iluminador, proveniente do *De Corpore*, de Paschasius Radbertus, obra que colige uma série de histórias sobre pessoas (sobretudo judeus) que duvidam do milagre eucarístico. Uma dessas histórias refere-se a um cita simplório em sua fé que, um dia, vê um anjo descer até o altar, trucidar um menino com uma faca, coletar seu sangue em um cálice e despedaçá-lo. Após essa visão, os doutos da fé explicam ao fiel que "Deus sabe que a natureza humana não pode comer carne crua; assim, esse Deus compassivo transforma seu corpo novamente em pão e seu sangue em vinho para que a fé possa recebê-lo"[113].

---

[111] Caroline W. Bynum, "The Sacrality of Things", 2013, p. 7.
[112] Ver a recente carta da Congregação para o Culto Divino e a Disciplina dos Sacramentos, datada de 15 de junho de 2017, que reafirma as normas sobre a matéria eucarística, mas abre algumas exceções aceitando hóstias com baixo teor de glúten (mas não sem glúten) e *mustum* (suco de uva não fermentado) como substâncias capazes de validação sacramental. Há dois pontos aqui em questão: o da completude e pureza das substâncias que se transformam em corpo e sangue de Cristo e o risco de decomposição.
[113] Caroline W. Bynum, *op. cit.*, 2011, p. 143. A autora destaca um aspecto dessas histórias que nos remete à discussão sobre os limites da presença e sobre a identidade ritual assintótica: "Em todas essas histórias, a ênfase é colocada no retorno dos elementos transformados à condição de pão e vinho, um resultado pelo qual o oficiante reza explicitamente" (*idem, ibidem*). No milagre eucarístico, lembro, não temos uma mudança de forma (uma metamorfose), mas uma conversão de substâncias.

Difícil minimizar o quanto gosto dessa saborosa passagem canibalística, que não é tão atípica quanto parece, a começar pelo próprio Cristo, que causou comoção entre seus ouvintes na sinagoga de Cafarnaum, conforme narra João:

> Os judeus discutiam entre si, dizendo: "Como esse homem pode dar-nos a sua carne a comer?" Então Jesus lhes respondeu: "Em verdade, em verdade, vos digo: se não comerdes a carne do Filho do Homem e não beberdes seu sangue, não tereis a vida em vós. Quem come minha carne e bebe o meu sangue tem vida eterna, e eu o ressuscitarei no último dia. Pois minha carne é verdadeiramente uma comida e o meu sangue é verdadeiramente uma bebida. Quem come minha carne e bebe meu sangue permanece em mim, e eu nele[114].

Há uma longa tradição teológica que afirma que o sacramento eucarístico foi velado para os humanos por eles não suportarem, como afirma Roger Bacon no final do século XII, "mastigar e devorar carne crua e viva, e beber sangue fresco"[115]. Não posso evitar imaginar o quanto os Tupinambá quinhentistas teriam apreciado essa intepretação canibal, caso os missionários jesuítas a tivessem ventilado para eles[116].

Convém lembrar, ainda, a discussão sobre a possível existência de relíquias sanguíneas de Cristo, bem como a concepção do sangue gerado pela alimentação (*sangue nutrimentalis*), que permitem sugerir estarmos diante de uma cadeia de transformação de vinho em sangue e de sangue em vinho (e uma óbvia associação entre as qualidades sensíveis de ambos). Em resumo, se o problema da transubstanciação encontra-se muito além da simples identidade visual, tampouco pode ser resumido a um motivo anicônico. Até porque, como nota Bynum, há inúmeros relatos de visões nas quais a hóstia aparece como Cristo em forma humana. Esse motivo visionário, aliás, é representado na própria iconografia da época: ora vemos um Cristo bebê ou um Cristo majestade no interior de uma hóstia, ora uma miniatura do Filho crucificado[117]. Esse fato sugere que a imagem antropomórfica de Deus estava de tal modo gravada no imaginário da cristandade ocidental, que sonhos, visões e iconografia partilhavam de uma mesma projeção do divino *sub forma humanitatis*.

Outro exemplo desse atrator antropomórfico encontra-se na representação somatofórmica da alma que se dissemina na Baixa Idade Média. Como mostra Jérôme Baschet[118], existiam outras formas de figuração possíveis, mas a que pre-

---

114 *Bíblia de Jerusalém*, 2021, João 6, 52-56. Agradeço a Luiz Fabiano Tavares por ter chamado minha atenção para essa passagem.
115 Roger Bacon *apud* Caroline W. Bynum, *op. cit.*, 2011, p. 157.
116 Poderiam esforçar-se até para conceber a hóstia como vítima sacrificial, desde que também lhes explicassem que a *hostia* (vítima) era um *hostis* (inimigo) (Émile Benveniste, *Le vocabulaire des institutions indo-européennes*, 1969).
117 Caroline W. Bynum, *op. cit.*, 2011, pp. 141, 146.
118 Jérôme Baschet, *Corps et âmes*, 2016, pp. 161-164.

dominou foi aquela em que a alma aparece como corpo, por vezes alado, mas inambiguamente humano. Algo similar ocorre com as relíquias de santos que, como sabemos, estiveram no centro das controvérsias iconoclastas no cristianismo ocidental[119]. Quando aí emerge uma nova estatuária, muitos relicários anicônicos dão lugar a figurações antropomórficas pintadas, gravadas e esculpidas. Embora utilizassem diferentes materiais e fossem confeccionados em diversas formas e tamanhos, embora sua eficácia residisse nos materiais que continha, os relicários progressivamente ganham formas humanas, seja em sua morfologia, seja em sua ornamentação. Ademais, como indica Belting, "na imaginação medieval, imagens e relíquias jamais foram duas realidades distintas"[120]. Daí detectarmos também aqui um forte atrator antropomórfico em operação, mesmo quando sofisticados teólogos interpretavam a similitude como sendo antes ético-moral que figurativa. Como bem diz Baschet, "em outros contextos, a compreensão corporal da relação de imagem entre o homem e Deus ganha maior importância"[121]. As imagens possuíam, assim, relativa autonomia, ora convergindo, ora divergindo da doutrina oficial. E o resultado final desse processo secular foi a consolidação de um horizonte imagético francamente antropomórfico.

OS DEMÔNIOS DA INVASÃO

Podemos voltar, enfim, ao nosso "mito de origem": Gênesis 1, 26. Entre sua materialização escrita (digamos) no século VI a.C. e a consolidação de uma imagística antropomórfica na Idade Média, muita água passou sob a ponte. Não ignoro essa história, mas para minha economia argumentativa vale a pena tratar a passagem bíblica como um mito à maneira com que Claude Lévi-Strauss tratou a narrativa tupinambá registrada por frei André Thevet – que ele mesmo qualifica como "verdadeiro Gênesis ameríndio"[122]. Se a história de Maire-Pochy "prefigura exatamente os mitos recolhidos três ou quatro séculos mais tarde na América do Norte"[123], Gênesis 1, 26 prefigura um horizonte imagético que se consolidaria no Ocidente muitos séculos depois.

A doutrina da *imago Dei* está na base do excepcionalismo conferido pelo mundo judaico-cristão à humanidade, algo que causa embaraços enormes no presente em face da crise climática planetária[124]. Gênesis 1, 26 traz em potência o antropocentrismo e o antropomorfismo que viriam a caracterizar a civilização cristã futura. Meu experimento consiste em estranhar a *imago Dei*. O que

---

119 Hans Belting, *op. cit.*, 1994, p. 298.
120 *Idem*, pp. 301-302.
121 Jérôme Baschet, *op. cit.*, 2016, p. 327.
122 Claude Lévi-Strauss, *Histoire de lynx*, 1991, p. 65.
123 *Idem*, p. 70.
124 Inclusive entre teólogos contemporâneos. Ver, por exemplo, Eric D. Meyer, *Inner Animalities*, 2018; Daniel P. Horan, "Deconstructing Anthropocentric Privilege", 2019.

aconteceria quando a tomamos como uma ideia bizarra e não convencional? Minha aposta é de que esse estranhamento permite iluminar, por contraste, a originalidade das tradições imagéticas ameríndias. Se o antropocentrismo judaico-cristão nasce junto ao antropomorfismo, é preciso desestabilizar ambos a fim de abrir espaço a outra longa tradição, cujo fundamento não é nem antropocêntrico, nem antropomórfico. Essa tradição iconográfica – que chamo aqui de "ameríndia" – floresceu em um solo muito diferente daquele cristão: seu problema jamais foi a semelhança e a forma humana, mas o modo de representar a transformação, de transpor em imagens o fluxo transformacional que caracteriza os seres poderosos. A resposta a esse problema não podia ser encontrada na reprodução fiel das formas naturais; ao contrário, era preciso buscá-la na geração de imagens as mais complexas e paradoxais possíveis, nas quais as identidades estão encaixadas e os referentes são múltiplos.

Essa tradição milenar só entrou em contato com o cristianismo ocidental nos últimos quinhentos anos – e esse encontro foi traumático. Como vimos, a partir do século XII, com a consolidação da grande demonologia cristã, os motivos da hibridez, da zoomorfia e da monstruosidade ganharam expressão sistemática, embora marginal, na arte europeia. Essas imagens prepararam o terreno para a interpretação, alguns séculos depois, da tradição estética ameríndia como "coisa do demônio", a ser condenada, combatida e suprimida. Havia uma conexão parcial[125] entre a maneira com que o Ocidente figurava a metamorfose e aquela indígena nas Américas: não eram, por certo, a mesma coisa, mas ao mesmo tempo não eram inteiramente diferentes[126]. Dentro da estrutura do equívoco, havia compatibilidades o suficiente para que os artefatos rituais indígenas fossem interpretados pelos invasores por meio da demonologia.

Como mostra Serge Gruzinski, já nos primeiros atos da conquista ocorre uma "guerra de imagens", cujo episódio inicial é a perplexidade dos espanhóis diante dos famosos *zemi* taino das Antilhas: o que eram, afinal, aquelas figuras que combinavam traços humanos e animais, que podiam conter ossos de ancestrais e eram feitas de materiais heteróclitos?[127] A perplexidade resultava, como indica Gruzinski, da educação do olhar europeu[128]. Dentre as suas convenções iconográficas, aparecia em primeiríssimo lugar "o antropomorfismo ou a preponderância da figura humana que, desde Giotto, passou a ser, na arte ocidental, o instrumento do pensamento figurativo"[129]. A dificuldade de categorizar os artefatos indígenas não paralisou, porém, os invasores, que logo se engajaram

---

125 Marilyn Strathern, *Partial Connections*, 2004.
126 Alfred Gell, *The Art of Anthropology*, 1999, p. 206.
127 Salvo engano, os *zemi* – talvez por sua forma "monstruosa" – não chegaram a ser comparados às relíquias de santos, embora também pudessem conter ossos.
128 Serge Gruzinski, *A Guerra das Imagens*, 1990, p. 71.
129 *Idem*, p. 114. Gruzinski faz referência aqui ao pintor florentino Giotto di Bondone (c. 1267-1337), tido como responsável por superar o estilo dos ícones bizantinos, inaugurando uma pintura de caráter mais naturalista.

em um combate imagético. Na campanha que os conduziria à conquista do México, eles levavam consigo um "carregamento de imagens gravadas, pintadas e talhadas", que eram distribuídas à medida que avançavam sobre os territórios indígenas[130].

Se a invasão das Américas foi um processo saturado por imagens cristãs, as expressões audiovisuais indígenas que escapavam ao mundo reducional e à administração colonial continuaram a se fazer *sub specie jaguaritatis*[131]. Confrontados com a instabilidade da posição da humanidade nessa tradição, os invasores tenderam a resolver sua incompreensão por meio de um atalho, rotulando as imagens-artefatos indígenas como demoníacas – qualificativo aplicado a todas as expressões que atravessavam as fronteiras entre o humano e o não humano. Já nas primeiras décadas do século XVI, o cronista e alcaide de São Domingos, Gonçalo Fernández de Oviedo y Valdés assimilaria os *zemi* às imagens do Diabo, com suas "inúmeras cabeças e inúmeras coisas, com caninos disformes e pavorosos […] olhos inflamados de dragão e de serpente feroz"[132]. A associação entre zooantropomorfia, excesso referencial, instabilidade categorial e qualidades demoníacas produziu um tropo recorrente na interpretação das iconografias e artes verbo-musicais ameríndias. Foi para ler a contrapelo as violências imagéticas do passado, que procurei, neste livro, estranhar nossa tradição antropomórfica, mimética e figurativa, apostando que, libertos de certa educação do olhar, pudéssemos experimentar o ardil das artes ameríndias em toda sua originalidade.

A LONGA DURAÇÃO NA AMAZÔNIA

Para enfim concluir, gostaria de enfrentar uma última objeção, dessa feita desse nosso lado do Atlântico: quão longa e profunda é essa tradição que estou chamando impudentemente de ameríndia? Os dados que apresentei ao longo dos cinco capítulos são, em sua maior parte, etnográficos e, quando recuo no tempo por meio da literatura, raras vezes me aventuro para além do século XVII. Ao trabalhar apenas com dados etnográficos e históricos pós-Conquista, teria eu produzido uma interpretação que não se aplica ao passado mais remoto da Amazônia ou mesmo das Américas? Estaria eu postulando uma tradição profunda baseado em dados com uma fina espessura temporal? Não estaria eu desconsiderando os efeitos drásticos da Conquista e do processo colonial? Essas questões são inteiramente procedentes. Se a esta altura me sobrasse fôlego, eu

---

130 *Idem*, p. 59.
131 Mesmo onde eram inicialmente escassas, como nas Reduções Jesuíticas do Paraguai, tinham uma função estratégica. Bailey afirma que a primeira pintura a lá chegar foi uma imagem da Virgem Maria, que o futuro mártir Roque González "carregou com ele de aldeia em aldeia" (Gauvin A. Bailey, *Art on the Jesuit Missions in Asia and Latin America, 1542-1773*, 2001, p. 163).
132 Gonçalo Fernández de Oviedo y Valdés, 1547, *apud* Serge Gruzinski, *op. cit.*, 1990, p. 40.

as enfrentaria com cuidado e vagar. Na falta dele, contudo, limito-me a fazer algumas observações finais, que espero um dia poder aprofundar.

Ao opor duas ficções convenientes – uma tradição cristã e outra ameríndia –, fiz economia da diversidade interna a ambas. Procurei sanar parte dessa limitação, lançando um olhar breve sobre materiais da arte cristã que colocam dificuldades às minhas generalizações. Meu objetivo foi antecipar-me a certas objeções e esclarecer de qual ponto de vista estabeleço a comparação. Para tanto, procedi de modo invertido, perguntando-me sobre o lugar da metamorfose no mundo cristão. Como mostrei, muitos historiadores do medievo apontam para o caráter ambíguo e híbrido de certas imagens que surgem, após o século XII, nas margens da grande arte cristã. Mas é justamente aí que se destacam as diferenças significativas desse regime em relação àquele ameríndio. Neste último, a transformação não é vista como um antifundamento, como erro e irrupção do mal a pôr em risco a ordem da criação, a corromper a similitude entre o Criador e sua excelsa criatura: o primeiro entre os seus pares, a espécie única, o homem.

A breve incursão pelo passado ameríndio que aqui proponho segue a mesma estratégia com a qual confrontamos a arte cristã. Mas, em vez de perguntar se e quando imagens paradoxais emergiram na cristandade, trata-se de perguntar se e quando representações naturalistas do humano apareceram nas Américas antes da Conquista. E, de fato, não é preciso esforçar-se muito para encontrá-las. Tome-se, por exemplo, as estatuetas maias que retratam personagens do cotidiano. A minha preferida é aquela do bêbado, escavada na ilha de Jaina, em Campeche, México, e datada do período clássico tardio (entre 700-900 EC)[133]. Com 36 centímetros de altura, ela é bem detalhada, não apenas na ornamentação e nos traços da face como na postura assumida, com a cabeça pendendo para a esquerda, a mão direita elevada até o queixo, enquanto a esquerda segura dois recipientes que indicam a origem de sua embriaguez. Outro exemplo, bem mais ao sul, provém da deslumbrante e variada tradição cerâmica moche, produzida na costa desértica do Peru entre o início da era cristã e o século VIII. Aqui, eu destacaria os chamados vasos-retrato, com 15 a 30 centímetros de altura, que não apenas reproduzem fielmente a estrutura da face como também expressões, tais como o riso, a dor ou o prazer[134]. Esse é o caso, por exemplo, do *Vaso-retrato Sorridente*, que se encontra no Museo Larco, em Lima, Peru[135].

---

[133] Linda Schele e Mary E. Miller, *The Blood of Kings*, 1986, pp. 155, 173. A peça está catalogada sob o número 23/2573, no National Museum of the American Indian, em Washington, Estados Unidos, e pode ser encontrada na base digital do Smithsonian Institution, utilizando-se a palavra de busca "232573.000". Disponível em: http://collections.si.edu/search/. Acesso em: 29 ago. 2022.

[134] Christopher D. Donnan, *Moche Portraits from Ancient Peru*, 2004. Algo que, aliás, aparece igualmente na singular cerâmica erótica moche, um verdadeiro *Kama Sutra* sul-americano (Steve Bourget, *Sex, Death, and Sacrifice in Moche Religion and Visual Culture*, 2006).

[135] Catalogado sob o número ml000426, pode ser visto no *site* do Museo Larco. Disponível em: www.museolarco.org/catalogo/index.php. Acesso em: 29 ago. 2022.

FIGURA 48. *Estatueta antropomórfica da cultura santarém, 900-1600 EC, 28,5 cm (altura) × 31,5 cm (largura). Coletada por Federico Barata, região do Tapajós. Cortesia do Museu Paraense Emílio Goeldi (RG nr. 516). Foto de Fernando Chaves.*

Mesmo na Amazônia antiga, é possível encontrar alguns exemplos de figuras antropomórficas, por vezes confeccionadas de modo naturalista. Esse é o caso de algumas peças cerâmicas tapajônicas, como a estatueta de um homem sentado, com adornos corporais, e medindo 32 centímetros de altura, que se encontra na coleção do Museu de Arqueologia e Etnologia da Universidade de São Paulo[136]. O personagem porta largos discos auriculares e um adorno de cabeça, que me parece ser uma tiara de garras de onça. Outra estatueta notável, dessa vez da coleção do Museu Paraense Emílio Goeldi, em Belém (PA), é a de uma mulher igualmente sentada, com uma grande tigela apoiada sobre suas pernas estendidas (figura 48). A peça parece retratar uma atividade ordinária, mas a mulher está tão bem decorada com uma pintura corporal policrômica, uma tiara com apêndices zoomórficos e os lóbulos auriculares extensamente perfurados, que podemos imaginar que se trata de uma cena ritual[137]. A julgar por seus pei-

---

[136] Denise M. C. Gomes, "Santarém", 2001, p. 135.
[137] *Idem*, p. 141.

tos pequenos e firmes, eu me aventuraria a imaginar uma garota recém-púbere saindo da reclusão.

Essa e outras peças de caráter naturalista são, contudo, bastante raras na Amazônia, constituindo antes uma exceção que a regra. Bem mais comum são as urnas funerárias com uma antropomorfia esquemática, que ocorre ao longo de praticamente toda a calha do rio Amazonas, desde o piemonte dos Andes até Marajó, em associação com a difusão de uma tradição cerâmica policrômica que ocorre de meados do primeiro milênio até a invasão europeia. Há muita controvérsia sobre o momento, a direção e as razões da disseminação dessa tradição[138]. Mas seja como for, o fato é que a tradição policrômica da Amazônia dominou durante séculos as várzeas da região, com uma importante exceção, representada pela indústria cerâmica tapajós e konduri, que predominou na foz dos rios Tapajós e Trombetas. Pertencentes à Tradição Inciso-Ponteada, essas ceramistas não fabricavam urnas funerárias – ou não tão frequentemente como outros povos que habitavam então a várzea amazônica[139].

Como sugere Cristiana Barreto, nos mil anos que antecedem a Conquista, está em curso uma transformação em diversas áreas da Amazônia, que é não apenas estilística e tecnológica como também cosmológica e ritual[140]. As urnas eram destinadas a enterramentos secundários e faziam parte de complexos funerários que, hoje, não podemos reconstruir senão muito parcialmente. Algumas dessas tradições cerâmicas chegaram até o período do contato, mas desapareceram junto com as populações que ali viviam. Ou seja, se algo diferente estava ocorrendo em relação à figuração do humano antes da Conquista, esse processo foi bruscamente interrompido no século XVI. O que era esse "algo diferente" não sabemos exatamente, embora alguns arqueólogos associem-no a uma ideologia da ancestralidade e/ou uma maior centralização política. O que sabemos é que novas sensibilidades estéticas e, possivelmente, outras formas de organização social estavam se difundindo ao longo da várzea amazônica. Não é possível, porém, estabelecer uma correlação simples entre esses fenômenos. A figuração do humano não aponta necessariamente para um sistema de realeza divina; tampouco uma realeza divinizada necessita representar seus sobe-

---

[138] Eduardo G. Neves, "Ecology, Ceramic Chronology and Distribution, Long-term History and Political Change in the Amazonian Floodplain", 2008, pp. 367-369; Jacqueline Belletti, "A Tradição Polícroma da Amazônia", 2016, pp. 361-363. Alguns autores explicam essa difusão como o resultado de uma rápida expansão militar de povos agrícolas, comumente identificados como falantes de tupi-guarani (José P. Brochado, "A Expansão dos Tupi e da Cerâmica da Tradição Policrômica Amazônica", 1989; Eduardo G. Neves, *Sob os Tempos do Equinócio*, 2012, pp. 252-266). A hipótese inspira-se no modelo dominante sobre a expansão dos Tupinambá pela costa atlântica (Alfred Métraux, "The Tupinambá", 1948, p. 97; mas ver Kita C. D. Macario *et al.*, "The Long-term Tupiguarani Occupation in Southeastern Brazil", 2009). Esse é um terreno muito disputado no qual prefiro não me aventurar no momento.
[139] Cristiane M. P. Martins *et al.*, "Padrões de Sepultamento na Periferia do Domínio Tapajó", 2010.
[140] Cristiana Barreto, "Meios Místicos de Reprodução Social", 2008, p. 97.

ranos de modo inambiguamente humano. Aqui, basta-nos lembrar que os dois maiores impérios americanos, o asteca e o inca, estiveram longe de privilegiar representações naturalistas de seus reis (exceto, talvez, pelas próprias múmias, que eram obviamente apresentações bem "realistas" de certos mortos).

É verdade que os Maias parecem ter se interessado em representar indivíduos particulares: "As faces esculpidas em pedra, modeladas em gesso e argila e pintadas nas paredes são as de pessoas reais, não de sacerdotes idealizados e anônimos que rastreavam o movimento do tempo, mas de governantes e nobres que governaram as cidades"[141]. Deve-se cuidar, porém, para não os interpretar como "retratos de um indivíduo" à maneira como os historiadores de arte analisam a aparência do retrato burguês na Europa. A figuração dos governantes nas estelas maias é bem mais intrincada. Eles estão frequentemente vestidos ritualmente como deuses, cujos corpos contêm máscaras – faces de monstros, animais e outros seres. Mesmo os glifos que supostamente identificam o personagem histórico são um complexo nome-índice, o qual ainda traduzimos imperfeitamente. Afinal, o que exatamente denomina um glifo de beija-flor justaposto a um glifo de jaguar?

Em resumo, é preciso reconhecer que não há uma relação simples entre formas de figuração e formas sociopolíticas. Nesse sentido, não creio que possamos caracterizar a arte transformacional ameríndia como sendo "contra o Estado", como sugere Els Lagrou[142]. Afinal, as formações estatais pré-colombianas nas Américas não são, como diria a artista estadunidense Laurie Anderson, "um vírus do espaço sideral". Ao contrário, elas emergiram, desenvolveram-se e pereceram, por vezes perdurando por vários séculos. Ademais, se aceitarmos a reconstrução proposta por James Maffie de uma metafísica asteca[143], teremos de aceitar também que ontologias transformacionais não são exclusivas às sociedades sem Estado. O que me parece recorrente no caso ameríndio, quando comparado à tradição cristã, é antes o fato de ele não tomar a humanidade como o centro magnético da existência.

No caso da arqueologia amazônica, é preciso reconhecer ainda duas coisas: primeiro, que nossas evidências limitam-se a objetos de cerâmica (e, em menor quantidade, de pedra) – nada sabemos sobre os artefatos de palha e madeira que foram os protagonistas deste livro –; segundo, que, no caso da cerâmica, a produção antropomórfica coexistiu com outra de caráter híbrido e transformacional, cuja escala espaçotemporal é mais ampla. Na maioria dos casos, ademais, as figuras antropomórficas aparecem cobertas por elementos zoomórficos e desenhos abstratos, os quais criam espaços visuais extremamente complexos; em outras palavras, nem elas mesmas parecem ser figurações inequívocas do humano. Nesse quesito, valer lembrar nossa análise sobre a efígie funerária alto-xinguana. Como vimos, a efígie do Quarup não é uma figuração simples de

---

[141] Linda Schele e Mary E. Miller, *op. cit.*, 1986, p. 63.
[142] Els Lagrou, *op. cit.*, 2011.
[143] James Maffie, *Aztec Philosophy*, 2014.

um indivíduo humano único, pois também serve de suporte a um grande nome a ser lembrado por gerações.

Há uma lição adicional a ser aprendida com a pesquisa no Alto Xingu. A cerâmica produzida hoje em dia pelos povos arawak da região possui grande continuidade com aquela pré-histórica[144]. Hoje, como há mil anos, existem poucos sinais da figura humana nessa indústria, embora o Alto Xingu seja um dos poucos lugares na Amazônia contemporânea em que encontramos efígies que figuram humanos. Em *Entre os Aborígenes do Brasil Central*, Steinen apresenta inúmeros desenhos de peças cerâmicas. Nas pranchas XXIII e XXIV, encontramos 27 desses desenhos, todos de peças com apêndices ou alças zoomórficas. O autor identifica vários desses animais: morcego, pato, coruja, pomba, perdiz, falcão, tatu, carrapato, preguiça, caranguejo, sapo, lagarto, tartaruga, bagre etc. Em contraste, Steinen apresenta em seu livro um único desenho de uma estatueta humana, bem trabalhada aliás, que ele diz ter encontrado entre os Bakairi, os quais, por sua vez, atribuíram-na aos Aweti[145].

As mais famosas urnas funerárias da floresta tropical sul-americana foram escavadas nos tesos da Ilha de Marajó, no Pará (figura 49). Elas apresentam um estilo labiríntico e excessivo que parece expressar uma explosão imaginativa em seu ápice: zoomorfia e antropomorfia mesclam-se sem limite, o jogo figura e fundo, produzido pela policromia e o imbricamento recursivo, prolifera as imagens de tal modo que a urna aparece como um recipiente desdobrado e múltiplo em permanente transformação[146]. Essas urnas continham mais de um indivíduo, o que significa que nunca eram a imagem de uma única pessoa. Como Denise P. Schaan escreve: "Os humanos representados na cerâmica são provavelmente ancestrais ou deuses, e não os [próprios] falecidos, pois imagens semelhantes são usadas em diferentes recipientes funerários"[147]. Ou talvez as urnas fossem os próprios veículos por meio dos quais os mortos se tornavam ancestrais (ou se transformavam em nomes a serem lembrados).

Outras tradições locais apresentam características semelhantes, embora com menos ardor imaginativo e uma orientação mais naturalista, como ocorre com a cerâmica aristé do Amapá (figura 50) e da Guiana Francesa[148], a cerâmica guarita da Amazônia Central[149] e a cerâmica do rio Napo no Peru e no Equador[150]. Já as

---

144 Michael J. Heckenberger, *The Ecology of Power*, 2005; Joshua R. Toney, *The Product of Labor*, 2012.
145 Karl von den Steinen, *op. cit.*, 2009 [1894], p. 282. A equipe de Michael J. Heckenberger recuperou uma única estatueta similar à descrita por Steinen durante os trabalhos de escavação em uma aldeia pré-histórica no Alto Xingu (correspondência pessoal, 2019).
146 Denise P. Schaan, *A Linguagem Iconográfica da Cerâmica Marajoara*, 1997; idem, "Into the Labyrinths of Marajoara Pottery", 2001; Cristiana Barreto, *op. cit.*, 2008, pp. 122-155.
147 Denise P. Schaan, *Sacred Geographies of Ancient Amazonia*, 2012, p. 81.
148 Stéphen Rostain, "Que Hay de Nuevo al Norte", 2011.
149 Cristiana Barreto e Erêndira Oliveira, "Para além de Potes e Panelas", 2016; Eduardo G. Neves, *op. cit.*, 2012, pp. 221-229.
150 Manuel Arroyo-Kalin e Santiago R. Panduro, "Tras el Camino de la Boa Arcoíris", 2016.

FIGURA 49. *Urna antropomórfica da cultura marajoara, 400-1400 EC, 40 cm (altura) × 36 cm (largura) × 41 cm (diâmetro máximo). Coletada por Betty Meggers e Clifford Evans, região de Marajó, sítio de Camutins, 1949. Cortesia do Museu Paraense Emílio Goeldi (RG nr. 516). Foto de Nigel Smith.*

urnas maracás da boca do Amazonas, destoam de suas congêneres. Mostram uma pessoa sentada, com o sexo claramente marcado, pernas bem definidas e braços fletidos para a frente em uma posição nada natural (figura 51). Dezenas dessas urnas foram encontradas em cemitérios dentro de abrigos e cavernas, cada qual contendo um único indivíduo[151]. Não há datações seguras para o início dessa tradição, mas sabe-se que ela durou até o início da Conquista[152]. É interessante notar que, do ponto de vista técnico, a cerâmica maracá é mais grosseira e frágil do que a aristé ou marajoara, não sendo, pois, o ápice de um desenvolvimento técnico regional[153].

---

[151] Noto que, no caso aristé, as urnas também continham os ossos de apenas um indivíduo, frequentemente decorados.
[152] Vera Guapindaia, "Encountering the Ancestors", 2001.
[153] Na região, observam-se também cerâmicas de transição. Elas oscilam entre uma policromia abstrata e a forma tubular esquemática – uma forma, aliás, que poderíamos considerar

FIGURA 50. *Urna antropomórfica da cultura aristé, 1100-1600 EC, 45,5 cm (altura) × 36,5 cm (largura) × 33,5 cm (diâmetro da base). Coletada por Emílio Goeldi e Aureliano Guedes, monte Curu, rio Cunani, Amapá, 1895. Cortesia do Museu Paraense Emílio Goeldi (RG nr. 243). Foto de Nigel Smith.*

Na Amazônia, a cerâmica transformacional arqueológica – seja ela figurativa, seja abstrata – tende a superar a cerâmica antropomórfica e naturalista, não apenas em termos de quantidade relativa ou representatividade regional como também em termos de qualidade. Há pouco chamei a atenção para as estatuetas humanas presentes na cerâmica tapajônica. Essas são, no entanto, minoritárias em comparação com outras categorias de cerâmicas lá encontradas, como os famosos vasos de cariátides ou os vasos de gargalo. Denise M. C. Gomes interpreta os primeiros como um iconograma da estrutura do cosmos, com figuras humanas segurando o prato superior, onde se veem apêndices do urubu-rei bicéfalo, um personagem clássico da mitologia amazônica[154]. Os vasos de gargalo,

---

à luz de nossa discussão sobre tubos e aerofones sagrados (ver capítulo 2). Para um exemplo de cerâmica de transição, ver as urnas cavianas (Cristiana Barreto, *op. cit.*, 2008, pp. 79-80).
[154] Denise M. C. Gomes, "O Lugar dos Grafismos e das Representações na Arte Pré-colonial Amazônica", 2016.

FIGURA 51. *Urna antropomórfica da cultura maracá, segundo milênio EC, 34 cm. Coletada no Amapá. Cortesia do Museu Nacional, Rio de Janeiro.*

FIGURA 52. *Vaso de gargalo da cultura santarém, 900-1600 EC, 19 cm (altura) × 31 cm (largura). Coletado por Federico Barata, região do Tapajós. Cortesia do Museu Paraense Emílio Goeldi (RG nr. 375). Foto de Nigel Smith.*

por sua vez, com seus diversos animais e seres híbridos dispostos sobre duas cabeças de jacaré, exibem um estilo narrativo que constitui uma espécie de mitograma (figura 52). Em ambos os casos, Gomes argumenta que se trata de uma arte xamânica, cujos princípios estéticos devem ser entendidos sob a óptica de uma ontologia transformacional[155].

Mesmo onde se encontra a figura humana na Amazônia pré-Conquista, ela se acha associada à zoomorfia e à ambiguidade transformacional. Não resta dúvida de que os novos regimes imagéticos, que aportaram nas Américas vindos da Europa e também da África, tiveram um impacto significativo sobre os modos indígenas de produzir imagens. Contudo, ao contrário do que se poderia esperar, não conduziram – pelo menos onde os povos indígenas conseguiram manter certa autonomia – ao aparecimento de uma arte figurativa, antropomórfica e antimetamórfica. Se não fosse assim, eu jamais poderia ter escrito este livro com materiais contemporâneos.

[155] Idem, "O Perspectivismo Ameríndio e a Ideia de uma Estética Americana", 2012.

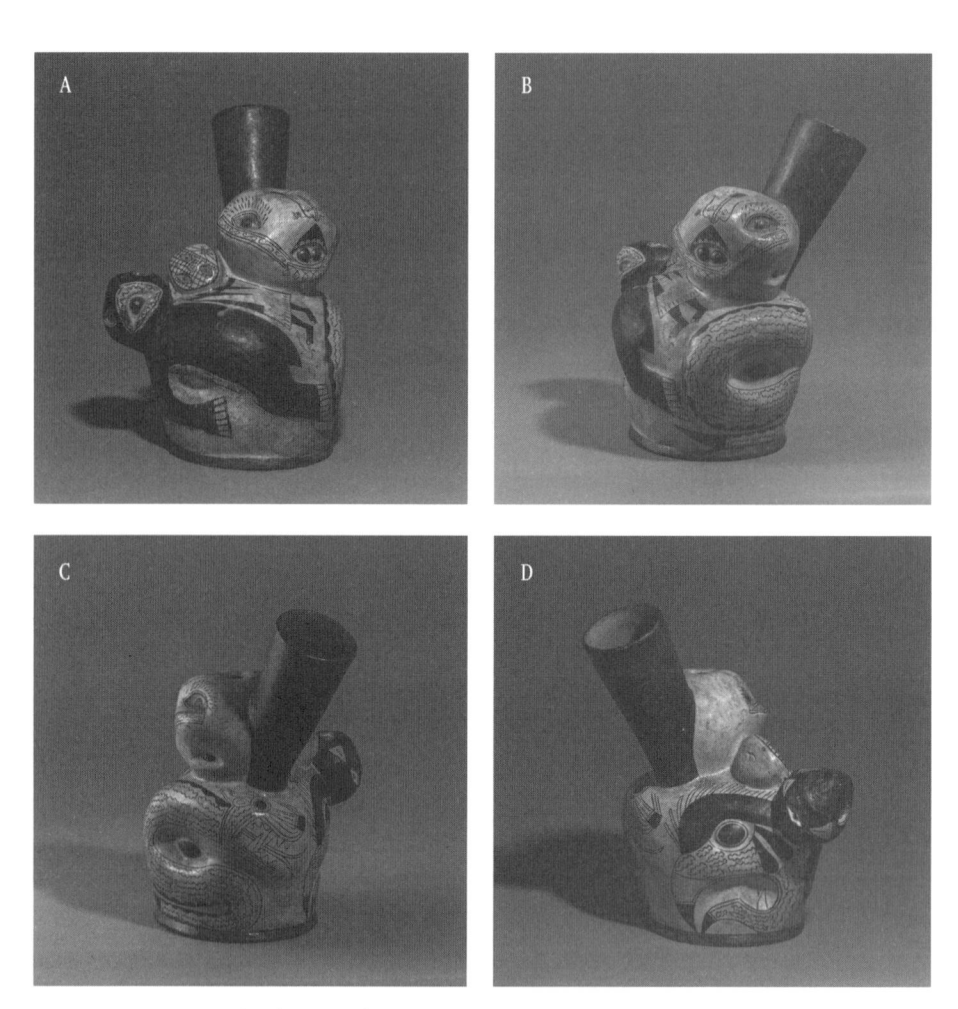

FIGURA 53. *Vaso moche da transformação, primeiro milênio* EC. *Comprado pelo Estado peruano de Victor Larco Herrera em 1924. Museo Nacional de Arqueología, Antropología e Historia del Perú, Lima (C002923, RNI nr. 0000262517). Fotos de Leslie Searle.*

O que os artefatos arqueológicos ameríndios parecem indicar é que a reprodução fiel de formas naturais não é um problema técnico, mas conceitual. Trata-se de saber, em cada caso, o que se quer colocar em imagem. Se eu tivesse de dar uma única resposta a essa pergunta, diria que o maior desafio da arte ameríndia não é figurar híbridos ou quimeras, mas colocar em imagem a própria transformação. Tarefa sem dúvida difícil, sobretudo em matéria argilosa. Porém, um raro vaso moche – bastante atípico em relação a seus congêneres – nos mostra ser possível fazê-lo à perfeição. Provavelmente contemporâneo aos ícones bizantinos, ele é a imagem sintética do argumento que quis aqui desenvolver. Chamo-o "vaso de transformação" (figura 53) e, com ele, encerro em tributo à ardilosa arte indígena das Américas.

BIBLIOGRAFIA

Agostinho de Hipona, Santo. *Eighty-three Different Questions*. Trad. David Mosher. Washington, DC, Catholic University of America Press, 1982 [*c.* 390] (Série Fathers of the Church).
_____. *Iohannis Evangelium Tractatus cxxiv*. Ed. R. Willems. Turnhout, Brepol Publishers, 1954 [*c.* 406] (Corpus Christianorum Series Latina, 36).
_____. *St. Augustine's Confessions*. Trad. William Watts (1631). Londres, William Heinemann, 1912 [*c.* 400].
Agostinho, Pedro. *Kwaríp: Mito e Ritual no Alto Xingu*. São Paulo, EPU/Edusp, 1974.
Alemán, Stéphanie W. "From Flutes to Boom Boxes: Musical Symbolism and Change among the Waiwai of Southern Guyana". In: Hill, Jonathan D. & Chaumeil, Jean-Pierre (orgs.). *Burst of Breath: Indigenous Ritual Wind Instruments in Lowland South America*. Lincoln, University of Nebraska Press, 2011, pp. 219-238.
Alighieri, Dante. *A Divina Comédia*. Trad. e notas de Italo Eugenio Mauro. São Paulo, Editora 34, 1998 [1320].
_____. *Divina Commedia: Codex Altonensis*. Ed. Hans Haupt. Berlim, Gebr. Mann, 1965.
Allard, Olivier. "De l'os, de l'ennemi et du divin: réflexions sur quelques pratiques funéraires tupi-guarani". *Journal de la Société des Américanistes*, vol. 89, n. 2, pp. 149-169, 2003.
Almeida, Marli Auxiliadora de. "A Colônia Indígena Teresa Cristina e Suas Fronteiras: Uma Possibilidade de Aplicabilidade da Lei 11.645/08". *Revista História e Diversidade*, vol. 4, n. 1, pp. 139-154, 2014.
Anderson, James F. *St. Augustine and Being: A Metaphysical Essay*. Haia, Nijhoff, 1965.

Andrade, Lucia M. de. *O Corpo e os Cosmos: Relações de Gênero e o Sobrenatural entre os Asurini do Tocantins*. Dissertação de mestrado, São Paulo, Faculdade de Filosofia, Letras e Ciências Humanas, Universidade de São Paulo, 1992.

Antonino, Santo [Antonino Pierozzi]. *Summa Theologica*. Veneza, Nicolaus Jenson, 1477.

Appadurai, Arjun (org.). *The Social Life of Things*. Cambridge, Cambridge University Press, 1986.

Arnott, John. "Los Toba-Pilagá del Chaco y Sus Guerras". *Revista Geográfica Americana*, vol. 7, pp. 491-505, 1934.

Aroni, Bruno. *A Casa da Jararaca: Artefatos, Mitos e Música entre os Pareci*. Dissertação de mestrado, Rio de Janeiro, Instituto de Filosofia e Ciências Sociais, Universidade Federal do Rio de Janeiro, 2015.

Arroyo-Kalin, Manuel & Panduro, Santiago Rivas. "Tras el Camino de la Boa Arcoiris: Las Alfarerías Precolombinas del Bajo Río Napo". In: Barreto, Cristiana; Lima, Helena Pinto & Betancourt, Carla Jaimes (orgs.). *Cerâmicas Arqueológicas da Amazônia: Rumo a uma Nova Síntese*. Belém, Iphan/Ministério da Cultura, 2016, pp. 463-479.

As Hiper Mulheres. Direção: Carlos Fausto, Leonardo Sette e Takumã Kuikuro. Olinda, Associação Indígena Kuikuro do Alto Xingu/Documenta Kuikuro/Museu Nacional/Vídeo nas Aldeias, 2011 (80 min).

Áthila, Adriana Romano. *Arriscando Corpos: Permeabilidade, Alteridade e Formas da Socialidade entre os Rikbaktsa (Macro-jê) do Sudoeste Amazônico*. Tese de doutorado, Rio de Janeiro, Instituto de Filosofia e Ciências Sociais, Universidade Federal do Rio de Janeiro, 2006.

Avelar, Gustavo Sapori. *Valores Brutos: Lutadores do Alto Xingu*. Dissertação de mestrado, Rio de Janeiro, Universidade Federal do Rio de Janeiro, 2010.

Ayres, Lewis. *Augustine and the Trinity*. Cambridge, Cambridge University Press, 2010.

_____. *Nicaea and Its Legacy: An Approach to Fourth-century Trinitarian Theology*. Oxford, Oxford University Press, 2004.

Bailey, Gauvin Alexander. *Art on the Jesuit Missions in Asia and Latin America, 1542-1773*. Toronto, University of Toronto Press, 2001.

Baker, Lynne R. "The Ontology of Artifacts". *Philosophical Explorations*, vol. 7, n. 2, pp. 99-111, 2004.

Bakhtin, Mikhail M. *Rabelais and His World*. Bloomington, Indiana University Press, 1984.

Baldus, Herbert. *Os Tapirapé: Tribo Tupi no Brasil Central*. São Paulo, Companhia Editora Nacional, 1970.

Barasch, Moshe. *Icon*. Nova York, New York University Press, 1992.

_____. "The Idol in the Icon: Some Ambiguities". In: Assmann, Jan & Baumgarten, Albert I. (orgs.). *Representation and Religion: Studies in Honor of Moshe Barasch*. Leiden, Brill, 2001, pp. 1-26.

Barcelos Neto, Aristóteles. *A Arte dos Sonhos: Uma Iconografia Ameríndia*. Lisboa, Assírio e Alvim, 2002.

_____. *Apapaatai: Rituais de Máscaras no Alto Xingu*. São Paulo, Edusp, 2008.

_____. "As Máscaras Rituais do Alto Xingu um Século depois de Karl von den Steinen". *Bulletin de la Société Suisse des Américanistes*, vol. 68, pp. 51-71, 2004.

_____. "Le réveil des grands masques du Haut-Xingu: iconographie et transformation". In: Goulard, Jean-Pierre & Karadimas, Dimitri (orgs.). *Masques des hommes, visages des dieux*. Paris, Editions cnrs, 2011, pp. 27-52.

_____. "O Trançado, a Música e as Serpentes da Transformação no Alto Xingu". In: Severi, Carlo & Lagrou, Els (orgs.). *Quimeras em Diálogo: Grafismo e Figuração na Arte Indígena*. Rio de Janeiro, 7 Letras, 2013, pp. 181-197.

_____. "Pulupulu e Warayumia: História e Imagética do Trocano do Alto Xingu". *Boletim do Museu Paraense Emílio Goeldi – Ciências Humanas*, vol. 15, n. 3, pp. 1-25, 2020.

_____. "The (De)animalization of Objects: Food Offerings and the Subjectivization of Masks and Flutes among the Wauja of Southern Amazonia". In: Santos-Granero, Fernando (org.). *The Occult Life of Things: Native Amazonian Theories of Materiality and Personhood*. Tucson, University of Arizona Press, 2009, pp. 128-151.

Barr, James. "The Image of God in Genesis: Some Linguistic and Historical Considerations". In: *Proceedings of the 10th Meeting of De Ou-Testamentiese Werkgemeenskap in Suid-Afrika*. Pretória, Society for the Study of the Old Testament, 1967, pp. 5-13.

_____. "The Image of God in the Book of Genesis: A Study of Terminology". *Bulletin of the John Rylands Library*, vol. 51, n. 1, pp. 11-26, 1968.

Barreto, Cristiana. "Figurine Traditions from the Amazon". In: Insoll, Timothy (org.). *Oxford Handbook of Prehistoric Figurines*. Oxford, Oxford University Press, 2017, pp. 418-440.

_____. "Meios Místicos de Reprodução Social: Arte e Estilo na Cerâmica Funerária da Amazônia Antiga". Tese de doutorado, São Paulo, Museu de Arqueologia e Etnologia, Universidade de São Paulo, 2008.

Barreto, Cristiana & Oliveira, Erêndira. "Para além de Potes e Panelas: Cerâmica e Ritual na Amazônia Antiga". *Habitus*, vol. 14, n. 1, pp. 51-72, 2016.

Barros, Edir Pina de. *Os Filhos do Sol: História e Cosmologia na Organização Social de um Povo Karib, os Kurâ-Bakairi*. São Paulo, Edusp, 2003.

Baschet, Jérôme. *Corps et âmes: une histoire de la personne au Moyen Âge*. Paris, Flammarion, 2016.

Basso, Ellen B. *A Musical View of the Universe: Kalapalo Myth and Ritual Performances*. Filadélfia, University of Pennsylvania Press, 1985.

_____. "Epistemic Deixis in Kalapalo". *Pragmatics*, vol. 18, n. 2, pp. 215-252, 2008.

_____. *In Favour of Deceit: A Study of Tricksters in an Amazonian Society*. Tucson, University of Arizona Press, 1987a.

_____. "The Implications of a Progressive Theory of Dreaming". In: TEDLOCK, Barbara (org.). *Dreaming: Anthropological and Psychological Interpretations*. Cambridge, Cambridge University Press, 1987b, pp. 86-104.

BATESON, Gregory. *Steps to an Ecology of Mind: Collected Essays in Anthropology, Psychiatry, Evolution, and Epistemology*. Nova York, Ballantine Books, 1972.

BEAUDET, Jean-Michel. *Souffles d'Amazonie: les orchestres tule des Wayãpi*. Nanterre, Société d'ethnologie, 1997 (Hommes et musiques, 3).

BELAUNDE, Luísa Elvira. "Movimento e Profundidade no Kene shipibo-konibo da Amazônia Peruana". In: SEVERI, Carlo & LANGROU, Els (orgs.). *Quimeras em Diálogo: Grafismo e Figuração na Arte Indígena*. Rio de Janeiro, 7 Letras, 2013, pp. 199-222.

BELLETTI, Jacqueline. "A Tradição Polícroma da Amazônia". In: BARRETO, Cristiana; LIMA, Helena P. & BETANCOURT, Carla J. (orgs.). *Cerâmicas Arqueológicas da Amazônia: Rumo a uma Nova Síntese*. Belém, Iphan/Museu Paraense Emílio Goeldi, 2016.

BELTING, Hans. *Bild und Kult: Eine Geschichte des Bildes vor dem Zeitalter der Kunst*. Munique, C. H. Beck, 1990.

_____. "Image, Medium, Body: A New Approach to Iconology". *Critical Inquiry*, vol. 31, n. 2, pp. 302-319, 2005.

_____. *La vraie image*. Paris, Gallimard, 2007.

_____. *Likeness and Presence: A History of the Image Before the Era of Art*. Chicago, University of Chicago Press, 1994.

_____. *The End of the History of Art?* Chicago, University of Chicago Press, 1987.

BENNETT, Jane. *Vibrant Matter: A Political Ecology of Things*. Durham, Duke University Press, 2010.

BENVENISTE, Émile. *Le vocabulaire des institutions indo-européennes*. Paris, Éditions de Minuit, 1969, vol. 1.

BÍBLIA DE JERUSALÉM. São Paulo, Paulus, 2021.

BIRD, Phyllis A. "Theological Anthropology in the Hebrew Bible". In: PERDUE, Leo G. (org.). *The Blackwell Companion to the Hebrew Bible*. Oxford, Blackwell Publishers, 2001, pp. 258-275.

BLACKING, John. *How Musical Is Man?* Seattle, University of Washington Press, 1973.

BOAS, Franz. "Die Ausdrücke für einige religiöse Begriffe der Kwakiutl Indianer". In: FESTSCHRIFT *Meinhof: Sprachwissenschaftliche und Andere Studien*. Hamburgo, J. J. Augustin, 1927a.

_____. *Primitive Art*. Cambridge, Harvard University Press, 1927b.

_____. *The Kwakiutl of Vancouver Island*. Leiden, E. J. Brill/G. E. Stechert, 1909.

_____. "The Social Organization and the Secret Societies of the Kwakiutl Indians". In: *Report of the United States National Museum for the Year Ending June 30, 1895*. Washington, DC, United States Government Printing Office, 1895, pp. 309-738.

BOEHM, Gottfried. *Was ist ein Bild?* Munique, W. Fink, 1995.

BOEHM, Gottfried & MITCHELL, W. J. T. "Pictorial versus Iconic Turn: Two Letters". In: CURTIS, Neal (org.). *The Pictorial Turn*. Nova York, Routledge, 2010, pp. 8-26.

BOESPFLUG, François. "Le diable et la Trinité tricéphales: à propos d'une pseudo-'vision de la Trinité' advenue à un novice de saint Norbert de Xanten". *Revue des Sciences Religieuses*, vol. 72, n. 2, pp. 156-175, 1998.

BORTOLETTO, Renata. *Morfologia Social Paresi: Uma Etnografia das Formas de Sociabilidade em um Grupo Aruak do Brasil Central*. Dissertação de mestrado, Campinas, Instituto de Filosofia e Ciências Humanas, Universidade Estadual de Campinas, 1999.

BOURGET, Steve. *Sex, Death, and Sacrifice in Moche Religion and Visual Culture*. Austin, University of Texas Press, 2006.

BOYER, Pascal. *The Naturalness of Religious Ideas*. Berkeley, University of California Press, 1994.

BREDEKAMP, Horst. *Immagini che Ci Guardano: Teoria dell'Atto Iconico*. Milão, Raffaello Cortina, 2015.

BRIGHTMAN, Marc. "Archetypal Agents of Affinity: Sacred Musical Instruments in the Guianas?". In: HILL, Jonathan D. & CHAUMEIL, Jean-Pierre (orgs.). *Burst of Breath: Indigenous Ritual Wind Instruments in Lowland South America*. Lincoln, University of Nebraska Press, 2011, pp. 201-218.

BRIGHTMAN, Marc; FAUSTO, Carlos & GROTTI, Vanessa Elisa. "Introduction: Altering Ownership in Amazonia". In: BRIGHTMAN, Marc; FAUSTO, Carlos & GROTTI, Vanessa Elisa (orgs.). *Ownership and Nurture: Studies in Native Amazonian Property Relations*. Oxford, Berghahn Books, 2016, pp. 1-35.

BRIGHTMAN, Robert A. *Grateful Prey: Rock Cree Human-animal Relationships*. Los Angeles, University of California Press, 1993.

BROCHADO, José P. "A Expansão dos Tupi e da Cerâmica da Tradição Policrômica Amazônica". *Dédalo*, vol. 9, n. 17-18, pp. 41-47, 1989.

BROWN, Bill. *Other Things*. Chicago, University of Chicago Press, 2015.

_____. "Things". *Critical Inquiry*, vol. 28, n. 1, pp. 11-22, 2001.

BUONARROTI, Michelangelo. *The Sonnets of Michael Angelo Buonarroti, Now for the First Time Translated into Rhymed English*. Trad. John Addington Symonds. 2. ed. Londres, Smith, Elder & Co., 1904 [c. 1542].

BUTLER, Judith. *Bodies that Matter: On the Discursive Limits of "Sex"*. Nova York, Routledge, 1993.

BYNUM, Caroline W. *Christian Materiality: An Essay on Religion in Late Medieval Europe*. Cambridge, Zone Books, 2011.

_____. *Jesus as Mother: Studies in the Spirituality of the High Middle Ages*. Berkeley, University of California Press, 1982.

_____. *Metamorphosis and Identity*. Cambridge, Zone Books, 2001.

_____. "The Sacrality of Things: An Inquiry into Divine Materiality in the Christian Middle Ages". *Irish Theological Quarterly*, vol. 78, n. 1, pp. 3-18, 2013.

_____. *Wonderful Blood*. Filadélfia, University of Pennsylvania Press, 2007.

CAMILLE, Michael. *Image on the Edge: The Margins of Medieval Art*. Londres, Reaktion Books, 1992.

_____. "The Image and the Self: Unwriting Late Medieval Bodies". In: Kay, Sarah & Rubin, Miri (orgs.). *Framing Medieval Bodies*. Manchester, Manchester University Press, 1994, pp. 62-99.

Carneiro, Robert L. "The Afterworld of the Kuikúru Indians". In: Wetherington, Ronald K. *Colloquia in Anthropology*. Dalas, Fort Burgwin Research Center, 1977, pp. 3-15.

_____. "To the Village of the Jaguars: The Master Myth of the Upper Xingú". *Antropologica*, vol. 72, pp. 3-40, 1989.

Carneiro da Cunha, Manuela. *Os Mortos e os Outros: Uma Análise do Sistema Funerário e da Noção de Pessoa entre os Índios Krahó*. São Paulo, Hucitec, 1978.

Carneiro da Cunha, Manuela & Viveiros de Castro, Eduardo. "Vingança e Temporalidade: Os Tupinambás". *Journal de la Société des Américanistes*, vol. 71, pp. 191-217, 1985.

Carrier, James G. *Gifts and Commodities: Exchange and Western Capitalism Since 1700*. Londres, Routledge, 1995.

Carvajal, Gaspar de. *Descubrimiento del Río de las Amazonas*. Sevilha, Imprenta de E. Rasco, 1894 [1542].

Cesarino, Pedro N. "Donos e Duplos: Relações de Conhecimento, Propriedade e Autoria entre Marubo". *Revista de Antropologia*, vol. 53, n. 1, pp. 147-197, 2010.

_____. "Le problème de la duplication et de la projection visuelle chez les Marubo (Amazonie occidentale)". *Images Re-vues: Histoire, Anthropologie et Théorie de l'Art*, n. 8, 2011. Disponível em: https://journals.openedition.org/imagesrevues/501. Acesso em: 25 jul. 2022.

_____. "Virtualidade e Equivocidade do Ser nos Xamanismos Ameríndios". *Revista do Instituto de Estudos Brasileiros*, vol. 69, pp. 267-288, 2018.

Chaumeil, Jean-Pierre. "Armados Hasta los Dientes: Los Trofeos de Dientes Humanos en la Amazonía". In: Cipolletti, María Susana & Myers, Thomas P. (orgs.). *Artifacts and Society in Amazonia*. Bonn, Bonner Amerikanistische Studien, 2002, pp. 115-126.

_____. "Bones, Flutes, and the Dead: Memory and Funerary Treatments in Amazonia". In: Fausto, Carlos & Heckenberger, Michael (orgs.). *Time and Memory in Indigenous Amazonia: Anthropological Perspectives*. Gainesville, University Press of Florida, 2007, pp. 243-283.

_____. "Echange d'énergie: guerre, identité, reproduction sociale chez les Yagua de l'Amazonie péruvienne". *Journal de la Société des Américanistes*, vol. 71, pp. 149-163, 1985.

_____. "Speaking Tubes: The Sonorous Language of Yagua Flutes". In: Hill, Jonathan D. & Chaumeil, Jean-Pierre (orgs.). *Burst of Breath: Indigenous Ritual Wind Instruments in Lowland South America*. Lincoln, University of Nebraska Press, 2011, pp. 49-68.

_____. "The Blowpipe Indians: Variations on the Theme of Blowpipe and Tube among the Yagua Indians of the Peruvian Amazon". In: Rival, Laura & Whitehead, Neil (orgs.). *Beyond the Visible and the Material: The Amerindianization of*

Society in the Work of Peter Rivière. Oxford, Oxford University Press, 2001, pp. 81-99.

CHRISTINAT, Jean-Louis. "Mission ethnographique chez les indiens Erigpactsa (Mato Grosso), Expédition Juruena 1962". *Bulletin de la Société Suisse des Américanistes*, vol. 2, pp. 3-36, 1963.

CICERO. *On the Orator: Books 1-2*. Trad. E. W. Sutton e H. Rackham. Cambridge, Harvard University Press, 1942 (Loeb Classical Library, 348).

CLASTRES, Pierre. *Archeology of Violence*. Nova York, Semiotext(e), 1994.

COELHO, Vera Penteado. "A Festa do Pequi e o Zunidor entre os Índios Waurá". *Bulletin de la Société Suisse des Américanistes*, vol. 55-56, pp. 37-56, 1991-1992.

COELHO DE SOUZA, Marcela. "Virando Gente: Notas a uma História Aweti". In: FRANCHETTO, Bruna & HECKENBERGER, Michael (orgs.). *Os Povos do Alto Xingu: História e Cultura*. Rio de Janeiro, Editora da UFRJ, 2001, pp. 358-400.

COETZEE, J. M. *Elizabeth Costello: Eight Lessons*. Auckland, Wheeler, 2004.

COLE, Douglas. *Franz Boas: The Early Years, 1858-1906*. Seattle, University of Washington Press, 1999.

COLEBROOK, Claire. *Irony*. Londres, Routledge, 2004.

CONRAD, Rudolf. "Weru Wiu: Musik der Maske weru beim Aruanã-Fest der Karajá-Indianer, Brazilien". *Bulletin de la Société Suisse des Américanistes*, vol. 61, pp. 45-62, 1997.

CONWAY, William M. *Literary Remains of Albrecht Dürer*. Cambridge, Cambridge University Press, 1889.

COSTA, Luiz. "Magnification, Minification and What It Means to be Human in Amazonia", 2018 (manuscrito não publicado).

_____. *The Owners of Kinship: Asymmetrical Relations in Indigenous Amazonia*. Chicago, HAU Books, 2017.

COSTA, Luiz & FAUSTO, Carlos. "Animism". In: CALLAN, Hilary (org.). *The International Encyclopedia of Anthropology*. Malden, Wiley-Blackwell, 2018.

_____. "The Return of the Animists: Recent Studies of Amazonian Ontologies". *Religion and Society*, vol. 1, pp. 89-109, 2010.

COSTA, Romana Maria. *Cultura e Contato: Um Estudo da Sociedade Paresi no Contexto das Relações Interétnicas*. Dissertação de mestrado, Rio de Janeiro, Museu Nacional, Universidade Federal do Rio de Janeiro, 1985.

COSTA LIMA, Luiz. *Mímesis: Desafio ao Pensamento*. Rio de Janeiro, Civilização Brasileira, 2000.

COUTINHO, Ana G. "A Relação com Tawã: O Silêncio, a Fala e os Ruídos". In: Seminário do Laboratório de Antropologia da Arte, Ritual e Memória (LARMe), Rio de Janeiro, 2017.

CRISANTE, Mariana A. P. *Práticas Funerárias de Grupos de Línguas Tupi-guarani: Análise de contextos das Regiões do Paranapanema e Alto Paraná*. Dissertação de mestrado, São Paulo, Museu de Antropologia e Etnologia, Universidade de São Paulo, 2017.

CRITICAL Inquiry, vol. 28, n. 1, 2001.

CROCKER, Jon Christopher. "My Brother the Parrot". In: SAPIR, J. David & CROCKER, J. Christopher (orgs.). *The Social Use of Metaphor: Essays on the Anthropology of Rhetoric*. Filadélfia, University of Pennsylvania Press, 1977, pp. 164-192.

_____. *Vital Souls: Bororo Cosmology, Natural Symbolism, and Shamanism*. Tucson, University of Arizona Press, 1985.

CURTIS, Edward. *The North American Indian*. Norwood, Plimpton Press, 1914, vol. 10.

CURTIS, Neal (org.). *The Pictorial Turn*. Nova York, Routledge, 2010.

D'ÉVREUX, Yves. *Voyage au nord du Brésil: fait en 1613 et 1614*. Paris, Payot, 1985 [1613].

DANTO, Arthur C. *After the End of Art: Contemporary Art and the Pale of History*. Princeton, Princeton University Press, 1997.

_____. *Art/Artifact: African Art in Anthropology Collections*. Nova York, Center for African Art-Neueus Publishing Company, 1988.

_____. "The End of Art". In: LANG, Berel (org.). *The Death of Art*. Nova York, Haven, 1984.

DE LÉRY, Jean. *Histoire d'un voyage fait en la terre du Brésil*. Genebra, A. Chuppin, 1578.

_____. *History of a Voyage to the Land of Brazil, Otherwise Called America*. Berkeley, University of California Press, 1992 [1578].

DEBRET, Jean-Baptiste. *Voyage pittoresque et historique au Brésil, ou Séjour d'un artiste français au Brésil, depuis 1816 jusqu'en 1831 inclusivement*. Paris, Firmin Didot Frères, 1834.

DESCOLA, Philippe. "Estrutura ou Sentimento: A Relação com o Animal na Amazônia". *Mana: Estudos de Antropologia Social*, vol. 4, n. 1, pp. 23-45, 1998.

_____. *Les lances du crépuscule: relations Jivaros, Haute-Amazonie*. Paris, Plon, 1993.

_____. "Modes of Being and Forms of Predication". *Hau: Journal of Ethnographic Theory*, vol. 4, n. 1, pp. 271-280, 2014.

_____. *Par-delà nature et culture*. Paris, Gallimard, 2005.

_____. "Societies of Nature and the Nature of Society". In: KUPER, Adam (org.). *Conceptualizing Society*. Londres, Routledge, 1992, pp. 197-226.

_____. "The Genres of Gender: Local Models and Global Paradigms in the Comparison of Amazonia and Melanesia". In: GREGOR, Thomas A. & TUZIN, Donald (orgs.). *Gender in Amazonia and Melanesia: An Exploration of the Comparative Method*. Berkeley, University of California Press, 2001, pp. 91-114.

_____. "Un monde animé: présentation". In: DESCOLA, Philippe (org.). *La fabrique des images: visions du monde et formes de la représentation*. Paris, Somogy-Musée du Quai Branly, 2010, pp. 23-38.

DETIENNE, Marcel. *Les Maîtres de vérité dans la Grèce archaïque*. Paris, Libre de Poche, 2006.

DIAS DE PAULA, Eunice. *A Língua dos Apyãwa (Tapirapé) na Perspectiva da Etnossintaxe*. Campinas, Curt Nimuendajú, 2014.

"DICCIONARIO Portuguez-Brasiliano e Brasiliano-Portuguez". Ed. Plynio Ayrosa. *Revista do Museu Paulista*, vol. 18, pp. 17-322, 1934 [1795].

DIPERT, Randall R. "Some Issues in the Theory of Artifacts: Defining 'Artifact' and Related Notions". *Monist*, vol. 78, n. 2, pp. 119-135, 1995.

DONNAN, Christopher B. *Moche Portraits from Ancient Peru*. Austin, University of Texas Press, 2004.

DÜRER, Albrecht. *Four Books of Human Proportion*. Nuremberg, Jeronynus Formschneider, 1528.

ECK, Caroline van. *Art, Agency and Living Presence: From the Animated Image to the Excessive Object*. Leiden, Leiden University Press, 2015.

_____. "Living Statues: Alfred Gell's Art and Agency, Living Presence Response and the Sublime". *Art History*, vol. 33, n. 4, pp. 642-659, 2010.

EHRENREICH, Paul. *Beiträge zur Völkerkunde Brasiliens*. Berlim, W. Spemann, 1891.

_____. "Contribuições para a Etnologia do Brasil". *Revista do Museu Paulista*, n. s., n. 2, pp. 7-135, 1948.

ELIAS, Norbert. *The Civilizing Process*. Londres, Blackwell, 1994.

ELIAS, Norbert & DUNNING, Eric. *Quest for Excitement: Sport and Leisure in the Civilizing Process*. Oxford, Blackwell, 1986.

ELKINS, James. *Why Are Our Pictures Puzzles? On the Modern Origins of Pictorial Complexity*. Nova York, Routledge, 1999.

EMMERICH, Margarete; EMMERICH, Charlotte & VALLE, Luci de Senna. "O Kuarupe: Árvore do Sol". *Bradea-Boletim do Herbarium Bradeanum*, vol. 4, n. 49, pp. 388-391, 1987.

ERIKSON, Philippe. *La griffe des aïeux: marquage du corps et démarquages ethniques chez les Matis d'Amazonie*. Louvain/Paris, Peeters, 1996.

_____. "Le masque matis: matière à réflexion, réflexion sur la matière". *L'Homme*, vol. 161, pp. 149-164, 2002.

FARABEE, William C. *Indian Tribes of Eastern Peru*. Cambridge, Harvard University/ The Museum, 1922 (Papers of the Peabody Museum of American Archaeology and Ethnology, 10).

FAUSTO, Carlos. "A Blend of Blood and Tobacco: Shamans and Jaguars among the Parakanã of Eastern Amazonia". In: WHITEHEAD, Neil & WRIGHT, Robin (orgs.). *Darkness and Secrecy: The Anthropology of Assault Sorcery and Witchcraft in Amazonia*. Chapel Hill, Duke University Press, 2004, pp. 157-178.

_____. "Banquete de Gente: Comensalidade e Canibalismo na Amazônia". *Mana: Estudos de Antropologia Social*, vol. 8, n. 2, pp. 7-44, 2002.

_____. "Chiefly Jaguar, Chiefly Tree: Mastery and Authority in the Upper Xingu (Amazonia)". In: KOSIBA, Steven; JANUSEK, John & CUMMINS, Tom (orgs.). *Sacred Matter: Animism and Authority in the Pre-Columbian Americas*. Washington, DC, Dumbarton Oaks, 2020.

_____. "De Primos e Sobrinhas: Terminologia e Aliança entre os Parakanã (Tupi) do Pará". In: VIVEIROS DE CASTRO, Eduardo (org.). *Estruturas Sociais Ameríndias: Os Sistemas de Parentesco*. Rio de Janeiro, Editora da UFRJ, 1995, pp. 61-119.

_____. "Donos Demais: Propriedade e Maestria na Amazônia". *Mana: Estudos de Antropologia Social*, vol. 14, n. 2, pp. 329-366, 2008.

_____. "Feasting on People: Eating Animals and Humans in Amazonia". *Current Anthropology*, vol. 48, n. 4, pp. 497-530, 2007a.

_____. "How Much for a Song: The Culture of Calculation and the Calculation of Culture". In: BRIGHTMAN, Marc; FAUSTO, Carlos & GROTTI, Vanessa Elisa (orgs.). *Ownership and Nurture: Studies in Native Amazonian Property Relations*. Oxford, Berghahn Books, 2016, pp. 133-155.

_____. "If God Were a Jaguar: Cannibalism and Christianity among the Guarani (16th-20th Century)". In: FAUSTO, Carlos & HECKENBERGER, Michael J. (orgs.). *Time and Memory: Anthropological Perspectives*. Gainesville, University Press of Florida, 2007b, pp. 74-105.

_____. *Inimigos Fiéis: História, Guerra e Xamanismo na Amazônia*. São Paulo, Edusp, 2001.

_____. "Killing for Nothing: Witchcraft and Human Predation in Amazonia". In: The Anti-Gift: Musings on Unrequited Reciprocity, Social Parasitism and Gratuity, Oberbozen (Itália), 3-5 set. 2014 (manuscrito não publicado).

_____. "Le masque de l'animiste: chimères et poupées russes en Amérique indigène". *Gradhiva*, vol. 13, pp. 49-67, 2011a.

_____. "Masques et trophées: de la visibilité des être invisibles en Amazonie". In: GOULARD, Jean-Pierre & KARADIMAS, Dimitri (orgs.). *Masques des hommes, visages des dieux*. Paris, CNRS Éditions, 2011b, pp. 229-254.

_____. "Mil Años de Transformación: La Cultura de la Tradición entre los Kuikuro del Alto Xingú". In: CHAUMEIL, Jean-Pierre; ESPINOSA, Oscar & CORNEJO, Manuel (orgs.). *Por Donde Hay Soplo: Estudios Amazónicos en los Países Andinos*. Lima, Ifea/Caap/Pucp, 2011c, pp. 185-216.

_____. "Of Enemies and Pets: Warfare and Shamanism in Amazonia". *American Ethnologist*, vol. 26, n. 4, pp. 933-956, 1999.

_____. "Sangue de Lua: Reflexões Ameríndias sobre Espíritos e Eclipses". *Journal de la Société des Américanistes*, vol. 96, pp. 63-80, 2012a.

_____. "The Bones Affair: Indigenous Knowledge Practices in Contact Situation Seen from an Amazonian Case". *Journal of the Royal Anthropological Institute*, vol. 8, n. 4, pp. 669-690, 2002.

_____. "Too Many Owners: Mastery and Ownership in Amazonia". In: BRIGHTMAN, Marc; GROTTI, Vanessa Elisa & Ulturgasheva, Olga (orgs.). *Animism in Forest and Tundra*. Londres, Berghahn Books, 2012b, pp. 85-105.

_____. *Warfare and Shamanism in Amazonia*. Cambridge, Cambridge University Press, 2012c.

FAUSTO, Carlos; DEMOLIN, Didier & KUIKURO, Jakalu. *A Dança dos Sopros: Aerofones Kuikuro do Alto Xingu*. Rio de Janeiro, Associação Indígena Kuikuro do Alto Xingu/Documenta Kuikuro/Museu Nacional, 2013 (*compact disc*).

FAUSTO, Carlos & FRANCHETTO, Bruna. *Tisakisü: Tradição e Novas Tecnologias da Memória (Kuikuro, Alto Xingu)*. Rio de Janeiro, Museu do Índio/Funai, 2008 (catálogo da mostra).

Fausto, Carlos; Franchetto, Bruna & Heckenberger, Michael. "Language, Ritual and Historical Reconstruction: Towards a Linguistic, Ethnographical, and Archaeological Account of Upper Xingu Society". In: Harrison, K. David; Rood, David & Dwyer, Arienne (orgs.). *Lessons from Documented Endangered Languages*. Amsterdã, John Benjamins, 2008, pp. 129-157.

Fausto, Carlos; Franchetto, Bruna & Montagnani, Tommaso. "Les formes de la mémoire: art verbal et musique chez les Kuikuro du Haut-Xingu (Brésil)". *L'Homme*, vol. 197, pp. 41-69, 2011.

Fausto, Carlos & Neves, Eduardo G. "Was There Ever a Neolithic in the Neotropics? Plant Familiarisation and Biodiversity in the Amazon". *Antiquity*, vol. 92, n. 366, pp. 1 604-1 618, 2018.

Fausto, Carlos & Penoni, Isabel. "L'effigie, le cousin et le mort: un essai sur le rituel du Javari (Haut-Xingu, Brésil)". *Cahiers d'Anthropologie Sociale*, vol. 10, pp. 14-37, 2014.

Fausto, Ruy. *Marx Lógica e Política: Investigações para uma Reconstituição do Sentido da Dialética*. São Paulo, Brasiliense, 1987.

Feld, Steven. "Aesthetics as Iconicity of Style (Uptown Title); or, (Downtown Title) 'Lift-up-over Sounding': Getting into the Kaluli Groove". In: Keil, Charles & Feld, Steven (orgs.). *Music Grooves*. Chicago, University of Chicago Press, 1994, pp. 109-150.

Figueiredo, Paulo Maia. *Desequilibrando o Convencional: Estética e Ritual com os Baré do Alto Rio Negro (Amazonas)*. Tese de doutorado, Rio de Janeiro, Museu Nacional, Universidade Federal do Rio de Janeiro, 2009.

Fienup-Riordan, Ann. *Boundaries and Passages: Rule and Ritual in Yup'ik Eskimo Oral Tradition*. Norman, University of Oklahoma Press, 1994.

_____. *Eskimo Essays: Yup'ik Lives and How We See Them*. New Brunswick, Rutgers University Press, 1990.

_____. *Hunting Tradition in a Changing World: Yup'ik Lives in Alaska Today*. New Brunswick, Rutgers University Press, 2000.

_____. *The Living Tradition of Yup'ik Masks: Agayuliyararput (Our Way of Making Prayer)*. Seattle, University of Washington Press, 1996.

Fiorini, Marcelo. "Desire in Music: Soul-speaking and the Power of Secrecy". In: Hill, Jonathan D. & Chaumeil, Jean-Pierre (orgs.). *Burst of Breath: Indigenous Ritual Wind Instruments in Lowland South America*. Lincoln, University of Nebraska Press, 2011, pp. 171-197.

Fortis, Paolo. *Kuna Art and Shamanism: An Ethnographic Approach*. Austin, University of Texas Press, 2012.

Foucault, Michel. *The Courage of the Truth (the Government of Self and Others II): Lectures at the Collège de France 1983-1984*. Nova York, Palgrave Macmillan, 2011.

Fowles, Severin. "The Perfect Subject (Postcolonial Object Studies)". *Journal of Material Culture*, vol. 21, n. 1, pp. 9-27, 2016.

Franchetto, Bruna. "Are Kuikuro Roots Lexical Categories?". In: Lois, Ximena & Vapnarski, Valentina (orgs.). *Lexical Categories and Root Classes in Amerindian Languages*. Berna, Peter Lang, 2006, pp. 33-68.

_____. "Autobiographies of a Memorable Man and Other Memorable Persons (Southern Amazonia, Brazil)". In: Oakdale, Suzanne & Course, Magnus (orgs.). *Fluent Selves: Autobiography, Person, and History in Lowland South America*. Lincoln, University of Nebraska Press, 2014, pp. 271-309.

_____. *Falar Kuikúro: Estudo Etnolinguístico de um Grupo Karíbe do Alto Xingu*. Tese de doutorado, Rio de Janeiro, Museu Nacional, Universidade Federal do Rio de Janeiro, 1986.

_____. "L'autre du même: parallélisme et grammaire dans l'art verbal des récits kuikuro (caribe du Haut Xingu, Brésil)". *Amerindia*, vol. 28, pp. 213-248, 2003.

_____. "Les marques de la parole vraie en Kuikuro, langue caribe du Haut-Xingu (Brésil)". In: Guentchéva, Zlatka & Landaburu, Ion (orgs.). *L'énonciation médiatisée II: Le traitement épistémologique de l'information – illustrations amérindiennes et caucasiennes*. Paris, Éditions Peeters, 2007, pp. 173-204.

_____. "Rencontres rituelles dans le Haut Xingu: la parole du chef". In: Monod-Becquelin, Aurore & Erikson, Philippe (orgs.). *Les rituels du dialogue: promenades ethnolinguistiques en terres amérindiennes*. Nanterre, Societé d'Ethnologie, 2000, pp. 481-510.

_____ (org.). *Alto Xingu, uma Sociedade Multilíngue*. Rio de Janeiro, Museu do Índio/Funai, 2011.

_____ (org.). *Ikú Ügühütu Higei: Arte Gráfica dos Povos Karib do Alto Xingu*. Rio de Janeiro, Museu do Índio/Funai, 2015.

Franchetto, Bruna *et al*. "Kuikuro: Anha ituna tütenhüpe itaõ ('The Woman Who Went to the Village of the Dead')". In: Stenzel, Christine & Franchetto, Bruna (orgs.). *On This and Other Worlds: Voices from Amazonia*. Berlim, Language Science Press, 2017, pp. 3-65.

Franchetto, Bruna *et al*. (orgs.). *Dicionário Multimídia e Enciclopédico Kuikuro (Karib Alto-xinguano)* (em preparação).

Franchetto, Bruna & Heckenberger, Michael J. (orgs.). *Os Povos do Alto Xingu: História e Cultura*. Rio de Janeiro, Editora da UFRJ, 2001.

Franchetto, Bruna & Montagnani, Tommaso. "Flûtes des hommes, chants des femmes: images et relations sonores chez les Kuikuro du Haut-Xingu". *Gradhiva, Revue d'Anthropologie et de Histoire des Arts*, vol. 13, pp. 94-111, 2011.

_____. "Langage, langue et musique chez les Kuikuro du Haut-Xingu". *Cahiers d'Anthropologie Sociale*, vol. 10, pp. 54-76, 2014.

_____. "When Women Lost Kagutu Flutes, to Sing Tolo Was All They Had Left: Gender Relations among the Kuikuro of Central Brazil as Revealed in Ordeals of Language and Music". *Journal of Anthropological Research*, vol. 68, n. 3, pp. 339-355, 2012.

Franchetto, Bruna & Thomas, Guillaume. "The Nominal Temporal Marker -pe in Kuikuro". In: Bui, Thuy & Rudmila-Rodica, Ivan (orgs.). *Proceedings of the Ninth*

Conference on the Semantics of Under-represented Languages in the Americas. Santa Cruz, University of California, 2016, pp. 25-40.

Frank, Erwin H. "Los Uni". In: Santos-Granero, Fernando & Barclay, Frederica (orgs.). *Guía Etnográfica de la Alta Amazonia.* Quito, Flacso/Ifea, 1994, vol. 2, pp. 128-237.

Frazer, James G. *The Golden Bough: A Study in Comparative Religion.* Londres, Macmillan, 1980, 2 vols.

Freedberg, David. *The Power of Images: Studies in the History and Theory of Response.* Chicago, University of Chicago Press, 1989.

Fried, Michael. *Absorption and Theatricality: Painting and Beholder in the Age of Diderot.* Berkeley, University of California Press, 1980.

Fritz, Samuel. *Diário del Padre Fritz.* Introd. Hernán Rodrigues Castelo. Quito, Studio 21, 1997 [1689].

Furst, Jill Leslie McKeever. "The Nahualli of Christ: The Trinity and the Nature of the Soul in Ancient Mexico". res: *Anthropology and Aesthetics,* vol. 33, pp. 208-224, 1998.

Gaiger, Jason. "Participatory Imagining and the Explanation of Living-presence Response". *British Journal of Aesthetics,* vol. 51, n. 4, pp. 363-381, 2011.

Galvão, Eduardo. "O Uso do Propulsor entre as Tribos do Alto Xingu". In: _____. *Encontro de Sociedades.* Rio de Janeiro, Paz e Terra, 1979, pp. 39-57.

Garcia de Freitas, José. "Os Índios Parintintin". *Journal de la Société des Américanistes,* vol. 18, pp. 67-73, 1926.

Gebauer, Gunter & Wulf, Christoph. *Mimesis: Culture, Art, Society.* Berkeley, University of California Press, 1995.

Gell, Alfred. *Art and Agency: An Anthropological Theory.* Oxford, Clarendon Press, 1998.

_____. *The Art of Anthropology: Essays and Diagrams.* Londres, Athlone Press, 1999.

Gibson, James J. *The Ecological Approach to Visual Perception.* Londres, Psychology Press Classic Editions, 2014.

Gilij, Filippo Salvatore. *Saggio di Storia Americana, o sia Storia Naturale, Civile e Sacra de'Regni e delle Provincie Spagnuole di Terra-ferma nell'America Meridionale.* Roma, Salvioni, 1781, tomo ii: *De' Costumi degli Orinochesi.*

Ginzburg, Carlo. "Representação: A Palavra, a Ideia, a Coisa". In: _____. *Olhos de Madeira: Novas Reflexões sobre a Distância.* São Paulo, Companhia das Letras, 2001, pp. 85-103.

Goldman, Irving. *Cubeo Hehénewa Religious Thought: Metaphysics of a Northwestern Amazonian People.* Nova York, Columbia University Press, 2004.

_____. *The Mouth of Heaven: An Introduction to Kwakiutl Religious Thought.* Nova York, John Wiley & Sons, 1975.

Gombrich, Ernst H. *Meditations on a Hobby Horse, and Other Essays on the Theory of Art.* Londres, Phaidon Publishers, 1963.

Gomes, Denise M. C. "O Lugar dos Grafismos e das Representações na Arte Pré-colonial Amazônica". *Mana: Estudos de Antropologia Social*, vol. 22, n. 3, pp. 671-703, 2016.

_____. "O Perspectivismo Ameríndio e a Ideia de uma Estética Americana". *Boletim do Museu Paraense Emílio Goeldi – Ciências Humanas*, vol. 7, pp. 133-159, 2012.

_____. "Santarém: Symbolism and Power in the Tropical Forest". In: McEwan, Colin; Barreto, Cristiana & Neves, Eduardo G. *Unknown Amazon: Culture in Nature in Ancient Brazil*. Londres, British Museum Press, 2001, pp. 134-155.

Gonçalves de Tocantins, Antônio Manuel. "Estudos sobre a Tribu Mundurucú". *Revista Trimensal do Instituto Historico Geographico e Ethnographico do Brasil*, vol. 40, n. 2, pp. 73-161, 1877.

Goulard, Jean-Pierre. *Entre Mortales e Inmortales: El Ser según los Ticunas de la Amazonia*. Lima, Instituto Francés de Estudios Andinos, 2009.

_____. "La sur-face du masque: perpétuation et métamorphose chez les Tikuna". In: Goulard, Jean-Pierre & Karadimas, Dimitri. *Masques des hommes, visages des dieux*. Paris, CNRS Éditions, 2011, pp. 129-153.

_____. "Le costume-masque". *Bulletin de la Société Suisse des Américanistes*, vol. 64-65, pp. 75-82, 2000-2001.

Graeber, David. *Toward an Anthropological Theory of Value: The False Coin of Our Own Dreams*. Nova York, Palgrave, 2001.

Graf, Arturo. *Art of the Devil*. Nova York, Parkstone Press, 2009.

Greenblatt, Stephen. *The Rise and Fall of Adam and Eve*. Nova York, W. W. Norton and Company, 2017.

Gregor, Thomas. *Anxious Pleasures: The Sexual Lives of an Amazonian People*. Chicago, University of Chicago Press, 1985.

Gregory, Chris. *Gifts and Commodities*. Londres, Academic Press, 1982.

Grünberg, Georg. *Os Kaiabi do Brasil Central: História e Etnografia*. São Paulo, Instituto Socioambiental, 2004.

Gruzinski, Serge. *A Guerra das Imagens: De Cristóvão Colombo a Blade Runner (1492-2019)*. São Paulo, Companhia das Letras, 1990.

Guapindaia, Vera. "Encountering the Ancestors: The Maracá Urns". In: McEwan, Colin; Barreto, Cristiana & Neves, Eduardo G. (orgs.). *Unknown Amazon: Culture in Nature in Ancient Brazil*. Londres, British Museum, 2001, pp. 156-173.

Guchte, Maarten van de. "Sculpture and the Concept of the Double among the Inca Kings". *RES: Anthropology and Aesthetics*, vol. 29-30, pp. 256-268, 1996.

Guerreiro, Antonio. *Ancestrais e Suas Sombras: Uma Etnografia da Chefia Kalapalo e Seu Ritual Mortuário*. Campinas, Editora Unicamp, 2015a.

_____. "Political Chimeras: The Uncertainty of the Chief's Speech in the Upper Xingu". *HAU: Journal of Ethnographic Theory*, vol. 5, n. 1, pp. 59-85, 2015b.

Gumbrecht, Hans U. *Production of Presence*. Stanford, Stanford University Press, 2004.

Gumilla, José. *El Orinoco Ilustrado: Historia Natural, Civil y Geographica de este Gran Rio*. Bogotá, Biblioteca Popular de Cultura Colombiana/Banco de la República, 1944 [1741], tomo I.

_____. *Historia Natural, Civil y Geográfica de las Naciones Situadas en las Riveras del Rio Orinoco*. Barcelona, Carlos Gilbert y Tutó, 1791, tomo II.

Guran, Milton & Fausto, Carlos. *A Casa Xinguana*. São Paulo, Museu da Casa Brasileira, 2008 (catálogo da exposição).

Guss, David M. *To Weave and Sing: Art, Symbol, and Narrative in the South American Rain Forest*. Berkeley, University of California Press, 1989.

Haack, Susan. *Evidence and Inquiry: Towards Reconstruction in Epistemology*. Oxford, Blackwell, 1993.

Hallowell, Alfred Irving. "Ojibwa Ontology, Behavior, and World View". In: Diamond, Stanley (org.). *Culture in History: Essays in Honor of Paul Radin*. Nova York, Columbia University Press, 1960, pp. 19-52.

Harf-Lancner, Laurence. "La métamorphose illusoire: des théories chrétiennes de la métamorphose aux images médiévales du loup-garou". *Annales: Économies, Sociétés, Civilisations*, vol. 40, n. 1, pp. 208-226, 1985.

Harner, Michael. *Jívaro: People of the Sacred Waterfalls*. Londres, Robert Hale & Company, 1973.

Heckenberger, Michael J. "Rethinking the Arawakan Diaspora: Hierarchy, Regionality, and the Amazonian Formative". In: Hill, Jonathan D. & Santos-Granero, Fernando (orgs.). *Comparative Arawakan Histories: Rethinking Language Family and Culture Area in Amazonia*. Champaign, University of Illinois Press, 2002, pp. 99-122.

_____. *The Ecology of Power: Culture, Place, and Personhood in the Southern Amazon, A.D. 1000-2000*. Nova York, Routledge, 2005.

_____. "Xinguano Heroes, Ancestors, and Others: Materializing the Past in Chiefly Bodies, Ritual Space, and Landscape". In: Fausto, Carlos & Heckenberger, Michael (orgs.). *Time and Memory in Indigenous Amazonia: Anthropological Perspectives*. Gainesville, University Press of Florida, 2007, pp. 284-311.

Helfer, Martha B. *The Retreat of Representation: The Concept of* Darstellung *in German Critical Discourse*. Nova York, Suny Press, 1996.

Henare, Amiria J. M.; Holbraad, Martin & Wastell, Sari. *Thinking through Things: Theorising Artefacts Ethnographically*. Londres, Routledge, 2007.

Hesíodo. *Theogony. Works and Days*. Ed. e trad. Glenn W. Most. Cambridge, Harvard University Press, 2006 (Loeb Classical Library).

Hill, Jonathan D. "Instruments of Power: Musicalising the Other in Lowland South America". *Ethnomusicology Forum*, vol. 22, n. 3, pp. 323-342, 2013.

_____. *Keepers of the Sacred Chants: The Poetics of Ritual Power in an Amazonian Society*. Tucson, University of Arizona Press, 1993.

_____. *Made-from-bone: Trickster Myths, Music, and History from the Amazon*. Urbana, University of Illinois Press, 2009.

_____. "Soundscaping the World: The Cultural Poetics of Power and Meaning in Wakuénai Flute Music". In: HILL, Jonathan D. & CHAUMEIL, Jean-Pierre (orgs.). *Burst of Breath: Indigenous Ritual Wind Instruments in Lowland South America*. Lincoln, University of Nebraska Press, 2011, pp. 93-122.

HILL, Jonathan D. & CHAUMEIL, Jean-Pierre (orgs.). *Burst of Breath: Indigenous Ritual Wind Instruments in Lowland South America*. Lincoln, University of Nebraska Press, 2011a.

_____. "Overture". In: HILL, Jonathan D. & CHAUMEIL, Jean-Pierre (orgs.). *Burst of Breath: Indigenous Ritual Wind Instruments in Lowland South America*. Lincoln, University of Nebraska Press, 2011b, pp. 1-46.

HISTORY and Theory, vol. 37, n. 4, 1998.

HOLBRAAD, Martin. "Can the Thing Speak?". *Working Papers Series*, n. 7, pp. 1-26, 2011. Disponível em: http://openanthcoop.net/press/http:/openanthcoop.net/press/wp-content/uploads/2011/01/Holbraad-Can-the-Thing-Speak2.pdf. Acesso em: 3 set. 2022.

HOLLAND, John H. *et al. Induction: Processes of Inference, Learning, and Discovery*. Cambridge, MIT Press, 1986.

HOLM, Bill. *Northwest Coast Indian Art: An Analysis of Form*. Seattle, University of Washington Press, 1965.

HOLMBERG, Allan. *Nomads of the Long Bow: The Siriono of Eastern Bolivia*. Prospect Heights, Waveland, 1985.

HOMERO. *Odisseia*. Trad., posf. e notas Trajano Vieira. São Paulo, Editora 34, 2011.

_____. *The Iliad of Homer and the Odyssey*. Trad. Samuel Butler. Chicago, Encyclopædia Britannica, 1955 (Great Books of the Western World, 4).

HORAN, Daniel P. "Deconstructing Anthropocentric Privilege: Imago Dei and Nonhuman Agency". *The Heythrop Journal*, vol. 60, n. 4, pp. 560-570, 2019.

HORTON, Robin & FINNEGAN, Ruth. *Modes of Thought: Essays on Thinking in Western and Non-Western Societies*. Londres, Faber and Faber, 1973.

HOUSEMAN, Michael & SEVERI, Carlo. *Naven or the Other Self: A Relational Approach to Ritual Action*. Boston, Brill, 1998.

HUGH-JONES, Christine. *From the Milk River: Spatial and Temporal Processes in Northwest Amazonia*. Cambridge, Cambridge University Press, 1979.

HUGH-JONES, Stephen. "Body Tubes and Synaesthesia". *Mundo Amazónico*, vol. 8, n. 1, pp. 27-78, 2017.

_____. "Bride Service and the Absent Gift". *Journal of the Royal Anthropological Institute*, vol. 19, n. 2, pp. 356-377, 2013.

_____. "Nomes Secretos e Riqueza Visível: Nominação no Noroeste Amazônico". *Mana: Estudos de Antropologia Social*, vol. 8, n. 2, pp. 45-68, 2002.

_____. "The Fabricated Body: Objects and Ancestors in Northwest Amazonia". In: SANTOS-GRANERO, Fernando (org.). *The Occult Life of Things: Native Amazonian Theories of Materiality and Personhood*. Tucson, University of Arizona Press, 2009, pp. 33-59.

_____. "The Gender of Some Amazonian Gifts: An Experiment with an Experiment". In: GREGOR, Thomas A. & TUZIN, Donald (orgs.). *Gender in Amazonia and Melanesia: An Exploration of the Comparative Method*. Berkeley, University of California Press, 2001, pp. 245-278.

_____. *The Palm and the Pleiades: Initiation and Cosmology in Northwest Amazonia*. Cambridge, Cambridge University Press, 1979.

HUMBOLDT, F. W. H. Alexander von. *Voyage aux régions équinoxiales du nouveau continent, fait en 1799, 1800, 1801, 1802, 1803 et 1804*. Paris, Schoell, Maze, Smith & Gide, 1819.

HUMPHREY, Caroline & LAIDLAW, James. *The Archetypal Actions of Ritual: A Theory of Ritual*. Oxford, Clarendon Press, 1994.

ILLIES, Christian & MEIJERS, Anthony. "Artefacts without Agency". *Monist*, vol. 92, n. 3, pp. 420-440, 2009.

IMBÉ Gikegü: Cheiro de Pequi. Direção: Magiká Kuikuro e Takumã Kuikuro. Olinda, Associação Indígena Kuikuro do Alto Xingu/Documenta Kuikuro/Museu Nacional/Vídeo nas Aldeias, 2006 (36 min).

INGOLD, Tim. *Being Alive: Essays on Movement, Knowledge and Description*. Londres, Routledge, 2011.

_____. "Materials against Materiality". *Archaeological Dialogues*, vol. 14, n. 1, pp. 1-16, 2007.

_____. *The Perception of the Environment: Essays on Livelihood, Dwelling & Skill*. Londres, Routledge, 2000.

INWOOD, Michael. *A Hegel Dictionary*. Oxford, Blackwell Reference, 1992.

JABIN, David. *Le service éternel: ethnographie d'un esclavage amérindien (Yuqui, Amazonie bolivienne)*. Tese de doutorado, Nanterre, Université de Nanterre-Paris Ouest, 2016.

JAKUBASZKO, Andrea. *Imagens da Alteridade: Um Estudo da Experiência Histórica dos Enawene Nawe*. Dissertação de mestrado, São Paulo, Pontifícia Universidade Católica, 2003.

JONAITIS, Aldona. *Art of the Northwest Coast*. Seattle/Vancouver, University of Washington Press/Douglas and McIntyre, 2006.

JOURNET, Nicolas. "Hearing without Seeing: Sacred Flutes as the Medium for an Avowed Secret in Curripaco Masculine Ritual". In: HILL, Jonathan D. & Chaumeil, Jean-Pierre (orgs.). *Burst of Breath: Indigenous Ritual Wind Instruments in Lowland South America*. Lincoln, University of Nebraska Press, 2011, pp. 123-146.

_____. *La paix des jardins: structures sociales des Indiens curripaco du haut Rio Negro (Colombie)*. Paris, Institut d'Ethnologie/Musée de L'Homme, 1995.

KANTOROWICZ, Ernst H. *The King's Two Bodies: A Study in Mediaeval Political Theology*. Princeton, Princeton University Press, 1997.

KARADIMAS, Dimitri. "Dans le corps de mon ennemi: l'hôte parasité chez les insectes comme un modèle de reproduction chez les Miraña d'Amazonie colombienne". In: MOTTE-FLORAC, Elisabeth & THOMAS, Jacqueline M. C. (orgs.). *Les "insectes" dans la tradition orale*. Leuven, Peeters Publishers, 2003, pp. 487-506.

_____. "La métamorphose de Yurupari: flûtes, trompes et reproduction rituelle dans le Nord-Ouest amazonien". *Journal de la Société des Américanistes*, vol. 94, n. 1, pp. 127-169, 2008.

_____. *La raison du corps: idéologie du corps et représentations de l'environnement chez les Miraña d'Amazonie colombienne*. Paris, Éditions Peeters, 2005.

_____. *Le corps sauvage: idéologie du corps et représentations de l'environnement chez les Miraña d'Amazonie colombienne*. Tese de doutorado, Nanterre, Université de Paris X, 1997.

_____. "Parenté en esclavage: pratiques matrimoniales et alliances politiques chez les Miraña d'Amazonie colombienne". *Droit et Cultures*, vol. 39, pp. 81-100, 2000.

KARSTEN, Rafael. *La Vida y la Cultura de los Shuar*. Quito, Abya-Yala and Banco Central del Ecuador, 1989 [1935], tomo 2.

KEANE, Webb. "The Evidence of the Senses and the Materiality of Religion". *Journal of the Royal Anthropological Institute*, vol. 14, n. 1, pp. 110-127, 2008.

KIRCHOFF, Michael David. "Material Agency: A Theoretical Framework for Ascribing Agency to Material Culture". *Techne: Research in Philosophy and Technology*, vol. 13, n. 3, pp. 206-220, 2009.

KNAPPETT, Carl & MALAFOURIS, Lambros (orgs.). *Material Agency: Towards a Non-anthropocentric Approach*. Londres, Springer, 2008.

KOCH-GRÜNBERG, Theodor. *Dos Años entre los Indios: Viajes por el Noroeste Brasileño, 1903-1905*. Bogotá, Universidade Nacional de Colombia, 1995 [1909], 2 vols.

KOHN, Eduardo. *How Forests Think: Toward na Anthropology Beyond the Human*. Berkeley, University of California Press, 2013.

KRAUSE, Fritz. "Die Yarumä- und Arawine-Indianer Zentralbrasiliens". *Baessler-Archiv*, vol. 19, n. 1-2, pp. 32-44, 1936.

_____. "Großmasken im Schingú-Quellgebiet, Zentral-Brasilien: Der Trommelbaum im Schingú-Quellgebiet". *Mitteilungsblatt der Deutsch Geselschaft für Völkerkunde (Leipzig)*, vol. 11, pp. 3-19, 20-55, 1942.

_____. *In den Wildnissen Brasiliens: Bericht und Ergebnisse der Leipziger Araguaya. Expedition 1908*. Leipzig, Voigtander Verlag, 1911.

_____. "Máscaras Grandes no Alto Xingu". *Revista do Museu Paulista*, vol. 12, pp. 87-124, 1960.

_____. "Maske und Ahnenfigur: Das Motiv der Hülle und das Prinzip der Form". *Ethnologische Studien*, vol. 1, pp. 344-364, 1931.

_____. "Tanzmaskennachbildungen vom Mittleren Araguaya (Zentralbrasilien)". *Jahrbuch des Städtischen Museums für Völkerkunde zu Leipzig*, vol. 3, pp. 97-122, 1910.

LAGROU, Els. *A Fluidez da Forma: Arte, Alteridade e Agência em uma Sociedade Amazônica (Kaxinawa, Acre)*. Rio de Janeiro, Topbooks, 2007.

_____. "Existiria uma Arte das Sociedades contra o Estado?". *Revista de Antropologia*, vol. 54, n. 2, pp. 747-780, 2011.

_____. "O Que Nos Diz a Arte Kaxinawa sobre a Relação entre Identidade e Alteridade?". *Mana*, vol. 8, n. 1, pp. 29-61, 2002.

_____. "Podem os Grafismos Ameríndios ser Considerados Quimeras Abstratas? Uma Reflexão sobre uma Arte Perspectivista". In: SEVERI, Carlo & LAGROU, Els (orgs.), *Quimeras em Diálogo: Grafismo e Figuração na Arte Indígena*. Rio de Janeiro, 7 Letras, 2013, pp. 67-110.

_____. "The Crystallized Memory of Artifacts: A Reflection on Agency and Alterity in Cashinaua Image-making". In: SANTOS-GRANERO, Fernando (org.). *The Occult Life of Things: Native Amazonian Theories of Materiality and Personhood*. Tucson, University of Arizona Press, 2009, pp. 192-213.

LANE, Melissa. "Reconsidering Socratic Irony". In: MORRISON, Donald (org.). *The Cambridge Companion to Socrates*. Cambridge, Cambridge University Press, 2011, pp. 237-259.

LATOUR, Bruno. *Nous n'avons jamais été modernes: essai d'anthropologie symétrique*. Paris, La Découverte, 1991.

_____. "On Technical Mediation: Philosophie, Sociologie, Genealogy". *Common Knowledge*, vol. 3, n. 2, pp. 29-64, 1994.

_____. *Reassembling the Social: An Introduction to Actor-Network-Theory*. Oxford, Oxford University Press, 2005.

LATOUR, Bruno & WEIBEL, Peter. *Iconoclash: Beyond the Image Wars in Science, Religion and Art*. Karlsruhe/Cambridge, ZKM/MIT Press, 2002.

LE GOFF, Jacques. *My Quest for the Middle Ages*. Colab. Jean-Maurice de Montremy. Edimburgo, Edinburgh University Press, 2005.

LEA, Vanessa. *Jawasi: An Interpretation of a Case Study of a Kayabi Ceremony and Social Drama in Baixo Xingu*. Rio de Janeiro, Museu Nacional/Universidade Federal do Rio de Janeiro, 1977 (manuscrito não publicado).

LEMONNIER, Pierre. *Mundane Objects: Materiality and Non-verbal Communication*. Walnut Creek, Left Coast Press, 2012.

LÉVY-BRUHL, Lucien. *La mentalité primitive*. Paris, Félix Alcan, 1922.

LÉVI-STRAUSS, Claude. *Anthropologie structurale*. Paris, Plon, 1958.

_____. *Du miel aux cendres*. Paris, Plon, 1966 (Mythologiques, 2).

_____. *Histoire de lynx*. Paris, Plon, 1991.

_____. "Hourglass Configurations". In: MARANDA, Pierre (org.). *The Double Twist: From Ethnography to Morphodynamics*. Toronto, University of Toronto Press, 2001, pp. 15-32.

_____. "Introduction à l'œuvre de Marcel Mauss". In: LÉVI-STRAUSS, Claude. *Sociologie et anthropologie*. Paris, PUF, 1960, pp. IX-LII.

_____. *L'homme nu*. Paris, Plon, 1971 (Mythologiques, 4).

_____. *L'origine des manières de table*. Paris, Plon, 1968 (Mythologiques, 3).

_____. "La notion de maison (année 1976-1977)". In: LÉVI-STRAUSS, Claude. *Paroles données*. Paris, Plon, 1984, pp. 189-193.

_____. *La potière jalouse*. Paris, Plon, 1985.

_____. *La voie des masques*. Paris, Plon, 1979.

_____. *Le cru et le cuit*. Paris, Plon, 1964 (Mythologiques, 1).

Levin, Theodore. *When Rivers and Mountains Sing: Sound, Music, and Nomadism in Tuva and Beyond*. Bloomington, Indiana University Press, 2010.

Liebersohn, Harry. *The Return of the Gift: European History of a Global Idea*. Nova York, Cambridge University Press, 2011.

Lima, Pedro. "Os Índios Waurá: Observações Gerais, a Cerâmica". *Boletim do Museu Nacional: Antropologia*, Rio de Janeiro, n. 9, pp. 1-25, 1950.

Lima, Tânia Stolze. *Um Peixe Olhou para Mim: O Povo Yudjá e a Perspectiva*. São Paulo, Editora Unesp/Instituto Socioambiental/Nuti, 2005.

Lima Rodgers, Ana Paula Ratto de. *O Ferro e as Flautas: Regimes de Captura e Perecibilidade no Iyaõkwa Enawene Nawe*. Tese de doutorado, Rio de Janeiro, Museu Nacional, Universidade Federal do Rio de Janeiro, 2014.

Lipkind, William. "The Carajá". In: Steward, Julien H. (org.). *Handbook of South American Indians*. Washington, DC, United States Government Printing Office, 1948, vol. 3, pp. 179-191 (Smithsonian Institution, Bureau of American Ethnology, Bulletin 143).

Lloyd, Geoffrey E. R. *Being, Humanity and Understanding*. Oxford, Oxford University Press, 2012.

Lolli, Pedro. *As Redes de Trocas Rituais dos Yuhupdeh no Igarapé Castanha, através dos Benzimentos e das Flautas Jurupari*. Tese de doutorado, São Paulo, Faculdade de Filosofia, Letras e Ciências Humanas, Universidade de São Paulo, 2010.

Lorenzi, Harri. *Árvores Brasileiras: Manual de Identificação e Cultivo de Plantas Arbóreas Nativas do Brasil*. Nova Odessa, Plantarum, 1992, vol. 1.

_____. *Árvores Brasileiras: Manual de Identificação e Cultivo de Plantas Arbóreas Nativas do Brasil*. Nova Odessa, Plantarum, 1998, vol. 2.

Lortat-Jacob, Bernard. "Chant de la Passion en Sardaigne et hypothèses concernant la structure harmonique du chant corse". In: Pérès, Marcel (org.). *Le chant religieux corse: état, comparaisons, perspectives*. Paris, Créaphis, 1996, pp. 153-175.

Lucas, Maria Luísa. *O Oriente e o Amanhecer: História, Parentesco e Ritual entre os Bora na Amazônia Colombiana*. Tese de doutorado, Rio de Janeiro, Museu Nacional, Universidade Federal do Rio de Janeiro, 2019.

Macario, Kita Chaves Damasio *et al.* "The Long-term Tupiguarani Occupation in Southeastern Brazil". *Radiocarbon*, vol. 51, n. 3, pp. 937-946, 2009.

Maffie, James. *Aztec Philosophy: Understanding a World in Motion*. Boulder, University Press of Colorado, 2014.

Magnani, Lorenzo. *Abductive Cognition: The Epistemological and Eco-Cognitive Dimensions of Hypothetical Reasoning*. Berlim, Springer, 2009.

Malafouris, Lambros. *How Things Shape the Mind*. Cambridge, MIT Press, 2013.

Mansutti-Rodríguez, Alexander. "Flutes in the Warime: Musical Voices in the Piaroa World". In: Hill, Jonathan D. & Chaumeil, Jean-Pierre (orgs.). *Burst of Breath: Indigenous Ritual Wind Instruments in Lowland South America*. Lincoln, University of Nebraska Press, 2011, pp. 147-170.

Martins, Cristiane M. P. *et al.* "Padrões de Sepultamento na Periferia do Domínio Tapajó". *Amazônica*, vol. 2, n. 1, pp. 137-139, 2010.

Matarezio Filho, Edson T. *A Festa da Moça Nova: Ritual de Iniciação Feminina dos Índios Ticuna*. Tese de doutorado, São Paulo, Faculdade de Filosofia, Letras e Ciências Humanas, Universidade de São Paulo, 2015.

Mauss, Marcel. "Essai sur le don: forme et raison de l'échange dans les sociétés archaïques". In: Mauss, Marcel. *Sociologie et anthropologie*. Paris, puf, 1960, pp. 145-284.

McLennan, Bill & Duffek, Karen. *The Transforming Image: Painted Arts of Northwest Coast First Nations*. Vancouver, ubc Press/University of Washington Press, 2000.

Meade, Marie & Fienup-Riordan, Ann. *Agayuliyararput: Kegginaqut, Kangiit-llu: Our Way of Making Prayer – Yup'ik Masks and the Stories They Tell*. Seattle, Anchorage Museum of History and Art/University of Washington Press, 1996.

Mehinako, Makaulaka. "A Hereditariedade Tradicional da Função de Cacique entre o Povo Mehinako". In: Franchetto, Bruna (org.). *Pesquisas Indígenas na Universidade*. Rio de Janeiro, Museu do Índio, 2010, pp. 117-148.

Mehinako, Mutuá. *Tetsualü: Pluralismo de Línguas e Pessoas no Alto Xingu*. Dissertação de mestrado, Rio de Janeiro, Museu Nacional, Universidade Federal do Rio de Janeiro, 2010.

Meira, Sérgio. "Stative Verbs vs. Nouns in Sateré-Mawé and the Tupian Family". In: Rowicka, Grazyna J. & Carlin, Eithne B. (orgs.). *What's in a Verb? Studies in the Verbal Morphology of the Languages of the Americas*. Utrecht, lot, 2006, pp. 189-214.

Meira, Sérgio & Franchetto, Bruna. "The Southern Cariban Languages and the Cariban Family". *International Journal of American Linguistics*, vol. 71, n. 2, pp. 127-192, 2005.

Mello, Maria Ignez C. *Iamurikuma: Música, Mito e Ritual entre os Wauja do Alto Xingu*. Tese de doutorado, Florianópolis, Universidade Federal de Santa Catarina, 2005.

_____. *Mito e Música entre os Wauja do Alto Xingu*. Dissertação de mestrado, Florianópolis, Universidade Federal de Santa Catarina, 1999.

Mendizábal, Santiago. *Vicariato Apostólico do Beni: Descripción de Su Territorio y Sus Missiones*. La Paz, Imprenta Renacimiento, 1932.

Mendoza, Marcela. "Human Trophy Taking in the South American Gran Chaco". In: Chacon, Richard J. & Dye, David H. (orgs.). *The Taking and Displaying of Human Body Parts as Trophies by Amerindians*. Boston, Springer, 2007, pp. 575-590.

Menezes Bastos, Rafael José de. *A Festa da Jaguatirica: Uma Partitura Crítico-interpretativa*. Tese de doutorado, São Paulo, Faculdade de Filosofia, Letras e Ciências Humanas, Universidade de São Paulo, 1990.

_____. *A Festa da Jaguatirica: Uma Partitura Crítico-interpretativa*. Florianópolis, Editora ufsc, 2013.

_____. *A Musicológica Kamayurá: Para uma Antropologia da Comunicação no Alto Xingu*. 2. ed. Florianópolis, Editora da ufsc, 1999.

_____. "Leonardo, the Flute: On the Sexual Life of Sacred Flutes among the Xinguano Indians". In: Hill, Jonathan D. & Chaumeil, Jean-Pierre (orgs.). *Burst of Breath: Indigenous Ritual Wind Instruments in Lowland South America*. Lincoln, University of Nebraska Press, 2011, pp. 69-91.

_____. "O 'Payemeramaraka' Kamayurá: Uma Contribuição à Etnografia do Xamanismo do Alto Xingu". *Revista de Antropologia*, vol. 27-28, pp. 139-177, 1984-1985.

_____. "Ritual, História e Política no Alto Xingu: Observações a partir dos Kamayurá e do Estudo da Festa da Jaguatirica (Jawari)". In: Franchetto, Bruna & Heckenberger, Michael (orgs.). *Os Povos do Alto Xingu: História e Cultura*. Rio de Janeiro, Editora da ufrj, 2001, pp. 335-357.

_____. "Sistemas Políticos, de Comunicação e Articulação Social no Alto Xingu". *Anuário Antropológico*, vol. 81, pp. 43-58, 1983.

Menget, Patrick. "De l'usage des trophées en Amérique du Sud: esquisse d'une comparaison entre les pratiques nivacle (Paraguay) et mundurucu (Brésil)". *Systèmes de Pensée en Afrique Noire*, vol. 14, pp. 127-143, 1996.

_____. "Notas sobre as Cabeças Mundurucu". In: Viveiros de Castro, Eduardo B. & Carneiro da Cunha, Manuela M. (orgs.). *Amazônia: Etnologia e História Indígena*. São Paulo, nhii-usp/Fapesp, 1993, pp. 311-322.

Métraux, Alfred. *A Religião dos Tupinambás*. São Paulo, Edusp, 1979.

_____. *The Native Tribes of Eastern Bolivia and Western Mato Grosso*. Washington, dc, United States Government Printing Office, 1942 (Smithsonian Institution, Bureau of American Ethnology, Bulletin 134).

_____. "The Tupinambá". In: Steward, Julien H. (org.). *Handbook of South American Indians*. Washington, dc, United States Government Printing Office, 1948, vol. 3, pp. 95-134 (Smithsonian Institution, Bureau of American Ethnology, Bulletin 143).

Meyer, Birgit. *Mediation and the Genesis of Presence: Towards a Material Approach to Religion*. Utrecht, Universiteit Utrecht, 2012.

Meyer, Eric Daryl. *Inner Animalities: Theology and the End of the Human*. Nova York, Fordham University Press, 2018.

Meyer, Herrmann. "Die Kunst der Xingú-Indianer". In: *Internationaler Amerikanisten-Kongress*. Berlim/Stuttgart/Leipzig, Kohlhammer, 1906 [1904], vol. 2, pp. 455-473.

_____. "Über seine Expedition nach Central-Brasilien". *Verhandlungen der Gesellschaft für Erdkunde zu Berlin*, vol. 24, n. 3, pp. 172-198, 1897.

Meyers, Albert & Combès, Isabelle. "'La Relación Cierta de Alcaya (ga)': Actas Capitulares de Santa Cruz 1634, 1640". In: Combès, Isabelle & Tyuleneva, Vera. *Paititi: Ensayos y Documentos*. Cochabamba, Itinerarios Editorial, 2011, pp. 158-171.

Miller, Daniel. *Materiality*. Durham, Duke University Press, 2005.

Miller, Darrow. *Nurturing the Nations: Reclaiming the Dignity of Women in Building Healthy Cultures*. Colorado Springs, Paternoster, 2008.

Miller, Joana. *As Coisas: Os Enfeites Corporais e a Noção de Pessoa entre os Mamaindê (Nambiquara)*. Rio de Janeiro, Mauad, 2018.

MILLS, Robert. "Jesus as Monster". In: BILDHAUER, Bettina & MILLS, Robert (orgs.). *The Monstrous Middle Ages*. Cardiff, University of Wales Press, 2003, pp. 28-54.

MITCHELL, W. J. T. *Picture Theory: Essays on Verbal and Visual Representation*. Chicago, University of Chicago Press, 1994.

_____. *What Do Pictures Want? The Lives and Loves of Images*. Chicago, University of Chicago Press, 2005.

MONOD-BECQUELIN, Aurore. *La pratique linguistique des indiens Trumai (Haut-Xingu, Mato Grosso, Brésil)*. Paris, Selaf, 1975.

_____. "Le guerrier et l'oiseau: mythe et rite du Javari chez les Trumai, Haut Xingú". *Bulletin de la Société Suisse des Américanistes*, vol. 57-58, pp. 97-122, 1994.

MONOD-BECQUELIN, Aurore & GUIRARDELLO, Raquel. "Histórias Trumai". In: FRANCHETTO, Bruna & HECKENBERGER, Michael J. (orgs.). *Os Povos do Alto Xingu: História e Cultura*. Rio de Janeiro, Editora da UFRJ, 2001, pp. 401-403.

MONOD-BECQUELIN, Aurore & VIENNE, Emmanuel de. "Mais où sont les Javari d'antan?". *Ethnographiques*, vol. 33, pp. 1-33, 2016.

MONTAGNANI, Tommaso. *Je suis Otsitsi: musiques rituelles et représentations sonores chez les Kuikuro du Haut-Xingu*. Tese de doutorado, Paris, École des Hautes Études en Sciences Sociales, 2011.

MOXEY, Keith P. F. *Visual Time: The Image in History*. Durham, Duke University Press, 2013.

MUCHEMBLED, Robert. *Une histoire du diable: xiie-xxe siècle*. Paris, Éditions du Seuil, 2002.

MÜLLER, Regina. *Os Asuriní do Xingu: História e Arte*. Campinas, Editora Unicamp, 1990.

MURPHY, Robert. "Matrilocality and Patrilineality in Mundurucú Society". *American Anthropologist*, vol. 58, n. 3, pp. 414-434, 1956.

_____. *Mundurucu Religion*. Berkeley, University of California Press, 1958.

NEVES, Eduardo G. "Ecology, Ceramic Chronology and Distribution, Long-term History and Political Change in the Amazonian Floodplain". In: SILVERMAN, Helaine & ISBELL, William H. (orgs.). *Handbook of South American Archaeology*. Nova York, Springer, 2008, pp. 359-379.

_____. *Sob os Tempos do Equinócio: Oito Mil Anos de História na Amazônia Central (6.500 a.C.-1.500 d.C.)*. Tese de livre-docência, São Paulo, Museu de Arqueologia e Etnologia, Universidade de São Paulo, 2012.

NIETZSCHE, Friederich W. *Beyond Good and Evil: Prelude to a Philosophy of the Future*. Trad. R. J. Hollingdale. Londres, Penguin Books, 2003.

_____. *Par-delà bien et mal: la généalogie de la morale*. Paris, Gallimard, 1979 (Oeuvres Philosophiques Complètes, 7).

NIMUENDAJÚ, Curt. *The Tukuna*. Berkeley, University of California Press, 1952.

_____. "Tribes of the Lower and Middle Xingu River". In: STEWARD, Julien H. (org.). *Handbook of South American Indians*. Washington, DC, United States Government Printing Office, 1948, vol. 3, pp. 213-243 (Smithsonian Institution, Bureau of American Ethnology, Bulletin 143).

Oakdale, Suzanne. *"I Foresee my Life": The Ritual Performance of Autobiography in an Amazonian Community*. Lincoln, University of Nebraska Press, 2005.

Oberg, Kalervo. *Indian Tribes of Northern Mato Grosso, Brazil*. Washington, dc, Smithsonian Institution/United States Government Printing Office, 1953.

Oliveira, Thiago L. C. *Os Baniwa, os Artefatos e a Cultura Material no Alto Rio Negro*. Tese de doutorado, Rio de Janeiro, Museu Nacional, Universidade Federal do Rio de Janeiro, 2015.

Olsen, Bjørnar. *In Defense of Things: Archaeology and the Ontology of Objects*. Lanham, Altamira Press, 2010

_____. "Material Culture after Text: Re-membering Things". *Norwegian Archaeological Review*, vol. 36, n. 2, pp. 97-104, 2003.

Oosten, Jarich. "Representing the Spirits: The Masks of the Alaskan Inuit". In: Coote, Jeremy & Shelton, Anthony (orgs.). *Anthropology, Art and Aesthetics*. Oxford, Clarendon Press, 1992, pp. 113-134.

Oxford English Dictionary [on-line]. Oxford, Oxford University Press, 2022. Disponível em: https://www.oed.com/. Acesso em: 3 dez. 2022.

Oxford Latin Dictionary. Oxford, Clarendon Press, 1968.

Pärssinen, Martti; Schaan, Denise & Ranzi, Alceu. "Pre-Columbian Geometric Earthworks in the Upper Purús: A Complex Society in Western Amazonia". *Antiquity*, vol. 83, n. 322, pp. 1 084-1 095, 2009.

Paskow, Alan. *The Paradoxes of Art: A Phenomenological Investigation*. Cambridge, Cambridge University Press, 2004.

Pasztory, Esther. *Thinking with Things: Toward a New Vision of Art*. Austin, University of Texas Press, 2005.

Peggion, Edmundo A. *Relações em Perpétuo Desequilíbrio: A Organização Dualista dos Povos Kagwahiva da Amazônia*. Tese de doutorado, São Paulo, Faculdade de Filosofia, Letras e Ciências Humanas, Universidade de São Paulo, 2005.

Peirce, Charles S. "Abduction and Induction". In: Buchler, Justus (org.). *The Philosophy of Peirce: Selected Writings*. Londres, Routledge, 1940, pp. 150-156.

Pelaudeix, Cécile. *Art inuit: formes de l'âme et représentations de l'être*. Grenoble, Éditions de Pise, 2007.

Pelleschi, Juan. *Eight Months on the Gran Chaco of the Argentine Republic*. Londres, S. Low, Marston, Searle and Rivington, 1886.

Pellizzaro, Siro. *La Celebración de la Cabeza Reducida*. Quito, Mundo Shuar, 1980.

Penoni, Isabel. *Hagaka: Ritual, Performance e Ficção entre os Kuikuro do Alto Xingu*. Dissertação de mestrado, Rio de Janeiro, Museu Nacional, Universidade Federal do Rio de Janeiro, 2010.

Peterson, Martin & Spahn, Andreas. "Can Technological Artefacts be Moral Agents?". *Science and Engineering Ethics*, vol. 17, n. 3, pp. 411-424, 2011.

Pétesch, Nathalie. "Entre la flûte sacrée et le trophée de guerre: le masque karajá d'Amazonie brésilienne". In: Goulard, Jean-Pierre & Karadimas, Dimitri (orgs.). *Masques des hommes, visages de dieux*. Paris, cnrs Éditions, 2011, pp. 53-78.

_____. *La pirogue de sable: pérennité cosmique et mutation sociale chez les Karajá du Brésil Central*. Leuven, Peeters Publishers, 2000.

Pettazzoni, Raffaele. "The Pagan Origins of the Three-headed Representation of the Christian Trinity". *Journal of the Warburg and Courtauld Institutes*, vol. 9, pp. 135-151, 1946.

Philosophy and Phenomenological Research, vol. 51, n. 2, 1991.

Pickering, Andrew. *The Mangle of Practice: Time, Agency, and Science*. Chicago, University of Chicago Press, 1995.

Piedade, Acácio T. D. *Música Yepamasa: Por uma Antropologia da Música no Alto Rio Negro*. Dissertação de mestrado, Florianópolis, Universidade Federal de Santa Catarina, 1997.

_____. *O Canto do Kawoká: Música, Cosmologia e Filosofia entre os Wauja do Alto Xingu*. Tese de doutorado, Florianópolis, Universidade Federal de Santa Catarina, 2004.

Pirandello, Luigi. *Uno, Nessuno e Centomila*. Florença, Bemporad, 1926.

Pires de Campos, Antonio. "Breve Notícia que Dá o Capitão Antonio Pires de Campos". *Revista do Instituto Histórico e Geográfico Brasileiro*, vol. 25, pp. 437-449, 1862 [1723].

Pitarch, Pedro. *La Cara Oculta del Pliegue: Ensayos de Antropología Indígena*. Cidade do México, Artes de México y el Mundo, 2013.

Pluskowski, Aleks. "Apocalyptic Monsters: Animal Inspirations for the Iconography of Medieval North European Devourers". In: Bildhauer, Bettina & Mills, Robert (orgs.). *The Monstrous Middle Ages*. Toronto, University of Toronto Press, 2003, pp. 155-176.

Porcos Raivosos. Direção: Isabel Penoni e Leonardo Sette. Olinda, aikax/Lucinda Filmes, 2012 (curta-metragem).

Porro, Antônio. *O Povo das Águas: Ensaios de Etno-história Amazônica*. Petrópolis/São Paulo, Vozes/Edusp, 1996.

Preuss, Konrad Theodor. *Religión y Mitología de los Uitotos: Recopilación de Textos y Observaciones Efectuadas en una Tribu Indígena de Colombia, Suramérica*. Bogotá, Editorial Universidad Nacional, 1994 [1915].

Ramos, Alcida R. "Mundurucu: Social Change or False Problem". *American Ethnologist*, vol. 5, n. 4, pp. 675-689, 1978.

Ramos, Danilo Paiva. *Círculos de Coca e Fumaça*. São Paulo, Hedra, 2018.

Razon, Jean-Patrick. "Chant de sang: Indiens Bora (Amazonie péruvienne)". In: Baldran, Jacqueline & Bareiro-Saguier, Ruben (orgs.). *La tête dedans: mythes, récits, contes, poèmes des Indiens d'Amérique latine*. Paris, F. Maspero, 1980, pp. 117-121.

Reichel-Dolmatoff, Gerardo. *Yuruparí: Studies of an Amazonian Foundation Myth*. Cambridge, Harvard University Press, 1996.

Renard-Casevitz, France-Marie. "Social Forms and Regressive History: From the Campa Cluster to the Mojos and from the Mojos to the Landscaping Terrace-builders of the Bolivian Savanna". In: Hill, Jonathan David & Santos-Granero, Fernando (orgs.). *Comparative Arawakan Histories: Rethinking Language Family and Culture Area in Amazonia*. Urbana, University of Illinois Press, 2002, pp. 123-146.

RENFREW, Colin. "Toward a Theory of Material Engagement". In: DEMARRAIS, Elizabeth; GOSDEN, Chris & RENFREW, Colin (orgs.). *Rethinking Materiality: The Engagement of Mind with the Material World*. Cambridge, McDonald Institute for Archaeological Research, 2004, pp. 23-31.

RIBEIRO, Berta G. "Desenhos Semânticos e Identidade Étnica: O Caso Kayabí". In: RIBEIRO, Darcy (org.). *Suma Etnológica Brasileira*. Petrópolis, Vozes, 1987, pp. 265-286.

_____. *Diário do Xingu*. Rio de Janeiro, Paz e Terra, 1979.

_____. *Dicionário do Artesanato Indígena*. Belo Horizonte/São Paulo, Itatiaia/Edusp, 1988.

RICOEUR, Paul. *Soi-même comme un autre*. Paris, Éditions du Seuil, 1996.

RODRIGUES, Aryon D. "Relações Internas na Família Lingüística Tupi-guarani". *Revista de Antropologia*, vol. 27-28, pp. 33-53, 1985.

_____. "Sobre a Natureza do Caso Argumentativo". In: QUEIXALÓS, Francisco (org.). *Des noms et des verbes en tupi-guarani: état de la question*. Munique, Lincom Europa, 2001, pp. 103-114.

ROQUETTE-PINTO, Edgar. *Rondonia*. Rio de Janeiro, Imprensa Nacional, 1917 (Arquivos do Museu Nacional, 20).

ROSMAN, Abraham & RUBEL, Paula G. *Feasting with Mine Enemy: Rank and Exchange among Northwest Coast Societies*. Prospect Heights, Waveland Press, 1986.

ROSTAIN, Stéphen. "Que Hay de Nuevo al Norte: Apuntes sobre el Aristé". *Revista de Arqueologia*, vol. 24, n. 1, pp. 10-19, 2011.

ROTH, Walter E. "An Introductory Study of the Arts, Crafts and Customs of the Guiana Indians". *Annual Report of the Bureau of American Ethnology*, vol. 38, pp. 25-745, 1916-1917.

SAHLINS, Marshall. *Stone Age Economics*. Nova York, Aldine de Gruyter, 1972.

SANTOS, Gelsama Mara Ferreira dos. *Morfologia Kuikuro: Gerando Nomes e Verbos*. Tese de doutorado, Rio de Janeiro, Faculdade de Letras, Universidade Federal do Rio de Janeiro, 2007.

SANTOS, Sandra F. dos et al. "Os Munduruku e as 'Cabeças-troféu'". *Revista do Museu de Arqueologia e Etnologia*, vol. 17, pp. 365-380, 2007.

SANTOS-GRANERO, Fernando. "Introduction: Amerindian Constructional Views of the World". In: _____. *The Occult Life of Things: Native Amazonian Theories of Materiality and Personhood*. Tucson, University of Arizona Press, 2009a, pp. 2-29.

_____. *The Occult Life of Things: Native Amazonian Theories of Materiality and Personhood*. Tucson, University of Arizona Press, 2009b.

SCHAAN, Denise P. *A Linguagem Iconográfica da Cerâmica Marajoara: Um Estudo da Arte Pré-histórica na Ilha de Marajó, Brasil, 400-1300 AD*. Porto Alegre, EDIPUCRS, 1997.

_____. "Into the Labyrinths of Marajoara Pottery: Status and Cultural Identity in Prehistoric Amazonia". In: McEwan, Colin; Barreto, Cristiana & Neves, Eduardo (orgs.). *Unknown Amazon: Culture and Nature in Ancient Brazil*. Londres, British Museum, 2001, pp. 108-133.

_____. *Sacred Geographies of Ancient Amazonia: Historical Ecology of Social Complexity*. Walnut Creek, Left Coast, 2012.

Schaan, Denise P. *et al.* "New Radiometric Dates for Pre-Columbian (2000-700 b.p.) Earthworks in Western Amazonia, Brazil". *Journal of Field Archaeology*, vol. 37, n. 2, pp. 132-142, 2012.

Schele, Linda & Miller, Mary Ellen. *The Blood of Kings: Dynasty and Ritual in Maya Art*. Londres, Sotheby's and Kimbell Art Museum, 1986.

Schiel, Juliana. *Tronco Velho: Histórias Apurinã*. Tese de doutorado, Campinas, Instituto de Filosofia e Ciências Humanas, Universidade Estadual de Campinas, 2004.

Schmidt, Max. *Indianerstudien in Zentralbrasilien: Erlebnisse und Ethnologische Ergebnisse einer Reise in den Jahren 1900-1901*. Berlim, Dietrich Reimer, 1905.

_____. "Los Paressis". *Revista de la Sociedad Científica del Paraguay*, vol. 4, n. 1, pp. 1-296, 1943.

Schmitt, Jean-Claude. *Le corps des images: essais sur la culture visuelle au Moyen Âge*. Paris, Gallimard, 2002.

_____. *Le corps, les rites, les rêves, le temps: essais d'anthropologie médiévale*. Paris, Gallimard, 2001.

Schultz, Harald. "Lendas Waurá". *Revista do Museu Paulista*, vol. 4, pp. 21-149, 1965.

Seligman, Adam B. *et al.* *Ritual and Its Consequences: An Essay on the Limits of Sincerity*. Oxford, Oxford University Press, 2008.

Serres, Michel. *Genesis*. Ann Arbor, University of Michigan Press, 1995.

Severi, Carlo. "Capturing Imagination: A Cognitive Approach to Cultural Complexity". *Journal of the Royal Anthropological Institute*, vol. 10, pp. 815-838, 2004.

_____. *Capturing Imagination: A Proposal for an Anthropology of Thought*. Chicago, hau Books, 2018.

_____. "Être patrocle: rituels et jeux funéraires dans l'*Iliade*". *Cahiers d'Anthropologie Sociale*, vol. 10, pp. 147-173, 2014.

_____. "L'espace chimérique: perception et projection dans les actes de regard". *Gradhiva*, vol. 13, pp. 9-47, 2011.

_____. "L'univers des arts de la mémoire: anthropologie d'un artefact mental". *Annales. Histoire, Sciences Sociales*, vol. 64, n. 2, pp. 463-493, 2009a.

_____. "La parole prêtée, ou comment parlent les images". *Cahiers d'Anthropologie Sociale*, vol. 5, pp. 11-42, 2009b.

_____. *Le principe de la chimère: une anthropologie de la mémoire*. Paris, Aesthetica/Presses de l'École Normale Supérieure, 2007.

_____. "Memory, Reflexivity and Belief: Reflections on the Ritual Use of Language". *Social Anthropology*, vol. 10, n. 1, pp. 23-40, 2002.

———. "Talking about Souls: The Pragmatic Construction of Meaning in Cuna Ritual Language". In: BOYER, Pascal (org.). *Cognitive Aspects of Religious Symbolism*. Cambridge, Cambridge University Press, 1993, pp. 165-181.

———. *The Chimera Principle: An Anthropology of Memory and Imagination*. Chicago, HAU Books, 2015.

SILVA, Marcio. "Masculino e Feminino entre os Enawene-Nawe". *Sexta Feira: Antropologia, Artes e Humanidades*, vol. 2, pp. 162-173, 1998.

SPERBER, Dan. "Les croyances apparemment irrationnelles". In: ———. *Le savoir des anthropologues*. Paris, Hermann, 1982, pp. 49-86.

———. *Rethinking Symbolism*. Cambridge, Cambridge University Press, 1975.

STADEN, Hans. *Duas Viagens ao Brasil*. Belo Horizonte, Itatiaia, 1974 [1557].

———. *Zwei reisen nach Brasilien; abenteuerliche Erlebnisse unter den Menschenfressern der neuen Welt im 16. Jahrhundert*. São Paulo, Hans Staden-Gesellschaft, 1941 [1557].

STEEL, Daniel. "Trade Goods and Jívaro Warfare: The Shuar 1850-1957, and the Achuar, 1940-1978". *Ethnohistory*, vol. 46, n. 4, pp. 745-775, 1999.

STEINEN, Karl von den. *Durch Central-Brasilien: Expedition zur Erforschung des Schingu im Jahre 1884*. Nova York, Cambridge University Press, 2010 [1886].

———. *Entre os Aborígenes do Brasil Central*. São Paulo, Departamento de Cultura, 1940 [1894].

———. *Unter den Naturvölkern Zentral-Brasiliens: Reiseschilderung und Ergebnisse der Zweiten Schingú-Expedition, 1887-1888*. Nova York, Cambridge University Press, 2009 [1894].

STERPIN, Adriana. "La chasse aux scalps chez les Nivacle du Gran Chaco". *Journal de la Société des Américanistes*, vol. 79, pp. 33-66, 1993.

STRADELLI, Ermanno. *Vocabulário da Língua Geral Portuguez-Nheêngatú/Nheêngatú-Portuguez*. Rio de Janeiro, Livraria J. Leite, 1929.

STRATHERN, Marilyn. "Binary License". *Common Knowledge*, vol. 17, n. 1, pp. 87-103, 2011.

———. "Losing out (on) Intellectual Resources". In: ———. *Kinship, Law and the Unexpected: Relatives are Always a Surprise*. Cambridge, Cambridge University Press, 2005, pp. 111-134.

———. "Out of Context: The Persuasive Fictions of Anthropology". *Current Anthropology*, vol. 28, n. 3, pp. 251-281, 1987.

———. *Partial Connections: Updated Edition*. Savage, Rowman & Littlefield, 2004.

———. *The Gender of the Gift: Problems with Women and Problems with Society in Melanesia*. Berkeley, University of California Press, 1988.

STROTHER, Zoë. "A Terrifying Mimesis: Problems of Portraiture and Representation in African Sculpture (Congo-Kinshasa)". RES: *Anthropology and Aesthetics*, vol. 65, n. 1, pp. 128-147, 2015.

STRUM, Shirley C. & LATOUR, Bruno. "Redefining the Social Link: From Baboons to Humans". *Social Science Information*, vol. 26, n. 4, pp. 783-802, 1987.

Taussig, Michael T. *Mimesis and Alterity: A Particular History of the Senses*. Nova York, Routledge, 1993.

Taylor, Anne-Christine. "Healing Translations: Moving between Worlds in Achuar Shamanism". *hau: Journal of Ethnographic Theory*, vol. 4, n. 2, pp. 95-118, 2014.

_____. "L'americanisme tropicale: une frontière fossile de l'ethnologie?". In: Rupp-Eisenreich, Britta (org.). *Histoires de l'anthropologie: xvi-xix siècles*. Paris, Klinsieck, 1984, pp. 213-233.

_____. "L'art de la réduction: la guerre et les mécanismes de la différenciation tribal dans la culture jivaro". *Journal de la Société des Américanistes*, vol. 71, pp. 159-173, 1985.

_____. "Le sexe de la proie: représentation jivaro du lien de parenté". *L'Homme*, vol. 154-155, pp. 309-334, 2000.

_____. "Les bons ennemis et les mauvais parents: le traitement symbolique de l'alliance dans les rituels de chasse aux têtes des Jivaros de l'Equateur". In: Copet-Rougier, Elisabeth & Héritier-Augé, Françoise. *Les complexités de l'alliance*. Paris, Archives Contemporaines, 1994, vol. iv: *Économie, politique et fondements symboliques de l'alliance*, pp. 73-105.

_____. "Les masques de la mémoire: essai sur la fonction des peintures corporelles jivaro". *L'Homme*, vol. 164, pp. 223-248, 2003.

_____. "Remembering to Forget: Identity, Mourning and Memory among the Jivaro". *Man*, vol. 28, n. 4, pp. 653-678, 1993.

_____. "Voir comme un autre: figurations amazoniennes de l'âme et des corps". In: Descola, Philippe (org.). *La fabrique des images: visions du monde et formes de la représentation*. Paris, Somogy/Museu du Quai Branly, 2010, pp. 41-52.

Teixeira-Pinto, Márnio. *Ieipari: Sacrifício e Vida Social entre os Índios Arara*. São Paulo, Editora Hucitec, 1997.

The Book of the Secrets of Enoch. Trad. W. Morfill. Ed. R. H. Charles. Oxford, Clarendon Press, 1896.

Thénard-Duvivier, Franck. "Hybridation et métamorphoses au seuil des cathédrales". *Images Re-vues: Histoire, Anthropologie et Théorie de l'Art*, vol. 6, 2009. Disponível em: http://journals.openedition.org/imagesrevues/686. Acesso em: 24 jan. 2022.

Thevet, Fr. André. *As Singularidades da França Antártica*. Belo Horizonte/São Paulo, Itatiaia/Edusp, 1978 [1576].

_____. "La cosmographie universelle". In: Lussagnet, Suzanne (org.). *Les français en Amérique pendant la deuxième moitié du xvie siècle: le Brésil et les brésiliens*. Paris, puf, 2009 [1575], pp. 3-236.

Thiessen, Gesa E. "Not So Unorthodox: A Reevaluation of Tricephalous Images of the Trinity". *Theological Studies*, vol. 79, n. 2, pp. 399-426, 2018.

Thom, Paul. *The Logic of the Trinity: Augustine to Ockham*. Nova York, Fordham University Press, 2012.

Thomas, Gabrielle. *The Image of God in the Theology of Gregory of Nazianzus*. Cambridge, Cambridge University Press, 2019.

Thomas, Nicholas. *Entangled Objects: Exchange, Material Culture, and Colonialism in the Pacific*. Cambridge, Harvard University Press, 1991.

Thompson, Robert Farris. *African Art in Motion: Icon and Act*. Los Angeles, University of California Press, 1979.

Tomás de Aquino, São. *Summa Theologica Prima Pars* (Latin-English Edition). Trad. Laurence Shapcote. Lander, Aquinas Institute for the Study of Sacred Doctrine, 2012 [1265].

Tomass, Lea M. *Canções Jowosi da Etnia Kaiabi*. 2006 (relatório final, convênio Iphan/fub/Finatec n. 22/2005; manuscrito não publicado).

Toney, Joshua R. *The Product of Labor: Pottery Technology in the Upper Xingu, Southern Amazon, Brazil, a.d. 700-1770*. Tese de doutorado, Gainesville, Anthropology Department, University of Florida, 2012.

Travassos, Elizabeth. "A Tradição Guerreira nas Narrativas e nos Cantos Caiabis". In: Coelho, Vera P. *Karl von den Steinen: Um Século de Antropologia no Xingu*. São Paulo, Edusp, 1993, pp. 445-483.

Troescher, Georg. "Dreikopfgottheit (und Dreigesicht)". *rdk Labor*, 2015 [1955]. Disponível em: http://www.rdklabor.de/w/?oldid=93081. Acesso em: 24 jan. 2022.

Tylor, Edward B. *Primitive Culture: Researches into the Development of Mythology, Philosophy, Religion, Art, and Custom*. Londres, John Murray, 1871, 2 vols.

Vaccari, Andrés. "Artifact Dualism, Materiality, and the Hard Problem of Ontology: Some Critical Remarks on the Dual Nature of Technical Artifacts Program". *Philosophy & Technology*, vol. 26, n. 1, pp. 7-29, 2013.

Valéry, Paul. "L'idée fixe, ou deux hommes à la mer". In: _____. *Oeuvres complètes*. Paris, Gallimard, 1960 [1932], vol. 2 (Bibliothèque de la Pléiade).

Velthem, Lucia Hussak van. *A Pele de Tuluperê: Uma Etnografia dos Trançados Wayana*. Belém, mct/cnpq/Museu Paraense Emílio Goeldi, 1998.

_____. "Le seigneur des eaux: fabrication et productivité d'un masque wayana". In: Goulard, Jean-Pierre & Karadimas, Dimitri (orgs.). *Masques des hommes, visages des dieux*. Paris, cnrs Éditions, 2011, pp. 79-105.

_____. "Mulheres de Cera, Argila e Arumã: Princípios Criativos e Fabricação Material entre os Wayana". *Mana*, vol. 15, n. 1, pp. 213-236, 2009.

_____. *O Belo é a Fera: A Estética da Produção e da Predação entre os Wayana*. Lisboa, Museu Nacional de Etnologia/Assírio & Alvim, 2003.

Verbeek, Peter-Paul. "Materializing Morality: Design Ethics and Technological Mediation". *Science, Technology & Human Values*, vol. 31, n. 3, pp. 361-380, 2006.

Vernant, Jean-Pierre. "Figuration de l'invisible et catégorie psychologique du double: le kolossos". In: Vernant, Jean-Pierre. *Œuvres 1: religions, rationalités, politique*. Paris, Seuil, 2007, pp. 533-545.

Vidal, Silvia M. "Kuwé Duwákalumi: The Arawak Sacred Routes of Migration, Trade, and Resistance". *Ethnohistory*, vol. 47, n. 3-4, pp. 635-667, 2000.

Vienne, Emmanuel de & Allard, Olivier. "Pour une poignée de dollars? Transmission et patrimonialisation de la culture chez les Trumai du Brésil central". *Cahiers des Amériques Latines*, vol. 48-49, pp. 127-145, 2005.

Vilaça, Aparecida. "Chronically Unstable Bodies: Reflections on Amazonian Corporalities". *Journal of the Royal Anthropological Institute*, vol. 11, n. 3, pp. 445-464, 2005.

_____. *Comendo como Gente: Formas do Canibalismo Wari'*. Rio de Janeiro, Editora da UFRJ, 1992.

_____. "Le contexte relationnel du cannibalisme funéraire wari'". *Cahiers d'Anthropologie Sociale*, vol. 10, pp. 38-53, 2014.

_____. *Praying and Preying: Christianity in Indigenous Amazonia*. Oakland, University of California Press, 2016.

_____. "Relations between Funerary Cannibalism and Warfare Cannibalism: The Question of Predation". *Ethnos*, vol. 65, n. 1, pp. 83-106, 2000.

Villela, Alice. *O Negativo e o Positivo: A Fotografia entre os Asuriní do Xingu*. Tese de doutorado, São Paulo, Faculdade de Filosofia, Letras e Ciências Humanas, Universidade de São Paulo, 2016.

Viveiros de Castro, Eduardo. *A Inconstância da Alma Selvagem*. São Paulo, Cosac & Naify, 2002a.

_____. "Cosmological Deixis and Amerindian Perspectivism". *Journal of the Royal Anthropological Institute*, vol. 4, pp. 469-488, 1998.

_____. "Exchanging Perspectives: The Transformation of Objects into Subjects in Amerindian Ontologies". *Common Knowledge*, vol. 10, n. 3, pp. 463-484, 2004.

_____. *From the Enemy's Point of View: Humanity and Divinity in an Amazonian Society*. Chicago, University of Chicago Press, 1992.

_____. "Gut Feelings about Amazonia: Potential Affinity and the Construction of Sociality". In: Rival, Laura & Whitehead, Neil (orgs.). *Beyond the Visible and the Material: The Amerindianization of Society in the Work of Peter Rivière*. Oxford, Oxford University Press, 2001, pp. 19-43.

_____. "Le meurtrier et son double chez les Araweté (Brésil): un exemple de fusion rituelle". *Systèmes de Pensée en Afrique Noire*, vol. 14, pp. 77-104, 1996a.

_____. *Métaphysiques cannibales*. Paris, PUF, 2009.

_____. "O Nativo Relativo". *Mana: Estudos de Antropologia Social*, vol. 8, n. 1, pp. 113-148, 2002b.

_____. "Os Pronomes Cosmológicos e o Perspectivismo Ameríndio". *Mana: Estudos de Antropologia Social*, vol. 2, n. 2, pp. 115-144, 1996b.

_____. "The Crystal Forest: Notes on the Ontology of Amazonian Spirits". *Inner Asia*, vol. 9, n. 2, pp. 153-172, 2007.

_____. "The Relative Native". *HAU: Journal of Ethnographic Theory*, vol. 3, n. 3, pp. 469-471, 2013.

Vocabulário na Língua Brasílica: Manuscrito Português-tupi do Século XVII. Coord. e pref. Plinio Ayrosa. São Paulo, Departamento de Cultura, 1938 [1621], vol. 20.

WAGLEY, Charles. "Time and the Tapirapé". In: *Actes du XLIIe Congrès International des Américanistes*. Paris, Sociéte des Américanistes, 1977a, vol. 2, pp. 369-377.

_____. *Welcome of Tears: The Tapirapé Indians of Central Brazil*. Prospect Heights, Waveland Press, 1977b.

WAGNER, Roy. *The Invention of Culture*. Chicago, University of Chicago Press, 1981.

WALENS, Stanley. *Feasting with Cannibals: An Essay on Kwakiutl Cosmology*. Princeton, Princeton University Press, 1981.

WALLACE, Alfred R. *Travels on the Amazon*. Londres, Ward Lock, 1911 [1852].

WALTON, Kendall L. *Mimesis as Make-believe: On the Foundations of the Representational Arts*. Cambridge, Harvard University Press, 1990.

WATTS, Barbara J. "Sandro Botticelli's Drawings for Dante's 'Inferno': Narrative Structure, Topography, and Manuscript Design". *Artibus et Historiae*, vol. 16, n. 32, pp. 163-201, 1995.

WAVRIN, Marquês de. *Les Indiens sauvages de l'Amérique du Sud*. Paris, Payot, 1948.

WESTERMANN, Claus. *Genesis*. Londres, T & T Clark, 1987.

_____. *Genesis 1-11: A Commentary*. Minneapolis, Augsburg Publishing House, 1984.

WHEELER, Michael. "Minds, Things and Materiality". In: MALAFOURIS, Lambros & RENFREW, Colin (orgs.). *The Cognitive Life of Things*. Cambridge, McDonald Institute for Archaeological Research, 2010, pp. 29-38.

WHIFFEN, Thomas. *The North-West Amazons: Notes of Some Months Spent Among Cannibal Tribes*. Londres, Constable and Company, 1915.

WILSON, Brian R. (org.). *Rationality*. Oxford, Basil Blackwell, 1970.

WINCKELMANN, Johann J. *Histoire de l'art chez les anciens*. Paris, Bossange, Masson et Besson, 1802 [1764].

WRIGHT, Robin M. "Arawakan Flute Cults of Lowland South America: The Domestication of Predation and the Production of Agentivity". In: HILL, Jonathan D. & CHAUMEIL, Jean-Pierre (orgs.). *Burst of Breath: Indigenous Ritual Wind Instruments in Lowland South America*. Lincoln, University of Nebraska Press, 2011, pp. 325-353.

_____. *Mysteries of the Jaguar Shamans of the Northwest Amazon*. Lincoln, University of Nebraska Press, 2013.

YÉPEZ, Benjamín. *La Estatuaria Múrui-Muinane: Simbolismo de la Gente "Huitoto" de la Amazonía Colombiana*. Bogotá, Fundación de Investigaciones Arqueológicas Colombianas, 1982.

ÍNDICE

A

à imagem de: Deus, 304, 306n42, 307, 321, 325n108; um felino, 263; um tronco, 269, 274
abdução, 29, 36, 38, 241, 280; e inferência abdutiva 36, 62
acheiropoieta, 41, 124
Achuar, 76n73
adoção, 77, 85; e filiação adotiva, 61, 87, 173, 250
aerofones, 69, 79, 80, 81, 97, 99-107, 109-112, 136n153; ancestrais, 142; andróginos, 112, 136-137; caixa de ressonância, 75; e tubos internos, 98, 135; kuikuro, 113, 114-125; máscaras e, 128, 168; ósseos, 97; sagrados/secretos, 101-102, 105-107, 110-112, 132, 134-136, 138, 141, 143, 149, 167, 194, 336n153
afinidade, 66, 118, 203, 228, 249, 264; como forma de inimizade, 226; e consanguinidade, 264
afins, 89, 113, 226-227, 233n74, 263; inimigos, 233, 241, 250; potenciais, 237; simétricos, 227
agência, 23, 25, 29-32, 34, 40n91, 54, 100, 141, 150, 193, 243, 270, 274, 282, 321-322; abdução de, 38, 241; animal, 321; de artefatos, 23, 29-30, 274; de imagens, 23, 29-30, 36-37; material, 30-32; não ordinária, 62-63; xamânica, 279
agente/paciente, 32, 186n108
Agostinho, Pedro, 270n45

Agostinho, santo, 305n40, 310, 319, 322
Aguaruna, 76n73
Aisuari, 106
Alemán, Stéphanie, 98n1, 104n25
Allard, Olivier, 202n9, 244n96
alma, 37n75, 71n49, 78, 79, 152, 187, 220, 233, 282, 290-291, 292n92, 297; antropomórfica, 32; corpo e, 32, 33-34, 282; da pele, 193, 194, 197-198; de recém-nascidos, 136; -duplo, 34, 128n124, 176, 184, 240, 278; fabricação da, 289; forma, 167, 282n63; humana, 86; -imagem, 34, 282n63; imortal, 305n40; máscaras e, 153-154; recuperando a, 281; termos Tupi-Guarani para, 92, 219, 243; vingativa, 94
Almeida, Marli A. de, 296n3
alteridade, 89, 205, 233, 241, 242, 244, 252n10; e ancestralidade, 250; e identidade, 89; figuras de, 90-91, 236, 241
Alto Rio Negro, 76, 79, 101, 104, 107, 120n101, 124, 125, 166n55, 167, 195, 325
amamentação, 266
Amazonas, rio, 51, 73, 99, 100, 103, 108, 167, 333
ambiguidade, 42, 260, 306n42, 307, 308, 321; andrógina, 136; ausência de, 41; e metamorfose, 41, 339; visual, 42, 65

ambivalência, dos seres extraordinários, 163; consanguíneo-afim, 226-227
amizade/amigo, 14, 15, 46, 60, 87, 168, 176, 302; ritual, 52, 62, 70
ampulheta, 265; configuração, 110, 266; sepultura-, 264-267
anaconda, 93, 116, 132n137, 134, 142-143, 197, 259
ancestrais, 37, 93n140, 110-111, 112, 140, 142, 158-159, 167, 201, 209, 210, 215, 244, 262, 277, 299, 335; clânicos, 142, 159-160; comemorados, 241; patrilineares, 112; plantas, 263, 264, 276
ancestralidade, 53, 113, 118, 244, 245, 256, 264; afinidade e, 203; alteridade e, 250; clânica, 112; ideologia de, 333; inimizade e, 242; óssea, 124; valor da, 245, 249
anfitriões, 266-267n41; donos-, 112; fornecendo comida, 77, 89, 255-256, 266; no *Potlatch*, 159, 166. *Ver também* convidados
animacidade, 34, 63, 86, 260, 282, 291
animais, 82, 85n105, 184, 196; antropomorfizados, 297; aquáticos, 208, 296, 297; cativos, 132; como presa mágica, 71-72; como substitutos, 89; como xerimbabos, 55, 56, 60-61; de pelo, 205, 254, 289; distintos dos humanos, 26, 33, 53, 296; domesticação de, 306; domínio sobre, 328; e canções, 140-141; e essência humanoide, 32, 156; e humanos, 175, 195, 233n74, 318; e o Diabo, 321; e vegetal, 273, 276; enunciadores, 57; esculturas de, 258; espiritualizados, 291; imitando, 66; instrumentos sagrados e, 98, 101, 104, 114, 142; interioridade dos, 152, 163-164; máscaras de, 152, 154, 156, 166, 169, 171, 172, 174-175; os mortos e os, 227n60, 260; predadores, 241, 249; presa, 320, 322; transformação de deuses em 293; transformação em humano, 161, 163, 243-244
animais-personagens, 210-213, 215-217, 220, 234, 241, 287
animalidade, 169, 250. *Ver também* humanidade
animismo, 28, 32-33, 36-37, 71-72, 79, 149, 151, 195, 220, 292; e vitalismo, 26-27, 32; fetichismo e, 24
antífrases, 264, 268, 299
antinômico, discurso, 300n25, 302. *Ver também* autoderrogatório
Antonino, santo [Antonino Pierozzi], 316

antropocentrismo, 30n38, 33, 149, 306, 328
antropofagia, 232n66; tupinambá, 97, 232. *Ver também* canibalismo
antropomorfismo, 32, 240, 309, 321; cristão, 305n37, 318, 321, 327-328; e antropocentrismo, 306; e zoomorfismo, 163, 174, 335; esquemático, 333; fundacional, 34, 318; latente, 243-244, 305n37; no pensamento visual ameríndio, 201; pré-colombiano, 46; radical, 43. *Ver também* efígie: antropomórfica; espírito: antropomórfico
antropomorfização, 41, 45
Apiaká, 73n55, 78
Apocalipse, 312, 319
Appadurai, Arjun, 25n8, 30
Apurinã, 107
Aquino, Tomás de, 305n40
Arara, 73, 75, 79, 80, 85, 87, 201, 242
araras, 87, 172, 196, 197, 297-298; Bororo são, 25, 38, 296-298
Arawak, 76, 120n101, 127, 167n57, 252-253n13, 295n1; Alto Xingu, 114, 117, 204-205; canções, 139, 142, 180, 266; cerâmicas dos 335; complexo, 110, 241; demiurgo, 106; e flautas sagradas, 102-104, 105n35, 122n105, 132-133; e povos Karib, 245, 252-253; expansão dos, 100, 107-111, 203; lembrando os mortos, 202-203; Maipure, 104; povos, 100, 101, 114, 117, 335; subandinos, 107; substrato, 136
Arquimboldo, 140, 325
aristé, 335, 336
armadilha, 29, 62, 70n45, 79, 105, 112, 113, 131n132, 193, 270, 279, 319; acústica, 130; de percepção, 36; peixe, 105, 110, 112, 113, 137, 270; visual, 65
Arnott, John, 82
Aroni, Bruno, 134, 135
arqueologia, 30, 202, 334
Arroyo-Kalin, Manuel, 335n150
arte, 22, 28-29, 32, 36, 39, 40n91 e n93, 42, 43, 166n50, 270n45 e n46, 279, 299, 311-312, 318n88; amazônica, 193; ameríndia, 307, 340; antropologia da, 132; Costa Noroeste, 159n33, 160, 243; cristã, 32, 40, 288, 308-309, 321, 331; e ritual, 34, 38; fim da, 28; história, 23, 28-29, 35, 40, 132, 326; icônica, 308; indígena, 325; monstruosa, 309; xamânica, 339
artefato, 21, 38, 45, 83n101, 97-98, 116, 130, 135, 151, 159, 160, 163, 166, 167, 170, 172, 173, 174n83, 211, 219-221, 240, 249,

254, 256, 270, 272; acústico, 98, 113, 133;
  agência de, 23, 29-30, 37, 150, 193; animação de, 220, 241, 282; animado, 131;
  antropomórfico, 219, 239; armadilha,
  130; arqueológico, 340; canto-, 53, 56; ce-
  râmico, 334; coisa, objeto e, 30n33; como
  mediador, 45; como pessoa, 35; como
  xerimbabos, 149; corpo-, 51, 288; de madeira, 334; devorador, 262; dos chefes,
  265; e identidades, 241; e presença, 279;
  falando com, 228-230, 232-233, 236;
  inerte, 63; kuikuro, 21, 23; mimético,
  274; original, 128; Parakanã, 21, 52, 69,
  70-72; perissológico, 66; pobre em, 22;
  -povo, 263, 276, 278; -primo, 244; ritual,
  32, 44, 101, 123, 124, 132, 201, 204, 242,
  243, 249, 279, 286, 295; se transformando em pessoa, 239n82; substituto,
  91, 201; -sujeito, 220, 221; troféus como,
  73, 79, 80, 85, 88
artefatualização, 44, 97
asteca, 334
Asurini, 170; do Tocantins (do Trocará), 70,
  171; do Xingu, 70, 243
Athila, Adriana, 73n56
autodepreciação, 231. *Ver também* Eu; *free
  self*; Si
autodiferente, 291, 310. *Ver também* Eu; *free
  self*; Si
autoidentidade, 310, 320. *Ver também* Eu;
  free self; Si
autoridade, 258, 259
Avelar, Gustavo, 276n52
Aweti, 114, 167n57, 182, 205, 209, 210, 244,
  245, 287, 335
Ayres, Lewis, 309n61, 310n63

B

Babilônia, 305
Baker, Lynne, 30n33
Bakhtin, Mikhail, 309n58
Baldus, Herbert, 168, 171, 172, 245n98
banco, 187, 255, 260, 273n48, 277
Baniwa, 106, 124, 141, 143, 195, 196n129;
  demiurgo, 131n132, 142, 325; mito(logia),
  132, 137n156, 146
Barasana, 101, 118, 124, 132n137, 134, 142
Barasch, Moshe, 40, 308
Barcelos Neto, Aristóteles, 116, 127n120,
  132, 133n140, 143n184, 175, 176, 183n100,
  204n17, 254n17, 270n46, 280n59
Baré, 132, 135

Barr, James, 305, 306
Barreto, Cristiana, 333, 335n146 e n149,
  337n153
Barros, Edir Pina de, 119n97
Baschet, Jérôme, 33n52, 327, 328
Basso, Ellen, 128n126, 185, 251n5, 252n12,
  253n14, 290n86, 300, 301n26
bastão, 23, 71-72; de ritmo, 22-23, 35, 70-72,
  114, 115, 117, 135; festivais, 60, 70, 72
Bateson, Gregory, 38, 39
Beaudet, Jean-Michel, 120
Belaunde, Luísa Elvira, 292n94
Belletti, Jacqueline, 202n8, 333n138
Belting, Hans, 26n16, 29, 37n74, 124n108,
  247, 288n81, 308, 309, 318, 322n103, 328
Bennett, Jane, 30n38
Benveniste, Émile, 327n116
Bíblia, 35n62, 304, 305n38, 306, 319, 322
binarismo, 43, 44; ontológico, 37
Bird, Phyllis, 305, 306n42 e n44, 307n47
bizantino, 308, 318n88
Blacking, John, 134
Boas, Franz, 42, 157, 159-161, 163, 165, 166
Boehm, Gottfried, 28n25 e n26
Boespflug, François, 312, 313
bonecos/bonecas, 54, 91, 92, 201, 220,
  229n64, 282n63; añang, 242; antropo-
  mórficos, 279; de criança, 54; do Javari,
  219, 229n64, 244; em tamanho natural,
  92, 201-202, 211, 241; funerários, 201-
  202; russas, 292; xamânicos, 281, 284,
  289
Bora, 76, 80, 83
Bororo, 296n3, 297-298; são araras, 25, 38,
  296-298
Bortoletto, Renata, 111, 112n77
Bourget, Steve, 331n134
Boyer, Pascal, 36, 38, 308n52
Brightman, Marc, 53n5, 104n24
Brightman, Robert, 32n49
Butler, Judith, 27n18
Bynum, Caroline, 308-309, 318, 325-326,
  327

C

cabaça, 115n83, 117, 127, 177, 206; chocalhos,
  99, 260, 269, 281; máscara, 127n120,
  177n91; trompete, 108
cabelos/pelos, 77-78, 83, 191-192, 193, 195,
  202n4, 210n31, 217, 251, 264, 269,
  281n62, 310; púbicos 87,
caça de cabeça, 73, 75, 78, 91

caça, 21, 52, 55-56, 70, 81, 82, 144, 149, 194, 227n60; de cabeça, 73, 75, 78, 91; de dentes, 75; de espera, 62, 70n45, 105; de troféu, 73, 74, 242, 244; rede de, 29

cadáver, 195, 219, 227n60, 253, 259-260, 269, 270, 287, 292, 318

Camille, Michael, 309

canibalismo, 327; funerário, 227, 242; guerreiro, 73n56, 76

canto, 87, 123, 135, 159, 207-208, 210, 211, 238, 266n40, 279, 288, 295; -artefato, 23; auguhi, 266-267, 270, 272, 283, 284; como jaguar e presa, 60; composição, 140n168; crítico, 127n118; da mandioca, 23; de guerra, 59, 94; de lavagem, 263; e fumaça, 69; e máscaras, 157, 160, 169, 178, 179, 180; e nomes, 87; evisceração do jaguar 261-263; falta de evidenciais, 59; feminino, 138-139, 295n1, 302; flauta, 122n105, 141n171, 143- 146, 302; -jaguar, 56-57, 62, 67, 69, 71, 84, 168; jívaro, 84-85, 93; jocoso masculino, 137; kayabi, 86, 89-90, 93; paralelístico, 63; polifônico, 64; satírico, 180-181; sonhado, 53, 55, 56, 58, 65, 71, 99; termo kuikuro para, 114; vocal, 53

capivara, 205, 298

Caquetá, 73, 74, 76, 80, 106. *Ver também* Putumayo

carne, 34, 75; crua, 325, 326, 327; do inimigo, 76, 84; humana, 303;

Carneiro da Cunha, Manuela, 202n6, 232n66, 241n84

Carneiro, Robert, 251, 252n11, 290n85

Carrier, James, 25n8

Casa, 158, 159, 277; aristocrática, 157-158n26, 166; comum, 76, 101, 258; da praça, 138; de prazer, 99; do chefe morto, 265-266; do chefe vivo, 112, 258-259, 263, 265; do dono da festa, 208; do paciente, 280-281; do redemoinho, 253n14; dos homens, 100, 108, 111, 112, 113, 116, 138, 168-171, 182, 189, 190, 192, 257, 258, 262, 295; dos mortos, 260, 261; e madeira de umiri 259, 265, 273; flauta, 100, 109-110, 112; ritual, 61, 62, 68- 71; sociedade, 157

casamento, 60n21, 61, 66, 110, 112, 223, 224, 251

cativo, 56, 60-61, 62, 232n66, 297n8, 303; animal, 132; vítima, 66

cavalinho de pau, 39

caviana, 338n153

cerâmica, 21, 61, 111, 180, 266, 279, 331-337; arqueológica, 91n130, 334, 337; indústria, 333, 335; miniatura, 279, 332

cerveja (bebida fermentada), 75, 77, 78, 81, 85, 87, 135

Chaco, 73, 74, 77-78, 80

Chané, 167n57

Chaumeil, Jean-Pierre, 14, 65n34, 75, 82n91 e n92, 99n3, 102n18, 103n19, 106n44, 135n149 e n151, 146n203, 202, 203

chefes, 46, 90, 106, 114, 120, 180, 183, 184, 206n21, 210, 217n39, 220, 267n42, 269n44, 278, 292; animais, 217; casa dos, 112, 258-259, 263, 265; chorando pelos mortos, 237, 239; como animal e vegetal, 273-274, 276; como assento da comunidade, 256; como donos de estruturas da aldeia, 257-259; como esteios e continentes, 273, 276; como jaguares, 261-264; Cunhambebe, 303; discursos dos, 257, 263, 268, 276, 277, 285, 299, 300n25; dois corpos, 46; dos convidados, 236, 239, 255; dupla-face, 263-264; e árvore umiri, 259, 265-268, 270, 273-274, 276-277, 326; e lutadores, 124, 204, 256; e troféus, 76, 77, 80; efígie de, 267-270; enterro de, 233, 250, 259-261; fabricação de, 241-242, 278; futuros e mortos, 203, 204; homens, 204, 263, 326; kuikuro, 21, 256-257; kwakiutl, 159n33, 160; motivo gráfico dos, 116, 180n95; mulheres, 204, 251n8, 254n18, 299n16; nomes, 278; origem mítica dos, 250-254; Pende, 43; se tornam cobras constritoras, 261; sepultura-ampulheta de, 180, *265*, 266, 273; termos do Alto Xingu para, 254. *Ver também* efígie

chefia, 203, 250, 255, 256, 267, 270n46, 273; ambilateral/unilateral, 255n19, 260, 262; recíproca, 254

chocalhos, de cabaça, 99, 260, 269, 281; tornozeleira, 114; xamânico, 70n45, 99

Christinat, Jean-Louis, 73n56

Cícero, 302-303

cismogênese, 227

clã, 101, 158, 166, 227; ancestrais, 142, 159-160; continuidade de 136; e aerofones, 112, 142; matriclã, 158; ornamentos, 73; patriclã/patrilinear, 83, 88, 109-110, 112

clarinetes, 51, 70, 102, 103, 117-120; rituais, 60, 71, 120

Clastres, Pierre, 77n81

cobra, 104, 109, 134, 140, 143, 145, 197, 253.
    Ver também serpente
Coelho, Vera Penteado, 117n91, 279n58
Coetzee, J. M., 19
Cole, Douglas, 160n36
Colebrook, Claire, 299n14
Combès, Isabelle, 108n56
"como se" / "como é", 19, 36, 38, 39, 55, 75, 83; como mensagem de enquadramento, 38, 39; condensação, 41, 72, 281; de identidades contraditórias, 38; julgamento, 36, 296, 297; metafórico, 36; ritual, 56, 227, 296; vilipendiado, 38
Conrad, Rudolf, 169n67
continente, 70n45, 72, 87, 116, 193, 264-265n36, 276; -conteúdo, 41, 69, 70, 79, 98, 151, 152, 153, 166, 192, 318; portátil, 82; xamânico, 70
convidados, 154, 222n48, 231, 239, 240, 256, 266-267; -adversários, 211; anfitriões e, 89, 234, 272; cativos, 303; chefes dos, 236, 237, 255; chegada dos, 137, 217; da aldeia, 222n48, 234; duelos/combate entre anfitriões e, 45, 211, 217, 221, 223, 226, 229, 239, 272; em um *Potlatch*, 159; espírito, 112; fascinando os, 159; peixes como, 254; recepcionando os, 272; relação de sombreação entre convidador e, 90
cópia, 28, 34, 128, 129, 131, 286, 287, 288, 292; original e, 131, 286, 289, 292
cordeiro, 322
corpo, 51, 53, 124, 132n137, 149, 187, 204, 208, 239, 253, 262, 278, 283; adornos, 21, 226, 276, 332; animal, 154, 156; -artefato, 51; artefatual, 283; ausência de, 247; -casa, 265; como coordenadores da festa (ihü), 133, 189n114, 238; de Cristo, 318n88, 326n112; de Deus, 305n37; de Kowai, 132, 142; do cantor, 59, 66, 94; do cativo, 61; do Diabo, 322; do rei, 219; dos mortos, 260-261, 266; e alma, 32, 33, 34, 197, 282; e espírito, 176; e flechas do espírito, 185; eucarístico, 326; felino, 143; físico, 37n75; humano, 134, 175, 184, 215, 251, 318, 325; interior do, 98, 134; jaguar, 263; mente e, 27; morto, 72, 97, 259, 260; original, 19, 289, 290; partes, 44, 78, 79, 135, 142, 175, 276; pintura do, 180, 189, 192, 193, 194, 212, 217, 259, 270, 332; próprio, 54, 238n80, 289, 290, 292; Trindade, 311, 316, 317; troféus, 201;
-tronco, 269; vivo, 44, 72, 97, 240, 270, 274; zooantropomórfico, 213, 239
correspondência, 41, 163, 273n49, 298, 302, 304, 308; com a natureza, 26, 274; corporal, 135; e verossimilhança, 46, 308; mimética, 288; teorias da representação, 28; verdade como, 298;
Costa Lima, Luiz, 273n49, 274, 287, 292
Costa Noroeste, 149, 150, 157, 158, 159, 160, 166, 167, 195, 243
Costa, Luiz, 14, 24n3, 27n17, 33n51, 101n12, 149n1, 256n21, 277n57
Costa, Romana, 111
Coutinho, Ana, 14, 171, 172, 173n81
cova, 260, 261, 264. Ver também *sepultura*
crânio, 75-79, 80, 81, 87, 91, 97, 202n9, 242, 243; de preguiça, 91; do inimigo, 75, 79, 83, 85, 86, 87, 91, 242, 243
cremação, 237; da efígie, 240
crença, 23, 24, 25, 27, 35, 36, 62; e descrença, 298; irracional, 25; problema da, 23, 25-26
cristianismo, 41, 43, 307, 308, 320, 322, 325, 328, 329; bizantino, 308
Cristo, 43, 309, 310, 311, 318, 322, 326, 327; como ícone de Deus, 318n85; majestade, 327; monstrificação de, 309; natureza dupla de, 41, 318; relíquias de, 327; representação de, 316; trifacial, 316, 317. Ver também Jesus
Crocker, Jon Christopher, 26n15, 298n10
cromatismo, 45; deriva em direção ao, 145. Ver também pequenos intervalos
culto, 44, 99, 106, 316, 318, 326; de imagens, 308; do Jurupari, 325; dos ídolos, 306
Curtis, Edward, 164, 165n47
Curtis, Neal, 35n67

D

dádiva, 24, 25, 52, 56; da memória, 299; e mercadoria, 25; maussiana, 24; personificação da, 25
Dante Alighieri, 313
Danto, Arthur, 28n22 e n24, 29
Dâw, 104n27
Debret, Jean-Baptiste, 94
demiurgo, 53, 106, 128, 131, 141n170, 166n52, 242n88, 251, 292; Baniwa, 131n132, 132, 137n156, 142, 325
demônios, 105n32, 106, 195, 311-312, 319, 321, 325; zooantropomórficos, 322
demonologia, 105n32, 319

dentes, 75-82, 86, 171, 174n83, 177, 184, 197, 251, 324; cintos, 75, 79, 80, 82; colares, 75, 79, 80, 82

Descola, Philippe, 14, 27, 32-33, 35, 85n104, 87, 89, 151n7, 156n18, 163n46, 233n74

desenhos, 71n47, 84, 116, 134, 143, 145, 182, 196, 197, 217, 218, 241, 270n46, 292n94, 295, 306, 325; abstratos, 334; de anaconda, 116; de base, 145; de peixe, 116, 184; geométricos, 177; gráficos, 123, 142, 145n197, 174, 183, 184, 212, 243, 270; não figurativos, 70; policrômicos, 332, 335, 336n153

Detienne, Marcel, 292n95, 298n12, 299n18

Deus, 293, 304-311, 316, 318, 319, 321, 322, 325n108, 326, 327, 328; como jaguar, 322; dualismo -diabo, 316n79; e homem, 46, 304, 305, 306, 308, 309, 318, 328; encarnado, 307, 322n103; faces de, 307; imagem de, 304, 305, 307, 308, 321, 322, 327, 328; morto, 318; representação de, 305; triuno, 309, 310, 316; Um, 307

diabo, 41, 43, 99, 311, 312, 319-322, 324; associação entre o ritual e o, 105; como um leão a rugir, 322; imagem tricéfala do, 312, 313; Jurupari como, 105; máscaras do, 319

Dias de Paula, Eunice, 173n81

divino, 34, 41, 305, 318, 322; criação, 319; essência, 318; estabilização do, 41; figuração do, 307; humano e, 41; materialidade, 326; protótipo, 307; reino do, 333; representação do, 41, 321; *sub forma humanitatis*, 327

dobra, 281n61, 283n67, 291-292; automimética, 291; de um corpo, 283; existencial, 282; invisível, 281, 282, 283

doença, 124, 134; causada pelo dono da mandioca, 22, 23; causada pelo redemoinho, 185-189; como duplicação pessoal, 193, 283n67, 291; cura xamânica da, 279-281; e dono do ritual, 120, 123, 124, 176, 285; e o Diabo, 321

dualismo/dualidade, 32-34, 67, 97, 149, 151, 164, 227, 251, 282, 290n86, 316n79, 319

duplicação, 41, 54, 85, 89, 290; como atenuação existencial, 54, 288; da imagem, 41; do enunciador/locutor, 63, 232, 233, 244; do recipiente, 233, 244; especular, 266; imagética, 290, 292; mimética, 291; ritual, 89, 90, 285

duplo, 46, 90, 171, 240, 242, 282-283, 286, 288, 291; *a'owa*, 54, 55, 63, 69; *akuã*, 185, 186, 187, 219, 220, 238, 282, 283, 289, 290; -alma, 34, 128n124, 152, 153, 176, 184, 240, 278; *ang*, 92n132, 219, 242, 243; animal, 89, 171; capturando o, 193; como boneca, 54; como efígie, 238; da comida, 23; de Deus, 306; do captor, 89; do inimigo, 56; do lutador, 187; do morto, 219, 220, 228, 238, 239, 241, 260, 261, 266, 270, 272; do paciente, 185n105, 279-280, 281; do sonhador, 54; dos humanos, 22; e gêmeos, 302; e protótipo, 54; espiritual, 152, 291; ex-, 240, 282-283; -face, 263, 264; imagem-, 188, 193, 228, 276; intangível, 286; interno, 94; máscara, 160-161; mimético, 291; mundo dos, 63; na Grécia Antiga, 232; natureza de Cristo, 41, 308, 318; sonho como, 55; visível/invisível, 282, 291; xamânico, 280

dureza, 118, 124, 267

E

Eck, Caroline van, 29n30, 40n91

eclipse, 141n170, 249n1, 282

efígie, 21, 53, 92, 216, 217, 244, 263, 270, 292, 326; antropomórfica, 45, 201, 204, 211, 219, 240; ataques à, 210, 216, 221-226, 229-231, 236; como armadilha, 270; como cadáver, 270; como cópia, 292; como duplo do morto, 237-239, 272; como duplo visível, 282; como figuração mimética, 274; como índice de nomes, 278; como *persona ficta*, 219; como substituta, 285; cremação de, 237, 240; dançando em torno da, 213; de chefes, 263, 274, 334-335; de mulher, 251n8, 270; definição de, 219; e lutadores, 256; funerária, 219, 273; humana, 44, 45, 201, 211, 219-220; identidades atribuídas a, 240; Javari, 46, 204, 219-234, 241-242, 249, 250, 274; judicial 219; Muinane, 201; pronominal, 199; Quarup, 128n124, 229, 250, 253, 260, 265, 266-267, 269-270, 272- 274, 275, 276-278, 281-284, 326; Real, 233; rústica *versus* hiperdecorada, 201, 204, 249; se transformando em pessoa, 239, 283; servindo como cópia, 292

Ehrenreich, Paul, 107, 182, 244n98

Elias, Norbert, 118n95, 236n76

Elkins, James, 42

Emmerich, Margarete, 251n8

Enawene Nawe, 109-112, 113, 130, 131n132, 144
encaixamento recursivo, 41, 45, 97, 116, 151, 167, 194, 292
encantamento, 36
encarnação, 195, 199, 307, 308, 310, 322n103
engano, 41, 252n12, 292, 296, 299-300, 302, 303; regime do, 303
ensoulment, 220, 241
envoltórios mesoamericanos, 292
epistêmicas, marcas, 59, 93, 301
Erikson, Philippe, 176n90, 325n109
escalpo, 75, 77-78, 80, 82, 87
escultura, 43, 218, 326; de animais, 258
espectro, 171; dos mortos, 54, 93
espírito, 34, 70, 79, 93, 106, 120, 130-135, 139-140, 153n12, 161, 176, 203, 258, 285, 290, 295; ancestral, 114; animal, 114, 141, 213; antropomórfico 122; *arutam*, 93, 94; auxiliar, 156, 157, 159; bicho-, 120n98, 126-127, 130, 141, 176, 185n105, 186, 187, 191, 215, 216, 238, 239; classes de, 86, 120, 168, 176; -convidado, 112; corpo-rificando o, 133, 189n114; das presas de caça, 135; de vítimas de guerra, 173; definição, 22n2, 120n98; devorador, 82; do inimigo, 86, 172; dono da mandioca, 22, 23; dono, 123, 142, 269, 276; e doen-ça, 120n100, 185n105, 204n15, 283n67; -flauta, 124, 141; flechas de, 185- 186; guardião, 172; instrumentos sagrados, 101, 108, 124, 133-135, 142; maligno, 154; máscara, 45, 150, 151, 169, 171, 177, 191; presença de, 37; se transformando/viran-do, 22-23, 35, 192, 193, 239; subterrâneo, 109n63; vingativo, 93n139; vozes de, 108
Espírito Santo, 310, 318
estátua, 199, 218, 232n69, 288, 306; estatueta, 233, 281, 318; funerária, 46, 199, 232; grega, 232-233; humana, 281; imóvel, 150; jaguar, 263
estatuetas, 331; antropomórficas, 332; huma-nas, 337; naturalistas, 332. *Ver também* estátua
estética, 28, 29, 35, 39, 41, 42, 44, 46, 78, 86, 145, 172, 182, 193, 196; amazônica, 333; ameríndia, 45, 217, 303; clássica, 28; da descoordenação, 146; princípios da, 45, 133, 250, 292, 339
estilo, 63, 91, 111, 166, 319, 335, 339; artís-tico, 157-158; autodepreciativo, 264; de acompanhamento, 146; deformação vo-cal, 65; derrogatório, 264, 267; hoqueto, 118, 122; narrativo, 339
Eu, e não eu, 94; exteriorização do, 244. Ver também *free self*; Si
eucaristia, 26n16, 325-326, 327
evidenciais, 301. *Ver também* epistêmicas, marcas
evocação mimética, 212, 218, 273, 289. *Ver também* duplicação; figuração
Évreux, Yves d', 105

F

face(s), 134, 157n21, 167, 236, 325, 331; animais, 151, 152, 154, 156, 160-161, 163, 164; com feições humanas, 153, 154; de ancestrais do clã, 160; de Cristo, 311n69, 322n103; de Deus, 305n37, 311, 325n108; de jaguar, 145; de *Kowai*, 196; do Diabo, 311n71, 312- 313; e máscaras da América do Norte, 150, 151-152, 154, 156, 160-161, 163-165; e máscaras da América do Sul, 128, 171-172, 176-179, 183-184, 192, 270n45; e máscaras do Diabo, 322, 324; e sepultura, 261, 264; e troféus, 85, 88; humanas, 78, 126n116, 151, 152, 154, 156, 157n21, 160, 161, 163, 195; maia, 334; monstruosas, 307; proliferação de, 156
fala, 56, 93, 190n115, 199, 221, 229, 230, 232, 284, 301; aparelho fonador, 114, 113, 142; atos de, 229, 230, 269; autoderro-gatória/autodepreciativa, 225, 264, 266, 267, 299; de chefes, 236, 257, 263, 264, 267, 277, 285n74, 299n16; figura da, 298; formal, 257, 277, 285; formulaica, 21, 135, 267; humana, 114; imbuída de agência, 56; interação entre música e, 102; ritual, 173n81. *Ver também* antinô-mico, discurso
Farabee, William, 76
Fausto, Carlos, 14n1-n3, 46n107, 120n98, 137n155, 168n60, 173n82, 184n103, 203n12, 208n28, 211n34, 249n1, 252n10, 282n64, 310n65; sobre a duali-dade corpo-alma 34n57; sobre a dupla--face dos chefes, 263n33, 269n44; sobre a música kuikuro, 140n169, 141n173, 144n191, 207n25, 266n40; sobre a tradição ameríndia da imagem, 43n102; sobre animismo, 24n3, 27n17, 34n57, 149n1; sobre crenças, 25n12, 36n72; sobre desjaguarização, 118n95; sobre domesticação, 274n45; sobre duplicação

ritual, 233n71; sobre predação familiarizante, 85n109; sobre feitiçaria, 261n29; sobre máscaras, 86n113, 167n57; sobre os Parakanã, 34n60, 51n2, 55n9 e n10, 60n20 e n22, 66n38, 70n45 e n46, 72n52, 99n5, 301n28 e n29; sobre povos Tupi, 167n57, 202n9; sobre regimes centrípetos e centrífugos, 168n60; sobre rituais de guerra, 87n114, 93n134
faz de conta, 39
feitiçaria, 281
Feld, Steven, 146
felinos, 212, 263; adornos, 274; afetos, 33; corpo, 143, 253, 276
ferramentas de metal, 52, 123, 159n33
Fienup-Riordan, Ann, 151, 156
Figueiredo, Paulo Maia, 101n13, 105n35, 135n150
figura e fundo, 34, 41, 146, 304, 335
figuração, 33, 45, 46, 54, 58, 79, 212, 218n40, 220, 230, 241, 249, 263, 273, 274, 278, 279, 287, 288, 333, 334; ameríndia, 41; artefatual, 243, 279; cristã, 318; da Trindade, 309; do humano, 239, 273, 333, 334-335; do inimigo, 91; no mundo animista, 151; realista, 334; xinguana, 204, 249, 279
Fiorini, Marcelo, 134
flagelação, 101, 103, 105, 112, 113
flautas, 102-113, 116, 117-118, 119n96, 120, 121, 122-124, 137n156, 179n93; casa das, 100, 109, 110, 112, 113; como cópias, 128-131; como exteriorização de tubos internos, 133-136; como troféus, 75n62, 76, 79; complexo das, sagradas, 98-99, 103, 104, 105n35, 107n46, 108, 113, 114, 117, 118, 131, 133, 134, 135, 138-142, 167, 179n93, 258, 286; culto às, 44; de ossos humanos, 75n62, 76, 79; de palmeiras/vegetais, 106; definição de, 102n15; do redemoinho, 186, 188-189, 190; dono de, 123-124, 134-135; dupla, 118, 121-122, 26n27, 266, 267; e fertilidade, 101, 105, 113; e máscaras, 86, 130-140; e rituais femininos, 137-140, 302; e trocano, 116; espírito mestre das, 124, 130, 132-133, 134, 141; feitas de ossos de jaguar, 91; Jurupari/Kowai, 106n42, 124, 140n167; mito de origem das, 126-130, 286; música de, 138, 140-146; na área norte, 103-107; na área sul, 107-111; proibição visual das, 100, 104, 107, 122; sagradas kuikuro, 113n80, 117, 123, 125, 126n114

e n115; trio de, 110, 123, 124, 126; *versus* trompetes, 106n36, 117-118
foca, 153, 154, 156
Fortis, Paolo, 201n1, 229n64, 282n63
Foucault, Michel, 300n25
Fowles, Severin, 30n38
Franchetto, Bruna, 114n82, 144n191, 145n194, 185, 203n12, 207n25, 225n52, 230n65, 266n40, 290n85; sobre a língua kuikuro, 116n89, 255n19, 282n65, 284, 289n84, 299n20, 300-301, 302n30 e n31; sobre as hipermulheres, 137n155, 138n162, 139; sobre o discurso dos chefes, 257n23, 299n16; sobre ritual Tolo, 139-140, 302;
Frank, Erwin, 201, 241n85
free self, 54. *Ver também* Eu; Si
Freedberg, David, 19, 29, 40n93, 219n42, 308, 309
frequência-ancestral, 249
Fried, Michael, 36n68
Fritz, Samuel, 101, 103, 106
frutos, 61, 101, 113, 206n20; silvestres, 101, 106, 112, 124n109
fumaça, 69, 135, 189, 267, 268, 280, 281, 301; canto e, 69-70; como respiração visível, 70, 98, 135
Funai (Fundação Nacional do Índio), 57n14
funeral, 46, 201n1, 233, 333, 335; boneco, 201-202; cortejo, 123; efígies, 219, 273; estátuas gregas, 46, 232, 233; festival, 241-242, 254; lamento, 143; práticas, 202, 250; ritual, 46, 104n22, 122, 195, 203-204, 221, 227, 238, 239, 242, 249, 250, 276n53; urnas, 202, 333, 335
furação de orelha 112, 136, 137, 189n114, 203, 204, 241, 256, 274
Furst, Jill Leslie McKeever, 316
fusão, 145; de imagem e protótipo, 39; do matador e da vítima, 94, 244; entre pessoas e coisas, 25

G

Gaiger, Jason, 39
Galvão, Eduardo, 204n17, 205n18, 222n48, 245
Garcia de Freitas, José, 75n59, 86
Gebauer, Gunter, 287n78
Gell, Alfred, 29, 31, 32, 36, 38, 40, 130n132, 145, 241n83, 292
gêmeos, 56, 233, 292; alteridade, 252n10; ameríndios, 291, 302; mitos/saga,

125, 204, 206-208, 250-253, 263, 274, 299n19; são pássaros, 25, 26. *Ver também* Sol e Lua
gênero, 71n48, 78, 99, 140; distinção de, 66, 251n8; uni-, 227
Gênesis, 46, 304, 306, 307, 310, 314, 321, 328
Gibson, James, 34, 147, 198
Gilij, Filippo Salvatore, 95, 104, 109, 146
Ginzburg, Carlo, 233n72
Goldman, Irving, 134n147, 158n31, 159n32, 167n56, 195, 196, 197
Gombrich, Ernst, 39
Gomes, Denise, 332n136, 337, 339
Goulard, Jean-Pierre, 107n46, 194n121, 196
Graeber, David, 167
Graf, Arturo, 316n79
Gregor, Thomas, 279n58
Gregory, Chris, 25n8
Grünberg, Georg, 243n88
Guapindaia, Vera, 336n152
Guaporé (rio), 108, 109, 111
Guarani, 167n57
Guarita, 335
Guaykuru, 77
guerra, 24, 54, 60, 66, 70, 72, 75, 77, 81, 83, 86, 90, 94, 205, 226, 234, 236, 242, 244, 249; canções de, 59, 94; canibalismo, 73n56, 76; cativos de, 60; e caça, 70; em modo menor, 236; lógica da, indígena, 86; máquinas de, 242; pantomima de, 236; parceiros de, 70; rituais, 45, 76, 83, 85, 86, 87, 89, 101, 171, 242, 244, 245, 249, 250; troféus, 72, 76-77, 86, 101, 172, 173, 250
Guerreiro, Antonio, 193n119, 251n5 e n6, 252n12, 254n17, 269n44, 285n74, 290n86
Guianas, 104, 108n55, 167n57, 335
Gumbrecht, Hans, 26n16
Gumilla, José, 76n71, 104n22, 118
Guss, David, 65n35 e n36, 145

H

Haack, Susan, 25n13
Haida, 157, 158, 164, 166
Hallowell, Alfred Irving, 32n49
Harf-Lancner, Laurence, 319n95
Harner, Michael, 77n77
Heckenberger, Michael, 15, 100n9, 111n69, 203n11 e n12, 254n17, 266n40, 269n44, 335n144 e n145
Henare, Amiria, 27n18, 30n36
Hesíodo, 299n19

hibridação, 321; cultura da, 321; metamorfose e, 314, 319
híbrido, 25, 31, 46, 264, 310, 319, 321, 331, 334, 339, 340
hierarquia, 37, 107, 157, 158, 159, 309, 321
Hill, Jonathan, 103n19, 105n35, 113n79, 114n81, 135n149, 137n156, 142, 146n203, 325
hipermulheres, 137, 138, 295, 296
hipóstase, 309, 310, 311
Holbraad, Martin, 27n18, 30, 31
Holmberg, Allan, 202n9
hoqueto, 118, 122
Horton, Robin, 25n11
hóstia (pão da eucaristia), 326, 327
Houseman, Michael, 38n83, 227
Hugh-Jones, Christine, 101n11
Hugh-Jones, Stephen, 14, 53n5, 105n35, 118, 124n109, 132n137, 134, 135, 136n152, 140n167, 142n176 e n179, 288n82
humanidade, 311, 321; atributos morais da, 218; Deus e, 306, 307n48; e animalidade, 169, 250; e artefatos rituais, 128, 131; e simbolismo, 26; genérica, 241; latente, 69
Humboldt, Alexander, 101, 104
Humphrey, Caroline, 38n82
Hupdä, 104n27, 110

I

ícone, 28, 29, 192, 288, 305n38, 308, 337; animal, 184; de Deus, 305, 306, 318n85; e índice, 26, 27, 326; *hutoho* como, 279; ressurgência do, 26; transparência do, 41, 308
iconismo, 40, 213, 217, 274, 292, 326; acústico, 213, 232; além do, 40; complexo, 273; minimalista, 217
iconoclastas, 308; e iconódulos, 308
iconoclastia, 28-29, 40
iconografia, 37, 46, 166, 311, 313, 321, 322, 327; ameríndia, 175, 329; da Baixa Idade Média, 324
identidade, 128n123, 221, 232, 240, 290, 298; ambivalente/contraditória, 38, 169, 175; animal, 211, 213, 217, 228; assintótica, 302, 303, 306; atribuição de, 175, 213, 231; auto-, 310, 320; autossemelhante, 291; corporal, 132; e alteridade, 89; e predicação, 297n9; elementar, 197-198; entre Deus e Homem, 304, 306, 307n48; heterogêneas, 241; humana, 163, 274; jogo reflexivo de atribuição de, 231; não

humana, 192; obsessão com, 310; oposta e recíproca, 230; pessoal, 34, 192, 193, 290, 291, 310n65;predatória, 228; ritual, 38, 296, 325n113; suplementar, 250; única, 88; visual, 40, 318, 327; vocal, 212

identidades, 38, 142, 169, 193, 221, 227, 228, 229, 230, 231, 240, 241, 284, 329; múltiplas, 45, 94, 141-142, 175, 188; multiplicação de, 193

idolatria, 99, 306, 308

ídolos, 99, 109, 306, 308

Igreja, 309, 311, 316, 322, 325, 326

Ikpeng, 73, 242

Illies, Christian, 31n46

imagem, 28n25, 40-41, 42n97, 55, 59, 93, 94n140, 135, 153, 187, 189, 273, 241, 253, 279, 303-308, 335, 339; agência da, 23, 29, 37; ambivalente/ambígua, 44, 303; antecipada, 85, 274; antropomórfica, 327; como armadilha perceptiva, 36; compósita, 42; cristã, 26n16, 124, 314, 321, 325; da face de Cristo, 322n103; da Trindade, 310, 311, 313-314, 316, 318; de animais, 143, 249; de arma, 204, 237; de continuidade, 259, 264, 276; de Deus, 304, 305, 306n42, 307, 321, 322; de diabos, 43, 105n32, 311n71; de espíritos auxiliares, 157; de identidade e alteridade, 89; de Kowai, 106; de mortos, 199, 239, 270; de transformação, 340; do inimigo, 69; e alma, 34, 92n132, 184, 194, 219, 242, 282n63, 290; e animismo, 33, 156n18; e contraimagem, 65; e duplo, 91, 188, 193, 194, 220, 228; e protótipo, 27, 37, 39, 41, 273, 308; e retrato, 28n25; e semelhança, 304-305, 307n48;e sombra, 34, 91, 92, 93, 171, 219, 242, 288; especular, 266; estatuto animado da, 28;externa e interna, 38; fazer o homem à nossa, 304, 306; fotográfica, 55, 93, 288;genésica, 136; heráldica, 159; história da 295; humana, 243; jaguarizada, 276; mental, 176, 222; musical, 141, 146; palavra e 232, 307; paradoxal 41, 43, 319, 329, 331; recepção de, 28; regime de, 309, 314, 321, 325; ritual, 32; tricéfalas, 313-314, 316; vegetal, 276; verdadeira, 308; vórtex de, 149

imaginação, 38, 158, 181; captura da, 38, 42, 44, 54, 62, 150; de agência, 321; jogos de, 39

imitação, 28, 34, 219, 286, 287, 288, 302; da forma humana, 41; da natureza, 40n93; e ironia, 302

incerteza, 36, 39, 68, 149, 273; estado de, 39, 44, 54, 62, 133, 272

inciso-ponteada, tradição, 333

indeterminação, 59, 87, 94; quantitativa, 41, 85, 87, 292; zona de, 272

índice, 98, 279; aerofones como 107, 135, 142; contiguidade entre protótipo e, 91; Gell sobre 40; nomes como, 141, 334; ressurgência do, 26, 29, 40; troféus como, 76, 94

indivíduos: alma dos, 85-86; e troféus, 86; figuração/representação de, 43, 86, 250, 278, 334-335; urnas cerâmicas e, 335-336

Ingold, Tim, 27, 31, 33, 34, 194n123

iniciação, 70, 92n132, 98, 107n46, 108, 116, 120n101, 124, 166, 168, 194, 229; de chefes, 204; de homens, 81, 83-84, 101-102, 107, 112, 113, 136, 170, 171; de mulheres, 107n46, 170, 194

instabilidade, 38, 41; cognitiva, 37, 150

instrumentos de sopro, 45, 76, 97, 98, 101, 103, 120, 121, 124, 125, 130

instrumentos musicais, 21, 97, 104, 108, 113, 114, 135. *Ver também* clarinetes; flautas; tambores; trompetes

intencionalidade, 31, 33, 282; e agência, 25

interioridade, 151, 187, 193, 292; ausência de, em efígies, 241, 282; e crença, 27; e exterioridade, 34; e exterioridade, humana e animal, 151, 153, 163-164; fisicalidade e, 33, 153; humana, 154

Inuit, 151, 152

invólucro, 33, 34, 193, 197-198, 264n36, 292n92; camadas de, 194-195; epitelial, 77, 78; externo, 97; material, 33; visível, 55

Inwood, Michael, 273n49

ironia, 46, 298-299, 302-303; de Cunhambebe, 303

J

Jabin, David, 202n9

jaguar, 39, 90n124, 93, 196, 205n18, 212, 236, 242, 303; acústico, 69; aerofones como, 142;aldeia do 251-252, 254; cantos, 56, 57, 62, 63, 67, 68, 69, 71, 84, 168, 207; cauda, 253;chefe como, 255, 263-264, 274, 278; como substitutos rituais, 91; corpo, 253, 263, 272;Diabo como, 322; e umiri, 274; engorda de, 60; escultura, 259; evisceração do, 262-263, 276; execução, 63, 91; glifo, 334; líderes como, 255; mestre, 56, 60,

68; mítico, 33;motivo facial, 145; ornamentos, 217n39, 276, 332; parte-, 276; sobrenatural, 143; tornando-se, 35, 303. *Ver também* onça

jaguaridade, 39, 274, 303, 321

jaguarização/desjaguarização, 118, 256n22, 274, 276

Jakubaszko, Andrea, 109n61

Japurá (rio), 102, 103, 105, 106, 108

Javari, 45, 46, 189n114, 201, 203-206, 207-211, 212n35, 216-220, 221n47, 222n48, 223-224, 225-229, 232-234, 236-245, 249-250, 273, 274, 283, 284, 287, 288, 297n9

jesuítas, 103, 104, 105, 327

Jesus, 310n66, 318, 321, 322, 326, 327; bebê, 318, 327; como homem, 318; como monstro, 321;figura humana de, 308

Jívaro, 77, 78, 80, 82, 84, 87, 88, 101; ausência de máscaras, 168; conjunto, 76n73; e *arutam*, 93-94n140; e cabeça de preguiça, 91; substituição ritual entre, 89, 91

jogo sério, 302, 303

jogos, 39, 236, 237, 245n98, 265, 303; de demônios, 319; de faz de conta, 39; de imaginação, 39; seriedade dos, 39

Jonaitis, Aldona, 157n22, 158n27, 159n33, 166n50

Journet, Nicolas, 79, 121n101

Juruna, 73, 75, 80. *Ver também* Yudjá

Jurupari, 104-106, 124, 131n132, 136, 140n167, 142, 325; androginia de, 136; área, 106, 249;e Kowai, 325; etimologia, 67n41, 105, 113; identificado com o Diabo, 105, 106; mito de, 138n158

K

Kagwahiv, 73, 75, 86n110, 91

Kalapalo, 114, 129, 251n5, 252n12, 253n14, 272, 285, 290n86; como Akuku, 139; no Javari, 223, 230; sobre chefes, 269n44, 285n74

Kamayurá, 116, 131, 167n57, 181, 244n94, 245, 280n59; e complexo do Alto Xingu, 114, 128-129, 254n16; e efígies, 219; e flautas, 117n92, 122n105, 179n93; e Javari, 204-205, 207, 209-210, 211, 244-245; e Quarup, 254, 270n45; e trocano, 116; mensageiros, 90n125, 257

Kant, Immanuel, 273n49

Kantorowicz, Ernst, 219n43

Karadimas, Dimitri, 76n69, 82n90, 136, 138

Karajá, 167n57, 168-170, 171-174, 177n91, 244

Karib, 139, 167n57, 180n95, 253; Alto Xingu, 139, 218n40; cantos, 177, 178, 266; cestas/cestaria bicolor, 65; línguas, 73, 284, 289; meridional, 301n26; nome, 252;povos falantes de, 45, 80, 111, 114, 119, 203, 206, 245, 251, 253; proto, 284; setentrional, 145, 178n92

Karsten, Rafael, 77n74, 78n82, 84

Kaxinawa, 65n37, 143, 145n197

Kawaiweté, 73n53. *Ver também* Kayabi

Kayabi, 73n53, 83, 86, 90, 93n135, 242; boneco ritual, 201; cantos, 59, 86, 93; pacificação dos, 91; troféus, 75, 80, 83, 92n132

Kayapó, 171, 172

Klein, garrafa de, 134; acústica, 133; efeito, 41, 45, 292

Kokama, 75, 78

Konduri, 333

Koripako, 79, 91

Krause, Fritz, 37, 169n67, 182, 194-195, 197, 218n40, 244-245n98

Kubeo, 195, 196n129, 197

Kuna, 59, 63, 201n1, 282n63

Kwakiutl (Kwakwaka'wakw), 157, 160, 162, 164, 165, 166, 167n56

L

Lagrou, Els, 14, 42n97, 65n37, 143, 145n197, 291n91, 292n94

Lane, Melissa, 299n15, 303n32

Latour, Bruno, 25, 27, 29n28, 30n38, 31, 53

Lea, Vanessa, 14, 92

Lemonnier, Pierre, 66

Léry, Jean de, 232

Lévi-Strauss, Claude, 25, 42-43, 72n50, 110, 130, 134n144, 146n203, 157, 158, 169n62, 250, 266, 277, 328

Levin, Theodore, 64n32

Liebersohn, Harry, 24n4

Lima Rodgers, A. P. Ratto de, 14, 101n13, 109n60, n61 e n63, 110n65, 111, 112n78, 130, 131n132, 144n189, 145

Lima, Pedro, 115, 116n85

Lima, Tânia Stolze, 75n63

Lipkind, William, 172

literal, 35n62, 36, 61; e figurativo, 35, 46, 295, 298

Lloyd, Geoffrey, 26n14, 35

Lolli, Pedro, 105n35

Lorenzi, Harri, 122n106, 251n8

Lortat-Jacob, Bernard, 64n33
luto, 131, 217, 239, 261-264, 269; fim do, 261; período mais estrito do, 263, 276

M

macaco, 130, 287
maestria, 256n22, 258; relação de, 101, 123, 258; ritual, 291
Magnani, Lorenzo, 36n71
Maias, 334
Maipure, 104, 109
Malafouris, Lambros, 27, 30n36 e n39
mandioca, 22, 23, 81, 82, 132n137, 140n167, 142, 192, 262, 264n34, 265n36, 266; beiju, 189, 193; cantos, 23; cerveja de, 135; farinha de, 52, 58; festival, 22; mandorla, 318
Mansutti-Rodríguez, Alexander, 102n16, 104n26, 112n75, 168
manuscrito iluminado, 67n41, 309, 311, 313, 314, 319
Maracá, 336
Marajoara, 335, 336
Martins, Cristiane, 333n139
máscaras, 37, 45, 86, 127n120, 134, 149-150, 156n18, 167-168, 178n92, 179n93, 180n94, 190n115, 196, 292, 322n103, 334; aerofones e, 86, 97, 98, 112, 116, 128, 130, 167, 168, 286; alimentação, 189-191; Alto Xingu, 174-175, 179n93, 180n94; ameríndias, 45, 151, 318; animais, 171, 174-175, 195, 196; cinéticas, 141; como cristas, 158; como demônios, 195; como ídolos, 99; como o ser real, 37; condenação da Igreja/dos missionários às, 99, 150n2, 195, 325; Costa Noroeste, 159-167; de cabaça, 127, 177; de Carnaval, 217; de foca, 153, 154, 156; de madeira, 126n116, 127n121, 151, 180n94;- de pássaro, 160, 161, 163; de transformação, 157, 160, 161, 162, 163-164; definição de, 151; do diabo, 67n41, 319, 322, 324; do inimigo, 168, 171-174; do redemoinho (Atuguá), 110, 181-184, 185-193, 213; dupla, 160, 161; e ancestrais, 159-160, 167;e faces, 151, 153, 154n13, 160, 176, 261, 270n45, 322; e pele, 193, 194; e troféu, 168, 171, 172, 173; e xamanismo, 154, 157; espírito patogênico das, 185-192; inuit/yup'ik, 151-152, 154; karajá, 160-170, 177n91; kubeo, 195, 196n129, 197; kuikuro, 126n116, 127n117-n119 e n121, 128n122 e n123, 176-184; mestre, 196; morte, 145; origem das, 126-128, 196n129; relação de continente/conteúdo, 150, 152-153, 154; representação paradoxal, 156; sonoras, 69, 98; tornando-se a, 191-192, 193; tupi-guarani, 167n57, 170; vocal, 63; wauja, 175
Matako, 77, 80
Matarezio Filho, Edson, 99n4, 100n8, 101n13, 106n45, 107n46
Matipu, 114, 223n50, 230, 237
Mauss, Marcel, 24-25
Mawé, 73, 78
McLennan, Bill, 166
Meade, Marie, 151n6, 157
medo, 130, 234; e respeito, 99, 120, 192, 276, 321
Mehinako, 110, 114, 127n121, 129, 181, 182, 204n17, 245
Mehinako, Jamaluí, 15, 125n112, 185n106, 205n19, 206n22, 215n37, 230, 285
Mehinako, Makaulaka, 254n17
Mehinako, Mutuá, 15, 177, 185, 188, 192, 206n22, 218, 225n52, 240, 253n13, 287, 289
Meira, Sergio, 15, 284, 289, 302n30
Melanésia, 37
Mello, M. I. Cruz, 116, 123n107, 125, 137n155, 138, 139
memória, 38, 86, 94, 205, 223, 241, 253, 254, 255, 264, 278, 308; coletiva, 204, 278; dádiva da, 299; do nome, 204; dos vivos, 290; produção de, 245
menarca, 23, 82, 105n34, 107, 112, 194, 273
Mendizábal, Santiago, 202n9
Mendoza, Marcela, 77n78
Menezes Bastos, Rafael de, 117n92, 131, 203n13, 205n18, 210n31 e n32, 211n34, 213n35, 236-237, 280n59
Menget, Patrick, 49, 78n85, 82n92, 83, 94
menstruação, 23, 77, 82-83, 101, 140n167
mentira, 252, 300, 301, 302, 303. *Ver também* engano
mestre, 89, 170, 185n105, 224, 285; animal, 81; chefes como, 263, 274; da água, 196; da floresta, 127n120, 177; da luta, 122n104, 256; da mandioca, 22; da praça, 257; da raiz, 122, 193; da razão, 24; da verdade, 292, 299; das flautas, 101n13, 134, 141n171; de cantos, 123, 207n25, 217, 224; de máscaras, 173, 196; do arco, 262; do engano, 292, 296, 299;

do feitiço, 192n117; e ancestral, 277; jaguar, 56, 60, 68; ritual, 91; sonho, 56
metades, 89, 158, 171
metáfora, 26, 28, 138
metamorfose, 33, 189, 193, 195, 309, 314, 319, 326n113. *Ver também* transformação
Métraux, Alfred, 62n29, 108, 333n138
Meyer, Birgit, 27n18 e n19, 133
Meyer, Herrmann, 174, 175, 180, 182, 183, 195, 218n40, 245
Meyers, Albert, 108n56
Michelangelo, 293
milho, 117
Miller, Daniel, 27n18
Miller, Darrow, 307
Miller, Joana, 30n36
Mills, Robert, 309, 314, 316n80, 321
mimese, 274, 279, 286-287; acústica, 154; altoxinguana, 46, 279; auto, 291; como faz de conta, 39; como *imitatio*, 273n49; conceito de, 131, 286-287, 292; ingênua, 28; intermediária, 43; problema/questão da, 40, 302
mingau, 71, 101, 135, 206, 210
missionário, 44, 72, 82, 99, 105, 118, 150n2, 151, 325, 327
missionários salesianos, 325
Mitchell, W. J. T., 28, 30, 32, 40n92
mito, 43, 93n135, 136, 141, 158, 166n52, 184, 225, 292; contra-, 305; cosmogônico, 130;da inversão de gênero, 137-140; da metamorfose, 195; da origem da água, 206-209;das hipermulheres, 137, 295n1; de origem do Javari, 207, 287; de origem dos aerofones sagrados, 113, 122, 125-130, 131, 132, 133, 138, 142, 251, 286; do jaguar xerimbabo, 262, 276, 287; do Quarup, 131, 250-254, 274; dos gêmeos, 250-251, 252, 302; e história, 117, 124, 204; Jurupari/Kowai, 132, 138n158; rituais e, 179, 204, 205, 288;"se pensam nos homens", 43; tikuna, 194, 196
mitologia, 32, 125, 131, 136, 146n203, 184, 253; amazônica, 251n9, 337; baniwa, 146;barasana, 132n137; das flautas sagradas, 125; de Sol e de Lua, 204, 205, 274; do Alto Rio Negro, 125, 195; do Alto Xingu, 125, 128, 131, 138, 204, 251, 252n12, 253, 254, 274; grega, 299, 311; kuikuro, 129n127; tikuna, 194; tupi-guarani, 252n10, 253
mnemônico, 123, 141, 278
modernismo, 42; pós-, 26, 27, 28

Mojo, 108, 111
Monod-Becquelin, Aurore, 205n18, 210n31, 219, 223n49, 228, 229n63 e n64, 234n75, 244n97, 302
monoteísmo, 304, 307, 319
Montagnani, Tommaso, 114n82, 207n25, 211n34, 212n36, 300; sobre a música de flauta, 114n81, 141-145, 302; sobre a música feminina de rituais, 138-139, 302
mortos, 227n60, 242, 249n1, 289; aldeia dos, 260, 290; carne dos, 75, 76, 84, 303, 325; chorando pelos, 237, 239, 262, 271; comemorando os, 211, 233, 244, 253, 260;como ancestrais, 335; como outros/inimigos, 241, 249; comparecendo a rituais, 238-240, 260;decompondo os, 276n53; decorando os, 260; duplo da pessoa, 219, 228, 270; e artefatos, 282; emprestando voz aos, 232; enterrando os, 253, 259-260; espectro dos, 54, 93; figuração/representação dos, 45, 46, 334; inimigo, 72, 79, 85, 93n139, 172-173, 201; memoração dos, 202; mundo/céu dos, 184, 193, 290n85; os vivos e os, 107, 142, 202, 238, 239, 241, 276; ossos dos, 75n62; revivificando os, 36, 272; se transformam em animais, 261, 290, 297; sopro dos, 79. *Ver também* Chefes: Mortos; Inimigo: Morto; Deus: Morto
motivo, 123, 163n45, 196; ampulheta, 265; anaconda, 143, 259; anicônico, 327; antropomórfico, 243-244; arcos elípticos, 265; da metamorfose, 319; de base (o humano no interior), 156, 157, 163; de chefes, 116, 180; dentes de piranha, 184; do invólucro, 194, 195; do tronco humano, 184; dominante, 167; face de jaguar, 145; figurativo, 163, 194, 196; geométrico, 194; gráfico, 182, 183, 197, 258; guelra de peixe, 180;máscara facial, 322, 324; mínimo, 212-213; parasitário ou partenogênico, 138; Quarup, 259, 270; ritual, 68; Sisiutl, 165; tricefálico/trifacial, 309, 311-314, 316
Moxey, Keith, 28n27
Muchembled, Robert, 319
mucura, 138n158, 252n10, 253
Müller, Regina, 70n44, 243
multiplicidade, 145, 193, 197, 223; de nomes, 278; de possíveis verdades, 300; de referentes, 145; do Um, 307, 311; -em-um, 132, 141; indexical, 97; referencial, 157
mumificação, 77, 83, 202

Munduruku, 73, 75; cabeças-troféus dos, 78, 80, 83, 88; e fertilização da caça, 79, 82; instrumentos sagrados dos, 102n16, 110, 130n131, 138, 142, 143; sistema de metades dos, 89

Murphy, Robert, 75n58, 78, 82n93, 89n119, 102n16, 111, 130n131, 138, 142, 143

música, 113, 130; como respiração audível, 135; como sempre a mesma, 143; cromatismo da, 45, 145; de flauta sagrada, 114, 130, 138, 141, 145, 258; de flauta, 114, 138, 145; de homens e mulheres, 138-142; discurso e, 102; instrumental e vocal, 114, 141n173, 177; Jurupari, 104, 106; kuikuro, 45, 114, 120, 144; mestre de, 101n13; termo kuikuro para, 114; wauja, 144. *Ver também* canto

musicalidade, 102, 145

músicos, 109, 112, 123, 134, 141, 295

N

Nadëb, 104n27

Naduhup (Maku), 79n89, 104, 104n27, 112

Nahukwá, 114, 180n95

Nambikwara, 109, 110, 134

nascimento, 83, 193, 251, 254, 255, 277, 278, 314; canto kuna para facilitar, 59; do Sol e de Lua, 253

natureza, 26, 40n93, 94, 291, 316, 319, 320; âncora da, 26; correspondência com a, 274; /cultura, divisão, 25, 43; dupla/dual, 41, 65, 308, 318; e verdade, 287; humana, 326; ontológica, 131; única, 319

nheengatu, 105

Neves, Eduardo, 14, 306n45, 333n138, 335n149

Nietzsche, Friedrich, 27n17, 197

Nimuendajú, Curt, 73n54, 75n62 e n64, 106n45, 107n46, 194n120

Nivakle, 80

nome, 58n15, 159, 160, 166, 186n110, 209, 213, 220, 249, 270, 282, 307; alma, 153n12, 167n56; assento-, 167; chamando o, dos primos, 221-225, 230-231; de cantos, 56, 87, 140-142, 207; do diabo, 105, 319; e os mortos, 278; efígies, 229, 249-250, 273; ex-, 278; importante/prestigioso, 204, 205, 242, 255, 256; -índice, 334; kwakiutl, 160; máscaras, 169, 170, 172, 175, 184; memorável/notável, 264, 277-278, 290, 335; pessoais de Sol e de Lua, 206, 252, 299-300; próprio/pessoal, 85, 142, 171, 184, 206, 229, 252, 277, 300; sopro-, 112; títulos, 159, 166

O

Oakdale, Suzanne, 14, 59, 75n61, 83, 86, 90, 91, 93, 290

Oberg, Kalervo, 260n25

objetificação, 22, 193

objeto, 40, 72, 79, 87, 150, 334; agência do, 25, 35; ausência de, 51-53; de arte, 36; de culto, 99; de feitiçaria, 281; de respeito, 120, 122, 259; duplo do, 282; e coisa, 29-30; eficácia do, 23; estatuto ontológico do, 30n33; jaguaridade do, 39; materializado no, 159; milagroso, 19; personificação do, 24; rico/pobre em, 53n5; ritual, 23, 45, 133, 150, 152, 325n107; sacramental, 326; sujeito e, 24, 25, 241; surgimento do, 53; transformação/conversão em sujeito, 23, 32, 220

Oliveira, Thiago, 14, 79n89, 132, 269n43, 335n149

Olsen, Bjørnar, 30n36 e n38

onça, 212, 253, 263, 332; canto, 67; pintada, 212, 217. *Ver também* jaguar

ontologia, 40, 287; relacional, 31, 32, 33; transformacional, 339; argumentos, 35; condição, 22n2, 184; diferenças, 27; fundamento, 151; modalidades, 23

Oosten, Jarich, 152, 154

Orinoco, 44, 76n71, 101, 102, 103, 104, 109

ossos, 77, 78, 97, 102, 166; aerofones e, 97, 132n137, 135, 142; ancestralidade e, 124; boneco feito de, 92; como adornos, 75n64, 80, 81; como tubos, 34, 134; conservação dos, 202; da mão, 80; de inimigos, 92, 97; de jaguar, 263; de vítimas 93; decorados, 336n151; do braço, 76; do pé, 75n64, 80, 172, 173; dos ancestrais 112; dos dedos, 75, 80; flautas feitas de, 75n62, 79; longos, 76, 78, 79, 97, 195; mandíbula, 73; sonoros, 93

P

paisagem sonora, 64, 145, 146, 177

palmeira, 101, 102, 104, 113, 134, 136, 172, 189; aerofones, 102, 104; babaçu, 51, 220; buriti, 107, 123, 228; paxiúba, 106, 113, 124, 132, 142; Seje (patauá), 101; tucum, 51, 245n99

pantomima, 205, 234, 236, 242, 244, 249

paradoxo, 307, 318; espaçotemporal, 63
Paresi, 109-112, 134
Parintintim, 73, 78, 83n101, 86
Parmênides, 298
partenogênese, 136, 138
Paskow, Alan, 29n29
pássaros, 57, 118, 130, 139n163, 142, 154, 169, 171, 196, 197, 212, 279, 297, 321, 334; gêmeos como, 25, 26; predadores, 57, 62, 212. *Ver também* máscaras: de pássaro
Pasztory, Esther, 30n36
patriclã, 83, 88, 112
patrilinearidade, 111, 112; fraca, 111; normativa, 112
Peba, 80
pedra, 61, 233, 234, 245n99, 334; como substituta, 91; esculpido em, 314; machados de, 206; monumentos, 94
Peggion, Edmundo Antonio, 75n60, 91n129
Peirce, Charles, 28n25, 36n71, 40, 62
peixes, 60n21, 125n113, 135, 137, 142, 163, 174n83, 187n112, 193, 196, 261, 269, 286; abundância de, 113, 171; aruanã, 169; como comida para máscaras, 190, 192; como convidados, 254; desenho de, 116; dieta de, 21, 130; e ritual, 112, 113; instrumentos sagrados como, 130n131; marinhos, 304, 321; miniatura de, 279; pirarara, 64, 65, 68, 69, 169; representações de, 156, 163, 180, 187; serrasalmídeo, 180; sonhar com, 55;tamuatá, 168; transformação em, 137, 252; trompetes 113n79
Pelaudeix, Cécile, 151
pele, 34, 45, 73, 75, 77, 134, 143, 147, 166n52, 174, 193-194, 197, 261n27; camadas de, 34, 193; da anaconda, 143; decorada, 193, 194; de fato/mesma (pireté), 34n60, 54, 55, 56, 63, 288, 289, 301; nua, 193; pintada, 193
Pelleschi, Juan, 77
Pellizzaro, Siro, 85n106, 89, 93, 94n141
pênis, 71, 72n49, 92, 101, 135, 137, 142
Penoni, Isabel, 14, 137n155, 206n22, 208n26, 211n34, 212n36, 215, 219, 233
pequenos intervalos, 143-145
pequi, 135, 225, 263n31, 264n34, 266, 272, 279
persona ficta, 219
personagem, 211, 212, 213, 215-217, 241, 295n1, 322n103; animal, 210, 212, 216, 217, 234, 241, 287; antropomórfico, 244n94; duplicado, 59; mítico, 166, 206, 208; *prosôpon*, 322n103; ritual, 89, 171, 196, 211, 215, 241, 249, 297n9
personificação, 24, 25, 32, 299
Peru, 73, 80, 107, 331, 335, 340
pesca: armadilha de, 105, 110, 112, 113, 125-126, 137, 267, 270, 279, 298n11;barragem de, 113, 117, 130, 257
Peterson, Martin, 31n46
Pétesch, Nathalie, 169, 170, 172
Pettazzoni, Raffaele, 311n71, 316n82
Piaroa, 102, 112
Piedade, Acácio, 105n35, 117n91 e n92, 123n107, 125, 130n129, 134, 144, 145, 146
pintura, 22, 284, 310, 316n82; a óleo, 316, 322; cerâmica, 266; corporal, 175, 180, 189, 192, 193, 194, 212, 259, 270, 332; efígies, 270, 284; facial, 99, 166, 325; figurativa, 166; máscara, 179; medieval, 326
Pirandello, Luigi, 49
Pires de Campos, Antonio, 108, 109n57
Pitarch, Pedro, 281n61, 292n92
planta, 22, 69, 101, 113, 137, 142, 151, 208n27, 251, 253, 270, 273, 291, 306, 319; ancestral, 263, 264; espírito, 21; medicinal, 122; mulher, 253
Pluskowski, Aleks, 67n41, 322n105
pomba, 175, 310, 311, 318, 335
porcos, 52, 77, 89, 137; como substitutos de inimigos, 89
predação, 55, 56, 90, 322; e familiarização, 59, 87; familiarizante, 85; proteção e, 264; sonho e, 55-56
preguiça, 91, 177, 335
presença, 37, 39, 62, 63, 69, 72, 152, 227n57, 247, 269; ausente, 58, 59, 61; convocação da, 40, 45, 98, 272, 279; do espírito dono, 269; do inimigo, 93, 97; dos mortos, 232, 238, 239, 282; e a Reforma, 26; gênese da, 23, 27, 69; limites da 272, 326n113; no Javari, 228; -outra, 63, 132, 149, 150, 238, 288, 289; pictórica, 28; produção da, 132, 133, 273; representação e ; 24, 27, 35, 272, 286, 295, 296; -viva, 29
Preuss, Konrad, 76
primo, 210, 221-228, 230-235, 244; adversário/inimigo, 211, 223, 228, 230, 236, 239; afinização do, 228, 236; ausente, 222, 229, 233; chamando o, 221, 222, 224, 226; cruzado, 45, 210n31, 221-224, 233, 234, 241, 242, 249; figura ambivalente do, 227;-irmão, 224; poste, 242; potencial, 223

projeção, 36, 62, 327; imaginativa, 38, 42; percepção e, 42
protótipo, 39, 54, 86, 94, 131, 286, 288, 289, 307; animal, 212, 213; e imagem, 27, 37, 39, 41, 273, 308; e índice, 91; vivo, 286
Putumayo, 73, 74, 76, 80, 106. *Ver também* Caquetá

Q

Quarup, 45, 185, 189n114, 217n39, 245, 260, 264-273; comparado com Javari, 203-205, 211, 229; e estatuetas Kuna, 201n1; e flautas duplas, 122; e genealogia, 256; e memória, 241, 278, 334-335; efígie do, 128n124, 201, 219, 220, 229n64, 250, 273, 274, 275, 276-284, 326; espetacularização do, 269; mito do, 131; para lutadores, 256; presença dos mortos no, 238-239; primeiro, 122, 251, 254, 289; primeiro ato do, 259
queixada, 55, 56, 82, 137, 279
quimera, 42, 156n18, 308, 340

R

Ramos, Danilo, 105n35, 110n68, 112n76
Razon, Jean-Patrick, 76n69, 84n102
reclusão, 23, 86, 113, 116, 120n101, 122, 137, 187, 255, 260, 261, 266, 277, 333; da menarca, 112, 194, 273; de menina, 23, 83, 101n13; do matador, 75, 81, 82, 86, 171; puberdade, 70n45, 230
recursividade, 153; continente-conteúdo, 41, 69, 70, 151, 157, 166
referente, 26, 114, 141, 151, 197, 220, 250, 282, 283; indexical, 166; multiplicação de, 145, 149, 157, 175; múltiplo, 41, 43, 303, 329; representação e, 41; signo e, 26, 308
Reforma, 26, 27; Contra, 316;
rei, 219, 233, 277, 305, 334
religião, 24, 39, 293; material, 27
relíquias, 43, 76, 82, 326, 327, 328, 329n127
Renard-Casevitz, France-Marie, 107n47
Renfrew, Colin, 27
réplica, 131, 185n105, 193, 243, 289, 290-292, 324; imagética, 290; original e, 288
representação, 37-41, 42n97, 54, 137n155, 169, 270n45; antropomórfica, 318; artefatual, 292; da transformação, 322; da Trindade, 43, 309, 311, 314, 316n81; de animais predatórios, 236; de demônios/demoníaca, 195, 319, 321; de um indivíduo, 86; de uma representação, 234, 242; do divino, 321; do humano 46, 195, 250, 307; e presença, 24, 27, 35, 37, 132, 272, 273, 286, 295, 296; esquemática, 266; figurativa, 175, 288; irônica, 205; judaico-cristã, 305, 307; legítima, 322; mimese e, 40; não autorizada, 43; naturalista, 318, 331, 334; pantomímica, 165; paradoxal, 156; teoria da correspondência, 28, 40n93, 41; trifacial, 314, 316
reprodução, 166, 175, 305; de formas naturais, 329; e fertilidade, 101, 170; original e suas, 288; parasitária, 136; sexual, 253
ressonância perissológica, 65, 66, 91, 94
retrato, 202, 334; vasos, 331; máscara, 166
reza, 25, 192; da orelha, 280n60; da pedra, 192; de animais escavadores, 260; para assustar- despertar, 280, 284; "para desviar a flecha do Sol", 206; sopro-, 251, 252, 253, 260, 267, 269, 279, 280, 281, 311
Ribeiro, Berta, 93n135, 244n94, 265n37
ritual, 44, 92n132, 113n79, 115, 116, 117, 120, 125, 127n117 e n118, 132, 133, 149, 150, 179, 180, 184, 189n114, 192, 217n39, 223n50, 242, 243, 274, 276, 325, 333; Alto Xingu, 45, 136; antropofágico, 232n66; arte e, 22, 34, 38; bastão, 70-72; caça de troféus, 72-78, 83- 85, 87; como jogo sério, 39, 303; como uma pantomima da guerra, 205, 234, 236; comparação da caça de troféus, 80-81; comparando, de máscara e troféu, 86, 168, 172; conversão de um morto-outro em um filho por vir, 85, 87, 250; da mandioca, 23; de flautas sagradas, 102-111, 136n153, 145; definição de, 38- 39; doença como uma precondição para, 120n100, 188, 204n15, 285; e estruturas coletivas, 257-258; e memória, 205, 241-242, 277-278; e perspectiva, 39, 60, 63, 86, 90, 93, 227n60, 228, 237, 239, 272, 283, 284; e sombreação, 91-93; em homenagem aos mortos, 187, 233, 237-240; feminino, 137-140, 194; frutos silvestres e, 101, 112; funerário, 46, 104n22, 122, 195, 203-204, 221, 227, 238, 239, 242, 249, 250, 259-266, 276n53; gênese da presença em 27, 45, 97, 99, 238-239, 272, 282-283; guerra e, 45, 87, 89, 171; intertribal, 204, 234, 254, 255, 256, 274; para chefes, 203; parakanã, 44, 53-54, 58, 60n20, 61-62; personagens animais em 211-217; pragmática, 45, 201, 211, 221, 223, 229-

231, 239; principais características das flautas sagradas, 99-102, 122-124; tabaco, 60-70; termo kuikuro para, 116n89, 120; topologia do, 227; transformação de ritual de guerra, 171, 242-245
Rodrigues, Aryon, 302n30
Roquette-Pinto, Edgar, 109
Rosman, Abraham, 158n29
Rostain, Stéphen, 335n148
Roth, Walter, 104n25
roupas, 33, 52, 66, 176, 195n128, 217, 264n36, 292; externas, 32; máscaras, 130. *Ver também* invólucro

S

Sahlins, Marshall, 25
Salish, 157
Sáliva, 102, 104, 118
sangue, 58, 83, 89, 93n139, 234, 277; de Cristo, 43, 326-327; de galo, 77, 83; do inimigo, 82; menstrual, 82
Santarém, 332, 339
Santos-Granero, Fernando, 30n36, 51n1, 220n45, 288n82
Santos, Gelsama Mara Ferreira dos, 191n116, 261n28, 273n48, 282, 284n72, 286n77, 289n83
Schaan, Denise, 108n51 e n52, 335
Schele, Linda, 331n133, 334n141
Schiel, Juliana, 107
Schmidt, Max, 109n59, 270n46
Schmitt, Jean-Claude, 304n34, 316n81, 318n89, 322n102 e n103, 324
segredo, 98, 100, 105, 106, 107, 113n79, 124, 167, 192, 208; flautas, 107n46, 113; sagrado, 98; visual, 98
Seligman, Adam, 38n84, 303n33
semelhança, 263, 269, 273n49, 274, 286, 304, 305, 306, 307n48; à nossa, 304; da face, 325; humana, 151; imagem e, 304, 305, 307. *Ver também* à imagem de
sêmen, 138, 252
sepultura: ampulheta, 264, 265-267; do chefe, 180, 273
serpente, 104, 164, 165; bicéfala, 164, 165, 166
Serres, Michel, 53
Severi, Carlo, 38, 39n90, 199, 232, 291n87, 308n52, 316n82; definição de crença, 36; sobre antropomorfismo latente, 243-244; sobre captura da imaginação, 38, 62, 150n3; sobre condensação ritual, 227; sobre enunciador complexo, 59, 63, 228n62; sobre imagem e palavra, 232; sobre quimeras, 42
Si, 55, 79, 86, 93, 94, 244, 310; e inimigo, 66, 94; e o Mesmo, 291; e o Outro, 45, 65, 93; mesmo, 291, 310. *Ver também* Eu; *free self*
signo, 26, 27, 40, 296, 335; de disposições predatórias, 264; e coisa, 24, 37; e referente, 26, 151, 273, 308; heráldico, 158, 159n32, 160, 166; metassignos, 38; mnemônico, 278; ser e, 27
Silva, Marcio, 110n64
simbolismo, 26, 38, 40
símbolo, 26, 37, 42, 113, 167; arbitrariedade do, 26, 27
similitude, 305, 325, 326; dis-, 326; entre Deus e homem, 46, 308, 309, 331; legítima, 322; primeira, 303, 307. *Ver também* verossimilhança
simulacro, 61, 219, 292
Sol e Lua, 122, 125, 204, 205, 206, 207, 250-253, 267, 274, 292. *Ver também* gêmeos
Solimões, 44, 102, 103, 106, 107
sombra, 34, 91, 92, 153n12, 171, 219, 242, 288, 290, 291; da pessoa, 54
sombreação, 90, 91, 290
sonho, 54-59, 63, 64, 65, 70-72, 99, 122, 123n107, 153, 183, 185-187, 189, 192, 238, 297, 301, 327; encontros no, 168, 186; inimigo no, 56, 68, 69; interações no, 54-56, 65, 288, 289
sopro, 79, 102, 131, 134, 135, 142, 146, 149, 153n12, 280n60, 284n68, 306, 311; amplificado, 133, 135; animar com, 131; audível, 135; como *anima*, 34; convertido em som/voz, 114; dinâmica de tubos e sopros, 149; instrumento de, 21, 97, 104, 108, 113, 114, 135; interno, 102, 134; -nome, 112; -reza, 251, 252, 253, 311; visível, 69, 98; vital, 79, 97, 284
Sperber, Dan, 25, 38
SPI (Serviço de Proteção aos Índios), 57n14
Staden, Hans, 60, 303
Steel, Daniel, 83n101
Steinen, Karl von den, 127n121, 174, 180-182, 218n40, 245, 260n25, 270n46, 296-298, 335
Sterpin, Adriana, 77n80
Stradelli, Ermano, 105
Strathern, Marilyn, 25n8, 31n47, 43n101, 44, 227, 329n125
Strother, Zoë, 14, 43

Strum, Shirley, 53
sub specie/ forma: humanitatis, 34, 327; *jaguaritatis*, 322, 330
superfície, 34, 55, 116, 147, 167, 180, 197-198, 270, 308; complexidade da, 45; pele como, 193; sofisticação da, 194
Suruí, 170
Suyá (Kinsêdjê), 73n53, 245

T

tabaco, 63, 72, 101, 135, 190, 281; comer, 69, 70; efeito narcótico do, 63; festival/ritual, 60, 70, 97; mel e, 72
tabu, 83, 120
tambores, 76, 81, 114, 115-117, 128n122. *Ver também* trocano
Tapajós: cerâmica, 333; rio, 108, 110, 111, 332, 333, 339
Tapirapé, 167n57, 168-174, 245n98
tatu, 260, 335; -canastra, 137, 253, 260
Taussig, Michael, 273n49, 287n78, 291
Taylor, Anne-Christine, 14, 22n1, 77n75, 78, 83n97, 85n107, 86, 88, 89n122, 93n140, 94n142, 193, 202n6, 233n74, 291n90
Teixeira-Pinto, Marnio, 14, 75n64, 79, 85n108, 87, 88, 242
Tenharim, 73
Testamento: Novo, 309, 310; Velho, 305n37, 306, 307, 310, 311, 316n81
Thénard-Duvivier, Franck, 321
Thevet, André, 6n24, 70n43, 250, 328
Thiessen, Gesa, 311, 312n71
Thom, Paul, 310n62
Thomas, Nicholas, 25n8
Thompson, Robert Farris, 43
Tikuna, 75, 78, 99, 100, 101n113, 106, 107, 113, 194, 196
Tocantins (rio), 21, 46, 51, 70, 168, 169, 170
Tocantins, Gonçalves, 78, 83
Tomass, Lea, 91n130
Toney, Joshua, 335n144
tradição policrômica da Amazônia, 202
transformação, 51, 54, 72, 87, 111, 131n132, 139, 163, 168, 187, 195, 243-244, 292, 298, 310, 318, 319, 329, 331, 340; ambiguidade e, 41, 339; andrógina, 136-137; *contra natura*, 319; corporal e perceptiva, 189; da respiração em voz, 102; das substâncias eucarísticas, 326-327; de objetos em espíritos, 23; de objetos em sujeitos, 220, 283; de pessoas em espíritos, 100, 191, 192, 193, 239n82; do ritual de guerra, 45, 171-172; doença e, 188-189; e configuração em ampulheta, 266; estética ameríndia da, 46; identidades em, 193; imagens em permanente, 335; monstruosa, 46, 132; noção kuikuro de, 215n38; ontológica, 70; recíproca, 195; sensorial e física, 63; sociológica, 112; vocal, 65. *Ver também* máscaras: transformação
transubstanciação, 61, 327
Travassos, Elizabeth, 90, 91n131, 92
tricefálico, 309, 311, 313, 314, 316
trickster, 129, 131n132, 252, 292; baniwa, 143; criatividade do, 303; demiurgo, 128, 131; estética do, 41, 46
Trindade, 43, 307, 309, 310, 311, 312, 313, 314, 316, 318, 322n103; Novo Testamento, 309, 310; trifacial, 317; unidade da, 41; Velho Testamento, 310, 311, 316n81;
trocano, 115-116. *Ver também* tambor
Troescher, Georg, 312n71
troféu, 44, 45, 49, 73, 75, 77-82, 84-89, 94, 149, 172, 173, 178, 244, 249, 250; áreas de caça de, 73, 74, 242; -cabeça, 79, 88, 249; flauta-, 79; máscara-, 171; obtenção do, 44, 75, 77; poder genésico do, 72, 83; rituais de, 83, 85, 86, 87, 94, 101, 168, 244, 249
trompetes, 100-106, 108, 117-118, 124n109, 135, 138, 142; de cabaça globular, 117n92; de entrecasca, 98, 104, 108n55; e buracos de transformação, 110; espirais, 107, 108n55; mágicos, 107; sagrados, 107; surubins, 113n79
Trumai, 114, 203, 204, 205, 206, 209, 210, 211, 219, 223n49, 228, 243n88, 244, 245, 254, 296, 297, 298
tubos, 34, 72, 75, 118, 119, 120, 121, 122n102, 123, 126n114, 134, 135, 136, 166n55, 336-337n153; abertos, 72; dinâmica dos, 69, 149; falantes, 102; gástricos, 135; internos, 69, 93, 98, 133
Tukano, 76, 104, 105, 106, 142, 144, 195, 196n129
Tupi-Guarani, 21, 51, 70, 71, 73, 80, 99, 105, 168, 169, 243, 244, 253, 333n138; e máscaras, 45, 170, 174; marcas epistêmicas, 59; mitologia dos, 252n10, 253
Tupinambá, 60, 61, 70, 91, 97, 167n57, 171, 232, 303, 327, 328, 333n138

U

Ucayali (rio), 107

umiri, 259, 274, 276, 277, 326; árvore, 273, 274; esposa/mulher de, 252, 253, 274; gênero, 251n8; madeira, 252, 259, 265, 268, 270; tão pesado quanto chefe, 259; tronco, 253, 265, 267, 268, 269, 274
urna: antropomórfica, 202, *336, 337, 338*; funerária, 202, 333, 335
urubu, 58-59, 62, 337
útero, 71, 72, 85, 135, 193
uxorilocalidade, 109-112, 113

V

Vaccari, Andrés, 30n33
vagina, 71n49, 72n51, 135, 137, 251, 252, 318
Valéry, Paul, 194
valor-ancestral, 203
Van De Guchte, Maarten, 233n73
Velthem, Lucia Hussak van, 65, 131, 142, 143, 145, 196, 197n133, 251n9
veneno, 124, 132, 196
ventre, 193; de Maria, 318. *Ver também* útero
Verbeek, Peter-Paul, 31n46
verdade, 40, 274, 287, 300n25, 301, 304, 308; como correspondência, 298; como veridição, 300; ícone e, 40; mestres da, 292, 299; o *trickster* e a ; 41, 46; regime de, 39; valor de, 36, 298, 299
Vernant, Jean-Pierre, 232, 233n70
verossimilhança/verossimilitude, 41, 46, 292, 304, 308
vespas, 136n153, 225, 226, 260
Vidal, Silvia, 106
Vienne, Emmanuel de, 229n64, 244n96
Vilaça, Aparecida, 14, 51n1, 227, 233n74, 320, 321
Villela, Alice, 243n91
violência, 272; esportificação da, 118n95, 236
virada: linguística, 28; ontológica, 30
virilocalidade, 107, 111, 112, 113, 136
vitalismo, 26, 28, 32
Viveiros de Castro, Eduardo, 27, 32, 33, 35, 37n75, 132n139, 220n46, 232n66, 233n74, 244n95, 298, 319, 325

W

Wagley, Charles, 169, 170, 171, 172
Wagner, Roy, 21
Walens, Stanley, 166
Wallace, Alfred, 104, 105
Walton, Kendall, 39

Wari', 167, 168, 202, 227, 320, 321
Watts, Barbara, 313n76
Wavrin, Marquis de, 76
Wayana, 142, 143, 145, 178n92, 196, 197, 251n9
Wayãpi, 120, 167n57
Westermann, Claus, 304n36, 306n43
Wheeler, Michael, 35n65
Whiffen, Thomas, 106
Wilson, Brian, 25n11
Wright, Robin, 101n13, 120n101, 124n110, 132, 136, 141

X

xamanismo, 54, 55n10, 62, 65, 70n45, 98, 203, 285, 293; autoridade política e, 258
Xavante, 172n80
xerimbabo, 55, 56, 61, 62, 101n13, 135, 139n163, 185n105, 208, 276, 289; animais, 60; artefatos como, 101, 149; canto-, 56; jaguar como, 60, 262
Xingu (rio), 15, 21, 46, 51, 52, 64, 67, 68, 73, 80, 110, 111, 114, 174, 180n94, 205, 206, 209n30
Xinguanos, 203-204, 211, 225, 245, 266, 267, 334; chefes, entre os, 255, 256, 263, 274, 300n25, 325n107, 335; como equivalentes à condição humana, 218; e efígies, 201, 249, 265; e flautas sagradas, 112, 123, 126, 128-130, 137, 138; mito axial dos, 250-254, 274; se transformando em não, 205, 206n21, 217, 236, 242; sistema regional dos, 203, 245, 287

Y

Yagua, 65, 75, 76, 78, 80, 82, 99, 106, 135, 167
Yanomami, 167
Yawalapiti, 110, 114
Yépez, Benjamín, 201
Yudjá, 73n53. *Ver também* Juruna
Yuhupd'ëh, 104n27, 110
Yup'ik, 151, 152, 153n12, 154, 159
Yuqui, 202n9

Z

zoomorfismo, 116, 142, 250, 309, 332, 334, 335; e ambiguidade transformacional, 339; e antropomorfismo, 156, 163, 166, 174, 335. *Ver também* antropomorfismo
zunidor, 117

Título	Ardis da Arte: Imagem, Agência e Ritual na Amazônia
Autor	Carlos Fausto
Produção Editorial	Carla Fernanda Fontana
Projeto Gráfico e Diagramação	Carla Fernanda Fontana
Imagem da Capa	Denilson Baniwa
Mapas	Carolina Boccato
	Julia Doi
Revisão de Texto	Cátia de Almeida
Revisão de Provas	Leornardo Ortiz Matos
Índice	Rodrigo Danese
Divulgação	Regina Brandão
	Giulia Rossi Paladino
Formato	17 × 25,5 cm
Tipografia	Scala Pro
Papel Certificado FSC®	Chambril Avena 80 g/m² (miolo)
	Cartão Supremo 300 g/m² (capa)
Número de Páginas	392
Tiragem	1000
Impressão e Acabamento	Gráfica CS